# 光泽年鉴

# YEARBOOK OF GUANGZE

## 2018

中　共　光　泽　县　委
光　泽　县　人　民　政　府　主办
光泽县党史和地方志研究室　编

厦门大学出版社
XIAMEN UNIVERSITY PRESS
国家一级出版社
全国百佳图书出版单位

**图书在版编目(CIP)数据**

光泽年鉴.2018/光泽县党史和地方志研究室编.—厦门:厦门大学出版社,2019.8
ISBN 978-7-5615-7291-7

Ⅰ.①光… Ⅱ.①光… Ⅲ.①光泽县—2018—年鉴 Ⅳ.①Z525.74

中国版本图书馆 CIP 数据核字(2019)第 075318 号

**出 版 人** 郑文礼
**责任编辑** 薛鹏志 林 灿
**装帧设计** 力 人
**技术编辑** 朱 楷

**出版发行** 厦门大学出版社
**社 址** 厦门市软件园二期望海路 39 号
**邮政编码** 361008
**总 机** 0592-2181111 0592-2181406(传真)
**营销中心** 0592-2184458 0592-2181365
**网 址** http://www.xmupress.com
**邮 箱** xmup@xmupress.com
**印 刷** 福州力人彩印有限公司

**开本** 889 mm×1 194 mm 1/16
**印张** 32.75
**插页** 22
**字数** 920 千字
**版次** 2019 年 8 月第 1 版
**印次** 2019 年 8 月第 1 次印刷
**定价** 230.00 元

厦门大学出版社
微信二维码

厦门大学出版社
微博二维码

# 《光泽年鉴》编纂委员会

# 《光泽年鉴》编辑部

**主　　审：**赵大建

**副 主 审：**陈高宏　张金山　方少忠

**主审助理：**王逸波　刘禄进

**主　　编：**官茂友

**副 主 编：**王建成　张玉仁

**编　　辑：**寇贤华　肖诚贵　李再雄　林淑英　余万有　李锦杰

**编　　务：**黄　薇

**编辑责任分工：**

王建成：文化·体育·广电、卫生·计生

张玉仁：大事记、县情概貌、国土·环保、建设旅游、交通·邮政、社会事业、先进个人与集体、光泽县领导干部名录

寇贤华：光泽县人民代表大会、政协光泽县委员会、农业和农村

肖诚贵：中共光泽县委、生态食品、工业经济、商贸流通

李再雄：财政·税务 ·国资、金融、乡镇概况

林淑英：人民团体·社会组织、政法、人民武装、社会事业

余万有：综合经济管理、信息产业、教育·科技·气象

李锦杰：光泽县人民政府

# 数字 2017年 光泽

行政区域面积 2240.25 平方公里

千米以上山峰 570 座

河流总长 968.7 千米

耕地面积 1.4 万公顷

森林覆盖率 79.52%

自然保护区面积 1.81 万公顷

乡镇 8 个

村（居）民委员会 90 个

户籍人口 16.3 万人

常住人口 13.6 万人

城镇化率 46.5%

地区生产总值 91.18 亿元

规模以上食品企业 14 家

规模以上食品企业产值 82.4 亿元

进出口总额 0.85 亿美元

财政总收入 6.06 亿元

地方级财政收入 4.33 亿元

2017 年 1 月 11 日，文化部党组副书记、副部长杨志今（前左三）到光泽调研红色旅游文化工作

2017 年 12 月 15 日，省委常委、组织部长胡昌升（居中）到光泽调研企业发展

2017 年 8 月 29 日，省委常委、副省长周联清（左四）到光泽调研企业发展

2017 年 7 月 6 日，省人大常委会副主任彭锦清（左三）到光泽开展立法调研

2017 年 2 月 6 日，副省长王惠敏（前排右一）到光泽调研脱贫攻坚工作

2017 年 6 月 7 日，省政协副主席陈绍军（左二）到光泽调研少数民族乡村精准扶贫工作

2017 年 8 月 31 日，省高院院长马新岚（居中）到光泽调研基层法院工作

2017 年 11 月 27 日，县委书记陈敏辉（前排左三）、县长赵大建（前排左四）调研城市建设工作

城南新貌（黄小杭 摄）

文昌路夜景（官 娟 摄）

水美城市（丁海平　摄）

圣农小镇（黄小杭　摄）

城东河畔夜景（彭爱军　摄）

乌君山下（林淑英　摄）

梅树湾闽北物流城（黄小杭　摄）

河畔步道建设

（黄小杭 摄）

粮食储备库（黄小杭 摄）

肖家坑水库（吴用心　摄）

第二水厂（黄小杭　摄）

农业检测中心（刘石福　摄）

神山景区旅游接待中心（李　葱　摄）

圣维生物科技有限公司（黄小杭　摄）

双牛酒业全景（黄小杭　摄）

圣农有机肥厂（黄小杭　摄）

德顺酒业（黄小杭　摄）

圣祥源酒业生产车间（黄小杭　摄）

承天药业——七叶一枝花（龚建军　摄）

铁皮石斛（黄小杭　摄）

承天药业（付心云　摄）

承天药业——泽泻种植（黄小杭　摄）

承天药业——元胡（龚建军　摄）

丰盛智能大棚（黄小杭 摄）

君山村哈密瓜丰收（李福根 摄）

大棚蔬菜（龚建军 摄）

生菜无土栽培（龚建军 摄）

烟田春色（黄小杭　摄）

丰收在望（黄荣光　摄）

高山茶园（丁海平　摄）

吴屯羊肚菌基地（龚建军　摄）

朱子祭祀大典（李红莲 摄）

吴屯小龙虾节（傅心云 摄）

省闽剧实验团崇仁演出（林忠 摄）

省歌舞团赴光泽大型艺演（刘石福 摄）

圣农小镇泼水节（傅心云　摄）

起舞弄清影（黄小杭　摄）

新体育馆投入使用（李福根　摄）

火凤凰（江茶秀　摄）

畅行水美（李福根　摄）

鸾凤新村（邱少平　摄）

圣农小镇（黄小杭　摄）

崇仁乡崇仁村古街（黄小杭　摄）

寨里镇儒洲村（曾丰年　摄）

止马镇仁厚村（傅心云　摄）

司前——清溪旗袍秀（刘群英　摄）

李坊乡管密村（傅心云　摄）

华桥乡吴屯村（曾　梅　摄）

数字影院（黄小杭　摄）

县医院新大楼（张自卫　摄）

县光泽国德康养中心（曾丰年　摄）

闽北商业广场（刘石福　摄）

九龙峰公园（刘石福　摄）

县职业学校（黄小杭　摄）

烈士纪念碑（黄小杭　摄）

猪头石风光（李丽林 摄）

白水际瀑布（林盛瑀 摄）

老君眉（过峰 摄）

神山水韵（黄敏 摄）

水美山村（黄小杭　摄）

梨园风光（丁海平　摄）

神山远眺（黄小杭　摄）

鸾凤乡溪畔山前白鹭飞（李丽林　摄）

唐代古关——杉关（林　忠　摄）

官屯村廊桥（黄小杭　摄）

山头村大夫第（黄小杭　摄）

崇仁古街（黄小杭　摄）

大洲谈判旧址（黄小杭　摄）

大洲谈判纪念馆（黄小杭　摄）

跃进村头古樟树（陈华春　摄）

水口村红军渡（陈珠玲　摄）

# 编辑说明

一、《光泽年鉴》在县委领导下，由县政府主办、县地方志编纂委员会编著。是逐年编辑出版的大型综合性、实用性、资料性工具书，所载内容具有较高的权威性。

二、《光泽年鉴》全面系统地记述反映光泽各行各业在建设“中国生态食品城”的年度发展变化情况，旨在资政、存史、教育和服务、科研、交流。

三、《光泽年鉴》2018年版，承载2017年光泽的政治、经济、文化、社会、生态等各方面内容。采取分类编辑法，按类目、分目、条目三个层次体例编辑，部分分目下设子目，以不同字体、字号及版式设计区别不同层次，条目均加【　】表示。彩图页码单独编序。领导干部名录县处级领导和各部门单位副科级以上实职职务，即2017年12月31日在职者。

四、《光泽年鉴》2018年版半共设有29个类目、190个分目。彩页辑有政务活动、食品产业、基础设施、城市建设、美丽乡村、社会活动、历史文化、自然风光照片和图注文字。

五、《光泽年鉴》2018年版所用文稿，系县直各部门有关单位及各乡（镇）提供。因资料来源、统计口径及统计方法不同，相关供稿单位提供的同项数据可能会有差异，引用时以统计部门正式公布的数据为准。因机构改革，职能转变，机构撤并，个别部门未提供资料，或提供资料不全，造成个别门类缺漏或不详，使得一些情况无法反映，请读者见谅。

六、《光泽年鉴》2018年版在征编过程中，得到社会各界的大力支持，在此一并表示谢意。如有错误和疏漏，敬请读者批评指正。

# 总　目

# 目　　录



## 特　　载



## 大　事　记



## 县情概貌

## 中共光泽县委

## 县人民代表大会

## 县人民政府

## 政协光泽县委员会



## 人民团体　社团组织

## 政　　法

## 人民武装



## 生态食品产业

## 国土　环保



## 规划建设　旅游

## 农业　农村

## 工业经济

## 交通　邮政

## 商贸流通

## 综合经济管理



## 财政　税务　国资

## 信息产业



## 教育　科技　气象

## 文化 体育 广电

## 卫生　计生

## 社会事业

## 乡镇概况

## 荣誉　人物

## 附 录



## 索 引

# 深入学习全面贯彻党的十九大精神<br>奋力推进“中国生态食品城”建设

——在县委十三届六次全会上的讲话
（2017 年 12 月 1 日）

陈敏辉

县委书记陈敏辉在县委十三届六次全会上讲话

同志们：

这次县委全会的主要任务是，深入学习贯彻党的十九大精神，认真落实省委十届四次全会和市委五届四次全会精神，进一步组织动员全县各级党组织、广大党员和干部群众，高举中国特色社会主义伟大旗帜，坚持以习近平新时代中国特色社会主义思想为指导，不忘初心、牢记使命，决胜全面建成小康社会，加快建设“中国生态食品城”，为夺取新时代中国特色社会主义伟大胜利、实现中华民族伟大复兴的中国梦作出贡献。根据县委常委会研究，我讲三点意见。

**一、深入学习贯彻省委、市委部署，切实把思想和行动统一到党的十九大精神上来**

在全国上下掀起学习宣传贯彻党的十九大精神热潮之际，省委、市委相继召开全会，对深入学习贯彻党的十九大精神进行再部署、再动员，充分体现了省委、市委以强烈的“四个意识”、以最坚决的态度，团结带领广大干部群众坚决维护党中央集中统一领导，坚决维护习近平总书记在党中央、在全党的核心地位，坚决实践习近平新时代中国特色社会主义思想，坚决贯彻党中央决策部署的高度自觉和实际行动，为我们树立了榜样。全县各级党组织和广大党员干部要把学习宣传贯彻党的十九大精神作为当前和今后一个时期的首要政治任务，在前一段学习宣传的基础上，进一步兴起学习宣传贯彻的热潮，切实把思想和行动统一到十九大精神上来，把智慧和力量凝聚到实现十九大确定的目标任务上来。

党的十九大是在全面建成小康社会决胜阶段、中国特色社会主义进入新时代的关键时期召开的一次十分重要的大会，在党和国家事业发展史上具有重大里程碑意义。大会的主要精神集中体现在习近平总书记所作的报告和《党章（修正案）》中。报告描绘了决胜全面建成小康社会夺取新时代中国特色社会主义伟大胜利的宏伟蓝图，进一步指明了党和国家事业的前进方向，是一篇光辉的马克思主义纲领性文献，是我们党进入新时代、踏上新征程、书写新篇章的政治宣言和行动纲领。《党章（修正案）》充分体现了党的十八大以来理论创新、实践创新、制度创新的成果，特别是把习近平新时代中国特色社会主义思想确立为党的指导思想，对在新的历史起点上进行伟大斗争、建设伟大工程、推进伟大事业、实现伟大梦想具有重大现实意义和深远历史意义。我们要进一步认认真真、原原本本地研读十九大报告和新修订的党章，进一步把十九大精神学懂弄通做实，推动十九大精神在光泽落地生根、结出硕果。重点要把握五个方面：

一是新时代。党的十八大以来，以习近平同志为核心的党中央举旗定向、运筹帷幄，统揽伟大斗争、伟大工程、伟大事业、伟大梦想，统筹推进“五位一体”总体布局，协调推进“四个全面”战略布局，改革开放和社会主义现代化建设取得了历史性成就，党和国家事业全面开创新局面。这些成就是全方位的、开创性的。五年来，以习近平同志为核心的党中央以巨大的政治勇气和强烈的责任担当，提出一系列新理念新思想新战略，出台一系列重大方针政策，推出一系列重大举措，推进一系列重大工作，解决了许多长期想解决而没有解决的难题，办成了许多过去想办而没有办成的大事，推动党和国家事业发生历史性变革。这些变革是深层次的、根本性的，其力度之大、范围之广、效果之显著、影响之深远，都是前所未有的。这些历史性变革，带来的不仅是各条战线、各个行业、各个方面巨大的有形变化，让人民群众有了实实在在的获得感、幸福感，更为重要的是，党的领导全面加强、发展方式深刻转变、国防和军队实现重大变革、中国特色外交全面推进、管党治党从宽松软到严紧硬等深刻变化带来的无形变化，作用将会更加持久，影响将会更加深远。经过长期努力，中国特色社会主义进入了新时代，这是我国发展新的历史方位。

中国特色社会主义进入新时代，我国社会的主要矛盾已经转化为人民日益增长的美好生活需要和不平衡不充分的发展之间的矛盾。人民美好生活需要日益广泛，不仅对物质文化生活提出了更高要求，而且在民主、法治、公平、正义、安全、环境等方面的要求日益增长。我国社会生产力水平总体上显著提高，现在面临的主要是发展不平衡、不充分的问题。主要矛盾的变化是关系全局的历史性变化，反映了我国发展的实际状况，揭示了制约我国发展的症结所在，指明了解决当代中国发展问题的根本着力点。但这并没有改变我国仍处于并将长期处于社会主义初级阶段的基本国情，没有改变我国是世界最大发展中国家的国际地位。

中国特色社会主义进入新时代，在中华人民共和国发展史上、中华民族发展史上具有重大意义，在世界社会主义发展史上、人类社会发展史上也具有重大意义。报告指出，这意味着近代以来久经磨难的中华民族迎来了从站起来、富起来到强起来的伟大飞跃，迎来了实现中华民族伟大复兴的光明前景；意味着科学社会主义在二十一世纪的中国焕发出强大生机活力，在世界上高高举起了中国特色社会主义伟大旗帜；意味着中国特色社会主义道路、理论、制度、文化不断发展，拓展了发展中国家走向现代化的途径，给世界上那些既希望加快发展又希望保持自身独立性的国家和民族提供了全新选择，为解决人类问题贡献了中国智慧和中国方案。报告又用“五个时代”对中国特色社会主义进入新时代的基本定位作了深刻阐述：这个新时代是承前启后、继往开来、在新的历史条件下继续夺取中国特色社会主义伟大胜利的时代，是决胜全面建成小康社会、进而全面建设社会主义现代化强国的时代，是全国各族人民团结奋斗、不断创造美好生活、逐步实现全体人民共同富裕的时代，是全体中华儿女勠力同心、奋力实现中华民族伟大复兴中国梦的时代，是我国日益走近世界舞台中央、不断为人类作出更大贡献的时代。

中国特色社会主义进入新时代，我们比历史上任何时期都更接近、更有信心和能力实现中华民族伟大复兴的目标，但实现伟大复兴的伟大梦想，必须进行伟大斗争，必须建设伟大工程，必须推进伟大事业。这“四个伟大”相互联系相互贯通、相互作用，其中起决定性作用的是党的建设新的伟大工程。

我们要深刻领会和把握中国特色社会主义进入新时代的重大政治论断，深刻领会和把握这个论断对我们发展理念、工作重点提出的新要求，深入了解和把握当代中国发展变革的新趋势、新特征，以更高的境界、更强的本领，积极主动地顺应这种变化，在工作中锐意进取，努力创造无愧于新时代的新业绩。

*二是新思想。*十九大把十八大以来党的理论创新成果概括为习近平新时代中国特色社会主义思想，并写入《党章》，确立为我们党必须长期坚持的指导思想。这是十九大的一个历史性决策和历史性贡献，实现了党的指导思想的又一次与时俱进。习近平新时代中国特色社会主义思想，从理论和实践结合上系统回答了新时代坚持和发展什么样的中国特色社会主义、怎样坚持和发展中国特色社会主义这个重大时代课题，回答了新时代坚持和发展中国特色社会主义的总目标、总任务、总体布局、战略布局和发展方向、发展方式、发展动力、战略步骤、外部条件、政治保证等基本问题，以全新的视野深化了对共产党执政规律、社会主义建设规律、人类社会发展规律的认识，开辟了马克思主义新境界、中国特色社会主义新境界、治国理政新境界和管党治党新境界。

十九大报告用“八个明确”概括了这一思想的主要内容，即明确坚持和发展中国特色社会主义，总任务是实现社会主义现代化和中华民族伟大复兴，在全面建成小康社会的基础上，分两步走在本世纪中叶建成富强民主文明和谐美丽的社会主义现代化国家；明确新时代我国社会主要矛盾是人民日益增长的美好生活需要和不平衡不充分的发展之间的矛盾；明确中国特色社会主义事业的总体布局是“五位一体”、战略布局是“四个全面”，强调坚持道路自信、理论自信、制度自信、文化自信；明确全面深化改革总目标是完善和发展中国特色社会主义制度、推进国家治理体系和治理能力现代化；明确全面推进依法治国总目标是建设中国特色社会主义法治体系、建设社会主义法治国家；明确党在新时期的强军目标是建设一支听党指挥、能打胜仗、作风优良的人民军队，把人民军队建设成为世界一流军队；明确中国特色大国外交要推动构建新型国际关系，推动构建人类命运共同体；明确中国特色社会主义最本质的特征是中国共产党领导，中国特色社会主义制度的最大优势是中国共产党领导，党是最高政治领导力量，提出新时代党的建设总要求，突出政治建设在党的建设中的重要地位。报告提出新时代坚持和发展中国特色社会主义的基本方略，并概括为“十四个坚持”，涵盖坚持党的领导和“五位一体”总体布局、“四个全面”战略布局，涵盖国防和军队建设、“一国两制”和祖国统一、维护国家安全、对外战略。“八个明确”和“十四个坚持”都是习近平新时代中国特色社会主义思想的重要组成部分。

我们要深刻领会习近平新时代中国特色社会主义思想重大的政治意义、理论意义、实践意义。这一重要思想是马克思主义中国化的最新成果，是我们党必须长期坚持的指导思想，是全党全国人民为实现中华民族伟大复兴而奋斗的行动指南。我们要深入学习领会这一重要思想的时代背景、科学体系、精神实质，从而更好地用它来武装头脑、指导实践、推动工作，使之成为引领各项事业发展的强大思想武器。

*三是新征程。*十九大报告指出，从现在起到2020年，是全面建成小康社会决胜期。2020年全面建成小康社会后，我们将开启全面建设社会主义现代化国家的新征程。十九大将全面建设社会主义现代化国家进程分两个阶段来安排。第一个阶段，从2020年到2035年，在全面建成小康社会的基础上，再奋斗15年，基本实现社会主义现代化。第二个阶段，从2035年到本世纪中叶，在基本实现现代化的基础上，再奋斗15年，把我国建成富强民主文明和谐美丽的社会主义现代化强国。从全面建成小康社会到基本实现社会主义现代化，再到全面建成社会主义现代化强国，是新时代中国特色社会主义的战略安排。这是党中央综合分析国际国内形势和我国发展条件后作出的重大决策，顺应了实践发展要求，对动员全党全国各族人民万众一心实现中华民族伟大复兴的中国梦具有重大意义。这样的战略安排，不仅使实现“两个一百年”奋斗目标的路线图、时间表更加清晰可循，把原定的我国基本实现现代化的时间提前

了十五年，也对第二个百年奋斗目标的内涵作了充实和提升。十九大开启了中国特色社会主义事业的新征程，擘画了新的宏伟蓝图，是我们党适应新的历史条件和新的时代要求作出的必然选择。我们要进一步坚定信心，紧紧围绕省市工作部署，认真实施光泽县“十三五”规划，为奋力开创新时代南平绿色发展新局面贡献光泽力量。

*四是新部署。*十九大按照“五位一体”总体布局和“四个全面”战略布局，对我国经济建设、政治建设、文化建设、社会建设和生态文明建设等作出了新的全面部署。在经济建设上，强调要贯彻新发展理念，建设现代化经济体系，坚持质量第一、效益优先，以供给侧结构性改革为主线，推动经济发展质量变革、效率变革、动力变革，提高全要素生产率，着力加快建设实体经济、科技创新、现代金融、人力资源协同发展的产业体系，着力构建市场机制有效、微观主体有活力、宏观调控有度的经济体制，不断增强我国经济创新力和竞争力。在政治建设上，强调要健全人民当家作主制度体系、发展社会主义民主政治，坚持党的领导、人民当家作主、依法治国有机统一，加强人民当家作主制度保障，发挥社会主义协商民主重要作用，深化依法治国实践，深化机构和行政体制改革，巩固和发展爱国统一战线，巩固和发展生动活泼、安定团结的政治局面。在文化建设上，强调要坚定文化自信、推动社会主义文化繁荣兴盛，牢牢掌握意识形态工作领导权，培育和践行社会主义核心价值观，加强思想道德建设，繁荣发展社会主义文艺，推动文化事业和文化产业发展，激发全民族文化创新创造活力，建设社会主义文化强国。在社会建设上，强调要提高保障和改善民生水平、加强和创新社会治理、抓住人民最关心最直接最现实的利益问题，优先发展教育事业，提高就业质量和人民收入水平，加强社会保障体系建设，坚决打赢脱贫攻坚战，实施健康中国战略，打造共建共治共享的社会治理格局，有效维护国家安全，使人民获得感、幸福感、安全感更加充实、更有保障、更可持续。在生态文明建设上，强调要加快生态文明体制改革、建设美丽中国，推进绿色发展，着力解决突出生态环境问题，加大生态系统保护力度，改革生态环境监管体制，推动形成人与自然和谐发展现代化建设新格局。同时，十九大还对国防和军队建设、港澳台工作与外交工作等作出了重大部署。这一系列重大战略部署，蕴含着丰富的政策和举措，进一步明确了我国发展的着力点和主攻方向。我们要结合光泽实际，一条一条地研究，不折不扣地落实，把每一项部署具体化、项目化，使之成为光泽发展的举措、光泽发展的实践，不断推动新光泽建设取得更大成效。

*五是新要求。*十九大在深入分析全面从严治党面临的形势基础上，提出了新时代党的建设总要求，就是要坚持和加强党的全面领导，坚持党要管党、全面从严治党，以加强党的长期执政能力建设、先进性和纯洁性建设为主线，以党的政治建设为统领，以坚定理想信念宗旨为根基，以调动全党积极性、主动性、创造性为着力点，全面推进党的政治建设、思想建设、组织建设、作风建设、纪律建设，把制度建设贯穿其中，深入推进反腐败斗争，不断提高党的建设质量，把党建设成为始终走在时代前列、人民衷心拥护、勇于自我革命、经得起各种风浪考验、朝气蓬勃的马克思主义执政党。报告提出了新时代党的建设八个方面的重点任务，对推进党的建设新的伟大工程作出顶层设计、战略部署，丰富和发展了马克思主义建党学说，进一步回答了新时代“建设什么样的党、怎样建设党”这一历史性课题，标志着我们党对执政党建设规律认识达到新的高度。我们要全面把握新时代党的建设的总要求，包括党的建设的方针、主线、总体布局、目标及相互关系，认真落实八个方面的重点任务，把管党治党的螺丝拧得更紧，不断提高党的建设质量，推动全面从严治党向纵深发展。

**二、践行习近平新时代中国特色社会主义思想，推动光泽各项事业发展再上新台阶**

学习宣传贯彻十九大精神，最为重要的就是要把习近平新时代中国特色社会主义思想作为长期坚持的指导思想，统领改革发展稳定各项工作。习近平总书记在我省工作近18年，先后三次深入光泽县调研指导，对光泽县的经济社会发展和党的建设作出了许多重要指示，为我们创造了极为宝贵的物质财富和精神财富。省委全会提出，要让八闽大地成为这一重要思想落实最坚决、实践最生动、成果最丰硕的示范区。市委全会要求，我们要带着深厚感情、带着强烈责任把习近平新时代中国特色社会主义思想，学得更深、悟得更透、贯彻得更彻底，努力在全省走前列、求先行，让这一重要思想在闽北大地落地生根、开花结果。我们要把贯彻落实十九大精神，与贯彻落实习近平总书记对福建工作的重要指示精神结合起来，与贯彻落实省第十次党代会、市第五次党代会和县第十三次党代会的部署结合起来，以滴水穿石的努力实践、马上就办的实干作风、确保过硬的从严要求，采取最坚决、最彻底、最见成效的行动和措施，把习近平新时代中国特色社会主义思想贯穿和体现到光泽发展的全过程、各方面，一件事情接着一件事情办，一年接着一年干，确保各项目标任务落到实处，转化为本单位本部门的生动实践。

（一）坚定不移推进绿色发展，进一步加快推进“中国生态食品城”建设

十九大报告将建设生态文明提升为“中华民族永续发展的千年大计”，用了二十分之一的篇幅对“绿色发展”“生态文明建设”进行部署，强调“必须树立和践行绿水青山就是金山银山的理念”，提出“建立健全绿色低碳循环发展的经济体系”，同时还把“增强绿水青山就是金山银山的意识”写入党章，这些都更加坚定了我们推进绿色发展的信心和决心。光泽最大的特色是绿色，最具竞争力的优势是生态，县第十三次党代会以来，我们坚持一任接着一任干，持续完善提升“中国生态食品城”战略目标并全力以赴加快推进，实践证明，我们的目标思路与十九大精神是相符合的，与省委“再上新台阶、建设新福建”、市委“加快建设全国绿色发展示范区”的要求是相一致的。我们要坚持绿水青山就是金山银山，持续加快推进“中国生态食品城”建设。一要推进生态文明建设。要主动融入福建生态文明试验区建设，对照生态文明试验区建设方案的要求，切实抓好各项改革措施的落地生根，进一步巩固提升领导干部自然资源资产离任审计成功经验，力争在“绿水”补偿、青山补偿等方面，率先形成可复制可推广的成功经验和制度成果。要认真总结畜禽养殖污染整治的经验做法，全面落实“水十条”“气十条”和“土十条”，深入实施“河长制”，深入推进大气污染防治行动，加强重点流域水污染综合整治，实施土壤污染防治计划，打好污染防治攻坚战，让光泽县的山更青、水更绿、空气更清新。要加强生态系统的保护和修复，加大“山水林田湖草”生态保护力度，保护好天然林、耕地，加强造林绿化，严守生态红线，厚植绿色优势。二要加快产业优化升级。要坚持新发展理念，坚持质量第一、效益优先，以供给侧结构性改革为主线，把着力点放在实体经济上，把提高供给体系质量作为主攻方向，坚持做大总量与提升质量并重，做优增量与盘活存量并举，把推进当前任务与长远发展结合起来，不断增强经济创新力和竞争力。要立足实际，深化落实市里确定的七大绿色产业发展规划。要加快以“1＋3”为主导的食品产业发展，支持圣农做强做优，加快全产业链扩张，培育做强水饮品、中药饮片、鱼制品等一批“小巨人”企业，协同推进其他重点产业发展。要以特色现代农业为重点，着力融合一二三产，提升农业现代化水平。要在创新引领、绿色低碳、共享经济、商贸旅游等领域培育新增长点、形成新动能。要加强对外经贸交流合作，开拓新兴市场，提升外贸出口水平。三要统筹城乡融合发展。按照“水美城市”的要求，优化城乡空间布局，进一步完善城乡交通网络、供电、供水排水、污水垃圾处理等公共服务设施和文体休闲场所建设，加快补齐短板。坚持产城联动，加快推进“圣农小镇”建设，着力完善圣农产业配套服务功能，推动产城融合发展。统筹推进城乡建管，深入实施乡村振兴战略，按照产业兴旺、生态宜居、乡风文明、治理有效、生活富裕的总要求，推进宜居环境和美丽乡村建设，加快改善城乡面貌。四要强化项目支撑作用。项目是推进各项工作的抓手。从光泽县的实际出发，加快发展，推进产业优化升级，最终都要落实到项目上。我们要按照“五个一批”要求，对接上级重大规划、相关政策和投资导向，深入谋划推进一批稳增长、调结构、补短板、强基础、增后劲的重大基础设施项目、重大产业项目、重大民生项目，有效解决当前项目接续不足问题，实现更高质量、更有效率、更加公平、更可持续的发展，让老百姓能够切身感受到学习贯彻十九大精神所带来的明显变化。五要深化改革创新驱动。用好用足中央和省、市支持后发地区振兴发展的各项扶持政策，

着力在生态文明体制机制、新型城镇化试点建设等方面先行先试、取得更多实质性成效，加快提升绿色发展新优势。要突出以改革激发农村发展活力动力，健全自治、法治、德治相结合的乡村治理体系，推行农村科技特派员制度，深化农村集体产权制度改革，深化农村土地制度改革，巩固农村土地承包经营权确权登记颁证成果。

（二）坚定不移贯彻以人民为中心的发展思想，进一步满足人民日益增长的美好生活需要

加快绿色发展跨越发展，最根本的目的就是增进民生福祉。我们要抓住人民最关心最直接最现实的利益问题，既尽力而为，又量力而行，一年接着一年干，不断提高人民群众的获得感、幸福感、安全感。一要坚决打赢脱贫攻坚战。把脱贫攻坚作为最大的民生工程来抓，以强烈的政治自觉和责任担当，以时不我待的紧迫感，以实事求是的态度，按照“扶贫工作必须务实、脱贫过程必须扎实、脱贫结果必须真实”要求，落实精准方略，下足“绣花”功夫，做到脱贫的措施要实要准，脱贫的工作要真要细，实现稳定脱贫摘帽目标。二要加快补齐民生社会事业短板。按照县委十三届五次全会的要求，突出补齐教育、卫生与健康、养老和城乡民生基础设施等社会事业短板，紧盯薄弱、对接需求，突出重点、精准发力，更加注重增加资源总量，加大投入力度，均衡配置资源，深化体制机制创新，不断增强经济社会发展的全面性平衡性协调性，力争到2020年社会事业发展水平与光泽县经济发展水平基本相适应，社会事业重点领域主要指标力争达到全省平均水平，“学有所教”“病有所医”“老有所养”“宜居宜业”等基本公共服务保障能力和水平迈上新台阶。三要全力维护社会安定稳定。加快更高水平的平安光泽建设，坚持专项治理和系统治理、综合治理、依法治理、源头治理相结合，完善党委领导、政府主导、社会协同、公众参与、法治保障的社会治理体制，不断提升社会治理社会化、法治化、智能化、专业化水平。巩固提升厦门金砖会晤和十九大安保维稳工作经验做法，加强预防和化解社会矛盾机制建设。深入贯彻总体国家安全观，坚决维护国家安全和社会稳定。严格执行党委政府安全生产责任制，坚决遏制重特大安全事故，提升防灾减灾救灾能力。持续深化“餐桌污染”治理，创建省级食品安全社会共治示范县。加强社区治理体系建设，推动社会治理重心向基层下移，发挥社会组织作用，实现政府治理和社会调节、居民自治良性互动。

（三）坚定不移推进文化强县建设，进一步增强绿色发展的文化支撑

十九大报告提出，文化兴国运兴，文化强民族强。要充分发挥光泽独特文化优势，注重从优秀传统文化中汲取力量，激发文化创新创造活力，助推绿色产业发展。一要坚持党管意识形态不动摇。要牢牢掌握意识形态工作领导权，严格落实意识形态工作责任制，高度重视传播手段建设和创新，加强阵地建设和管理，推进马克思主义中国化时代化大众化，推动习近平新时代中国特色社会主义思想深入人心，汇聚绿色发展的强大正能量。二要大力弘扬社会主义核心价值观。以创建省级文明县城为载体，围绕肩负谋幸福、谋复兴使命培养时代新人，广泛开展理想信念教育，深入实施公民道德建设工程，推进诚信体系建设，使社会主义核心价值观融入社会发展各方面，转化为人们的情感认同和行为习惯。要加强生态文化宣传教育，倡导绿色消费、低碳生活等绿色理念，增强群众价值共识，促进公众生态参与。三要推动光泽文化繁荣兴盛。要结合新时代要求继承创新，传承弘扬光泽红色文化、传统文化，积极培育新型文化业态，推动光泽文化事业和文化创意产业繁荣发展。要结合补齐城乡基础设施短板，高标准推进文化广场、博物馆、图书馆、广电新闻中心大楼和乡村综合性文化服务中心等项目建设，丰富群众性文化生活。

（四）坚定不移推进民主政治建设，进一步巩固和发展生动活泼、安定团结的政治局面

十九大报告指出，我国社会主义民主是维护人民根本利益的最广泛、最真实、最管用的民主。要坚持党的领导、人民当家作主和依法治国的有机统一，坚持中国特色社会主义政治发展道路，积极稳妥推进社会主义民主政治制度化、规范化、程序化，保证人民当家作主落实到国家政治生活和社会生活之中，汇聚民心民智民力共促新光泽建设。一要加强和改进党对人大、政协工作的领导。加强人大制度建设和组织建设，健全人大工作机制，支持、保证人大及其常委会依法履行职

权，更好发挥人大代表作用。加强协商民主制度建设，支持人民政协发挥协商民主重要渠道和专门协商机构的作用，推动协商民主广泛、多层、制度化发展。二要充分发挥统一战线的重要法宝作用。加强党对统战工作的领导，支持工商联、党外人士积极参政议政、开展民主监督，加强党外知识分子特别是新社会阶层人士的统战工作，着力构建亲清政商关系，深化民族团结进步教育，提高宗教工作法治化水平，紧密联系和团结更多台港澳侨乡亲，巩固和发展最广泛的爱国统一战线。三要加快建设法治光泽。坚持厉行法治，推进严格执法、公正司法、全民守法，加快法治政府建设，深化司法体制综合配套改革，加大全民普法力度，努力让人民群众在每一个司法案件中感受到公平正义，让法治成为全社会的思维方式和行为模式。

**三、按照新时代党的建设总要求，坚定不移全面从严治党**

十九大报告指出，中国特色社会主义进入新时代，我们党一定要有新气象新作为。我们要按照十九大提出的新时代党的建设总要求，认真履行管党治党的政治责任，以加强党的长期执政能力建设、先进性和纯洁性建设为主线，以党的政治建设为统领，以坚定理想信念宗旨为根基，全面推进党的政治建设、思想建设、组织建设、作风建设、纪律建设，把制度建设贯穿其中，深入推进反腐败斗争，推动全面从严治党向纵深发展。

*一要坚持把政治建设放在首位，坚决维护党中央集中统一领导和习近平总书记在党中央、在全党的核心地位。*十九大报告首次把政治建设纳入党的建设总体布局并摆在首位，作为党的根本性建设，凸显了政治建设的极端重要性。政治建设的首要任务是保证全党服从中央，坚持党中央权威和集中统一领导，关键是坚决维护习近平总书记在党中央和全党的核心地位。党的十八大以来，在进行具有许多新的历史特点的伟大斗争中，习近平总书记站在时代和战略的高度，以马克思主义政治家、思想家、理论家的深刻洞察力、敏锐判断力和战略定力，以非凡的政治魄力、卓越的领导才能、坚韧不拔的意志品格，校正了党和国家前进的方向，引领我们大步走进新时代。实践充分证明，习近平总书记是全党拥护、人民爱戴、当之无愧的党的领袖。

维护以习近平同志为核心的党中央权威和集中统一领导，维护习近平总书记在党中央和全党的核心地位，是全党共同政治责任，首先是领导班子和领导干部的政治责任。这不是抽象的、空泛的，而是具体的、实在的，必须具体落实到思想和行动的方方面面。要牢固树立“四个意识”，认真贯彻《中共中央政治局关于加强和维护党中央集中统一领导的若干规定》精神，更加自觉、更加坚定地向党中央看齐、向习近平总书记看齐，始终在政治立场、政治方向、政治原则、政治道路上同以习近平同志为核心的党中央保持高度一致。要把对党绝对忠诚作为必须坚守的生命线和立身之本，严格遵守党章和党内政治生活准则，在任何时候、任何情况下都不触碰政治纪律和政治规矩的“红线”。要严格执行党内政治生活准则，不断增强党内政治生活的政治性、时代性、原则性、战斗性，营造风清气正的良好政治生态。要完善和落实民主集中制的各项制度，严格按程序办事、按规则办事、按集体意志办事，提高科学决策、民主决策、依法决策水平。要发展积极健康的党内政治文化，弘扬忠诚老实、公道正派、实事求是、清正廉洁等价值观，坚决抵制各种不正之风，推动形成清清爽爽的同志间关系。

*二要坚持以习近平新时代中国特色社会主义思想为指导，持续深化理论武装。*思想建设是党的基础性建设。要把党建设得更加坚强有力，就必须用党的创新理论武装头脑，不断培植共产党人的精神家园，永葆党的先进性和纯洁性。习近平新时代中国特色社会主义思想是我们党必须长期坚持的指导思想，是十九大的灵魂，表明了我们党在理论上高度成熟、高度自信，反映了全党的共同意志和全社会的共同意愿。全县各级党组织都要加强理论武装工作，坚持知行合一、学做结合，推进“两学一做”学习教育常态化制度化，开展好“不忘初心、牢记使命”主题教育，教育引导党员干部坚定理想信念、牢记党的宗旨、增强“四个自信”，拧紧世界观、人生观、价值观这个“总开关”，挺起共产党人的精神脊梁。

*三要坚持正确选人用人导向，切实加强干部人才队伍建设。*党的干部是推动事业发展的中坚力量。要鲜明树导向，坚持好干部标准，突出政

治导向和实干导向，坚持凭实绩、用机制选人用人，完善干部一线考察、蹲点调研等机制，总结提升“百日攻坚”“四比六促”的经验做法，根据工作实绩，着力考实、选准、用好干部，选优配强领导班子，树立注重实绩、实干拼创的鲜明导向。要着力增本领，深化实施“领导干部攻坚能力提升工程”，坚持走出去“学”、请进来“教”、沉下去“研”，增强干部的学习本领、政治领导本领、改革创新本领、科学发展本领、依法执政本领、群众工作本领、狠抓落实本领、驾驭风险本领。要激励干事业，坚持严管和厚爱结合、激励和约束并重，完善干部一线巡察、一线督查等机制，健全容错纠错和问责会审机制，持续深化向廖俊波同志学习活动，落实好关心关爱基层干部的政策，激励广大党员干部用心尽责、担当干事。要坚持党管人才原则，大力实施人才强县战略，深入推进“中国生态食品城”人才聚集基地建设，优化人才服务，着力在产业发展、城乡建设、教育、医疗、养老等方面引进一批优秀人才，把各方面的人才集聚到新光泽建设中来。同时，要抓好后备干部队伍建设，注重在基层一线和困难艰苦的地方培养锻炼年轻干部，统筹做好培养选拔女干部、少数民族干部和党外干部工作。

*四要夯实基层基础，充分发挥基层党组织战斗堡垒作用。*党的基层组织是党的全部工作和战斗力的基础。要以提升组织力为重点，突出政治功能，坚持分类施策与整体推进相结合，坚持组织覆盖和工作覆盖相结合，努力把各领域基层党组织建设成为宣传党的主张、贯彻党的决定、领导基层治理、团结动员群众、推动改革发展的坚强战斗堡垒。要深化“乡聘村用”高校毕业生工作，以明年村级组织换届为契机，选优配强农村带头人，并通过专题培训、挂职锻炼等方式加强村“两委”班子建设，提高基层党组织带头人的能力水平。要创新党员教育方式，持续开展“主题微党课”“党员教育巡回讲师团送学下乡”活动，提升党员的素质。要落实“四个一”农村党建工作机制，深化抓党建促脱贫攻坚“五大工程”，持续开展村级党组织达标创星活动，实施村级集体经济发展攻坚行动，促进农村发展、村民致富。要加强城市基层党建工作，统筹推进国企、机关、学校、非公企业和社会组织、互联网等各领域基层党建工作。要抓好基层党支部建设，深入推进“4＋X”固定党日活动，严格落实“三会一课”制度，推进党组织设置和活动方式创新，着力解决一些基层党组织弱化、虚化、边缘化问题。要加强流动党员教育管理服务，健全党内激励关怀帮扶机制，稳妥有序开展不合格党员组织处置工作。要围绕增强“政治性、先进性、群众性”，深化工会、共青团、妇联等群团组织改革。要深入开展“点线面”联动示范工程，培育一批基层党建工作品牌。

*五要强化正风肃纪，营造风清气正的政治生态。*坚持从严从实，大力弘扬习近平总书记在福建工作时倡导的“滴水穿石”精神和“四下基层”“马上就办”等优良作风，始终保持同人民群众的血肉联系。巩固落实中央八项规定精神成果，认真贯彻新出台的八项规定《实施细则》精神，严肃整治“四风”问题。坚持纪严于法、纪在法前，重点强化政治纪律和组织纪律，带动廉洁纪律、群众纪律、工作纪律、生活纪律严起来。加强对党员干部的日常管理监督，运用好监督执纪“四种形态”，抓早抓小、防微杜渐。强化纪律教育和纪律执行，用严明的纪律和严格的监督，使党员干部知敬畏、存戒惧、守底线，习惯在受监督和约束的环境中工作生活。要坚定不移推进反腐败斗争，坚持无禁区、全覆盖、零容忍，坚持重遏制、强高压、长震慑，着力构建不敢腐、不能腐、不想腐的长效机制，巩固压倒性态势、夺取压倒性胜利。加强基层党风廉政建设，以精准监督助推精准扶贫，加大整治群众身边腐败问题力度。深化政治巡察，完善党委巡察制度，健全巡察一体化监督网络，及时发现问题、形成有效震慑。深入推进监察体制改革，按照上级确定的时间表和路线图，按期组建县监察委员会，实现对所有行使公权力的公职人员监察全覆盖。要把党内监督同国家机关监督、民主监督、司法监督、群众监督、舆论监督贯通起来，增强监督合力。

同志们，新时代开启新征程。让我们更加紧密地团结在以习近平同志为核心的党中央周围，坚持以习近平新时代中国特色社会主义思想为指导，解放思想、锐意进取，凝心聚力、奋力拼搏，加快建设机制活、产业优、百姓富、生态美的新光泽，为实现十九大描绘的宏伟蓝图而努力奋斗！

# 在县委十三届七次全体会议上关于县委常委会工作的报告

去年以来，县委认真学习贯彻习近平新时代中国特色社会主义思想，认真落实“五位一体”总体布局、“四个全面”战略布局和省委、市委战略部署，围绕县第十三次党代会确定的建设“中国生态食品城”目标定位，团结带领全县广大干部群众，凝心聚力、拼搏实干，推动经济、政治、文化、社会、生态文明建设和党的建设取得了新的成绩。2017年实现地区生产总值91.1亿元，增长8.5%；14项主要经济指标中，地方公共财政收入、农村居民人均可支配收入、固定资产投资、农林牧渔业总产值、农林牧渔业增加值、出口总值、实际利用外资等7项指标增幅居全市前三位(其中地方公共财政收入和农村居民人均可支配收入2项指标增幅居全市第一)，保持稳中有进、向上向好的发展态势。

**一、深入学习宣传贯彻党的十九大精神，全面落实中央和省委、市委新要求新部署**

把迎接党的十九大胜利召开和学习贯彻十九大精神作为首要政治任务。围绕迎接党的十九大胜利召开，县委精心组织、周密安排，深入学习贯彻习近平总书记“7·26”重要讲话精神，扎实开展主题宣传，动员各单位各部门扎实做好各项工作，以优异成绩迎接党的十九大胜利召开。党的十九大召开期间，县委组织全县广大党员干部第一时间收听收看党的十九大盛况。大会胜利闭幕后，县委把学习宣传贯彻党的十九大精神作为首要政治任务，第一时间召开县委常委会会议进行传达学习，下发《关于认真学习宣传贯彻党的十九大精神的通知》，对全县学习宣传贯彻工作作出部署，要求全县各级党组织、广大党员干部突出“六个聚焦”，以高度的政治自觉，着力学懂弄通做实。县委常委会带头开展学习研讨，县委常委带头深入基层宣讲十九大精神，及时组建县委宣讲团赴各乡（镇）各部门，分层级、分领域、全覆盖开展宣讲。各级各部门都开展了形式多样、丰富多彩的学习宣传贯彻活动，在全县上下迅速兴起了学习宣传贯彻的热潮。坚持把习近平新时代中国特色社会主义思想落实到具体工作中，主动融入福建省建设国家生态文明试验区和南平市创建全国绿色发展示范区大局，找准坐标定位，进一步完善提升“中国生态食品城”目标思路，即：加强党的领导，贯彻落实新发展理念，高质量、加速度推进新时代“中国生态食品城”建设——坚持稳中求进工作总基调，坚持绿色发展方向，以生态食品产业为支撑的生态文明建设示范城。全县上下抢抓机遇，主动作为，真抓实干，全力推进。

**二、坚持绿色发展，高质量加快推进“中国生态食品城”建设**

始终坚持发展第一要务，认真贯彻新发展理念，切实加强党对经济工作的领导，大力推进创新驱动和供给侧结构性改革，不断提高经济发展质量和效益。

一是加强生态环境保护。巩固提升国家级生态县创建成果，顺利通过国家发改委合格生态保护与建设示范区中期评估。完成全国首个县域生态文明建设水利总体方案编制，特色水文化品牌加快树立。坚决打好污染防治攻坚战，强力推进大气污染整治，落实水污染防治行动计划，开展土壤污染防治工作，县域环境质量持续向好，全年优良天数比例达99.7%。推进流域综合治理，闽江上游富屯溪七期防洪工程（光泽段）、枧坑水库等一批防灾减灾项目加快推进，“河长制”组织网络覆盖全县大小河流，水环境显著改善，和顺交界断面水质由三类恢复到二类，流域水功能区水质达标率达100%。加强资源培育保护，完成森林抚育0.48万公顷，森林覆盖率提高至78.85%。严把项目准入关，推进节能减排，环境质量持续提升。

二是强化特色产业支撑。深化供给侧结构性改革，着力培育壮大“1+3”食品产业，规模以上食品企业达14家，实现产值82.4亿元，比增13.5%，荣获2016～2017年“全国食品工业强县”。圣农集团在同行业率先推行农业4.0模式，白羽肉鸡养殖规模跃居亚洲首位；承天集团入选“2016年度中国医药行业最具影响力榜单”，华韵武夷茶业有限公司等7家企业入选省科技小巨人领军企业培育名单，圣农熟食品六厂、圣农技术研发中心等一批重大项目建成投产，饲料五厂、圣维兽药疫苗等一批重大项目加快建设。现代绿色农业加快发展，“干坑小种红茶”成功注册国家地理标志证明商标。生态旅游、电子商务和物流商贸等产业同步加快发展，培育新增限上商贸企业和服务业企业2家，有效扩大优质服务供给。

三是加快城乡融合发展。城市建设规划体系不断健全，启动“多规合一”规划研究，完成圣农小镇、中山南路片区城市规划设计编制，各专项详细规划进一步深化。特色小镇加快建设，研究制定《补助圣农一线员工常住圣农小镇的办法（试行）》和《在圣农小镇实施造福工程易地扶贫搬迁补助办法（试行）》等产城融合配套政策，圣农小镇学校、医院、派出所等项目完成主体工程，商住休闲区、道路等配套设施加快推进。加快推进“水美城市”建设，在全市率先建成5.3千米集中连片滨水景观带。创新推行城市保洁二级考核制度，推进垃圾分类管理试点，深化车辆乱停乱放、“两违”等综合整治，城乡品质持续提升。推动美丽乡村扩面提质，15个村通过省级“千村整治、百村示范”验收，4个村获评省级乡村旅游特色村。大力实施交通、电力、农田水利、安全饮水等基础设施项目，改造农村道路22.5千米、危桥5座，实施农村饮水安全工程7处，建设高标准农田0.14万公顷，城乡基础设施更加优化，群众生产生活条件持续改善。

四是持续强化项目带动。坚持把项目作为扩投资稳增长的主抓手，健全落实“五个一批”项目推进机制，梳理“三四五”（“三个层面”“四张清单”“五项机制”）项目推进工作机制，开展“开工比进度、前期比效率、谋划比成效、审批比服务”竞赛活动，创新开展“支部建在项目上、身份亮在岗位上、党旗飘在工地上”主题行动，层层压实责任。实施重大项目、重点工作“百日攻坚战”，攻克了一批顽症痼疾，创造了许多攻坚速度，房屋征收面积达8.1万平方米，超过近7年总和。“百日攻坚”结束后，又紧接着开展“四比六促”“工作落实月”活动，持续业已形成的良好态势，促进项目工作提速提效，全年新开工总投资2000万元以上招商项目68项，累计实施各类项目270余项，固定资产投资增长率连续两个季度荣获省上正向激励奖，特别是二季度固投增长75.7%，居全省第1位。

五是锐意改革创新。全力推进中央和省、市各项改革任务落实，推动一批重要领域和关键环节改革取得突破。深化生态文明体制改革，扎实贯彻国家生态文明试验区福建实施方案，深化领导干部自然资源资产离任审计试点工作，在全省率先建立自然资源资产大数据平台，改革经验得到全国推广。在全国率先建立“绿水维护补偿”机制，推行全流域水质考核管理，从源头保护水资源成为全县共识。顺利完成县属国有林场改革，有序推进国家储备林质量精准提升，收储商品林440.53公顷。深化“放管服”改革，围绕“最多跑一趟、一趟不用跑”目标，推行“容缺后补”“审批代办”等机制，一年来共梳理精简事项材料463条，减少审批环节314个，累计压缩办理时限456个工作日。

**三、致力民生改善，持续提升群众满意度和获得感**

坚持以人民为中心的发展思想，召开县委十三届五次全会，对加快补齐教育、卫生与健康、养老和城乡民生基础设施短板作出全面部署。全县民生支出占财政总支出88.4%，23项为民办实事项目基本完成。

一是抓实精准脱贫攻坚。把精准脱贫攻坚作为第一民生工程，突出务实扎实真实，全力推进精准扶贫精准脱贫，推动实现2994人稳定脱贫，8个贫困村脱贫摘帽。全面落实脱贫攻坚责任制，推行“三个一”帮扶模式，实现贫困村、贫困户帮扶力量全覆盖。持续深化党建引领脱贫攻坚“五大工程”，推进党建富民强村，建立党员带富示范基地36个，全面消除收入3万元以下薄弱村。深化产业、就业、教育、金融、医疗等扶贫机制创新，实施“财政＋金融”联动扶贫，发放扶贫小额贷款8190万元，贫困户受益率达89.9%；推动扶贫医疗叠加保险政策落地实施，贫困人口就医自付比例降至10%以下；扩大教育扶贫对象覆盖面，资助贫困家庭学生2092人次，光泽县教育、金融、医疗扶贫工作得到省市领导充分肯定。加大造福工程易地扶贫搬迁和危房改造，完成造福工程易地扶贫搬迁1122户、危房改造234户，均超额完成年度目标任务。深入对接“5＋2”挂钩帮扶单位，争取帮扶项目15个、帮扶资金4362万元。

二是加快补齐民生社会事业短板。实施积极就业政策，创新用工服务举措，城镇登记失业率控制在4%，建设施工领域“无欠薪项目部”在全市率先实现全覆盖。扩大社会保险覆盖面，加强困难群众基本生活保障，全县城乡低保平均标准均高于全省平均水平。实施教育强县战略，优先保障教育投入，新建、改造各类校舍9816平方米，新增学位200个；职教中心通过省级达标校验收，2017年高考本科上线人数、本一上线率创十年来新高。持续深化医药卫生体制改革，完成县医院、中医院合署搬迁及妇幼保健院整体搬迁，探索推进跨区域医联体合作，全面实现公立医院药品、耗材零差率销售。加快提升和建设一批养老服务项目，推进社区居家养老专业化服务，创新乡镇敬老院运营模式，有序推进医养结合。文体广电事业快速发展，数字影院投入试运行，室内体育馆进入内部装修，完成45个村（居）健身路径建设，光泽电视台一套节目在全市率先实现高清播放。

三是加强和创新社会治理。认真落实综治信访维稳责任制，有力保障“厦门金砖会晤”“党的十九大”等重大活动期间社会安定稳定。创新提升“综治进民企”、“1＋N”流动警务室、交通安全综合管理“五四三”工作法等机制，建成全市首个生态司法教育实践基地、首家青少年警训中心。深化平安光泽建设，认真落实信访工作责任制，完善立体化社会治安防控体系，抓好安全生产工作，群众安全感、平安建设知晓率、执法工作满意度均居全市前三，其中执法工作满意度居全市第一。

**四、扎实推进全面从严治党向纵深发展**

坚持党要管党、全面从严治党，全面加强党的政治建设、思想建设、组织建设、作风建设、纪律建设和制度建设，为“再上新台阶、建设新光泽”提供坚强组织保证。

一是强化思想政治建设。坚持把党的政治建设摆在首位，县委班子带头认真学习、执行和维护党章，带头严守党的政治纪律和政治规矩，坚决维护习近平总书记核心地位，维护党中央权威和集中统一领导，坚定不移贯彻落实党中央和省委、市委决策部署。认真贯彻民主集中制，严格执行新形势下党内政治生活若干准则，发展积极健康的党内政治文化，营造风清气正政治生态。以上率下推进“两学一做”学习教育常态化制度化，深入学习廖俊波精神，依托“主题微党课”“巡回讲师团送学下乡”“村官论坛”“故事会”“微论坛”等平台，引导广大党员干部坚定理想信念，树牢“四个意识”。深化落实党委（党组）意识形态工作责任制，出台《光泽县党委（党组）意识形态工作责任制实施细则》，意识形态责任制落实情况督导实现全覆盖。抓好正面宣传和舆论引导工作，强化网络舆情管控，加强精神文明建设，深入推进省级文明县城创建。

二是强化领导班子和干部队伍建设。坚持好干部标准，坚持凭实绩看德才、凭德才用干部的用人导向，注重在“百日攻坚战”“四比六促”活动等一线培养、考核干部，2017共调整干部3批次99人。加强对干部的提醒、函询、诫勉，加大领导干部个人有关事项报告核查力度。加强干部锻炼培养，加强干部教育培训，建立和实行领导干部到党校讲课制度，强化各类教育培训。认真抓好人才强县试点建设，先后引进享受国务院特殊津贴专家1名，圣农集团成功入选省级专家服务基地。

三是强化基层基础。推进基层党建工作创新，推行“乡聘村用”高校毕业生、“4＋X”固定党日活动、非公党建“三融合”、“党建闹钟”等党建品牌，得到省领导充分肯定。实施“领头雁”工程，选派优秀干部到贫困村、重点村任职，实现27个贫困村下派书记全覆盖；将全部贫困村纳入软弱涣散村党组织整顿，推进村级组织达标创星活动，建强村级组织战斗堡垒。统筹推进各领域党建工作，推进社区“大党委”建设，全面推广圣农党建“三融合”工作法，全县非公企业党组织覆盖率达 83.6%，社会组织党组织覆盖率达 73.7%。

四是强化正风肃纪。认真落实“五抓五看”要求，县委常委带队到各乡镇开展检查，推动“两个责任”落实。持之以恒落实中央八项规定精神，推动作风建设常态长效，今年以来，共查处违反中央八项规定精神问题 20 起，处理 35 人。深入开展精准监督助推精准扶贫工作，严肃查处群众身边的不正之风和腐败问题。推进两级派驻机构改革，全面实现派驻机构和人员双到位。推进党委巡察，推进监察体制改革，依法选举产生了县监察委员会主任，完成县监察委员会的挂牌成立。把握运用监督执纪“四种形态”，保持惩治腐败高压态势，全县共新立案 66 件，其中涉及乡科级干部 16 件。

五是推进民主政治建设。充分发挥党委总揽全局、协调各方的核心作用，积极支持“一府两院”依法行政和依法开展审判、检察工作。支持和保障人大、政协依法依章履职，县人大、县政协围绕精准扶贫、“百日攻坚战”“四比六促”等重点工作开展调研、监督检查，为推进“中国生态食品城”建设发挥了积极作用。密切同工商联、党外人士、商会的联系，加强和改进对工青妇等人民团体和群众组织的领导。重视做好民族、宗教、侨务以及对台工作。巩固军政军民团结，成功创建省级双拥模范县。加强党内、群众和舆论监督，充分调动各方面的积极性，形成推动光泽发展的强大合力。

# 坚定信心 砥砺奋进<br>高质量推进新时代中国生态食品城建设

（2017 年 12 月 26 日在光泽县第十七届人民代表大会第二次会议上）

光泽县人民政府县长 赵大建

县长赵大建在县第十七届人民代表大会第二次会议上作政府工作报告

各位代表：

现在，我代表光泽县人民政府向大会报告工作，请予审议，并请县政协委员和列席会议的同志提出意见。

## 一、2017 年工作回顾

即将过去的一年，县政府以党的十八届六中、七中全会和十九大精神为指导，深入贯彻落实习近平总书记系列重要讲话精神，在县委的坚强领导下，在县人大、县政协的监督支持下，团结和依靠全县广大人民，积极应对挑战，奋力攻坚，较好地完成了县十七届人大一次会议确定的各项目标任务，实现了本届政府的良好开局。

（一）持续奋进，中国生态食品城战略接力实施

一年来，县政府深入贯彻县第十三次党代会和县十七届人大一次会议精神，始终保持战略定力，不断拓展发展思路，一以贯之抓突破、抓推进，实现了更有质量、更具效益的发展，更加坚定了必须一张蓝图绘到底的决心。我们秉承“绿水青山就是金山银山”发展理念，坚守生态红线，夯实生态本底，发挥生态优势，不断把生态资源转化为生态产业，把生态产业转化为生态效益，进一步拓宽了“绿水青山”向“金山银山”转化的道路。我们坚定不移打造现代绿色产业体系，突出做强“1＋3”食品产业，协调推进“七大产业”融合发展，在延伸产业链条，壮大产业规模，提升产业层次上迈出了坚实步伐。我们持之以恒统筹城乡一体发展，加快推进以人为核心的新型城镇化，梯次推进城市、小城镇、美丽乡村建设，大力实施民生工程，积极发展社会事业，人民群众享有了更多获得感和幸福感。

（二）攻坚克难，县域经济基础更加坚实

以项目为抓手，全力打好“百日攻坚战”，深入推进“四比六促”活动，迎难而上，奋力拼搏，经济社会发展总体呈现速度加快、效益提高、后劲增强的良好态势。经济指标稳中向好。初步预测，全年实现地区生产总值89.8亿元，增长7.5%；农林牧渔及服务业总产值78亿元，增长7%；规模以上工业总产值97亿元，增长7.5%；固定资产投资59亿元，增长20%；社会消费品零售总额21.1亿元，增长10.5%；出口总值6400万美元，增长6.4%；实际利用外资4410万美元，增长27.8%；财政总收入5.83亿元，增长3.5%，其中地方级财政收入4.12亿元，增长1.5%；农村居民人均可支配收入12554元，增长9.7%；城镇居民人均可支配收入27250元，增长8.2%；城镇登记失业率控制在3.01%；节能减排目标任务全面完成。产业特色更加鲜明。规模以上食品企业增至14家，实现产值82.4亿元，占规上工业总产值84.9%。圣农集团在同行业率先推行农业4.0模式，白羽肉鸡养殖规模跃居亚洲首位；承天集团入选“2016年度中国医药行业最具影响力榜单”，圣农熟食品六厂、圣农技术研发中心、中科渔业一期等一批重大项目建成投产。项目建设更加有力。全力以赴实施项目攻坚，不断创新项目推进机制，新开工总投资2000万元以上招商项目68项，累计实施各类项目270余项，固定资产投资增长率连续两个季度荣获省上正向激励奖，多项停滞不前的热点项目得以突破，项目建设得到广大群众的支持，项目实施更加有序，发展后劲不断增强。

（三）精准聚焦，脱贫攻坚战役纵深推进

脱贫力量精准集聚。举全县之力打好脱贫攻坚战，实现2958人稳定脱贫，全县贫困发生率下降至1%以内。全面落实脱贫攻坚责任制，推行“四个一”帮扶模式，实现贫困村、贫困户帮扶力量全覆盖，落实帮扶资金487万元。深入对接“5＋2”挂钩帮扶单位，开展“联乡联村联户”促脱贫攻坚行动，争取帮扶项目15个、帮扶资金4362万元。

脱贫政策精准落实。围绕“两不愁、三保障”，大力推进生态、教育、健康、搬迁扶贫工程，不断提高脱贫攻坚质量和水平。进一步扩大教育扶贫对象覆盖面，资助贫困家庭学生2092人次；实现贫困人口免费参加城乡居民医疗保险全覆盖，就医自付比例控制在10%以下；完成造福工程易地扶贫搬迁1122户、危房改造234户，均超额完成年度目标任务。实施“财政＋金融”联动扶贫，发放扶贫小额贷款8190万元，贫困户受益率达89.9%；创新扶贫小额信贷机制，发挥国有公司优势，将贫困户扶贫小额贷款资金入股县国资公司，实现所有贫困户享有分红收益。

脱贫项目精准实施。大力实施项目促脱贫工程，创建“产业＋扶贫”示范村13个，完成光伏扶贫项目18个，惠及15个贫困村、310户贫困户。推广龙头企业、经济组织引领模式，鼓励贫困村因地制宜发展特色产业，实现10个贫困村脱贫摘帽。出台鼓励和扶持政策，引导贫困户到圣农小镇集中安置并就业，促进长期稳定脱贫。狠抓就业扶贫，在全市率先开发公益性岗位，完成“雨露计划”培训565人、“春潮行动”培训2799人，安置350名贫困群众稳定就业。

（四）建管并举，城乡品质形象提档升级

城市功能显著提升。城市建设规划体系不断健全，启动“多规合一”规划研究，完成圣农小镇、中山南路片区城市规划设计编制，各专项详

细规划进一步深化。特色小镇建设加快，圣农小镇学校、医院、派出所等项目完成主体工程，商住休闲区、道路等配套设施加快推进。城市路网更加优化，新改建城市道路11.93千米，建成光明大道、仙华洲路、武林东路、顺安桥，新建东方路、册下环路（一期），开工建设中山南路、洪济路、武林北路、册下环路（二期）。市政公用设施进一步完善，北溪水厂完成主体工程；客运站、公交总站开工建设，新开通公交线路3条，新增双燃料出租车29辆、公共停车位230个；城区老旧公厕全面改造，新建公厕6座。城市征迁力度持续加大，房屋征收面积达8.1万平方米，超过近7年总和，中山台、城北及电炉厂片区建设用地有效盘活。

基础设施日臻完善。乡村路网框架进一步拉伸，横四线（光泽段）建设进展顺利，城区至崇仁、崇仁至寨里二级公路加快推进，崇和线、城西环路启动前期工作；投资6123万元，实施农村安保工程72.2千米，改造农村道路22.5千米、危桥5座。农田水利设施更加完善，肖家坑水库完工验收，枧坑水库加快建设，闽江防洪工程（七期）有序推进，实施农村饮水安全工程7处，建设高标准农田0.14万公顷。供电保障能力不断提升，投入7500万元，改造升级城乡电网，单条线路跳闸次数同比下降69%。全光网城市建设加快推进，建制村基本实现光纤联网，高速公路、国道、建制村4G信号深度覆盖。

城乡面貌持续优化。高起点打造“水美城市”，建成洄龙潭、橘子洲、梅树湾景观带5.3千米，形成集中连片水美景观带，走在全市前头。推进城市绿化亮化，实施部分城区主干道、橘子洲片区、城南片区夜景灯光工程，建成九龙峰森林公园入口处景观带，开展城市绿地提升改造，新增城市绿地32.23公顷。加强市容市貌综合整治，强化老旧小区、小街巷、农贸市场卫生保洁，有效遏制违法违章建设，成功创建省级文明县城。推动美丽乡村扩面提质，15个村通过省级“千村整治、百村示范”验收，4个村获评省级乡村旅游特色村。推进“三沿”环境整治，深化“万人保洁”机制，开展农村垃圾分类试点，乡村面貌持续改善。

（五）锐意创新，生态文明建设成效显著

改革实践富有成果。扎实贯彻国家生态文明试验区福建实施方案，深化领导干部自然资源资产离任审计试点工作，在全省率先建立自然资源资产大数据平台，改革经验成效受到中央深改办、国家审计署、央视等国家机构和新闻媒体的高度关注。在全国率先建立“绿水维护补偿”机制，推行全流域水质考核管理，从源头保护水资源成为全县共识。完成全国首个县域生态文明建设水利总体方案编制，特色水文化品牌加快树立。“河长制”组织网络覆盖全县大小河流，构建起科学严格的水管理体系。顺利完成县属国有林场改革，有序推进国家储备林质量精准提升，收储商品林440.53公顷，完成森林抚育0.48万公顷。

环境整治更加有力。加强农业面源污染整治，拆除或关闭生猪养殖场78家，削减生猪存栏2.7万头，落实测土配方施肥23万亩次，推广种植紫云英0.07万公顷。开展大气污染综合整治行动，强化工业废气治理，在全市率先完成黄标车淘汰任务，县域空气质量优良天数比例达99.7%。推进小流域综合整治，完成水土流失治理1027公顷，建设万里安全生态水系综合治理工程10千米，清淤河道6千米，全流域水环境质量达二类以上标准。加大渔业资源保护力度，在全市率先设定禁渔期，严厉打击电鱼、毒鱼等违法行为，收缴非法捕鱼工具两千余件。

支撑能力有效增强。完善城区垃圾污水处理设施，改造城区生活垃圾填埋场，开工建设县污水处理厂二期、金岭污水处理厂，新改建污水管网17.5千米。加快提升环境监测能力，布设水质断面监测点29个，建成城区第二空气自动监测站，完成百石水质自动监测站及机动车尾气检测线建设。

（六）共建共享，社会事业取得长足进步

保障体系不断健全。增强社会保障能力，全面完成全民参保登记和新老农保过渡衔接，提高农村低保、特困人员基本保障标准；推进社区居家养老专业化服务，创新乡镇敬老院运营模式；建设各类保障性住房164套。统筹促进城乡就业，完成县级及4个乡镇就业和劳动保障平台建设，新增城镇就业1435人，转移农村劳动力3608人；创新实施高校毕业生“乡聘村用”，公共技能实训基地成为全市唯一省级一类标准基地。加强劳动者合法权益保护，建设施工领域“无欠薪项目部”

在全市率先实现全覆盖。

民生事业加速推进。民生实事有效落实，23项为民办实事项目基本完成。教育均衡发展深入推进，新建、改造各类校舍9816平方米，新增学位200个；职教中心通过省级达标校验收，2017年高考本科上线人数、本一上线率创十年来新高。医药卫生体制改革步伐加快，完成县医院、中医院合署搬迁及妇幼保健院整体搬迁，探索推进跨区域医联体合作，全面实现公立医院药品、耗材零差率销售。人口计生基层基础更加夯实，生育水平持续适度稳定。文体广电事业快速发展，数字影院投入试运行，室内体育馆进入内部装修，完成45个村（居）健身路径建设，光泽电视台一套节目在全市率先实现高清播放。

社会治理持续加强。全力维护社会和谐有序，深入开展“平安光泽”建设，认真落实综治信访维稳责任制，有力保障“厦门金砖会晤”“党的十九大”等重大活动期间安定稳定。安全生产形势持续向好，扎实开展安全生产大排查大整治和大检查，安全生产“四项指标”全面下降。完善食品药品监管体制，认真落实粮食安全行政首长责任制，实现农村食品安全监管网格化全覆盖，成功创建省级食品安全社会共治示范县。扎实推进双拥共建，获评省级“双拥模范县”。

（七）担当尽责，政府自身建设不断加强

落实从严治党要求，把学习宣传贯彻党的十九大精神作为首要政治任务，读原著、学原文、悟原理，以上率下，在政府系统迅速掀起学习热潮。扎实推进“两学一做”学习教育常态化制度化，深入开展向廖俊波同志学习活动，注重在项目建设一线锤炼作风，干部队伍攻坚克难、敢于担当的作为进一步凸显。加强法治政府建设，自觉接受人大法律监督和政协民主监督，认真办理人大代表建议和政协委员提案；严格执行民主集中制，始终坚持重大事项集体讨论、重大项目民主决策，政府工作规范化、法制化、科学化水平不断提高。广泛听取和吸纳人民团体的意见和建议，支持残联、共青团顺利完成换届选举。深化行政审批制度改革，完成县级权责清单融合，梳理公布“一趟不用跑”和“最多跑一趟”事项734项，精简“减证便民”事项28项，推行重点项目集中会商和审批全程代办，政府工作更加务实高效。稳步提升统计服务水平，圆满完成第三次全国农业普查和城乡住户调查样本轮换。锲而不舍落实中央“八项规定”精神，全面完成党政机关公务用车制度改革，严控“三公”经费。推进国家监察体制改革试点，加大行政监察和审计监督力度，强化扶贫领域监督执纪问责，政府系统廉政建设和反腐败工作深入推进。

与此同时，国防动员、人民防空、民族宗教、外事侨台、档案、方志、工商联、计生协、贸促会以及老干部、老龄、妇女儿童、关心下一代等工作也取得新成绩。

各位代表，奋斗蕴含艰辛，成绩来之不易。这是市委、市政府和县委坚强领导的结果，是县人大、县政协监督和支持的结果，是全县人民和社会各界团结拼搏、开拓创新的结果。在此，我代表县政府，向全县人民，向人大代表、政协委员、各人民团体，向离退休老同志和社会各界人士，向省市驻光单位和驻军部队、武警官兵、公安民警，向关心支持光泽发展的港澳同胞、台湾同胞、海外侨胞、国际友人以及心系家乡的各地商会会员们，表示衷心的感谢并致以崇高的敬意！

成绩令人鼓舞，任务依然艰巨。回顾即将过去的一年，我们也清醒看到，经济社会发展中还存在一些不容忽视的困难和问题，主要表现在：县域经济实力仍然较弱，综合竞争力不强，生态资源优势尚未得到充分发挥；城乡基础设施有待完善，基本公共服务供给不足，民生社会事业短板较为突出，脱贫攻坚任务依然艰巨；科技创新能力较弱，服务经济社会发展的人才十分缺乏；政府职能转变仍需进一步深化，部分干部干事创业、克难担当的精神还不够。对于以上问题，我们一定高度重视，认真解决，不辜负全县人民的期望和重托！

**二、2018年工作目标任务**

2018年是贯彻党的十九大精神的开局之年，是改革开放40周年，是决胜全面建成小康社会、实施“十三五”规划承上启下的关键一年。做好2018年工作，要全面贯彻党的十九大精神，理解和把握中国特色社会主义进入新时代的深刻内涵，对照党的十九大作出的一系列战略部署，把习近平新时代中国特色社会主义思想贯穿到“中国生态食品城”建设的全过程，奋力谱写新时代光泽绿色发展新篇章！

各位代表，2018 年政府工作的总体要求是：高举中国特色社会主义伟大旗帜，以马克思列宁主义、毛泽东思想、邓小平理论、“三个代表”重要思想、科学发展观、习近平新时代中国特色社会主义思想为指导，全面深入贯彻党的十九大精神，按照中央经济工作会议、全省经济工作会议要求，坚持稳中求进工作总基调，紧紧抓住重要战略机遇期，着力打好防范化解重大风险、精准脱贫、污染防治三大攻坚战，坚定信心不动摇，自我加压不懈怠，高质量推进新时代“中国生态食品城”建设。

2018 年全县经济社会发展的主要预期目标是：全县生产总值增长 8.5%；农林牧渔及服务业总产值增长 5.8%；规模以上工业总产值增长 8.4%；全社会固定资产投资增长 16%；社会消费品零售总额增长 10.6%；出口总值增长 5%；实际利用外资与上年持平；财政总收入增长 9.5%，其中地方级财政收入增长 8.5%；农村居民人均可支配收入增长 9.3%；城镇居民人均可支配收入增长 9.3%；城镇登记失业率控制在 4%以内；完成年度节能减排任务。

为实现上述目标，我们将着力抓好以下几个方面工作：

（一）实施品牌战略，提升新时代光泽影响力

打响公共品牌。充分发挥生态资源优势和县域经济特色，牢牢把握中国食品工业协会授予的全国唯一“中国生态食品名城”品牌价值，集中精力打好“中国生态食品城”公共品牌。按照“测土配方、基地建设、食品检测、冷链物流、市场展示、客户配送”的全产业链经营理念，打牢生态食品质量基石，提升生态食品美誉度。深化与中国食品工业协会和省食品工业协会战略协作，全力办好中国（光泽）生态食品产业发展研讨会，探索制定生态食品行业标准，统一检测检验、统一质量标准、统一品牌包装、统一宣传推介。凝聚全县人民和在外商会力量，吸引更多企业参与生态食品产业发展，运用“互联网＋生态食品”等新型营销模式，持续发力，打响品牌。

推出新兴品牌。学习圣农发展经验，发挥圣农示范作用，更加重视实体经济发展，在继续支持圣农高质量做优做强的同时，鼓励各行业创建品牌，扩大品牌规模。立足全省、全国乃至更高层面，推进武夷山水、承天药业、中科渔业、正山茶业、泽汇渔业、武夷纯然等企业壮大规模，体现产业特色，促进产业优势向品牌优势转化。支持企业争创商标品牌，鼓励企业参与国际、国家和行业标准制订，增创中国驰名商标、福建省著名商标和福建名牌产品。注重发展新业态，积极培育小微双创品牌，加快实施创意产业园，搭建青年创新创业展示交流平台，引导青年研发推广创意产品，努力形成特色创意产业。推进信息产业发展，构建“智慧城市”品牌，启动实施智慧华夏科技信息项目，推进智慧商圈、智慧社区、智慧停车场等项目建设，逐步建立信息化、智能化的便民服务网络。

争创工作品牌。2017 年光泽县多项工作受到上级表彰和肯定，实践证明，勤劳淳朴的光泽人民是能干事、会干事，更能干成事、干成大事。我们一定要充满自信，摒弃甘于平庸落后的心态，激发奋力拼搏的干劲，争当先锋、争先进位。树立一流的工作标准，在产业培育、项目建设、脱贫攻坚、生态文明建设等各方面敢于探索、树立特色、走在前头，引领带动各项工作同步发展。把品牌意识融入工作全过程，更加注重挖掘工作特色，善于总结工作经验，通过总结工作经验提升工作水平，从而更好地推动工作。

（二）全力决战决胜，坚决打赢脱贫攻坚会战

不断激发脱贫动力。强化产业扶贫举措，持续发挥龙头企业牵引、经济组织带动、社会力量参与作用，扩大贫困村、贫困户“造血源泉”。用好用实脱贫专项扶持资金，鼓励贫困村发展“飞地”经济、农村服务产业，提升村集体对贫困户的帮扶能力。拓宽贫困群众增收渠道，结合落实“河长制”、森林质量精准提升等工作，创造更多公益性岗位，优先安置贫困群众就业；完善圣农小镇等扶贫搬迁安置区生产生活配套，吸引贫困群众就近就业增收。

扎实筑牢脱贫成效。进一步压实脱贫工作责任，把脱贫攻坚、同步小康使命扛在肩上。坚持政策不变、力度不减、队伍不撤，再帮一把，再扶一程，不断提高贫困群众保障标准，持续落实生态、教育、健康、金融等扶贫政策，建立返贫预警和脱贫成果巩固长效机制，着力防止因学返贫、因病返贫、因灾返贫。健全驻村帮扶和结对

帮扶工作机制，加强驻村工作队和结对帮扶责任人管理，提升帮扶工作群众满意度。

更加注重志智同扶。坚持扶思想、扶观念、扶信心，引导贫困群众树立起摆脱困境的信心，激励贫困群众树立主体意识，增强勤劳致富的主动性和能动性，通过自身“造血”巩固“输血”成果，不断强化自我发展能力。坚持扶知识、扶技术、扶思路，加大智力和技能扶贫力度，深化“雨露计划”“春潮行动”，开展订单、定点、定向技能培训，提高贫困群众的致富能力和创业本领，努力实现高质量脱贫。

（三）促进三产融合，加快集聚产业发展效应

汇集产业发展合力。深化落实南平市“七大产业”规划，以绿色生态为基础，全力促进产业优质化、绿色化、品牌化发展。大力发展现代绿色农业，全面推广农业4.0模式，加快构建全产业链，提供更多原生态、高品质农产品，增强市场竞争力；推动农产品生产向“精深加工”转化，扩大鸡肉熟食产能，推进茶叶、油茶精制加工，加快实施鳗鱼、蛇类加工项目，提升水饮品、酒类生产规模，鼓励发展笋、食用菌、粮食等食品加工，丰富生态食品种类。大力发展生物产业，加快中国中药（福建）产业园建设，推进中药配方颗粒加工、药食两用保健品研发生产，积极开发蛇毒提取物、软骨素等产品；建成圣农第二祖代种鸡场，完成圣维兽药疫苗厂主体工程，加快构建生物安全体系。大力发展健康养生产业，开工建设健康养生中心、中医药健康养生产业基地，开展中医特色治疗、康复理疗等服务项目，推进医养结合。围绕推进供给侧结构性改革，做大绿色服务业，加快发展旅游、先进制造、数字信息、文化创意等产业，努力构建绿色低碳循环发展的产业体系。

优化园区配套功能。把园区作为产业发展的主阵地，拓展园区空间，优化园区布局，引导新落地企业、城区企业入园。加快实施金岭污水处理厂、金岭大道南北向硬化工程，启动高速连接线拓宽改造前期，推进园区集中供热、水电路讯网等基础配套设施建设，同步实施公共交通、环卫保洁、治安安全等综合服务项目，不断增强园区功能。加大金岭工业园征迁力度，新增供地66.67公顷，重点打造食品深加工产业园。推进鸾凤河谷先行区产城融合，加快圣农小镇建设步伐，建设闽北冷链物流中心、社区服务中心、民族广场、停车场等项目，为产业发展提供更多城市配套服务。

增强扶持服务能力。全面梳理现有优惠政策，整合出台更具含金量的政策，对接实体企业需求，实行精准帮扶。深化产学研融合，推动企业与科研院所合作，助力企业人才培养、技术研发和创新。加快完善电商产业平台，帮助企业“触网”发展，线上线下联动销售产品，有效拓宽市场。进一步做优招商环境，建立重大项目审批绿色通道，强化项目跟踪服务，促成项目尽快落地投产；加大在外商会的关心和支持力度，积极打造“回归工程”样板，激发在外商会回乡投资热情。

（四）强化人本理念，精心打造水美宜居城市

以人为本建美城市。以“水美城市”建设为突破口，水城交融，推动县城“三溪六岸”各片区联动发展，使城市建设成果更好地惠及广大群众。打开城市天窗，推进城市滨水景观带建设，推动洄龙潭、橘子洲、梅树湾景观带向上下游延伸，打造坪山、东关景观带，新增滨水景观带5千米，串起城市滨水景观轴线。打通城市交通脉络，建成中山南路、武林北路、砂坪溪南路，延伸洪济路、册下环路，推进城区至崇仁道路改建，启动乌君山大道、316国道连接线、城西环路、杭西北路、梅树湾大桥、十里铺撤渡改桥建设，实施坪山路“白改黑”，加快改造背街小巷，构筑城市内外循环道路网络。抓好城市水流域综合治理，强化河岸与河道保洁，规范餐饮废水、居民生活污水排放，实现河清水畅、碧水润城。坚持新区建设与老城改造双推进，加快中山台片区改造，推进城北片区开发建设，推动城南、电炉厂片区商住开发，启动城西片区规划和管控，进一步拓展城市发展空间，以良好的城市发展形象随时迎接高铁时代的来临。

以人为本精准管理。坚持把方便市民作为城市管理的基本出发点，让群众在城市生活得更方便、更舒心。提升城市安全供水保障能力，实现北溪水厂供水，全面改造城市供水管网，分区分片推进集中式城市加压供水设施建设，逐步消除城区屋顶水箱。健全城市公共交通体系，加快客运站、公交总站建设，优化调整公交线网、站点

布局，强化网约车、出租车管理，新增新能源公交车19辆；建设公共停车场3处，新增公共停车位475个。树立城市交通行人优先理念，推进城市步行系统建设，完善道路交叉口信号灯、标识标线、安全护栏，逐步禁止大型货运车辆驶入城区。合理布设城区公厕，新建城区公厕10座；更加注重公厕人性化服务，强化公厕卫生保洁，增加公厕“第三卫生间”、热水洗手等便民设施。深化城市执法体制改革，整合城市管理职能，加强渣土车“滴洒漏”、车辆乱停乱放、“两违”等长效管理；合理布局便民服务摊点，引导流动商贩集中规范经营，大力整治商贩占道经营、沿街叫卖等突出问题。科学规划社区布局，新建社区综合服务中心4处，大力发展社区志愿者队伍，引导群众积极参与城市管理。

以人为本共建生态。打好污染防治攻坚战，满足人民日益增长的优美生态环境需要。持续实施大气污染防治行动，认真开展企业废气污染专项整治，强化建筑施工粉尘、扬尘控制管理，规范餐饮油烟排放，实现恶臭气体在线监控。加强土壤污染防治，加大畜禽污染防治力度，保持农业面源污染整治高压态势，大力实施紫云英种植为主的土壤修复工程；完善城乡垃圾转运系统，加快垃圾填埋场改扩建，新建餐厨（生鲜）垃圾处理站、建筑垃圾处理场。致力繁荣自然生态水域，严格落实“河长制”，强化水产养殖监管，全面依法规范水产养殖发证登记；加大污水整治力度，严格企业污水达标排放管理，提升城乡污水处理能力，建成县污水处理厂二期，新改建城乡污水管网12千米。不断加大生态文明建设联合执法力度，更加严厉打击非法采矿、电鱼、毒鱼等各类破坏生态环境行为。积极倡导和培育绿色低碳生活方式，进一步强化全县干部群众的生态文明意识。

（五）注重和谐统筹，大力推进乡村振兴发展

优化农业产业结构。健全粮食安全保障体系，强化耕地保护目标责任，建设粮食生产功能区0.33万公顷，推广种植优质稻0.67万公顷，实施高标准农田593.33公顷。科学调整农业种植结构，落实烟叶种植面积0.16万公顷，建设生态茶园333.33公顷，新增油茶53.33公顷，促进传统农业向高质量发展。引导农业生产资源集中集聚，鼓励发展多种形式适度规模经营，推进观光农业、农家乐等农旅结合产业发展，新增家庭农场15个、农民专业合作社40个。

改善农村发展条件。大力发展民生水利，基本建成枧坑水库，深化徐家坝水库、长源水库、闽江上游富屯溪四期（光泽段）防洪工程前期，积极争取中央节水灌溉示范县项目。持续实施农村安全饮水提质工程，保障农村饮用水卫生安全。推进农村路网改造提升，建成横四线（光泽段）、崇仁至寨里二级公路，启动崇和线、光大线项目建设，改建农村公路20千米，实施农村安保工程100千米。优化农村电网结构，重点推进大青35KV输变电工程、和顺至止马35KV线路工程建设，持续实施农配网改造项目。深入实施“千村整治、百村示范”工程，大力推进“厕所革命”，完善农村卫生保洁和基础设施后续管护长效机制，因地制宜打造5个精品示范村。

深化农村改革创新。深入推行科技特派员制度，完善农技推广体系，加强新型职业农民培育和认定。加快农村集体经济组织产权制度改革，有序推进农村土地集体所有权、农户承包权、土地经营权“三权分置”改革，加强农村土地经营权流转服务平台建设，探索土地承包经营权抵押贷款。持续推进国家储备林质量精准提升工程，完成商品林收储506.67公顷，抚育森林0.17万公顷，植树造林566.67公顷，争创省级森林县城。积极推进农业水价综合改革，树立有偿用水意识。

（六）突出项目支撑，着力补齐民生事业短板

促进教育质量提升。扩大优质教育资源覆盖面，实现“全面改薄”五年目标，加快实施城区扩容工程，推进城南实验学校、圣农希望学校、城北小学等项目建设，逐步消除大班额现象。加强基础教育，增加普惠性学前教育资源供给，实施“强基壮腰”工程。推进教育综合改革，探索以实验小学为龙头的集团化办学模式，努力实现办学效益最大化。开展五年一轮教师全员培训，健全教师补充机制，合理设置教师学科比例，提升教育教学质量。对接生态食品产业发展需求，创新职成教一体发展，启动生态食品实训基地建设。

推进健康光泽建设。持续深化医药卫生体制改革，建立县医院与省人民医院跨区域医联体，

加快构建分级诊疗体系，力争县医院三年内达到“二级甲等”综合医院标准。完善医疗卫生服务体系，启动精神病专科医院建设，完成疾控中心迁建及乡镇卫生院改扩建；推进乡村卫生服务一体化管理，优化社区卫生服务网点布局，新设社区卫生服务站2处，扩大家庭医生卫生签约服务覆盖面，方便群众就近就医。稳定适度生育水平，提高出生人口素质，促进人口均衡发展。健全社会化养老服务体系，推动居家养老、社区养老和机构养老协调发展，推进乡镇敬老院公建民营和农村幸福院完善提升。

加快文体事业发展。完善城乡公共文化体育设施，建成室内体育馆，新建广播电视新闻中心大楼、图书馆、博物馆，继续实施广电数字化提升工程，推进农村公益电影室外转室内工程、乡村综合性文化服务中心建设，实现村（居）健身路径全覆盖。注重传承和发展县域特色文化，重塑拓展生态文化、茶文化、商周文化、民俗文化，加快杉关生态文化旅游区、商周文化遗址公园建设。完善公共文化服务体系，深入实施文化惠民工程，丰富群众性文化活动。推进全民健身，广泛开展“水美城市”“美丽乡村”健步行等品牌活动，办好第八届“圣农杯”农民运动会。

强化基本民生保障。优化公共就业服务，加强乡镇就业和劳动保障平台建设，新增城镇就业1400人，转移农村劳动力3500人。扩大社会保障覆盖面，推进城乡社会保障一体化，加大医疗救助、慈善救助和临时救助力度，健全农村留守儿童和妇女、老年人关爱服务体系。积极构建和谐劳动关系，完善欠薪工作协调机制和欠薪应急工资保证金制度。加快城市棚户区改造，建设保障性住房300套，进一步改善群众居住条件。

完善社会共治体系。健全矛盾纠纷排查调处机制，及时妥善化解各类社会矛盾，积极引导群众依法理性表达诉求。推进社会治安防控体系建设，严防各类违法犯罪活动滋生蔓延。完善安全生产责任制，扎实开展隐患排查整治，坚决防范各类安全生产事故发生。加强食品药品监管，完善食品检测中心建设，保障群众饮食用药安全。严厉打击非法融资行为，规范民间借贷秩序，防范金融风险。深入开展国防教育和双拥工作，促进军民融合发展。深化统计制度改革，认真做好第四次全国经济普查。

**三、不断增强政府服务能力**

将改革创新贯彻始终。把握新时代特征，注重改进工作方法，推进政府工作创新，以全新的视野、思维和方法，与时俱进、创新发展，力求在更多领域创造“光泽经验”。深化重点领域改革，在政府标准化建设、生态文明体制、农村工作机制、人才培养引进等领域创新突破，增强发展活力。优化绩效管理方式，强化重点项目、重点工作清单式管理，实行正向激励与负向激励双促进，严格落实限时办结制，确保各项工作善始善终、善做善成。创新农村工作模式，学习借鉴贵州“三变”改革经验，鼓励村集体整合土地、林地等资源，实施“一村一品”，引导农户以资金、资产入股，壮大村集体经济规模，促进农民增收。

将担当尽责扛在肩上。始终保持实干有为的热情、干事创业的激情，敢谋大事、善成大事，为发展担当，为百姓尽责。持续“一切围绕项目干”的攻坚气势，以踏石留印的精神、抓铁有痕的劲头，强力推进项目建设。完善政府投资平台和融资机制，规范国有企业运营，加强国有资产、政府投资项目管理。加快推进人才强县试点，探索实行更积极、更开放、更有效的人才政策，广泛吸引聚集优秀人才。

将务实为民落到实处。进一步深刻领会和把握党的十九大精神，全面开展“不忘初心、牢记使命”主题教育，深入学习廖俊波同志的优秀品质和崇高精神，增强心系群众、为民造福的公仆情怀。持续推进行政审批制度改革，完善“互联网+政务服务”体系，推进智能审批和全程网办，为群众创造更加便捷的办事环境。扎实做好民族宗教工作，支持工商联、工会、共青团、妇联等人民团体发挥桥梁纽带作用，及时回应群众关切。

将纪律规矩挺在前面。夯实县政府党组从严治党主体责任，持续推进“两学一做”学习教育常态化制度化，坚定理想信念，牢固树立“四个意识”。深入推进依法行政，主动接受县人大及其常委会的法律监督、政协的民主监督，完善政府与人大、政协联席会议制度，充分听取社会各界意见建议，确保政府工作合法规、顺民意。坚持无禁区、全覆盖、零容忍，把廉政要求落实到政府工作的各个环节，严肃查处违纪违法问题，严厉惩处腐败行为。巩固和拓展中央“八项规定”精神落实成果，加强“三公”经费管控，真正把有限财力用到发展最需要、群众最受益的地方。

各位代表，新时代蕴含新机遇，新任务呼唤新作为。让我们紧密团结在以习近平同志为核心的党中央周围，在中共光泽县委的坚强领导下，不忘初心，牢记使命，开拓创新谋突破，砥砺奋进再扬帆，为高质量推进新时代“中国生态食品城”建设而不懈奋斗！为夺取新时代中国特色社会主义伟大胜利、实现中华民族伟大复兴的中国梦作出光泽更大的贡献！

# 光泽县人民代表大会常务委员会工作报告

（2017 年 12 月 27 日在光泽县第十七届人民代表大会第二次会议上）

光泽县人民代表大会常务委员会主任　刘　雄

县人大常委会主任刘雄在县第十七届人大二次大会上作报告

各位代表：

我受县人大常委会委托，向大会报告工作，请予审议，并请列席会议的人员提出意见。

## 过去一年的主要工作

2017 年，是县第十七届人大常委会履职第一年。一年来，在中共光泽县委的领导下，县人大常委会深入学习贯彻党的十八大、十九大和习近平总书记系列重要讲话精神，围绕中心、服务大局，依法履职、积极作为，充分发挥地方国家权力机关作用，圆满完成各项工作任务。

一年来，常委会共作出重大事项决定 5 项，听取和审议“一府两院”工作报告 10 项，检查法律法规实施情况 3 项，开展满意度测评 1 次，形成书面审议意见 13 份，开展视察调研 9 次，备案审查规范性文件 7 件，任免国家机关工作人员 39 人次，圆满完成县十七届人大一次会议确定的各项任务，人大各项工作在以往基础上又取得新成效新进展。

**一、围绕中心，持续推动经济发展**

常委会始终从全县发展大局出发，谋划和推进人大工作，依据人大工作定位和特点，主动融入、履职尽责，促进全县经济社会持续健康发展。

强化计划预算监督。常委会密切关注全县经济运行态势，依法行使重大事项决定权。听取和审议县政府关于 2017 年 1～7 月国民经济和社会发展计划执行情况的报告，推动县政府贯彻新发展理念，用好用足中央、省上赋予的一系列政策，提高绿色发展质量和效益。听取和审议 2016 年财政决算情况和 2017 年 1～7 月财政预算执行情况的报告、2016 年县财政预算执行和其他财政收支情况的审计报告，要求拓宽财税收入渠道、强化财源税源培植、加大税收征管力度，最大限度地争取上级项目与资金支持，重视审计发现问题整改，提高全口径预决算绩效管理水平。审查和批准县政府关于《2017 年政府债务限额及县本级预算调整方案的议案》，建议县政府在预算调整后，将政府债务更多地用于公益性民生事业项目建设上，加强项目资金使用后续监管，防范举债风险，做到资金使用效益最大化。

*加强重大事项监督。*围绕县委重大决策部署、事关群众切身利益和社会普遍关注的问题，制定常委会工作要点、监督计划并认真组织实施。坚持把调研重大事项与全县经济社会发展紧密结合起来，围绕推进“中国生态食品城”建设，组织开展“百日攻坚战”“四比六促”活动调研，提出了强化领导、营造氛围、重点整治、加大招商、主动对接、严格督查等建议，有效地推动项目攻坚和重大项目的顺利实施。常委会注重对重大项目事前监督，在对泽汇渔业项目引进上，先后组织开展项目前期工作调研、专题听取县政府相关情况汇报，并建议要划定好生态红线，做好项目风险评估、环评、选址等工作，认真研究饮用水安全、污染物排放、失地农民保障等问题。

*突出发展重点监督。*常委会紧扣经济发展重点，积极助推光泽县产业发展和城乡建设融合发展。组织视察圣农小镇、圣农食品加工、金岭工业园区建设等工作，提出要优化空间布局、强化产业支撑、提升城镇功能、加强环境保护等建议，促进县政府持续发力推进生态食品产业及产城融合发展，加快拓展城市发展空间，城乡建设水平不断提升，以圣农肉鸡加工为龙头的“1＋3”食品产业发展势头向好，圣农特色小镇建设初具规模。

**二、回应关切，持续推进民生改善**

常委会高度关注人民群众对日益增长美好生活的需要，对人民群众普遍关注的教育、扶贫、环保等问题开展专题监督，促进民生改善。

*力推教育事业发展。*教育是发展之本、和谐之要、民生之基，也是群众极为关心、关注的热点问题。常委会对光泽县高中教育质量情况进行视察，提出要从提高思想认识、强化管理举措、加强队伍建设、科学统筹布局等方面，加快提升高中教育办学质量和水平。常委会还结合光泽县实际，组织调研组开展小学集团化办学、城区教育资源布局等情况调研，促进教育均衡发展。

*助力民生项目建设。*常委会积极回应社会关切，持续推动解决群众最关心、最直接、最现实的问题。“水美城市”项目建设既是城市绿化、美化、亮化的民生工程，又是完善城市防洪设施的安全工程，常委会高度关注该项目建设并组织专项视察，有力推动了“水美城市”项目实施。目前，洄龙潭、橘子洲、梅树湾集中连片水美景观带5.3千米已建成。听取和审议环境状况和环境保护目标完成情况报告，环境状况持续改善，和顺交界断面水质由三类提高到二类水质标准。常委会还对国土资源管理、农村土地承包经营权确权、安全生产、面源污染防治等重大民生事项进行监督，让百姓有更多获得感、幸福感和安全感。

*全力助推脱贫攻坚。*为确保县委重大决策部署和重要举措的贯彻落实，常委会发挥人大自身优势，准确把握履行职权与重要工作的结合点，精准切入。为打赢脱贫攻坚战，在县人大机关全员结对帮扶贫困户的基础上，引导带动全县各级人大代表参与脱贫攻坚，努力当好脱贫攻坚政策的宣讲员、贯彻落实政策的监督员、畅通民情的信息员、示范带动的战斗员，各级人大代表共提供就业岗位225个，推荐贫困户就业182人，提供科技服务206人次，落实帮扶资金500余万元，实现脱贫180户488人，涌现出一批深受群众点赞的“扶贫代表”，彰显人大代表时代风采。

**三、弘扬法治，持续维护公平正义**

常委会坚持把全面推进依法治县作为重要责任，认真履行法律监督职能，全力推动依法行政、公正司法和全民守法。

*开展执法检查，规范依法行政。*常委会坚持把推动政府部门依法履职作为重点，注重选择与人民群众生活息息相关、社会关注度较高的法律法规实施情况进行检查。常委会对新修订的《人口和计划生育法》《福建省人口和计划生育条例》开展执法检查，督促规范依法行政行为，强化保障机制建设，落实优待奖励政策，健全计划生育技术服务制度，使计划生育家庭得到更多实惠。常委会还开展《行政许可法》和今年我省新颁布的《福建省老年人权益保障条例》执法检查，有效地促进了相关法律法规在光泽县贯彻实施。

*强化司法监督，促进公正司法。*加强对县法院、县检察院监督，是司法为民、公正司法的重要保障。常委会高度重视法院执行工作，专题听取和审议县法院关于执行工作情况报告，提出要改进工作方法、提高执行工作效率，加强队伍建

设、提高执行业务水平，完善联动机制、加强部门沟通协作等建议。县法院加大执行力度、创新执行方法和机制，执行工作效率显著提升。常委会高度关注司法的公正性，将公诉工作列为监督的重要内容，建议县检察院要加大公诉工作宣传力度，强化侦查和审判监督措施，加强公诉队伍建设及检务保障能力，不断提高公诉工作的前瞻性、预判性。县检察院努力作为，探索公诉机制创新，维护公平正义，公诉工作连续多年位于全市前列。

*严格工作流程，落实备案审查。*常委会健全规范性文件备案审查制度，对县政府《关于促进建筑业转型升级加快发展的七条措施（试行）的通知》和《关于光泽县商品房预售资金监管暂行规定的通知》等7份规范性文件进行审查，有效地维护法制的统一和权威，保障公民、法人和其他组织权益。

*依法任免干部，增强履职责任。*常委会坚持做到党管干部和人大依法任免干部的有机统一，严把拟任命人员任前法律知识考试、征求意见、供职表态发言、向宪法宣誓关口，加强履职情况监督，进一步增强被任命人员的法律意识、责任意识和公仆意识。一年来，共依法任免国家机关工作人员39人次，接受辞呈3人次。

*畅通民情民意，维护和谐稳定。*突出抓好重大会议、关键节点的信访维稳工作，组织代表联系选民，掌握和了解群众诉求，努力把矛盾纠纷化解在萌芽状态。今年以来，共有297名人大代表参与调解345起矛盾纠纷，接待群众来访26批74人次，受理来信21件，有力地维护了社会和谐稳定。

**四、创新载体，持续激发代表活力**

常委会尊重代表主体地位，始终把代表工作作为经常性、基础性工作来抓，提升代表履职水平。

*优化服务，创造代表履职条件。*坚持实行“双联”工作制度，组建“代表履职服务中心”，建立“福建省三级人大代表履职服务平台”，完善乡镇“人大代表活动室”，鼓励和引导代表通过网络平台，开通微博、微信等方式，拓展人民群众向代表反映意见和表达诉求渠道。常委会采取举办人大代表任职培训班、视察调研、优秀代表经验交流、邀请代表列席县人大常委会会议和县政府常务会议等方式，提高代表综合素质和履职水平。一年来，常委会组成人员共走访联系代表300余人次，协同代表解决了一大批实际问题。先后邀请人大代表列席常委会会议32人次、县政府常务会议24人次，参加常委会组织的视察、专题调研、执法检查等工作130人次，切实保障代表知情知政权，激发代表履职责任感和使命感。

*完善机制，增强建议办理实效。*坚持把代表议案建议办理作为保障代表依法履职的重要内容和落实代表监督职权的重要措施，建立和完善了议案建议办理“三见面”、重点建议跟踪督办等工作机制。对131件代表建议采取常委会领导重点督办、“一府两院”领导牵头领办、各委室局对口查办、办理情况专项督查等措施，提高建议办理实效，办复率、反馈率、满意率分别达到100%、77.1%和93.1%，促进了一批如城区公厕、整治门牌号码等代表反映强烈的建议得到落实和解决。对极个别建议办理结果代表不满意的，常委会首次采用“约见”方式进行跟踪督办。继续妥善安排好代表建议专项资金，使16条代表建议得到及时有效办结，让群众受益、代表满意。

*注重联系，加强对乡镇人大指导。*坚持邀请乡镇人大主席列席县人大常委会会议，参加常委会组织的视察检查、集中培训等活动，指导和支持乡镇人大依法开展工作。召开乡镇人大主席联席会，探讨交流乡镇人大主席团和人大代表投身脱贫攻坚等工作情况，并邀请部分乡镇党委书记交流党委如何重视乡镇人大主席团工作经验，推动乡镇党委更加重视支持人大主席团工作。今年还首次开展乡镇人大主席团工作竞赛，进一步规范、促进乡镇人大主席团工作上新水平。

**五、改进作风，持续加强自身建设**

常委会把加强自身建设摆在重要位置，不断强化理论武装，改进工作作风，提高履职能力，努力打造为民务实、敢于担当、作风清廉的地方国家权力机关。

*加强思想建设，增强政治定力。*始终把党的政治建设摆在首位，坚决维护以习近平同志为核心的党中央权威，牢固树立政治意识、大局意识、核心意识、看齐意识，始终坚持党的领导贯穿于人大工作各方面、全过程。严守党的政治纪

律和政治规矩，夯实依法履职的思想基础，把学习宣传贯彻党的十九大精神作为首要政治任务，采取集中学习、报告辅导、专题讨论、座谈交流、带头宣讲等形式，掀起学习宣传热潮。以“4＋X”固定党日活动为载体，落实“三会一课”制度，扎实推进“两学一做”教育常态化制度化、开展俊波精神“一月一主题”学习活动及机关党建、效能建设等工作，进一步提升常委会组成人员、机关工作人员的理想信念、政治定力和自觉行动，不断改进作风，增强依法履职、服务大局能力。

强化制度建设，规范工作程序。严格落实中央“八项规定”精神，努力改进视察调研、执法检查、跟踪督办等工作方式，持续推动“四风”整治，扎实推进党风廉政建设。坚持常委会工作与时俱进，制定完善了常委会议事规则、常委会组成人员守则、人大代表约见国家机关负责人暂行规定等制度10多项，有力地推动了常委会各项工作依法、规范、有序开展。

深入宣传研究，营造浓厚氛围。常委会重视加强人大新闻宣传和舆论阵地建设，密切同新闻媒体、通讯员联系，运用新媒介、人大网站加强对人大代表依法履职、人大工作实践的宣传报道，营造良好的舆论氛围，提升人大工作影响力。采取跟班学习形式，提高乡镇人大秘书文字能力和宣传报道素质。今年以来，在市级以上纸质媒体刊登光泽县人大工作宣传报道30余篇（次），《提高行使重大事项决定权实效的思考》理论研究文章获全省人大制度理论课题研究入选奖，《选民“考”代表》通讯获福建省第25届人大新闻三等奖，为南平市唯一获奖的县市。

注重工作交流，提升能力水平。常委会坚持把加强对外交流作为工作提升的重要途径，组织常委会组成人员、人大代表赴南平市、邵武市、建阳区考察学习教育事业发展、民生基础设施建设以及城市管理经验。按照市人大常委会要求，组织光泽县的市人大代表到建阳区开展以“补齐民生社会事业短板、确保如期全面建成小康社会”为主题的异地视察。参加人员带着课题、带着思考外出考察学习，既拓宽视野，又增强代表履职能力。

各位代表，一年来，县人大常委会各项工作成绩的取得，是县委正确领导的结果，是全体人大代表和常委会组成人员共同努力的结果，是全县人民大力支持和“一府两院”密切配合的结果。在此，我谨代表县第十七届人大常委会向全体县人大代表、向所有关心、支持、帮助人大工作的同志和社会各界人士表示崇高的敬意和衷心的感谢！

在充分肯定成绩的同时，我们也清醒地认识到，常委会工作还存在一些差距和不足，主要是：对监督工作中发现问题的跟踪问效还应进一步强化，讨论决定重大事项制度需要进一步落实，代表作用的发挥及建议的办理和落实有待进一步提高和改进，常委会自身建设还需进一步加强等等。对此，我们将自觉接受人民群众和人大代表的监督，高度重视这些问题，并在今后工作中认真加以改进和解决。

## 新的一年主要任务

2018年是贯彻党的十九大精神的开局之年，是改革开放40周年，是决胜全面建成小康社会、实施“十三五”规划承上启下的关键一年。县人大常委会工作的总体要求是：在中共光泽县委的领导下，全面深入学习贯彻党的十九大精神，以邓小平理论、“三个代表”重要思想、科学发展观、习近平新时代中国特色社会主义思想为指导，坚持稳中求进工作总基调，坚持新发展理念，充分发挥地方国家权力机关作用，努力完成县十七届人大二次会议确定的目标任务，为推进新时代“中国生态食品城”建设作出新的贡献。

### 一、坚持党的领导，着力服务绿色发展

坚定正确政治方向。常委会要把深入学习贯彻党的十九大精神作为当前和今后一个时期的首要政治任务，准确领会把握党的十九大精神的思想精髓、核心要义，着力在学懂弄通做实上狠下功夫。充分认清当前经济社会发展的新特征和人民群众的新要求，自觉把人大工作置于党的领导之下，维护好县委统揽全局、协调各方的领导地位。坚持重大问题及时向县委反馈、重大事项及时向县委请示和报告，积极争取县委对人大及其常委会依法行使职权的有力支持，为工作开展创造良好的政治环境。

*力推重大决策落实。*扭住合力攻坚点，站在奋力推进绿色发展，建设“中国生态食品城”的战略高度，在乡村振兴战略、特色产业发展、品牌创立引领等重点工作、重大项目、重要工程推进到关键时点，组织人大代表视察、调研和听取专项工作报告，提出有针对性的审议意见，促进工作落实，以实际行动做到与县委、县政府同心同向，同力同行。

*积极融入发展大局。*找准发挥人大作用与服务中心工作的结合点，抓住全县经济社会发展中带有全局性、根本性和前瞻性的重大问题，依法行使好重大事项决定权，及时作出决定决议。适时听取和审议“一府两院”关于各项决定决议落实情况的报告，努力让人大工作更加有为、有力、有位。

**二、选准监督重点，着力增强工作实效**

*突出聚焦经济。*围绕光泽县经济和社会发展重心，听取和审议“十三五”规划纲要中期评估及计划执行情况，提出可行性意见建议，促进计划全面完成。加大对政府全口径预算决算的审查监督，增强预算和决算的透明度，提高财政资金使用效益。听取和审议审计发现问题整改情况报告，促进审计整改工作落实，增强监督实效。

*注重呼应民声。*重点对群众文化体育基础设施发展、基本公共医疗服务和疾控防疫、气象服务农业、美丽乡村建设等情况进行专题调研。听取和审议2017年度环境状况和保护目标任务完成情况报告，适时对“水美城市”建设、管护机制等进行跟踪监督。持续助力精准扶贫，督促和支持县政府及时回应群众关切，进一步提升群众的获得感和幸福感。

*推进法治建设。*组织对“七五”普法情况进行中期评估调研，听取和审议“防范和打击电信网络诈骗新型违法犯罪情况”专项工作报告。坚持宪法宣誓制度，开展国家宪法日活动，推进全民普法工作。规范完善备案审查范围和程序，强化规范性文件备案审查工作。灵活运用各种监督形式，促使“一府一委两院”严格规范公正文明执法、依法独立公正行使行政权、监察权、审判权、检察权，全力推进光泽法治建设进程。规范信访接待行为，完善与“一府一委两院”信访信息共享平台机制，共同维护社会稳定。

**三、突出主体地位，着力发挥代表作用**

*完善履职平台。*强化人大代表履职服务中心建设，配齐配强工作人员，逐步发挥网络平台作用，确保代表活动制度化、常态化。采取多层次、多渠道的方式，开展异地学习、经验交流、集中培训，找准提升代表履职着力点。健全代表列席常委会会议，参加常委会组织的异地视察、调研、执法检查等机制，深化代表联系选民活动，推进代表履职更加经常、规范，更具活力、实效。

*加强代表管理。*建立代表履职登记、请假情况记录建档等制度，严格执行会风会纪，规范履职行为，促进代表积极履行职务，自觉接受管理监督。健全代表向选民报告履职情况，拓展和延伸代表履职报告形式，并对履职情况进行检查，挖掘树立典型，强化示范带动作用，提高代表整体履职能力，真正做好人民利益的忠实代表。

*力抓建议办理。*健全完善代表议案建议办理“三见面”机制，加大现场督办、跟踪督办力度，规范办理程序，提升办理质量及实效，进一步提高代表建议办理满意率。要规范代表建议办理专项资金使用，加强资金使用情况督查，提高专项资金使用效益，切实把好事办实、实事办好。

**四、加强队伍建设，着力提高履职能力**

*树立良好形象。*常委会要全面加强自身建设，始终不渝地把党的政治建设摆在首位，讲政治、讲程序、讲规矩。牢固树立责任意识和担当精神，坚持依法履职和依规行事，认真落实党组主体责任，深入开展“不忘初心、牢记使命”主题教育，巩固“两学一做”学习教育成果，打造忠诚干净担当的干部队伍，着力提高机关制度执行力和服务保障水平。密切联系代表与群众，真心实意为人民群众解决热点难点问题，把人大及其常委会真正打造成为全面担负起宪法法律赋予的各项职责的工作机关、成为同人民群众保持密切联系的代表机关。

*切实改进工作。*主动适应新时代，拓宽新思路，实现新作为。进一步加强《监督法》《代表法》等法律法规学习，敢于监督、善于监督，突出审议意见建议的精准性，做到打铁自身硬，更好地服务发展。进一步完善常委会工作制度，确保常委会会议和活动规范有序。加强人大新闻宣传，及时报道人大工作新经验、新做法，营造浓

厚的舆论氛围，促进人大工作开展。

密切工作联系。牢固树立“一盘棋”思想，主动接受市人大的指导，积极配合上级人大开展联动监督、调查研究等活动。通过乡镇人大主席联席会议和开展异地视察等活动，加强对乡镇人大的联系和指导，努力推进乡镇人大一年“两次例会”、配备专职工作人员等规定的落实。继续开展乡镇人大主席团工作竞赛，落实乡镇人大秘书跟班制度，不断提升乡镇人大工作整体水平。坚持和完善县人大常委会与县政府联席会议制度、常委会各委室局与县政府对应职能部门联席会议制度，保持经常性联系与协调，推动工作有效落实。

各位代表，再创佳绩，自当扬帆破浪；任重道远，更须奋鞭策马。让我们更加紧密地团结在以习近平同志为核心的党中央周围，在县委的坚强领导下，不忘初心、牢记使命，锐意进取、久久为功，推动新时代人大工作不断迈上新台阶，为决胜全面建成小康社会、加快光泽绿色发展、努力推进新时代“中国生态食品城”建设作出新的更大贡献！

# 中国人民政治协商会议<br>光泽县第十届委员会常务委员会工作报告

（2017 年 12 月 25 日在光泽县政协十届二次会议上）

王寅生

县政协主席王寅生在县政协十届二次会议上作报告

各位委员、同志们：

我代表十届县政协常委会，向大会报告工作，请予审议，并请列席会议的同志提出意见。

## 2017 年工作回顾

2017 年，是县十届政协及其常委会任期的第一年，是光泽全面建成小康社会的关键一年，是全力推进转型升级的攻坚之年。一年来，在中共光泽县委的正确领导下，县十届政协及其常委会始终高举中国特色社会主义伟大旗帜，深入贯彻落实科学发展观和党的十九大精神，牢牢把握团结和民主两大主题，坚持把服务发展作为履职的第一要务，把关注民生作为履职的第一视点，把凝聚人心作为履职的第一责任，切实履行政治协商、民主监督和参政议政三大职能，彰显政协特色，加强自身建设，完成了县政协十届一次会议确定的各项任务，为全力推进“中国生态食品城”建设作出了应有的贡献。

### 一、潜心学习，为民履职更坚定

一年来，常委会始终坚持用邓小平理论、“三个代表”重要思想、科学发展观和新时代中国特色社会主义思想统领政协工作，深入推进“两学一做”学习教育常态化制度化，扎实开展“学习廖俊波，争做合格党员”等主题实践活动。中共十九大召开后，常委会立即把学习十九大精神作为首要政治任务，及时召开党组扩大会议作出安排部署，提出深入学习与贯彻落实十九大精神的要求，在全体政协委员、机关干部职工中掀起学习贯彻十九大精神的热潮，为更好地履职为民提供了强大的思想武器。

政协党组会议、主席会议、机关支部会议和机关干部职工大会分层次、多形式组织学习讨论，准确把握十九大精神实质。常委会采取“走出去与请进来”相结合，集中学习与分散学习相结合，领导带头授课与干部职工自学相结合，统一寄送学习资料与政协领导宣讲走访相结合，理论学习与工作实践相结合等方式，积极改进和丰富学习方式。县政协主席与党员副主席轮流带头讲党课，以上率下，整体联动。尤其是在学习教育活动中一方面注重与脱贫攻坚工作相结合，既顺利推进了脱贫攻坚工作，又密切了党群干群关系；另一方面注重与向廖俊波同志学习活动相结合，党员、干部将学习体会和认识转化为工作的强大动力，更加积极地投身于“百日攻坚战”、“四比六促”活动，有效推动了政协各项工作落实。一年来，举办各类学习会、报告会5场，参加学习的委员、机关干部达300多人次。为委员、机关干部订阅了中共十九大报告、《人民政协报》、《中国政协》、《政协天地》和《南平政协》等学习资料，拓宽了履职为民视野。

通过学习，广大委员更加坚定了走中国特色社会主义道路的信心与决心，深化了对中国共产党领导的多党合作和政治协商制度的认识，更加坚信没有中国共产党就没有新中国，没有中国共产党就没有改革开放和国家振兴的今天，极大地增强了参加政协各单位和全体委员的责任感与使命感。通过学习，充分激发了广大委员参与加快建设“中国生态食品城”的热情，许多委员成为各条战线上的先锋和模范，增强了“服务科学发展、坚定履职为民”的理念，有效地提升了广大委员的履职能力。委员们积极参与各种调研视察，形成调研视察报告20多篇，为光泽县经济和社会发展提供了强有力的智力支持。

**二、关心大局，议政协商更有为**

一年来，常委会围绕县委、县政府提出的奋斗目标，精心组织全委会总体协商、常委会专题协商、主席会重点协商、专委会对口协商等多层次协商。为提高议政协商的质量和效果，确保党的政策和路线方针的贯彻落实，县政协特别注重在政治协商中加强党的领导，经常性召开党组会议，认真研究协商议题，把议政协商过程引导为达成共识、形成共同愿景的过程。光泽县政协《以协商民主为主线，开拓政协工作新局面》经验被光明日报出版的《创新发展基层人民政协工作实务全书》收录其中。

*全委会关注大局。*我们把政协全委会作为全体政协委员全面参与履职、展示整体风貌的重要舞台，会前精心筹备，广泛征集提案线索；会中周密安排，组织委员充分协商议政；会后大力宣传，贯彻大会精神。全会期间，委员们肩负着加快推进“中国生态食品城”建设的历史使命，与县党政各级领导一起共商大事、共谋大计、共绘蓝图。重点围绕政协常委会工作报告、提案工作报告和“一府两院”工作报告等深入开展讨论，积极建言献策。全会闭幕后，及时整理了126条意见、建议，这些建言成果引起了县委、县政府领导的高度关注。

*常委会破解难题。*为了增强协商议政的实效，常委会注重把握好确定精准议题、组织深入调研、开展充分协商、注重办实建议“四个环节”。随着人民物质生活水平的不断提高和城市建设的加快推进，城市建设的文化品位日益为全县广大群众所关注，彰显城市文化、打造城市精神、塑造城市形象日显重要，为此，常委会将“如何在城市建设中彰显光泽县文化特色”确定为专题协商会议的议题，组织专题调研组，开展多方位的调研、多层次的座谈。在常委会议的协商议政中，委员们许多颇有见地的意见建议转化为协商成果，为县委、县政府提升光泽县城市建设的文化品位提供了很好的启发和参考作用。

*主席会聚焦重点。*县政协始终注重维护县委、县政府领导集体的权威，从有利于光泽长远发展和全县人民的根本利益出发，肝胆相照，坦诚建言，先后召开14次主席会议，及时通报县委、政府决定的重大事项，研究贯彻落实意见。县政协主席会议协商注重议题的精准性、协商的灵活性、调研的互动性、建议的操作性，从而实现每一次协商活动的圆满成功；注重加强对事关全县经济社会发展的重点问题、难点问题的协商，多方征求意见，精心选择议题；注重组织和引导委员积

极参与协商过程，力求做到介入早、调研实、献策准；注重加强与县委、县政府的工作互动，跟踪协商意见的落实，促进协商成果转化为实实在在的经济效益和社会效益。一年来，先后就“发挥国家政策性银行作用，服务光泽县重点项目建设”、“推进外来人口市民化”等专题开展协商，其中许多意见建议被政府及其相关部门吸纳，并转化为工作实效，在工作中得到体现。其中，“发挥国家政策性银行作用，服务光泽县重点项目建设”的协商成果先后被省、市政协肯定并转发。

专委会协商专题。我们把对口协商作为专委会知情出力、履行职能的重要途径，各专委会在组织广泛深入的视察调研的基础上，与县直各相关职能部门通过对口协商的方式，就有关问题共商对策，共谋发展。一年来，各专委会先后组织视察调研10余次，形成视察调研报告10多篇，建议70多条，分别就加强卫计人才培养、提高医疗水平，加快光泽县现代农业示范园建设、推动传统农业向设施农业转化，少数民族村精准扶贫工作，北溪水厂项目建设及金岭工业园区供水状况等专题与有关部门进行协商，提出意见和建议，得到了有关部门的高度重视。

**三、倾心民生，民主监督更深入**

一年来，常委会坚持把维护人民群众根本利益作为履行职能的出发点和落脚点，组织政协委员深入调查研究，推进民主监督，多渠道反映社情民意，努力维护人民群众最关心、最直接、最现实的利益问题。

民主监督求务实。政协民主监督是社会主义协商民主的重要实现形式。为进一步推进民主监督工作，县政协做到“四个确保”，一是认真学习和深刻领会中办2017年3月印发的《关于加强和改进人民政协民主监督工作的意见》，确保民主监督工作机制更加规范、完善。二是发挥好政协党组领导核心作用和委员中共产党员的模范带头作用，坚持正确方向和原则，注重提高监督的组织化程度，加强对县委、政府重要决策部署贯彻执行情况等的民主监督，确保民主监督能力和水平的不断提高，做到敢于监督、善于监督。三是营造好民主监督的良好环境，提倡热烈而不对立的讨论、真诚而不敷衍的交流、尖锐而不极端的批评，确保民主监督始终处于畅所欲言、各抒己见、理性有度、合法依章的民主氛围之中。四是推动民主监督取得扎实成效，确保实现协助县委和政府解决问题、改进工作、增进团结、凝心聚力的监督目的。一年来，我们通过建立副主席—委主任—界别组长—委员—社情民意员“五联互动网”，落实“联系、联动、联席”三项机制，努力做好协调关系、理顺情绪、化解矛盾和维护稳定的工作，为深化平安建设提供了强大助力。对光泽县“百日攻坚战”重点项目建设、城乡环境综合整治、“水美城市”建设等重点工作开展了民主监督；积极组织、引导委员参与机关效能建设等评议活动，共同促进全县机关作风建设的改善；加强与媒体监督互动，通过媒体适时报道政协有关监督活动，并充分展示履职成果和委员风采，深获社会好评。

提案工作求落实。提案是政协履行职能的一大载体和重要方式。常委会把抓好提案督办、提高办理质量作为提案工作的重中之重，注重完善提案办理的相关制度，健全、完善了提案办理考评机制。县政协提案委及时会同县政府办，对委员提案进行联合交办，对提案承办的时限、程序、任务、目的予以明确。通过政协副主席领衔督办重点提案，搭建提案人、承办单位与县政协提案委的三方沟通平台，采取学习借鉴外地经验、面对面协商、视察督办重点提案、督办与协商议政相结合以及办理工作“回头看”等有效形式，提升督办层次，加大协商力度，推动承办进程，增强办理实效。如针对重点提案《光泽县竹产业现状与发展建议》的督办，社法民宗委组织部分界别委员、提案人、承办单位深入部门、乡村、企业、协会展开调研，详解实情，召开督办座谈会，提出了规划建设竹循环经济产业园、打造“中国竹碳之都”等意见和建议，得到县政府高度重视，促成县政府《关于做好2017年竹产业发展工作的通知》的出台和竹循环产业园项目的签约，实现了提案办理实效的最大化。十届一次全会以来，立案的98件提案都已办复，委员满意率达95%。

反映民意求如实。反映社情民意信息是政协关注民生的一大特色。常委会、主席会议一直高度重视宣传信息工作，推行宣传信息工作专人分管、人人有责，稿件报送与采用情况“一季一通报”等制度，调动机关各委办同志、政协委员撰写信息的积极性，真正形成了“全委办信息”的格局。常委会在反映社情民意信息中，紧扣社会热点，反映民声民愿，汇聚民意民智，《纪念币发行管理规范亟待改革完善》、《易地搬迁中应引起重视的几个问题》、《做好无碘食盐供应的建议》、《应重视加大对〈国旗法〉的宣传和执法力度》、《在各地商业银行增开保险箱服务的建议》等信息均被省、市政协采用；《保护好“献忠馆”古旧砖瓦和浮雕的建议》、《崇仁明清古街保护刻不容缓》、《关于完善烈士陵园相关设施的建议》、《关于出台政策扶持多层居民住宅楼增设电梯工作的建议》、《关于在光泽县率先开展生活垃圾分类处理的建议》等社情民意得到县委、县政府主要领导的批示。通过及时与有关部门就社情民意信息的办理情况进行沟通落实，切实发挥了政协社情民意信息的“直通车”作用，赢得了较好的社会反响。

扶贫攻坚求扎实。县政协坚持把脱贫攻坚作为最重要的政治任务和第一民生工程来抓，严格按照县委、县政府的部署和要求，做到思想、人员、精力、措施、投入“五到位”。在脱贫攻坚实践中认真践行习近平总书记的扶贫战略思想，县政协机关挂点崇仁乡洋塘村，机关党支部与洋塘村党支部共同签订了《扶贫脱困协议》，县政协领导班子成员、机关干部分别确定了18户结对扶贫对象。一年多来，在各级各部门精准扶贫联动机制的有效运作下，经帮扶人与帮扶对象的共同努力，县政协的脱贫攻坚工作扎实推进，各项目标任务均取得实质成效。

**四、同心协作，团结民主更紧密**

人民政协在组织上具有最广泛的代表性，在政治上具有最大的包容性。常委会高举大团结大联合的旗帜，以联合促履职、以履职促团结，凝聚共同团结奋斗正能量。

团结民主氛围好。常委会完善了政协领导分工联系界别、政协内设机构联系界别小组等工作制度，依托专委会组织界别委员开展活动，积极探索新形势下发挥界别作用的有效途径和方法；加强与各政协参加单位、乡镇联络组的沟通联系，联合开展专题调研视察等活动，做到联络沟通经常化和参政议政制度化，促进并增进了与工商联、各人民团体、无党派人士和各族各界人士的合作，积极为他们知情参政、建言献策创造良好的条件和宽松的环境，努力营造融洽、和谐、民主的政治氛围。

联络联谊视野宽。常委会始终重视与社会各界人士的联络联谊工作。通过走访新一届委员的“春天行动”，让委员们有了“家”的感觉，也增强了委员们履职尽责的积极性；通过走访异地委员推进“回归工程”活动，积极推介光泽，力促在异地经商办企业的委员回乡投资创业、报效桑梓；做好返乡探亲、考察的委员、客商的接待、陪同工作，鼓励、引导在外游子“常回家看看”；通过举办县农信联社金融产品服务政协委员签约仪式，4家委员企业与县农信联社现场签约，年内获授信800多万元。各专委会认真做好与对口部门的联系与沟通，加强工作交流，既为委员知情明政创造了条件，又较好地协助党委政府做好了协调关系、理顺情绪、化解矛盾和维护稳定的工作。常委会还加强与省内外兄弟县、市、区政协的联络联谊交流，学习和借鉴晋江、石狮、永安、政和、邵武、武夷新区、江西金溪等地的先进经验，进一步拓宽了政协工作的视野。

活动交流形式多。常委会注重在传播弘扬优秀文化、滋养社会道德力量中积极作为，努力发挥自身优势，借重提案办理、调研活动、文史资料编纂等工作，开展各种形式的活动交流，为推动光泽县文化事业的繁荣发展尽责尽力。如通过重点提案《关于编纂光泽本土教材并进入中小学课堂》的督办，推动光泽本土教材的编纂工作；积极参与市政协“发掘利用红色文化资源，推进大武夷旅游业发展”专题调研活动，与业内人士就如何推动红色文化资源与旅游业的联姻进行了深入的探讨与交流；积极响应省政协“喜迎十九大召开”书法作品展的作品征集工作，全县4件优秀作品入选市展，1件作品入选省展；配合做好市政协《闽北革命历史名人传》文史资料的编纂工作，承担起撰写《王文波》人物传记的任务；组织委员参与以国家宪法日为主题的“法院开放日”、以“防治校园欺凌，护航未成年人”为主题的“检察院开放日”活动，以及青年创业分享会、关爱留守儿童行动等活动。

**五、齐心奋进，自身建设更强化**

常委会高度重视自身建设，主动适应新形势

新任务的要求，为全面提高人民政协履行职能的能力和水平提供保证。

注重完善制度。常委会根据《政协章程》，以党章党规党纪为重要遵循，以责任为导向，对政协已有的各项规章制度进行了及时的修订和必要的补充，先后修订完善了《关于光泽县政协委员履行职责的服务管理暂行规定》、《光泽县政协联系委员工作制度》、《光泽县政协重点提案遴选与督办办法》、《光泽县政协提案办理协商办法》等制度，努力使政协工作有规可依、有章可循。

注重夯实基础。常委会注重发挥乡镇政协联络组的作用，较好地实现县级政协工作向基层、特别是向农村的延伸。切实加强对乡镇政协联络组的领导，邀请乡镇政协联络组负责人列席县政协常委会议，使之全面了解县政协工作情况，知晓各个阶段的工作重点。召开乡镇政协联络组联席会，组织研讨，交流经验，形成上下联动的工作机制。乡镇政协联络组围绕党委政府的中心工作和县政协的工作重点，组织开展调研和视察，取得了很好的履职成效。

注重改进作风。常委会高度重视政协委员和机关干部的作风建设问题，不断增强大局意识、责任意识、协作意识和服务意识，大力弘扬勤政敬业之风、求实创新之风、团结和谐之风、公正廉洁之风，使广大委员和机关干部作风得到了进一步改进。通过对《光泽县政协委员履职和界别、乡（镇）联络组活动情况考核及“两先一优”评选表彰的办法》的及时修订和严格执行，积极开展创先争优活动，加强了机关效能建设，落实岗位责任等管理制度，使创先争优内化为职业品质、外化为工作动力，机关服务管理更加规范，工作效率明显提高，全面展示了政协机关作风正、守纪严、工作实的良好形象。

各位委员、同志们！一年来，县政协工作取得的成绩，是中共光泽县委正确领导的结果，是县人大常委会、“一府两院”大力支持的结果，是离退休老同志和社会各界关心帮助的结果，是县政协各参加单位、全体政协委员和政协工作者团结协作、辛勤工作的结果，在此，我代表县政协常委会，表示衷心的感谢！

回顾一年来的工作，我们深深地体会到，人民政协要在全县工作大局中干出成效，必须始终坚持中国共产党的领导，必须坚持把服务“四个全面”发展战略作为履行职能的第一要务，必须坚持包容性与合作性相结合，必须完善和发展“党委重视、政府支持、政协主动、各方配合、社会关注”的良好格局，必须把关注好、维护好、实现好广大人民群众对美好生活的向往作为政协工作的出发点和落脚点，必须立足政协特点、突出政协优势、创新政协工作、发挥政协作用！

回顾一年来的工作，我们也清醒地看到，与新时代新任务的要求相比，与社会主义民主政治发展的要求相比，与人民群众日益增强的政治参与的要求相比，我们的工作仍有差距和不足，特别是政协委员履职的积极性、主动性和创造性有待进一步激发；发挥委员界别优势和主体作用的方式途径有待进一步探索；调研视察的广泛性和深入性有待进一步增强；委员提案的质量有待进一步提高；政协履职成果的转化有待进一步提升。真诚希望广大委员对常委会工作提出意见和建议，帮助我们把工作做得更好。

## 2018 年工作建议

### 一、高举新时代伟大旗帜，深入学习贯彻十九大精神

中共十九大是在全面建成小康社会决胜阶段、中国特色社会主义进入新时代的关键时期召开的一次十分重要的大会，具有重要的里程碑意义。习近平总书记所作的报告，回答了新时代坚持和发展中国特色社会主义的一系列重大理论和实践问题，阐明了未来一个时期党和国家工作的大政方针和战略部署，提出了一系列新的重要思想、重要观点、重大判断、重大举措，进一步指明了党和国家事业的前进方向，是中国共产党团结带领全国各族人民在新时代坚持和发展中国特色社会主义的政治宣言和行动纲领，是马克思主义的纲领性文献。学习宣传贯彻中共十九大精神是当前和今后一个时期光泽县政协的首要政治任务。

要按照中共中央、全国政协和中共福建省委、南平市委、光泽县委关于学习宣传贯彻十九大精神的决定和部署要求，进一步精心组织安排，着力在学懂弄通做实上下功夫，切实把思想和行动、智慧和力量统一到中共十九大确定的奋斗目标和

战略任务上来，统一到中共光泽县委作出的各项决策部署上来。

**二、牢牢把握两大主题，推动社会和谐进步**

建设中国特色社会主义是中国人民生机勃勃的事业，需要最大限度地凝聚共识、凝聚人心、凝聚智慧、凝聚力量。我们要贯彻落实中共十九大关于巩固和发展最广泛的爱国统一战线的战略部署，充分发挥统一战线组织功能作用，高举爱国主义、社会主义旗帜，牢牢把握团结和民主的主题，着力增进共识，促进团结，凝聚社会各界人士的力量和智慧，努力找到最大公约数、画好最大同心圆，汇集推进光泽改革发展、同心共筑中国梦的强大正能量。

**三、认真履行三项职能，服务经济社会发展**

全面贯彻中共十九大对人民政协工作的重大部署，认真落实中共福建省委《关于加强人民政协协商民主建设的实施意见》和《关于加强和改进人民政协民主监督工作的实施意见》，把协商民主贯穿政治协商、民主监督、参政议政全过程。进一步完善以政协全体会议为龙头，以常委会会议专题协商为重点，以提案办理协商、对口协商和界别协商等为常态的协商议政格局；进一步健全议题共同确立、计划共同制定、人员共同参与、实施共同推进的“四个共同”协商工作机制，提高协商民主制度化、规范化、程序化水平。扎实推进政协民主监督工作，发挥协商式监督的独特优势，积极助力县委县政府重要决策部署的贯彻落实。要认真落实县第十三次党代会提出的目标任务和光泽县“十三五”规划实施，着眼新光泽建设的总体要求、奋斗目标和主要任务，聚焦光泽县改革发展稳定和经济社会建设中的重大问题，紧盯决胜全面建成小康社会的重点难点问题，针对就业、教育、医疗、社会保障、环境保护等民生领域重要问题，深入开展调查研究、积极议政建言、开展民主监督，为“再上新台阶、建设新光泽”多做贡献。

**四、持续坚定“四个自信”，积极发挥五种作用**

深刻领会习近平新时代中国特色社会主义思想重大的政治意义、理论意义、实践意义，准确把握其科学体系和精神实质，更好地用以统一思想行动、统领政协工作、指导政协实践，更加自觉地贯彻党的基本理论、基本路线、基本方略，更加坚定道路自信、理论自信、制度自信、文化自信，夯实团结奋斗的共同思想政治基础，奋力开辟新时代政协事业发展新境界。具体发挥好五种作用。一是思想引领作用，二是协调关系作用，三是汇聚力量作用，四是建言献策作用，五是服务大局作用。

**五、牢固树立“四个意识”，不断加强自身建设**

县政协机关、政协各参加单位和广大政协委员要牢固树立政治意识、大局意识、核心意识、看齐意识，坚决维护以习近平同志为核心的中共中央权威和集中统一领导，确保人民政协事业正确的政治方向。要适应新时代新任务，按照懂政协、会协商、善议政和守纪律、讲规矩、重品行的要求，加强委员队伍建设，努力提高政治把握能力、调查研究能力、合作共事能力、联系群众能力，切实发挥好在政协工作中的主体作用。一是在政治协商中利用政协的全委会、常委会、主席会和专题协商座谈会等会议，让政协委员广泛参与，充分发表意见和建议。二是在民主监督中通过组织委员对政府职能部门开展民主评议和行风评议，应邀担任特约行风监督员、评议员等形式发挥作用。对委员提案采用主席会督办、视察推办、协商会商办等形式，提高委员提案的办理质量和效果，进一步增强委员履行职能的积极性。三是在参政议政中积极组织委员围绕党政工作重点和人民群众关心的热点难点问题开展视察、调研等活动，激发委员建言献策的积极性。鼓励委员深入基层了解民情、反映民意，多做协调关系、理顺情绪、化解矛盾的工作，进一步调动委员参政议政的积极性。四是在科学履职中鼓励和引导政协委员做好岗位工作，发挥好所在行业的带头作用；鼓励和引导政协委员多参加政协活动，发挥好政协工作的主体作用；鼓励和引导政协委员密切联系群众，发挥好所在界别的代言人作用。

各位委员、各位同志：

我们正处于一个崭新的时代，新时代赋予我们庄严的使命。“天行健，君子以自强不息”。只要我们团结一心，和衷共济，群策群力，就没有克服不了的困难，也没有攻不破的险关。风正时济，自当破浪扬帆；任重道远，更需策马扬鞭。

让我们更加紧密地团结在以习近平同志为核心的党中央周围，在中共光泽县委的坚强领导下，坚定信心，汇聚力量，克难攻坚，开拓奋进，继续发扬“勇于创新、敢于拼搏、善于纳贤、乐于奉献”的圣农精神，不断谱写新时代政协事业新篇章，为决胜脱贫攻坚，实现十九大描绘的宏伟蓝图而努力奋斗！

# 大　事　记

## 1月

**1月4日**　宁光高速闽赣段正式通车运营，邵光高速与资溪高速公路顺利对接，邵光资高速实现全线通车。宁光高速规划起点于宁德漳湾，经古田、延平、顺昌、邵武，终点于光泽县并与江西资溪至南昌段高速公路相连接，全线由宁古（规划）、京台（已通）、南平联络线（在建）、延顺（已通）、顺邵（在建）、邵光（已通）等7段高速组成，是闽北、闽东地区至内陆的又一条东西向便捷通道。

**同日**　省委文明办副主任陈福星到光泽县看望慰问省级道德模范张茂发。

**1月5日**　主题为“不负信赖·激情飞扬”的《丁酉年》特种邮票首发揭幕仪式在光泽县圣农假日酒店举行。此次发行的丁酉年生肖邮票是我国第四轮生肖邮票中的第二套生肖邮票，《丁酉年》特种邮票1套2枚，图案名称分别为：意气风发、丁酉大吉，全套邮票面值2.40元。

**1月6日**　光泽县启动“困难党员和党员带创帮扶基金”暨党员信用户“红色创业”贷款授信签约仪式。县委组织部从县管党费中拨出50万元注入党员帮扶基金，将正在或打算带头创业致富的党员纳入帮扶对象。党员帮扶基金委托县信用联社进行管理，贷款额度1～5万元，以免息的方式放贷，增强困难党员和有带创项目党员的自身“造血”功能，提高党员带头致富和带领群众致富的能力。

**1月8日**　市长许维泽带领市直有关部门负责人到光泽就冷链物流、食品加工和现代农业发展等重点项目开展调研，县领导陈敏辉、赵大建、刘雄、董礼义等陪同调研。

**1月10日**　圣农公司董事长傅芬芳获评2016中国年度公益人物。

**1月11日**　文化部党组副书记、副部长，兼任国家清史纂修领导小组副组长杨志今带领江西省黎川县领导一行，到止马镇杉关村开展红色旅游文化调研和交流。

**1月12日**　在中共福建省委宣传部主办、福建电视台综合频道承办的“福建省茶文化艺术创作调演活动专场文艺演出”活动中，光泽县选送的作品《月光·泽茶乡》获评“最具人气节目”，光泽县委宣传部获“福建省茶文化艺术创作调演活动组织奖”。

圣农集团董事长傅芬芳获评2016中国年度公益人物

**1月20日**　光泽县申报的“闽北古民居营造技艺”入选“福建省第五批非物质文化遗产代表性项目”传统技艺类非遗名录。

**1月**　根据圣农集团年度报表，2016年集团总资产130多亿元，生产基地近500个，员工达3万余人。全年生产肉鸡超过4亿羽，在全球白羽肉鸡企业中排名跃升第八，亚洲排名第二，中国排名第一。

## 2月

**2月6日**　光泽县梦想家电

子商务有限公司、武夷绿园蔬菜专业合作社获得市级创业项目一等奖，风车宝贝福乐幼儿园获得三等奖。

**2月13日** 丰圣智能温室蔬菜种植基地生产的第一批绿色、营养、无公害鲜食西红柿供应市场，该项目从荷兰引进了priva智能管理系统，投资2亿元，于2015年开工建设，种植基地位于金岭工业园区，占地面积约8.67公顷，主要种植生菜、西红柿等产品。

**2月15日** 光泽县寨里镇浆源村被列入福建省第三批少数民族特色村寨项目，成为南平市第三个、光泽县唯一一个省级少数民族特色村寨。

**2月18日** 光泽县与福建武夷纯然发展有限公司合作打造的O2O生态食品展销平台，在福州市晋安区稻田创业小镇开业。

**2月23日** 市委常委、市纪委书记陈熙满到光泽调研工作，走访县纪委机关，看望市委“百日攻坚”督查组，参观圣农小镇、中科渔业产业园、中石油光泽矿泉水、丰圣智能温室蔬菜种植示范基地、寨里镇百石村无职党员“负面清单”等重点项目、企业和乡镇，考察企业发展和新农村建设情况。

**2月23日** 寨里、司前等地迎来新年首场降雪。

**2月24日** 百胜中国CEO潘伟奇参访圣农。

**2月25日** 光泽县委2个巡察组分别进驻司前乡、司法局开展巡察，全县首轮巡察工作至此全面启动。

**2月28日** 福建圣维生物科技有限公司投资3.5亿元的兽药疫苗项目在金岭工业园区正式开工建设。

**2月28日** 省宜居办公布2017年“千村整治、百村示范”美丽乡村建设工程名单以及美丽乡村景观带创建名单，光泽县的鸾凤乡崇瑞村，李坊乡上观村、杨里村，寨里镇太银村、小寺洲村、大青村、山坊村、桥湾村、大洲村，止马镇虎塘村、排下村，司前乡云际村、清溪村，华桥乡古林村、牛田村入选。

2017年2月23日，南平市委常委、纪委书记陈熙满察看中石油矿泉水项目

## 3月

**3月3日** 省农业科学院与光泽签订院县科技合作框架协议。协议商定省农科院将加强与光泽县重点农业企业、重大农业项目的对接，密切筹划合作，推动技术创新。

**3月7日** 光泽县与武夷学院签订合作共建武夷学院生态食品类专业（光泽）教学实践基地框架协议。

**3月8日** 省国土资源厅党组成员、副厅长江敦岚一行到光泽调研中科渔业、丰圣温室蔬菜等项目建设用地情况。

**3月9日** 市委常委、军分区司令员王雷火到李坊乡慰问贫困户。

**3月11日** 光泽县遗体捐赠志愿者吴某去世，遵照其家属意愿，县红十字会联系厦门眼科医院和福建医科大学，做了眼角膜和遗体捐献，他的眼角膜将使素不相识的另一个人重见光明，遗体将用于临床、教学和科学研究，这是光泽县首例遗体捐献案例。

**3月12日** 云南省楚雄州国土资源局一行18人来到光泽考察林权类不动产登记发证工作。

**3月13日** 光泽县计划生育领导小组调整光泽县2017年社会抚养费征收标准，社会抚养费征收基数根据光泽县统计局公

2017 年 3 月 3 日，省农业科学院与光泽签订院县科技合作框架协议

布的 2016 年度城镇居民人均可支配收入 25178 元和农村居民人均可支配收入 11444 元进行测算。

**3 月 15 日** 光泽县工商联评为 2016 年度全国“五好”县级工商联。

**3 月 16 日** 在浙江省海宁县举行的 2017 年全国青年男女举重锦标赛 69 公斤级比赛中，镇岭小学举重班输送的运动员元玉婷，以抓举 106 公斤、挺举 128 公斤、总成绩 234 公斤的成绩，夺得 3 块金牌。

**同日** 光泽县 2017 年第二批重大项目集中开工仪式在九龙峰入口公园施工现场举行。第二批集中开工的 5 个重点项目包括李坊梨花天堂乡村旅游开发项目、鸿建科技农庄民俗文化街项目，金岭工业园内年产 6000 吨脱糖黄酒灌装生产线项目、九龙峰入口公园滨水景观和西溪北岸橘子洲段 1.5 千米滨水景观项目，总投资 4.05 亿元。

**3 月 17 日** 光泽县完成餐饮服务单位食品安全风险等级评定 596 户，清理过期旧证 75 户，下户核查评定确认 326 户，全部完成现有餐饮服务单位风险评定工作。

**3 月 20 日** 寨里新桥建设完工，新桥是通往茶富村、茶富中学、寨里中心小学、司前举安等地的重要通道，全长 92.54 米，净宽 7 米，投入资金 210.56 万元。

**3 月 20 日** 光泽县福建承天农林科技发展有限公司“多花黄精栽培标准化示范区”经省质监局批准，成为第九批省级农业标准化示范项目，这是继厚朴之后，光泽县第二次获批的省级标准化示范区。

**3 月 22 日** 水利部太湖局和省水利厅专家组到长源水库现场踏勘，就水库的规模、坝址、水文、淹没、灌溉等各方面问题进行研讨。

**3 月 24 日** 农业部发布第 2509 公告，通过圣农公司肉鸡无高致病性禽流感生物安全隔离区评审验收。

**3 月 29 日** 来自中央、省级和地方的 40 多家新闻媒体走进光泽，以“打好百日攻坚战、建设生态食品城”为主题，宣传光泽县生态优势、秀美山水风光、灵动人文情愫的同时，重点报道全县在“围绕项目抓攻坚、

2017 年 3 月 22 日，专家组对光泽长源水库项目进行现场踏勘，特邀国家水利部太湖流域管理局巡视员、总工林泽新等专家参加

围绕环境整治，撸起袖子加油干、扑下身子抓落实、打赢‘百日攻坚战’”的举措及措施，以达到凝心聚力促发展、推进中国生态食品城建设的情况。

**3月29日** 团省委副书记杨溢一行到崇仁乡共青村调研指导共青团工作。

## 4月

**4月5日** 福建双牛酒业有限公司、福建武夷山水食品饮料有限公司2家企业被确定为2016年福建省工业企业质量信誉承诺企业。

**4月6～9日** 在建阳区举办的2017年南平市中学足球联赛中，代表光泽县参赛的二中高中男子足球队和初中男子足球队分别获得冠军和季军。

**4月13日** 省歌舞剧院文化三下乡到光泽农村开展为期一周的惠民演出。

**4月16日** 光泽县集中开工第三批4个项目，总投资3.83亿元，2017年计划完成投资1.3亿元。分别为华桥生态长廊建设项目、华桥牛田红军行营旅游开发项目、光泽白云生态旅游项目、澜山南路项目。

**4月17日** 光泽县西溪中华鳖国家级水产种质资源保护区列入福建省首批重要湿地名录，保护区从李坊乡贯庄村至县自来水厂坝头，全长51千米。

**4月18～19日** 省政府发展研究中心区域和企业评价中心主任陈俊艺一行，到光泽调研县域经济发展情况。

**4月20日** 福建电视综合频道记者到光泽采访“精准扶贫”和“行政服务中心简政放权”等工作，节目随后在福建电视综合频道播出。

**4月22～24日** 由中国中医科学院中药研究所下属中药质量控制技术国家工程实验室举办的全国首届“重楼产业发展研讨会”在武夷山召开，会议期间，19位国内重楼专家专程来到光泽承天农林科技发展有限公司考察调研华重楼规范化种植示范基地，并召开学术研讨会。

**4月26日** 中共南平市委主办的廖俊波同志先进事迹巡回报告会到光泽巡讲，全县600多名干部、群众代表等参加报告会。

## 5月

**5月1日** 福建圣农食品有限公司荣获福建省五一劳动奖状。

**5月8日** 主题为“让生活更有滋味”的百胜中国2017供应链伙伴合作大会在上海召开。会上圣农集团一举揽下三大奖项，分别为“百胜中国卓越供应链奖” “百胜中国质量奖”“百胜中国研发金锅奖”。

**5月9日** 新疆维吾尔自治区木垒哈萨克自治县考察团一行到止马镇杉关生态文化园调研美丽乡村建设情况。

**5月9日** 省经信委党组成员、纪检组长李长根到寨里镇儒州村、鸾凤乡中坊村，分别看望省驻村蹲点干部并调研指导脱贫攻坚工作。

**5月9日** 止马镇中心幼儿园顺利通过市级示范园评估验收，是光泽县第一所通过市级示范性幼儿园评估的乡（镇）中心幼儿园。

**5月10日** 台湾鸿海集团（富士康母公司）郭耀鸿总经理一行5人，到光泽考察洽谈有机肥废弃物无害化处理及有机肥料研制项目合作事宜。

**5月11日** 光泽省级地质公园被省国土资源厅评为“福建最美地质公园”十佳地质公园。

**5月13日** 同仁助残中心在县残联举行成立大会，这是光泽第一家助残公益民间组织。

**5月16日** 光泽县在福建中科渔业项目点举行“百日攻坚”第四批重大项目集中开竣工仪式。此次开工的项目分别为金岭工业园区基础设施项目和农村公路改造提升项目，总投资5.3亿元。

**5月22日** 光泽县70兆瓦光伏农业综合体项目开工奠基仪式在崇仁乡良种场举行，70兆瓦光伏农业综合体项目（一期）位于崇仁乡的良种场、洋塘村、共青村、儒堂村等4个村场，项目投资8亿元。

**5月27日** 光泽县在鸾凤乡大陂村梨树窠举行龙韵仿古工艺品项目举行开工仪式。该项目由江苏常州龙韵仿古建材有限公司投资兴建，项目计划总投资3亿元，拟建设4条年产800万套仿古工艺产品生产线。

**5月28日** 光泽县乡村医生江土海上榜“中国好人榜”。

2017 年 5 月 16 日，第四批重大项目集中开竣工仪式

## 6月

**6 月 11 日** 光泽县举办重楼、泽泻两个品种的中药材国家标准化项目中期督导活动，福建省医药研究机构和广西壮族自治区药用植物园的 19 位专家参加此次活动。

**6 月 13 日** 南平市人大常委会副主任王宁新率执法检查组，对光泽贯彻实施《中华人民共和国教师法》情况进行检查。

**6 月 14 日** 省扶贫开发协会副会长林秀贞到光泽调研扶贫开发工作。

**6 月 14～15 日** 国家农业部春季重大动物疫病防控督查组组长刘亮到光泽部分乡镇及圣农宰杀四厂、食品五厂等地调研，检查指导春季重大动物疫病防控工作。

**6 月 21 日** 省委宣传部部务会成员、省委外宣办、省委网络办常务副主任叶得盛到止马镇杉关村进行综治维稳安全工作调研。

**6 月 25～28 日** 全县出现连续性暴雨，累计过程雨量在 160 毫米以上，以华桥 234.7 毫米为最大，给部分乡村造成不同程度的灾害损失。

**6 月 26 日** 圣农发展股份有限公司被省人社厅确定为“福建省级专家服务基地”。

**6 月 28 日** 市人大常委会主任兰斯文、副主任符水俊一行到鸾凤乡及部分重点企业和重点建设项目进行工作调研。

**6 月 30 日** 省审计厅党组成员、总审计师林建苍到光泽调研指导领导干部自然资源资产离任审计试点工作。

## 7月

**7 月 1 日** 寨里镇联合中国邮政发行《大洲国共谈判八十周年》纪念邮票与纪念信封。

**7 月 4 日** 福建中医药大学组织医疗专家小组到光泽圣农集团总部，开展为中坊村村民及圣农集团员工义诊活动。

**7 月 6 日** 省委组织员办公室主任刘宝怀到光泽调研指导发

2018 年 6 月 28 日，市人大常委会主任兰斯文、副主任符水俊到鸿建农庄调研

2018 年 7 月 11 日，南平市常务副市长伍斌组织相关专家到光泽县开展《南平市生物制品产业发展规划》论证专题调研

展党员和民主生活会整改落实情况。

**7 月 6 日** 省人大常委会副主任彭锦清一行到光泽，进行《武夷山国家公园管理条例（草案）》立法初审调研。

**7 月 11 日** 团省委书记宿利南到崇仁乡共青村、县武夷绿园蔬菜专业合作社、福建武夷纯然发展有限公司调研基层团建、农村青年带头致富、生态农业等工作。

**7 月 19 日** 国家林业局驻福州森林资源监督专员办事处副巡视员彭华福一行到光泽开展天然林保护、国有林场改革调研，同时对建设项目使用林地行政许可监督事宜进行检查。

**7 月 20～21 日** 省经信委党组成员、副主任郭恒明一行到光泽调研精准扶贫工作。

**7 月 21 日** 圣农公司董事长傅光明向光泽捐赠扶贫专项资金 100 万元。

**同日** 南平市医疗保障基金管理中心光泽管理部正式挂牌成立。

**7 月 25 日** 省发改委通报全省第二季度“五个一批”项目具体实施情况，光泽在《上半年固定资产投资增幅居前十名的县（市、区）》榜单中位居第一，并获奖励 100 万元前期工作经费。

**7 月 26 日** 省经信委党组成员、副主任陈传芳一行，到鸾凤乡中坊村调研精准扶贫工作。

**7 月 28 日** 圣农集团境外牧场第一批 13 吨 PS 级牛肉产品开始供应国内市场。圣农集团实施“跳出鸡肉做食品，在世界肉牛、肉羊生产出口大国新西兰成立子公司 Sunner NZ limited，牛肉来自于圣农集团在新西兰的 Stratford 屠宰场。

## 8月

**8 月 3 日** 泉州农商总行领导到鸾凤乡高源村学习考察光伏发电扶贫项目。

**8 月 4 日** 省农科院专家李涛、廖汝玉到李坊乡管蜜村为一千多亩的老梨树“把脉问诊”。这些老梨树种植于 20 世纪 70 年代，有 40 多年的历史，梨树出现老化，产出梨子质量下降现象。

**8 月 16 日** 福建圣农食品公司六厂通过南平市食品药品监管局核准，领取《食品生产许可证》，正式投产。该厂已累计投入近 4 亿元，是圣农食品公司一个机械化、自动化的熟食品加工

2017 年 8 月 17 日，“四比六促”（7～8 月）项目集中开工仪式

厂。投产后预计年产值8～10亿元，就业岗位500人。

**8月16号** 南平市军分区政委韩兴华到李坊乡扶贫挂点的石城村，开展脱贫攻坚工作调研。

**8月17日** 光泽县举行“四比六促”7～8月项目集中开工仪式，集中开工的7个项目分别是：水美城市一期项目、药业产业观光园项目、种桑养蚕及系列产品加工项目、县人武部后勤保障设施及人防地面指挥中心项目、十里铺社区综合服务中心项目、砂坪溪新桥项目以及美丽乡村建设项目，总投资34.43亿元。

**8月18日** 福建圣维生物科技有限公司在光泽县金岭工业园区举行奠基仪式。该项目总投资3.5亿元，占地面积8.13公顷，总建筑面积8.80万平方米，建设疫苗车间、兽药综合车间、中药提取车间、消毒剂车间、微生态饲料剂车间以及相关质检、研发和相关配套设施。

**8月20日** 省国税首个虚拟办税服务厅在光泽县国税局正式建成投入使用。

**8月25日** 副市长梁廉荣到华桥乡到古林村、增坊村，走访慰问精准扶贫困难户。

**8月29日** 省委常委、副省长周联清率省直相关部门到光泽县调研工业企业发展和安全生产工作。

**8月31日** 省高级人民法院党组书记、院长马新岚到光泽调研生态司法教育实践基地建设工作。

**同日** 县政府与省建工集团有限责任公司签订战略合作框架协议，双方在建设相关领域开展深度合作。

## 9月

**9月3日** 金砖峰会在厦门召开。圣农集团成为本次峰会指定的鸡肉供应商、果蔬供应商，向峰会供应冻鸡、熟食、车厘子茄三大类产品。

**9月4日** 省委统战部副部长、省工商联党组书记李家荣一行到光泽调研非公经济领域统战工作。

**9月5日** 县纪委派驻机构改革工作全面完成。此次派驻机构改革采取“综合派驻＋单独派驻”的模式，设置12个综合派驻纪检组、3个单独派驻纪检组，监督全县93个党政群机关和副科级以上事业单位，日常参与所驻部门的事务管理。

**9月6日** 全县2017年优秀教师及县劳模表彰会在数字影院大会场召开，县委书记陈敏辉出席会议并作重要讲话，县政府县长赵大建主持会议并讲话。会议宣读光泽县关于表彰优秀教师、优秀教育工作者、优秀班主任的决定，为受表彰优秀教师代表、优秀教育工作者、优秀班主任颁奖，受表彰优秀教师代表刘文姝、优秀班主任代表华美英发言。县领导陈敏辉、刘雄、王寅生、陈进财、黄水彪、徐仲华、宋凤英、杨文弘，各乡（镇）党委书记、乡（镇）长、分管领导，县直有关部门负责人及受表彰优秀教师、优秀教育工作者、优秀班主任，教育界人大代表、政协委员，各中小学正、副校长，幼儿园园长，教育局机关全体人员参加会议。

**同日** 崇仁乡汉溪村村民傅中根专程到光泽县档案馆，将自己珍藏多年的清版《杭北傅氏宗谱》捐献给档案馆永久保存。该宗谱为清嘉庆二十一（1816年）年和清光绪十一（1876年）年二个版本，共5册。

2017年9月6日，光泽县在新数字影院大厅隆重召开庆祝第33个教师节暨表彰大会

2017年9月21日，副市长黄书荣一行到光泽县调研水美城市建设和扶贫开发工作。

**同日** 中共光泽县委召开十三届五次全会，重点研究全县教育、卫生与健康、养老以及城乡民生基础设施等社会事业领域补短板问题。

**9月13日** 国家土地督察上海局副专员董毓敏、副巡视员杨京红到光泽调研永久基本农田划定和精准扶贫工作。

**9月21日** 副市长黄书荣一行到光泽县调研水美城市建设和扶贫开发工作。

**9月29～30日** 南平市老促会、老区办举办纪念大洲谈判80周年光泽苏区行活动。

**9月30日起** 光泽县贫困学生可以享受叠加资助，全县家庭经济困难的孩子上学，不仅从上幼儿园资助到大学毕业，还可享受各级政府和社会各界多层面的叠加资助。

## 10月

**10月10日** 市委书记袁毅、市政府市长许维泽、市政协主席黄健平等市领导到光泽县检查"水美城市"项目工作。

**同日** 光泽县完成省市下达的482辆黄标车全部淘汰任务；福建圣农发展股份有限公司荣获全国"万企帮万村"精准扶贫行动先进民营企业称号。

**10月13日** 福建省"百企帮百村"精准扶贫行动，提质增效推进会在政和县召开。光泽县中坊村作为全省唯一行政村在会上作"百企帮百村"经验介绍。

**10月14日** 中国食品安全报社社长、总编辑朱长学及报社福建站负责人到光泽，就生态食品产业发展进行调研。

**10月17日** 省通信管理局局长张丽娟到华桥乡吴屯村开展精准扶贫调研。

**同日** 邵武市委书记何光松、市长丁贵生率市四套班子代表团到光泽考察，学习交流产业发展、旅游开发、水美城市建设等经验做法。

**10月18日** 县四套班子领导在数字影院3楼影视厅集中收

止马镇水口村2017年高标准基本农田建设项目

看中国共产党第十九次全国代表大会实况。

**10月20日** 光泽县在城南新区举行光泽县医院、中医院揭牌仪式。至此，新医院完成搬迁并正式投入使用。

2017年10月20日，光泽县县医院、中医院举行揭牌仪式并正式投入运营

**同日** 省商务厅到光泽举办“八闽电商行—走进光泽”电商大讲堂活动。

**10月23～24日** 光泽县残联第五次代表大会在数字影院3楼多功能会议厅召开。

**10月24日** 省纪委常委邱天华，市委常委、纪委书记陈熙满到光泽调研脱贫攻坚和党风廉政建设工作。

**10月26日** 光泽县在中山南路项目点举行“四比六促”（10月份）重大项目集中开工仪式，此次共开工4个项目，总投资5.19亿元，年度计划投资1.65亿元。

**10月30日～11月1日** 光泽县举办“大洲谈判”80周年纪念活动。开国将军王直儿子王东炎、革命先辈黄道女儿黄知慧等革命先辈的子女以及参与革命历史研究相关单位的领导、学者和专家20余人出席活动。

**10月31日** 在闽江干流（南平段）及富屯溪流域落实河长制工作推进会上，福建圣农发展股份有限公司董事长傅光明成为南平市首个企业河长。

**10月31日～11月1日** 人民网、新华网、中国经济网、中央人民广播电台、新浪网中国网、福建广播影视集团、福建日报等全国17家重点新闻媒体的38名记者来到光泽，就生态资源、脱贫攻坚和“四比六促”等工作开展为期2天的集中采访活动。

## 11月

**11月1日** 大洲谈判纪念馆落成仪式在光泽县寨里镇大洲村举行。

**同日** 中国共产主义青年团光泽县第二十一次代表大会在数字影院大礼堂召开。

**11月2日** 省残联副理事长王秀丽一行到光泽调研精准康复和辅具适配工作。

**11月7日** 市政协主席黄健平到光泽县宣讲党的十九大精神。

**同日** 省审计厅厅长杨红到光泽调研审计和自然资源资产离任审计工作，并宣讲党的十九大精神。

**11月9日** 省电视台和省经济日报记者专程到司前乡拍摄河长制“夜巡河道”专题片。

**11月14日** 位于鸾凤乡十里铺大洲水电站的首座流域水质自动监测平台建成并投入运行。

**11月16日** 市委秘书长、市人大副主任潘剑才到鸾凤乡宣讲党的十九大精神。

**11月20～21日** 市政协副主席陈少敏带领建阳区部分政协委员到光泽就“四比六促”活动情况开展异地视察。

**11月23日** 光泽新汽车客

2017年11月1日，大洲谈判纪念馆落成仪式在光泽县寨里镇大洲村举行

运站项目举行开工奠基仪式，新汽车客运站为市政府“一市一议”项目，位于城北梅树湾，占地 2 公顷，建筑面积 6385 平方米，投资 3500 万元，按照二级站标准，建设有主站房、办公用房、维修和检测用房等。

**11 月 23 日** 副市长梁廉荣深入华桥乡走访慰问建档立卡贫困户。

**11 月 24 日** 寨里镇百石村通过省级旅游特色村验收。

**11 月 27 日** 圣农技术中心揭牌并正式投入使用，中国科学院院士刘秀梵为圣农技术中心大楼揭牌，并主持召开肉禽养殖生物安全座谈会。

2017 年 11 月 23 日，光泽新客运站项目奠基仪式

11 月 27 日，中国科学院院士刘秀梵为圣农技术中心大楼揭牌

## 12月

**12 月 1 日** 中国共产党光泽县第十三届委员会第六次全体会议召开。会议听取讨论县委常委会抓党建工作情况报告和县委书记陈敏辉所做的工作报告。

**同日** 光泽县通过省级食品安全社会共治示范县考评验收。

**同日** 福建日报记者部全体党员到寨里镇大洲谈判纪念馆与旧址参观学习红色文化精神。

**12 月 2 日** 光泽县土地利用总体规划调整完善成果获省政府批准。

**同日** 《中国家风文化万里行》栏目组，到华桥乡牛田村拍摄录制的龚氏家风文化节目。

**12 月 8 日** 武夷学院举行圣农食品学院揭牌庆典暨光明奖教奖学金颁发仪式，傅光明董事长出席。圣农食品学院由武夷学院董事会董事长、福建圣农发展股份有限公司董事长傅光明捐资 2 亿元共建。

**同日** 光泽县福清商会成立。商会会员由 130 多名光泽福清籍商户组成，刘常同当选首任会长。商会秉承“团结联系福清籍商户，共谋发展，为光泽经济社会发展作贡献”的宗旨，开展商务活动。

**12 月 9 日** 由中国轻工业联合会等单位主办，中国食品报、中国酒杂志社承办的“第三届中国食品企业社会责任年会暨企业家精神论坛”在北京召开，福建光泽德顺酒业有限公司董事长郑友忠与茅台、双汇等知名企业家荣获“2016～2017 年度中国食品行业企业家精神风云人物”荣誉。

**12月10日** 司前乡干坑小种红茶成功注册国家地理标志证明商标，标志着干坑小种红茶有了自己的“身份证”。

**12月15日** 省委组织部长胡昌升到光泽调研非公企业和农村基层党建工作，看望下派村支部书记。

**12月18日** 第十一届中国品牌价值500强榜在广州发布，福建圣农发展股份有限公司再次榜上有名。

**12月19日** 光泽县科协在“全国科普日”活动中，举办的科普活动被中国科协评选为“2017年全国科普日优秀活动”。

**12月20日** 省农业厅、省农科院领导到寨里镇山头村调研指导现代生态农业发展工作。

**12月22日** 光泽县举行12月份重大项目集中开工仪式，本批集中开工项目共4个，投资1.41亿元，年度计划投资6800万元。

**12月22日** 南平市慈善总会、光泽县工商联举行2017年傅光明专项慈善基金救助款光泽县发放仪式，280余万元慈善救助金发放到全县194名重大疾病贫困患者手中。

**12月25～26日** 中国人民政治协商会议光泽县第十届委员会第二次会议在县数字影院召开，县四套班子领导和143名委员参加大会。

**12月26～27日** 光泽县第十七届人民代表大会第二次会议在县数字影院大会场召开，县四套班子领导和147名代表出席大会。

**12月27日** 县十七届人大二次会议选举产生县监察委员会主任，黄河当选县监察委员会主任。

**12月30日** 由中国食品工业协会、南平市人民政府主办，福建省食品工业协会、光泽县委、县政府承办的南平市首届旅游产业发展大会光泽分会暨首届中国（光泽）生态食品产业发展研讨会在县数字影院开幕。

**12月31日** 光泽县监察委员会正式挂牌成立。

2017年12月30日，首届旅游产业发展大会光泽分会暨首届中国（光泽）生态食品产业发展研讨会在县数字影院开幕

# 县情概貌

## 建置沿革

**【清及以前】** 光泽县是福建省最早开发的地区之一。据考古发现，新石器时期光泽就有人类栖息。尧舜、夏商时期属扬州，周属七闽地。东周、春秋时期（公元前770～前476年），光泽属越国，战国时期（前475～前220年）属东越。秦始皇（公元前221年）统一中国，废国为郡县，分36郡，光泽属闽中郡。西汉时期（公元前202～前84年），以原闽越王无诸从鄱阳县助汉灭秦，又助汉击楚，复立无诸为闽越王，恢复闽越国，光泽属之，辖于会稽郡。东汉时期（27～210年），汉光武帝改治县为东候官县，孙策分东候官县置建安、南平、汉兴三县，光泽属建安部都尉府。三国（魏、蜀、吴）时期，吴国（206年）分会稽部建安，昭武（镇升为县）等10县置建安郡。晋元康元年（291年），改昭武为邵武，又改邵武为邵阳，属江州（今江西九江）。南北朝（梁、陈、隋）时期（205年），分会稽南部建郡，属建安郡，后属国州，又改为来州。隋开皇九年（589年），属泉州（今福州，下同），属闽越国；东汉属会稽郡。三国时期，属吴国。隋开皇九年（589年）属泉州（今福州）；十二年改属抚州（今属江西）。唐武德七年（589年），邵武自抚州移属建州，辟邵武北分地置洋宁镇，辖光泽、鸾凤（亦名金凤）。五代后周显德五年（958年），洋宁镇改名为财演镇，仍属建州邵武县。宋太平兴国四年（979年），财演镇升为县，辖光泽、鸾凤二乡，取光泽乡之“光泽”为县名，属两浙西南路邵武军。宋雍熙二年（985年），属福建路邵武军；元至正十三年（1353年），邵武军升为路，光泽县属福建省中行省邵武路。明洪武元年（1368年），邵武路改为府，光泽县属福建布政司邵武府。清仍设府、县，光泽县属福建行都司延建邵道邵武府。

**【民国时期】** 民国元年（1912年），废府（州、厅）改道，实行省、道、县三级政区制。福建省设东、西、南、北4道，闽北为北路道，道所在地南平，辖16县，光泽属之。民国三年（1914年）六月，改为建安（建瓯）道，光泽属之。民国十七年（1928年）废道，设福建省第三行政督察区（驻地建瓯），光泽属之。民国二十三年（1934年）8月，光泽县划归江西省管辖，属江西省南城督察区，其中十二都、十三都、二十七都3个都（既现在的古林、牛田、增坊、铁关、园岱、大禾山）划归江西省资溪县管辖。民国三十六年（1947年）8月，又复归福建省管辖，属福建省建阳专员公署，其中古林、牛田、增坊、铁关、园岱、大禾山于1948年8月重新划归光泽县管辖。

**【中华人民共和国成立后】** 1950年2月17日，光泽县解放，属建瓯地区专员公署，全县划分为4个区，12个乡（镇），111个保。1951年2月，增设华桥区为第三区，全县划为5个区，40个乡，3个街（将杭川镇折分为3个街），原第三区（茶富区）改称第四区，原第四区（新甸区）改称为第五区（刘斌区）。1952年土改后，增设第四区（崇仁区），原第四区（茶富区）改称为第五区，原第五区（刘斌区）改称为第六区。1953年7月，全县仍为六个区，撤销杭西、杭中、杭东3个街，恢复杭川镇，隶属城关区。第五区（茶富区）增设白石乡，第六区（刘斌区）改称司前区。1954年7月，根据剿匪需要，经建阳专署批准，将第二区（止马区）与邵武县交界处划出一个新区，称第七区（管密区），即从邵武划进的神宿、隘上、象坪3个乡和止马区的管密、上观、李坊3个乡共6个乡。1955年9月，撤销崇仁区，全县辖6个区、82个乡、1个镇。1956年2月，光泽残匪王生仔已被消灭，撤销管密区，将原从邵武县划进的3个乡划归邵武，全县分5个区，42个乡、1个镇。1956年3月，撤销建阳专员公署，所属县划归南平专员公署，光泽属之。1958年10月，为适应“大跃进”的形势需要，实行人民公社化，全县在原区的范围内设立卫星（杭川）、英雄（止马）、红旗（华桥）、红星（茶富）、钢铁（司前）五个人民公社，原来的乡改称为生产大队。全县划分5个人民公社、43个大队。1961年8月，将5个人民公社改称为5个工作委员会，全县设5个工委、18个公社、108个生产大队。1963年6月，撤销5个工作委员会，恢复5个区的建制，原18个公社划分为67个小公社，相当于原来的生产大队。1964年5月，撤销区的建制，恢复原来的人民公社，全县划分为5个公社、67个大队。1970年9月，南平专区驻地迁驻建阳，改称建阳地区，光泽属之。1972年2月，增设崇仁、李坊2个公社；同年8月，中坊大队从邵武县水北公社划归光泽县城关公社。至此全县设7个公社、1个镇，74个生产大队、4个居委会。1973年至1979年，先后增设上屯、官桥、西溪、贯庄4个大队，分属城关、茶富、李坊公社。1980年增设镇岭居委会，属杭川镇；12月撤销人民公社革命委员会，成立人民公社管理委员会。1981年1月，杭川镇革命委员会改称为杭川镇人民政府，百石农场改称为百石大队。1984年9月，撤销人民公社，恢复乡镇建制，城关公社更名为鸾凤乡、茶富公社更名为寨里乡，生产大队改称为村民委员会；同年，增设白门楼、增家排、小寺洲、黄坊4个村民委员会，分属止马、李坊、寨里、司前4个乡。至此，全县设7乡、1镇、83个村民委员会、5个居委会。1989年10月，建阳地区行署驻地迁回南平，改称南平地区行署，光泽属之；10月，增设十里铺村民委员会。1991年8月，增设后杉村民委员会，归李坊乡管辖。1993年7月，止马、寨里撤乡建镇，改称止马镇、寨里镇，全县设3镇5乡85个村民委员会、5个居委会。1994年9月，国务院批准撤销南平地区设立地级南平市，光泽县属之。此后，行政区划未作变动。

## 区划人口

**【行政区划】** 截至2017年末，光泽县辖3个镇、5个乡，有85个村民委员会、5个社区居委会。

**2017年末光泽县行政区划情况表**

| 乡（镇）名称 | 驻地 | 村（社区）民委员会（个） | 村民小组（个） |
|---|---|---|---|
| 杭川镇 | 镇岭街 | 杭西、杭中、杭东、镇岭、坪山（5个社区） | |
| 寨里镇 | 寨里 | 茶富、大青、梅溪、桃林、百石、大洲、桥亭、浆源、儒州、山坊、官桥、桥湾、山头、西溪、太银、小寺洲（16个村委会） | 181 |
| 止马镇 | 白门楼 | 止马、岛石、亲睦、仁厚、双坑、虎塘、排下、杉关、水口、白门楼（10个村委会） | 102 |
| 鸾凤乡 | 镇岭街 | 饶坪、油溪、上屯、坪山、君山、高源、崇瑞、双门、黄溪、大羊、大陂、中坊、十里铺、文昌、武林（15个村委会） | 154 |
| 崇仁乡 | 崇仁 | 崇仁、汉溪、洋塘、儒堂、共青、金陵、砂坪、大洋坪（8个村委会，另有良种场、六洲基地农场、严婆桥农场3个农场） | 102 |
| 司前乡 | 司前 | 司前、云际、碗厂、长庭、岱坪、西口、清溪、东山、黄坊、新甸、举安、墩上、台山、庭燎（14个村委会） | 164 |
| 华桥乡 | 华桥 | 华桥、官屯、吴屯、石壁窟、大禾山、何舟坪、园岱、邓家边、铁关、古林、牛田、增坊（12个村委会） | 181 |
| 杭川镇 | 镇岭街 | 杭西、杭中、杭东、镇岭、坪山（5个社区） | |

（续）

| 乡（镇）名称 | 驻地 | 村（社区）民委员会（个） | 村民小组（个） |
|---|---|---|---|
| 李坊乡 | 李坊 | 李坊、百岭、上观、贯庄、长源、管蜜、石城、后杉、增排、杨里（10个村委会） | 95 |

注：全县还有4个国营农场：仙华洲农场、王家际农场、坪溪农林垦殖场、大陂良种场。

【人口概况】 截至2017年12月31日24时，全县户籍人口162983人。其中，2017年出生2204人，死亡3509人，迁入1482人，迁出2499人；城镇人口45068人，乡村人口117915人；男性84871人，女性78112人；全县人口密度为每平方千米72.75人。

【人口分布】 2017年12月，各乡镇人口分布情况：杭川镇37767人，人口密度为每平方千米5181人；寨里镇21918人，人口密度为每平方千米30人；止马镇16948人，人口密度为每平方千米106人；鸾凤乡18132人，人口密度为每平方千米62人；崇仁乡13296人，人口密度为每平方千米97人；司前乡20268人，人口密度为每平方千米48人；华桥乡21464人，人口密度为每平方千米70人；李坊乡13190人，人口密度为每平方千米67人。

## 自然地理

【地理位置】 光泽县地处福建省西北部，武夷山脉西北段。东邻建阳区，南临邵武市，西南与江西省黎川县，西与江西省资溪县，西北与江西省贵溪市交界，北与江西省铅山县毗邻，东北连武夷山市，是福建省北上江西、中原的重要通道。地理上介于东经116°59′50″～117°40′33″，北纬27°18′08″～27°59′18″之间。辖区东西最大距离53.7千米，南北最大距离84.7千米，总面积2240.18平方千米。其中陆地面积2166.08平方千米，占96.7%；水域面积73.92平方千米，占3.3%。

【地形地貌】 境内地势四周高，中间低，东北部最高。境内山岭多呈北东—南西或北西—东南走向。地形主要以丘陵、河谷和平原为主。河谷、平原、丘陵、低山、中山、高山，形成梯状地形，海拔分别为300～400米、400～600米、600～800米、800～1000米、1000～1300米、1300～1800米。境内有武夷、杉岭二大山脉，全县地势高低悬殊，东北部最高，北、西南部次之，中、中南部最低。全县千米以上山峰有570座，最高峰香炉山海拔1930米，为华东第二高峰。而富屯溪沿岸的中坊盆地海拔仅215米，高低差1715米。盆地周围山地切割深度一般为350～800米左右，山势险峻，陡崖峭壁甚为发育。山体坡度一般在30～40度以上，有的达45～60度。河谷呈“V”字形，盆地中央丘陵平原区，受流水侵蚀切割及构造因素影响，形成相对高度破碎丘陵。河流多沿断裂发育，而后又从四周山地向盆地中央汇集，河床纵横比降大，北溪全长70千米，落差1270米，平均落差比降3.5‰，表现出明显的山区河流特征。全县山地总面积1606.08平方千米，占总面积的71.7%；丘陵面积407.687平方千米，占总面积的18.2%；山间谷盆，面积98.56平方千米，占总面积的4.4%；平原面积127.68平方千米，占总面积的5.7%。

【河流水系】 境内河流都是外流河，河水来源于降水，受地形、气候和植被的影响，具有源短流急、暴涨暴落、水量充足、季节性变化大、河道坡降陡、含沙量少、山绿水清等特点。全县多年平均径流深1316.2毫米，径流的分布一般随流域高度而增大。全县多年平均陆面蒸发量为1486.6毫米，蒸发的地理分布差异不大，大致与年降水、径流的趋势相反，即西北小、东南大。光泽与江西资溪一带形成一个闭合区，所以武夷山脉主峰附近径流深可达1960毫米，为福建省之首。境内河流属闽江、长江两大流域，其中闽江流域面积2029.44平方千米，占90.6%；长江流域面积210.56平方千米，占9.4%。流域面积在50平方千米以上的溪河有14条，100平方千米以上的溪河有9条，构成溪河众多、径流量大、流域面广的自然水系。全县30余条河流中，主要河道有2级5条，分别为富屯溪、白塔河、黎资江、泸阳河、贵港水，境内长度分别为98.1千米、23.9千米、12.1千米、16.65千米、8.15千米；有3级河16条，总长度312.7千米；四级河270多条，总长497.1千米。全县河流总长968.7千米，河网密度0.6千米/平方千米，径流总量30亿立方米。

境内最大的河流为北溪，从司前乡岱坪村大岐山发源，自北向西南流经境内司前乡、寨里镇、崇仁乡、鸾凤乡、杭川镇，至城关洄龙潭与西溪汇合，全长70.45千米，总落差1270米，平均比降3.5‰，流域面积1358平方千米，年均流量54.8立方米/秒，主要支流有儒茶溪、清溪、汉溪、砂坪溪等。北溪是全县水能资源最大蕴藏区，占全县水能资源蕴藏量的一半以上，总蕴藏量达到14.56万千瓦，已开发的清溪四级发电站，是全县最大的水力梯级发电站群。

西溪为境内第二大河流，主干流发源于邵武市桂林乡巫山，在李坊乡贯庄村埠头自然村进入光泽，再由南向东流经贯庄、长源、管密、石城、水口、大羊、大陂、杭川等地，至城关洄龙潭与北溪汇合注入富屯溪。流域面积848.76平方千米，其中境内流域面积521.63平方千米，河长97.87千米，其中境内河长51千米，总落差879米，平均比降3.07‰，平均流量32.96立方米/秒。

北溪与西溪在城关洄龙潭汇合称为富屯溪，向东南流经君山、中坊，在中坊村的和顺出境，流入邵武。富屯溪在境内长13.9千米，流域面积327.13平方千米，总落差17米，平均流量87.95立方米，平均比降1.38‰。

长江水系县境内主要有4条溪流，有3条出境后注入江西信江，一条出境后流入江西省黎川县黎川河，后入赣江。其中山头溪，发源于坪港，在境内流域面积26.5平方千米，溪长15.62千米，在境内6.7千米，总落差851米，平均比降54.48%，平均流量1.89立方米/秒；增坊溪，发源于牛田村舟船，在增坊村水尾注入江西省资溪县资溪河，后流入信江，在境内流域面积100.7平方千米，溪长22.73千米，境内长19.85千米，总落差737米，平均比降15.86‰，平均流量3.86立方米/秒。黄石溪，发源于园岱村叶家，流至花山界进入资溪河，后入信江，流域面积78.96平方千米，河长14.51千米，总落差666米，平均比降19.41‰，平均流量3.05立方米/秒。双坑溪，发源于大岩，流经双坑、亲睦、仁厚3个村，在仁厚村出境注入江西省黎川县黎川河，后入赣江，流域面积21.6平方千米，河长10.67千米，总落差400米，平均比降21.44‰，平均流量0.8立方米/秒。

## 气候 水文

**【概况】** 2017年气候特点，气温正常，降水正常，日照正常。无倒春寒，无五月寒。23℃、20℃秋寒均偏迟。初霜日偏迟，终霜日偏早。年平均气温18.1℃，年降水量1915.4毫米，无霜期296天。

**【气温 日照】** 年平均气温17.6℃，偏高0.4℃。最冷月出现在12月，平均气温为7.7℃；年极端最高气温38.7℃，出现在7月22日；年极端最低气温−4.6℃，出现在12月21日；日最高气温≥35.0℃的日数34天，偏多。23℃型秋寒出现在10月4日，偏迟；20℃型秋寒出现在10月12日，偏迟。初霜日出现在2016年12月17日偏迟，终霜日出现在2017年2月15日，偏早。年总日照时数1646.9小时，偏多68.2小时。

**【降水】** 2017年总降水量1915.4毫米，偏少21.6毫米。全年共出现6场暴雨，日最大降水量79.6毫米，出现在6月27日。2月降水37.2毫米，较历年偏少85.4毫米，偏少70%，属显著偏少。

光泽县 2017 年分月气温与降水情况表（单位：度、毫米）

| 月份 | 1 | 2 | 3 | 4 | 5 | 6 | 7 | 8 | 9 | 10 | 11 | 12 | 全年 |
|---|---|---|---|---|---|---|---|---|---|---|---|---|---|
| 平均气温 | 9.7 | 9.8 | 11.9 | 17.2 | 21.8 | 23.8 | 27.6 | 27.5 | 25.9 | 19.7 | 14.2 | 7.7 | 18.1 |
| 降水 | 63.3 | 37.2 | 280.9 | 202 | 173.1 | 630.5 | 125.7 | 185.4 | 37.7 | 11.3 | 144.9 | | 1915.4 |

**【冰雹】** 全年无冰雹。

**【雪　霜冻】** 1月22～24日，全县普降大雪，造成工农业、水电、养殖等直接经济损失227.5万元。初霜日出现在2016年12月17日，终霜日出现在2017年2月15日，无霜期296天。

**【雨情】** 2017年全县降水量1915.4毫米，与常年相比，降水量正常。入汛以后，河道水情较为和缓，城区汇合口出现过3次超警戒水位（228.50米），最高水位出现在5月8日，228.91米。5～6月份，县防指共启动4次防暴雨四级应急响应，3次三级响应。年内暴雨日数6天，最大日降水量79.6毫米。1月22～24日降雪，造成工农业、水电、养殖等直接经济损失227.5万元。5月6～10日、19～21日出现暴雨、大暴雨天气过程，两次共5467人受灾，直接经济损失共2527.54万元。6月15～16日降暴雨到大暴雨，3703人受灾，直接经济损失540.9万元。9月15日8时～16日8时，全县普降大雨到暴雨，直接经济损失525万元。

**【径流】** 主要溪流来水量比常年偏多，上、下半年溪流和常年比，属正常或偏多（26.3%）。2017年全县水资源总量为（40.21）亿立方米。

**【水库蓄水】** 2017年末，高家水库蓄水量与上年底比较，蓄水共减少0.165亿立方米；霞洋水库蓄水量与上年底比较，蓄水共减少0.0388亿立方米。高家水库年末蓄水量占正常库容平均百分比为14.5 %，霞洋水库年末蓄水量占正常库容平均百分比为25.5 %。高家水库年末蓄水量占正常库容平均百分比上年底减少58.8%，霞洋水库年末蓄水量占正常库容平均百分比上年底减少9.6%。小型水库年末蓄水量占正常库容平均百分比为30%。

## 资源物产

**【土地资源】** 境内土地总面积2240.18平方千米，人均拥有土地1.4公顷，高于全省人均0.48公顷的水平，也高于全市人均0.87公顷的水平。2017年末实有耕地面积1.64万公顷，占全市耕地12.6%。按户籍总人口计算人均耕地0.10公顷。山地面积19.18万公顷，占全市山地的11%，按户籍总人口计算人均1.20公顷，按农业人口计算人均2.40公顷。按使用权属分，国有4.8万公顷，占25%；集体14.4万公顷，占75%。2017年，粮食播种面积0.99万公顷，总产60610吨；茶园面积0.19万公顷，毛茶总产1309吨；果园面积577.33公顷，水果总产1912吨；烟叶种植面积0.22万公顷，产量4857吨。

**【森林资源】** 光泽县“八山一水一分田”，是中国南方重点林区。2017年，全县土地总面积22.43万公顷（包含武夷山国家公园1.84万公顷），其中林业用地面积19.11万公顷，占土地总面积的84.95%。境内省级以上生态公益林面积6.64万公顷（含武夷山国家公园1.84万公顷原始森林），占林地总面积的34.78%；县级重点保护林0.39万公顷，占林地总面积的1.72%；省级以上生态公益林分布于武夷山国家级自然保护区以及全县7个乡（镇）、2个国有林场和林业局所属其他国有单位；竹林面积2.8万公顷，总立竹9992万株；森林蓄积量1188.21万立方米，森林覆盖率79.52%。光泽县是“中国特色竹乡”“中国厚朴之乡”，有国家级自然保护区1个，面积1.84万公顷；自然保护小区22个，面积1.4万公顷。普查建档的古树名木5598株。

**【水力资源】** 境内森林茂盛，雨量充沛，溪河纵横，水库棋布，水力资源丰富。全县年平均降水量1939.2毫米，年平均降水量44亿立方米。年平均淡水资源量26.15亿立方米，人均淡水资源1.63万立方米；全县水能资源理论蕴藏量为20.7万千瓦时，可开发水能资源10万千瓦时。

**【矿产资源】** 境内已探明地下矿藏有22种，其中金属矿产10种，非金属矿产10种，能源矿产1种，其他矿产1种。有色金属矿产主要以铜、铅、锌为主，且伴有金、银等多种有益成分，发现矿点、矿化点32处，主要分布于县境东北部寨里至司前一带，但勘查工作程度低，该区地质条件良好，矿（化）点成带成群分布，且有较好的找矿前景。非金属矿产主要有萤石、饰面花岗石材、高岭土、钾长石、石灰岩及建筑用“沙、石、土”等，其中萤石、饰面花岗石材具有可利用经济价值。萤石中、小型以上矿床有6处，其中中型矿床3处，小型矿床3处，矿（化）点6处，已探明资源储量（矿山）2024.36千吨，矿床多为中—低温热液裂隙壳填型，矿石类型简单，矿石品位 CaF2 含量 37.53%～68.59%，开采条件好，矿石易选。萤石已探明资源储量0.2亿吨，主要分布在鸾凤、寨里、司前等地，年产萤石12万吨。饰面花岗石材，探明资源储量732.4万立方米，主要分布境内的寨里、鸾凤、华桥等地，年开采饰面花岗岩荒料1.2万立方米，加工石材50万平方米。

**【旅游资源】** 光泽县历史悠久，人文荟萃，山清水秀，景色优美。境内有国家地质公园——武夷天池；省级风景名胜区——乌君山；省地质公园——乌君山景区和神山景区；省级历史文化名镇——崇仁乡；省级文物保护单位山头“镇江府”、崇仁福字楼、崇仁裘氏宗祠、崇仁梁氏宗祠、县苏维埃旧址、东方县苏维埃旧址、牛田行营旧址等7处；全国科普教育基地——鸿建山庄；光泽烈士陵园等4处爱国主义教育基地；牛田行营旧址等12处红色旅游景点；杉关、铁牛关等古关9个，毛家隘、牛田隘等古隘13处，还有千米以上高峰570座，最具代表性的是位于司前干坑的香炉峰，海拔1930米。国家文物保护单位—池湖马岭商周文化遗址，将福建文明史向前推进了1000年；以圣农鸡肉、圣农食品为主打，以及米香白酒、矿泉水、食用菌、水产养殖等生态食品特色产业，光泽被中国食品协会命名为中国生态食品城。截至2017年末，全县有省级乡村旅游特色村7个、省级乡村旅游经营单位5家、省级森林人家7家、水乡渔村4家、三星级酒店1家（圣农假日酒店）及多功能商务型酒店70余家，共有床位2678张，旅行社、分社及营业部6家（其中3A级旅行社1家）。

**【植物资源】** 全县有木本植物101科294属735种，其中裸子植物8科34种，被子植物中双子叶植物89科676种，单子叶植物4科25种；草本植物70科169属243种，其中蕨类植物20科25属42种，双子叶植物37科29属125种，单子叶植物13科52属76种；水生植物主要有茭白、薏米、席草、红萍、细绿萍、水浮莲、日本萍和藻类等10余种；农作物主要有水稻、小麦、玉米、甘薯、高粱、荞麦、大豆、花生、油菜、芝麻、油茶、茶叶、甘蔗、苎麻、黄麻、烟叶、莲子、茉莉花、西瓜、籽瓜、黄花菜、荸荠、柑橘、梨、桃、李、橘、橙、葡萄、枇杷、板栗、榛栗、杨梅、柿子、石榴、樱桃、银杏、香榧、枣、无花果、中华猕猴桃、杏、梣等80余个品种；蔬菜主要有白菜、芥菜、豆角、包菜、花菜、生菜、萝卜、葱、蒜、韭菜、南瓜、冬瓜、葫芦、丝瓜、茄子、辣椒、黄瓜等100余品种；花卉有君子兰、桂花、山茶花、牡丹、芙蓉、广玉兰、兰花、米兰、含笑、菊花、茉莉花、杜鹃花、玫瑰花、月季花、文竹、铁树、仙人掌（球）等及盆景157个品种。其中国家保护树种13科17个树种，如银杏、江南油松、金钱松、华东黄杉、水杉、福建柏、沉水樟、闽楠、花榈木、珠网萼、银钟树、紫茎、钟萼木、银鹊树、香果树、短穗竹等。

**【野生动物资源】** 境内森林植被丰富多样，为动物的栖息繁衍提供有利条件，共有陆生野生动物资源种类171种（两栖类27种、爬行类22种、鸟类109种、兽类13种）。哺乳动物有华南虎、云豹、金猫、短尾猴、猕猴、毛冠鹿、大灵猫、山麂、小录猫、狗熊、黑熊、狗獾、野猪、豪猪、野牛、岩羊、山羊、穿山甲、獐、花面狸、狐狸、华南兔、黄鼠狼、水獭、松鼠、竹鼠、田鼠、豺等。鸟类动物有猴面鸟、黄嘴崖鸭、中华秋沙鸭、水鸭、山鸡、野鸡、寒鸡、竹鸡、田鸡、斑鸠、白鹇、鸳鸯、黄腹角雉、白颈长尾雉、双颈长尾雉、鸬鹚、山鹰、猫头鹰、兀鹰、鸷鹰、灰喜鹊、长尾喜鹊、麻雀、云雀、杜鹃、鹌鹑、乌鸦、八哥、燕子、鹧鸪、画眉、铁嘴、翠鸟、蜂鸟、布谷鸟、啄木鸟、红嘴相思鸟、白头翁、钓鱼鸟、鸥、鹭、鹳、角鸡、罗花矛鸡等。爬行动物有蕲蛇、蟒蛇、蝮蛇、锦蛇、水蛇、银环蛇、眼镜蛇、青竹蛇、乌梢蛇、白花蛇、菜花蛇、两头蛇、黑头剑蛇、蜥蜴、蜈蚣、壁虎等。两栖动物有角怪（三角和四角）、武夷湍蛙、泥蛙、牛蛙、青蛙、蟾蜍、虎纹蛙、棘胸蛙、四脚泥鳅、鹰嘴龟、中华大蟾蜍等。昆虫类总数在千种以上，以双蝶著名，主要有蝴蝶、凤尾蝶、蜜蜂、细腰蜂、地老虎蜂、蛾、蝉、虻、蜻蜓、螳螂、蜣螂、竹蛰、竹虫、天牛、苍蝇、蚊子、蚱蜢、蟋蟀、蝙蝠、蜘蛛、蚂蚁、白蚁、灶马、蜗牛、蟑螂、蚕、虱、萤火虫等。水生动物有55种，其中淡水鱼类有青鱼、草鱼、鲢鱼、鲤鱼、鲫鱼、鳙鱼、鳊鱼、鲶鱼、鳅鱼、鳝鱼、鳜鱼、鲱鱼、鲩鱼、金鱼、吹沙鱼、桃花鱼、黄鹰鱼、半边鱼等；泗浮性鱼类有鳗鱼、鳣鱼等；爬行类有龟、鳖、虾、螃蟹、田螺、河螺、青螺、蚌、蚬、蛤等。其中虎纹蛙、大鲵、白鹇、红脚隼、红隼、白腹鹞、苍鹰、鹊鹞、鸢、普通鵟、草鸮、斑头鸺鹠、黑熊、穿山甲等14种属国家二级保护陆生野生动物。

**【微生物资源】** 全县食用菌资源主要种类有香菇、红菇、上庄菇、凤尾菇、草菇、金针菇、鸡肉菇、竹荪、灵芝、黑木耳、白木耳、茶菇、蘑菇、平菇、姬松茸、杏鲍菇等上百种。害虫天敌寄生菌主要有白僵菌、苏云金杆菌、线虫、菜青虫病毒、柑橘锈壁虱多毛菌等微生物。土壤有益微生物有大豆根瘤菌，花生根瘤菌、紫云英根瘤菌、鸡眼草根瘤菌、胡枝子根瘤菌等，都具有固氮能力。此外，还有菌根菌、放线菌等，都可促使农作物良好生长。

**【水生植物】** 主要有莲藕、茭白、菱角、薏米、席草、红萍、细绿萍、水浮莲、日本萍和藻类等。

# 中共光泽县委

## 中心工作

**【概况】** 2017年，中共光泽县委深入学习贯彻习近平新时代中国特色社会主义思想，认真落实“五位一体”总体布局、“四个全面”战略布局以及省委、市委战略部署和县第十三次党代会确定的目标任务，团结带领全县广大干部群众，凝心聚力、实干拼创，推动政治、经济、文化、社会、生态文明建设和党的建设取得新的成就。光泽县先后荣获全省第三轮第二批平安县、全国食品工业强县等荣誉称号。加快产业转型升级，重点培育发展“1＋3”主导产业发展（即肉鸡生产加工和水饮品、鱼制品、中药饮片），全县规模以上食品企业达14家，实现产值82.4亿元，比增13.5％；强化特色产业支撑，圣农集团在同行业率先推行农业4.0模式，白羽肉鸡养殖规模跃居亚洲首位、世界第六；承天集团入选“2016年度中国医药行业最具影响力榜单”，华韵武夷茶业有限公司等7家企业入选省科技小巨人领军企业培育名单，圣农熟食品六厂、圣农技术研发中心、圣农饲料五厂、圣维兽药疫苗厂等一批重大项目落地投产。现代绿色农业加快发展，“干坑小种红茶”成功注册国家地理标志证明商标。生态旅游、电子商务和物流商贸等产业同步加快发展，培育新增限上商贸企业和服务业企业2家，有效扩大优质服务供给。健全项目工作组织体系，完善项目推进机制，一批重大基础设施项目和产业项目加快推进，省行动计划和省市在建重点项目全面完成年度投资计划，招商引资超额完成市下达任务数。加快城乡融合发展，城市建设规划体系不断健全，启动“多规合一”规划研究，完成圣农小镇、中山南路片区城市规划设计编制，各专项详细规划进一步深化。特色小镇加快建设，研究出台《补助圣农一线员工常住圣农小镇的办法（试行）》和《在圣农小镇实施造福工程易地扶贫搬迁补助办法（试行）》等产城融合配套政策，圣农小镇学校、医院、派出所等项目完成主体工程，商住休闲区、道路等配套设施加快推进。加快推进“水美城市”建设，在全市率先建成6.3千米集中连片滨水景观带。创新推行城市保洁二级考核制度，推进垃圾分类管理试点，深化车辆乱停乱放、“两违”等综合整治，城乡品质持续提升。推动美丽乡村扩面提质，15个村通过省级“千村整治、百村示范”验收，4个村获评省级乡村旅游特色村。大力实施交通、电力、农田水利、安全饮水等基础设施项目，建成光明大道、仙华洲路、武林东路、顺安桥，新建东方路、册下环路（一期），改造农村道路22.5千米、危桥5座，实施农村饮水安全工程7处，建设高标准农田0.14万公顷，城乡基础设施更加优化，群众生产生活条件持续改善。抓牢抓实精准脱贫攻坚，扎实推进精准扶贫工作，推动实现2994人稳定脱贫，8个贫困村脱贫摘帽，全县贫困发生率下降至0.075％。加强和创新社会治理，社会大局持续稳定，群众安全感、平安建设知晓率、执法工作满意度均居全市前三，其中执法工作满意度居全市第一。扎实推进全面从严治党向纵深发展，引导广大党员干部坚定理想信念，做“四讲四有”合格党员。把学习贯彻习近平新时代中国特色社会主义思想和党的十九大精神作为首要政治任务，拓展“主题微党课”“村官论坛”“微论坛”“故事会”等理论学习平台，深入开展中国特色社会主义理论体系和社会主义核心价值观宣传教育，牢牢把握正确舆论导向。坚持好干部标准，坚持凭实绩看德才、凭德才用干部的用人导向，注重在“百日攻坚战”“四比六促”活动等一线培养、考核干部，2017共调整干部3批次99人。加强干部锻炼培养，加强干部教育培训，建立和实行领导干部到党校讲课制度，强化各类教育培训。加强对干部提醒、函询、诫勉，加大领导干部个人有关事项报告核查力度。认真抓好人才强县试点工作，引进享受国务院特殊津贴专家1名，圣农集团成功入选省级专家服务基地。统筹推进各领域党建工作，推进社区“大党委”建设，全面推广圣农党建“三融合”工作法，全县非公企业党组织覆盖率达83.6%，社会组织党组织覆盖率达73.7%。强化基层基础，推进基层党建工作创新，推行“乡聘村用”高校毕业生、“4+X”固定党日活动、非公党建“三融合”“党建闹钟”等党建品牌，得到省委有关领导充分肯定。实施“领头雁”工程，选派优秀干部到贫困村、重点村任职，实现27个贫困村下派书记全覆盖；将全部贫困村纳入软弱涣散村党组织整顿，推进村级组织达标创星活动，建优建强村级组织战斗堡垒。把握“四种形态”，落实“五抓五看”，强化党内监督，持之以恒落实中央八项规定精神，始终保持惩治腐败高压态势，营造风清气正的政治生态。充分发挥县委统揽全局，协调各方作用，巩固军政军民团结，成功创建省级双拥模范县。加强党内监督、群众监督和舆论监督，充分调动各方面积极性，形成推动光泽发展强大合力。

**【学习十九大精神】** 把迎接党的十九大胜利召开和学习贯彻十九大精神作为首要政治任务。围绕迎接党的十九大胜利召开，县委精心组织，周密安排，深入学习贯彻习近平总书记“7·26”重要讲话精神，扎实开展主题宣传，动员各级各部门扎实做好各项工作，以优异成绩迎接党的十九大胜利召开，组织全县广大党员干部第一时间收听收看党的十九大盛况。大会胜利闭幕后，县委把学习宣传贯彻党的十九大精神作为首要政治任务，第一时间召开县委常委会议进行传达学习，下发《关于认真学习宣传贯彻党的十九大精神的通知》，对全县学习宣传贯彻工作作出部署，要求全县各级党组织、广大党员干部突出“六个聚焦”，以高度的政治自觉，着力在学懂弄通基础上做实。县委常委会带头开展学习研讨，县委常委带头深入基层宣讲十九大精神，及时组建县委宣讲团赴各乡（镇）各部门分层级、分领域、全覆盖开展宣讲，各单位各部门开展形式多样、丰富多彩的学习宣传贯彻活动，推动十九大精神家喻户晓、深入人心。全县上下迅速兴起学习宣传贯彻热潮，进一步明确今后发展方向：坚持以习近平新时代中国特色社会主义思想为指导，贯彻落实新发展理念，主动融入福建省建设国家生态文明试验区和南平市创建全国绿色发展示范区大局，高质量加快推进新时代“中国生态食品城”建设。

2017年5月6日，县委陈敏辉书记到寨里镇调研贫困村脱贫攻坚工作开展情况

**【生态环境保护】** 巩固提升国家级生态县创建成果，顺利通过国家发改委合格生态保护与建设示范区中期评估。完成全国首个县域生态文明建设水利总体方案编制，特色水文化品牌加快树立。坚决打好污染防治攻坚战，

2017年2月13日，县委副书记董礼义到鸾凤乡中坊村调研特色小镇项目建设

强力推进大气污染整治，落实水污染防治行动计划，开展土壤污染防治工作，县域环境质量持续向好，全年优良天数比例达99.7%，比上年度提升1.6个百分点。推进流域综合治理，闽江上游富屯溪七期防洪工程（光泽段）、枧坑水库等一批防灾减灾项目加快推进，“河长制”组织网络覆盖全县大小河流，水环境显著改善，和顺交界断面水质由三类恢复到二类，流域水功能区水质达标率达100%。加强资源培育保护，完成森林抚育0.48万公顷，森林覆盖率提高至78.85%。严把项目准入关，推进节能减排，环境质量持续提升。

**【特色产业支撑】** 深化供给侧结构性改革，着力培育壮大七大产业，规模以上食品企业增至14家，实现产值82.4亿元，比增13.5%，荣获2016～2017年“全国食品工业强县”称号。圣农集团白羽肉鸡养殖规模跃居亚洲首位、世界第六；承天集团入选“2016年度中国医药行业最具影响力榜单”，华韵武夷茶业有限公司等7家企业入选省科技小巨人领军企业培育名单，圣农熟食品六厂、圣农技术研发中心、圣农饲料五厂、圣维兽药疫苗厂等一批重大项目落地投产。现代绿色农业加快发展，“干坑小种红茶”成功注册国家地理标志证明商标。生态旅游、电子商务和物流商贸等产业同步加快发展，培育新增限上商贸企业和服务业企业2家，有效扩大优质服务供给。

**【城乡融合发展】** 城市建设规划体系不断健全，启动“多规合一”规划研究，完成圣农小镇、中山南路片区城市规划设计编制，各专项详细规划进一步深化。特色小镇加快建设，研究出台《补助圣农一线员工常住圣农小镇的办法（试行）》和《在圣农小镇实施造福工程易地扶贫搬迁补助办法（试行）》等产城融合配套政策，圣农小镇学校、医院、派出所等项目完成主体工程，商住休闲区、道路等配套设施加快推进。加快推进“水美城市”建设，在全市率先建成6.3千米集中连片滨水景观带。创新推行城市保洁二级考核制度，推进垃圾分类管理试点，深化车辆乱停乱放、“两违”等综合整治，城乡品质持续提升。推动美丽乡村扩面提质，15个村通过省级“千村整治、百村示范”验收，4个村获评省级乡村旅游特色村。大力实施交通、电力、农田水利、安全饮水等基础设施项目，建成光明大道、仙华洲路、武林东路、顺安桥，新建东方路、册下环路（一期），改造农村道路22.5千米、危桥5座，实施农村饮水安全工程7处，建设高标准农田0.14万公顷，城乡基础设施更加优化，群众生产生活条件持续改善。

**【强化项目带动】** 坚持把项目作为扩投资稳增长的主抓手，健全落实“五个一批”项目推进机制，梳理“三四五”（“三个层面”“四张清单”“五项机制”）项目推进工作机制，开展“前期比效率、谋划比成效、审批比服务、开工比进度”竞赛活动，创新开展“支部建在项目上、身份亮在岗位上、党旗飘在工地上”主题行动，层层压实责任。实施重大项目、重点工作“百日攻坚战”，攻克一批顽症痼疾，创造

2017 年 4 月 1 日，县委书记陈敏辉调研光泽县百日攻坚交通重点项目建设

许多攻坚速度，房屋征收面积达 8.1 万平方米，超过近 7 年总和。“百日攻坚”结束后，又紧接着开展“四比六促”“工作落实月”活动，持续业已形成的良好态势，促进项目工作提速提效。全年新开工总投资 2000 万元以上招商项目 68 项，累计实施各类项目 270 余项，固定资产投资增长率连续两个季度荣获省上正向激励奖，特别是二季度固投增长 75.7%，居全省第 1 位。

**【推进改革创新】** 全力推进中央和省、市各项改革任务落实，推动一批重要领域和关键环节改革取得突破，全社会发展活力和创新动力日益增强。深化生态文明体制改革，扎实贯彻国家生态文明试验区福建实施方案，深化领导干部自然资源资产离任审计试点工作，在全省率先建立自然资源资产大数据平台，改革经验得到全国推广。在全国率先建立“绿水维护补偿”机制，推行全流域水质考核管理，从源头保护水资源成为全县共识。顺利完成县属国有林场改革，有序推进国家储备林质量精准提升，收储商品林 440.53 公顷。深化“放管服”改革，围绕“最多跑一趟、一趟不用跑”目标，推行“容缺后补”“审批代办”等机制，一年来共梳理精简事项材料 463 条，减少审批环节 314 个，累计压缩办理时限 456 个工作日。

**【补齐民生短板】** 坚持以人民为中心的发展思想，召开县委十三届五次全会，对加快补齐教育、卫生与健康、养老和城乡民生基础设施短板作出全面部署。全县民生支出占财政总支出 88.4%，23 项为民办实事项目基本完成。实施积极就业政策，创新用工服务举措，城镇登记失业率控制在 4%以内，在全市率先实现建设施工领域“无欠薪项目部”全覆盖。扩大社会保险覆盖面，加强困难群众基本生活保障，全县城乡低保平均标准均高于全省平均水平。实施教育强县战略，优先保障教育投入，新建、改造各类校舍 9816 平方米，新增学位 200 个；职教中心通过省级达标校验收，2017 年高考本科上线人数、本一上线率创十

2017 年 2 月 8 日，县委书记陈敏辉到一中调研高中教育质量工作

年来新高。持续深化医药卫生体制改革，完成县医院、中医院合署搬迁及妇幼保健院整体搬迁，探索推进跨区域医联体合作，全面实现公立医院药品、耗材零差率销售。加快提升和建设一批养老服务项目，推进社区居家养老专业化服务，创新乡（镇）敬老院运营模式，有序推进医养结合。文体广电事业快速发展，数字影院投入试运行，室内体育馆进入内部装修，完成45个村（居）健身路径建设，光泽电视台一套节目在全市率先实现高清播放。

**【抓实扶贫工作】** 把精准脱贫攻坚作为第一民生工程，突出务实扎实真实，全力推进精准扶贫精准脱贫，推动实现2994人稳定脱贫，8个贫困村脱贫摘帽，全县贫困发生率下降至0.075%，脱贫人口实现“两不愁三保障”目标。全面落实脱贫攻坚责任制，推行“七个一”帮扶模式，实现贫困村、贫困户帮扶力量全覆盖。持续深化党建引领脱贫攻坚“五大工程”，推进党建富民强村，建立党员带富示范基地36个，全县村集体经济经营性收入10万元以上的村达88%，全面消除收入3万元以下薄弱村。深化产业、就业、教育、金融、医疗等扶贫机制创新，实施“财政＋金融”联动扶贫，发放扶贫小额贷款8190万元，贫困户受益率达89.9%；推动扶贫医疗叠加保险政策落地实施，贫困人口就医自付比例降至10%以下；扩大教育扶贫对象覆盖面，资助贫困家庭学生2092人次，光泽县教育、金融、医疗扶贫工作得到省市领导充分肯定。加大造福工程易地扶贫搬迁和危房改造进度，完成造福工程易地扶贫搬迁1122户、危房改造234户，均超额完成年度目标任务。深入对接“5＋2”挂钩帮扶单位，争取帮扶项目15个、帮扶资金4362万元。

2017年10月21，县委书记陈敏辉深入挂点帮扶村寨里镇桥湾村与贫困群众聊家常话脱贫，为帮扶贫困村把脉寻方谋发展

**【创新社会治理】** 认真落实综治信访维稳责任制，有力保障“厦门金砖会晤”“党的十九大”等重大活动期间安定稳定。创新提升“综治进民企”“1＋N”流动警务室、交通安全综合管理“五四三”工作法等机制，建成全市首个生态司法教育实践基地、首家青少年警训中心，提升社会治理水平。深化“平安光泽”建设，认真落实信访工作责任制，完善立体化社会治安防控体系，推动“雪亮工程”建设全覆盖，抓好安全生产工作，群众安全感、平安建设知晓率、执法工作满意度均居全市前三，其中执法工作满意度居全市第一。

**【民主政治建设】** 充分发挥县委总揽全局、协调各方的领导核心作用，积极支持“一府两院”依法行政和依法开展审判、检察工作。支持和保障人大、政协依法依章履职，县人大、县政协围绕精准扶贫、“百日攻坚战”“四比六促”等重点工作开展调研、监督检查，为推进“中国生态食品城”建设发挥积极作用。密切同工商联、党外人士、商会的联系，加强和改进对工青妇等人民团体和群众组织领导。重视做好民族、宗教、侨务以及对台工作。巩固军政军民团结，成功创建省级双拥模范县。加强党内、群众和舆论监督，充分调动各方面积极性，形成推动光泽发展强大合力。

【加强干部队伍建设】 坚持好干部标准，坚持凭实绩看德才、凭德才用干部用人导向，注重在“百日攻坚战”“四比六促”等活动一线培养、考核干部，2017共调整干部3批次99人。加强对干部提醒、函询、诫勉，加大领导干部个人有关事项报告核查力度。加强干部锻炼培养，加强干部教育培训，建立和实行领导干部到党校讲课制度，强化各类教育培训。认真抓好人才强县试点工作，引进享受国务院特殊津贴专家1名，圣农集团成功入选省级专家服务基地。

【基层组织基础】 推进基层党建工作创新，推行“乡聘村用”高校毕业生、“4+X”固定党日活动、非公党建“三融合”“党建闹钟”等党建品牌，并得到省委有关领导充分肯定。实施“领头雁”工程，选派优秀干部到贫困村、重点村任职，实现27个贫困村下派书记全覆盖；将全部贫困村纳入软弱涣散村党组织整顿，推进村级组织达标创星活动，建强村级组织战斗堡垒。统筹推进各领域党建工作，推进社区“大党委”建设，全面推广圣农党建“三融合”工作法，全县非公企业党组织覆盖率达83.6%，社会组织党组织覆盖率达73.7%。

【党风廉政建设】 认真落实“五抓五看”要求，县委领导带队到各乡（镇）开展检查，推动“两个责任”落实。持之以恒落实中央八项规定精神，推动作风建设常态长效，全年共查处违反中央八项规定精神问题20起，处理35人。把握运用监督执纪“四种形态”，保持惩治腐败高压态势，全县共新立案66件，其中涉及乡科级干部16件。深入开展精准监督助推精准扶贫工作，严肃查处群众身边的不正之风和腐败问题。推进两级派驻机构改革，全面实现派驻机构和人员双到位。推进党委巡察工作，推进监察体制改革，依法选举产生县监察委员会主任，完成县监察委员会挂牌成立。

2017年6月1日，全县第九期中青年干部培训班开学典礼在县委党校举行

## 重要活动

【全县落实党风廉政建设责任制述责述廉会和民主测评会】 1月20日，2016年度全县落实党风廉政建设责任制述责述廉会和民主测评会在县烟草七楼会议室召开，会议由县政府县长赵大建主持，县委书记陈敏辉作述责述廉报告，其他党政班子成员以书面报告形式述责述廉，市委检查组组长、市委常委、军分区司令员王雷火在会上讲话。市委检查组组长王雷火、副组长梁飞、成员陈涛，县委委员、候补委员，不是县委委员、候补委员的其他县处级领导，离退休老干部代表，县纪委委员、特邀监察员、效能监督员，各乡（镇）党委书记、乡（镇）长，县直副科级以上单位党政负责人，龙头企业负责人代表等参加会议。

【县纪委十三届二次全会】 1月24日，中共光泽县纪委十三届二次全会在县政府礼堂召开，县委常委、县纪委书记黄河主持会议并作工作报告，县委书记陈敏辉讲话，县处级领导，各乡（镇）党委书记、乡（镇）长、纪委书记，县直副科级以上单位党政主要领导、纪委书记（纪检组长），县委党风廉政监督员，县纪委委员、县纪委机关相关人员等参加会议。

【乡（镇）党委书记抓基层党建工作述职评议会】 1月24日，全县2016年度乡（镇）党委书记抓基层党建工作述职评议会在县烟草局七楼会议室召开，会议由县委书记陈敏辉主持并讲话，各乡（镇）党委书记、县直机关党工委常务副书记、县教育系统党委书记、县委非公企业和社会组织工委专职副书记逐一进行述职，县委常委、副县长逐一点评，会议还进行评议。县委党的建设工作领导小组成员，县纪委副书记、县委组织部部务会成员，各乡（镇）党委书记、县直机关党工委常务副书记、县教育系统党委书记、县委非公企业和社会组织工委专职副书记，县“两代表一委员”、基层党员干部和群众代表参加会议；各乡（镇）党委组织委员列席会议。

**【县委理论学习中心组集体学习（扩大）会】** 2月3日，县委理论学习中心组集体学习（扩大）会在县烟草局七楼会议室召开，会议由县委书记陈敏辉主持并作《加强党的领导，加快建设中国生态食品城》讲话。县处级领导，各乡（镇）党委书记、乡（镇）长，县直副科级以上单位党政负责人参加会议。

**【全县项目建设“百日攻坚战”动员大会】** 2月20日，全县项目建设“百日攻坚战”动员大会在县烟草局七楼会议室召开，会议由县委书记陈敏辉主持并作动员讲话。县处级领导，各乡（镇）党委书记、乡（镇）长，县直副科级以上单位党政负责人参加会议。

**【全县领导干部年度考核会】** 2月20日，全县领导干部年度考核会在县烟草局七楼会议室召开，会议主要对2016年县领导班子和领导干部进行年度考核，开展民主测评和推荐。县委委员、候补委员，不是县委委员、候补委员的其他处级干部，县纪委副书记、组织部副部长，党政工作部门、人民团体、工商联主要负责人，各乡（镇）党政负责人参加会议。

2017年2月20日，县委书记陈敏辉主持召开全县项目建设“百日攻坚战”动员会

**【县委理论学习中心组集体学习（扩大）会暨“百日攻坚战”工作推进会】** 3月6日，县委理论学习中心组集体学习（扩大）会暨“百日攻坚战”工作推进会在县烟草局七楼会议室召开，会议由县委书记陈敏辉主持并上党课，县长赵大建对推进“百日攻坚战”工作做安排部署，县处级领导，各乡（镇）党委书记、乡（镇）长，县直副科级以上党政主要负责人参加会议。

**【乡（镇）党委书记抓党建脱贫“五大工程”专题述职会议】** 3月16日，乡（镇）党委书记抓党建脱贫“五大工程”专题述职会议在县委二楼会议室召开，各乡（镇）党委书记逐一进行述职，县委常委、组织部长黄水彪就下阶段工作进行部署，县委书记陈敏辉作重要讲话。县领导陈敏辉、董礼义、黄水彪，各乡（镇）党委书记，县直有关部门负责人参加会议。

**【县委理论学习中心组集体学习（扩大）会暨脱贫攻坚“春季攻势”行动部署推进会】** 3月17日，县委理论学习中心组集体学习（扩大）会暨脱贫攻坚“春季攻势”行动部署推进会在县烟草七楼会议室召开，会议由县政府县长赵大建主持，圣农集团董事长傅光明上党课，县委常委、统战部长陈高宏传达省纪委书记刘学新 2017 年脱贫攻坚“春季攻势”调研督查时的讲话精神，县委、县政府下达 2017 年贫困人口脱贫任务书，县政府副县长江晖传达省委、省政府开展“春季攻势”行动精神，安排今后脱贫攻坚相关工作，县委书记陈敏辉讲话。县处级领导，各乡（镇）党委书记、乡（镇）长、分管领导，县直副科级以上党政主官参加会议。

**【全国重点新闻媒体走进光泽活动启动仪式】** 3 月 29 日，全国重点新闻媒体走进光泽活动启动仪式在圣农假日酒店举行，来自中央、省级和地方的 40 多家新闻媒体齐聚一堂，标志全县打响宣传攻坚战。县委副书记董礼义，县委常委、宣传部长陈进财及各乡（镇）、县直单位有关宣传人员参加启动仪式。

**【落实党风廉政建设责任制问题集体约谈工作会】** 4 月 11 日，2016 年度光泽县落实党风廉政建设责任制问题集体约谈工作会在县政府第二会议室召开，检查组组长、南平市委常委、军分区司令员王雷火主持会议并讲话，检查组副组长、南平市监察局副局长梁飞通报检查发现问题，县委书记陈敏辉作表态发言，检查组组长王雷火向光泽县委移交“问题清单”和“问责建议”。县委班子成员，县人大、县政协主要领导，县纪委副书记，各乡（镇）党委书记，驻市教育局监察室副主任陈涛参加会议。

**【全县金砖会晤安保维稳暨反恐工作推进会】** 4 月 13 日，光泽县金砖会晤安保维稳暨反恐工作推进会在县法院七楼会议室召开，会议由县政府副县长叶财旺主持，县委常委、政法委书记危有水总结回顾 2016 年综治考评工作并对 2017 年综治考评工作做具体安排部署，县委副书记董礼义作强调讲话。各乡（镇）党委书记、综治副，县直副科级以上主要领导参加会议。

2017 年 3 月底 4 月初，全国重点新闻媒体采访光泽“百日攻坚”

**【学习贯彻十八届六中全会精神专题培训会】** 4 月 20～21 日，学习贯彻十八届六中全会精神专题培训会在县烟草局七楼会议室举行，县委书记陈敏辉作主题报告，组织观看《推进从严治党向纵深发展》《学习习近平总书记在“省部级领导干部专题研讨班”重要讲话》《学习〈关于新形势下党内政治生活的若干准则〉和〈中国共产党党内监督条例〉》录像课程，县长赵大建主持会议并作总结讲话。县处级领导，各乡（镇）党委书记、乡（镇）长，县直副科级以上负责人参加培训会。

**【全县一季度经济形势分析、“百日攻坚”工作推进会、脱贫攻坚推进会暨向廖俊波同志学习动员部署会】** 4 月 21 日，全县一季度经济形势分析、“百日攻坚”工作推进会、脱贫攻坚推进会暨向廖俊波同志学习动员部署会在县烟草局七楼会议室召开，会议由县委副书记董礼义主持，县委常委、常务副县长郭绯红通报全县一季度经济运行情况和“百日攻坚”工作推进情况，分析存在问题，提出下阶段工作意见，县委常委、统战部长陈高宏安排部署脱贫攻坚工作，县政府副县长江晖安排部署防汛备汛工作，县长赵大建讲话，县委书记陈敏辉讲话。在家县处级领导，各乡（镇）党委书记、乡（镇）长，县直副科级以上单位主要负责人等参加会议。

**【廖俊波同志先进事迹巡回报告会】** 4月26日，廖俊波同志先进事迹巡回报告会在县数字影院召开，报告会由县委书记陈敏辉主持。在家县处级领导以及全县共计600多名干部、群众代表参加报告会。市委常委、组织部长罗志坚，政和县人大常委会主任郑满生，政和县石屯镇松源村党支部书记袁云机，廖俊波同志妻子林莉，《闽北日报》新闻采访中心副主任黄旭辉等5位报告团成员分别作《牢记使命，不负党恩》《向梦想生长》《俊波，你好》《我后悔了》《遗憾与无憾》等主题报告。

**【全县党建工作会议】** 4月26日，全县党建工作会议在数字影院三楼会议室召开，会议由县长赵大建主持。部分党委作基层党建工作经验交流，县委常委、组织部长黄水彪总结部署组织工作，县委常委、宣传部长陈进财总结部署宣传思想文化工作，县委常委、统战部长陈高宏总结部署统战工作。会上，县委书记陈敏辉代表县委与各乡（镇）党委签订2017年度党风廉政建设责任书并讲话。县委党建工作领导小组成员，各乡（镇）党委书记、副书记、组织委员、宣传委员、统战委员，县直副科级以上单位主要负责人等参加会议。

**【全县创建省级文明县城动员会】** 5月5日，全县创建省级文明县城动员会在县烟草局七楼会议室召开，会议由县委副书记董礼义主持，县委常委、宣传部长陈进财就省级文明县城创建迎检工作进行安排部署，县委书记陈敏辉讲话。县处级领导，各乡（镇）党委书记、乡（镇）长、分管领导，县直副科级以上单位党政负责人，各社区书记、主任，城管大队长，县委文明办工作人员参加会议。

**【全县“百日攻坚”总结暨“四比六促”活动部署动员会】** 6月8日，全县“百日攻坚”总结暨“四比六促”活动部署动员会在数字影院三楼会议室召开，县委书记陈敏辉主持会议并讲话。会议书面传达学习全市“百日攻坚”检查总结暨1～4月经济运行分析会精神。县政府县长赵大建总结通报“百日攻坚”工作情况，对“四比六促”活动作安排部署。县处级领导，各乡（镇）党委书记、乡（镇）长、乡人大主席、副书记，县直副科级以上单位主要负责人参加会议。

**【全县领导干部大会】** 6月26日，全县领导干部大会在假日酒店二楼会议室召开，会议主要内容为推荐干部。县委委员、候补委员，不是县委委员、候补委员的县处级领导，各乡（镇）党委书记，县直部分科局级负责人参加会议。

**【县委理论学习中心组集体学习（扩大）会暨领导干部自然资源资产离任审计工作部署推进会】** 7月4日，县委理论学习中心组集体学习（扩大）会暨领导干部自然资源资产离任审计工作部署推进会在县数字影院三楼会议室召开，县委常委、县政府常务副县长郭绯红主持会议，市审计局副局长陈卷宝作题为《领导干部自然资源资产离任审计》的专题讲座，市审计局计算机审计中心主任高贤亮对开展领导干部自然资源资产离任审计开展工作提出具体要求，县委常委、统战部长陈高宏对全县下阶段脱贫攻坚工作进行安排部署，县委书记陈敏辉作强调讲话。县委理论学习中心组全体成员，各乡（镇）党委书记、乡（镇）长、分管领导，乡林业站、水工站、国土所、建设站负责人，县直副科级以上单位负责人参加会议。

**【县委理论学习中心组集体学习（扩大）会暨全县第七次脱贫攻坚推进会】** 8月12日，县委理论学习中心组集体学习（扩大）会暨全县第七次脱贫攻坚推进会在县数字影院三楼会议室召开，县委常委、统战部长陈高宏主持会议并作学习小结，福建农林大学经济管理学院刘伟平教授作《精准扶贫》专题讲座。县委理论学习中心组全体成员，各乡（镇）党委书记、乡（镇）长、分管领导、扶贫办主任，县直副科级以上单位负责人、分管挂村工作领导，县农业局机关工作人员参加会议。

**【全县上半年经济形势分析会暨“四比六促”活动推进会】** 7月21日，全县上半年经济形势分析会暨“四比六促”活动推进会在县数字影院召开，会议由县委副书记董礼义主持。在家县处级领导，圣农集团董事长傅光明，各乡（镇）党委书记、乡（镇）长、副书记、分管领导，县直副科级以上单位负责人参加会议。

**【光泽县厦门金砖会晤实战阶段动员部署会】** 8月9日，光泽县厦门金砖会晤实战阶段动员部署会在县法院七楼会议室召开，会议由县政府副县长叶财旺主持，县领导董礼义、危有水、叶财旺、杨南，各乡（镇）党委书记、综治副，县直副科级以上单位负责人参加会议。

**【全县脱贫攻坚推进会及县委理论学习中心组集体学习（扩大）会暨第四季度经济工作推进会】** 9月30日，县委陈敏辉书记参加全县脱贫攻坚推进会，随后召开县委理论学习中心组集体学习（扩大）会暨第四季度经济工作推进会、会议由县委副书记董礼义主持，县政府县长赵大建部署工作，县委常委、政法委危有水书记传达上级有关政法综治维稳会议精神，总结全县厦门金砖会晤安保维稳工作及部署十九大安保维稳工作。县委理论学习中心组全体成员、各乡（镇）党委书记、乡（镇）长，县精准扶贫、综治分管领导，县直副科级以上单位主要负责同志参加会议。

**【光泽县学习贯彻党的十九大精神市委宣讲团宣讲活动】** 11月13日，光泽县学习贯彻党的十九大精神市委宣讲团宣讲活动在数字影院大礼堂举行，南平市委宣讲团副团长、市委宣传部副部长陈金健（正处长级）到县宣讲党的十九大精神，并深入企业与基层党员座谈。在家县副处级以上领导，各乡（镇）及县直各单位主要负责人，驻地官兵、理论工作者和部分师生代表参加会议。

**【县委十三届六次全体会议】** 12月1日，县委十三届六次全体会议在数字影院三楼会议室召开，会议听取和讨论县委书记陈敏辉代表县委常委会所做的抓党建工作情况报告。县委委员、候补委员，不是县委委员、候补委员的县处级领导，县纪委常委，担任过县处级以上职务的老同志代表，各乡（镇）党委书记、乡（镇）长，县直副科级以上单位及省市属驻光单位党政主要负责人参加会议。

**【全县经济工作会】** 12月25日，全县经济工作会在数字影院召开，县委常委，各乡（镇）党委书记、乡（镇）长及有关部门参加会议。

**【全县2017年度乡（镇）党委书记抓基层党建工作述职评议会】** 12月27日，全县2017年度乡（镇）党委书记抓基层党建工作述职评议会在数字影院三楼召开，各乡（镇）党委书记、县直机关工委常务副书记县教育局党委书记、县委非公企业和社会组织工委书记逐一进行述职，县委陈敏辉书记逐一点评，参会人员填写评议表，进行现场评议。市委组织部领导、县委常委、县委党建工作领导小组成员、县纪委副书记、县委组织部部务会成员，各乡（镇）党委书记、县直机关工委常务副书记、县教育局党委书记、县委非公企业和社会组织工委书记，县“两代表一委员”、基层党员干部和群众代表，各乡（镇）党委组织委员参加会议。

（连　翔）

## 纪检监察

**【概况】** 2017年，县纪检监察工作认真贯彻落实党的十九大及中央纪委历次全会精神，按照省、市纪委和县委工作部署要求，紧紧围绕全面从严治党、党风廉政建设和反腐败斗争，在纠正“四风”、体制改革、队伍建设等方面进一步巩固成效，取得丰硕成果，推动形成积极向上、干事创业、风清气正的政治生态。压紧压实“两个责任”，由县委常委牵头对2016年度各乡（镇）落实全面从严治党情况进行集中检查，移交问题清单29份、问责建议29份；落实省委、市委责任制检查问题整改工作，问责处理34人。健全完善重要时间节点督查常态化机制，查处违反中央八项规定精神问题20起，处理35人，给予党政纪处分20人，点名道姓通报曝光典型问题5批10起。全年运用监督执纪“四种形态”374件，其中第一形态311件，让红脸出汗成为常态。收到案件线索336件，初核60件，转立案66件，谈话函询277件，了结292件，实现零暂存工作目标；向市纪委案管室上报重要问题线索1件，向市纪委上报重要案件17件。通过组织党员干部观看反腐专题片、开设党校党风廉政教育课等，广泛深入开展廉政宣传教育，组建成立党风廉政新闻宣传特约通讯员队伍。将开展扶贫领域监督执纪问责情况与业务考评相结合，纳入全面从严治党责任制考核的重要内容，制定《光泽县扶贫领域监督执纪问责责任清单》，完成对建档立卡贫困户走访1850户4631人，共查处扶贫领域违规违纪问题28件55人、2个党组织，其中党政纪立案审查14件15人，给予党纪政纪处分12件13人，移送司法机关处理3人。顺利完成三项改革任务，年初成立县委巡察工作领导小组，下设办公室，挂靠在县纪委，全年共开展4轮常规巡察和1轮扶贫领域专项巡察，巡察乡村和县直单位共42个，开启本届县委任期内巡察全覆盖；启动全县派驻机构改革，设置12个综合派驻纪检监察组、3个单独派驻纪检监察组，对全县93个党政群机关和副科级以上事业单位实行监督，实现派驻机构全覆盖；试行县监察体制改革，选举产生县监委主任、副主任、委员等，完成“光泽县监察委员会”挂牌，全面构建起集中统一、权威、高效的监察体系，实现对行使公权力的公职人员监察全覆盖。加强机关办公场所建设，对原县妇幼保健院办公楼整体改造后，实现县纪委、监委、派驻纪检监察组、巡察办（组）统一办公、统一管理；5月启动建设县监委综合基地，已完成建筑主体框架，预计2018年3月可投入使用。

**【落实“两个责任”】** 全县各级纪检监察机关压紧压实“两个责任”，层层传导抓好部署落实。年初，由县委常委任组长，牵头对2016年度各乡（镇）落实全面从严治党情况进行集中检查，并于4月底向8个乡（镇）和部分县直部门移交了“问题清单”和“问责建议”，由党政主官签字背书认领。9月，再次对8个乡（镇）、21个县直单位履行全面从严治党责任制情况进行检查，移交问题清单29份、问责建议29份，责令各乡（镇）、部门限时整改。同时，坚持“严”字当头，突出问题导向，抓实问题整改。协助做好省委、市委全面从严治党责任制检查反馈问题整改工作，县委常委会召开专题会议，研究制定整改方案及整改清单，制定长效工作机制。省委责任制检查发现的1个问题、市委责任制检查发现的6类16项21个问题均按时整改完成，问责处理34人，其中乡科级25人（党政“一把手”6人），党政纪处分7人，诫勉谈话11人，通报6人，廉政提醒谈话10人。

2017年12月30日，县委书记陈敏辉（左）、县纪委书记黄河（右）为县监察委员会成立揭牌

**【整治“四风”】** 不断完善重要时间节点督查常态化机制，加强重要时间节点监督检查，切实做到逢节必查，持续加压震慑。全年共采取不同形式组织明察暗访20批次，对发现疑似问题线索及时开展调查处理。持续正风肃纪，把违反中央八项规定精神行为列入纪律审查重点，紧盯“四风”新形式、新动向。推动移风易俗树立文明新风，坚持抓早抓小，动辄则咎。共查处违反中央八项规定精神问题20起，处理35人，给予党政纪处分20人。同时，点名道姓通报曝光典型问题5批10起，持续释放越往后执纪越严、处分越重的强烈信号。

**【纪律审查】** 挺纪在前，运用监督执纪“四种形态”，经常开

2017 年 2 月 23 日，南平市委常委、纪委书记陈熙满（左一）察看光泽县警示教育基地

展批评和自我批评，全年运用“四种形态”374 件，其中第一形态 311 件，让红脸出汗成为常态。收到基层纪（工）委及本委各科室上报的案件线索 336 件，其中初核 60 件，转立案 66 件（乡科级 16 件，贪污贿赂 6 件，经济大案 4 件，移送司法 3 件），且乡乡完成自办案件任务，谈话函询 277 件，了结 292 件，暂存 0 件。向市纪委案管室上报重要问题线索 1 件，向市纪委上报重要案件 17 件。在县国土资源局、李坊乡和鸾凤乡等 5 个单位开展“一案一盘点一整改”工作，达到查处一个案件、教育一批干部、健全一套制度、整顿一个行业的效果。

**【廉政宣传】** 组织全县党员干部观看《永远在路上》《巡视利剑》等反腐专题片，并在县委党校干部培训班开设党风廉政教育课，通过违纪干部现身说法，警示党员干部远离违纪红线。开展形式多样的廉政文化宣传，征订并分发各类纪检监察刊物 569 份，组建成立一支 11 人的全县党风廉政新闻宣传特约通讯员队伍。全年共印发《光泽纪检监察》10 期，在《中国纪检监察报》刊发各类稿件 16 篇、《党风廉政建设》1 篇、《福建纪检监察》1 篇、《福建日报》2 篇、《南平纪检监察》6 篇、《闽北日报》17 篇。

**【扶贫攻坚领域】** 将开展扶贫领域监督执纪问责情况与业务考评相结合，纳入全面从严治党责任制考核的重要内容，强化精准监督意识。结合工作实际，制定《光泽县扶贫领域监督执纪问责责任清单》，明确全县扶贫领域精准监督重点任务，抓住关键环节，聚焦突出问题。督促乡（镇）纪委开展建档立卡贫困户访查工作，紧紧围绕精准扶贫政策措施、资金、项目、主体责任落实，以及扶贫领域“四风”问题等方面，完成对建档立卡贫困户 1850 户 4631 人走访。全年查处扶贫领域违规违纪问题 28 件 55 人、2 个党组织，其中党政纪立案审查 14 件 15 人，给予党纪政纪处分 12 件 13 人，移送司法机关处理 3 人。

2017 年 9 月 11 日，县纪委书记黄河到寨里镇山坊村慰问贫困户

【干部培养教育】 针对纪检监察干部流动性大，干部能力参差不齐，区域整体实力不强、不稳定问题，开展片区办案人员跟班培训，按照“以老带新、共同提高”原则，发挥骨干主导作用，通过以案代训方式，有效提升基层纪检监察干部执纪能力。认真抓好纪检监察机关“两学一做”学习教育和党的十九大精神学习，组织纪检监察干部综合业务培训1期、检察院转隶干部党纪知识综合培训1期，组织十九大精神学习会多场次。

【机关场所建设】 在县委、县政府关心支持下，将原县妇幼保健院办公楼整体交付给纪委办公，实现从原有“4＋1”间办公室，到现如今“4＋1”层办公楼的办公环境改善提升，实现县纪委、监委、派驻纪检监察组、巡察办（组）统一办公、统一管理。同时，由于原党校旧办案点已纳入征迁范围，为确保县监委成立后留置工作顺利衔接、安全开展，2017年5月启动建设县监委综合基地，该项目位于县公安局看守所地块，计划投入资金1100万元，已完成建筑主体框架，预计2018年3月可投入使用。

【制度建设】 发挥反腐败协调小组作用，落实纪检监察机关与司法机关、审计机关问题线索集中排查和通报移送制度，探索县管干部问题线索统一归口管理、逐件登记、建立台账，防止问题线索流失，形成反腐新常态。通过县纪委派员领办，片区交叉检查、线索互查、案件互办等方式，对重大案件“常委包案”“主办人”制度，参照项目运作模式，在各个环节明确工作重点、具体责任人和时限要求，坚持快查快审快结，以项目带动方式提高办案效果。推行重大、典型和具有普遍性的案件公听陪审制度，从“第三方”角度提出意见，对纪委审理案件开展监督，对纪检工作提出建议，有效提升案件质量，增进理解消除误解，提升查办案件综合社会效果。严格执行省纪委办案安全管理规定，进一步规范对象进点、过程监管、对象离点等环节工作流程，落实有关安全工作登记备案等规定。

【试行县监察体制改革】 县委高度重视监察体制改革试点工作，县委书记陈敏辉多次主持召开专题会议，研究部署研究县监察体制改革中涉及的职能划转、人员转隶、线索移交等工作。成立光泽县深化监察体制改革工作小组，由县委书记任组长，担任“施工队长”，县政法委书记、纪委书记、人大分管副主任、检察长为副组长，领导小组下设办公室，由县委常委、纪委书记黄河任办公室主任，确保改革领导有力，工作扎实推进。11月30日，县委常委会专题研究通过《光泽县深化国家监察体制改革工作实施方案》，并报市纪委审议通过，对全县监察体制改革试点工作内容予以进一步明确。县委编办及时制定出台《光泽县监察委机构编制调整方案》，议定县纪委、县监察委共设15个内设机构，并将县检察院转隶的反贪、反渎、预防职务犯罪等3个部门，转设为县纪委、县监委机关第五、第六、第七纪检监察室等3个科室，主要履行审查调查职责。同时，按照县检察院政法编制总数25%比例，划转13名编制至县监委，其中9名

2017年12月16日，福建省监察厅副厅长肖仁辉（左二）到光泽县纪委调研监察委成立筹备工作

连人带编划转，空编划转4名。同时，县财政足额保障县监委组建所需工作经费，对原妇幼保健院大楼进行改造建设，实现县纪委、监委、巡察办、派驻纪检组统一办公、统一管理，投入资金1100万元建设县监委综合基地，已完成建筑主体框架，预计2018年3月份可投入使用。12月27日、29日分别召开了县十七届人大二次会议及十七届人大常委会第九次会议，县委常委、纪委书记黄河当选光泽县第一届监察委员会主任，选举任命县纪委副书记吴万和、刘邦建为县监委副主任，县纪委常委徐长卿为监委委员，共同组建县监委领导班子。12月31日，县委书记陈敏辉与县纪委、监委领导班子一道，共同为“光泽县监察委员会”揭牌，标志着县监察委员会正式组建成立，推进全面构建集中统一、权威高效的监察体系，实现对行使公权力的公职人员监察全覆盖。

**【设立县巡察机构和派驻纪检组】** 按照中央关于设立县级巡察机构相关精神，年初成立县委巡察工作领导小组，下设办公室，挂靠县纪委。全年共开展4轮常规巡察和1轮扶贫领域专项巡察，巡察乡、村和县直单位共42个。健全完善制度16项，发现“三大问题”380个，“六项纪律问题”92个，向被巡察单位党组织反馈巡察问题394个，移交问题线索77条，党政纪立案11人，移送司法机关2人，开启本届县委任期内巡察全覆盖。从4月开始，启动全县派驻机构改革，至6月底共完成设置12个综合派驻纪检组、3个单独派驻纪检组，对全县93个党政群机关和副科级以上事业单位实行监督。派驻机构改革后，既精减机构33个数量，又有效地扩大监督范围，实现派驻机构全覆盖。同时，将15个派驻机构划分为六个片区，每个片区确定一个派驻机构作为牵头单位，由县纪委常委挂片联系，制定片区工作规则，定期召开联席会，交流片区工作经验，及时研究解决工作中遇到的实际困难和问题。

2017年9月6日，光泽县纪委在县数字影院三楼会议室召开派驻监督全覆盖工作动员部署会

**【组建成立“四个中心”】** 针对原有多级管理模式较难适应新时期监督执纪问责工作要求的问题，在乡（镇）纪检监察组织分片联合管理模式的基础上，创新提出目标管理、监督防范、综合研判、纪律审查等四个中心工作机制。整合委局机关现有人员力量，按照职能相近、分工协作原则进行调配，将县纪委、监委15个部室和8个乡（镇）、15个派驻纪检组以及巡察机构，按内涵划分纳入四个中心，在保证各部室工作职能独立前提下，进一步整合优化各部室工作内涵，突出抓好特色亮点工作。目标管理中心发挥“司令部”功能，突出强化对上对下、对内对外的沟通协调，加强督促检查，将年度工作任务和县纪委常委会议定事项以督办单形式，下达至各责任部室组，并跟踪督办直至完成。同时，根据阶段重点工作任务和薄弱环节，建立完善派员工作机制，将一切可用到的力量，“快速、高效、精准”地指派到执纪一线，保证各部室工作目标序时进度，为全县纪检监察工作顺畅运转提供有力保障。监督防范中心发挥“政治部”功能，突出制度化建设和规范化监督，健全完善防腐与反腐机制，从源头预防腐败，建立巡察、监督检查、执纪审查分类人才库，使县直各单位专业技术人才进入调配视野，按人员特长进行分类和培训。同时，实行村级无职党员监督负面

清单制度，发挥村级支部纪检委员监督作用，实现监督全覆盖。综合研判中心发挥“参谋部”功能，突出抓好问题线索核实审查及延伸，负责问题线索研判分析，助推执纪审查工作，安全有效完成各类案件查处。将问题线索按重要程度分为A、B、C三大级别，分初判、复判、终判三级研判，研判结果交由各组室转办理，对线索处置、核查、审查、审理等各环节设立倒排工作闹钟。同时，健全完善公听陪审和正向激励机制，探索在一定范围内对失实问题进行澄清，消除负面不良影响，保护干部健康成长。纪律审查中心发挥“作战部”功能，推行“三联三办”制度，做到快查快结、消除人情因素等干扰、解决“两非”人员案件等问题。同时，根据综合研判中心提供问题线索高效开展执纪审查。将执纪审查工作上升到全系统，各乡（镇）纪委、各派驻纪检组均要求实现自办案件。

（萧诚贵）

## 组织工作

**【概况】** 2017年，县委组织部紧紧围绕建设“中国生态食品城”工作大局，贯彻落实全面从严治党要求，紧扣“两学一做”、精准扶贫等重点中心工作，深入推进组织、干部、人才工作再上新台阶，为加快光泽科学发展跨越发展提供坚强组织保障。“两学一做”学习教育扎实推进，坚持以上率下，突出以点带面，建立5个“两学一做”学习教育联系点，示范带动农村、社区、机关、企业、学校等领域全面推进“两学一做”学习教育。干部队伍素质有效提升，围绕光泽打造“中国生态食品城”目标任务，依托县委党校、县行政学校，举办各类主体培训班次和学习贯彻党的十八届六中全会精准专题培训班、全县党务干部培训班、全县人才工作等专题培训班10期，培训干部1350人次。选调干部44人次参加25个班次的短期专业培训。加强干部一线培养锻炼，先后抽调110余名干部参与城市建设、“百日攻坚战”、脱贫攻坚、信访接待等重点工作一线、急难险重岗位锻炼，围绕“百日攻坚战”，对表现优秀的干部予以表彰，对实绩突出的干部予以提拔重用。有26名在“百日攻坚战”中一线表现优秀的干部得到提拔重用，2名参公事业科级干部调任机关。党建工作堡垒不断夯实，把加强党组织和党员干部队伍建设，作为基层党建基础性工作来抓，持续推进抓党建促脱贫“五大工程”，围绕“固本强基、素质提升、骨干带动、富民强村、制度保障”五个方面，全力打好脱贫攻坚战，实现基层党建与脱贫攻坚双推进。实施“领头雁”工程，选派50名优秀干部到贫困村、重点村任职，开展村（社区）党组织书记培训3期215人次，选送17名贫困村党组织书记参加省上组织的专题学习培训，选派27名软弱涣散村和经济薄弱村党组织书记异地挂职锻炼。开展“村官论坛”35场，参与村干部达180多人次；完善村党组织书记考评激励办法，每年评定表彰县优秀村党组织书记10人。注重吸收优秀群团人员入党，通过“群团推优”发展党员233人。顺利完成团县委换届

2017年7月26日，市委组织部纪检组长郑国江深入华桥乡吴屯村调研指导基层党建工作

选举，全县 85 个行政村全部完成“妇改联”工作，探索由省际邻村妇联主席兼任县边际村妇联副主席，增强村妇联工作力量。坚持党管人才，着力健全机制、完善政策、抓实协调、搞好服务，努力为光泽发展聚集人才、培养人才、留住人才。

**【“两学一做”学习教育】** 做好“学”的文章，全县 26 个党委 419 个党支部按时完成三个主题学习讨论。创新学习载体，开展“主题微党课”活动，全县共举办微党课 760 余场次，围绕“百日攻坚战，党组织在行动”“学习廖俊波，争做合格党员”“投身‘四比六促’争做‘四个合格’党员”等 3 个主题共征集作品 230 多件，择优推选 17 名选手先后参加 3 场全县现场讲课比赛，提升学习效果。聚焦“改”的重点。以解决问题为牵引开展学习教育，结合“两学一做”主题学习讨论，引导党员紧密联系个人思想、工作、生活、作风实际，对照“四个合格”进行党性分析，列出负面清单，及时抓好整改。全县各级党组织列出“不在组织、不像党员、不起作用、不守规矩”等不合格党员表现负面清单 1360 多份，提出整改意见 3100 多条，已整改 2740 多条。增强“做”的实效，结合“百日攻坚战”和“四比六促”活动，开展“支部建在项目上、身份亮在岗位上、党旗飘在工地上”为主题的党员争先晋位活动，成立临时党支部 44 个、党员突击队等攻坚队伍 37 支，攻克重大项目、重点工作中难点问题 80 多个。县委评选表彰“百日攻坚战”先进基层党组织 18 个和优秀共产党员 20 名。结合省级文明县城创建，启动“共创文明城，党员我先行”志愿服务活动，千名党员组成 25 支党员先锋志愿队，围绕文明秩序、环境卫生、文明交通、文明行为、文明礼仪、结对帮扶等，集中开展志愿服务活动，引领带动群众共创省级文明城。

**【基层党建工作】** 优化农村党组织设置方式，探索在产业链上、专业协会中建立党组织，建立农村企业（合作社）党组织 25 家，升格村党总支 2 个。依托软弱涣散村党组织整顿转化、村级党组织达标创星活动两个抓手，实现党组织由弱转强、“摸高”创星。将 30 个村（含 27 个贫困村）纳入软弱涣散村党组织整顿，安排 81 名干部定点指导，把脉会诊、因村施策、整顿提升。制定达标创星考评细则，6 个创金星村、28 个创红星村、51 个创规范化村对照标准，序时推进，确保 2018 年初通过检查验收。开展“党建工作先进单位”创建活动和党建“体检”工作，完成 30 个部门单位“体检”，查摆问题 110 多个，提出整改意见 50 多条。注重加强党务干部业务培训，先后举办业务学习培训 2 期 420 多人次。非公企业和社会组织党建工作得到加强，扎实推进党的组织和工作“两个覆盖”，全县非公企业党组织 66 个，覆盖率达 80.3%；社会组织党组织 12 个，覆盖率达 73.7%。全面推广圣农党建“三融合”工作法，建立圣农、纯然、承天等 7 个县级以上直接联系点和示范点。深入开展社区党建“三有一化”达标行动，创新“社区党校”“居民说事”等工作制度，探索推行社区“大党委”工作制度，构建区域化党建工作格局。规范中小学校党组织隶属关系，将全县 8 个乡（镇）14 个学校党支部 266 名党员组织关系全部转入教育局党委，探索推行校长、书记“一肩挑”，进一步强

2017 年 11 月 24 日，县委常委、组织部长黄水彪到寨里镇调研指导基层党建工作

化党建责任意识，实施学校教师党支部书记“双带头人”培养工程，提高党支部书记队伍整体素质。

**【干部队伍建设】** 结合纪检综合派驻、监察体制改革及“百日攻坚战”，对部分科级单位领导班子进行调整补充。全年共调整干部99人次，其中交流45人，提拔47人，转任同级领导职务4人，参公事业科级干部调任机关2人，免职1人。所提任干部中年龄“80后”干部18名，女干部7名，科级班子结构逐步优化。进一步畅通干部“下”的渠道，加大“下”的力度，全年有3名干部被调整“下”，其中，对2名涉嫌违纪干部进行调整，对1名违法违纪干部免职处理。集中开展离（退）休干部社团兼职自查、科级干部持有因私出国（境）证件专项治理工作，规范证件管理，收缴530余名科级干部157本证件，由县委组织部统一集中管理。规范科级干部因私出国（境）审批，全年审批科级干部因私出国（境）23名。修订2002年《关于进一步加强股级干部宏观管理工作的通知》，完善股级干部资格审查、审批。做好领导干部经济责任审计工作，发出经济责任审计函1份，对6名领导干部进行任中经济责任审计，2名领导干部进行任期经济责任审计。严格落实中央、省、市职务与职级并行有关要求，把好职级晋升审批关，对违纪受处分的干部暂停晋升、有信访举报待查的干部暂缓审批，全年职级晋升审批25人，1人暂停办理、2人暂缓审批。

**【人才强县建设】** 紧紧围绕“1＋3”食品产业发展，依托生态资源优势，实施高端人才聚集计划，采取聘用、项目合作等形式，先后引进刘秀梵院士、“千人计划”专家谷俊杰教授、享受国务院特殊津贴专家苗玉和博士、中药材领域专家王智民教授、李恒研究员、李先恩博士等高层次人才共10余名，在兽药疫苗、中药材种植等领域开展研发合作，为中国生态食品城建设提供人才支持和智力保障。建立省级专家服务基地1个，创建聚展众创园和纯然同心创客村2个市级众创空间，入驻创业企业20余家。建立高校毕业生创业孵化基地，列入福建省2016年高校毕业生创业孵化基地支持建设项目。2017年4月福建承天农林科技有限公司举办首届中国重楼产业发展研讨会，为省内外高校、科研院所的中药专家提供交流平台。加强院地合作，分别与福州大学、武夷学院、福建省农业科学院等院校签订战略合作协议，共建武夷学院生态食品类专业教学实践基地，成立种植业、养殖业等科技服务专家工作站等。

依托圣农集团等食品企业设立食品产业培训基地，推行工学结合、顶岗实习等人才培养模式，近年来培养高素质食品产业人才300多名。大力扶持返乡大学生等人员创业，在财税、金融、场地租用等方面给予政策优惠，近年来吸引100余名光泽籍大学生返乡创业，梦想家电子商务有限公司和武夷绿园蔬菜专业合作社获得2016年市级创业项目评比一等奖；武夷绿园蔬菜专业合作社理事长叶芬荣获2016年“福建省农村青年致富带头人”标兵称号。依托百邦教育等培训机构，采取邀请专家授课等形式，培训实战型青年电商200余名。出台《关于建设中国生态食品城人才聚集基地的实施意见》，制定12项具体人才政策，给予人才政策支持。设立人才工作专项资金，按每年不低于1000万标准纳入财政预算，主要用于人才引进和培养使用、重大人才项目组织实施、优秀人才奖励和改善人才生活待遇。先后投入1300万元建成84套公租房，投入1400万元建成70套医疗卫生人才周转房。2017年建成可拎包入住人才公寓16套。

**【发展党员工作】** 按照“控制总量、优化结构、提高质量、发挥作用”要求，制定发展党员指导性计划，下发《关于做好2017年发展党员工作的意见》，严格程序，认真审核。2017年全县发展党员233人，其中女性78人，占比33.5%，35岁以下156人，占比67.0%，大专以上学历130人，占比55.8%；国有企业发展党员10人，非公企业发展党员58人，社会组织发展党员2人。

**【农村党员培训】** 贯彻落实《2014～2018年全国党员教育培训工作规划》，把县、乡两级党校和村级党员活动室作为农村党员教育培训“主阵地”，经常举办内容丰富、形式多样的党员培训活动。组建“党员教育巡回讲师团”，深入乡村两级开展巡回讲课，全年巡回讲课 61 场次，授课 146 堂，培训党员 4220 多人，培训入党积极分子 268 人次。

2017 年 1 月 21 日，县委常委、组织部长黄水彪到华桥乡走访慰问困难党员

**【村级场所建设】** 2016 年以来，共有 9 个村级组织活动场所新建项目纳入全市改善工程。至 2017 年底，9 个村全部投入使用。近年来，全县累计有 64 个村新建村级组织活动场所，占 75.3%。建立 10 个村级党群活动服务中心，做到“农事村办”“一站服务”，拓宽服务群众“最后一千米”渠道。

抓党建促脱贫攻坚“五大工程” 创新实施以固本强基、素质提升、骨干带动、富民强村、制度保障为主要内容的抓党建促脱贫“五大工程”，把党的组织优势转化为脱贫攻坚优势。抓好外力帮扶，发动 95 个挂村单位党组织、1300 多名县乡党员干部每月至少两次到村入户开展结对帮扶，实现贫困村、贫困户帮扶全覆盖；对接省挂钩帮扶单位党组织，筹措助学金 98 万余元，惠及贫困学生 209 人。增强内生动力，制定《光泽县发展壮大村集体经济若干措施》，争取 11 个贫困村列入省上扶持村级集体经济发展工作试点，全县村财收入达 10 万元以上村有 68 个，占 80%。引导村党支部书记、党员能人领办创办专业合作社，建立党员带富示范基地，提供贫困户就业岗位 430 余个。强化金融扶持，通过“困难党员和党员带创帮扶基金”、党员信用户“红色创业”贷款，支持党员项目 78 个，带动贫困户 290 余人。《实施“五大工程”聚力脱贫攻坚》创新案例，被省委组织部作为好案例在“党员 e 家”平台开展交流，并列入“六好”拟表彰对象。

2017 年 3 月 21 日，县委常委、组织部长黄水彪深入寨里镇调研党建脱贫“五大工程”

“乡聘村用”高校毕业生工作 针对村干部队伍年龄偏大、后继乏人问题，鼓励本地在外高校毕业生返乡创业就业，探索采取“乡聘村用”形式，吸引本土优秀全日制大专及以上学历高校毕业生到村工作锻炼，为村级组织换届储备人才。2017 年，全县共有“乡聘村用”大学生 40 名，其中党员 10 名，已任村党支部副书记1人、支委3人，任村委会主任助理10人。

“4＋X”固定党日活动 围绕加强党支部建设，从严落实党的组织生活，统一在每月7日集中开展支部党日活动。采取“规定动作＋自选动作”模式，明确交党费、温誓词、学理论、议工作四个“规定动作”，结合支部工作实际进行“自选动作”。按照有计划、有方案、有主题、有记录、有督查的“五有”要求，把好党日活动程序关、质量关。从2017年8月首个固定党日以来，全县开展党日活动4次，组织党员集中参与活动30250人次。

（官 静）

## 宣传工作

**【概况】** 2017年，全县宣传思想文化工作坚持以习近平新时代中国特色社会主义思想为指导，紧紧围绕统筹推进“五位一体”总体布局和协调推进“四个全面”战略布局，贯彻稳中求进工作总基调，以宣传贯彻党的十九大精神为工作主线，深入贯彻落实十八届五中、六中全会，省第十次党代会，市第五次党代会和县第十三次党代会精神，着力抓好思想教育、理论建设以及意识形态工作，提高舆论引导能力和水平，培育和践行社会主义核心价值观，加快文化强县建设，提升对外传播能力，为建设“中国生态食品城”和“再上新台阶、建设新光泽”提供有力思想保证、精神动力、舆论支持和文化条件。一年来，着力抓好理论武装工作，提升党员干部群众理论水平。强化意识形态工作责任制落实，在全市意识形态工作责任制考评中获得第一名的好成绩。坚持正面宣传，服务中心工作，共出版《光泽时讯》50期，光泽电视台新闻采编播出1982条。全力抓好“百日攻坚战”和“四比六促”宣传工作，在全市“百日攻坚战”和“四比六促”新闻宣传报道工作考评中，均获得全市排名第一的好成绩。加强网络管理，妥善处置舆情，引导并处置涉及全县舆情事件2起。强化网络宣传队伍建设，调整充实近100人的网络阅评员队伍。普及社科知识，开展以“学习宣传贯彻党的十九大精神，加快构建中国特色哲学社会科学”为主题的2017年度光泽县社会科学普及宣传周活动。文化惠民工程进展顺利，总投资9000万元的县数字影院进入试运营。群众文体活动广泛开展，邀请省歌舞剧院演员开展中国生态食品城（光泽）慰问“百日攻坚战”建设者专场演出活动。开展文化遗产保护工作，成立光泽县文物保护中心。文化产业较快发展，全县文化创意产业重点项目累计完成固定资产投资25885万元。大力推进省级文明县城创建工作，圆满完成省测评组对全县创城检查。宣传践行社会主义核心价值观，新增公益广告20幅，新建道德模范、“身边好人”事迹宣传长廊和展板3处。深化未成年人思想道德建设，申报推荐县未成年人参评第四届福建省“美德少年”。

**【理论武装工作】** 组织党员干部认真学习党的十八届六中全会、十九大会议精神和习近平新时代中国特色社会主义思想，以及福建省第十次党代会精神。邀请上级专家、学者来县为广大党员干部作十九大会议精神和省第十次党代会精神专题辅导报告，把中央、省委精神及时宣讲到基

南平市委宣讲团光泽报告会

层。组织党的十九大精神宣讲队，深入机关、学校、村（居）和企业开展宣讲，把十九大会议精神讲深讲透。开展学习廖俊波同志先进事迹活动，专门下发《关于印发〈廖俊波同志先进事迹新闻报道方案〉的通知》和《关于认真组织好〈廖俊波同志先进事迹汇编〉学习宣传工作的通知》，要求各乡（镇）、部门认真做好学习宣传工作，营造良好舆论氛围。鼓励党员干部深入基层撰写调研文章，向市委宣传部推荐优秀调研文章3篇，县委书记带头在《闽北纵横》上刊发调研文章2篇。征订《全面从严治党面对面》1000多册，并组织撰写体会文章，交流学习心得。运用“村官论坛”“微论坛”、故事会等群众性理论普及活动平台，有效推进理论进基层，编辑出版《光泽故事会》3期。

**【意识形态工作】** 强化责任落实，印发《党委（党组）意识形态工作责任制实施细则》，将意识形态工作责任制纳入基层党建、精神文明创建、绩效和“四比六促”活动考核体系。严格把好理论学习、交流、授课等人员和学习选题关，制定印发《中共光泽县委宣传部关于进一步强化意识形态阵地管理的通知》，加强报告会、研讨会、论坛、讲座、课堂等阵地管理。加大风险排查，在全县范围内组织开展意识形态安全风险排查工作，对意识形态领域存在风险做到早发现、早研判、早预警、早处置，确保全县意识形态领域稳定，为金砖会晤和党的十九大胜利召开营造良好思想舆论环境。组织人员对8个乡（镇）、26个县直机关党委（党组）及相关单位开展督导，有效地促进各乡（镇）及县直各单位落实意识形态工作责任制。在2017年底全市意识形态工作责任制考评中，光泽县获得第一名的好成绩。

**【正面宣传工作】** 充分发挥光泽广播电视、《光泽时讯》“光泽宣传”微信公众号等主要媒体作用，根据不同时期县委、县政府工作重点，开辟“党的十九大”“学习廖俊波，争当好公仆”“聚力百日攻坚战”“四比六促再攻坚”“共创文明城市，共建美丽家园”“建设中国生态食品城”等专栏。一年来，共出版《光泽时讯》50期，在人民网、经济网、光明网、新华网等中央、省、市网络媒体共用稿5600多篇；在《人民日版》《光明日报》头版上稿各1条；《福建日报》用稿57篇，其中头版头条1篇、各版头条7篇，《光泽：用心“绣花”，“绣”出扶贫新图景》、《创新点睛，开启绿色发展新篇章》等被采用；《闽北日报》用稿568篇，其中头版头条15篇，各版头条30篇，《光泽：“海陆空”并进，打造生态食品城》《脱贫路上借“光”远行》等被采用。光泽电视台新闻采编播出1982条，专题片50期，上级台采用394条。其中上中央台2条、省台86条、市台306条。广播用稿1982条，被省市广播电台采用248篇（次）。其中，广播专题《“讲古”声声不息》获市广播新闻奖二等奖、福建新闻奖三等奖；广播系列报道《圣农：创新引领开启农业4.0时代》获市广播新闻奖一等奖；原创微广播剧《将爱延续》荣获“追寻中国梦 留住故乡情”全省微广播剧大赛三等奖；微电影《爬上楼顶的男孩》荣获“宋慈杯”法治南平微电影大赛三等奖，并获国家新闻出版广电总局2017年度网络视听节目内容建设专项资金扶持。

**【网络舆情管控】** 继续开展创建“文明网站”活动，强化文明上网意识，防止错误思想和腐朽文化在网上传播，引导县内网站认真履行社会责任，营造文明健康网络环境。重视舆情管控，与福建东南网传媒股份有限公司签订光泽县网络舆情业务合作协议。搞好网络舆情日常监控工作，每天安排兼职值班人员，负责涉及本县相关舆情监控。召开新媒体平台负责人专题会议，明确要求相关网站、论坛及各新媒体平台负责人做好对涉及较敏感问题的相关言论、帖子，认真审核把关。在发生网络舆情事件时积极做好配合工作，妥善处置好网络舆情事件。全年共引导并处置涉及光泽县的舆情事件2起，协助市委宣传部互联网新闻中心引导各县市舆情30条次。在网络舆情事件处置过程中，通过跟帖引导、发布新闻通稿、冷处理等处置措施，使网络舆情事件逐渐平息，消除不良影响，做好舆论正面引导。

**【社科知识普及】** 开展社会科学普及宣传周活动，广泛宣传社会科学知识。11月，开展以

“学习宣传贯彻党的十九大精神·加快构建中国特色哲学社会科学”为主题的2017年度光泽县社会科学普及宣传周活动，举办括“社会科学在你身边”普及咨询活动和“学习宣传贯彻党的十九大精神加快构建中国特色哲学社会科学”主题图片展，广泛动员全社会共同参与社科普及，提高人们对社会科学重要性认识，为中国生态食品城建设营造良好氛围。此外，组织申报华桥乡牛田村福建省社科普及示范基地。

2017年4月12日，省歌剧院赴光泽慰问演出（李福根摄）

**【文化惠民工程】** 推进民生文化体育和惠民工程，总投资7600万元的室内体育馆项目已进入扫尾阶段；总投资350万元的体育中心附属景观及管理房室内装修工程，正在施工建设。积极谋划总投资3亿元中山台文化广场项目建设，其中新建图书馆、博物馆已纳入该项目。扎实推进农村全民健身五年行动计划。总投资9000万元的县数字影院进入试运营阶段。同时，投资10万元，聘请本县知名作家邱贵平，创作一部以大洲国共谈判为背景的红色小说《红道》，再现三年游击战争时期光泽红色历史。投资15万元，联合县老区建设促进会，启动《红色记忆》一书编撰工作，记录并真实反映光泽红色历史、红色文化和老区建设新貌。

**【群众文体活动】** 以“光泽故事”作为群众文化活动主题，围绕传统节庆和纪念日开展群众喜闻乐见文化活动。一年来，开展“朱子故里·理学摇篮”南平市2017朱子祭祀大典系列活动；邀请省歌舞剧院演职人员到县，举办“百日攻坚战”建设者专场慰问演出，深入全县各重点项目建设现场开展10场慰问演出活动；成功举办“大洲谈判”80周年纪念活动。此外，采用购买服务方式，扶持越剧团、三路坑剧团及油溪采茶灯舞向县内外群众送戏（歌舞）50余场，受到群众广泛欢迎。围绕“六个抓”“五个一”工作要求，开展全民健身活动，成立围棋、篮球等单项体育协会，组织开展“绿野杯”篮球邀请赛、自行车骑行大赛、环“美丽乡村”越野赛等10大项活动，共计千余人参加。同时，积极组队参加南平市少儿体育锦标赛和中学生联赛及南平市老体协第二届老年人体育健身大会，均取得可喜成绩。

光泽县纪念大洲国共谈判80周年会议（沈少华摄）

**【文化遗产保护】** 成立光泽县文物保护中心，积极筹建光泽县

2017 年 10 月 31 日，与会代表在县数字影院举行纪念大洲谈判胜利八十周年活动合影

商周文化研究会，同福建省民间文艺家协会、福建省海峡民间艺术馆共同举办中华古钱币收藏展。向国家文物局积极申报池湖遗址公园项目；推荐申报“木活字印刷术”邱盛衍、“三角戏”吴龙兴、“闽北古民居营造技艺”毛景荣等 8 人，为光泽县第一批非物质文化遗产项目代表性传承人名单；完成“闽北‘走桥’习俗”付庆辉、“‘建昌帮’中药加工炮制传统技艺”余松柏等 2 人，申报市级非遗传承人；完成“闽北古民居营造技艺”毛景荣申报省级非遗传承人。

**【文化产业发展】** 全县文化创意产业重点项目累计完成固投 25885 万元。新开工项目 2 个，分别是总投资 2200 万元的梦想家文化创意产业基地和总投资 2000 万元的羿国皇朝音乐会所；完成亿元签约合同项目 2 个，分别是总投资 3.4 亿元的山地户外运动基地和总投资 3 亿元的龙韵仿古工艺建材项目；完成策划项目 2 个，分别是总投资 6000 万元的光泽印象·富屯溪文化创意园和总投资约 1.5 亿元的三仙源文化体育休闲旅游项目；完成签约合同项目 4 个，分别是总投资 2200 万元的圣农民族风情文化街项目、总投资 1.5 亿元的崇仁商周文化创意园项目、总投资 1 亿元的水口古渡源旅游文化创意基地项目以及总投资 1 亿元的牛田村红色旅游开发项目。此外，帮梦灵谷文化旅游景区商周民俗文化展示馆项目，向省委宣传部争取修缮补助 90 万元。

**【省级文明县城创建】** 印发《2017 年光泽县精神文明建设工作要点》《创建第五届省级文明县城内业材料整理操作指南》等一系列指导性文件，明确全县各责任单位 2017 年重点抓好的“七个突出”工作，即把突出培育和践行社会主义核心价值观、突出先进典型人物的推荐和宣传、突出诚信建设制度化、突出“金砖会晤”志愿服务活动开展、突出提升公民思想道德素质、突出勤俭节约宣传教育、突出未成年人思想道德建设作为全年创建工作中心任务。多次召开全县动员部署会，明确创城时间、步骤和责任单位，并成立由县委书记为总指挥的创城指挥部和 5 个工作小组，全力以赴投入到创城工作中。同时，加强检查和督导，有关部门一把手，经常深入到社区、农贸市场、政务大厅等地进行拉网式检查，对照《福建省文明县城测评体系》查找不足，协调解决疑难问题，共发现问题 103 处，形成专项督查报告 8 份，有效检验县文明县城工作成效和各责任单位履责情况。12 月 13 日，省测评组圆满完成对光泽县创城检查工作。

**【社会主义核心价值观】** 建立社会主义核心价值观公益广告宣传机制，并下发多个文件，督促全县各类媒体及社会媒介常态化刊播“讲文明树新风”公益广告和图说“我们的核心价值观”。一年来，新增公益广告 20 幅，新建道德模范、“身边好人”事迹宣传长廊和展板 3 处。发挥道德模范引领作用，集中推荐一批“身边好人”候选人，并向省市推荐 9 人，同时开展光泽县首届践行社会主义核心价值观“最美光泽人”系列评选活动。此外，强化基层精神文明创建活动，积极向省市报送《光泽县第十三（2015～2017 年度）批省、市级精神文明建设各类先进评选推荐工作的报告》。做好南平市行业优质服务指数测评工作，组织相关人员，对全县33个单位进行暗访考察，重点考察省级示范点1个，市级示范点7个。

**【未成年人思想道德建设】** 着力实施道德素质提升工程，开展“我的中国梦”主题教育，申报推荐光泽县未成年人参评第四届福建省“美德少年”。开设杭中社区青少年科学工作室，面向未成年人开展科普周末讲堂，举办青少年科学素养网络竞赛。加强乡村学校少年宫辅导员队伍建设，选派人员参加全省心理辅导员骨干培训班，全面提升未成年人道德素质。大力推动青少年活动场所建设，积极争取中央彩票公益金支持乡村学校少年宫建设。帮助司前乡中心小学解决建设少年宫问题，进一步推动打造富有地方特色的乡村学校少年宫品牌建设。

**【宣传思想文化队伍建设】** 加强宣传思想文化队伍建设，每个乡（镇）均配有专职或者兼职通信员。县委宣传部组织开展全县通讯员培训班，邀请省、市、县广播电视、新闻媒体专家进行授课，提高通讯员队伍业务水平。选派人员参加省、市跟班学习，提升基层宣传工作者素质和能力。强化网络宣传队伍建设，调整充实近100人的网络阅评员队伍，进一步提升全县网络管理整体水平。强化选人用人制度建设，结合“两学一做”专题教育活动，在宣传文化干部队伍建设上做好“为”字文章，进一步确立奖勤罚懒、奖优罚劣正确导向，激励全体干部职工爱岗敬业、埋头实干，对爱岗敬业、勤勤恳恳、埋头苦干的人，对肯干事、能干事、干成事的人，在政治上关心他们、荣誉上奖励他们、职位上重用他们。对县乡两级媒体从业人员实行工作量化考评，进一步提高从业人员工作积极性、主动性。同时将民间社团负责人和乡土人才纳入宣传人才队伍，对其参与各种宣传文化工作，采取误工补贴制度，营造人尽其才、才尽所用良好氛围。

“百日攻坚战”宣传活动

3月28～30日，举办全国重点新闻媒体走进中国生态食品城（光泽）暨“百日攻坚战”采风活动，邀请来自中央、省、市30多家媒体50多位记者，集中采访县“百日攻坚战”开展情况。这次活动报道层级较高，一大批中央权威媒体同时聚焦山区县城光泽，新华社、中央电视台、中央人民广播电台、新华网、人民网、中国网、中新社、中国改革报等十余家中央权威新闻单位派出记者参与报道，在光泽乃至闽北历史上尚属首次。媒体结构完备，除境内媒体外，还邀请香港商报等境外主流媒体，让“生态光泽”宣传辐射海内外；除中央媒体外，有福建日报、福建电视台、福建人民广播电台等省内权威媒体，让“生态光泽”的宣传承天气、接地气、聚人气；除传统媒体外，网络新媒体成为报道中坚力量，让“生态光泽”宣传借助“互联网＋”力量效果呈现“几何式倍增”。传播形式丰富，此次采访活动刊播报道130多篇，涵盖文字、摄影、电视新闻、广播、网络、VR全景报道、移动轻应用等丰富全媒体报道形态，在移动互联网时代，充分把握互联网化传播、移动化传播、全媒融合传播特性，取得“铺天盖地”传播效果，形成百篇报道、百万转载、千万点击宣传态势。中央电视台、中央人民广播电台、人民网、中国网、中新社、中国改革报、中国经济导报、中国食品报、中华工商时报、中青网等中央媒体均刊发电视专题、文字新闻、图片新闻等大量报道，新华网制作《走进中国生态食品城——聚焦光泽百日攻坚战》融媒体专题，用于集纳刊载本次采访团相关报道，该专题分别在新华网福建频道、新华网官方客户端、新华社客户端、手机新华网等平台刊载。据不完全统计，总点击量超过1000万人次，其中仅新华社客户端刊发稿件单篇点击量平均达到10万以上，最高单篇阅读量超过40万。采访团采制的新闻作品还得到其他网络媒体广泛转载，根据百度数据，平均单条转载量达到1万次以上，最高单条转载量达到87300次，总转载量达到100万次/条以上。

“四比六促”宣传活动

2017年10月31日，成功举办光泽县脱贫攻坚战媒体恳谈会暨“四比六促”采访活动，邀请新华社、中央电视台、新华网、人民网等一大批中央权威媒体同时聚焦山区县城光泽，及时宣传报道全县脱贫攻坚战和“四比六促”活动经验做法及成果，取得良好反响。12 月底，成功举办“首届中国（光泽）生态食品产业发展研讨会”，邀请数十名专家、学者和中央、省市媒体记者出席，有效提升“中国生态食品城”品牌知名度。同时，积极主动同中央省市网络媒体对接协调，在人民网福建频道、光明网福建频道、新华网福建频道以及东南网南平频道等网络媒体上，分别开设“走进中国生态食品城——百日攻坚在光泽”“走进中国生态食品城（光泽）——关注百日攻坚战”“积极投身‘四比六促’活动，建设中国生态食品城（光泽）”等专题，及时宣传报道全县“百日攻坚战”和“四比六促”活动经验做法及成效，取得较好反响。在全市“百日攻坚战”和“四比六促”新闻宣传报道工作考评中，光泽县获全市第一名好成绩。

（高才保　潘建平）

## 统战工作

**【概况】** 2017 年，县委统战部坚持以党的十八届六中全会和十九大精神为指导，牢牢把握大团结大联合主题，在省市委统战部正确领导下，围绕县委、县政府中心工作，立足实际，着力搭建统一战线投身光泽经济社会发展大平台，为推动“中国生态食品城”建设作出贡献。县领导带头深入乡村、企业宣讲党的十九大精神，组织统战对象学习习近平总书记系列重要讲话、中央大政方针、统战政策理论知识，深入开展向廖俊波同志学习活动，在统战系统开展大讨论。多次组织党外干部围绕经济社会事业各项工作进行专题调研，针对经济发展、文明创建、新农村建设等课题开展调查、走访、座谈等活动。省、市、县领导多次深入非公企业调研指导，为企业解决实际困难和问题。开展“亲清润闽商，促进两健康”系列活动，组织召开构建“亲、清、和”政商关系政企互动交流座谈会，邀请台湾淡江大学邱鸿祥教授为非公企业家做“品牌定位与当地企业营销实例”“地方经济发展与品牌运营”培训，将营商环境列入效能考评项目，组织企业家现场测评，提高部门精准服务水平。县领导先后到福州、义乌、深圳、北京等地走访调研，通过到重点区域走访在外乡贤、异地商会等方式引资回归。在全县范围内开展美国、港澳侨情调查，健全和完善侨情数据库资料，协调台胞成立全县第一家台资企业——福建省高丰收现代渔业有限公司。6 月，县政协副主席吴舒平带队到台湾进行为期一周的现代农业交流考察。全年争取省市少数民族资金 184 万元，争取 80 万元县级资金为少数民族村建设光伏发电等项目。组织少数民族群众参加南平市少数民族村实用技术培训班 15 人次、南平市畲歌畲语培训班 16 人次，圣农公司正式成为全省 6 个少数民族流动人口服务管理工作联系点之一。县佛教协会举办二期四众弟子培训班，县基督教会举办三期义工培训班，进一步增强宗教活动场所、宗教界人士依法开展宗教活动、依法管理宗教活动场所的自觉性，顺利完成县基督教“两会”换届工作。推选 2 名党外干部到南平市社会主义学院学习，召开 2 场党外干部座谈会，组织党外干部调研视察回归经济企业。组织全县新的社会阶层人士参加南平市新的社会阶层人士联谊会第一次代表大会暨成立大会，李文迹当选副会长，李名华当选常务理事，尹晨思、江琳、吴先当选理事。全年，统战信息工作继续走在全市前列，县民宗局被福建省民族宗教厅授予 2017 年度“全省民族宗教信息工作先进集体”，个人获得“全省民族宗教信息工作先进个人”等荣誉。

**【学习宣传】** 组织统战对象学习习近平总书记系列重要讲话、中央大政方针、统战政策理论知识。深入开展向廖俊波同志学习活动，在统战系统开展大讨论。十九大期间，县委书记陈敏辉为圣农公司全体党员宣讲党的十九大精神。11 月 13 日，市委宣讲团深入非公企业、车间宣讲党的十九大精神。县委常委、统战部部长陈高宏深入挂点司前乡碗厂村宣讲十九大精神，并到县委党校做十九大精神之统战专题辅导讲座。县工商联邀请县委党校教师为企业家作十九大精神报告会；县民宗局组织宗教界人士、少数民族群众深入学习党的十九大报告精神；县台办向台属宣传党的十九大精神。全面引导统战对象从思想到行动统一贯彻落实到党的决策部署上来。每月编印

寨里镇浆源村举办“三月三”畲族节

《光泽统战》信息刊物，全面反映全县统一战线工作开展情况，全年累计编印《光泽统战》13期。少数民族团结进步宣传月期间，在全县范围内张贴民族团结进步宣传标语、横幅30余条，绘制墙面漫画3板，发放宣传资料1000余份。3月，在省级特色村寨建设试点浆源村举行畲族“三月三”主题文化宣传活动，充分展现少数民族群众良好精神面貌和文化传承。

**【建言献策】** 多次组织党外干部围绕经济社会事业各项工作进行专题调研，针对经济发展、文明创建、新农村建设等课题开展调查、走访、座谈等活动。非公经济人士邱岣撰写的《关于规范视频监控建设服务中国生态食品名城的建议》、郑智勇撰写的《关于要求加大扶持本地建筑企业力度的几点建议》、江琳作为人大代表建议政府建设青年创业孵化基地等，均得到县政府重视及采纳，为行业稳步发展和产业链延伸出谋划策，为县政府出台新政策提供依据和参考，为中国生态食品城建设目标添砖加瓦。

**【非公企业】** 县委、县政府主要领导先后多次带领住建、国土、经信、林业、电力等十几个部门到圣农集团、武夷山水食品饮料有限公司等企业走访调研，研究出台用地、税收、金融等多方面优惠激励政策，协调税务部门与7家优质企业签订税收遵从协议，县地税依法免征承天药业各项税款229.5万元。联合县工商联策划“问需、问计、问难”为主题的税、企、联三方座谈会，集中为非公企业解决一批困扰企业发展难题。7月，联合县审改办、工商联、效能办召开新型政商关系暨促非公企业做强座谈会，认真倾听企业代表对光泽发展意见和建议，问计于企、问需于企、问政于企。一年来，省委常委、副省长周联清，省纪委常委邱天华，省委统战部副部长、省工商联党组书记李家荣等领导分别率队，深入到非公企业调研发展情况。

**【“亲”“清”政商】** 开展“亲清润闽商，促进两健康”系列活动。组织23名非公企业家及工商、税务等单位召开构建“亲、清、和”政商关系政企互动交流座谈会；召开从事现代农业发展青年企业界人士座谈会；组织青年非公企业家到邵武考察学习，交流分享创业经验；邀请台湾淡江大学邱鸿祥教授为非公企业家做“品牌定位与当地企业营销实例”“地方经济发展与品牌运营”培训。7月20日，县工商联联合县效能办、县审改办与企业家代表，召开“新型政商关系暨促企业做强座谈会”，将营商环境列入效能考评项目，组织企业家现场测评，提高部门精准服务水平。人民网转载刊登《光泽县工商联：亲清政商，促企业做强》一文。

**【民资回归】** 通过到重点区域走访在外乡贤、异地商会等方式引资回归。2月，光泽县“中国生态食品城”展销平台在福州市开业，该平台设立远程监控展示区，旨在向外展示光泽农产品。3月26日，赵大建县长率团到福州光泽商会视察，走访会员企业，鼓励企业返乡投资，借助家乡青山绿水生态优势，做强做大。7月县政府领导率队走访义乌光泽商会；9月，走访深圳非公企业家，对接生态食品城合作事宜，并就筹备商会事宜进行前期商议；10月走访在京光泽籍乡贤。一年来，“以商招商、以情招商”成效明显，8个乡（镇）均有在外乡贤返乡投资项目。10月，圣农集团捐资2亿元新建的县综合医院正式投入运营。

**【海外统战】** 联合县侨联，在全县范围内开展美国、港澳侨情调查，健全和完善侨情数据库资料。认真抓好入户调查，核实原籍光泽的32位美国华侨华人、52名香港同胞信息。协调台胞成立全县第一家台资企业——福建省高丰收现代渔业有限公司。先后接待南平旅港联谊会、台南中华统一促进会乡亲2批次；台湾鸿海集团到光泽实地考察，与圣农集团洽谈机肥废弃物无害化处理及有机肥料研制项目合作事宜。6月，县政协副主席吴舒平带队到台湾进行为期一周的现代农业交流考察，加深两岸合作交流。县台办开展矛盾纠纷大排查大化解大整治活动，走访4户台胞和数十户涉台婚姻家庭，协调解决台属王桂龙梅树湾住宅通路问题，维护县内涉台人员和谐稳定。

**【民族工作】** 县委、县政府主要领导多次走访调研少数民族村，召开少数民族村民座谈会，为少数民族村发展出谋划策。县贫困人口大病救助基金为50户患病少数民族贫困户补助12.3万元。组织少数民族群众参加南平市少数民族村实用技术培训班15人次、南平市畲歌畲语培训班16人次，提升少数民族群众素质。县委书记陈敏辉多次下到少数民族村，并在桥湾少数民族村驻村，夜访村民，为少数民族群众上党课、宣讲十九大精神。全年争取省市少数民族资金184万元，争取80万元县级资金为少数民族村建设光伏发电等项目。一年来，省政协、省纪委、福鼎市政协、南平市人大、市民宗局等领导多次到县少数民族村调研，对县少数民族村发展表示肯定。11月份，圣农公司正式成为全省6个少数民族流动人口服务管理工作联系点之一。

**【宗教工作】** 一年来，多次组织全体机关干部、乡（镇）统战委员和统战干事、全县教职人员学习新修订《宗教事务条例》，免费为52个宗教活动场所发放《条例》。县佛教协会举办2期四众弟子培训班，县基督教会举办3期义工培训班，进一步增强宗教活动场所、宗教界人士依法开展宗教活动、依法管理宗教活动场所的自觉性，进一步端正教风，提升教职人员自我管理、自我服务能力。6月27日，县佛教协会在爱民寺举办会计培训班，县佛教协会秘书长以上人员及全县重点佛教寺庙62人参加培训。积极维护宗教安全稳定，党的十九大前夕，下发《关于做好“两节”暨十九大期间宗教活动场所安全稳定的工作通知》文件、利用微信群开展宗教安全稳定工作宣传部署。11月，顺利完成县基督教“两会”换届工作。

2017年3月17日，九三学社成员到光泽县开展救治脑瘫患者行动

**【队伍建设】** 4月，南平市委常委、统战部长庄莉到县调研党外干部队伍情况，与党外干部座谈。同月，县委书记陈敏辉、县长赵大建与党外县处级、科级干部、部分党外后备干部代表座谈。推选2名党外干部到市社会主义学院学习，提升党外干部能力素质。召开2场党外干部座谈会、组织党外干部调研视察回归经济企业，走访钰圣食品、辉隆科技、武夷纯然等非公企业。12月，为全县30名科级以上党外干部核定无党派人士政治面貌，进一步增强无党派人士政治归属感和荣誉感，调动无党派人士参政议政积极性。12月15日，组织全县新的社会阶层人士参加南平市新的社会阶层人士联谊会第一次代表大会暨成立大会，李文迹当选副会长，李名华当选常务理事，尹晨思、江琳、吴先当选理事。

2017 年 4 月 12 日，市委统战部部长庄莉到光泽县调研非公企业

2017 年 9 月 21，县民宗局开展宗教与少数民族牵手活动

**助力脱贫攻坚** 县委统战部发挥统战优势，号召异地商会积极投身到扶贫工作中。福州光泽商会成立杉榕生态食品有限公司，通过“定制农业”“订单农业”模式，引导贫困户发展生态种养，并包销所生产农产品，月销售额达 30 万元以上。组织会员企业返乡开展结对帮扶、同心助学等活动，结对帮扶贫困对象 21 个。光泽莆田商会到崇仁乡帮扶慰问困难群众 10 户，送上金融帮扶资金与慰问金 4.75 万元，为贫困老人送上 11680 元慰问物品和 7300 元慰问金。

**“宗教界与少数民族牵手”行动** 宗教界连续五年组织开展“宗教界与少数民族牵手”行动，累计为 100 多户少数民族群众提供帮扶资金 5 万多元。2017 年宗教“慈善周”活动，三个宗教团体将 1 万元善款注入碗厂村精准扶贫慰问金“资金池”，为 21 户贫困户发放慰问金 8400 元。同时，全县宗教界捐款 3.02 万元，慰问 47 户贫困户。进一步增强宗教界人士社会责任意识和服务社会责任感，树立宗教界扶贫济困、扶弱助残良好形象。

（周思静）

## 精神文明建设

**【概况】** 2017 年，全县精神文明建设工作以全面贯彻落实党的十九大精神，深入贯彻落实习近平总书记系列重要讲话精神和治国理政新理念新思想新战略以及关于精神文明建设的重要论述，贯彻落实省、市、县党代会精神，紧密围绕统筹推进“五位一体”总体布局和协调推进“四个全面”战略布局，牢固树立和落实五大发展理念，坚持以人民为中心工作导向，以推动社会主义核心价值观落小落细落实为根本任务，以迎接新一届精神文明建设各类先进总评表彰为契机，不断深化群众性精神文明创建活动，切实提升公民思想道德素质和社会文明程度。县委文明办突出工作重点，明确创城任务，下发《光泽县创建 2015～2017 年度省级文明县城工作方案》，成立由县委书记为总指挥的创城指挥部和 5 个工作小组，全力推进创城各项工作，12 月 13 日，全县圆满完成省测评组对光泽县创城检查验收。树立先进典型，集中推荐一批“身边好人”候选人，其中乡村医生江土海、诚信商人龚伙秀、供电职工黄正旺分别入选“中国好人榜”“福建省好人榜”，张茂发被评为第六届全国道德模范提名奖，开展光泽县首届践行社会主义核心价值观“最美光泽人”系列评选活动。落实好市委文明办下发《关于开展南平市行业优质服务指数测评工作》文件要求，组织开展对全县110个申报创建省、市级文明单位（学校、乡（镇））的总评工作，组织开展形式多样的文明创建活动。制定《2017年“我们的节日”主题活动实施方案》，在春节、清明、端午、重阳等重要传统节日，围绕活动主题，集中开展丰富多彩的志愿服务。实施未成年人道德素质提升工程和活动场所建设工程，为青少年成长创造良好条件和提供活动平台。县委、县政府印发《关于印发加强城区丧事活动管理的实施方案》，成立专项整治工领导小组，将深化殡葬改革、推进城区居民文明节俭办丧工作实绩作为评价考核文明单位重要依据，同时将移风易俗工作纳入乡（镇）党建考评精神文明内容，组织开展开展“文明礼仪进万家”和以“六提倡、六反对”为主要内容的移风易俗活动。出台《关于进一步做好“讲文明树新风”公益广告宣传的通知》，逐步建立健全社会主义核心价值观等公益广告宣传机制。完善志愿服务项目发布、需求对接、信息传播、服务记录等功能，建立和完善志愿者招募、注册、培训、嘉许等机制，分阶段安排各类志愿服务主题活动。

**【创建文明城市】** 县委文明办突出工作重点，明确创城任务，印发《2017年光泽县精神文明建设工作要点》《关于建立整治不文明行为活动督查机制的通知》《创建第五届省级文明县城内业材料整理操作指南》等一系列指导性文件，要求全县各责任单位抓住“七个突出”重点工作。5月，召开全县第五届省级文明县城创建动员大会，下发《光泽县创建2015～2017年度省级文明县城工作方案》，明确创城时间、步骤、责任单位，成立由县委书记为总指挥的创城指挥部和5个工作小组。8月，根据创城进展情况，举行创建省级文明县城工作推进会，听取各责任单位关于上阶段文明县城实地测评点整治工作进展，对各单位存在问题进行协调。同时，加强检查督导推进创城工作，出台“八大专项行动”实施方案，成立由县行政执法局牵头，县环保局、公安局、市场监管局组成的联合执法队，开展连续两个星期集中整治；共投入约为160万元，协调解决一批创城项目；县文明委领导带领建设、交通、市场监管等有关部门一把手，深入社区、商业街、农贸市场、政务大厅等地，对照《体系》查找不足，现场交办有关任务，协调解决疑难问题。9月以来，创城组加大对实地测评点督查工作，发现问题103处，形成专项督查报告8份，有效检验文明县城工作成效和各责任单位履责情况。11～12月，再次召开全县文明县城创建总评部署大会和创建文明县城志愿者服务动员会，对前期创城工作进行总结，要求全县上下总动员，进入最后冲刺阶段，迅速行动起来，打好背水一战，以势在必得的决心全力以赴投入到创城工作当中。12月13日，全县圆满完成省测评组对光泽县创城检查验收。

**【树先进典型】** 全县先进人物推荐评选工作始终位于南平市前

2018年5月5日，光泽县召开创建省级文明县城创建动员大会

列，广泛宣传发动，集中推荐一批“身边好人”候选人，收到各单位推荐人选28人，经县文明办筛选后，向省市推荐10人，其中乡村医生江土海、诚信商人龚伙秀、供电职工黄正旺分别入选“中国好人榜”“福建省好人榜”，第四届福建省道德模范张茂发，作为福建省推荐的候选人被评为第六届全国道德模范提名奖。开展光泽县首届践行社会主义核心价值观“最美光泽人”系列评选活动，共表彰20人，同时针对“百日攻坚”工作，增设“百日攻坚”最美建设者10人。组织开展慰问“老模范”活动。

**【基层文明创建】** 7～9月，组织开展对全县110个申报创建省、市级文明单位（学校、乡（镇））的总评工作。落实好市委文明办下发《关于开展南平市行业优质服务指数测评工作》文件要求，组织相关人员，对全县33个单位进行暗访考察。组织开展形式多样、丰富多彩的文明创建活动，县委文明办于新年前夕承办“南平市精神文明创建成果摄影展”；3月，组织开展“向不文明交通行为告别”启动仪式，县公安局、团县委、杭川镇和全县省级文明单位领导，以及公安交警、文明志愿者、在校学生共300余人参加启动仪式；4月，县委文明办、杭川镇、县市场监管局、县行政执法局联合在中洲市场举办“遵守八不规范 助力百日攻坚”承诺签名活动；9月，创城进入冲刺阶段，与县委组织部联合举办“共创文明城 党员我先行”千名党员进社区活动，由驻社区单位每天派人到社区参与志愿活动。

**【“我们的节日”】** 制定《2017年“我们的节日”主题活动实施方案》。春节期间，组织全县各级文明单位围绕“关注民生·传递关爱”活动主题，集中开展关爱空巢老人、留守儿童、农民工、残障人士等志愿服务。清明节期间，围绕“倡导文明祭祀，培育社会新风”主题，引导群众文明祭祀，自觉抵制封建迷信和文化糟粕，增强安全意识，遵守公共秩序，创新祭祀方式。端午节期间，杭川镇镇岭社区传承数百年的历史组织开展赛龙舟活动，各乡（镇）、社区也组织人员参加包粽子比赛。重阳节，以敬老孝亲、厚德仁爱为主题，开展老年才艺展示、茶话会、棋牌、书画比赛等文体活动，开展关爱空巢老人、困难老人志愿服务活动。

**【未成年人道德教育】** 实施未成年人道德素质提升工程，开展“我的中国梦”主题教育，各中小学集中组织开展清明“网上祭英烈”、六一学雷锋争当美德少年、七一“童心向党”歌咏比赛、“向国旗敬礼”网上签名寄语等四项集中性活动；选送优秀作品参加福建省“童心向党”集中展演活动，选送优秀作品参加福建省“童心向党”集中展演活动；开设杭中社区青少年科学工作室，举办面向未成年人科普周末讲堂，开展青少年科学素养网络竞赛；申报推荐县内未成年人参评第四届福建省“美德少年”。实施未成年人活动场所建设工程，争取中央彩票公益金支持乡村学校少年宫建设项目，解决司前中心小学少年宫建设问题，推动打造富有地方特色的乡村学校少年宫建设品牌；加强乡村学校少年宫辅导员队伍建设，选派人员参加全省心理辅导员骨干培训班；遴选推荐一批优秀少年宫、优秀辅导员和优秀活动项目，获得诸多奖项。

**【文明乡风】** 进一步革除丧葬陋习，大力整治和改善治丧环境，规范出殡行为，县委、县政府印发《关于印发加强城区丧事活动管理的实施方案》，成立专项整治工领导小组，将深化殡葬改革、推进城区居民文明节俭办丧工作实绩作为评价考核文明单位重要依据。

同时，将移风易俗工作纳入乡（镇）党建考评精神文明内容，引导全县各村（居）修订村规民约、成立红白喜事理事会对村民进行教育。组织开展“文明家庭”“十星级文明户”评选活动。开展“文明礼仪进万家”和以“六提倡、六反对”为主要内容的移风易俗活动，在城区主要交通路口、公交站台、通信箱和县内主流媒体上刊播粘贴“移风易俗”“八不行为规范”等内容公益广告。

**【公益广告】** 2月、5月连续下发规范性文件，督促全县各级各类媒体及社会媒介常态化刊播“讲文明树新风”公益广告和图说“我们的核心价值观”，形成每月汇报上月公益广告刊播情况机制。筹集资金19万元，针对电信、移动、联通三大运营商在路边的信号箱被小广告占用，影响城市美观等问题，对城区内近300多个信号箱用公益广告进行装饰；在高速路出口至城区路段增加固定公益广告20幅，大型核心价值观广告牌6幅；新建道德模范、“身边好人”事迹宣传长廊和展示点5处。

**【志愿服务】** 出台《光泽县2017年开展志愿服务活动的方案》，分阶段安排各类志愿服务主题活动。以志愿云系统为依托，完善志愿服务项目发布、需求对接、信息传播、服务记录等功能，建立和完善志愿者招募、注册、培训、嘉许等机制。截止12月底，实名注册志愿者11892人，发布项目1098个，记录志愿服务时35588.3小时。培育发展圣农实业有限公司服务队、县供电公司志愿服务队、爱心公益联合会、光泽公路人志愿服务队等一批志愿服务品牌队伍。围绕开展文明秩序、环境卫生、文明交通、文明旅游、结对帮扶等志愿服务活动，发挥党员志愿者模范带头作用，形成党员带头、团员青年和群众共同参与良好氛围。

**【城区公益广告刊播机制】** 按照中央文明办《关于进一步做好“讲文明树新风”公益广告宣传的意见》精神，认真落实《新广告法》和《公益广告促进和管理办法》要求。在全县城区范围内加强公益广告刊播和管理，出台《关于进一步做好“讲文明树新风”公益广告宣传的通知》，逐步建立健全社会主义核心价值观等公益广告宣传机制。督促各级各类媒体及社会媒介常态化刊播，围绕全县创建省级文明县城、弘扬中华优秀传统文化、“八不”行为规范、倡导文明旅游、“志愿服务活动”“身边好人”、道德模范评选宣传活动等主题，推出一批立意鲜明、寓意深刻、贴近生活、富有特色的公益广告。积极参与福建省原创公益广告征集评选活动，加大与光泽时讯、广播电视台、光泽新闻网等新闻媒体合作，对全县精神文明建设开展全方位宣传，提升精神文明建设影响力、感召力，提升公益广告创作质量。全年投入20多万元，在城区重点区域布置大型户外公益广告大牌30个，总面积约为680平方米，在城市公交站点、电子阅报栏、街道灯箱、社区宣传栏等各类宣传载体张贴海报300多张，在各类电子显示屏播放宣传标语13200多条，在本地报刊、杂志刊播公益广告200次。同时，针对电信、移动、联通三大运营商路边信号箱被小广告占用，影响城市美观等问题，对城区内所有信号箱用公益广告进行装饰；在高速路出口至城区路段、电力公司宿舍围墙增加公益广告20幅；新建道德模范、“身边好人”事迹宣传长廊和展板3处。近年来，全县公益广告基本达到省级文明县城测评要求，每300米均可见3处以上公益广告，公交站台、建筑围挡、路牌灯箱广告刊播量均超过规定30%以上。在2015年度、2016年度省级文明县城创建迎检工作中，光泽县两次位列南平市县级第一。

（赖少娟）

2018年9月13日，在县数字影院前举办“共创文明城 党员我先行”主题活动

## 对台工作

【概况】 2017年，县委台办坚持以学习习近平总书记对台工作重要思想为指导，传达贯彻2017年中央对台工作会议精神，认真总结工作情况，分析国际国内形势，全力以赴做好对台各项工作。在县委常委会上传达2017年全省对台工作会议精神，形成贯彻意见。结合县统战委员工作会议传达学习省上会议精神，坚定做好对台工作的信心；准确把握当前台海形势；深入领会中央决策部署；把实力转化为对台的影响力；做好争取人心工作。加强对台交流合作，台湾鸿海集团（富士康母公司）总经理郭耀鸿一行到光泽考察实地圣农集团，洽谈白羽肉鸡废弃物无害化处理及有机肥料研制项目合作事宜；接待台南郑成功纪念馆馆长，光泽县郑成功纪念馆在崇仁乡大洋村郑家组落地建设，计划投资2000万元；征集台湾青年就业岗位6个（福建高丰收现代渔业科技有限公司3个岗位、光泽县鸿建科技农庄有限公司技术岗位3个），面向台湾招聘青年到县就业；组织赴台与嘉义县中埔乡农会进行为期6天的乡（镇）对接交流。关心服务台胞台属，年初走访慰问县内4户台胞及涉台婚姻家庭10余户，了解台胞台属生活工作情况，并对需要帮助家庭进行协调帮扶。保障台胞台属正当合法权益，与县法院协商成立台胞权益保障法官工作室，为涉台矛盾纠纷提供法律服务。组织召开对台民间交流数据采集培训会，7月31日前将全县对台资料上传到对台资源录入系统，并全部审核通过。

【台企交流合作】 5月，台湾鸿海集团（富士康母公司）总经理郭耀鸿一行5人，到光泽考察实地圣农集团洽谈白羽肉鸡废弃物无害化处理及有机肥料研制项目合作事宜。接待台南郑成功纪念馆馆长，光泽县郑成功纪念馆在崇仁乡大洋村郑家组落地建设，计划投资2000万元。与县内台商合资企业协商，征集台湾青年就业岗位6个（福建高丰收现代渔业科技有限公司3个岗位、光泽县鸿建科技农庄有限公司技术岗位3个），面向台湾招聘青年到县就业。

【赴台参观考察】 6月5～10日，组织赴台与嘉义县中埔乡农会进行为期6天的乡（镇）对接交流。鸾凤乡对接交流团顺利参访台湾中埔乡农会，交流团一行6人在台6天，与台湾雲林农产物流中心达成互动协议，进一步深化民间“两岸一家亲”理念，取得良好交流成果。同时做好团组经验交流材料，申请到团组补助资金由原来的3万元增加到8万元。

【服务台胞台属】 关心服务台胞台属，年初走访慰问县境内4户台胞及涉台婚姻家庭10余户，了解台胞台属生活工作情况，并对需要帮助家庭进行协调帮扶。经过多方联系，为家在止马镇虎塘村的付树兰寻找失散去台湾几十年的叔公黄绍兴子女。积极为金门台胞林素英儿子（林国宝）争取大病补助资金。保障台胞台属正当合法权益，与县法院协商成立台胞权益保障法官工作室，配备2名工作人员，每月开展1～2次调解活动，为涉台矛盾纠纷提供法律服务。组织召开对台民间交流数据采集培训会，7月31日前将全县对台资料上传到对台资源录入系统，并全部审核通过。

【成立首家光台合资企业】 推动光泽与台湾经济合作发展，成功与台湾客商罗天生、朱璨玉合作，成立福建省高丰收现代渔业有限公司，该项目注册资金4600万，主要以淡水鱼研发养殖、养殖为主，集渔业技术咨询服务、销售加工、餐饮服务、住宿服务、休闲旅游观光为一体。公司以闽江源头生态山泉水养殖贡鱼，喂食玉米、高粱、小麦杂交而成的高优牧草，每尾鱼平均可达十多斤，鱼肉脆滑，含蛋白质极高，属于纯生态食品，价位可售36元/斤。此外还包括室内游泳馆、路面基础设施等项目。成为全县唯一一家台湾合资企业。

（连丹丹　吴玉琳）

## 老干部工作

【概况】 2017年，老干部工作围绕贯彻落实闽委办发〔2017〕6号文件精神，切实加强离退休干部党组织建设，成立离退休干部党工委，并开展调研和指导。加强老干部思想政治建设，引导老干部为党和人民的事业增添正能量。及时调整老干部各项生活待遇，着力提高老干部医疗待遇水平。重要节日期间，县领导带队对离退休老干部和老干部遗偶等开展走访慰问活动，为老干部送去党和政府的温暖。关心照顾特殊困难老干部及遗偶，建立老干部健康档案，保障他们安享晚年生活。7月份，成立县委离退休干部党工委，与县委组织部联合印发《关于在全县离退休党组织中推进“两学一做”学习教育常态化制度化的指导意见》，把离退休干部党员思想和行动统一到中央、省委、市委和县委部署要求上来。推动利用社区资源为老干部服务，镇岭社区被评为社区服务老干部工作省级示范点。办好老年大学，修缮老年活动中心，整治干休所小区环境。不断加强老年大学软硬件建设，对老年大学教学中心地面和教室进行改造，组织开展丰富多彩的第二课堂活动，下乡为群众义务写春联送祝福，举办迎接十九大书法作品展。

**【思想政治建设】** 依托老干部活动中心，重新划分学习小组，坚持每月11日定期组织老干部集中学习。认真学习党的十九大和全国“两会”精神，了解全县经济、社会发展等有关情况。对行动不便的老干部采取送学上门。在阅览室为老干部征订20多种报刊等学习资料。在县委组织部关心支持下，为处级离退休干部每人订阅一份《闽北日报》，相关单位按规定为离退休干部订阅《中国老年报》《福建老年报》等学习资料。通过学习，引导老干部自觉在思想上行动上与党中央和县委县政府保持高度一致。

**【慰问探望老干部】** 春节期间，县委县政府主要领导和分管领导带队对全县150名离退休老干部和老干部遗偶开展春节走访慰问活动，送上慰问金及特困老干部和遗偶补助款近10万元，为老干部送去党和政府的温暖。老年节期间，慰问全县处级离退休老干部，为70岁、80岁、90岁老干部过生日，给他们送上长寿面、鸡蛋、生日蛋糕等礼品。联系爱心人士，免费为金婚银婚老干部拍摄婚纱照。赴杭州、厦门、福州等地慰问异地安置的10位老干部。协助家属及相关单位处理9位老干部善后事宜，协调落实抚恤金、丧葬费等有关费用兑现情况。

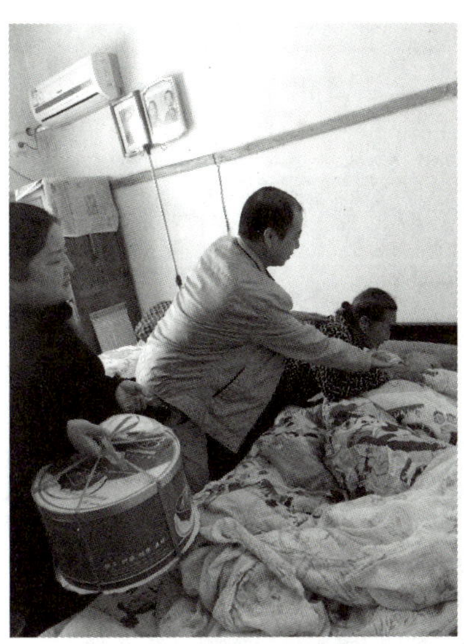

2017年10月27日，县老干局领导上门为离休干部彭金能九十岁生日祝寿

**【关心困难老干部】** 进一步完善老干部信息资料，核实困难老干部及困难遗偶情况，实行局领导分片负责，重点对象实行党员包人头。对因身患重病、医疗自费费用高，有特殊困难的离退休干部及遗偶给予慰问补助，解决生活医疗等方面实际困难；对因家庭不和睦及子女纠纷问题的，积极联系其子女化解矛盾，解开心理疙瘩。化解老干部因子女照顾有困难、医疗费报销、财产继承等10多起矛盾纠纷。

**【社区服务老干部】** 开展利用社区资源“四就近”服务老干部工作，加强与镇岭社区沟通联系，提供场地，为社区服务老干部工作提供有力支持。镇岭社区加大服务力度，为老干部提供生活照料，打造“老干部之家——说事厅”，认真受理老干部反映的问题及意见建议，帮助解决老干部遇到的重点难点问题。2017年，镇岭社区被省委老干部局评为社区服务老干部工作省级示范点。

**【离退休干部党建】** 7月份，成立县委离退休干部党工委。党工委成立后，对单独成立的离退休干部党支部运行情况进行调研，并形成调研报告。与县委组织部联合印发《关于在全县离退休党组织中推进“两学一做”学习教育常态化制度化的指导意见》，把离退休干部党员思想和行动统一到中央、省委、市委和县委部署要求上来。对县经贸局、公安局、教师退休协会、鸾凤乡等离退休干部党支部工作进行指导，听取工作汇报，查看学习活动阵地建设情况。

**【老干部生活待遇】** 调整5位离休干部护理费标准和13位无工作老干部遗偶生活费标准，及时协调兑现落实。协调解决居住在台湾的1位老干部遗偶生活费长期没有得到调整事宜。为异地老干部报销医疗费9万余元。9月中旬，组织离退休老干部进行健康体检，并建立老干部健康档案。

**【办好老年大学】** 明确在干休所编制中，解决老年大学2名编制问题。办好时政、保健公共课和书法、音乐、舞蹈、二胡、腰鼓等5门选修课，学员100多人。不断加强老年大学软硬件建设，对老年大学教学中心地面和教室进行改造，制作教学成果展板。开展第二课堂活动，春节期间组织书法班学员下乡为群众义务写春联，送祝福；在文化馆举办迎接党的十九大书法作品展，吸引众多书法爱好者驻足参观。组织书法班、舞蹈班等学员参加省市县有关部门举办的展出比赛活动，并多次获奖。

**【完善老干部“两费”保障机制】** 完善企业离休干部、“5·12”退休干部“两费”保障机制，确保县财政保障专户正常运转，采取事前补助、事后追加，坚持月报季查制度，加大对单位承担各项生活补贴追缴力度，保证老干部每月离休费及时发放、医药费及时按规定报销。积极协调争取为4位破产、改制企业离休干部解决预留经费不足问题，将增加各类津补贴20多万元列入县财政预算。

**【老干部为党和人民的事业增添正能量】** 组织老干部开展“展示阳光心态、体验美好生活、畅谈发展变化”活动，以老年大学、关工委、老科协、计生协、老体协等平台，开展关心下一代、科技服务、文艺汇演、文化下乡、诗书画影展示等系列活动，为建设新光泽作出贡献。组织老干部参观考察城市、美丽乡村建设以及县重点项目建设，积极建言献策，提出建议和意见。组织老年大学学员参与“文化三下乡”活动，以讲座、舞蹈、书法等形式，宣讲党的十九大精神。县关工委政治报告团在中小学校进行党的十九大精神宣讲，开展“关爱明天，普法先行”活动，并赠送全国青少年普法教育读本。

（杨武名）

2017年10月26日，县老年大学举办喜迎十九大廉政文化宣传专题书法展

## 机关党建工作

**【概况】** 2017年，机关党建工作紧紧围绕加快建设中国生态食品城中心任务，扎实推进机关党的思想、组织、作风、反腐倡廉和制度建设，激发机关党组织战斗堡垒作用和党员先锋模范作用，在“再上新台阶、建设新光泽”中走前头、作表率，以优异成绩迎接党的十九大胜利召开。落实党建约谈、季度联席会议、述职评议、专项督查等制度，传导和压实党建责任。认真开展党的十九大精神学习宣传，组织党员收看十九大开幕盛况，聆听习总书记大会工作报告。扎实开展廖俊波“一月一主题”专题学习讨论。开展党章党规网络答题活动，170余个党支部3000余名党员、干部参与答题活动。落实廉政提醒谈话制度，对26名党员干部进行廉政提醒谈话，对3名违纪科级干部予以党内警告或严重警告处分。系统党委撤销后，及时组建成立机关党委，指导13个机关党委召开党员大会

或党代表会议，选好配强机关党委和纪委班子，新组建成立国税局和地税局机关党委。编辑印发《党建工作手册》、《发展党员工作实用手册》等学习资料2000多册。组织两次党务干部培训班，参训党务干部400多人次。举办“向廖俊波同志学习，做忠诚、干净、担当好干部”主题演讲比赛，观摩学习党员300多人。举办机关新老党员入党集体宣誓和党建知识普及宣传活动，18个机关党委和工委直属党组织近400多名党员参加活动。做好发展党员工作，举办入党积极分子培训1期，培训学员122人，发展新党员54名。

**【从严治党】** 抓责任传导，通过抓党建述职评议，下发党委书记和党支部书记责任清单，完善机关党建责任考评办法，建立“比党性比作风比业绩比贡献”考评方案和推进机制，落实党建约谈、季度联席会议、专项督查等制度，传导和压实党建责任。会同县委组织部领导对党建责任落实不严格不到位的部门党组织书记进行约谈三次，提出和落实整改意见要求。扎实推行“党支部六有工作法”和固定党日活动，对未按要求组织活动的党支部和专题学习落实不到位单位进行通报，传递县委从严管党治党强烈信号。

**【创建党建品牌】** 指导县烟草专卖局党总支打造党群活动服务中心，指导地税局机关党委打造“三室一校一基地”品牌，指导人社局完善“手拉手交心谈心制度”等。

**【服务中心工作】** 党建助力脱贫攻坚，落实城乡党组织结对共建和党员结对帮扶制度，组织开展“六个一”等脱贫攻坚行动。开展在职党员到社区报到服务，3月份，发动县直机关近千名党员投入“百日攻坚战”环境综合治理志愿活动，组织县直机关青年志愿者前往三仙亭，对沿路山体附近及河道两旁的垃圾进行清理；组织机关党员干部志愿者前往崇仁金岭工业园区参加志愿植树活动，用实际行动倡导绿化造林，改善生态环境，展示机关风采。组织“文明创城党员我先行”志愿行动，与县委组织部、文明办联合举办千名党员“共创文明城、党员我先行”志愿活动，向全县机关党员、团员青年、妇女发出倡议，做好创城跟踪巡查，志愿活动启动以来，每天有50名党员身着志愿者服装轮流到城市主要路口从事文明劝导志愿行动，充分发挥机关党员在文明创城中表率引领作用。

**【学习宣传十九大】** 党的十九召开前，以开展喜迎党的十九大系列活动为推动，部署开展学习、观看和讨论习近平总书记“7·26”重要讲话、电视专题片《巡视利剑》《大国外交》《将改革进行到底》等。党的十九大召开之际，组织党员收看大会开幕盛况，聆听习总书记作的大会工作报告。党的十九大召开后，及时通过党建微信公众号和邮箱向各机关党委、直属支部发出通知，要求各党组织将学习十九大报告和党章修正案作为当前首要政治任务，组织党员原原本本学，在学深弄通做实上下功夫，要求党政主要领导带头，深入挂点村做好宣讲十九大精神。同时，分层次多渠道组织机关党员集中听取市委宣读团和县委宣讲团宣讲辅导，用习近平新时代中国特色社会主义思想武装头脑，指导实践。

**【学习廖俊波活动】** 深入开展向廖俊波学习活动，扎实开展“一月一主题”专题学习讨论，通过组织收听报告团专题报告、观看廖俊波微电影、组织“学习廖俊波、做忠诚干净担当好干部”演讲比赛等形式，组织到政和石圳、邵武拿口教育点参观学习廖俊波高尚品德和忠诚奉献担当尽责精神，注重挖掘、发现和树立身边廖俊波式的好干部好党员。

**【党规党纪教育】** 广泛开展党章党规网络答题活动，170余个党支部3000余名党员、干部参与答题活动。以常态化“一日一巡查”为抓手，加强作风建设巡查，落实廉政提醒谈话制度，先后对26名党员干部进行廉政提醒谈话，对3名违纪科级干部予以党内警告或严重警告处分，对1名长期不参与组织生活党员按程序着手除名处理。

**【开展专项督查】** 按照县委要求，先后开展2次“两学一做”和“一月一主题”集中学习活动专项督查，对党建主体责任落实

2017 年 6 月，举办“向廖俊波同志学习，做忠诚、干净、担当好干部”主题演讲比赛

不到位、未按要求落实班子成员重点发言和列出“四不”问题清单及整改措施的部门单位进行通报，推进学习教育活动重点任务落到实处。

**【组织队伍建设】** 强化党建工作力量，系统党委撤销后，及时成立县直各机关党委，新组建成立国税局和地税局两个机关党委，出台《关于加强县直机关党委建设的若干规定》。精心指导各机关党委做好换届选举工作，选好配强党委班子和党务干部。针对党务干部业务不熟等问题，编辑印发《党建工作手册》《发展党员工作实用手册》等学习资料 2000 多册。组织两次大规模党务干部培训班，邀请省委组织部和市直机关工委专家开展党务知识专题辅导授课，举办党建应知应会知识测试，参训党务干部 400 多人次，取得较好效果。注重党内激励关怀，年初慰问机关困难党员 36 名，发放慰问金 2.1 万元，把组织温暖及时送到机关困难党员职工身边。

**【党日主题活日】** 规范党的组织生活，部署开展“我是共产党员我担当”、投身“四比六促”、争做“四个合格”党员、“学习贯彻十九大，不忘初心跟党走”微党课等主题活动。6 月 2 日，举办“向廖俊波同志学习，做忠诚、干净、担当好干部”主题演讲比赛，16 个党委共 35 名选手参与演讲活动，观摩学习党员 300 多人。“七一”期间，联合县卫计局、供电公司党委举办机关新老党员入党集体宣誓和党建知识普及宣传活动，18 个机关党委和工委直属党组织近 400 多名党员参加活动。8 月以来，按照县委组织部统一部署，强力推进每月 7 日党支部“4＋X”固定党日活动，通过固定党日活动，把党费收缴、重温入党誓词、主题学习、支部工作落实到月，在完成规定动作的同时，一些基层党委和支部结合实际，采取请进来、走出去，到挂点村、到廖俊波工作过地方等开展多种形式的主题活动，有效地推进“三会一课”等组织生活制度落实，增强党员党性观念和党员意识。

光泽县机关党务干部培训班

2017 年 8 月，举办县直机关党务干部培训班

2017 年 7 月，县直机关党工委在九龙峰举办新党员入党集体宣誓、老党员重温入党誓词暨“党建和电网安全知识普及宣传”登山活动

【党建闹钟制度】 建立机关工委直属党组织、机关党委微信交流群，发展入群党务干部 200 多人，对县委和工委党建工作重要部署、组织生活会召开、主题党日活动要求等及时通过微信群、电子信箱发布闹钟提醒，并要求基层党组织将工作落实情况以图片形式上传，便于随时了解掌握基层工作动态，督促工作落实。

【机关党建体检】 以党建全面“体检”破解机关党建“灯下黑”，坚持问题导向，着力找问题、查根源、抓整改、促规范。一是精选“体检”科目，分类实施。围绕党建重点工作任务和薄弱环节，认真把脉，开好药方。精心设计“体检科目”，其中，党委（总支）体检项目八大项 21 个子项，党支部体检项目十大项 30 个子项，每个项目都设置有达标参考系数。二是认真把脉会诊，开好“药方”。由机关工委委员和责任心强、业务熟的党务干部组成“体检”工作组，组织体检前，进行集中培训，组织党建业务学习，明确体检方法、检查重点、统一标准、统一尺度。对机关党组织进行全面体检，开出体检清单 5813 份，查摆问题 260 多条，提出限时整改意见和建议 210 多条。三是加强巩固治疗，强建“体质”。由被检单位对体检发现问题研究制定整改措施，报送整改方案。党工委不定期开展党建体检问题“回头看”，跟踪清单整改落实情况。对未按要求整改或敷衍应付的，结合发展党员、“两学一做”学习教育、党支部“4＋X”固定党日活动专项检查，及时进行通报，并把通报情况列入年度党建责任目标考评和党建绩效考评依据。2017 年通报案例 3 起，起到较好促动效果。针对体检中发现的党务干部业务不熟、会议记录不规范、发展党员程序缺项等带普遍性的问题，及时组织开展党建业务培训，积极培育打造党建体检中发现的特点典型和工作亮点，通过问题整改和典型示范带动，抓两头带中间，促进机关党建工作全面提升、全面过硬。

（吴享爵　黄景煌）

## 党校教育

【概况】 2017 年，县委党校认真学习和贯彻党的十九大精神及全国、全省党校工作会议精神，深刻领会习近平新时代中国特色社会主义思想及新形势下党校工作目标、任务和要求，紧紧围绕县委、县政府总体思路和工作部署，认真思考和调整党校改革发展思路举措，切实承担起为党员领导干部补钙壮骨、立根固本的政治任务。在服务中心、落实干部教育培训中，创新实施“领导点题、按需备课”教学制度，推进落实领导干部到党校讲课制度，切实提升党校教学培训针对性和实效性。努力办好《光泽决策参阅》期刊，进一步发挥资政作用。狠抓教学培训质量，通过集体备课、新课试讲、读书交流、外出培训等多种形式着力提升校内教师业务水平，充实兼职教师队伍，促进办学质量进一步提升。全年举办培训班 9 期，其中主体班 6 期，其他专题班 3 期，共培训学员 700 余人。重视科研工作，组织教师对圣农特色小镇进行专项调研。争取专项经费，大力改善办学条件。稳步推进党校异地新建工作。

**【教育培训】** 举办主体班次6期，包括科级干部培训班、中青年干部培训班、入党积极分子培训班等，参加培训人数500余人，按照全国、全省党校工作会议精神要求，在每期主体班次培训中专门设置“党性教育单元”和“理论教育单元”，确保这两个主课主业培训课时占到总课时70%以上，全年累计开发或完善更新党性及党的理论课程9个。举办各类短期专题培训班3期，培训200余人。在完成主体班及短期培训班任务的基础上，认真组织教师做好十九大精神面向基层的专题宣讲服务，共宣讲25场，受众人数1200余人。根据县委组织部安排，县委党校积极发挥党员教育主阵地作用，专门组成农村党员教育巡回宣讲团，巡回农村，送教下乡，内容涉及精准扶贫、践行社会主义核心价值观、党规党纪解读等，覆盖全县85个行政村，受训农村党员达2400余人。发挥县行政学校功能，进一步整合全县干部教育培训资源，拓宽教育培训覆盖面，充分发挥党校在干部教育培训中主渠道作用。

2017年11月8日，县委书记陈敏辉第十三期科级干部班全体学员上专题党课

**【创新方式】** 实行“领导点题，党校备课”开门办学、按需教学制度。建立和实行党政领导干部到党校讲课制度，把党政领导高位嫁接进来，提高师资层次和水平。2017年共邀请6名县处级领导来校授课，其中县委书记陈敏辉、县委副书记董礼义、县委常委统战部长陈高宏在第13期科干班分别讲授《把握新时代领会新思想投入新实践》、《圣农小镇的建设与发展》和《统战知识讲座》。县政府副县长卢常传、宋凤英、江晖结合自己分管的工作分别召开招商引资专题研讨会、财政金融专题研讨会和精准扶贫专题研讨会。

2017年5月，县委党校开展农村党员教育“巡回讲师团”送学下乡活动

**【教育科研】** 重视教师科研工作，围绕县委县政府中心工作，在南平市委党校指导下，完成《特色小镇的建设与培育——以圣农小镇为例》课题调研一篇。另有3位教师在各类CN刊物上发表论文5篇。继续编发校内学术刊物《光泽决策参阅》，坚持以提高刊物质量为中心，加强稿

件筛选、版面设计、编辑校对等工作，进一步提高校刊质量，发挥资政作用。

【人才建设】 加强校内教师培养力度，开展集体备课、以老带新、新课试讲、读书交流、精品课评选等活动，提升教学能力。加强兼职教师队伍建设，充实校外师资库，聘请南平市委党校、武夷学院、县委县政府、县教师进修学校、县公安局等有关部门领导专家到校讲学授课，进一步提升学校教学质量及社会效益。

【队伍管理】 创造条件采取“走出去”“引进来”等方式帮助教师扩展视野，丰富知识，提升素质，2017年累计选派教师外出参训15人次，邀请市委党校副教授张其有等3名优秀教师来校授课。落实学习交流会制度，通过主题探讨、学习汇报、科研交流、自主培训、好书荐读等形式开展专题学习活动。贯彻落实“两学一做”学习教育常态化和制度化，扎实开展向廖俊波同志学习“一月一主题”讨论，不断把向廖俊波同志学习活动引向深入，建设一支政治强、业务精、作风硬的教师干部队伍。同时，继续完善教师管理、年度评先评优制度，建立科学合理的教师绩效考核体系，定期进行教学分析和总结。

【办学条件】 上半年，通过种植花草树木进一步美化、绿化校园环境。争取省委党校项目资金支持，对卫生间和会议室进行改造，改善办学条件。稳步推进党校异地新建，目前完成项目立项、土地预审、选址意见书、项目可行性研究报告、自然灾害评估、林地评估报告、林地审批等工作。已将新校建设规划设计初稿、建设规模、建设经费等向县政府做专题汇报，待县政府会议通过后，将就新校建设规划设计进行招投标，确定规划设计单位和规划设计方案。

【落实党校主课主业】 全国、全省党校工作会议精神要求，在每期主体班次培训中专门设置“党性教育单元”和“理论教育单元”，确保两个主课主业培训课时占到总课时70%以上。全体教师深入践行“精修一课、专攻一门、深入研究”的教学理念，以教学、科研、项目和基地为课程主导，有效运用“团队协作式”教研，实现“一师一专题，一课一精品”课程开发目标，全年累计开发或完善更新党性及党的理论课程9个，有效承担为领导干部补钙壮骨、立根固本的历史使命。

【“领导点题，党校备课”】 实行“领导点题，党校备课”开门办学、按需教学制度，即事先向全县各级党政主要领导征求意见，请他们对党校教学进行点题，由党校收集整理后，组织师资库内教师围绕主题开展调研备课，围绕县委、县政府中心工作和重大决策部署，组织课堂教学，做到党委政府需要培训什么、党校就培训什么，提高党校教学培训针对性和实效性。 （王金星）

## 保密工作

【概况】 2017年，县委保密部门认真贯彻全国、全省、全市保密工作会议精神，较好完成各项任务。认真做好保密宣传，深入各基层单位开展保密监督检查，严格按照要求开展自查自纠。积极主动做好保密服务保障工作，顺利完成全县中考、高考等国家考试的试卷保密工作，指导做好涉密工程建设项目。

【保密宣传】 参加省、市保密局举办的保密业务培训。组织开展全县保密业务培训1期，参训人员200人次。征订《保密工作》杂志46份，完成南平市保密局下达任务。

【监督检查】 发挥保密检查“以查促防、以查促管、以查促教”作用，督促各乡（镇）、各单位深入开展保密自查自纠活动，组织开展全县互联网政务邮箱安全保密自我排查，开展互联网政府门户网站信息保密检查，并对互联网政府门户网站进行定期巡察。组织开展2017年度机关单位保密自查自评工作，把“保密纪律”列入全县“四比”考核评分。

【服务保障】 督导全县涉密网络测评审批工作，做好单位权力清单和责任清单融合工作。严格检查验收中考、高考等国家考试试卷保密室，认真做好考试期间保密工作，确保中考、高考保密工作万无一失。

（冯祖清　连翔）

# 县人民代表大会

## 县人大会议

**【概况】** 光泽县人大常委会围绕中心、服务大局，依法发挥地方国家权力机关作用，人大各项工作在以往基础上取得新成效新进展。一年来，作出重大事项决定5项，听取和审议“一府两院”工作报告10项，检查法律法规实施情况3项，开展满意度测评1次，形成书面审议意见13份，开展视察调研9次，备案审查规范性文件7件，任免国家机关工作人员42人次，接受辞职3人次，接待群众来访26批74人次，受理来信21件，有力地维护社会和谐稳定。

光泽县第十七届人民代表大会第二次会议

**【县十七届人大二次会议】** 光泽县第十七届人民代表大会第二次会议于2017年12月25日至27日在县数字影院举行。应出席会议代表154人，出席会议代表145人。会议听取和审议县人大常委会、政府、法院、检察院工作报告以及审议计划、预算报告；通过县人大常委会、政府、法院、检察院、计划、预算报告决议；会议依法补选县人民代表大会常务委员会副主任和选举光泽县监察委主任。会议收到代表建议119件。县人大常委会报告对新一年工作提出努力方向：坚持党的领导，着力服务绿色发展；选准监督重点，着力增强工作实效；突出主体地位，着力发挥代表作用；加强队伍建设，着力提高履职能力。

## 县人大常委会会议

**【第一次会议】** 1月16日，召开县十七届人大常委会第一次会议，会期半天。会议听取和审议《光泽县人大常委会主任会议关于提请设立县第十七届人大常委会代表资格审查委员会的议案》；听取和审议光泽县人民政府关于提请审定刘禄进等同志的任职议案；听取和审议《光泽县人民代表大会常务委员会关于接受罗时福、高东明辞去代表职务的请求的决定（草案）》。县人大常委会主任刘雄，副主任王元帜、徐仲华、余万春和20名委员出席会议；县人大常委会党组成员、副处长级干部，“一府两院”领导，各乡（镇）人大主席，以及县人大机关不是常委会组成人员的干部列席会议。常委会委员林志宏因事请假。

**【第二次会议】** 3月28日，召开县十七届人大常委会第二次会议，会期半天。会议传达学习贯彻十二届全国人大五次会议精神；听取和审议光泽县人民政府关于光泽县环境状况和环境保护目标完成情况的报告；听取和审议光泽县人大常委会代表资格审查委员会关于个别代表的代表资格的报告；听取和审议光泽县人民法院《关于提请免去林云兰等同志人民陪审员职务的议案》；审议通过《光泽县人大常委会2017年工作要点》；会议还进行宪法宣誓。县人大常委会主任刘雄，副主任徐仲华、余万春和19名委员出席会议；县人大常委会党组成员、副处长级干部，“一府两院”领导，部分乡（镇）人大主席，部分县人大代表，以及县人大机关不是常委会组成人员的干部列席会议。常委会副主任王元帜、委员林志宏因事请假。

**【第三次会议】** 5月12日，召开县十七届人大常委会第三次会议，会期半天。会议听取和审议光泽县人民政府关于农村土地承包经营权确权登记颁证工作情况的报告；审议通过《光泽县人民代表大会常务委员会议事规则（修订草案）》；审议通过《光泽县人民代表大会常务委员会组成人员守则（修订草案）》；审议通过《光泽县人民代表大会常务委员会任免国家机关工作人员的规定（修订草案）》；审议通过《光泽县人民代表大会常务委员会代表约见国家机关负责人的暂行规定（草案）》；审议通过《光泽县人民代表大会常务委员会会议工作程序（修订草案）》；审议有关人事任免事项。县人大常委会主任刘雄，副主任王元帜、徐仲华、余万春和19名委员出席会议；县人大常委会党组成员、副处长级干部，“一府两院”领导，各乡（镇）人大主席，部分市、县人大代表，以及县人大机关不是常委会组成人员的干部列席会议。常委会委员林志宏、黄传星因事请假。

**【第四次会议】** 7月17日，召开县十七届人大常委会第四次会议，会期半天。会议审查和批准光泽县人民政府关于提请审议2017年政府债务限额及县级预算调整方案（草案）的议案；听取和审议光泽县人民政府落实县人大常委会会议关于生猪养殖面源污染防治工作报告的审议意见情况的报告，并对《光泽县人民政府关于落实县人大常委会会议〈关于生猪养殖面源污染防治工作情况报告的审议意见情况的报告〉》开展满意度测评，测评结果为满意；听取和审议光泽县人民法院关于审判执行工作情况的报告；听取和审议光泽县人大常委会执法检查组关于检查《中华人民共和国人口与计划生育法》及《福建省人口与计划生育条例》实施情况的报告；审议通过《光泽县人民代表大会常务委员会主任会议议事规则（修订草案）》；审议通过《光泽县人民代表大会常务委员会关于提请任命国家机关工作人员法律知识考试的规定（草案）》；审议通过《光泽县人民代表大会及其常务委员会会议公民旁听办法（草案）》。县人大常委会主任刘雄，副主任王元帜、徐仲华和19名委员出席会议；县人大常委会党组成员、副处长级干部，“一府两院”领导，部分乡（镇）人大主席和市、县人大代表，以及县人大机关不是常委会组成人员的干部列席会议。常委会副主任余万春、委员林志宏因事请假。

**【第五次会议】** 9月22日，召开县十七届人大常委会第五次会议，会期半天。会议听取和审议光泽县人民政府关于2017年1～7月份国民经济和社会发展计划执行情况的报告；听取和审议光泽县人民政府关于2016年县本级决算草案和2017年1～7月份预算执行情况的报告，批准2016年县本级决算；听取和审议光泽县人民政府关于2016年度县本级预算执行和其他财政收支情况的审计报告；听取和审议光泽县人民政府关于县第十七届人民代表大会第一次会议代表建议办理工作情况的报告；审议有关人事任免事项。县人大常委会主任刘雄，副主任王元帜、徐仲华、余万春和19名委员出席会议；“一府两院”领导，部分乡（镇）人大主席和县人大代表，以及县人大机关不是常委会组成人员的干部列席会议。常委会委员陈晟、林志宏因事请假。

**【第六次会议】** 11月20日，召开县十七届人大常委会第六次会议，会期半天。会议听取和审议光泽县人民政府关于国土资源管理工作情况的报告；听取和审议光泽县人民检察院关于公诉工作情况的报告；听取和审议光泽县人大常委会执法检查组关于

《中华人民共和国行政许可法》执法检查情况的报告；听取和审议《光泽县人大常委会关于召开县第十七届人民代表大会第二次会议的决定（草案）》；听取和审议《光泽县人大常委会关于接受杨庆辉辞去代表职务请求决定（草案）》；审议有关人事任免事项。县人大常委会主任刘雄，副主任徐仲华、余万春和19名委员出席会议；“一府两院”领导，部分乡（镇）人大主席和县人大代表，以及县人大机关不是常委会组成人员的干部列席会议。常委会副主任王元帜、委员林志宏因事请假。

**【第七次会议】** 12月1日，县第十七届人大常委会第七次会议采取书面形式，向县人大常委会主任刘雄，副主任王元帜、徐仲华、余万春和委员征求调整召开光泽县第十七届人民代表大会第二次会议日期的决定（草案）相关意见。

**【第八次会议】** 12月15日，召开县十七届人大常委会第八次会议，会期半天。会议听取和审议《光泽县人民政府关于提请审议2017年光泽县本级预算第二次调整方案（草案）的议案》；听取和审议光泽县人大常委会关于光泽县2017年预算执行情况及2018年预算草案初步审查的报告（草案）；听取和审议光泽县第十七届人大常委会代表资格审查委员会关于光泽县第十七届人民代表大会代表资格审查情况的报告；听取和审议关于召开光泽县第十七届人民代表大会第二次会议筹备情况的报告；审议光泽县人大常委会工作报告（讨论稿）。县人大常委会主任刘雄，副主任王元帜、徐仲华、余万春和18名委员出席会议；“一府两院”领导，常委会党组成员陈福军，各乡（镇）人大主席和部分县人大代表，以及县人大机关不是常委会组成人员的干部列席会议。常委会委员毛家根、陈晟、林志宏因事请假。

**【第九次会议】** 12月29日，召开县十七届人大常委会第九次会议，会期半天。会议审议有关人事任免事项；进行宪法宣誓。县人大常委会主任刘雄，副主任王元帜、徐仲华、余万春和16名委员出席会议；“一府一委两院”领导，县人大机关不是常委会组成人员的干部列席会议。常委会副主任陈福军、委员毛家根、叶丽红、包玉英、林志宏因事请假。

## 县人大常委会主任会议

**【第一次会议】** 1月14日，县人大常委会主任刘雄主持召开县十七届人大常委会第一次主任会议，讨论研究设立县第十七届人大常委会代表资格审查委员会、拟任命县政府组成人员、个别代表辞职等事项，原则同意提请常委会会议审议，议定常委会领导分工、召开县第十七届人大常委会第一次会议的时间和议程等事项，听取和安排各委室有关工作。主任刘雄，副主任王元帜、徐仲华、余万春出席会议，党组成员、副处长级干部叶冬根、各委室局负责人列席会议。

**【第二次会议】** 3月3日，县人大常委会主任刘雄主持召开县十七届人大常委会第二次主任会议，讨论研究确定县第十七届人民代表大会第一次会议代表重点建议、安排代表建议办理专项资金、常委会组成人员联系人大代

县人大常委会主任刘雄到司前乡走访联系代表

表、建立县人大代表小组等事项，议定召开县第十七届人大常委会第二次会议的时间和议程，原则同意常委会2017年工作要点提请常委会会议审议，传达市委理论学习中心组集体学习（扩大）会精神，听取和安排各委室有关工作。主任刘雄，副主任王元帜、徐仲华、余万春出席会议，各委室局负责人列席会议。

**【第三次会议】** 4月14日，县人大常委会主任刘雄主持召开县十七届人大常委会第三次主任会议，讨论研究高中教育质量提升工作情况视察报告、开展2017年乡镇人大主席团工作竞赛、评选人大工作先进集体和个人等事项。原则同意人大代表约见国家机关负责人规定提请常委会会议审议，议定召开县第十七届人大常委会第三次会议的时间和议程，听取和安排各委室有关工作。主任刘雄，副主任徐仲华、余万春出席会议，各委室局负责人列席会议，副主任王元帜请假。

**【第四次会议】** 5月5日，县人大常委会主任刘雄主持召开县十七届人大常委会第四次主任会议，讨论研究“百日攻坚战”、重点项目、重点工作情况和《福建省老年人权益保障条例》实施情况视察报告，各级人大代表参与精准扶贫工作调研方案，建立使用代表履职平台微信群，召开常委会工作机构与“一府两院”相应工作部门联席会议，增加县第十七届人大常委会第三次会议建议议程等事项。原则同意农村土地确权工作情况调研报告、《光泽县人民代表大会常务委员会议事规则》等制度的修订、县法院人事任免事项提请常委会会议审议，听取和安排各委室有关工作。主任刘雄，副主任王元帜、徐仲华、余万春出席会议，党组成员、副处长级干部叶冬根、各委室局负责人列席会议。

**【第五次会议】** 5月22日，县人大常委会主任刘雄主持召开县十七届人大常委会第五次主任会议，讨论研究安全生产工作情况调研报告、《光泽县人民代表大会常务委员会主任会议议事规则（修订草案）》《光泽县人民代表大会及其常务委员会会议公民旁听办法（草案）》和《光泽县人民代表大会关于提请任命的国家机关工作人员进行法律知识考试规定（草案）》以及其他等事项。议定召开县第十七届人大常委会第四次会议的时间和议程，主任刘雄，副主任王元帜、徐仲华、余万春出席会议，党组成员、副处长级干部叶冬根、各委室局负责人列席会议。

**【第六次会议】** 6月30日，县人大常委会主任刘雄主持召开县十七届人大常委会第六次主任会议，讨论研究泽汇渔业项目前期和各级人大代表参与精准扶贫有关工作，增加县第十七届人大常委会第四次会议建议议程等事项。原则同意《光泽县人民政府关于2017年政府债务限额及县级预算调整方案（草案）的议案》、县法院执行工作情况、检查《中华人民共和国人口与计划生育法》《福建省人口与计划生育条例》实施情况、《光泽县人民代表大会常务委员会主任会议议事规则（修订草案）》等三项制度提请常委会会议审议，听取和审议生猪养殖面源污染防治工作报告的审议意见落实情况并开展满意度测评，听取和安排各委室有关工作，传达市人大常委会主任座谈会精神、学习讨论《中共光泽县委办公室转发中共南平市委办公室关于组织开展典型案例讨论的通知》。主任刘雄，副主任王元帜、徐仲华出席会议，党组成员、副处长级干部叶冬根、各委室局负责人列席会议，副主任余万春请假。

**【第七次会议】** 7月6日，县人大常委会主任刘雄主持召开县十七届人大常委会第七次主任会议，讨论《光泽县人民政府关于2017年政府债务限额及县级预算调整方案（草案）的议案》，原则同意提请县人大常委会会议审议。议定开展教育改革和发展工作专项调研。主任刘雄，副主任王元帜、徐仲华出席会议，党组成员、副处长级干部叶冬根、各委室局负责人列席会议，副主任余万春请假。

**【第八次会议】** 7月26日，县人大常委会主任刘雄主持召开县十七届人大常委会第八次主任会议，研究乡镇人大主席团工作竞赛考评、议定召开县第十七届人大常委会第五次会议的时间和议程，听取和安排各委室有关工作。主任刘雄，副主任王元帜、徐仲华出席会议，党组成员、副处长级干部叶冬根、各委室局负责人列席会议，副主任余万春请假。

**【第九次会议】** 8月28日，县人大常委会主任刘雄主持召开县十七届人大常委会第九次主任会议，讨论研究检查县第十七届人民代表大会第一次会议代表建议办理情况、召开2017年乡镇人大主席联席会、组织光泽选举的南平市第五届人大代表调研等事项。主任刘雄，副主任王元帜、徐仲华出席会议，各委室局负责人列席会议，副主任余万春请假。

**【第十次会议】** 9月11日，县人大常委会主任刘雄主持召开县十七届人大常委会第十次主任会议，研究免去李国延同志的光泽县人大常委会办公室副主任职务的事项，原则同意提请县人大常委会会议审议。主任刘雄，副主任王元帜、徐仲华、余万春出席会议，邓家兴列席会议。

**【第十一次会议】** 9月30日，县人大常委会主任刘雄主持召开县十七届人大常委会第十一次主任会议，审议2017年1～7月份国民经济和社会发展计划执行情况报告、1～7月份预算执行情况报告、县第十七届人民代表大会第一次会议代表建议办理工作情况报告，议定召开县第十七届人大常委会第六次会议的时间和议程，原则同意县政府人事任免事项提请常委会会议审议，听取和安排各委室有关工作。主任刘雄，副主任王元帜、徐仲华、余万春出席会议，各委室局负责人列席会议。

**【第十二次会议】** 11月3日，县人大常委会主任刘雄主持召开县十七届人大常委会第十二次主任会议，讨论研究国土资源管理工作情况调研报告、公诉工作情况调研报告、《中华人民共和国行政许可法》实施情况检查报告，听取信访工作情况汇报。原则同意召开县第十七届人民代表大会第二次会议安排方案、县政府和县法院人事任免事项提请常委会会议审议，听取和安排各委室有关工作。主任刘雄，副主任王元帜、徐仲华、余万春出席会议，各委室局负责人列席会议。

**【第十三次会议】** 11月26日，县人大常委会主任刘雄主持召开县十七届人大常委会第十三次主任会议，研究召开县人大常委会与县政府联席会议、补选县人大代表等事项。主任刘雄，副主任王元帜、余万春出席会议，各委室局负责人列席会议，副主任徐仲华请假。

**【第十四次会议】** 12月1日，县人大常委会主任刘雄主持召开县十七届人大常委会第十四次主任会议，讨论研究“水美城市”项目建设和产城融合发展情况视察报告，调整召开县第十七届人民代表大会第二次会议日期和有关筹备、日程事项，审议国土资源管理工作情况报告、公诉工作情况报告、《行政许可法》执法检查报告。议定召开县第十七届人大常委会第七次会议的时间和议程，原则同意提请县第十七届人大常委会第八次会议的审议事项，听取和安排各委室有关工作。主任刘雄，副主任王元帜、徐仲华、余万春出席会议，各委室局负责人列席会议。

**【第十五次会议】** 12月11日，县人大常委会主任刘雄主持召开县十七届人大常委会第十五次主任会议，研究县第十七届人民代表大会第二次会议筹备、增选县第十七届人大代表等事项，原则同意2017年县本级预算第二次调整方案（草案）和县预算执行情况及2018年预算草案、县第十七届个别人大代表资格审查、县第十七届人大常委会工作报告提请常委会会议审议。议定召开县第十七届人大常委会第八次会议的时间和议程，听取和安排各委室有关工作。主任刘雄，副主任王元帜、徐仲华、余万春出席会议，各委室局负责人列席会议。

**【第十六次会议】** 12月22日，县人大常委会主任刘雄主持召开县十七届人大常委会第十六次主任会议，议定选举县监察委员会主任事项、召开县第十七届人大常委会第九次会议的时间和议程，原则同意县监察委人事任免事项提请常委会会议审议，听取县第十七届人民代表大会第二次会议筹备进展情况汇报。主任刘雄，副主任王元帜、徐仲华、余万春出席会议，各委室局负责人列席会议。

## 重大事项决定决议

**【批准 2017 年光泽县本级决算】** 9 月 22 日，县十七届人大常委会第五次会议听取和审议光泽县人民政府关于 2016 年县本级决算草案、2017 年 1～7 月份预算执行情况的报告，以及光泽县人民政府关于 2016 年度县本级预算执行和其他财政收支情况的审计报告，审查《光泽县 2016 年县本级决算草案》和《光泽县人民政府关于提请审议 2016 年度财政决算（草案）的议案》，并进行表决通过《光泽县人民代表大会常务委员会关于批准县政府 2016 年度县本级决算的决议》。

**【批准 2017 年光泽县本级政府债务限额及预算调整】** 12 月 15 日，县十七届人大常委会第八次会议听取和审查光泽县人民政府关于 2017 年光泽县本级预算第二次调整方案（草案）的议案，并进行表决通过《光泽县人大常委会关于批准 2017 年县本级预算第二次调整方案的决议》。

## 工作监督

**【助力环境保护】** 3 月 15～16 日，县人大常委会副主任余万春率调研组，到寨里镇污水处理设施施工现场、金岭圣农有机肥厂、城市垃圾压缩站、城南印象巴黎楼盘施工场地、华圣秀城小区污水管网、和顺水质交界断面监测点、佳和纸业、中联纸业、圣农肉鸡宰杀三厂、四厂、县污水处理厂等地实地察看，在县环保局会议室召开座谈汇报会，重点了解 2016 年光泽县环境保护状况和环境保护目标完成情况、存在问题及 2017 年工作安排。3 月 28 日，召开县第十七届人大常委会第二次会议，听取和审议《光泽县人民政府关于环境状况和环境保护目标完成情况的报告》。会议建议，进一步明确环境保护重点，确保环境目标任务完成。严格按照《畜禽规模养殖污染防治条例》规定和省政府的要求，加大生猪养殖面源污染防治力度，做好生猪养殖建设项目环境管理和污染防治工作，确保防治目标圆满完成；加大对污染排放重点企业的日常监管，防止企业违规、违法排污，并引导产业结构不合理，存在污染隐患的企业按产业政策进行关闭或转产；加快新生活垃圾填埋场的规划、设计和建设进程，尽快列入县政府的议事日程加以重视，并对生活垃圾分类的可行性和实效性进行研究；加快乡镇污水处理设施建设进度，确保目标责任按期完成；对已投入运行的城市、乡镇污水处理设施要加强监管，确保正常运行，加快雨污分流设施建设，完善排污管网，提高污水收集处理率；加大环保基础设施建设、运行、维护资金的投入，制定切实可行的措施和长效机制。进一步推进环境保护工作，确保环境防治实效。针对水、大气、环境噪声污染等防治重点，查清影响光泽县环境区域质量的主要因素，加强对饮用水水源地的环境保护工作，保证其安全；有重点抓好小流域、施工扬尘、餐饮油烟、城市环境噪声等方面污染防治工作，严格监督管理，规范执法，确保污染防治实效。进一步完善环境保护机制，确保环境监管到位。加大宣传教育力度，树立“全民环保”意识；完善环境保护的信息交流沟通、投诉、举

县人大常委会副主任余万春率调研组开展环境保护调研

报机制；强化依法监管力度，着力防范环境风险；建立部门配合，齐抓共管的协调机制；加强环境应急预案演练，保障环境风险处置；加强队伍能力、环境监测能力和监察机构标准化建设等监管力量建设，加大相关投入，确保环境监管反应及时、监管到位、不留死角。

**【助力农村土地确权】** 4月27日至28日，县人大常委会副主任王元帜率调研组，到寨里镇山坊村、江源村，止马镇止马村、排下村开展调研，在县人大机关会议室召开座谈会，主要了解掌握光泽县开展农村土地确权工作情况、存在的问题。5月12日，召开县第十七届人大常委会第三次会议，听取和审议《光泽县人民政府关于农村土地承包经营权确权登记颁证工作完成情况的报告》。会议建议，思想认识要再提高。特别要加大农村土地确权是维护农民权益的宣传力度，提高群众参与确权工作积极性和主动性。强化乡村干部责任，把确权工作作为重要的政治任务，集中力量抓好落实。确权进度要再加快。突破重点，紧抓关键环节，督查问责，定期通报，促进工作顺利开展。要在确权成果运用上下功夫。尽快建立农村土地承包经营权流转平台，鼓励完成确权登记颁证的村积极推进土地流转工作，实现土地向专业合作社、种植大户、家庭农场等新型经营主体集中，提高土地利用效益，增加农民收入。要在强化质量上下功夫。加强检查指导，对存在的问题要及时纠正，确保质量，并完善相关内页资料。

**【助力生猪养殖面源污染防治】** 6月7～8日，县人大常委会副主任王元帜率调研组，到鸾凤、崇仁、止马等乡（镇）20家生猪养殖场现场查看，在县人大机关会议室召开座谈会，重点关注2016年生猪养殖面源污染防治工作审议意见落实情况、2017年防治工作中存在的问题，并征求相关建议。7月17日，召开县第十七届人大常委会第四次会议，听取和审议《光泽县人民政府落实光泽县人大常委会会议关于生猪养殖面源污染防治工作报告的审议意见情况的报告》。会议建议，进一步深化认识，加强巡查监管。乡（镇）村（居）要组织力量加强巡查，发现问题要及时向主管部门通报，主管部门要依法采取果断措施把问题解决在萌芽状态。县直部门要形成合力，加强联合执法，严厉打击生猪养殖面源污染违法行为。进一步强化技术指导。对可养区经过技术改造，基本符合环保要求的养殖企业，农业和环保主管部门要加强巡查和技术指导，特别对不符合环保技术要求的要及时进行整改，确保达标排放。

**【助力审判执行】** 6月20日，县人大常委会副主任徐仲华率调研组，实地察看“点对点”“总对总”执行查控和执行现场实时远程指挥演示，以及杉关生态司法教育实践基地，通过“书面征求部分县人大代表意见，走访部分申请执行人、被执行人，在县法院会议室召开座谈会”等方式，详细了解解决执行难决策部署的成效及做法，征求改进执行工作的意见。7月17日，召开县十七届人大常委会第四次会议，听取和审议光泽县人民法院关于审判执行工作情况的报告。会议建议，进一步完善联动机制，形成执行合力。切实贯彻好《关于光泽县构建诚信社会完善执行联动机制的实施意见》，真正形成“党委领导、政法委协调、人大监督、政府支持、法院主办、部门配合、全社会参与”的工作格局。进一步采取有效措施，加大执行力度。充分发挥现有查控机制作用，实现多部门信息共享，增强查控手段；重点打击恶意析产和“逃、拖、赖”债等行为，依法追究刑事责任。进一步加强队伍建设，提高执行能力。加强实务技能培训，提升业务能力，提高职业荣誉感和责任感，有效调动执行干警工作积极性。进一步加大宣传力度，营造良好氛围。采取访社区、进农村、案件回访等多种方法宣传，加大对抗拒执行受刑事追究案例的曝光力度，达到惩戒一人、教育一片的效果。

**【助力国民经济社会发展】** 8月22日，县人大常委会副主任王元帜率调研组，先后到大陂富民蔬菜合作社、中科渔业、武夷山水食品饮料有限公司开展调研，在县人大机关会议室召开座谈会，总结1～7月各项指标和推进社会事业发展取得的成效，分析存在的问题，探讨下一步举措。9月22日，召开县第十七届人大常委会第五次会议，听取和审议《光泽县2017年1～7月国民经济和社会发展计划执行情况的报告》。会议建议，继续加大招商引资力度，不断创新招商引资方法，强化项目储备和落地，围绕打造中国生态食品城建设，加快新兴产业培植力度，增强发展后劲。坚持问题导向，弥补短板，强化沟通协调机制，平衡推进153项政府重点项目，确保完成年度投资目标任务。进一步加强相关政策的研究，开展相关业务的政策指导和培训，推动工作提速、提质、提效，确保全年各项目标任务圆满完成。统筹社会事业发展规划，关注教育、科技、文化、卫生及养老等基本公共服务设施建设，提高公共服务水平；着力推进农村贫困群众脱贫，关注城区困难群体生活状况；强化环保责任意识，持续加大环境整治力度；深化平安创建，杜绝重特大安全事故发生。

**【助力预算执行和审计】** 8月16日至17日，县人大常委会副主任王元帜率调研组，到县经信商务局、县发改科技局、团县委、县疾控中心、县农业局、县审计局、县财政局，座谈交流预算编制和执行的做法、存在的问题，以及审计情况和预算管理的意见和建议。9月22日，召开县第十七届人大常委会第五次会议，听取和审议《光泽县2017年1～7月预算执行情况的报告》。会议建议，高度重视审计发现问题，严格执行审计决定。对带有普遍性、苗头性和比较突出的问题，要采取有针对性的措施加以解决；对屡审屡犯的问题，要在制度层面上加以规范，防止再次发生；并将审计整改落实情况于12月底前以书面形式向县人大常委会报告。加强对重点税源、税种的动态监控和分析预测，不断拓宽财税收入渠道，做到应收尽收，确保全年收入目标圆满完成。进一步加强预算法的宣传教育，规范财务管理，提高全口径预决算绩效管理水平，严格规范国有资产、“三公经费”和扶贫等民生资金管理，让有限的财政资金发挥最大的效用。严格实行政府债务限额管理，发挥好地方融资平台作用，提升债券资金投建效益与偿债能力，有效防范和化解债务风险。

**【助力检察公诉】** 10月12日，县人大常委会副主任徐仲华率调研组，采取查阅案卷资料、召开座谈汇报会等形式，到县检察院重点了解工作成效、存在困难和下一阶段工作安排。11月20日，召开县第十七届人大常委会第六次会议，听取和审议《光泽县人民检察院关于公诉工作情况的报告》。会议建议，增强公诉工作的前瞻性。高度关注社会发展、事关民生的热点难点问题，注重从公诉实践工作中总结和提炼出全县刑事案件的特点和治安形势，预判分析可能存在的安全隐患，为县委、县政府提供依法治县决策参考。加强对公诉工作的宣传。采取培训、开设法制课、以案释法等形式，广泛深入宣传公诉工作和相关法律法规，不断增强群众法制观念和依法维权意识。强化对诉讼的法律监督。进一步加强与公安、法院沟通协调，积极构建信息共享平台，提高诉讼效率。注重诉讼环节的法律监督，加强侦查监督、审判监督，确保司法公正。加强公诉队伍自身建设。进一步加强公诉队伍专业化建设和职业道德教育，通过学习培训和岗位练兵，提升公诉工作水平和队伍的整体素质。

**【助力国土资源管理工作】** 10月26日，县人大常委会副主任余万春率调研组，先后到崇仁乡、鸾凤乡、县行政服务中心不动产登记窗口、县国土局资源局，并在县人大机关会议室召开座谈汇报会。11月20日，召开县第十七届人大常委会第六次会议，听取和审议《光泽县人民政府关于国土资源管理工作情况的报告》。会议建议，加强对法律法规和政策的宣传，进一步营造良好的工作氛围。切实做到经济社会发展、城乡建设、生态环境保护、土地和矿产资源利用规划相统一、相衔接，合理、规范利用土地矿产资源。多形式深入宣传相关法律法规和政策，增强宣传教育的针对性和实效性。严厉查处违法违规行为，不断加大执法监察力度。县政府要持续完善土地执法巡查机制，明晰各部门巡查监管责任，完善联合执法机制，严厉打击违法用地和非法采矿行为，对个别严重违法行为要快速、有力查处和打击，起到教育、警示、震慑的作用，维护土地和矿产利用市场健康有序发展。强化不动产登记工作，切实维护群众的切身利益。要加快完善不动产登记信息系统和流程，有效协调相关部门理顺移交环节。要依法合规分类妥善处理，及时解决历史问题，切实维护群众切身利益。切实加强队伍建设，夯实国土资源管理基础工作。县政府要重视研究解决乡镇国土所土地执法、专业技术人员不足的问题，可参照周边各县市的做法，尽快解决人员编制不足问题，着力提高整体素质。

## 法律监督

**【检查人口和计划生育法执行】** 6月14～15日，县人大常委会副主任余万春率部分县人大代表组成执法检查组，并邀请市人大代表参加，随机检查崇仁乡、鸾凤乡、寨里镇卫计办，金陵村、油溪村、桥亭村，杭川镇杭中社区、仙华洲农场等县直部门、乡（镇）、村（社区），对实施《中华人民共和国人口与计划生育法》《福建省人口与计划生育条例》情况进行执法检查。16日，在县人大机关会议室召开座谈汇报会。7月17日，县第十七届人大常委会第四次会议召开，听取和审议光泽县人大常委会执法检查组关于检查《中华人民共和国人口与计划生育法》及《福建省人口与计划生育条例》实施情况的报告；常委会会议建议县人民政府要进一步加大宣传教育、进一步完善信息平台、进一步强化监督管理、进一步加大经费投入，力促人口与经济、社会、资源、环境的协调可持续发展。

**【检查行政许可法执行】** 10月19～20日，由县人大常委会副主任徐仲华率执法检查组，到县行政服务中心、县规划建设和旅游局、县市场监督管理局、县发改科技局、县卫计局、县国土资源局、县环保局，检查《中华人民共和国行政许可法》贯彻实施情况。23日，在县人大机关会议室召开座谈汇报会。11月20日，县第十七届人大常委会第六次会议召开，听取和审议光泽县人大常委会执法检查组关于《中华人民共和国行政许可法》执法检查情况的报告。会议建议县人民政府要加强组织领导，提高依法行政水平；加大宣传力度，强化依法治县理念；完善工作制度，规范行政许可行为；加强后续监管，健全责任追究制度；注重队伍建设，提高综合素质，着力推进依法行政，加快法治政府建设。

## 视察调研工作

**【视察高中教育教学质量】** 3月23日，县人大常委会副主任徐仲华率视察组，对高中教育教学质量提升工作进行视察，重点了解光泽第一中学高中部、光泽第二中学高中部教育教学质量激励机制、保障机制落实情况和存在问题。座谈汇报会听取县教育局、教育督导室、光泽第一中学、光泽第二中学汇报相关情况，征求提升高中教育质量能力等方面的意见和建议。视察组建议，强化教育职能，增强提升高中教育质量工作责任感和使命感。从招生政策、师资配置、激励措施以及资金投放等方面，做到有保有压。鼓励个性发展、特色教学；强化管理举措，探索完善教育教学管理体制。实行目标化管理，建立全程教学质量监测体系，探索创新教学管理模式，提升教师教学教研能力和水平；强化奖励机制，改善提升师资队伍素质。完善教师选拔交流机

县人大常委会副主任徐仲华率视察组赴南平考察学习教育事业发展工作经验

制，加强教师队伍竞争管理，执行教师奖惩制度，调动基础教育的教学积极性；强化科学规划，统筹布局基础教育与高中教育。研究新高考变化，坚持规划先行，推进中小学扩容提质，优化基础教育与高中教育布局，进一步改善办学条件。

**【视察《福建省老年人权益保障条例》】** 4月19日，县人大常委会副主任徐仲华率视察组，对光泽县贯彻实施《福建省老年人权益保障条例》（以下简称条例）的情况进行视察，实地察看李坊乡管密村老人幸福院、华桥乡敬老院、县福利院（国德老人公寓）、老年大学、杭东社区老人活动中心、杭西社区老年人日间照料中心的运行情况。座谈汇报会听取县民政局、财政局、县人社局、县建设旅游局、县文体新局、县卫计局汇报相关情况汇报，重点了解《条例》实施过程中存在的问题和下一步计划。视察组建议，广泛深入宣传，营造尊老敬老氛围。加强组织领导，统筹推进敬老养老工作。增强责任意识，明确职责分工，强化部门协调，把《条例》各项规定贯彻好、落实好。加大投入力度，夯实老年人权益保障基础。建立与经济社会发展水平和老龄化程度相适应的稳定的经费保障机制，加强养老、医疗等基础设施建设，扶持各类养老机构，拓宽养老服务业人才培养渠道。鼓励多方参与，提高养老服务水平。放开养老服务市场，重视和发挥关工委、老年体协等团体作用，出台相关政策，创新提高社区服务水平。发挥各方职能，健全老年人维权机制。加强对老年人的司法保护和法律服务、法律援助工作，加大对虐待老人侵权行为的打击力度，调解好涉老纠纷。

**【视察重大项目重点工作】** 4月18日，县人大常委会副主任余万春率视察组，围绕县“百日攻坚战”重大项目、重点工作建设实施情况进行视察，到新华都停车场、福建中科渔业淡水鳗养殖及加工、九龙峰入口公园、圣农熟食品加工六厂、圣农小镇、圣农饲料五厂、圣景武夷干黄酒灌装生产等重点工程建设现场察看。座谈汇报会听取县发改科技局、县规划旅游局、县招商局、县国土资源局、县农业局、县行政服务中心、县效能办以及项目征迁组、圣农小镇总指挥部等部门和工作组的实施情况汇报，并就存在的困难和问题提出对策措施。视察组建议，进一步强化领导，做到“战前列清单、战中对账单、战后算总单”；进一步营造氛围，发挥好创业竞赛和绩效管理考评指挥棒的作用，树立鲜明导向，激励干部争先创优、拼搏进取；进一步强化整治，策划实施一批城市补短板项目，严厉打击“两违”行为，加强建筑施工现场和城区道路秩序管理，突出省级示范村、市级星级村的美丽乡村创建；进一步加大招商，推行产业链招商、互联网招商、中介招商以及龙头企业以商招商等多种方式，深入实施“回归工程”，力争引进一批大项目、好项目；进一步严格督查，落实好跟踪、滚动督查制度，未达到完成时限和任务量完成的责任单位，必须作出解释、说明原因；进一步主动对接，紧盯市下达的各项目标任务，对标找差，抓紧策划生成一批大项目，力争排名进位。

**【调研安全生产情况】** 5月9～10日，县常委会副主任王元帜率调研组，先后到凯圣电力、中石油回龙潭加油站、欧沪都市港湾三期工地、圣农第五饲料厂施工工地、北溪水厂施工工地、新华都超市，寨里镇、崇仁乡政府，重点了解队伍建设、监管体制机制、经费投入、隐患排查等情况，以及存在的困难、问题；座谈听取县安监局、县经信商务局、县教育局、县公安局、县财政局、县国土资源局、县建设旅游局、县交通运输局、县水利局、县市场监管局、县消防大队汇报相关工作并征求意见。视察组建议，加大宣传教育力度，提高全民安全生产意识。将传统媒体和新媒体有机结合大力宣传安全生产法律法规，加大曝光、社会监督以及表彰和奖励力度。落实安全生产责任制。严格落实“党政同责、一岗双责、齐抓共管、失职追责”的监管责任和“一票否决”制度，突出抓好企业主体责任的落实，加大考核指标权重。加大重点行业、重点领域安全生产隐患的排查整治。加大对道路交通、人员密集场所、高危行业、校园周边安全等专项排查整治，完善消防设施，尽快实施城区车辆停放规定，加快并合理建设大型停车场，持续改造

县人大常委会副主任王元帜率调研组开展安全生产调研

和提升乡、村道路。进一步加强安全监管执法队伍建设，提升监管能力。发挥现有执法队伍作用，加强县、乡安监队伍建设，不断配齐监管设备，做到监管制度落实、职责落实、人员落实、经费落实。

**【视察产城融合发展情况】** 10月24日，县人大常委会副主任王元帜带领视察组，对县域产城融合发展情况进行视察。实地察看圣农小镇、圣农食品五厂、入驻金岭工业园区的企业(承天药业、丰圣农业、赛绿山茶油、圣维生物科技)。座谈会听取县发改科技局、经信商务局、卫计局、教育局、人社局、规划建设和旅游局、园区管委会汇报相关情况，针对当前发展实际提出意见和建议。视察组建议，加强统筹规划，优化空间布局。发挥规划的龙头和引领作用，增强对资源要素的集聚，优化空间布局，并提升工业园区产业配套功能，打造新增长点；推进产业升级，强化产业支撑。发挥生态资源的优势，重点推动“1＋3”食品产业发展，发展特色产业链，依托圣农产业培育多种旅游业态，加大招商引资的力度，出台更多的优惠政策留住人才、引进人才；优化城镇功能，增强承载能力。完善和优化城区交通网络，以及教育、卫生、健康养老等公共服务配套设施的空间布局，加快圣农小镇的建设，提升城市品位，巩固文明县城创建成果；强化环境保护，构建和谐文明。加强宣传引导，构建全域生态体系，优化全城生态环境。

**【视察“水美城市”项目建设】** 10月31日，县人大常委会副主任王元帜率视察组，视察光泽县“水美城市”项目建设情况。先后到洄龙潭、九龙峰森林公园、橘子洲、梅树湾等项目建设现场察看。座谈会听取县财政局、县国土资源局、县环保局、县建设旅游局、县农业局、县林业局汇报。视察组建议，宣传力度要再加大。广泛宣传“水美城市”建设重要意义，促使群众广泛支持，尽快出台公共设施管理制度，依法严厉打击破坏公共设施的犯罪行为。部门配合要再强化。部门统一协调配合，确保各子项目无缝连接。做好规划设计，确保美丽滨水景观带建设与安全行洪两不误，并PPP项目纳入人大预算，先审而后定。人才建设要再加强。采取走出去引进来的办法切实加强人才建设。征迁工作要再加快。盯紧征迁目标，细化工作任务，加强组织协调，完善工作机制，全力推进征地拆迁工作，确保项目顺利实施。

**【视察城市管理工作情况】** 12月29日，县人大常委会副主任余万春率视察组，对城市管理工作进行视察。实地察看城南综合停车场、中山台公园、文昌路和217路道路停车、武林路文体公园及人防地下室、智慧停车场、公厕，重点了解基础设施、环境卫生、市容市貌和交通秩序情况。座谈汇报会听取杭川镇政府，县建设旅游局、县市场监管局、县公安交警大队工作情况汇报，征求参会人员意见。视察组建议，切实转变观念，加强城市管理宣传教育。加大《南平市市容和环境卫生管理办法》宣传教育力度，加强执法队伍建设，制定严格的管理制度，对不文明等行为从重处理，增加违法成本，突出警示作用。统筹规划建设，完善城市管理基础设施。加强环卫、市政设施的规划、建设和维护，打造分类合理、特色鲜明、统一管理、集中经营的各类专业市场。加强部门联动，推进市容环境卫生整治。建立城市环境集中整治制度，改善城市景观面貌，消除管理真空和死角。健全管理机制，推动城区交通秩序整顿。建立城区道路交通管理社会化管理新机制，真正做到向科技要警力、要效能，完善交通安全管理设施，协调解决城区交通管理中的重点、难点，及时查纠各类交通违法行为。

**【调研教育发展】** 县人大常委会副主任徐仲华率调研组，历时数月开展教育事业发展情况调研。先后深入光泽第一中学、光泽第二中学、坪山小学和幼儿园、职业技术教育中心、实验一小和实验幼儿园、镇岭小学、文昌小学、鸾凤乡中坊小学（圣农小学），重点了解实验小学拟集团化办学、光泽一中高中招生名额及光泽县城区各类学校规划布局分布等情况；赴南平市、邵武市考察学习教育事业发展工作经验；多次召开座谈会，听取县教育局、县编办、县公安局、县财政局、县人社局、县建设旅游局以及有关学校的汇报并征求意见和对策。调研组建议，深化改革、稳妥推进，创新义务教育发展之路。组建实小教育集团，扩大规模。稳妥推进打造品牌化，形成“一校一品”。创新发展集团化管理，满足群众日益增长的优质教育需求。超前谋划、规划布局，补齐教育事业短板。加大学校建设力度，让青少年健康快乐成长。优化资源结构，更好解决学位数和需求量的矛盾，方便适龄儿童就近入学。聚焦办学条件改善，营造学生安心学习、教师安心教学的良好环境；加强管理、突出教研，运用和巩固好教育成果。强化队伍竞争管理，补齐激励机制短板，全面统筹协调推进义务、高中教育，加大投入稳定和提升队伍整体素质，探索创新教学模式，提高教研能力和水平。

## 代表工作

**【闭会期间代表活动】** 组建“代表履职服务中心”，建立“福建省三级人大代表履职服务平台”，完善乡（镇）“人大代表活动室”。先后邀请人大代表列席常委会会议32人次、县政府常务会议24人次，参加常委会组织的视察、专题调研、执法检查等工作130人次，代表的知情知政权得到保障，激发代表的履职责任感和使命感。常委会组成人员走访联系代表300余人次，协同代表解决一大批实际问题。鼓励和引导代表通过网络平台，开通微博、微信等方式，拓展人民群众向代表反映意见和表达诉求渠道。引导带动全县各级人大代表参与脱贫攻坚，当好脱贫攻坚政策的宣讲员、贯彻落实政策的监督员、畅通民情的信息员、示范带动的战斗员，落实帮扶资金500余万元，实现脱贫180户488人，涌现出一批深受群众点赞的“扶贫代表”，彰显人大代表时代风采。

**【代表建议办理】** 光泽县第十七届人民代表大会第一次会议共收到代表建议意见131件，其中，列为重点建议7件。县人大常委会在法定时间内向县政府交办代表建议，适时组织检查代表意见建议办理情况，健全重点建议跟踪督办等工作机制，有序有效予以推进。9月22日，县第十七届人大常委会第五次会议召开，听取和审议光泽县人民政府关于县第十七届人民代表大会第一次会议代表建议办理工作情况的报告，针对存在问题提出建议：认识要再加深。各承办单位要深刻认识建议办理工作的重要意义。责任要再落实。召开专题会，分析研究和主动“认领”，提高交办准确性。完善健全办理、跟踪反馈、激励约束等机制，形成代表建议办理长效工作机制。办理中做到主要领导负总责、分管领导亲自抓、经办人具体办，并逐级传导压力。质量要再提高。严肃对待代表建议办理工作，克服“重答复、轻落实”的倾向，将办理代表建议，作为联系群众、改进工作、展示形象等有效途径。承办单位对一些超越权限、政策性强和涉及面广、或因政策、资金等客观条件限制暂时不能解决的建议，以及对代表未收到答复函和代表未能反馈答复意见的，既要积极向上争取协助解决，又要查明原因取得代表的理解与支持。县政府要加强对承办单位的督促检查，及时研究解决办理中遇到的困难和问题。实现上下联动、形成工作合力，分类别、分层次、分进度建立办理工作台账，加强全过程跟踪，增强办理实效，防止代表建议因年度改变、单位负责人的变动而不了了之。代表履职平台建立后，要及时按规定实现网上办理，建立办理信息公开、纳入绩效管理等措施，对工作落实不到位，办事拖拉、推诿扯皮的部门和个人要进行问责，促进采纳率低、落实率低问题有效解决。据统计，建议办复率、反馈率、满意率分别为100%、77.1%和93.1%，促进一批如城区公厕、整治门牌号码等代表反映强烈的建议得到落实和解决。

## 重点建议

**【优化农村教育设施与师资建议】** 吴礼财代表认为，近几年来，农村中小学标准化学校建设成效显著。随着经济的发展和教育现代化进程的加快，农村学校一些基础配套设施还不够完备，边远乡村小学教师严重紧缺、不适应教育现代化要求。建议县政府支持尽快实现农村小学"多媒体班班化"，缩短与县城教育发展距离；教育部门利用教育扶贫方式，增加委培年轻教师到边远乡村小学任教，优化农村师资力量，减轻农民负担。县教育局积极回应，对15所村级小学建设多媒体功能室，提升现代化办学水平；落实农村教师称职评聘、补贴、省上对乡村教师支持计划等相关政策规定，成效较为明显。

**【加强保护河道鱼类资源建议】** 吴仁生代表认为，近几年来，通过一系列有效举措，炸鱼现象较少发生。但由于查处不够有力，渔网网目过细没有标准，导致电鱼现象普遍且猖獗、甚至细鱼、人工投放的鱼苗也被捕捞，野生"半边鱼"等品种濒于绝迹。建议森林公安、派出所、政府和有关部门相互协调、齐抓共管，抓典型案例进行公开处理，造成威慑态势；对于部分干部和党员带头电鱼、网鱼的要严肃处理，并充分发挥群众监督、举报作用，保护好闽江源头河道天然鱼类，保持生态平衡，恢复河水清、鱼肥美的溪流本色，使丰富的水资源造福一方，打造山清水秀优美的生态环境。县政府扎实推进现代渔业县建设项目，县农业局不断加强渔政执法队伍建设，完善"公安联合执法""溪河人工放流承包""渔业协管员"三项管理机制，打击电毒鱼等违法行为；选取福建省首例移交公安机关处理等典型案例制作教育警示片，促使群众进一步增强法律和护渔意识，促进渔业增效、渔民增收。

**【建立光泽优质稻种植基地建议】** 朱秋辉代表认为，光泽曾经是闽北粮食的主产区，一段时间以来由于有粮食收购有保护价，不存在卖粮难问题，农民乐于种植常规品种，只求产量、不求质量。但近两年来，受气候影响、国际大宗商品价格低迷、群众生活水平提高等因素，各地不同程度出现卖粮难问题，常规稻情况尤为严重。建议县政府将光泽优质稻种植列入议事日程，把优质稻种植作为光泽"中国生态食品城"一大产业进行统筹规划、实施；筛选一批适合光泽种植的优质稻品种进行培植，加大光泽生态稻品牌的创建力度；建立光泽优质稻种植行业标准，用标准化种植来确保优质稻质量。全年，全县建立优质稻示范面积0.21万公顷，以及产销一条龙生产基地4个，推广力度和覆盖面进一步加大，农业效益进一步提高。积极进行品种筛选、栽培技术试验，保障种植技术提供、优质品种资源供给。

**【加强城区综合治理建议】** 林森代表认为，随着"小县大城关"的总体布局形成，造成小区内公共通道及消防通道被侵占、车辆乱停放、占道经营、管网布局不合理、生活区饲养家禽、老旧小区未纳入卫生保洁等公共服务设施建设跟不上发展需求、社区综合治理得不到提升的"难管理、管理难"现状。建议，成立综合执法队伍，依托美丽乡村共建办，对老、旧小区及城区公共场所进行执法检查及综合整治，提升城区综合执法管理水平，达到城区建设建管并重的目的，改善群众生活环境。县住建和旅游局将常态管理与集中整治相结合，专项整治乱贴乱画乱挂等违法行为，加大力度取缔占道经营、店外店，做到违建"零容忍"，强化公共服务设施管护，组建"城市综合执法管理局"，营造净化、亮化、绿化、美化、序化的城区环境，城区综合治理成效初显。

**【支持干型黄酒产业发展建议】** 饶仲根代表认为，黄酒是世界三大特色酒种之一，距今已有5000多年历史，是中华民族的宝贵文化遗产。光泽县发展黄酒产业是具体落实国家宏观政策、改善农业产业结构和增加农民收入、增加地方财税收入促进地方经济发展的需要，对加快中国生态食品城建设具有重要意义。建议，各级领导积极与省市政府部门沟通，争取各项优惠政策落到实处；县政府设立该项目实施推进领导小组，设立黄酒产业发展专项资金，通过政企合作，协调县经信局、县发改科技局、县市场监管局、县卫计局、县财政局、县建设旅游局等单位，负责该项目实施过程中的综合协调，拓宽项目建设思路，加强投资横向联系。该项目的实施，对加快建设中国生态食品城进程具有重大意义。县政府及时召开干型黄酒生产项目建设有关问题专题研讨会，促进项目有序推进；实施招商引资税收奖励、生态食品城建设等惠企政策，安排产业投资引导基金5000万元，促进企业加快投产。

**【推进"互联网+扶贫"工作建议】** 江琳代表认为，2015年8月国务院扶贫办提出将电子商务工程纳入扶贫开发体系，促使电子商务与精准扶贫深度融合，不仅使农村电商"活"起来，更让贫困群众因电商"富起来"。建议，构建人才培育体系，增强贫困户脱贫之技；构筑网货供应体系，实现双向互动的网销体系；构建行政推进体系，打造电商扶贫优质软环境。近年来，光泽县建立健全电商产业发展工作机制，优先建立贫困村"农村淘宝"服务站10个，帮扶贫困户50户，构建县、乡、村三级电商服务网络，打通电商扶贫"最后一千米"。

**【整顿、规范县城区门牌号码的建议】** 李玲代表认为，城市门牌号是城市中最精细的方位坐标，是单位、个人的另一张"身份证"，发挥着不可代替的作用，彰显城市的形象和历史，表明城市的文明与秩序。近十几年，随着城区不断扩张和老城区改造步伐的加快，门牌号问题却出现越管越乱的现象，已成为刻不容缓解决的"烦心事"。建议县政府结合旧城改造和新区建设，逐步解决门牌号码杂乱、断号等无序问题，制作统一规格、式样的门牌号，落实牵头部门，摸清情况，进行增补编划，费用除居民外，单位、房地产开发商、店铺等应由受益单位承担。对新建或改建小区，应将门牌设置作为小区竣工验收交付的必备条件。对新增和列入规划的建设项目，要以规划为龙头，综合考虑城市发展，采用科学方法进行预留、增加附号等措施编制，使每条路、每幢建筑、每家每户都有自己的坐标。将门牌号码的编制和规范纳入相关单位的考评指标，广泛调查征求意见，并通过批准决定。政府网络、114查询台等（有特殊要求保密的除外）应开展地名、门牌名码等相关信息咨询服务，以方便广大居民和外地游客、出差人员查找。根据国家《地名管理条例实施细则》，应设置专门管理部门，专项拨款，差额自收自支，进一步管理和规范此项工作。县政府确定由县公安局牵头、县民政局配合实施，目前已基本完成二维码门楼牌的换发工作，为政府管理和公共服务提供有效数据支撑。

## 其他工作

**【人大代表培训】** 11月27日，光泽县人大常委会在县数字影院举办县第十七届人大代表培训会。会上，县规划建设和旅游局、县交通运输局、县水利局负责人分别解读有关政策法规；县人大代表黄世娇介绍履职经验；观看《省人大常委会人事代表工作室主任翁卡在市人大代表培训会上的讲话》电教片；省人大常委会人事代表工作室代表联络议案处调研员黄颖以"代表如何提好议案、建议"为题进行辅导讲座；县人大常委会党组书记、主任刘雄宣讲党的十九大精神，市第五届人大代表（光泽团）一同听取报告。刘雄在培训会上作总结讲话，希望代表们深刻理解把握党的十九大精神精髓，在今后的工作中增强自觉性和主动性，善学善思、善作善成；增强责任感和使命感，履行代表职责；增强实效性和针对性，发挥代表作用。

**【制度完善和宣传】** 健全完善《光泽县人民代表大会常务委员会议事规则》《光泽县人民代表

大会常务委员会组成人员守则》《光泽县人民代表大会及其常务委员会会议公民旁听办法》和《光泽县人民代表大会常务委员会关于光泽县人民代表大会代表约见国家机关负责人暂行规定》等制度10多项，推动常委会各项工作依法、规范、有序开展。在市级以上纸质媒体刊登光泽县人大工作宣传报道30余篇（次），《提高行使重大事项决定权实效的思考》理论研究文章获全省人大制度理论课题研究入选奖，《选民“考”代表》通讯获福建省第25届人大新闻三等奖。

**【人民信访办理】** 突出抓好重大会议、关键节点信访维稳工作，组织代表联系选民，掌握和了解群众诉求，把矛盾纠纷化解在萌芽状态。全年有297名人大代表参与调解345起矛盾纠纷，接待群众来访26批74人次，受理来信21件，有力地维护社会和谐稳定。

（邓小云）

# 县人民政府

**【经济社会概况】** 2017年，全县实现地区生产总值91.1亿元，增长8.5%；农林牧渔及服务业总产值78.35亿元，增长10%；规模以上工业总产值96.14亿元，增长7.5%；固定资产投资64.47亿元，增长31.4%；社会消费品零售总额21.79亿元，增长9.0%；出口总值6520万美元，增长8.39%；实际利用外资4410万美元，增长47.0%；财政总收入6.06亿元，增长7.6%，其中地方级财政收入4.33亿元，增长12.8%；农村居民人均可支配收入12574元，增长9.9%；城镇居民人均可支配收入27193元，增长8.0%；城镇登记失业率控制在2.98%；全县贫困发生率下降至1%以内，实现8个贫困村脱贫摘帽，2958人稳定脱贫；创建省级文明县城、省级食品安全社会共治示范县，获评省级“双拥模范县”。

**【产业发展】** 以项目为抓手，打好“百日攻坚战”，推进“四比六促”活动，重点抓好食品产业。新开工总投资2000万元以上招商项目68项，累计实施各类项目270余项，固定资产投资增长率连续两个季度荣获省上正向激励奖。全县规模以上食品企业增至15家，实现产值81.6亿元，占规上工业总产值84.9%。圣农集团在同行业率先推行农业4.0模式，白羽肉鸡养殖规模跃居亚洲首位；承天集团入选“2016年度中国医药行业最具影响力榜单”，圣农熟食品六厂、圣农技术研发中心、中科渔业一期等一批重大项目建成投产，经济社会发展总体呈现速度加快、效益提高、后劲增强的良好态势。

2017年7月21日，全县上半年经济形势分析会暨“四比六促”活动推进会在县数字影院会议室召开

**【城市建设】** 健全城市建设规划体系，启动“多规合一”规划研究，完成圣农小镇、中山南路片区城市规划设计编制。加快特色小镇建设，圣农小镇学校、医院、派出所等项目完成主体工程，商住休闲区、道路等配套设施加快推进。打造“水美城市”，建成洄龙潭、橘子洲、梅树湾景观带5.3千米，形成集中连片水美景观带。推进城市绿化亮化，实施部分城区主干道、橘子洲片区、城南片区夜景灯光工程，建成九龙峰森林公园入口处景观带，开展城市绿地提升改造，新增城市绿地32.23公顷。开展市容市貌综合整治，强化老旧小区、小街巷、农贸市场卫生保

洁，有效遏制违法违章建设，成功创建省级文明县城。

【基础设施建设】 优化城市路网，新改建城市道路11.93千米，建成光明大道、仙华洲路、武林东路、顺安桥，新建东方路、册下环路（一期），开工建设中山南路、洪济路、武林北路、册下环路（二期）。完善市政公用设施，北溪水厂完成主体工程；客运站、公交总站开工建设，新开通公交线路3条，新增双燃料出租车29辆、公共停车位230个；城区老旧公厕全面改造，新建公厕6座。拉伸乡村路网框架，横四线（光泽段）建设进展顺利，城区至崇仁、崇仁至寨里二级公路加快推进，崇和线、城西环路启动前期工作；投资6123万元，实施农村安保工程72.2千米，改造农村道路22.5千米、危桥5座。完善农田水利设施，肖家坑水库完工验收，枧坑水库加快建设，闽江防洪工程（七期）有序推进，实施农村饮水安全工程7处，建设高标准农田0.14万公顷。提升供电保障能力，投入7500万元，改造升级城乡电网，单条线路跳闸次数同比下降69%。推进全光网城市建设，建制村基本实现光纤联网，高速公路、国道、建制村4G信号深度覆盖。

【社会事业】 落实民生实事，23项为民办实事项目基本完成。增强社会保障能力，全面完成全民参保登记和新老农保过渡衔接，提高农村低保、特困人员基本保障标准；推进社区居家养老专业化服务，创新乡镇敬老院运营模式；建设各类保障性住房164套。统筹促进城乡就业，完成县级及4个乡（镇）就业和劳动保障平台建设，新增城镇就业1680人，新增农村劳动力3835人；创新实施高校毕业生“乡聘村用”，公共就业技能实训基地成为省级一类标准基地。加强劳动者合法权益保护，建设施工领域“无欠薪项目部”实现全覆盖。推进教育均衡发展，新建、改造各类校舍9816平方米，新增学位200个；职教中心通过省级达标校验收，2017年高考本科上线人数、本一上线率创10年来新高。加快医药卫生体制改革，完成县医院、中医院合署搬迁及妇幼保健院整体搬迁，探索推进跨区域医联体合作，全面实现公立医院药品、耗材零差率销售。夯实人口计生基层基础，生育水平持续适度稳定。发展文体广电事业，数字影院投入试运行，室内体育馆进入内部装修，完成45个村（居）健身路径建设，光泽电视台一套节目在全市率先实现高清播放。

【脱贫攻坚】 围绕“两不愁、三保障”，推进生态、教育、健康、搬迁扶贫工程。资助贫困家庭学生2092人次；实现贫困人口免费参加城乡居民医疗保险全覆盖，就医自付比例控制在10%以下；完成造福工程易地扶贫搬迁1122户、危房改造234户。实施“财政+金融”联动扶贫，发放扶贫小额贷款8190万元，贫困户受益率达89.9%。实施项目促脱贫工程，创建“产业+扶贫”示范村13个，完成光伏扶贫项目18个，惠及15个贫困村、310户贫困户。出台鼓励和扶持政策，引导贫困户到圣农小镇集中安置并就业，促进长期稳定脱贫。开发公益性岗位，安置350名贫困群众稳定就业。2017年，全县贫困发生率下降至1%以内，实现8个贫困村脱贫摘帽，2958人稳定脱贫。

【生态文明建设】 秉承“绿水

2017年7月30日，县长赵大建到寨里镇山坊村调研指导脱贫攻坚工作

青山就是金山银山”发展理念，完成县属国有林场改革，推进国家储备林质量精准提升，收储商品林 440.53 公顷，完成森林抚育 0.48 万公顷。深化领导干部自然资源资产离任审计试点工作，在全省率先建立自然资源资产大数据平台。在全国率先建立“绿水维护补偿”机制，推行全流域水质考核管理。完成全国首个县域生态文明建设水利总体方案编制，树立特色水文化品牌。“河长制”组织网络覆盖全县大小河流，构建起科学严格的水管理体系。生态改革经验成效受到中央深改办、国家审计署、央视等国家机构和新闻媒体关注。重视环境整治，加强农业面源污染整治，拆除或关闭生猪养殖场 78 家，削减生猪存栏 2.7 万头，落实测土配方施肥 23 万亩次，推广种植紫云英 0.07 万公顷。开展大气污染综合整治行动，强化工业废气治理，完成黄标车淘汰任务。推进小流域综合整治，完成水土流失治理 1027 公顷，建设万里安全生态水系综合治理工程 10 千米，清淤河道 6 千米。加大渔业资源保护力度，在全市率先设定禁渔期，严厉打击电鱼、毒鱼等违法行为，收缴非法捕鱼工具两千余件。完善城区垃圾污水处理设施，改造城区生活垃圾填埋场，开工建设县污水处理厂二期、金岭污水处理厂，新改建污水管网 17.5 千米。提升环境监测能力，布设水质断面监测点 29 个，建成城区第二空气自动监测站，完成百石水质自动监测站及机动车尾气检测线建设。县域空气质量优良天数比例达 99.7%，全流域水环境质量达二类以上标准。

**【安全维稳】** 维护社会和谐有序，开展“平安光泽”建设，落实综治信访维稳责任制，保障“厦门金砖会晤”“党的十九大”等重大活动期间安定稳定。安全生产形势持续向好，开展安全生产大排查大整治和大检查，安全生产“四项指标”全面下降。完善食品药品监管体制，认真落实粮食安全行政首长责任制，实现农村食品安全监管网格化全覆盖，创建省级食品安全社会共治示范县。推进双拥共建，获评省级“双拥模范县”。

**【自身建设】** 落实从严治党要求，把学习宣传贯彻党的十九大精神作为首要政治任务，读原著、学原文、悟原理，以上率下，在政府系统掀起学习热潮。推进“两学一做”学习教育常态化制度化，开展向廖俊波同志学习活动，注重在项目建设一线锤炼作风，干部队伍攻坚克难、敢于担当的作为进一步凸显。加强法治政府建设，接受人大法律监督和政协民主监督，办理人大代表建议和政协委员提案；执行民主集中制，坚持重大事项集体讨论、重大项目民主决策，政府工作规范化、法制化、科学化水平不断提高。听取和吸纳人民团体的意见和建议，支持残联、共青团完成换届选举。深化行政审批制度改革，完成县级权责清单融合，梳理公布“一趟不用跑”和“最多跑一趟”事项 734 项，精简“减证便民”事项 28 项，推行重点项目集中会商和审批全程代办，政府工作务实高效。提升统计服务水平，完成第三次全国农业普查和城乡住户调查样本轮换。落实中央“八项规定”精神，完成党政机关公务用车制度改革，严控“三公”经费。推进国家监察体制改革试点，加大行政监察和审计监督力度，强化扶贫领域监督执纪问责，政府系统廉政建设和反腐败

2018 年 7 月 24 日，县领导参加县政府办党委集体学习会，观看《将改革进行到底》专题会

工作深入推进。

**绿水维护补偿机制** 由县财政按每个建制村每年5万元的基数统一预算到乡（镇），各乡（镇）可根据每村辖区河流状况统筹安排，但每个建制村的基数最低不得少于4万元，对27个贫困村，在基数之外每个村另增加2万元。具体考评工作由县河长办牵头，考核的主要内容包括河道日常管理、“万人保洁”、农业面源污染整治、河流水质监测等，其中河流水质监测占70分。考评采用百分制，总分在90分以上的建制村，给予5万元全额补偿；总分在80分至89分的建制村，可得90%补偿金；总分在70分79分的建制村，可得80%补偿金；总分低于70分的建制村，不予补偿。同时，在考核中获得前三名的乡（镇），每年分别奖励4万元、3万元、2万元，用于奖励有功人员。县财政每年花近500万元，把全县各乡（镇）、村保护河道的积极性调动起来，同时让各建制村通过保护河道增加集体收入。

## 重要活动

**【文化部副部长杨志今到杉关村调研红色旅游文化】** 1月11日，文化部党组副书记、副部长兼国家清史纂修领导小组副组长杨志今，带领江西省抚州市、黎川县的市、县领导到止马镇杉关村开展红色旅游文化调研。杨志今一行先后参观杉关龙樟生态文化园和珍树园，详细了解杉关的历史文化、红色文化和近年来杉关的旅游文化打造情况，对杉关旅游文化建设工作予以肯定。杨志今表示，杉关村历史悠久，文化底蕴深厚，很适合打造生态旅游文化景点，希望止马镇结合实际，突出本地优势，做好规划，加强与江西交接乡（镇）之间交流，相互学习借鉴，共同打造一条生态旅游线路，促进边界之间的友好往来，增进两省之间的感情。

**【副省长王惠敏到光泽调研慰问】** 2月6日，省政府副省长、省公安厅厅长王惠敏率领省经信委、公安厅、教育厅、政府办公厅等有关领导，在南平市政府副市长、市公安局长钟文龙和县委书记陈敏辉、县长赵大建等陪同下，到光泽县基层和农村进行调研慰问。

**【市长许维泽到光泽调研冷链物流和现代农业发展情况】** 2月8日，市长许维泽带领市直有关部门到光泽调研冷链物流和现代农业发展情况。许维泽先后察看圣农冷链物流储运中心、福建恒冰物流有限公司，详细了解光泽冷链物流园规划、推进情况。他强调，要立足资源、生态等优势，把冷链物流园区打造成为集服务、平台、展示、研发、车队、冷库以及农副产品集散中心、现代农业研发检测中心为一体的综合园区。光泽县要旗帜鲜明、理直气壮地打响中国生态食品城品牌，全力以赴推动发展。要坚持高起点规划、高标准设计、高质量建设，加快推进冷链物流园区实施步伐，弥补发展短板。座谈会上，许维泽强调，要进一步解放思想，排除前进道路上的一切障碍，屏蔽前进道路上的一切杂音，用统一的意识意志，强力推动生态食品城建设，把规划写在大地上。要把握当前的金融窗口期，用心策划项目，下大功夫做好项目征迁、前期等工作，持续扩大有效投资。要加大产业链招商力度，不断增强发展内生动力。要坚定不移地发展食品加工和现代农业，把优势做强，特色做足。要大力推进水美城市建设，结合流域治理，强化规划、设计、建设和管理，突出产城融合，补齐民生短板，做精做美县域中心城市。要优化发展环境，进一步提升工作效能效率，营造“清”“亲”政商关系。要认真落实全面从严治党主体责任，牢固树立“四个意识”，坚决反对“四风”，践行“三严三实”，全面加强教育管理，引导广大党员干部敢担当、有作为。

**【光泽县与省农业科学院签署院县合作协议】** 3月3日，光泽县政府与福建省农业科学院院县合作签约仪式在县农产品检测中心举行。省农业科学院党委书记陈永共等领导、专家一行18人，县领导陈敏辉、赵大建、郭绯红、江晖、方少忠出席签约仪式。协议签署后，双方将在科技成果转化、科技平台建设与项目合作申报、推进智库建设与人才培养交流等方面展开合作，为光泽全面开展生态蔬菜、粮食作物等农作物品种选育、生态种养、设施农业和农产品精深加工等方面的科研攻关，以及解决制约和

2017 年 3 月 3 日，光泽县与省农业科学院签署院县合作协议

影响区域特色现代农业发展等方面的问题提供关键技术支撑。

**【光泽县与武夷学院签订教学实践基地框架协议】** 3 月 7 日，光泽县与武夷学院签订合作共建生态食品类专业（光泽）教学实践基地框架协议。武夷学院校长吴承祯、副校长杨昇，县领导赵大建、郭绯红、宋凤英等出席仪式。根据协议，双方本着优势互补、资源共享、互利共赢、共同发展的原则，计划通过 3～5 年，将基地打造成为以武夷学院生态食品专业群为主的在校大学生跨专业综合实习、实训基地，并在此基础上拓展成为福建省食品类专业校外综合实训基地。

**【省水利专家到长源水库现场踏勘】** 3 月 22 日，省水利厅专家组对长源水库项目进行现场勘查。县领导陈高宏、江晖陪同勘察。专家组一行到长源水库的坝址区、淹没区、灌区等重点部位开展调查，听取设计单位汇报，就水库的规模、坝址、水文、淹没、灌溉等问题进行讨论。长源水库工程坝址位于西溪李坊乡长源村下游河段，总库容 3846 万立方米，防洪库容 2378 万立方米。工程静态总投资 5.66 亿元，其中工程总投资 1.26 亿元，主要建筑物有浆砌石重力坝、引水隧洞及坝后发电厂。水库淹没土地面积 240 多公顷，迁移人口 700 余人。建成后能使西溪城关防洪能力由 15 年一遇提高到 30 年一遇，相应提高下游保护乡镇的防洪能力，并优化水资源配置，利用水库蓄丰补枯能力，增加枯水期流域生态流量。

**【省方志委主任陈秋平到光泽指导地方志工作】** 3 月 22～23 日，省方志委主任陈秋平带领省方志委县志辅导处处长吕秋心、省方志委秘书处处长张维义，在南平市宣传部副部长卓晔、南平市方志委主任陈星扬的陪同到光泽调研，县委常委、宣传部部长陈进财陪同调研。陈秋平主任一行先后来到止马杉关、管蜜梨园、圣农第四肉鸡加工厂、承天药业、崇明商周文化馆、武夷山水饮料公司等地，深入了解光泽历史文化和中国生态食品城建设情况，陈秋平提出：要深入挖掘杉关历史文化，组合各类文化资源，做足做活关隘文章。管蜜梨园美如画，要充分利用这一平

2017 年 3 月 22 日，省水利厅组织专家组对光泽长源水库项目进行现场踏勘，特邀国家水利部太湖流域管理局巡视员、总工林泽新等专家参加

台，开展文艺活动，扩大光泽对外的影响力。圣农集团是全国规模最大、产业链最完善的白羽肉鸡生产企业，还在不断发展壮大，要重视资料收集与记载。承天药业利用光泽良好的生态进行中药材种植，积极探索中药材古法炮制，传承优秀的传统文化值得肯定。崇明馆保存大量的记录光泽历史的珍贵文物，特别是商周文物，它们不仅是光泽的，也是全省的乃至中国的，极为珍贵，建议编纂崇明馆专志，永久保存。武夷山水质上乘，品质优异，要通过年鉴、名产志等平台广为宣传。

**【省经信委召开帮扶光泽县贫困学生工作会议】** 4月7日，省经信委牵头召开“5＋2”单位党组织挂钩帮扶光泽县贫困学生工作会议。县长赵大建，县委常委、统战部长陈高宏赴福州参会。

**【省政协副主席陈绍军到光泽调研少数民族乡村精准扶贫工作】** 6月7日，省政协副主席陈绍军率省政协民宗委、省民宗厅、农业厅等部门领导一行14人，在市政协陈少敏副主席的陪同下，到光泽县开展《关于推动我省少数民族乡村精准扶贫的建议》重点提案督办工作。县领导陈敏辉、王寅生、陈高宏、潘国武、江晖陪同调研。调研组来到寨里镇桥湾少数民族村，实地察看该村烟叶、竹荪种植基地，听取村两委班子对扶贫工作的汇报。座谈会上，县委书记陈敏辉向调研组汇报了光泽县少数民族村精准扶贫工作开展情况。他说，近年来，光泽县多方筹措资金，结合美丽乡村建设、“一事一议”、扶贫开发整村推进等项目，不断加大少数民族农田、水利、道路交通等基础设施建设。全县8个少数民族村通村道路全部硬化，少数民族村的教育、卫生、文化、体育等公共服务设施也逐年改善。2016年初，全县少数民族建档立卡贫困户65户165人，通过产业帮扶、异地搬迁等措施，已有37户90人实现脱贫。陈绍军副主席肯定光泽县针对少数民族村开展的脱贫攻坚工作，他总结为“措施有力、工作认真、摘帽有望”。对下一步的工作，陈绍军强调，要做好“三大工程”，一是饮食丰富工程，首先要保障粮食生产，让贫困户能做到自给自足，然后再发展蔬菜、水果等经济作物，保障饮食丰富、多样化；二要做好庭院美化工程，结合美丽乡村建设，发展庭院经济，利用庭院种植果树，增加家庭收入；三要做好村财保障工程，要立足村情，探索适合本村发展的产业，要通过具体的项目建设促进村财增收，只有经济发展，脱贫摘帽才能持续。

**【光泽县与福建江夏学院签署校地合作共建协议】** 6月17日，福建江夏学院与光泽县校地合作共建协议签约仪式在江夏学院图书馆二楼会客厅举行，县领导陈敏辉、赵大建、郭绯红、江晖、方少忠及县直有关部门领导参加。签约仪式上，福建江夏学院校长郑建岚、县长赵大建分别代表双方签署校地合作共建协议，双方将在生态保护领域、服务业发展领域、县域经济发展、大学生实训基地等方面加强合作，促成政产学研结合的县校合作新模式。

**【光泽县组团参加中国海峡项目成果交易会】** 6月18～19日，光泽县组织县发改局、农业局、林业局、招商局以及40余家企

2017年6月17日，福建江夏学院与光泽县政府签订校地合作共建协议

2018 年 6 月 13 日，福建师范大学生命科学学院与福建辉隆生物科技有限公司战略合作签约仪式

业到福州海峡国际会展中心参加第十五届中国·海峡项目成果交易会。县领导陈敏辉、赵大建、郭绯红、江晖、方少忠、刘丹到会参加交易会。光泽县建设旅游局与上海固晔实业有限公司现场签约“欧沪国际大酒店”项目，该项目总投资 3 亿元，主要依托光泽生态优势打造高档、个性化餐饮服务，旨在进一步促进光泽旅游业的发展。19 日上午，县领导江晖、方少忠带领县农业局、林业局及部分参展企业来到福州稻田小镇参加校地共建合作签约仪式，福建师范大学生命科学学院与福建辉隆生物科技有限公司现场签约战略合作框架协议，双方就下一步如何推动光泽县生物医药经济产业、搭建完善校地合作平台展开互动交流。

**【市人大常委会主任兰斯文到光泽调研产业发展】** 6 月 28 日，市人大常委会主任兰斯文、副主任符水俊一行到光泽县开展产业发展工作调研。县委书记陈敏辉、县人大常委会主任刘雄、县长赵大建陪同调研。兰斯文等先后调研丰圣智能温室蔬菜种植示范基地、承天集团金岭药业公司、中科渔业等重点企业，了解产业发展和重点项目推进情况。

**【省人大常委会副主任彭锦清到光泽开展立法调研】** 7 月 6 日，省人大常委会副主任彭锦清到光泽县武夷山自然保护区所在的乡镇，就做好《武夷山国家公园管理条例（草案）》初审工作开展立法调研。市人大常委会主任兰斯文，县人大常委会主任刘雄，副主任徐仲华，副县长江晖陪同调研。

**【泽汇渔业生态产业园项目签约】**

7 月 21 日，泽汇渔业生态产业园项目签约仪式在县政府三楼会议室举行。县长赵大建、副县长卢常传出席签约仪式。该项目拟养殖鳗鱼、三文鱼等高端淡水鱼类为主导产业，以产品加工、饲料加工及光伏发电为配套产业，形成一条高效、智能、生态环保的特色产业链。项目落户于寨里镇百石村，总投资约 22.26 亿元，其中鳗鱼养殖项目投资约 18 亿元，拟建设养殖厂房、养殖生产配套建筑、办公生活建筑及养殖辅助用房，总建筑面积约 36 万平方米（其中标准养殖厂

2018 年 7 月 21 日，泽汇渔业生态产业园项目签约仪式在县政府三楼会议室举行

房20.8万平方米、小苗养殖厂房4.16万平方米、养殖蓄水车间4.16万平方米、二级鱼养殖厂房4.1万平方米、生产加工配套及办公生活设施等建筑约2.8万平方米)；鳗鱼加工项目投资约为6000万元，拟建设鳗鱼加工厂及饲料加工厂、鳗鱼加工车间及配套设施；鳗鱼饲料项目投资约为人民币4200万元，拟建设饲料加工厂及配套设施等工程；光伏发电投资约为人民币3.24亿元。项目建成后，产品加工率达到50%；设计年产鳗鱼1.2万吨，年收入约为1.02亿元；加工厂年产烤鳗3900吨，年收入约5.4亿元；年加工鳗鱼饲料3.6万吨，年收入约4.86亿元；光伏发电4300万千瓦时，年收入约3830万元。该项目计划3年内竣工并达到投产条件。全部投产后，预计年实现收入约20.66亿元，年实现净利润约2.6亿元，年缴税金约7078万元。项目投产后，可提供就业岗位500个。

**【省领导周联清到光泽调研企业发展】** 8月29日，省委常委、副省长周联清率领省直有关部门负责人，到光泽县调研企业发展情况。市领导袁毅、潘剑才、梁廉荣参加调研，县领导陈敏辉、赵大建、卢常传陪同调研。在光泽县鸾凤乡大陂村福建中科渔业有限公司，周联清鼓励企业要进一步做大做强，注重规模化、工业化生产经营，积极打造企业特色品牌，做好食品的深加工，不断提高产品的附加值和市场占有率，结合光泽中国生态食品城建设，促进食品产业集群发展，形成生态食品产业园，他要求企业要加大技术改革创新，控制好水质，注重排污环保等问题，打造水生态循环经济。福建武夷山水食品饮料有限公司所生产的水是目前国内少见的低钠低矿化度偏硅酸型优质矿泉水。调研中，周联清多次强调水源地水量等问题，他指出，光泽具有良好的生态环境和丰富优质的水资源，要做足做好水的文章，树立好地方的特色品牌。他希望企业充分开发挖掘取水点，做好水质检测，继续保持良好的发展态势，不断增强市场竞争力。在圣农熟食品加工六厂，周联清察看消防中控系统和圣农集团目前产能最大、生产自动化程度最高的生产线，该项目于2016年3月开工建设，2017年8月正式投产。周联清指出，圣农集团作为当地的龙头企业，要积极带动地方食品产业的发展，不断延伸食品加工产业链，加大投入，将熟食品产业做强做优，同时企业要继续做好排污环保等事项，坚持企业的可持续发展，继续为当地的社会经济发展作出贡献。

**【省高院院长马新岚到光泽调研基层法院工作】** 8月31日，省高院党组书记、院长马新岚到光泽县调研基层法院工作，全国人大代表黄蕾，市委常委、政法委书记吴荣才，市中院院长黄石勇随同调研，县领导陈敏辉、赵大建、徐仲华陪同调研。马新岚在调研中对县法院的工作予以肯定。她希望光泽县要进一步加大执行力度，通过调解、和解等多种方式，抓紧执行积案清理，加快法院失信平台与政府信用平台的对接，做好执行联动和执行信息化建设；维稳工作重于泰山、责任重大，要努力做好涉诉信访当事人的稳控；光泽作为闽江源头，要切实加大生态资源的保护，加大生态文明理念的宣传，并进一步总结生态司法过程中的好经验、好做法，为生态文明建设提供更加优质的司法服务。此外，马新岚一行还前往圣农集团总部看望董事长傅光明，了解企业发展状况。她希望各级法院要立足审判职能，深化服务发展行动，切实帮助企业解决生产发展过程中的难题，努力为建设机制活、产业优、百姓富、生态美的新福建提供更加有力的司法保障。

**【光泽县与福建建工集团签订战略合作框架协议】** 8月31日，光泽县政府与福建建工集团有限责任公司签订战略合作框架协议。双方将按照“资源共享、友好合作、优势互补、互惠互利”的原则，在城市建设的相关领域开展深度合作。县领导陈敏辉、赵大建、董礼义、刘丹，福建建工集团有限责任公司党委书记、董事长林秋美参加签订仪式。根据协议，县城市开发建设有限公司作为参股股东，建工集团作为控股股东投资福建群发建设有限公司，双方股权比例为县城市开发建设有限公司49%，福建建工集团有限责任公司51%。双方共同努力、通力合作，将福建群发建设有限公司提升为房屋建筑工程施工总承包和市政总承包二级资质，打造成为光泽县城市

2017 年 8 月 31 日，县政府与福建建工集团有限责任公司签订战略合作框架协议

建设的骨干企业，使其更好地服务全县经济建设。这次合作内容主要包含：市政道路工程、住房建设工程、地下管线工程、公共服务设施建设工程、城市绿地工程、城市停车场工程、园区基础设施工程、生态环保工程、“水美城市”工程等。

**【国家土地督察上海局到光泽调研精准扶贫】** 9 月 13 日下午，国家土地督察上海局副专员董毓敏、副巡视员杨京红带领督察三室相关负责人到光泽县调研永久基本农田划定和精准扶贫工作，省、市国土部门相关负责人随同调研，县领导陈敏辉、刘丹陪同调研。在崇仁乡洋塘村，国家土地督察上海局副专员董毓敏看望村民邱英荣。在县、乡、村座谈上，县委书记陈敏辉介绍光泽县永久基本农田划定以及精准扶贫等有关工作。光泽县永久基本农田划定 0.11 万公顷，涉及全县 8 个乡（镇）、98 个村（场），在扶贫开发用地保障方面，每年用地计划指标优先保障发展特色产业、造福工程搬迁、山海协作共建产业园，科学安排新增用地，加大保障对精准扶贫易地搬迁户用地需求。此次调研，国家土地督察上海局副专员董毓敏还参观了圣农宰杀四厂，并与圣农集团董事长傅光明举行座谈，他对光泽县永久基本农田划定以及精准扶贫工作予以肯定，希望光泽县要充分认识认识永久基本农田划定对保障国家粮食安全、推进土地节约集约利用、践行绿色发展和维护农民权益的重要作用，进一步加快永久基本农田划定并落实保护，并以此次督察为契机，建立健全管控有力、程序规范、务实管用的长效机制，不断提升土地利用管理水平，为全县经济社会可持续发展提供有力保障。

**【光泽县组团参加绿色发展创新大会】** 10 月 13 日，南平市绿色发展创新大会暨军民融合生物产业产学研对接会在武夷山举行。县领导赵大建、余洲带领县发改、经信、林业、市场监管、招商等部门负责人及部分企业代表 40 余人到场参会。在项目签约环节，光泽县工业园区管委会与承天药业签署软骨素提取深加工项目。

**【光泽县新综合医院揭牌仪式】**

10 月 20 日，光泽县举行县医院、中医院揭牌仪式并正式投入运营，县领导陈敏辉、赵大建、宋风英，圣农集团董事长傅光明，县发改局、财政局、人社局医保中心、卫计局领导出席仪式。县长赵大建在致辞中表示，县医院、中医院整体搬迁是光泽县医疗卫生事业的一件大喜事，更是改善民生民利的一件大实事，新医院建成投入使用，对优化光泽县医疗卫生体系、改善群众就医条件、加快光泽医疗卫生事业发展，将起到积极的推动作用。

**【省纪委常委邱天华到光泽调研脱贫攻坚和党风廉政建设工作】**

10 月 24 日，省纪委常委邱天华深入光泽县调研脱贫攻坚和党风廉政建设工作。市委常委、纪委书记陈熙满，县领导陈敏辉、赵大建、黄河陪同调研。省纪委常委邱天华一行先后来到圣农小镇和武夷绿园蔬菜专业合作社，邱天华指出，要大力扶持农村专业合作社做大做强，积极引导企业承担社会责任，更好地吸纳贫困群众就近就业、增收致富。随后，邱天华又来到司前乡，了解当地经济社会发展情况以及精准扶贫、精准监督工作进展情况，并入户看望碗厂村贫困户，与他们亲切交谈。他要求当地党委、政府要继续保持干劲，进一步完善并落实脱贫攻坚挂钩帮扶工作责任制，强化监督考核，严明扶贫纪律，认真抓好问题整改，切实强化责任担当，以更大的力度、更实的举措扎实推进精准扶贫、精准监督，切实帮助贫困家庭解决困难问题，确保贫困群众搬得出、稳得住，如期实现脱贫攻坚目标。此外，邱天华一行还查看了县纪委监察新的办公环境，并就“四个中心”运行机制展开座谈。

**【省审计厅厅长杨红到光泽宣讲十九大精神】** 11月7日，省审计厅厅长杨红一行到光泽县宣讲党的十九大精神，县委常委、县政府党组成员余洲参加。

**【县领导余洲赴国家发改委对接新型城镇化建设工作】** 11月14～19日，县委常委、县政府党组成员余洲赴国家发改委对接新型城镇化建设相关事宜。

**【县领导参加海峡两岸茶博会展览】** 11月15日，县领导赵大建、江晖、卢常传赴武夷山市参加第十一届海峡两岸茶业博览会、首届中国（武夷）食品博览会开幕会，并到光泽馆走访参展企业。

**【县领导赴省卫计委对接医疗合作事宜】** 11月15日，县领导赵大建、宋凤英及县卫计局主要负责人赴省卫计委，对接县医院与省中医药大学附属人民医院建立合作医疗事宜。

**【县领导赴宁波招商引资】** 11月16日，县领导余洲、卢常传赴浙江省宁波市招商引资，并与中国保险养老社区联盟对接养老养生项目。

**【县领导出席省委十四届四次全体会议】** 11月16～17日，县领导陈敏辉、赵大建赴福州参加省委十届四次全体会议。

**【光泽县第十七届人大常委会第六次会议召开】** 11月20日，光泽县第十七届人大常委会第六次会议召开，县长赵大建、副县方少忠参加会议。会议表决通过有关人事任免，表决通过免去郭维红同志光泽县人民政府副县长职务；表决通过余洲、卢哲明、张金山任光泽县人民政府副县长。会议还听取审议县政府关于国土资源管理工作情况的汇报。

**【中科院院士刘秀梵为圣农技术中心揭牌】** 11月27日，圣农技术中心揭牌仪式举行，中国工程院院士刘秀梵为及技术中心大楼揭牌，并主持召开肉禽养殖生物安全座谈会。县领导陈敏辉、赵大建、江晖等出席。

**【光泽县通过省级食品安全社会共治县考评验收】** 11月27日，省政府办公厅食品安全工作处处长蒋爱民带队到光泽县考评验收创建省级食品安全社会共治示范县工作，副县长卢常传陪同。考察组对光泽县创建省级食品安全社会共治示范县工作予以肯定，认为光泽县已达到省级食品安全社会共治示范县有关标准，准予通过考评验收。考评组希望光泽县要切实发挥示范县的引领带动辐射作用，构建完善全县食品安全社会共治体系，进一步提升食品安全状况和食品安全社会共治能力，促进政府监管、社会监督、企业自律与消费者参与的有机结合，从而进一步提升全县食品安全治理水平。

**【国家发改委调研新型城镇化工作】** 11月29日，国家发改委城市和小城镇改革发展中心科研管理部凌红副主任一行调研光泽县新型城镇化建设工作，并召开座谈会。县领导赵大建、董礼义、余洲参加。

**【中共光泽县委十三届六次全会召开】** 12月1日，中共光泽县委第十三届六次全会在数字影院三楼会议室召开。会议主要任务是，深入学习贯彻党的十九大精神，认真落实省委十届四次、市委五届四次全会精神，进一步组织动员全县各级党组织、广大党员和干部群众，高举中国特色社会主义伟大旗帜，坚持以习近平新时代中国特色社会主义思想为指导，不忘初心，牢记使命，决胜全面建成小康社会，加快建设中国生态食品城，为夺取新时代中国特色社会主义伟大胜利、实现中华民族伟大复兴的中国梦贡献光泽力量，县委书记陈敏辉代表县委常委会向全会做报告。

县政府在家领导参加。

**【省环保督察组调研环境保护工作】** 12月4日，省环保督察组林光大一行调研光泽县环境保护工作情况，副市长梁廉荣、市环保局局长林水财及县领导陈敏辉、刘丹陪同。

**【光泽县扶贫开发工作成效考核第三方评估反馈会】** 12月11日，县长赵大建参加光泽县扶贫开发工作成效考核第三方评估汇报会，福建农林大学经济学院教授刘伟平、王文烂作评估反馈，要求做实做细"一户一档"材料管理，精准识别贫困户，同时在对干部帮扶贫困户的工作考核上，既要有问责机制也要有激励措施，责任单位要全力为干部挂钩帮扶提供更好地外部条件。

**【省水利专家到光泽调研防洪工程】** 12月11～12日，省政府投资项目评审中心处长，省水利水电专家洪理健、李松仕、王俊英，到光泽县调研指导闽江上游富屯溪四期（光泽段）防洪工程建设工作。副县长江晖参加调研座谈会。会议简要汇报防洪工程概况，富屯溪四期（光泽段）防洪工程估算总投资19123万元，其中工程部分投资14443万元，涉及三条（北溪、西溪和富屯溪主干流）溪流，5个乡镇，共9个堤段，防洪堤线总长11.79千米。专家组实地查看防洪工程沿线各段后指出，光泽县要继续做好工程规划设计，进一步规范和理顺项目方案，结合当前"水美城市"建设，不断调整优化设计理念，严格按要求科学施工，加快推进工程开工建设。

**【省创建文明县城考评组到光泽开展督导检查】** 12月13日，省级创建文明县城考评组对光泽县2015至2017年创建省级文明县城工作情况进行督导检查。汇报会上，县长赵大建向省考评组汇报光泽县创城工作情况，县领导刘雄、董礼义、陈进财、宋凤英、杨文弘参加会议。赵大建指出，在省、市文明委的关心指导下，光泽县紧紧围绕"中国生态食品城"建设，不断深化创建文明县城活动，取得良好的成效。大力推进乡风文明建设，强化普法宣传教育，营造浓厚的法治和向上向善的氛围，全县市级以上劳动模范、身边好人数量位居全市首位，促进社会和谐进步；着力推进城乡开发建设，完善公共文化服务体系，加快健全公共安全体系，城乡面貌焕然一新，城市形象进一步提升；深化生态品牌建设和环境综合整治，推进绿化美化工作，推进城乡统筹发展，构建城乡一体文明，同时不断加强未成年人思想道德建设，逐步完善育人体系。这次总评，既是对光泽县创建省级文明县城工作的一次检阅，也是对光泽各项工作的有力指导，希望考评组精心指导，多提宝贵意见，帮助提升创建水平。省考评组要求光泽县要保持创建工作常态化，要严守考评纪律，强化廉洁意识和公平意识，严格按照八项规定要求，对照标准做好接待工作，希望光泽县能更加扎实有效地创建优化城市环境，提升城市文明。

**【省河长制工作考核组到光泽考核验收河长制工作】** 12月19日，福建省河长制工作考核组到寨里镇考核验收2017年河长制工作，市水利局副局长蒋垂旺，县委常委、常务副县长余洲陪同，考核组对寨里镇河长制工作给予肯定。

**【首届中国生态食品产业发展研讨会】** 12月30～31日，光泽县举行南平市首届旅游产业发展大会光泽分会暨首届中国（光泽）生态食品产业发展研讨会，省政协副主席陈绍军、中国科学院院士谢联辉、中国食品工业协会副会长沈篪、南昌大学副校长谢明勇、福建农林大学副校长郑宝东、爱尔兰农业部农业与食品发展局食品研究中心博士缪松、南平市副市长黄苏福等领导、专家到会指导，期间，举行"中国生态食品名城"授牌、"中国生态食品城"loge发布仪式，相关院士、专家作学术报告，与会专家与光泽县四套班子成员、相关部门和乡（镇）负责人、部分食品企业代表进行交流座谈。

## 县政府常务会议

**【概况】** 2017年，县政府召开常务会议13次，研究"关于县医院、中医院搬迁有关问题""关于加快推进产业扶贫工作有关问题""关于进一步推动第三产业发展问题""关于'水美城市'项目建设有关问题""关于绿水维护补偿考核实施方案和流域水环境质量管理考核方案问题”“关于南平市首届旅游产业发展大会光泽分会暨首届中国（光泽）生态食品产业发展研讨会总体方案问题”“关于旅游产业发展扶持政策问题”等议题共71个。

**【第一次政府常务会议】** 2月9日，县政府召开2017年县政府第一次常务会议，研究议题4个，分别是“关于2017年重点项目和前期项目安排问题”“关于全民健身实施计划（2016～2020年）问题”“关于进一步加强扶残助残工作加快推进残疾人小康进程实施意见问题”“关于提升高中教育教学质量有关工作问题”。

**【第二次政府常务会议】** 3月1日，县政府召开2017年县政府第二次常务会议，研究议题5个，分别是“关于2017年为民办实事项目问题”“关于2017年县政府‘立项挂牌办理’任务问题”“关于全面推行‘河长制’有关问题”“关于建立自然资源资产离任审计联席会议制度问题”“关于成立县公立医疗机构管理委员会和基层卫计人员管理服务保障中心问题”。

**【第三次政府常务会议】** 3月30日，县政府召开2017年县政府第三次常务会议，研究议题6个，分别是“关于2016年度安全生产目标责任考评表彰奖励问题”“关于2017年项目投资工程包实施方案问题”“关于2016年度企业表彰奖励问题”“关于县医院、中医院搬迁有关问题”“关于乡村医生养老保障实施意见问题”“关于第六届县级劳动模范评选工作有关问题”。

**【第四次政府常务会议】** 4月24日，县政府召开2017年县政府第四次常务会议，研究议题5个，分别是“关于2016年度乡镇创业竞赛考评结果问题”“关于支持农业转移人口市民化财政政策实施方案问题”“关于城区部分道路临时占道泊车实行收费管理问题”“关于进一步推动第三产业发展问题”“关于加快推进产业扶贫工作有关问题”。

2017年10月26日，县领导指导重点项目建设

**【第五次政府常务会议】** 5月4日，县政府召开2017年县政府第五次常务会议，研究议题7个，分别是“关于鼓励购买圣农小镇商品房暂行规定问题”“关于加强食品安全工作有关问题”“关于2017年‘万人保洁’工作考评方案问题”“关于2016年度招商引资奖励问题”“关于重大项目、重点工作‘百日攻坚战’有功集体和个人表彰方案问题”“关于成立光泽县杉杭路桥开发有限公司董事会问题”“关于组建农业信贷担保机构问题”。

**【第六次政府常务会议】** 6月12日，县政府召开2017年县政府第六次常务会议，研究议题6个，分别是“关于安全生产大检查工作实施方案问题”“关于安全生产目标责任考核奖励标准问题”“关于深入开展‘四比六促’活动实施方案问题”“关于‘百日攻坚战’有功集体和个人奖励评选方案问题”“关于残疾人保障工作有关问题”“关于河长制工作有关问题”。

**【第七次政府常务会议】** 6月22日，县政府召开2017年县政府第七次常务会议，研究议题2个，分别是“关于‘水美城市’项目建设有关问题”“关于清理调整2017年第一批县级行政许可和其他事项问题”。

2017 年 9 月 4 日，县领导视察“水美城市”项目建设情况

【第八次政府常务会议】 7 月 3 日，县政府召开 2017 年县政府第八次常务会议，研究议题 8 个，分别是“关于 2016 年绩效管理考评结果问题”“关于 2017 年度绩效管理工作方案问题”“关于 2017 年政府债务限额及新增债券资金安排问题”“关于 2016 年度县直单位创业竞赛考评结果问题”“关于智慧城市建设问题”“关于脱贫专项资金管理使用规定问题”“关于推进脱贫攻坚若干意见问题”“关于绿水维护补偿考核实施方案和流域水环境质量管理考核方案问题”。

【第九次政府常务会议】 8 月 31 日，县政府召开 2017 年县政府第八次常务会议，研究议题 4 个，分别是“关于县污水处理厂二期项目建设有关问题”“关于社会事业补短板问题”“关于实行新一轮县乡财政管理体制问题”“关于 2016 年县本级决算（草案）和 2017 年 1～7 月预算执行情况报告”。

【第十次政府常务会议】 10 月 19 日，县政府召开 2017 年县政府第十次常务会议，研究议题 4 个，分别是“关于进一步加强计划生育特殊家庭扶助工作的意见问题”“关于县数字影院开展对外有偿服务问题”“关于‘水美城市’一期 PPP 项目招标有关问题”“关于荣兴花园三期（文昌西路）房屋征收补偿安置方案问题”。

【第十一次政府常务会议】 11 月 6 日，县政府召开 2017 年县政府第十一次常务会议，研究议题 7 个，分别是“关于规范警务辅助人员管理工作实施意见问题”“关于 2017 年度规范性文件清理问题”“关于深化改革推进出租汽车行业健康发展的实施意见问题”“关于网络预约出租汽车经营服务管理实施细则问题”“关于进一步加强县属国有企业监管工作的意见问题”“关于 2018 年重点项目建设安排问题”“关于福建群发建设有限公司增资重组有关问题”。

【第十二次政府常务会议】 11 月 28 日，县政府召开 2017 年县

2017 年 10 月 31 日，县领导视察光泽县“水美城市”项目建设情况

政府第十二次常务会议，研究议题9个，分别是“关于建设用地总量控制和减量化管理方案问题”“关于国有资产投资管理有关问题”“关于成立生态文明建设联合执法工作领导小组问题”“关于深入推进城市执法体制改革改进城市管理工作实施方案问题”“关于梳理公布县直部门权责事项目录清单问题”“关于南平市首届旅游产业发展大会光泽分会暨首届中国（光泽）生态食品产业发展研讨会总体方案问题”“关于加快教育人才队伍建设、补齐基础设施短板有关问题”“关于加快医疗人才队伍建设、补齐设备短板有关问题”“关于‘水美城市’一期PPP项目合同及股东协议签订等问题”。

**【第十三次政府常务会议】** 12月13日，县政府召开2017年县政府第十三次常务会议，研究议题4个，分别是“关于2017年县级财政收支预算第二次调整方案及2018年县本级预算编制安排问题”“关于政府、计划、财政工作报告以及2018年重点建设项目安排问题”“关于设立鸾凤乡中坊社区居委会问题”“关于旅游产业发展扶持政策问题”。

## 县长办公会议

**【概况】** 2017年，县政府召开县长办公会议16次，研究“关于公车改革有关问题”“关于“水美城市”建设综合治理项目建设模式问题”“关于‘互联网+生态食品产业链’信息化科技项目建设问题”“关于推进‘中国生态食品城’建设战略合作有关问题”等议题84个。

**【第一次县长办公会议】** 12月29日（2016年），县长赵大建主持召开县长办公会议，研究议题2个，分别是“关于房屋、土地征迁及项目建设管理考核方案问题”“关于购置移民商业店面问题”。

**【第二次县长办公会议】** 1月17日，县长赵大建主持召开县长办公会议，研究议题4个，分别是“关于公务用车制度改革问题”“关于县重点项目问题”“关于2016年度城区房屋征收考评工作问题”“关于2017年县政府工作主要任务责任分解问题”。

**【第三次县长办公会议】** 2月9日，县长赵大建主持召开县长办公会议，研究议题4个，分别是“关于消防工作有关问题”“关于建设第五期社会治安高清视频监控系统问题”“关于离退休干部待遇问题”“关于2016年度重点项目考评责任奖惩问题”。

**【第四次县长办公会议】** 2月28日，县长赵大建主持召开县长办公会议，研究议题11个，分别是“关于重大项目、重点工作‘百日攻坚战’相关专项工作方案问题”“关于2017年县处级领导挂点项目安排问题”“关于2017年创业竞赛考评方案问题”“关于采取以奖代补方式开展高速公路沿线环境整治和景观建设工作问题”“关于林业危旧房改造项目剩余住房处置问题”“关于原国有电炉厂厂房承租企业搬迁补助方案问题”“关于拨付圣农食品六厂、丰圣蔬菜等项目“三通一平”费用问题”“关于荣兴花园7号楼二层划拨用于业务办公用房问题”“关于武警中队购置轻型防暴运兵车问题”“关于公车改革有关问题”“关于原农工商大楼征收补偿方案问题”。

**【第五次县长办公会议】** 3月15日，县长赵大建主持召开县长办公会议，研究议题8个，分别是“关于中山台片区房屋征收有关问题”“关于电炉厂棚户区改造项目房屋搬迁问题”“关于建立正向激励机制促进有效投资问题”“关于“水美城市”建设综合治理项目建设模式问题”“关于拨付长源水库建设前期经费问题”“关于闽北冷链物流园项目建设模式问题”“关于福建圣维生物科技有限公司享受龙头企业优惠政策问题”“关于县政府办公大楼修缮问题”。

**【第六次县长办公会议】** 3月30日，县长赵大建主持召开县长办公会议，研究议题3个，分别是“关于调整充实部分国有企业领导班子问题”“关于原农工商大楼地块改造项目房屋征收补偿安置方案问题”“关于城市建设项目前期费用问题”。

**【第七次县长办公会议】** 4月6日，县长赵大建主持召开县长办公会议，研究议题3个，分别是“关于2017年防汛备汛工作有关问题”“关于建设光泽县食品

2017 年 11 月 14 日，县政府党组成员张金山主持召开杉关生态文化园开发调研座谈会

(农产品）质量检测中心有关问题”“关于部分县属国有企业董事会、监事会成员调整及聘用人员管理有关问题”。

【第八次县长办公会议】 4 月 24 日，县长赵大建主持召开县长办公会议，研究议题 5 个，分别是“关于县竹器厂整体打包搬迁安置问题”“关于中山台文化广场主题公园及人防设施等建设项目房屋征收补偿安置方案问题”“关于农工商大楼搬迁安置问题”“关于支付污水处理服务费问题”“关于部分县级储备粮轮换问题”。

【第九次县长办公会议】 5 月 15 日，县长赵大建主持召开县长办公会议，研究议题 5 个，分别是“关于荣兴花园三期项目房屋征收补偿安置方案问题”“关于中山台文化广场主题公园及人防设施等建设项目房屋征收补偿安置方案问题”“关于发展文化创意产业有关问题”“关于县公证处运营有关问题”“关于加强政府网站信息公开工作和网上办事问题”。

【第十次县长办公会议】 6 月 12 日，县长赵大建主持召开县长办公会议，研究议题 6 个，分别是“关于 2017 年城区住房评估价格问题”“关于月山巷、寺前街、林化巷片区房屋征收问题”“关于荣兴花园 B 区 8 号楼部分房屋办理产权登记手续问题”“关于县总工会中山台片区房屋征收补偿问题”“关于闽北商贸物流城房地产开发项目有关问题”“关于聚易电子商务有限公司有关问题”。

【第十一次县长办公会议】 7 月 13 日，县长赵大建主持召开县长办公会议，研究议题 7 个，分别是“关于开展‘四比六促’活动‘治安专项整治、优化发展环境’专项行动问题”“关于部分交通项目建设问题”“关于县数字影院消防验收和运营管理有关问题”“关于县妇幼保健院房屋征收问题”“关于疾控中心迁建、妇幼保健院搬迁有关问题”“关于金剑保安有限公司改制有关问题”“关于车改工作有关问题”。

2017 年 7 月 11 日，副县长宋凤英带领金融企业负责人调研电子商务企业发展

**【第十二次县长办公会议】** 8月21日，县长赵大建主持召开县长办公会议，研究议题7个，分别是“关于城区危险住房（棚户区）改造货币化安置有关问题”“关于电炉厂片区相关企业征收补偿方案问题”“关于崇仁乡崇仁村至寨里镇镇口二级公路改造工程部分路段设计变更问题”“关于重点生态区位商品林收储工作有关问题”“关于流域水质监测平台建设有关问题”“关于产业扶贫有关问题”“关于茶产业发展有关问题”。

**【第十三次县长办公会议】** 10月19日，县长赵大建主持召开县长办公会议，研究议题5个，分别是“关于镇岭商业城消防安全隐患整治问题”“关于‘互联网＋生态食品产业链’信息化科技项目建设问题”“关于餐厨（生鲜）废弃物资源化处理项目建设问题”“关于争取中国初保基金会支持光泽县基层医疗机构设备援助项目问题”“关于人才公寓建设问题”。

**【第十四次县长办公会议】** 11月6日，县长赵大建主持召开县长办公会议，研究议题5个，分别是“关于推进养老事业补短板工作问题”“关于福建正源生态食品城有限公司人员配备问题”“关于智慧城市信息化建设问题”“关于圣农大道路灯安装工程竣工验收问题”“关于杉关旅游发展问题”。

**【第十五次县长办公会议】** 11月28日，县长赵大建主持召开县长办公会议，研究议题4个，分别是“关于公建项目价审问题”“关于印刷厂片区房屋征收问题”“关于杉关旅游项目房屋征收问题”“关于房产、林权纸质资料移交问题”。

**【第十六次县长办公会议】** 12月13日，县长赵大建主持召开县长办公会议，研究议题5个，分别是“关于解决国有企业改制遗留问题”“关于推进‘中国生态食品城’建设战略合作有关问题”“关于首届中国（光泽）生态食品产业发展研讨会会务筹备有关问题”“关于厦门武夷工贸商务区国有房产管理权移交问题”“关于部分脱贫专项资金投资使用有关问题”。

## 为民办实事项目

**【概况】** 2017年县委、县政府确定为民办实事项目23项。1～9月，23项为民办实事项目完成8项，基本完成5项，正常推进3项，进度滞后7项。至2017年底，23项为民办实事项目已基本完成（以下项目进度为县政府督查室2017年度关于为民办实事最后一次督查通报内容）。

**【造福工程易地扶贫搬迁工程】** 组织实施造福工程易地扶贫搬迁，共落实311户1263人（其中：国定建档立卡贫困人口30户82人，省定建档立卡贫困人口28户83人），已全部动工，其中已竣工263户1082人，完成全年1000人易地扶贫搬迁任务。

**【提高农村居民最低生活保障标准】** 将农村居民最低生活保障省定最低标准由家庭年人均收入2650元提高到3000元，财政人均补差水平为220元/月，达到省定最低标准的88%。1～9月，全县1360户2757人享受该政策，低保金按月发放到位。

2017年1月18日，县长赵大建到止马镇察看造福工程易地搬迁安置点建设情况

**【建设“食品放心工程”】** 强化食品生产加工、市场流通、餐饮服务环节监管，抽检抽样送检660余批次，农药残留、水产品药物残留、盐酸克伦特罗等合格率均为100%。推进食品安全示范建设，计划创建28家“明厨亮灶”示范单位，已全部完成。加快农资监管信息平台建设，建设农产品质量安全可追溯信息平台，将22家企业纳入平台监管；开展以治理农药兽药残留超标和违规使用高毒禁限农药为重点的专项整治，抽检水产品、水果、茶叶、粮食、畜禽等主要农产品1266批次，合格率100%。加强食品安全风险监测，全县建立食源性疾病监测哨点10个，实现城乡全覆盖。严打危害食品安全违法犯罪活动，持续深化“打四黑除四害”工作，要求破获不少于4起食品犯罪案件，1～9月，已向公安部门移送“地沟油”加工油炸食品案2起。开展“省级食品安全社会共治示范县”活动，截至9月份，各示范点创建工作正在有序进行。

**【养老服务工程建设】** 建设农村幸福院。2017年计划建设3个农村幸福院，截至9月份，均已建成，其中2个农村幸福院已投入使用。完善提升社区居家养老服务站。2个社区居家养老服务站提升改造已完成并投入使用，完成投资20万元，占年计划100%。

**【实施助残工程】** 资助残疾人居家养护。计划资助100名居家养护的智力、精神和重度肢体残疾人，每人每年补助2000元，截至9月份，已资助105人。扶助农村困难残疾人就业创业。计划扶持25名农村贫困残疾人开展就业、创业、生产经营等，每人每年补助5000元，截至9月份，已扶助46人。

**【提升基本公共卫生服务能力】** 基本公共卫生服务项目政府补助标准从每人每年45元提高到每人每年50元，全县财政补助13万人，应补助665万元，已全部补助到位。

2017年3月21日，县政府副县长叶财旺一行到寨里镇调研农村养老服务工作

**【公办幼儿园建设】** 计划投资300万元建设圣农希望学校附属幼儿园，截至9月份，已封顶进入装修阶段，完成投资400万元，占年计划133.3%。

**【全面改善义务教育薄弱学校基本办学条件】** 截至9月份，完成投资1104万元，改善义务教育薄弱学校基本办学条件，占年计划92%。其中，投资570万元，建设司前中心小学学生宿舍楼，已封顶，正在装修；投资534万元，采购电脑、图书和教学仪器设备等。

**【中小学美育设施设备补缺与提质工程】** 补缺补齐中小学美育教学设施设备，截至9月份，完成投资120.9万元，占年计划100%。共向全县20所中小学及59个教学点配备了音乐教学所需的钢琴、电子琴、五线谱黑板、打击乐器、手风琴、教学音响、古筝、腰鼓等设备，美术教学所需的画架、展示架、静物、国画桌、书画毛毡、美术桌椅等设备。

**【完善公共体育服务工程】** 丰富群众文化活动。建成崇仁乡、止马镇综合文化服务中心，建立县（乡）图书总分馆制，确定崇仁村、百石村、桥亭村、茶富村和黄溪村等5个村作为光泽县基层综合文化服务中心示范点；开展以“光泽故事”为主题的系列群众文化活动，举办“迎新春、

2017 年 10 月，建设中的水美城市

送春联”活动、第五届少儿故事大王比赛、“文化与自然遗产日”非遗宣传展示活动、首届“唱响光泽”歌手大赛，协助举办第五届“夏青杯”朗诵大赛暨福建首届诗词大会。开展全民健身活动。举办健身跑赛暨光泽县“体彩杯”10 千米场地计时赛、“卫计杯”足球联赛、“绿野杯”篮球邀请赛、环“美丽乡村”越野赛等系列活动。完善全民健身场地设施。室内体育馆已完成主体工程，正在进行场馆水电、消防等附属工程建设。完成油溪村多功能运动场建设，坪山社区多功能运动场正在进行场地平整。完成 45 个行政村全民健身路径建设，占年计划 150%。

**【加快保障性安居工程建设】** 2017 年，计划开工各类保障性安居工程建设任务 251 套，已开工建设 90 套，其余 161 套为货币安置，截至 9 月份，正在开展征迁工作，进度滞后。

**【推进城市公共停车设施建设】** 计划建成 230 个停车泊位，截至 9 月份，已建成 145 个停车泊位，占计划 63.04%，进度滞后。其中，城南综合停车场完成投资 1145 万元，占年计划 95.42%；梅树湾停车场完成投资 120 万元，占年计划 24%，项目正在设计施工图。

**【农村生活污水治理】** 截至 9 月份，寨里镇完成污水处理设施建设，并已开始运行。计划投资 370 万新建华桥乡污水处理设施，已完成投资 167 万元，占年计划 45.13%，进度滞后。新建改造农村三格化粪池 2642 户，占年计划 88.06%。

**【农村生活垃圾治理】** 寨里镇、止马镇压缩式垃圾转运站已竣工，李坊乡、华桥乡、鸾凤乡、司前乡已购买压缩式垃圾转运车，鸾凤乡、崇仁乡采用“乡转运，县处理”模式。推进 16 个行政村的垃圾常态化治理，完成投资 188.48 万元，占年计划 94.24%，共配备 128 名保洁员，购置垃圾桶（箱）2820 个，配备垃圾清运车 31 辆。

**【开展农村危房改造】** 2017 年计划开工改造 53 户农村贫困户危房，截至 9 月份，已开工 53 户，完成改造 32 户，占年计划 60.4%，进度滞后。

**【供水管网改造工程】** 完成投资 3000 万元，铺设老旧供水管网 13 千米，占年计划 100%。

**【实施安全生态水系建设】** 2017 年安全生态水系项目计划投资 1560 万元，截至 9 月份，完成投资 624 万元，占年计划 40%，进度滞后。

**【小流域综合治理】** 2017 年在全县开展北溪和西溪 2 条小流域综合治理，已完成寨里镇生活污水处理站及配套管网项目建设。完成金岭工业园污水处理厂招投标，10 月底正式开工建设。已关闭华龙萤石矿山及浮选厂，正在进行生态修复。已完成西溪小流域综合治理武林北路、坪山（横街与二建）等破损管网修复和西溪、北溪污水管道清淤工程。华圣秀城、华圣澜山、闽源锦绣和凤凰华府住宅小区生活污水已接入县污水处理厂。华桥乡生活污水处理站及配套管网项目已完成土建主体工程和设备安装。

**【水土流失治理工程】** 2017年，全县水土流失治理任务面积0.28万公顷，1～9月，累计完成水土流失综合治理面积0.26万公顷，占任务的90.1%。

**【农网改造升级工程】** 1～9月，完成投资4548万元，占年计划91%，新建及改造10KV线路89千米、0.4KV线路48千米，改造户表591架，安装配变54台、真空开关81台、避雷器1200组。

**【实施“四好农村路”工程】** 实施“四好农村路”工程完成投资3555万元，占年计划90%。建设与改造农村公路17.8千米，占计划89%。完成5座危桥改造，占计划100%。计划实施30千米农村公路安保提升工程，截止9月份，正在招标公示，进度滞后。

**【推进道路交通安全隐患路段整治】** 计划整治3处道路交通安全隐患路段，已全部完成。

**【农村饮水安全巩固提升工程】** 各乡（镇）共投入233.7万元，实施农村饮水安全巩固提升工程，解决农村饮水安全问题。其中，止马镇实施杉关村、止马村、白门楼村、虎塘村、仁厚村、岛石村等6个村饮水工程，1～9月，完成投资129.3万元，已完工并通过初验，正在申报县级抽验；司前乡实施长庭村、举安村等2个村饮水工程，完成投资33.3.万元，已完工并通过验收；华桥乡实施华桥村饮水工程，1～9月，完成投资38.4万元，建成净水系统工程和饮水管网工程；截止9月份，崇仁乡汉溪村饮水工程正在施工，金陵村、砂坪村等2个村饮水工程正在招投标，进度滞后；寨里镇投资22万元实施小寺州村、桥亭村、太银村水质改造提升工程，投资11万元实施镇区管网改造工程；鸾凤乡计划投资49万元实施大洋村饮水工程，1～9月，完成施工设计及招投标，进度滞后；李坊乡计划实施杨里、长源等2村饮水工程，其中长源标段已完成邀标，准备开工，杨里标段准备在交易中心进行招投标，进度滞后。

## 机构编制

**【概况】** 推进政府职能转变，深化行政审批制度改革，清理调整县级行政许可和其他事项75项，承接省、市下放公共服务事项2项（含子项），取消行政许可事项4项、公共服务事项5项，保留县级行政许可事项199项，县级公共服务事项125项，26家县直单位完成纵向清单梳理，保留县直部门权责清单事项共计4443项。深化重点领域行政体制改革，完成检察院、法院垂直管理有关机构编制审核，县医保、新农合经办机构人员编制上收工作，推进公务用车制度改革，完成县纪委向县一级党政机关、群团和科级以上事业单位派驻纪检机构全覆盖有关机构编制职数调整等改革；合理整合事业机构编制资源，撤销事业单位5家，上收事业单位2家，新设立事业单位6家，调整各类事业编制186名，其中上收14名，收回企管自费编制91名，单位间调剂财政核拨、核补编制81名。创新和加强机构编制管理，审核2017年定向培养本土化本科、专科医学人才25名，紧缺急需专业教师培养储备用编计划10名，党政后备人才及专业技术人才引进用编计划39名，2017年全县服务期满的“三支一扶”高校毕业生、服务欠发达地区志愿者、服务社区志愿者用编计划9名，审核上报公务员和参照公务员管理用编计划58名，批准2018年事业单位公开招聘用编计划173名。

**【行政审批制度改革】** 完成上级取消下放审批事项承接落实工作。清理调整县级行政许可和其他事项75项，承接省、市下放公共服务事项2项（含子项），取消行政许可事项4项、公共服务事项5项，清理调整后，保留县级行政许可事项199项，县级公共服务事项125项。推进纵向清单梳理和公布工作。督促落实26家单位对照省市公布的纵向清单开展梳理，26家县直单位完成纵向清单梳理。开展县级权力清单和责任清单融合工作。组织开展32家单位“两单融合”部署和业务培训，要求相关单位根据本部门的权力清单、责任清单和公共服务事项清单，编制权责清单，全县保留县直部门权责清单事项共计4443项，其中：行政许可202项、行政确认84项、行政处罚2300项、行政强制152项、行政征收19项、行政征用4项、行政裁决11项、行政奖励7项、行政给付29项、行政监督检查348项、其他行政权力256项、公共服务事项169项、内部审批（审核、管理）96项、其他权责事项766项。开展需特殊审批环节事项清理。对依法需要进行检验、检测、检疫、现场勘察、专家评审、社会听证等审批事项进行全面清理，明确相应特殊审批环节的法律依据、办理条件、操作流程、办理时限和办理标准。梳理汇总全县10家单位92项特殊审批事项。清理年检和政府指定培训。全面清理相关证照年检，凡省市已取消的年检作相应取消，企事业有关证照年检全面改为年度报告公示制。制定和完善审查工作细则。制定和完善全县8个乡（镇）人民政府权责清单中行政许可、公共服务和其他依申请事项审查工作细则。梳理公布“最多跑一趟”和“一趟不用跑”办事清单。明确“最多跑一趟”（县级行政许可和公共服务即办事项、全程网办事项清单）事项436项，一趟不用跑办事清单426项。组织开展“减证便民”专项梳理。经梳理汇总，县直有关部门办理行政许可和公共服务保留证明类168项，减少28项。创新“放管服”工作机制。围绕“放管服”档案资料规范梳理、下放承接事项落实情况、双随机一公开工作等方面先后开展三次督查，现场反馈检查情况，要求有关单位要在限期内完成整改落实，组织开展问题整改情况回头看，未按规定期限完成整改的进行全县通报。召开促企业做强座谈会，对企业家们反应有关问题分解到各相关职能部门要求限期做好整改。开设“放管服”政务公开专栏，对栏目架构进行设置和逐步优化，内容及时补充和完善。把“放管服”工作完成情况纳入对各乡镇、县直有关部门年度绩效目标考评，将“纵向清单适时调整公布和两单融合”“规范前置审批、中介和收费项目”“规范事中事后监管”“公布最多跑一趟和一趟不用跑办事清单”“放管服信息公开”“放管服工作创新”等10个项目纳入2017年重点绩效考核内容。组织县直有关部门按季度报送“放管服”措施，公布“放管服”措施49条。

**【体制机制改革】** 完成检察院、法院垂直管理有关机构编制审核，县医保、新农合经办机构人员编制上收工作。推进公务用车制度改革，做好行政和参公事业机构及在编人员信息审核。完成县纪委向县一级党政机关、群团和科级以上事业单位派驻纪检机构全覆盖有关机构编制职数调整等改革。改革巡察组设置，将县委巡察一组、巡察二组统一机构编制人员统一设在县委巡察办，加强对县委巡察组业务指导和人员统一管理。收回原核定在县政府办、发改科技局、财政局、教育局、交通运输局、文体新局、林业局、水利局的党委书记、副书记共16名科级党务领导职数；撤销县政府办党委办公室，收回党办主任股级职数，同时增设专职副书记1名（股级）。健全完善安全生产责任体系，强化安全生产“党政同责、一岗双责”，推进安全生产属地监管、行业监管、综合监管。明晰县安监局负责对全县安全生产工作实施综合监督管理，县直有关部门在各自职责范围内负责对有关行业、领域的安全生产工作实施监督管理。工业园区管委会负责加强对园区范围内生产经营单位安全生产状况的监督检查，协助上级政府有关部门依法履行安全生产监督管理职责。推进城市管理执法体制改革，审核城市执法体制改革实施方案涉及机构编制事项，为组建城市管理局做好前期工作。审核《共青团光泽县委员会改革方案》有关机构编制事项。开展监察体制改革，做好监察委组建内设机构设置、编制调整申报、领导职数核定工作，确保监察委体制改革任务按时完成。

**【公共服务供给推进事业单位分类改革】** 合理整合事业机构编制资源，2017年事业机构编制调整涉及事业单位60家，其中，撤销事业单位5家，上收事业单位2家，新设立事业单位6家，调整各类事业编制186名，其中上收14名，收回企管自费编制91名，单位间调剂财政核拨、核补编制81名。成立公务用车服务中心，为全县党政机关公务用车提供保障服务；设立光泽县河道管理服务中心，将县流域水利管理中心职能整合到县河道管理服务中心，在县河道管理服务中心加挂县流域水利管理中心牌子，重新明细河道、流域管理职能，确保河长制工作的落实；整合卫生计生综合监督行政执法职能，将光泽县卫生局卫生监督所更名为“光泽县卫生计生监督所”，划入县农村卫生技术人员管理办公室有关执法职能，新增计划生育和中医服务执法职能。设立县基层卫技人员管理服务保障中心，在县农村卫生技术人员管理办公室加挂牌子，剥离县农村卫生技术人员管理办公室原承担有关执法职能，增加对基层卫生人才队伍管理服务的职能；独立设置鸾凤乡卫生院，将鸾凤乡卫生院从县杭川社区卫生服务中心剥离，实行独立设置，落实好新建卫生院组建工作；落实文物保护职能，在县博物馆加挂县文物保护中心牌子，增加承担文物保护有关职能；整合畜禽屠宰监管机构，将县生猪定点屠宰管理办公室整合到县动物卫生监督所，同时加挂县畜禽屠宰监督管理中心牌子，原屠宰办人员编制资产成建制划入县动物卫生监督所，原屠宰办在编人员自费编制身份不变，编制实行退一收一；设立光泽县老干部（老年）活动中心、光泽县老年大学，在县离退休干部管理所加挂牌子，明晰2名财政核拨事业编制用于配备相关工作人员；设立科技特派员工作站，在县发改科技局下属事业单位县科技情报研究所加挂牌子，承担全县科技特派员有关服务性工作；设立县财政投融资服务中心，同时加挂光泽县国有资产监管中心牌子，用以加强政府投资管理力度和国有资产监管工作，核定财政核拨事业编制3名，其中从县农税稽查分局调剂2名编制；设立光泽县信访服务中心，加强信访专职工作力量，从县政府办下属事业单位县数字光泽建设领导小组办公室划转1名财政核拨事业编制；撤销规模小、原为企管性质县科技咨询服务中心机构，将其职能整合到县科协机关，收回企管编制1名。推进生产经营类事业单位改革，收回列入企业化管理类的7家企业化管理机构的91名空缺编制，撤销企业化化管理事业机构3个，包括职能消亡、无在编人员的县茶叶管理总站、县木材经销公司及对经营效益较好、已转制为企业（新华集团光泽分公司）的原县新华书店，分别予以注销事业法人。

**【编制管理】** 加强各党政机关事业单位用编计划审核。审核2017年定向培养本土化本科、专科医学人才25名和2017年紧缺急需专业教师培养储备用编计划10名；审核报批2017年党政后备人才及专业技术人才引进用编计划39名；研究确定2017年全县服务期满的“三支一扶”高校毕业生、服务欠发达地区志愿者、服务社区志愿者用编计划9名；组织申报2018年公务员、参照公务员管理及事业单位公开招考和招聘用编计划，其中审核上报市委编办审批公务员和参照公务员管理用编计划58名，2018年事业单位公开招聘用编计划173名。抓好机构编制问题清单整改，组织开展全县机构编制相关问题自查和建立问题清单，对照清单分别研究制定合理整改方案，完成问题台账消化5个。通过政府购买服务方式解决党政机关事业单位人员编制紧张、专业技术人才紧缺问题，在县人社局成立县人才招聘中心，负责党政机关事业单位专业技术人才编外招聘，新招聘人员由用人单位向劳务派遣公司签订协议，向县劳务派遣公司购买服务20人，其中，县数字光泽领导小组办公室、县人社局人才市场、县物价局价格认证中心、县司法局医患纠纷调处中心、县国土资源局土地开发整理中心、县土地收购储备中心各1名，县动物卫生监督所、县固定资产投资审计中心、县信访局信访服务中心、县财政局投融资服务中心、县城镇房产管理所各2名，县建设旅游局城乡规划建设服务中心4名。

**【事业单位登记管理】** 开展事业单位法人信息公示公告工作，将248家《事业单位法人年度报告书》统一公示在“中国·光泽”网信息公示栏目，接受社会监督，督促事业单位按照业务宗旨履职和提高公益服务效能。加强事业法人监管，印发《光泽县委编办关于加强创新事业单位法人监管和进一步优化事业单位登记管理服务的通知》（光委编办〔2017〕17号）文件。认真组织实施两次“双随机、一公开”工作，按照事业单位5%比例共开展随机抽查事业单位13家，抽查结果在“中国·光泽”网公开。对照《行政许可标准化指引（2016）版》进行规范，对现有登记服务指南再次进行梳理，对设立登记申报材料精简两项（删除事业单位章程和事业单位批准设立文件），合并三项（对法定代表人个人有关信息整合为一项）。简化优化流程，受理即予办理，建立“容缺受理、容缺办理”机制，实行“网上”和“窗口”线上线下一体化服务。2017年完成事业单位设立登记6家，变更登记42家，注销登记11家。开展党政群机关统一社会信用代码证书的更换，做好党政机关和事业单位网上名称管理，实现政务和公益域名注册和挂标“两个全覆盖”。

（苏献贵）

## 政府法制

**【概况】** 制定《光泽县法治政府建设实施方案》，落实《光泽县2017年推进依法行政建设法治政府工作要点》，完善规范性文件合法性审查和备案机制，督促指导、规范行政行为，化解行政争纷，强化法治培训，提高依法行政能力和水平。

**【依法行政决策】** 落实《光泽县人民政府重大行政决策暂行规定》《光泽县人民政府重大事项听证制度》，坚持把公众参与、专家论证、合法性审查、风险评估、集体讨论确定为重大行政决策法定程序。政府重大决策事项，事先通过政府法制机构、政府法律顾问合法性审查。出台《光泽县人民政府法律顾问工作规定》，细化相关权利义务，为充分发挥法律顾问在政府制定重大行政决策、推进依法行政中的法律支撑作用，构建良好的运行管理机制。

**【行政审批制度改革】** 政府法制机构组织政府法律顾问及相关专家，对全县各部门权责清单进行合法性审查，审查32个单位4438项权责事项，累计提出合法性审查意见160余条。落实“一照一码”登记制度，内资企业发放“一照一码”1194户，发放率为87.03%；农民专业合作社发放397户，发放率81.19%；内资企业电子营业执照发放1099份，发放率80.1%；下发《光泽县深入推进城市执法体制改革改进城市管理工作实施方案》，按照精简统一效能的原则，整合归并公安局、环保局、建设旅游局、水利局、市场监管局等城市管理相关职能，成立“光泽县城市管理局”，实现城市管理执法机构综合设置。

**【规范性文件管理】** 根据规范性文件管理相关规定，政府规范性文件出台前，除政府法制办进行合法性审查外，还召集有关专家讨论，咨询政府法律顾问意见。规范性文件出台后，均按照程序规定，向南平市人民政府及县人大常委会备案，同时在政府门户网站上公布。2017年县政府、县政府办公室共生成规范性文件24件。对接“放管服”改革，2017年底，对2016年12月31日前制定的所有现行有效的规范性文件进行清理。经清理，继续有效的规范性文件124件，拟修改的规范性文件14件，拟废止的规范性文件6件，已修改的规范性文件3件，已废止的规范性文件24件。

**【行政执法监督检查】** 制定《光泽县行政许可、行政处罚案卷评查标准》，开展案卷评查，由县政府法制办牵头，县法院、

2018年9月中旬，县法制办牵头组织县人大司法委、县法院、县检察院、县监察委对行政执法部门的行政处罚案卷进行评查

检察院、监察局、效能办有关人员组成案卷评查组，结合年终绩效考评，对全县行政执法部门的部分案卷进行抽查，当场指出问题，指导办案执法，督促行政执法案件录入福建省行政执法平台，提高行政执法办案透明度。截至2017年12月31日，全县行政执法部门共办理执法案件1215件，网上行政执法平台录入1107件，录入率91.11%。

**【行政复议及行政诉讼】** 强化行政复议监督，全年共受理行政复议5件，其中维持2件，撤销行政执法部门作出的行政处罚1件，驳回申请人行政复议申请1件，当事人撤回1件。同时，积极做好应诉工作，办理行政诉讼3起，其中县政府领导出庭应诉2起。

**【行政执法能力提升】** 邀请南平市委党校客座教授、邵武欣开元律师事务所资深律师、光泽县政府法律顾问杨仁江为全县行政执法单位的行政负责人开讲题为《行政审批制度改革和行政许可法实施的基层实践》的讲座，提高县直部门行政负责人对行政审批制度改革重要性的认识。与县法院建立行政执法案件良性互动机制，法院开庭审查行政应诉案件，均组织行政执法单位的执法人员去旁听，以增强法治理念和办案经验。借助法院电视电话会议平台，组织全县行政执法单位人员参加《民法总则》培训。2017年11月，组织全县19个单位180人参加福建省行政执法资格考试，壮大行政执法队伍。

**【行政争纷调处】** 认真落实市政府《关于进一步规范和加强行政机关行政调解工作的意见》，将信访纳入法治化轨道，政府法制机构及政府法律顾问直接参与议案、办案，2017年办理信访复查案件32起。严格按照《信访条例》和依法处理信访事项“路线图”，实行诉访分离，引导群众逐级走访，通过法定途径分类处理信访投诉请求。

（傅敏艳）

## 外事侨务

**【概况】** 2017年，外事侨务工作以严格把关、优质服务为重点，服务民营企业“走出去”，为民企提供申办APEC商务旅行卡服务；加强因公出国（境）管理，认真开展涉外安全和外国人入境管理工作；积极开展侨务工作，做好华侨来光泽定居及来信来访工作，为归侨侨眷办实事、办好事。

**【申办APEC商务】** 继续实施民营企业“走出去”战略，加大宣传力度，鼓励引导光泽县民营企业人员申办APEC商务旅行卡，帮助光泽县民企通过加入APEC组织协定，持有商务旅行卡“走出去”洽谈商务、考察参展。全年光泽县共报批办卡人数2批3人次，续办APEC商务旅行卡1批2人次。

**【因公出国（境）管理】** 根据国家卫计委关于派遣医疗卫生专业技术人员出国援助任务的文件通知要求。报批办理县医院专业医务人员1人随省卫计委卫生医疗队赴埃塞俄比亚开展医疗援助任务，为期2年。

**【华侨定居报批及来信来访】** 做好华侨来光泽定居的报批工作，2017年办结华侨来光泽定居1件。全年收到来信来访8件，办结率100%。

**【为归侨侨眷办实事】** 开展“侨爱工程”，通过侨商资助，为10位建档立卡贫困学生提供每人每年1万元的助学援助。做好全县侨界重点人士、困难归侨侨眷慰问工作，全年发放慰问金（品）合计3.22万元。配合市外侨办开展“侨爱工程”医疗义诊活动1场。

（徐为民　杜　英）

## 电子政务

**【概况】** 2017年，全县电子政务建设稳步推进，政务信息网总体运行稳定，基本覆盖全县副科级以上单位，电子政务应用覆盖面不断扩大，现代信息技术、网络技术以及办公自动化技术应用不断深入，办公、管理以及公共服务政效率不断提高，市民通过政府网站参政议政更加踊跃，电子政务的社会和规模效益初显。

**【电子政务平台建设与应用】** 12345平台运作情况良好，2017年共处理信访和投诉132件；建成自然资源资产大数据分析平

电子证照业务培训

台，有效整合土地、水、森林、环保等各类自然资源数据，强化科技支撑，突出大数据运用；参与南平市政务OA升级改造，认真开展协同办公系统前期工作，分批推进项目实施，计划建成市、县、乡（镇）三级为一体，且具备接收省OA系统公文功能的协同办公系统；推进电子印章申请及电子证照生成工作，推进“放管服”改革，提升行政效率和服务水平。

**【政府信息公开】** 按照《政府信息公开条例》规定，围绕县委、县政府中心工作，坚持以公开为常态、不公开为例外原则，把公开透明作为政府工作的基本制度，及时规范政府信息公开工作。全县8个乡（镇）和31个县级部门在县政府门户网站上开设栏目参与信息公开。2017年，全县信息公开总量2279条，其中，县政府及政府办主动公开政府信息194条，县政府工作部门及各乡（镇）主动公开信息2085条。截至2017年底，“美丽光泽”微信公众号共编发微信155期、信息500余条，编发“美丽光泽”微博信息6880条。

（何荣君）

## 住房公积金

**【概况】** 2017年，光泽县扩大住房公积金的宣传范围，加大贷款发放力度，做好收贷工作，公积金归集额、提取额稳步增加。截至2017年底，全县在缴住房公积金人数9310人，归集住房公积金12225.36万元，发放贷款204户，共5548.3万元，全年支取转移总额10145.98万元，为2797户职工办理支取转移业务，全年业务收入1202.62万元，业务支出685.60万元，年末实现增值收益517.02万元。

**【住房公积金归集扩面】** 截至2017年底，全县在缴住房公积金人数9310人，较上年8997人净增加313人，全年新增21个单位开户缴存住房公积金，新增1939人，新增人数完成年度任务176.27%，归集住房公积金12225.36万元，完成年度任务97.03%，同比上涨7.51%，累计归集总额75753.20万元，归集余额31502.42万元。

**【住房公积金归集额】** 全县归集住房公积金总额12225.36万元，同比增加853.78万元，增长7.51%，完成年度计划的97.03%。在增加住房公积金归集额方面，光泽管理部积极采取上街宣传、进企业楼盘、发放催建催缴通知、及时调整住房公积金缴存基数、催补缴以前年度欠缴等方式，提高住房公积金缴存额。

**【住房公积金提取额】** 住房公积金提取额增长较快，住房消费类提取占比较大。全年支取转移总额10145.98万元，为2797户职工办理支取转移业务，其中购房支取3033.34万元，占比29.90%，还贷支取3842.77万元，占比37.87%。累计支取总额43560.64万元。

**【住房公积金贷款】** 2017年全县累计发放贷款204户，共5548.3万元，完成年度任务115.59%，同比下降14.75%。累计为2815户员工解决住房贷款问题，贷款总额53158.96万元，贷款余额36544.46万元。全年没有逾期贷款，逾期率为

0‰。年末住房公积金个贷使用率116.01%。

**【住房公积金增值收益】** 2017年业务收入1202.62万元，业务支出685.60万元，年末实现增值收益517.02万元，比上年同期增长34.24%，其中计提贷款风险准备金68.36万元，转城市廉租住房建设补充资金408.07万元。截至2017年底，全县累计提取贷款风险准备金1461.78万元，年末风险准备金充足率为4%；累计提取城市廉租住房建设补充资金1323.64万元。

（聂炜）

## 信　访

**【概况】** 2017年，群众信访总量1179件次，比降2.8%，其中群众来访282批1146人次，批次和人次分别比降1.4%和3.1%，来信11件，来邮22件，与2016年度相比基本持平。进京上访2批3人次，批次比降33.3%，人次与2016年持平。没有发生到省集体上访，到市集体上访8批139人次。全年共化解信访积案10件（省级1件、市级2件、县级7件），积案化解率100%。开展“大排查、大化解、大整治”活动，排查出矛盾纠纷风险隐患问题64件，化解62件，化解率为96.8%。2017在市信访局年终绩效考评中光泽县名列第一，县信访局局长王映雪被国家信访局评为“全国信访系统优秀投诉办理员”。

**【党政领导接访】** 印发《光泽县领导干部接待群众来访日工作安排表》，每月15日为县党政主要领导接待群众日，每周一为常委或副县长接待群众日，各乡（镇）参照县领导接访时间安排乡（镇）主要领导和党委、政府领导在所在乡（镇）接访。县领导接待日均安排律师（法律工作者）、涉事部门领导和相关工作人员参与接访，并在公示栏公示。做到“初访必接、有访必接”，实行“谁接访、谁包案、包案到底”。2017年，县乡两级领导共有673人次参加接访，接待群众710批1498人次，受理信访事项710件，当场解决信访事项333件，落实责任单位377件，落实领导包案37件。

2017年11月20日，县委常委、县政府副县长余洲在县信访局接待来访群众

**【依法办信接访】** 对每一件信访事项，做到分清性质，明确管辖，做好转送交办、书面告知和督查督办等工作。督促职能部门逐件做好信访事项的调解和调处等工作，依法依规化解落实。依照法定途径分类处理信访投诉请求。对属于诉讼、行政复议和劳动仲裁等法定途径解决的信访事项，在认真登记后引导信访人依法到有关部门反映问题。违法信访行为移交公安机关处理。对信访人违反《信访条例》有关规定进京非访的事项移交公安机关依法及时处置。如：对崇仁乡李显才多次进京非访事项移送公安机关处理。

**【隐患排查】** 印发《全县开展矛盾纠纷大排查大化解大整治活动工作方案》，对排查件及时交办，层层分解落实责任，明确责任单位、责任领导、责任人和化解时限。6月12～16日，组成专项督查工作组，对全县矛盾纠纷“大排查大化解大整治”排查出的矛盾纠纷隐患64件（其中重点信访件25件）进行专项督查。8月17日再次开展专项督查，重点检查各乡（镇）、县直重点单位传达贯彻省、市、县信访维稳工作会议精神、落实重点矛盾纠纷隐患化解稳控工作进展情况，检查厦门金砖会晤期间乡镇领导加密接访安排和领导带班值班安排落实情况。截至2017年底，排查矛盾纠纷隐患64件，已化解62件，化解率为96.8%。

**【敏感时期稳控】** 2017年，全县在全国、省、市"两会"和"一带一路"国际论坛、"厦门金砖会晤"和党的十九大期间均为"零"上访。在"厦门金砖会晤"重要敏感时期，按照"全省保厦门、厦门保核心"的总体思路，为实现"万无一失、绝对安全"的目标，全力做好矛盾纠纷隐患排查化解工作，对涉军群体、原民办代课教师群体、失独家庭群体及重点人员等11项重点信访事项落实包案县领导、责任单位、责任领导、责任人，层层压实工作责任，相关责任单位均成立了工作专班，安排专人负责进行稳控。

**【积案化解】** 年初，将全县10件信访积案集中交办到相关乡（镇）和单位进行化解，6月底前全县10件信访积案就已全部化解（其中省级1件、市级2件、县级积案7件），信访人均签订息诉息访承诺书，并按要求完成网络录入工作。争取省级专项资金补助2.98万元，推动化解落实特殊疑难信访问题2件，相关经费以点对点的方式，做到按时足额发放。

**【环保督察信访工作】** 配合做好中央督察组来闽督察、到南平市和光泽县下沉督察期间信访工作，制定《光泽县迎接中央环境保护督察信访工作方案》，对2013年以来省交办3件、市交办的3件有关生态环保信访件处理情况进行核实并反馈。对照《迎检资料收集和问题整改清单》，对2013年以来县级接待上访群众反映环保问题21件，进行全面梳理，并向县迎检办作出处理情况反馈。承办市局转交的中央督察组信访交办件4件，配合环保部门妥善处置，并及时向市信访工作组反馈。抓好涉及反映环保问题信访件办理工作，环保局派驻人员到调处中心工作，确保反映环保问题的诉求在第一时间均能够得到及时受理。

**【其他重点工作】** 开展无进京越级上访、无大规模集体上访、无因信访问题引发极端恶性事件和负面舆论炒作的"三无"县乡村和"无上访平安村"创建活动。发挥矛盾纠纷多元调处中心的职能作用，县矛盾纠纷多元调处中心共调处矛盾纠纷101件，办结99件，调处率达98%。开展信访听证，对疑难信访件，积极协调相关单位召开信访听证会进行化解，完成市下达的信访公开听证评议、专案评审任务各2件。运用基层服务平台开展信访代理制工作，村（居）受理信访代理件116件，代理信访事项办结率达到100%。规范省信访信息系统应用，信访事项及时受理率和按时办结率均达到100%。举办业务培训班，2月16日举办一期各乡（镇）和县直相关单位工作人员参加的信访信息系统应用培训班，培训更新的业务知识。加大信访工作宣传力度，《福建信访》第3期、第5期、

信访听证评议会

第 9 期上刊登光泽县推行律师参与接访、领导下访、源头管理等方面的经验文章。

（林华明）

## 行政服务

【概况】 以“便民、规范、廉洁、高效”为原则，以提高办事效率和便民服务为宗旨，以行政服务中心标准化建设为抓手，以“互联网＋政务服务”为引导，完成各项工作任务。2017 年，全县共受理事项 139869 件，即办件：105070 件，即办率：75.12%。其中主中心受理件数：107864 件，即办件：80635 件，即办率：74.75%。公共资源交易中心共完成交易项目 453 宗，交易总额 103632.11 万元，节约资金额 10728.94 万元，平均节约率为 9.42%；增值资金额 9.16 万元，增值率 2.9%。政府采购项目 233 宗，交易额 4309.83 万元，节约资金 233 万元。“百日攻坚”期间，中心获“光泽县‘百日攻坚战’先进集体”“南平市‘百日攻坚’巾帼建功集体”称号。

【互联网＋政务服务】 2017 年，全县县直单位“一趟不用跑”事项 379 项，“最多跑一趟”事项 519 项，乡（镇）保留的第三批“最多跑一趟”事项 193 项。通过外网申报，按期通过预审、办理并报送省网的办件 1952 件，占系统总办件 26.55%。所有信息均完整并及时报送至省网办事大厅。梳理能用文件快递事项的有 1011 项，占总事项 92.24%。入驻窗口收费项目共计 25 项，其中能用电子支付方式缴费事项有 16 项，占总缴费事项的 64%。入驻窗口共有行政审批和公共服务事项 660 项（小项）。对行政审批和公共服务事项涉及的证明事项进行全面梳理，清理后保留 168 项，取消 28 项（其中：无法律依据取消的证明材料 1 项、已实现部门间信息共享并取消的事项 9 项、通过行政部门主动调查核实取消的证明材料 5 项、采取申请人书面承诺取消的证明材料 5 项、通过提交有效证件取消的证明材料 7 项）。为让更多用户了解“一趟不用跑、最多跑一趟”办事流程，凡拨打中心电话，系统主动回复有关“一趟不用跑、最多跑一趟”的宣传短信，并制作 2000 余份邮政商函，发至副科级以上干部、各乡镇行政村、工商个体户、县规模以上企业业主等进行宣传，宣传单通过简单卡通图片将“一趟不用跑、最多跑一趟”办件流程、事项举例、什么是“互联网＋政务服务”等进行详细说明，引导更多群众从网上申报“一趟不用跑”和“最多跑一趟”事项。

【投资项目并联审批】 简化行政审批程序，印发《光泽县投资项目并联审批实施方案》（光政综〔2016〕196 号），围绕并审联批“一条主线”，在行政服务中心三楼设立“投资项目并联审批专门窗口”、建立“重点项目会商机制”，组建项目代办队伍，协调解决项目审批过程中遇到的困难和问题，为重点项目提供审批全过程代办服务，在投资项目业主与机构签订代办协议后，从项目立项至施工许可证发放，由机构全程代办。全年开展项目会商会计 26 次，解决项目 31 项，代办项目 34 项，压缩时限 106 个工作日。如 4 月 14 日，县项目审批服务小组就“闽北（光泽）冷链物流园”“汽车客运站及公交总站”“中山南路延伸段”等 5 个项目实施会商会议，解决审批工作中遇到的问题。“汽车客运站及公交总站”原计划 11 月开工，通过会商会议，解决审批中出现的困难，缩减审批时效，使该项目 7 月就具备开工条件。

【简化审批服务流程】 精简行政审批环节，充分授权，按标准化建设要求，将审批环节统一压缩到 3 个，如有涉及现场勘察、集体讨论、专家论证、社会听证的审批事项，最多再增加一个环节，将承诺时限压缩至法定时限的 50%以内。及时更新授权书，按照主要领导审批事项不能超过 10%的要求，将审批事项充分授权给分管领导和窗口工作人员。例如：发展改革和科技局项目建议书的批复法定时限 20 个工作日，承诺时限 10 个工作日，为了精简环节，充分授权给窗口工作人员，办事人员在材料齐全的情况下，项目建议书的批复只需一天就能办结。据统计，各窗口单位共梳理精简事项材料 463 条，审批环节减少 314 个，部分事项在承诺时限的基础上，再次压缩 50%，办理时限共压缩 456 个工作日。同时对所有入驻中心大厅事项近三年属零办件的事项进行梳理，共梳理零办件事项408项。

**【创新审批服务机制】** 建立不动产登记、房产交易“一窗受理、集成服务”机制。针对办理不动产交易（登记）受理时限长、审批环节多、群众在不同部门之间来回跑的问题，采取对房管网签备案、土地使用权补办出让、缴交契税、不动产登记等各个办理环节进行有效整合，通过实行前台综合受理、后台分类审批、统一窗口出件的“一窗受理 集成服务”服务机制，使不动产权交易（登记）受理时限由现行承诺时限的38个工作日压缩至20个工作日，群众至少来回跑8趟，减少到最多跑2趟。开展“三段式”全程服务大规模群体集中办证机制。提前介入指导。县市场监管局、国税局联合组织召开现场培训会，就有关税收问题、文书材料、表格填写进行现场指导和答疑。开通专项通道。培训会结束后，在服务窗口开通临时专项窗口，指定专人负责受理，材料齐全的可当场审核发照，对部分非主件登记材料不全，经申请人签订限期补齐承诺书的实行“容缺预审”制，予以先行核发营业执照。办照后告知。在申请者拿到执照后发放年报宣传单，向企业宣传年报申报公示、经营异常名录、无正当理由连续六个月未经营的应及时办理注销登记，同时认真履行“双告知”职责，详细告知办理后置许可的要求及无证经营将承担的法律责任。推行VR系统。县国税局将“互联网＋税务”作为提升纳税服务水平的重要抓手，在免填单服务、二维码一次性告知、24小时自助办税区等一系列创新措施的基础之上，在全省国税系统内推出首个VR（Virtual Reality，虚拟现实技术，作为借助计算机及最新传感器技术创造的一种崭新的人机交互手段，成为新时代互联网的前沿科技）虚拟办税服务厅，为纳税人带来全新的办税体验。

**【改进审批服务方式】** 强化主动对接，零距离服务。变企业上门为主动登门对接，实行“一对一”专人代办。对县重点项目主动提前了解相关情况，做到事前有数。企业咨询办理手续时，对提交材料、有关要求和注意事项及产业政策的最新变化等进行详尽说明，提前规范项目前期工作。如县发改科技局在百日攻坚战期间主动与项目责任方对接，现场实地查看了解项目的基本情况与建设进度，与项目负责人面对面进行交流。对《李坊管蜜庄园现代农业开发项目》《光泽脱糖黄酒灌装生产线建设》《闽北（光泽）冷链物流中心》《液化天然气（LNG）项目》等13个重点项目在投资办企过程中遇到的问题和困难进行了现场答疑，帮助他们分析前期工作中存在的问题并提出可行性建议。推行容缺后补，人性化服务。按照“非主审要件容缺后补”制度要求，请申请人作出相应的书面承诺后，实行容缺后补，可先行审批，实现从“先准备材料后申报”向“边受理边完善材料”办理模式的转变，免去申请人的多次奔波，提高审批效率。如县规划建设和旅游局于4月25日容缺受理《光泽县华桥乡污水处理建设项目房屋建筑和

2017年3月29日，南平市行政服务中心管委会主任魏成和到光泽调研“百日攻坚战”项目审批服务推进工作

市政基础设施工程招投标》备案事项，对该项目《工程规划许可证》进行容缺预审，并于当天予以办结，做到“马上就办，马上办好”。开通绿色通道，便捷性服务。对符合审批条件的项目，开辟绿色通道，助力审批提速增效。如建设旅游局窗口通过特事特办、变事前审批为事后监督等方式，为“砂坪溪新桥”“武林北路”等五个重点项目核发了“建设用地规划许可证”“建设项目选址意见书”，办理时限比承诺时限提前59个工作日；发改窗口利用午休时间开展“延时服务”，为“现代渔业产业园”项目备案，由承诺的5个工作日提速为1个工作日。全年，各窗口开展“延时服务”105次。

推行周末上班，全天候服务。针对部分群众“上班时间没空办事、休息时间没处办事”问题，从8月起县不动产登记、国地税、出入境、民政局、交警、房管所等窗口，实行周末不休，可办理便民事项58项。

**【窗口建设】** 完善《标准化窗口制度建设实施方案》《窗口工作人员年度考核办法》和《红旗窗口创评实施方案》等考评办法。在服务大厅各单位窗口开展“两学一做，争创红旗窗口、争当服务之星”活动，形成比学习、比素质、比效能、比服务的浓厚氛围，提升服务水平。2017年度评出“党员示范先锋岗”6个，“红旗窗口”16个，“服务之星”32名，其中党员“服务之星”18名。启动“马上就办”投诉受理机制。针对群众投诉，第一时间做好群众的息访解释工作，同时立即展开情况调查，对用户有理由投诉的，及时下发整改通知，督促各单位及时整改。通过全省远程视频监督系统，对行政服务中心窗口工作人员的服务态度、办事质量，实行每日不定时进行监控督查，确保窗口工作规范有序。建立“每日一巡查、每月卷宗一检查、每月一通报”督查通报制度，将办事程序、办事环节、服务质量、办理时限、日常管理等纳入督查内容，对存在内容，明确责任、及时整改，2017年，下发整改建议书25份、整改通知书共11份，对督查中发现的好经验、好做法进行通报表扬、宣传推广。发挥党员示范带头作用，助力“百日攻坚战”。“百日攻坚战”期间，在中心党员干部的带领下，各窗口主动作为，对符合审批条件的40个重点项目，开辟绿色通道，助力审批提速增效，通过创新服务，大大提高审批效率。并获得百日攻坚战先进集体表彰，林业窗口林峰获得先进党员荣誉称号。

**【乡（镇）村级便民服务机制构建】** 以乡（镇）便民服务中心标准化建设为载体，加强对乡（镇）便民服务中心事项管理。事项入驻。各乡（镇）正确梳理、公布入驻项目，根据实际情况进驻不同事项，在乡（镇）便民服务中心将与农民群众生产、生活息息相关的计生、劳动保障、民政等部门纳入到便民服务中心，另加一个综合导办服务窗口，将国土、村建、农业、林业、渔业、司法、工商、残联等方面事项放入导办服务窗口，推行“3+1”运行模式，实现所有涉及群众办件事项100%入驻。入驻事项制作标准化的一次性告知单，有规范办事流程，明确事

2017年4月12日，县行政服务中心管委会工作人员到寨里便民服务中心指导工作

项办理依据、申报材料、承诺时限、办理环节、投诉咨询电话等，并要求各乡（镇）制作乡镇便民服务卡并向社会公开。授权办件。各乡（镇）使用乡（镇）便民服务中心审批专用章，并授予窗口工作人员充分的办事权限；所有行政服务事项严格按照要求进驻县行政服务中心并在窗口公开受理、办结，在承诺时限内完成；入驻事项授权到位，接办、咨询、初审、核批、用印、收费等各个环节均在窗口完成；办事程序控在三个环节以内，不出现两头受理、体外循环现象；一般事项即来即办，承诺事项时限压缩在法定时限的50%以内。受理、送达、签字、盖章等程序完备、手续齐全，资料归档规范完整，服务良好，全年未发生因行政服务问题而产生的负面影响事件。创新服务方式。通过推进县乡办事服务一张网建设，开展多点办理、延时服务、预约服务、上门服务、微信服务等便民措施创新工作方式，帮助群众解决办事难问题。如寨里镇6名返乡大学生"村官"代办员，每周都到农户家上门开展民生事务代办工作，完成"农保""医保"等各类代办事务，2017年代办各类事务360余件，涉及6个村，办结率和满意率均达到100%。落实大学生"村官"上门服务机制，方便群众的生产、生活。2017年，各乡（镇）便民服务中心及村（居）代办点共代理、代办各类事项13410件。

**【交易平台建设和监管】** 按照"政府引导市场、市场公开交易、交易规范运作、运作统一监督"的总要求，认真贯彻落实《招标投标法》《政府采购法》、省、市有关公共资源交易法律法规和规章制度，努力加强交易平台建设，规范公共资源交易行为，从源头上预防和抑制招投标领域不良现象的发生发挥了积极作用。与省发改评审终端对接形成统一的专家库，并制定规范的评标专家抽取及管理规定，严格开标、评标过程符合法律法规和操作程序规范，真正做到进场项目交易每个过程、每个细节都在有效的监督之中。会同住建部门继续加强对全县现有代理机构的资质、技术人员、办公场所、内部管理制度等方面的信息复核，优化中介代理机构队伍。为防止个别部门所有项目都由一家代理机构长期包揽，产生人情代理，违规操作、暗箱操作等现象，对全县单项工程在100万元以上的工程招标项目及100万元以上的政府采购项目采取招标代理机构的全员随机比选机制，自运行以来参加比选项目411宗，取得一定的成效。在招标投标业务上，中心与随行软件合作开发成立电子交易平台，此平台开创全新的监管模式，全流程在线，可全天候实现投标人网上匿名报名，在保密的程度上避免恶意阻挠、限制潜在投标人报名的现象，且投标人无需到现场投标；开标全过程实行网上直播，所有操作均留痕备查，政府行政管理成本降到最低，招投标成本降低至原来的5%，同时与省公共服务平台、监督平台互联互通，严格遵守《电子招标投标办法》要求。对进一步规范全区公共资源交易活动，扩大信息发布范围，增强交易服务功能，实现公共资源交易"公开透明、阳光交易"的目标具有重要意义。

（谭萍）

## 机关效能

**【概述】** 2017年，全县开展各类督查47次，效能问责10人，其中效能告诫5人、通报批评3人、诫勉教育2人。发函整改2份、发出整改通知书73份、督办单10份。受理效能投诉61件，按时办结61件。12345平台上办理诉求件199件，198件按时办结。

**【提升行政服务效能】** 印发《光泽县机关效能建设领导小组关于印发全面提升行政服务效能不断增强群众获得感的实施方案》（光效综〔2017〕3号），将27项任务进行责任分解，分别制定方案，进行专项推动。对群众多次投诉反映在办理不动产权证书过程中出现的办证难问题，由县效能办点对点发函要求国土资源局、建设旅游局进行整改，并召集国土资源局、建设旅游局、地税局、行政服务中心管委会就此问题进行探讨，形成《关于推动光泽县不动产登记工作提速增效的会议纪要》（〔2017〕1号），探索实施一窗受理、缩短办证时限、减少办证流程、部门之间沟通协调等事项，切实解决群众办证难的问题。

**【12345便民服务平台升级】** 为确保12345便民服务平台升级改版后工作顺利运行，印发《光

新型政商关系暨促企业做强座谈会

泽县效能办关于12345便民服务平台升级改版有关事项的通知》（光效办〔2017〕1号），将新的登录网址、操作方法、录入任务、其他要求告知各乡（镇）、县直各单位，做好新旧平台的衔接工作。同时，根据实际工作情况，向市级申请撤销全县35个单位的12345便民服务平台账号，保留78个单位12345便民服务平台账号，更新78个单位的分管领导和联络员信息。严格按照《南平市信访局关于印发2017年度县（市、区）12345便民服务平台工作考评办法的通知》（南信〔2017〕26号）要求，及时批转、及时查阅、及时回复、及时反馈满意度，确保及时查阅率、及时回复率、群众满意率排在全市前列。

**【效能督查】** 借力“百日攻坚”“四比六促”等活动载体，从企业家、办证群众、投诉人、领导批办件等渠道获取机关单位存在典型效能问题的线索，通过督查核实，确因主观因素出现不作为、慢作为、乱作为等违反机关效能建设工作的情形将严肃问责，问责情况与年终奖金、评优评先、与选拔任用挂钩。在加强督查的基础上，注重督查实效，紧抓督查发现的问题整改，特别是“四比六促”期间，加强与各小组以及市委督查组沟通协调，精心准备，精密配合，强化形成工作合力，提升督查针对性、实效性。及时梳理分析问题，制定问题线索清单，分项分块、对表对标，深入现场挖掘关键问题、主要问题。同时按照“一问题一整改”的原则，及时发出整改通知单，明确责任单位、整改要求、反馈时限确保督查中发现的各类问题按计划、高质量落实整改，确保督查工作有实效，真真正正推动工作。

**【绩效管理】** 根据市级绩效管理方案，调整承担市绩效考评指标体系，对不符合当年度任务的指标进行删减，对当年度重点任务工作指标进行增加，如增加机制体制考评指标项，鼓励全县上下大胆创新机制体制，抓好工作落实。同时针对不同系列的不同特点，进行区别化考评，如对于垂管单位增加服务光泽经济社会发展举措和成效考评指标。完善绩效考评规则，除将各考评部门对参评单位的打分成绩纳入绩效管理综合分中，还将公众评议分数以一定比例计入总分，提高社会公众参与度，使结果更加公平、公正。加强过程监控，要求各指标责任单位对绩效指标进行分析，形成分析自查报告，总结好的经验做法，及时发现存在的问题。特别是针对存在的问题，积极与市级部门对接沟通，提前解决问题，减少扣分项。此外，对获得2017年度绩效管理先进单位进行发文通报表彰，在2017年度优秀公务员指标中按20%比例安排。

**【推动“四比”工作】** 做好“四比”活动日常指导、督促、考评等工作。下发“四比”活动工作方案、考评细则等文件明确工作方向，建立每月联席会议制度、问题销号机制、一月一督查一月一汇总等工作机制，开展两轮“四比”工作督查，对近40个单位进行督查，发现的问题以“四比六促”活动督查工作简报的形式进行通报，发出通报2份，通报单位约20个，发现问题约30个。各成员单位按照工作要求，对所牵头负责的工作进行督查，通过层层督查，狠抓工作落实。

（曾丽芳）

# 政协光泽县委员会

**【概况】** 2017年县政协牢牢把握团结和民主两大主题，坚持把服务发展作为履职第一要务，把关注民生作为履职的第一视点，把凝聚人心作为履职的第一责任，切实履行政治协商、民主监督和参政议政三大职能，彰显政协特色，完成县政协十届一次会议确定的各项任务，为推进“中国生态食品城”建设作出应有贡献。全年组织政协委员开展调研视察7次，形成书面调研视察报告和协商意见8份，提出建议36条，开展2次常委会专题协商、2次主席会议协商、2次专委会对口协商、4次界别协商、7次提案办理协商。

## 全体会议

**【县政协十届二次全体会议】** 12月24至26日在县数字影院举行。应到会委员156名，实到会委员143名。县政协主席王寅生在政协十届二次全体会议上代表县政协常委会做工作报告，吴舒平副主席作提案工作情况报告。会议听取和审议县政协常委会工作报告和提案工作情况报告。政协委员和政协各参加单位坚持围绕中心，服务大局，以高度的政治责任感和使命感，认真履行职责，运用提案建言献策，提交提案126件，经审查，立案98件，其中集体提案12件，委员提案86件。

政协光泽县第十届委员会第二次会议

## 常委会议

**【第一次常委会议】** 3月23日召开。会议审议通过《县政协2017年度工作要点》和《县政协2017年度重点协商计划》以及各专委会组成人员名单、政协内设机构联系界别小组名单、政协委办人员人事任免事项。

**【第二次常委会议】** 5月23日召开十届县政协第二次常委会暨“在城市建设中彰显光泽县文化特色”专题协商会，与县政府就如何提升光泽县城市建设文化内涵问题进行协商。县政协主席会议成员、政协常委、县政府副县长刘丹、叶财旺及县发改科技局、县文体新局、县住建旅游局等单位负责人参加会议。县政协机关各委办人员、界别组和乡（镇）联络组组长列席会议。县政协副主席潘国武主持会议。会前，调研组通过到建设、文化等主管部门听取情况介绍、实地察看城市建设项目、外出江西省金溪县学习考察、召开县直有关单位和文化人士座谈会等形式，对如何在光泽县城市建设中融入文化元素，彰显地方文化特色，提升光泽县城市品位课题进行深入调研。协商会达成共识：制定城市建设文化规划，进一步明确科学定位、整体布局、做好单项规划。如城南，依托中山台文化广场，在建筑造型、雕塑设计等方面重点突出商周文化，同时兼容其他文化元素；抓好中山台文化广场、九龙峰森林公园、城西山地公园、三溪六岸滨水景观工程、橘子洲片区等城市重点项目文化建设；加快出台推进城市文化建设各项政策措施。

【第三次常委会议】 12月19日召开。会议听取县政府对县政协重点协商意见落实情况和县政协十届一次会议以来委员提案办理工作情况通报；审议通过政协委员黄吉、杨丽平的辞职报告；听取县委统战部作有关人事事项说明；会议决定增补王立军、元清毛、梅文郁、邱簪华、林建华等5位同志为十届县政协委员；听取县政协十届二次会议筹备情况说明；审议通过《委员、界别、联络组考核“两先一优”》《政协联系委员工作制度》，讨论县政协常委会工作报告和提案工作情况报告（征求意见稿）；书面审议县政府关于县政协各专委会2017年工作总结和2018年工作计划。审议通过县政协十届二次会议有关文件（草案）和县政协十届第三次常委会未尽事宜的决定（草案）。

## 主席会议

【第三次主席会议】 2月22日，县政协主席王寅生主持召开。副主席曾光明传达县政府第一次常务会议情况。提案委汇报重点提案情况，提交主席会议议定：河长制、茶叶、竹、本土教材、鱼产品精加工5件重点提案。讨论2017年重点工作安排和机关干部职工工作分工调整。

【第四次主席会议】 3月7日，县政协主席王寅生传达市委中心组学习会情况和县委常委会上关于政协班子成员负责县重点项目情况分工安排及县2017年创业竞赛考评方案。审议确定2017年重点协商计划，研究确定机关工作分工安排及“三八”节活动安排。

【第五次主席会议】 4月18日，县政协主席王寅生主持召开。经科委汇报开展发挥政策性银行服务重点项目建设专题协商调研情况，文教委汇报在城市建设中彰显光泽县文化特色专题调研情况。与会人员对两个专题协商课题调研发表各自意见，提出相关建议。主席王寅生通报经县委常委会研究通过的将原定的全民健身运动课题改为生态建设课题，并由副主席吴舒平承担。会议还学习扶贫帮扶计划意见征求稿，并通报橘子洲项目领导小组调整情况：由主席王寅生任总指挥，副主席曾光明任常务副总指挥，其余各位副主席任副总指挥。

【第六次主席会议】 4月28日，县政协主席王寅生主持召开第6次主席会议暨发挥政策性银行作用服务光泽县重点项目建设专题协商会。经科委作关于发挥政策性银行服务重点项目建设专题协商调研情况报告，课题调研组成员曾光明、何燕、许国强先后进行补充发言，县政府相关职能部门（发改、财政、农发行、银监会、水利和县委副书记董礼义、县政府常务副县长郭緋红对委员发言进行回应），主席王寅生作总结讲话，并对会后报送协商建议案提出具体要求。

【第七次主席会议】 5月22日，县政协主席王寅生主持召开。潘国武副主席传达市政协社法民宗工作会议精神；政协办传达市政协宣传和社情民意信息工作座谈会精神，县政协宣传工作得到市政协全委会表彰；审议有关文件：《委员履行职责服务管理暂行规定》《光泽县政协委员履职和界别、乡（镇）联络组活动情况考核及“两先一优”评选表彰办法》。

【第八次主席会议】 8月15日，县政协主席王寅生主持召开，研究《县政协机关2017年度绩效考评方案》，通报上半年支出情况。

【第九次主席会议】 8月23日，县政协主席王寅生主持召开，研究2016年机关绩效管理奖金发放方案和考评指标责任单位奖金分配事宜，审议通过有关文件，以及审议《关于委托创作王文波同志传记的协议》等事宜。

**【第十次主席会议】** 9月26日，县政协主席王寅生主持召开。会议听取副主席潘国武汇报外来人口市民化工作重点协商议题准备情况，会议通过黄吉辞去委员职务，研究2016年机关绩效管理奖金发放事宜，审议通过《提案办理协商办法》《重点提案遴选与督办办法》《调整机关档案工作领导小组成员》。

**【第十一次主席会议】** 10月19日，县政协副主席杨文弘主持召开第11次主席会暨“推进外来人口市民化”专题协商会，县政协与县政府就如何推进光泽县外来人口市民化问题进行协商。县政协主席会议成员、专题调研组成员、县委常委、副县长余洲及县人社、规划建设旅游、财政、统计等部门负责人参加会议。县政协机关各委办人员列席会议。杨翠红代表课题组作专题调研情况报告，课题组负责人、副主席潘国武作专题调研补充发言，委员们从不同角度提出具有参考价值意见建议。县人社局、规划建设旅游局、统计局等部门和县委常委、副县长余洲对委员所提的建议进行回应。主席王寅生作总结讲话。会议要求，要根据协商会上各方的意见建议，进一步完善材料，尽快形成主席会议建议案报送县委、县政府，社法民宗委负责做好协商意见的跟踪落实；希望县有关部门认真研究、积极吸纳政协协商意见，并请县政府于12月前向县政协常委会议通报协商意见落实情况。

**【第十二次主席会议】** 11月30日，县政协主席王寅生主持召开。会议听取各专委会主任关于2017年工作情况汇报及2018年工作计划，分管副主席作补充；会议听取政协办公室关于召开十届县政协二次会议筹备情况汇报，再次研究通过提案委《提案办理协商办法》《重点提案遴选与督办办法》；研究通过届中增补王立军、梅文郁、元清毛、林建华、邱簪华5位委员；会议还学习公务接待管理相关规定。

**【第十三次主席会议】** 12月15日，县政协副主席曾光明主持召开。会议审议通过杨丽平辞去委员职务的申请，通报县委常委会研究县政协十届二次全会有关事项，研究确定召开县政协十届三次常委会有关事项，讨论常委会工作报告和提案工作报告（征求意见稿）。

**【第十四次主席会议】** 12月22日，县政协主席王寅生主持召开，研究十届二次会议有关事项，研究邀请、列席人员名单调整，邀请上主席台就座名单调整，第一次主席团会议议程调整：将第1项议程中通过大会副秘书长名单（草案）调至第4项，增加通过执行主席名单及日程（草案）为第2项议程，其余议程顺推。会议审议通过了杨丽平辞去委员职务的申请，通过县委常委会研究县政协十届二次全会有关事项的情况，研究确定召开县政协十届三次常委会有关事项；讨论常委会工作报告和提案工作报告。

## 提案工作

**【概况】** 县政协十届一次会议以来，全体政协委员、政协各参加单位和专门委员会，围绕光泽县“中国生态食品城建设”和民生改善提交提案126件，经审查，立案98件，其中集体提案12件，委员提案86件。经十届政协第三次主席会议研究，确定《关于严格实行“河长制”切实保护河流生态的建议》《关于促进光泽县茶叶产业发展的建议》《关于光泽县竹产业现状与发展的建议》《关于出版发行一套光泽乡土教材、让光泽本土教材进入中小学生课堂的建议》《关于加快发展农产品精深加工的建议》等5件提案为重点提案，分别由各位副主席领衔督办。3月9日，县政府召开提案交办会，县政府将98件提案分别交由37个承办单位办理。到10月底，县政协十届一次会议提案已全部办理答复，其中，已采纳解决53件，占54.08%；正在采纳办理33件，占33.6%；列入计划解决6件，占6.1%；因条件所限或政策因素暂时难以办理6件，占6.1%。委员对提案办理满意率95%。

**【经济发展方面提案】** 委员们就建立健全城乡融合发展体制机

制，培育新型农业经营主体；转变经济发展方式、优化经济结构，做大做强光泽县实体经济；发展绿色经济、低碳经济；发展电子商务产业、发展特色旅游产业等与“中国生态食品城”建设相关方面，提出29件提案，得到政府部门有效办理。经科委《关于促进光泽县竹产业发展的建议》中提出的规划建设“互联网＋”竹材交易中心、竹制品精深加工、人才孵化及研发中心等一系列完善竹材加工产业链的建议，均被吸纳到县政府下发的《关于做好2017年竹产业发展工作的通知》文件中。社法民宗委委员提出《关于促进光泽县电子商务发展的建议》，得到相关部门采纳，制定出台《加快电子商务产业发展三年行动计划方案》《关于扶持电子商务发展的意见》，县财政每年安排100万元资金专项扶持电商产业发展。以武夷纯然生态园建设为中心，打造集农产品生产、运输、销售为一体的电商产业园，目前已有10余家企业入驻，农村淘宝村级服务站已覆盖32个村。委员黄志杨提出《关于发挥金融杠杆作用，助推脱贫攻坚，实现“企农”双赢的建议》，得到相关部门重视，县农村信用联社、刺铜红村镇银行、农行、邮储银行等4家金融机构同时开展扶贫小额信贷业务，为贫困户和带动贫困户增收的企业及农民合作组织提供贷款，截至10月底，累计发放扶贫小额信贷4967万元，贷款贫困户1031户，占建档立卡贫困户55.7%。

**【文化教育体育方面提案】** 委员们共提出相关提案22件。委员沈少华提出的《关于挖掘红色文化资源，打造特色文化大县的建议》，有关单位积极作为，投入2000多万元打造大洲国共谈判旧址红色旅游景点，修建旅游道路、游客服务中心、停车场及供电、排水等附属设施；投入200多万元修复李坊乡上观村东方县苏维埃政府旧址；投入142万元修建牛田红军烈士墓，修复红军行营指挥所、红军井、红军路等，投入100余万元建设红军作战室、红军渡口、红军桥、红军地道等景点。委员王建成提出的《关于做好光泽“中国民间故事之乡”后续工作的建议》，设立了“中国民间故事之乡”办公室，配备兼职人员，持续挖掘整理、保护传统故事，推动“讲古”传统习俗成功入选市级“非物质文化遗产”名录，举办“民间故事之村”评选活动，更好地保护光泽县地域传统文化。委员何燕提出的《关于大力加强实践活动，全面提升光泽县中小学生综合素质的建议》得到教育部门采纳，组织开展“重温苏区史、重走红军路”夏令营活动，组织优秀少先队员参观大洲国共谈判遗址、苏维埃政府遗址、二十二军军部遗址、牛田村行军营遗址等；组织开展“美丽光泽、从我做起”大型环保主题教育、到敬老院开展慰问、“拒绝三无食品”等形式多样的校外实践活动。委员陈晓红等提出的《关于切实解决光泽县高中课外教学集中辅导劳务费的建议》得到县里重视，县财政每年安排240万元作为高中教育奖励基金，由教育局设立专户负责具体实施。委员杨为强提出的《关于加强和改善农村医疗卫生条件，保障农民健康的建议》，县相关部门认真研究，全年投入2460万元兴建鸾凤乡卫生院和止马卫生院，投入543万元改善各乡（镇）医疗设施，并对全县66个村卫生所进行修建，促进农村医疗卫生条件改善。

**【民生改善方面提案】** 委员们围绕光泽县基础设施建设、城市管理、交通安全、食品监管、养老事业、慈善事业等问题建言献策，推进社会管理创新、社会安定稳定，提出相关提案47件。中共界委员提出《关于严格实行“河长制”切实保护河流生态的建议》，得到县委、县政府高度重视，县长赵大建对提案作出批示，要求将委员建议借鉴到光泽县“河长制”工作中，成立光泽县“河长制”工作领导小组，由县委书记陈敏辉任组长，建立由9个河长办、94个河道管理员组成的县乡村三级工作网络，健全巡河制度、会议制度、督查制度等工作机制，营造良好“治水”氛围，河流环境大为改善。委员王建梅提出《关于建设城市中心公园的建议》，被采纳到光泽县中山台公园建设工作中。委员肖付钦、汪进英提出《关于提升城市地下排水系统能力的建议》得到相关部门重视，2017年完成东方路排水管网建设，启动中山南路、洪济路排水管网建设，对已有的城区排水管网进行改造疏通，二期工程正在加紧实施。委员杨丽平提出《关于加强公共交通，改善群众出行问题的建议》，得到交通部门采纳。目前公交线路从原有的5条增加到11条，其中，新增4条、延伸2条公交线路，有33辆公交车在各条线路上运营。委员刘勇提出的《关于化解涉村矛盾纠纷，整治林区治安的建议》、委员江少俊提出的《关于加强光泽县农村饮用水水质卫生监测的建议》、委员张立新提出的《关于加强机动车交通安全的建议》等，都得到不同程度的落实和办理。

## 视察调研

**【开展提升城市建设文化内涵专题调研】** 3月21日，县政协副主席杨文弘带领文教卫体专委会部分委员，围绕如何在城市建设中彰显光泽县文化特色、提升城市文化内涵开展专题调研。调研组一行先到县建设旅游局听取关于光泽县近年来城市规划建设情况介绍，并就有关问题与主管部门负责人进行沟通交流。之后，调研组成员察看县九龙峰森林公园、中山台文化广场、“三溪六岸”滨水景观等建设规划点。3月28日，县政协副主席杨文弘带领部分政协委员以及建设旅游部门分管同志到江西省金溪县考察学习金溪县城市建设先进经验，为协商会议作充分准备。

**【开展发挥国家政策性银行作用服务重点项目调研】** 3月中下旬，县政协副主席曾光明组织经济、工商联界别部分委员多次向相关部门了解情况，召开座谈会，带领调研组深入县相关部门和周边县、市开展如何发挥国家政策性银行作用服务重点项目建设调研。调研组一行先后到县发展改革和科技局、县财政局、县农发行听取工作情况汇报。为学习和借鉴兄弟县（市）成功经验，调研组还到晋江市进行学习考察。下一步将结合调研情况对发挥国家政策性银行作用支持重点项目建设提出建议。

**【开展“百日攻坚战”重点项目进展情况视察】** 5月4日，由县政协副主席潘国武带队，部分县政协常委、委员、界别组长组成的视察组，对光泽县“百日攻坚战”重点项目开展情况进行视察。委员们实地察看恒荣南郡综合体建设项目、九龙峰入口公园、圣农第五饲料厂、北溪水厂等光泽县重点项目。之后在县政府第二会议室召开座谈会，县发改科技以及征迁、招商、项目等部门负责人详细介绍“百日攻坚战”做法、成效、存在问题和下步工作计划。委员们认为，光泽县“百日攻坚战”目标明确、责任落实、措施有力、成效显著，特别对“百日攻坚战”一批项目落地、一批机制创新、一批干部成长赞赏有加。针对项目进展不平衡、部分项目施工中变更规划设计、施工组织科学统筹不够等问题，委员们建议，进一步夯实项目前期，规划、设计要充分论证；进一步加强施工组织，督促施工单位上足机械设备、上足人力；进一步拓宽思路，策划生成大项目、好项目。

**【开展农业企业发展情况视察】** 6月9日，县政协副主席曾光明带领农业界别委员到部分农业企业视察。委员们先后视察丰圣农业有限公司、天瑞农业发展有

县政协副主席潘国武带队视察

限公司、宏瑞农庄等企业，听取企业相关情况介绍。视察组充分肯定企业取得的成效，为推动光泽中国生态食品城建设作出的贡献，鼓励他们继续努力，实施科技创新，争创更好业绩。

**【开展“河长制”重点提案跟踪督办视察】** 7月12日，县政协提案委组织部分政协委员在副主席吴舒平带领下，深入鸾凤乡、止马镇及城区河道，开展《严格实行“河长制”切实保护河流生态》重点提案跟踪督办视察。委员们先后察看圣农肉鸡加工三厂、四厂污水深度治理项目，城区重点河段环境整治情况以及止马镇水口、排下、岛石等村河流流域治理情况，对光泽县实行“河长制”以来，从抓队伍、抓机制、抓宣传、抓巡查、抓协调和抓执法等六个方面入手，河流环境整治取得显著成效。尤其是县政府主要领导对提案作出批示后，成立相应机构，落实相关经费，工作力度更大。委员们建议要常抓不懈，早日实现光泽县创建“水清、河畅、岸绿、生态”水美城市目标。

**【开展城乡环境综合整治工作视察】** 7月18日上午，县政协副主席曾光明带领部分市县政协委员、乡（镇）政协联络组长对光泽县城乡环境整治工作开展视察。视察组先后实地察看寨里镇污水处理厂、崇仁乡高速三沿整治情况、县生活垃圾压缩站、坪山背街小巷道路硬化和武林路文体休闲公园及公厕改造情况。下午，在县政协召开座谈会。县建设旅游局、县共建办及寨里、崇仁汇报环境综合整治工作情况。视察组认为，城市治理是一项综合性整治工程，其中，城市垃圾的回收处理是一个很重要的环节，是一个根本性问题。视察组建议政府职能部门应有一个总体的实施方案，要把城市治理与改善市容市貌、治理环境污染、保护生态、精细化管理有机结合起来，通过解决城乡环境卫生、垃圾处理等方面突出问题，推进城市治理工作再上新台阶。委员们并就垃圾村收集、乡转运、县处理问题，农场和一些未被覆盖小区的保洁问题及如何防止规划建设“两张皮”，进一步科学有效地处理城乡垃圾问题等具体事项提出有针对性建议。

**【开展县综合医院创新管理和人才培养机制调研】** 7月18日，县政协文教卫体和文史委组织部分委员，在副主席杨文弘带领下，开展县综合医院创新管理和人才培养机制调研。调研组一行在县医院会议室听取有关工作情况介绍，并与县综合医院管理层及医护人员分别进行座谈交流。希望县综合医院领导班子做好与医院专科负责人的有效沟通，共同规划好各医疗专科的建设发展。对管理和人才等方面存在的问题进行认真梳理，提出相关对策和建议，争取政府有关方面政策支持，促进县综合医院良性运营和长远发展。

**【开展茶产业重点提案督办视察】** 7月25日，县政协副主席曾光明带领部分政协委员到正山小种红茶主产区—司前乡干坑，围绕县政协十届一次会议委员提出的《促进光泽县茶叶产业发展的措施与建议》《发展光泽茶产业提升光泽红茶知名度》等重点提案进行督办视察，就如何提升光

县政协副主席杨文弘带队调研县综合医院

泽县正山小种红茶的知名度和提高茶产业的经济效益进行座谈协商，县农业局和部分县内茶企负责人参加座谈会。委员们参观光泽县觉农干坑红茶专业合作社生产加工基地，听取县农业局关于光泽县茶产业现状和存在问题汇报。委员们认为，光泽县小种红茶在生长环境、茶树品种、传统制作工艺等方面具有一定优势，政府部门应充分发挥红茶产业的优势，将其融入生态食品城建设，加大宣传力度，做好品牌推介，构筑发展平台，提升茶产业的整体实力，推进茶产业化经营水平。

**【开展有机食品产业发展情况调研】** 为充分发挥政协委员参政议政作用，在推进中国生态食品城建设中集中民智、建言献策，8月2日，在县政协副主席吴舒平带领下，县政协提案委组织相关政协委员开展“发展光泽县有机食品产业”专题调研。调研组一行先到圣农集团有限公司，与圣农食品公司、丰圣农业及圣农品管部相关负责人深入座谈交流。随后委员们察看杉城农民养蜂专业合作社、乌君山油茶专业合作社、司前乡黄坊村油茶基地、华韵武夷茶叶有限公司、白云农业发展有限公司等专业合作社或企业，详细了解他们在生产经营无公害食品、绿色食品和有机食品方面情况，就发展有机食品与企业负责人进行认真探讨和交流。委员们认为，被称为“现代农业皇冠上的明珠”的有机食品，虽有着近乎严苛的标准，但光泽县作为全国唯一一个申报成功的“中国生态食品城”县城，发展有机食品产业对提升生态食品城档次，实现环境、社会和经济良性发展意义重大。委员们希望借鉴有机食品产业发展的成功经验促进光泽县有机食品产业逐步发展壮大。

县政协副主席吴舒平带队调研茶产业

## 民主协商

**【召开发挥国家政策性银行作用服务光泽县重点项目建设专题协商会】** 4月28日上午，县政协召开第6次主席会议，围绕发挥国家政策性银行作用服务光泽县重点项目建设开展专题协商。县政协主席会议成员、部分常委、调研组成员、县政协机关各委办干部，县委副书记董礼义、县委常委、政府常务副县长郭绯红以及发改科技、财政、国资委、水利、国土资源、住建旅游、林业、卫计、银监、农发行等部门负责人参加会议。县政协主席王寅生主持会议。协商会上，县政协经科委代表调研组作专题调研情况报告，县政协分管副主席曾光明作专题调研补充发言，调研组成员从不同角度对政策性银行如何服务光泽县重点项目建设问题进行发言。职能部门负责人结合本部门在服务重点项目建设中的职责，有针对性地回应委员所提的建议，县委、县政府领导对本次协商会取得成效给予肯定，表示下阶段要在全县领导干部中进一步解放思想，建立激励机制，发挥国家政策性银行作用，加快推动光泽县重点项目建设。

**【开展在城市建设中彰显光泽县文化特色专题协商】** 5月23日上午，县政协召开十届县政协第二次常委会暨“在城市建设中彰显光泽县文化特色”专题协商会，与县政府就如何提升光泽县城市建设的文化内涵问题进行协商。县政协主席会议成员、政协常委、县政府副县长刘丹、叶财旺及发改科技、文体新、住建旅游等部门负责人参加会议。县政协机关各委办干部、界别组和乡（镇）政协联络组组长列席会议，县政协副主席潘国武主持会议。协商会上，听取调研组所做的专题调研报告，课题组负责人县政协副主席杨文弘作专题调研补充发言，委员们从不同角度提出具有参考价值的意见和建议。住建部门和县政府副县长刘丹对委员的建议进行积极回应。会议在三个方面基本达成共识：制定城市建设文化规划，进一步明确科学定位、整体布局、做好单项规划。如在城南，依托中山台文化广场，在建筑造型、雕塑设计等方面重点突出商周文化，同时兼容其他文化元素；抓好中山台文化广场、九龙峰森林公园、城西山地公园、“三溪六岸“滨水景观工程、橘子洲片区等城市重点项目文化建设；加快出台推进城市文化建设各项政策措施。县政协主席王寅生强调：会后注意汲取协商会上各方的意见建议，进一步完善材料，并于一周内以县政协常委会议协商意见的形式报送县委、县政府，供决策参考；县政协文教卫体和文史资料委负责做好协商意见的跟踪落实；希望县有关部门认真研究、积极吸纳政协协商意见，县政府于今年 12 月向县政协常委会议通报协商意见落实情况。

## 其他工作

**【走访慰问委员“春天行动”】** 3 月至 4 月，县政协主席、副主席率相关委办开展走访委员、走访社区、走访部门、走访社会组织，通过关心委员，发现青年创业典型，进行宣传报道；通过走访社区，贴近群众收集社情民意信息；在走访部门时，结合政协年初协商计划对接委员提案督办和协商课题前期准备工作；在走访社会组织中，进行交流互动，了解他们工作安排，为精准扶贫凝聚力量。通过走访委员，了解并促进委员履职，即提一条有质量的提案，反映一条有价值的社情民意，参加一项视察调研活动、为群众办一件实事、参加一项公益活动。

县政协主席王寅生、副主席曾光明走访委员“春天行动”

**【赴邵武考察学习城市公园建设】** 为进一步提升委员通过政协提案参政议政的能力，结合光泽县水美城市建设及委员们提出的关于城市公园建设的提案，5 月 17 日，县政协副主席吴舒平带领社保界部分委员赴邵武市考察学习城市公园建设。委员们现场考察福山公园和熙春公园滨水建设情况，听取邵武市关于城市公园建设和湿地公园规划情况介绍。通过考察学习开拓思路、增长见识，为委员积极参与美丽光泽建设更好地履职提供平台。

**【召开乡镇政协联络组组长联席会议】** 6 月 12 日上午，召开乡（镇）政协联络组组长联席会议。县政协主席王寅生、副处级调研员王信实、乡（镇）政协联络组组长和县政协办公室人员参加会议。会议由县政协副处级调研员王信实主持。会上，各乡（镇）政协联络组组长分别通报今年以来工作开展情况。与会人员围绕服务中心、推进精准扶贫、提案收集撰写、反映社情民意、更好地发挥政协职能等方面问题进行深入交流，县政协办公室对乡（镇）政协联络组反映社情民意信息工作进行通报。县政协主席王寅生充分肯定乡（镇）

政协联络组在推进乡（镇）经济发展和社会稳定中做了大量工作，并就乡（镇）政协联络组如何贴近群众、服务群众，协助党政部门做好协调关系方面发挥好乡（镇）政协联络组作用提出要求。

**【邵武市政协到光泽县考察交流政协联络组工作】** 7月16日上午，邵武市政协主席蔡忠明率主席会议成员、机关各委办负责人和各乡（镇）、街道政协联络组组长等到光泽县考察美丽乡村建设、交流政协联络组工作。邵武市政协一行在县政协副主席曾光明、吴舒平的陪同下，考察鸾凤乡上屯村美丽乡村建设和寨里镇江源村承天药业重蒌种植基地，并就乡（镇）街道政协联络组工作进行友好交流。

**【延平区政协到光泽县参观考察现代农业】** 11月16日，延平区政协副主席吴跃春带领社法民宗委委员一行到光泽县考察现代农业发展等情况。考察组一行考察圣农第四宰杀厂、第五熟食品厂和中科渔业等现代农业项目示范点，还参观止马杉关龙樟生态园和生态司法教育实践基地。延平区政协考察组对光泽县围绕“中国生态食品城”建设，大力推进传统农业转型升级，在现代农业发展方向、主体、模式等方面积极探索，取得成效表示赞赏。延平区政协考察组还就结合现代农业发展新形势、新要求，在培育发展主体、突出项目带动、强化配套服务、提升优势产业等方面与光泽县进行交流和探讨。

**【宣传信息】** 2017年共采用宣传稿件98条，社情民意信息31条。重视居民住宅楼电梯设计、建设工作的建议、开展生活垃圾分类处理的建议、保护好“献忠馆”古旧砖瓦和浮雕的建议、崇仁明清古街保护刻不容缓、完善烈士陵园相关设施的建议等社情民意信息得到县政府主要领导批示。县政协宣传工作获市政协全委会表彰，1人获全市政协宣传先进个人称号。

（陈琦）

# 人民团体　社团组织

## 县总工会

【概况】　2017年，县各级工会组织认真贯彻落实《工会法》《劳动法》《劳动合同法》等法律法规，围绕工会工作面临的新情况、新问题和职工群众的新期待，组织职工、引导职工、服务职工、维护职工合法权益。

【服务改革发展】　紧扣“四绿发展”“五大战役”“5＋3”产业发展，开展职工岗位练兵、技术比武，合理化建议、经济创新等活动。全年参加劳动竞赛职工3000多人。开展合理化建议征集活动，组织引导职工为技术创新、岗位创新和管理创新出主意、想办法，发挥职工干部、职工先进和技术骨干的引领作用，提出合理化建议30多条。实施职工素质工程，鼓励全县各行业职工开展以技能人才“五小发明”为重点的科技发明与创造活动，营造全社会崇尚发明、尊重创造、尊重技能人才的良好氛围，促进企业更快更好的发展，提出技术创新项目5项，其中获省“五小发明”二等奖2项，三等奖1项。在全县范围开展“名师带高徒”活动，鼓励职工参加各类学习、实现自主创新，明确培养目标和计划，结对师徒300多对。弘扬劳模精神、劳动精神。推荐各条战线上的先进职工参与各级劳模、先进工作者评选活动，开展“最美劳动者”“道德模范”等评选活动，在《光泽时讯》、有线电视等县内媒体宣传劳模等先进事迹，弘扬社会正能量。

2017年12月9日，县总工会举办全县基层工会干部培训班

【构建和谐劳动关系】　创建和谐劳动关系活动，助推企业文化发展，提升职工素质，满足职工群众日益增长的精神文化需求。落实每年工会与政府联席会议等制度，为企业发展和职工合法权益提供支持保障。建设网络舆情信息员队伍，掌握职工队伍的网络舆情，维护职工队伍稳定工作，发挥工会组织在实现社会安定稳定、发展进步中的作用。完善以职代会为载体的厂务公开制度，实现职工民主管理、民主决策、民主监督工作。丰富职工文化体育生活。“五一”期间开展气排球、乒乓球、羽毛球等系列文体活动，鼓励全民健身，全县20多支乡镇（园区）、系统及基层工会队伍参加。举办读书征文、职工书法摄影艺术精品展、书法展、女工诵读等，丰富职工文化生活。完善企业后勤保障，要求规上企业配备职工餐厅、宿

2017 年 7 月 19 日，县总工会常务副主席黄传新慰问一线环卫工

舍等后勤设施，并建立职工书屋，满足职工阅读需求，至 2017 年底，全县建省级以上职工书屋 6 家。在圣农集团建立“妈妈小屋”，为哺乳期女工解决哺乳尴尬问题，把工会的关爱送到职工“家门口”，当好职工的“娘家人”。组织 200 多家企业、近 2 万名职工参加省级以上“安康杯”竞赛，2017 年获全省“安康杯”先进单位 2 个，先进班组 1 个，全市“安康杯”先进单位 4 个，先进班组 2 个，优秀组织奖 1 个。

**【维权帮扶服务职工】** 开展“春送岗位、夏送清凉、金秋助学、冬送温暖”活动。开展“扶贫济困送温暖、温馨和谐在光泽”主题送温暖慰问活动，筹集慰问款 33.6 万元，慰问困难职工 460 人次；与人社局等单位联合举办“春风行动”专场招聘会两期，有圣农公司等 20 多家企业，提供就业岗位 5000 多个，求职人员近 500 人，发放各类宣传资料 1000 多份，实现就业 300 多人，接受各类用工及就业创业政策咨询百余人；到圣农发展、圣农小镇建设工地、工人文化宫建设工地、闽源保洁等 12 家单位开展防暑降温慰问活动，发放防暑降温慰问品近 7 万元；“金秋助学”活动帮扶困难职工子女上大学 18 人，发放助学金 7.4 万元。组织全县职工参加第六期医疗互助活动，全县 200 多家单位，1.66 万职工参加，全年医疗互助补助 463 人次，补助金额 34.75 万元。成立劳动争议调解中心，构建“三员一代理”职工法律援助机制，参与欠薪调查，代理劳动争议案件，依法维护职工合法权益，全年参与劳动仲裁 5 起，受理职工群众来信、来访、来电 10 件。在开展企业职工法律法规培训的同时，关注职工安全问题，通过“工会声音”短信平台向企业职工发送安全生产、职业病防治相关法规及知识，发送相关法规知识短信 3 万余条；及时在工会网上发布职工关心的热点问题、工会工作动态，创建工会微博，建立工会微信公众号，为职工提供便捷的服务。

**【提升工会工作水平】** 夯实工会基层基础，完善基础工会建设，提升基层工会干部素质，全

2017 年 12 月 4 日，县总工会副主任科员黄淑华开展工伤政策进建筑工地活动

面提升各级工会工作水平。科学谋划动态管理，工会组建工作取得成效。抓好重点领域、重点单位和重点对象的常态动态统计管理，全县25人以上法人单位建会率和工会法人资格登记率和职工入会率均动态保持在95%以上，全县已建机关企事业基层工会476家，组建率达95%，有工会会员30930人（其中农民工会员13343人）。建设“1+X”模范职工之家。通过完善带创措施，培育和树立一批先进典型，做好扩面工作。有134家单位获得各级职工之家荣誉称号，其中全国模范职工之家1家，省级模范职工之家13家，市级模范职工之家24家，县级合格职工之家96家。从“双亮”（工会组织亮牌子，工会主席亮身份）着手，抓好会员“四权”（知情权、参与权、选举权、监督权）落实，全县实现“双亮”覆盖面达88%。实行厂务公开民主管理。全县厂务公开制度建制率、职工（代表）大会制度建制面以及集体合同和工资专项集体合同签订率均超95%。举办基层工会干部培训班一期，参与培训人员近100人，提升基层工会干部业务水平，开展基层工会工作，服务职工。

**【加强自身建设】** 保持和增强工会组织的“三性”。建设工会组织，健全考核机制，制定县总工会绩效管理考核方案，开展“马上就办”行动。开展“我和职工拉家常”“面对面、心贴心、实打实服务职工在基层”等活动。工会机关建设，履行计生、安监、综治、人才、国防、禁毒等成员单位职责。严格执行中央八项规定和财务规章制度，降低行政运行成本，提高资金使用效益，同时，强化措施，依法收缴，形成部门合力，确保工会经费收入稳步增长。推进财务、经审规范化建设，监督基层工会经费、资产审计。建设工人文化宫。集职工服务中心、职工书屋、职工学校、劳模展厅、多功能球室等为一体，为职工的文化活动及体育活动提供舒适的环境。确定工会文化宫建设项目具体负责人及联络员，并聘用专业资质业主代表一名，负责落实项目工地现场各项工作。定期召开项目推进会及工地例会，实抓项目进度进展、工地安全生产及建设中存在的相关问题，现场讨论及时解决，对施工单位及监理单位存在的问题及时下发整改通知并落实整改情况；成立无欠薪项目部，督促施工方按规范及时发放农民工工资。

（吴梦雪）

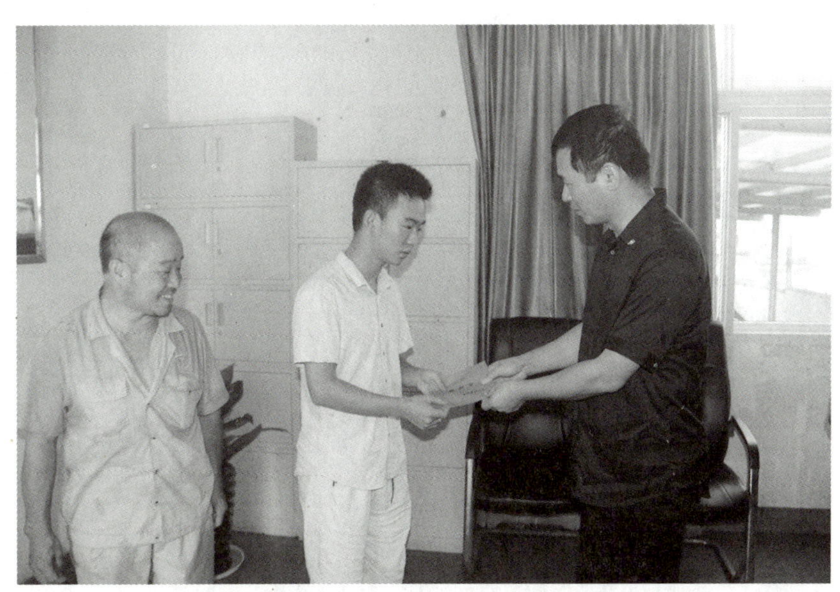

2017年8月30日，县委常委、宣传部长、总工会主席陈进财为圣农困难职工子女上大学发放慰问金

## 共青团

**【概况】** 2017年，团县委立足共青团四项基本职能，以习近平新时代中国特色社会主义思想为指导，以宣传贯彻党的十九大精神为主线，紧紧围绕县委、县政府“百日攻坚”“四比六促”等中心工作，聚焦改革攻坚，全面从严治团，强化责任，努力创新，夯实基础，推动光泽共青团工作再上新台阶。

**【夯实团建基础】** 召开共青团光泽县委第二十一次代表大会，选举产生共青团光泽县委第二十一届委员会书记、副书记、委员和候补委员。按时完成乡（镇）、县直团委换届选举工作。贯彻落实中央省市群团工作会议精神，聚焦问题、强化担当，将全县共

2017年11月1日，共青团光泽县委第二十一次代表大会召开

青团改革工作向纵深推进，推动《共青团光泽县委改革方案》通过县委常委会研究并印发。各乡（镇）建立健全“党建带团建、团建壮党建”工作机制，提升村级团组织建设科学化水平。抓好党建工作示范点的团建跟进工作，建成与党建同步的团建示范点，发挥示范带动作用。举办2017年基层团支部书记培训班，组织全县村（居）团支部书记及各中学团委（总支）书记参加培训。

【服务中心工作】 在全县“百日攻坚战”“四比六促”活动期间，组建青年突击队7支，发挥200余位青年干部职工攻坚克难、敢拼会赢、创新创效的争先作用；在省级重点项目中科渔业产业园建设一线开展“百日攻坚战 党团当先锋”竞赛活动；在武夷纯然公司开展“四比六促青年先锋岗”评比，鼓励青年职工勇挑责任重担。在全县开展“共青团员先锋岗（队）”创建工作，其中3个青年集体获评南平市“共青团员先锋岗（队）”。组织卫生系统青年36人组成6支“青年医疗志愿服务队”，每月为“因病返贫”贫困户提供重点服务。组织乡村艺术支教团，12位来自全国各地志愿者到华桥乡增坊小学开展艺术启蒙教育扶贫。推送“福建承天药业有限公司”金融精准扶贫绿色信贷项目和光泽县“青春扶贫”医疗义诊项目参加福建省“青春扶贫”大赛，并分别获得省“青春扶贫”大赛三等奖和优胜奖。组织全县各行业青年志愿者积极参与省级文明城市创建。

【引领青少年思想】 在全县共青团员中开展“学习总书记讲话·做合格共青团员”教育实践，在全县各级团组织中开展以“践行新思想 拥抱新时代”为主题的组织生活会，学习贯彻党的十九大精神。在县一中、二中举办“行朱子成年礼 做当代好青年”成人礼仪式，弘扬社会主义核心价值观。举办“奋斗的青春最美丽”青年故事分享汇，通过分享榜样故事鼓励广大青年在参与项目建设、重点工作和“百日攻坚战”中贡献青春和力量。以

2017年7月24日，基层团支部书记培训班

2017 年 5 月 2 日，五四表彰大会

重大节日为契机，在全县中小学生中深入开展“我的中国梦——奋斗的青春最美丽”“重温苏区史 重走红军路”“清明祭先烈”“红领巾相约中国梦”等品牌活动 70 余场，近 3000 名的中小学生参与。与县委组织部、县法院、止马镇人民政府共同举办了“千秋生态 红色传承”主题植树活动。

**【关爱青少年成长】** 开展“希望工程”圆梦助学行动，争取助学金 59000 元，资助 16 位中高考贫困生。在少先队员中开展“爱心储蓄”活动，利用爱心储蓄利息开展爱心助学活动。组织青年企业家开展关爱贫困儿童志愿活动，筹集善款 33700 元，帮扶困难儿童 19 名。开展留守儿童“微心愿”活动，筹集善款 78000 元，为 147 名贫困少年儿童送去书包、铅笔、直尺、橡皮擦等学习必需品。携手光泽县同心助学开展“关爱事实孤儿”慈善义卖活动，筹集善款 3.4 万元，全部送至 38 名事实孤儿手中。为事实孤儿向上级团组织争取“感天益善”助孤助学金 2400 元和少儿书籍若干。为 3 所农村小学配备希望工程快乐体育园地、净水设备等项目。召开 2017 年预防青少年违法犯罪工作会议，开展“青少年维权岗”创建工作，联合县检察院在鸾凤乡黄溪村创建“未成年人零犯罪村居示范点”。在止马镇杉关村创建南平市青少年“生态法制教育基地”，邀请团市委书记谷国海同志为基地揭牌，多次组织团员青年、少先队员到基地接受保护生态法制教育。

**【服务青年成长发展】** 举办“奔跑吧！青春”趣味运动会、“青春喜迎十九大 青年建功新光泽”篮球赛等文体活动，丰富青年干部职工的文化体育生活。成立青年读书会，组织青年开展各类读书活动。举办多场“我们在益起”“青缘龙樟 情定七夕”等主题青年联谊活动，为青年搭建沟通交流平台。举办“我的家乡叫中国生态食品城”学子、子弟兵游家乡活动，活动信息在《闽北快讯》和《八闽快讯》上刊载。打造杭中“青年之家”，开办书法和吉他公益课，为青少年

2017 年 10 月 16 日，南平团市委书记谷国海到止马镇为南平市青少年生态法制教育基地揭牌

2017 年 11 月 9 日，在共青村举办青年企业家结对捐赠活动

搭建学习交流平台。举办公务员考前公益培训班，助力青年公考。搭建创业交流平台，让青年企业家“走出去”，组织梦想家电子商务、绿也碳业等多家电商及传统企业到兄弟县市交流学习，促进企业间信息交流和资源整合。

（郑丽华）

## 妇　联

**【概况】** 2017 年，全县各级妇联组织以习近平总书记系列重要讲话特别是关于妇联改革的重要指示精神为指导，始终牢记妇联是党领导下的妇女群众组织，忠实履行妇联组织的职责，不断调整工作思路、改进工作方法，实施女性素质工程，提升履职能力，有针对性地开展各类培训，开创妇女工作新局面。

**【提升素质】** 先后举办全县村（社区）妇联主席及村主干履职能力培训班、反家庭暴力法讲座、幸福婚姻家庭大讲堂、女性健康知识讲座、精准扶贫培训班等。推荐女性参加有关部门举办的培训班，组织 20 位建档立卡户以参加家政培训班并获得资格证书；组织 5 名巾帼美丽家园及巾帼绿色发展示范基地负责人到省农林大参加省妇联举办的巾帼致富种子工程培训班；组织女村主干参加省妇联举办能力提升培训班；组织县、乡妇联干部参加省市妇联举办的业务培训班等。推动政府部门在各项普惠性培训中提高妇女比例，提升她们的综合素质与履职能力。

**【巾帼维权】** 做好来信来访工作，建立健全信访工作责任制，每件上访事件都能做到认真接待，耐心解决，全年接待来访妇女群众 46 起，调处率达 98%。成功调解《母亲与儿子家庭纠纷案》，县司法局将其作为人民调解成功案例向上级部门进行重点报送推广。

**【建立妇女儿童关爱中心】** 成立妇女儿童心理关爱中心，建筑面积 230 平方米，向县财政争取 40 万元投入中心维修及购买设施等，内设有团体辅导室、心理咨询室 、心理阅读室、情绪宣泄室、沙盘游戏室、音乐放松室。组建心理咨询师、法律志愿者、家教志愿者、文艺宣传队伍等组织，面向全县广大妇女儿童定期开展家庭教育、亲子阅读、法律维权、心理咨询、婚姻家庭调适、幸福婚姻家庭大讲堂及家风家训指导等活动。心理关爱中心作为 2017 年度市综治办对全县综治工作考评的迎检点，得到市综治办肯定。

**【平安家庭创建】** 按照上级妇联及县综治办创建工作要求，组织实施平安家庭创建工作，依托乡（镇）、村、社区妇女维权工作站和妇女之家，宣传平安家庭创建知识、法律法规，保障妇女儿童权益的法律知识真正进社区、进家庭。“三八”维权周期间，联合法院、司法局等单位举办“送法律、到基层”大型街头宣传“反家庭暴力”活动，平安家庭知识宣传等，发放平安家庭创建宣传资料及宣传品 1 万余份。2017 年适逢市、县两级开展第三轮百千万平安家庭示范户的评选活动，县妇联按照活动方案要求，开展表彰活动，经严格评选程序共评选出市级平安家庭示范户 8 户，县级平安家庭示范

南平市、光泽县两级“平安家庭示范户”颁奖仪式

户105户。

**【实施巾帼关爱行动】** 开展“母亲健康1+1”募捐活动，收到捐款4万余元。联合卫生部门做好城乡低保妇女妇科病免费普查和农村妇女“两癌”筛查工作，筛查人数1500余人。做好建档立卡户两癌贫困母亲摸底工作，全县有22名建档立卡户女性患有“两癌”疾病，全部上报省妇儿基金会申请救助，目前有7名建档立卡户获得救助金额7万元。推荐3名建档立卡户家庭子女到福州中级职业学校免费就读。解决女性因患妇科重大疾病医疗费用不足或因病致贫、返贫的问题，联合县人寿保险公司在全县范围内开展女性安康保险工作，全县参保人数1549人14.53万元。争取保险公司为40名建档立卡户家庭符合条件的女性每人赠送100元保费，保额为45000元。

**【开展春蕾计划助学活动】** 发挥妇联广泛联系各界的职能，联系企业老板、爱心人士及各级巾帼文明岗为贫困家庭子女献爱心活动。关爱特殊儿童，“六一”期间，组织市级巾帼文明岗前往县福乐幼儿园看望慰问全体师生，送上学习用品及慰问金。向省妇联为县儿童托管中心星晨乐园争取到快乐儿童家园项目资金4万元。

**【助力巾帼创新创业】** 4月，南平市妇联女企业家联谊会巾帼共享平台研讨会在光泽召开，各县市妇联主席、部分女企业家等70余人参加会议，成为女企业家搭建相互沟通合作的平台。树立一批先进典型，光泽县国税局纳税服务科荣获全国巾帼文明岗称号，油溪绿源蔬菜基地、浆源村良岭家庭农场基地被评为南平市巾帼示范基地，鸾凤乡油溪村被评为南平市巾帼美丽家园，争取到创建经费3万元。基地充分发挥辐射带动作用，安排19户精准扶贫对象妇女就业。

**【基层组织建设】** 推进村（社区）妇代会改建妇联及乡（镇）妇联区域化改革工作。在“会改联”工作中按照“先行试点、示范带动”的工作思路，通过广泛宣传发动、举办业务培训、争取各级党委支持、严格选举有关程序等有效做法，推进妇联组织改革工作。完成全县8个乡（镇）、85个行政村、5个社区妇联组织

建设法治福建巾帼行动——幸福婚姻大讲堂光泽专场

改革工作。选举新一届乡（镇）妇联主席8名，副主席22名，执委188名，村（社区）妇联主席90名，副主席165名，执委1133名。其中聘请与江西交界的7个村妇代会主任为省际村兼职妇联副主席，便于两省之间事务的协调与解决，促进社会和谐与稳定。探索改革后的妇联工作方式方法，建立妇联执委联系普通妇女群众联系制度，做到每月有联系总结及计划，为广大妇女群众排忧解难。

**【运用新媒体】** 开设光泽县妇联微信公众号，建立县、乡、村三级妇联“一呼百万”好姐妹微信工作群。按照哪里有妇女，哪里就有妇女组织的工作要求，建立不同类型的妇女微信群，形成网上网下相互促进、相互融合、信息共享的“互联网＋妇联”工作格局，让妇女群众随时随地能找到自己的组织、了解妇联的信息、交流工作经验、参加相关活动、得到及时帮助，打通服务妇女“最后一千米”，让妇女工作及时准确地落实到基层。

**【意识形态】** 党的十九大会议召开后，县妇联系统掀起学习宣传贯彻党的十九大精神的热潮，开展“巾帼心向党·建功新时代”主题活动，以全县村（居）妇联为主阵地，以妇女群众喜闻乐见的形式，开展“八闽巾帼心向党·万村千居唱起来”展演活动。采用当地群众喜爱的、大众化的、接地气的戏曲、歌舞、快板、三句半、顺口溜等文艺形式，让广大妇女群众听得懂、学得来、能领会并广泛参与展演活动，在学中演、在演中学，把党的十九大精神学懂、弄通、做实，引导广大妇女坚定不移听党话、跟党走。开展“八闽巾帼心向党·万村千居唱起来”活动得到省市妇联的高度评价，肯定光泽妇联落实的及时并有创新，市妇联要求各县市妇联向光泽妇联学习借鉴。

（官香英）

## 科协

**【概况】** 县各级科协组织及所属团体，学习贯彻党的十八大、十九大精神及习总书记系列重要讲话精神，贯彻落实省市、县委群团工作会议和中国科协九大会议精神，围绕精准扶贫发展战略，履行“四服务一加强”职能，团结引领全县广大科技工作者抢抓机遇，改革创新，凝心聚力，奋发有为，各项工作取得新成效。

**【建成首个青少年科学工作室】** 贯彻落实《全民科学素质行动计划纲要（2016～2020）》，借助社区增设重建机会整合科协和社区资源，2017年4月，协会在杭中社区城南服务站建成全县首个青少年科学工作室。工作室为青少年提供知识性、互动性、趣味性的科普内容，使青少年科学工作室成为全县中小学生的“校外科普课堂”。

**【探索“互联网＋”模式】** 适应“互联网”新时代，探索自媒体平台科普工作与“互联网＋”科普模式。创建“光泽县科技工作者之家”微信群，并与光泽微生活文化传媒有限公司合作，利用其平台建设推进科协信息化。每周定期发布两条以上科协微信软文，为公众传播科学、健康的生活知识，求证网络伪科学谣言，了解科协的工作动态。创建15个科普e站。购置7台科普大屏，分别投放于鸿建科技农庄、光泽县医院、光泽县实验小学等7家单位。在乡（镇）、社区创建8个科普e站，把“互联网＋”科普模式引入科普工作。实验小学科普中国校园e站、寨里镇人民政府科普中国乡村e站获首批福建省科普中国示范e站命名。

**【创新驱动助力发展工程】** 3月，协会与老科协在鸾凤乡大陂村开展水稻新品种推广应用活动，引进杂交水稻优良新品种甬优1540，试种面积6.67公顷。该品种在同等条件下比其他杂交品种亩增150～200斤，每亩可增收200元以上。通过示范引领，促进种粮农户增收与新品种推广应用。开展企业科协科技信息推广应用服务，推广应用解密专利信息系统注册安装。与光泽华农现代农业发展有限公司、光泽县集友石材有限公司、光泽县天马山大鲵发展有限公司等10家企业签订合作协议推广科技信息。县烟草农业协会积极开展烟叶烘烤培训、紫云英生产培训及优化烟叶结构培训，累计开展240场次，共计6000人次受益。农学会在全县范围内召开农业五新技术培训、新型职业农民培训，县农业专家组成员、各村农技员、科技示范户等250余人参加会议。林学会举办林业各类技术培训（讲座）14期，参训人员1141人次。县药材协会、茶叶协会等其他学（协）会开展相关培训，发挥科技服务助力精准扶贫的职能作用。

**【科普阵地建设】** 为发挥社会科普资源作用，协会置换一些老旧的科普画廊，并在社区、公园与科普教育基地等人群相对集中处，新创建4处科普宣传阵地，分别为杉关生态文化园科普宣传栏、科普教育基地武夷绿园蔬菜科普宣传栏、杭中社区城南工作站科普宣传栏及乌君洲科普主题公园，园内设有科普画廊、科普长廊、火烧板宣传标语。实施中华蜂科普园改造提升工程，优化科普园内部构造，打造光泽蜂产业文化科普园。

**【公民科学素质建设】** 制定并印发《光泽县全民科学素质行动计划纲要实施方案（2016～2020年）》，明确“十三五”时期工作目标任务，力争全县具备科学素质的公民比例达到标准。

**【全国科技工作者日活动】** 5月27日，在文化馆一楼展厅展出以“精忠报国、敢为人先、拼搏奉献”为主题的全县优秀科技、科普成果展及科技贡献优秀单位、个人先进事迹展。组织文教卫林农水等各行业科技工作者代表赴工业园区丰圣智能蔬菜种植基地、崇仁承天药业药材种植基地参观考察，了解现代农业发展、林下经济种植方面取得的成果。

**【全国科普日活动】** 9月14日，联合县环保局、杭川镇杭东社区在县图书馆前举办以“创新驱动发展、科学破除愚昧”为主题的全国科普日宣传活动。此次活动累计发放各类宣传资料近1000份。在全国科普教育基地鸿建农庄开展契税文化周活动。联合县综治办开展科普专兼职人员与志愿者培训及科普大篷车进校园等系列活动，营造全民参与全国科普日活动的良好氛围。光泽县全国科普日活动获评2017年全国科普日优秀活动。

**【科普大篷车进校园】** 3月，与县教育局联合下发《关于开展“科普大篷车进校园”巡展活动的通知》，在县实小、一中、二中、三中及各乡（镇）偏远中小学等21所学校开展“科普大篷车进校园”巡展活动。

**【播映《科普新说》系列电视节目】** 与县电视台合作，在电视台播放新版《科普新说》节目。《科普新说》通过邀请某一领域的权威专家，深入浅出地讲解科学知识，激发人们为进一步弄清真相而系统学习相关知识的兴趣，达到科普科学知识的目的。

**【组建科普志愿者队伍】** 与县老科协联合下文《关于组建科普志愿者的通知》，在全县范围内召集科普志愿者队伍，已成立4支科普志愿者队伍，分别为广场大妈队伍，技术人员队伍，社区科普志愿者队伍和乡（镇）科普志愿者队伍。

**【省青少年科技创新大赛】** 组织青少年参与由省科协、教育厅、科技厅等单位共同举办的省青少年科技创新大赛。经严格评审和激烈角逐，县实验小学选送的由王俊云老师指导的研究项目《中国象棋“接着下”棋盘》荣获第32届青少年科技创新大赛一等奖。王晨悦同学荣获“生态文明，绿色发展”第三届福建省青少年科学素养网络竞赛知识竞答项目小学组三等奖。

（韩虹）

## 侨　联

**【概况】** 2017年，县侨联贯彻落实党的十九大精神及县委一系列重大决策部署，增强政治意识、大局意识、核心意识和看齐意识，围绕中心、服务大局，发挥优势、主动作为，不忘初心、砥砺前行，在服务经济发展、拓展海外联谊、弘扬爱国爱乡、依法维护侨益、开展群众工作、自身建设等方面做了大量工作。

**【组织建设】** 组织和引领侨界群众把握正确的政治方向。通过参加县委中心组学习、统战支部学习、党员领导上党课、侨界人士座谈、微信宣传侨联工作等方式，在学懂、弄通、做实上下功夫，实现党的侨务路线方针政策进乡（镇）、社区。做好新形势下侨联工作，贯彻中央《关于加

2017 年 12 月 6 日，县侨联主席冯斌参加福建省第十次归侨侨眷代表大会

强和改进新形势下侨联工作的意见》和福建省《实施办法（意见）》，把侨联建设纳入党的建设，做到党建工作与业务工作“两手抓，两促进”。坚定引领侨界群众的正确方向。通过组织侨联委员、侨界委员和侨胞侨眷开展学习、座谈、视察等活动，营造爱国爱乡浓厚氛围。

**【侨情调查】** 结合市侨联“百千行动”，在全县范围内开展美国、港澳侨情调查，健全和完善侨情数据库资料。抓好入户调查，对原籍光泽的 32 位美国华侨华人、52 名香港同胞信息进行摸底，完善侨情电子信息库，确保数据真实可靠、准确完整。

**【联谊活动】** 贯彻“一国两制”方针，发挥港澳台同胞、眷属的作用，鼓励港澳台同胞到大陆投资兴业。全年接待南平旅港联谊会、台南中华统一促进会两批次乡亲。突出做好重点海外人士和社团工作。主动通过电话、邮件、微信等形式向其提供家乡发展信息，宣传党和国家的侨务政策，有计划、有重点、有步骤地扩大对外联谊覆盖面，进一步涵养海内外侨务资源。春节前夕，走访慰问香港侨眷代表，感谢他们在港澳繁荣稳定发展中发挥积极作用，密切港澳及台胞联谊。

**【公益事业】** 开展“百侨帮百村（居）”活动，使用 3000 元办公经费，慰问崇仁乡金陵村 10 位高龄老人。拨给杭东社区 2000 元驻会工作经费，用于侨法宣传。光泽县德顺酒业副董事长郑文耿先生向崇仁乡捐赠 10 万元的“侨心工程”项目，用于中心小学太阳能路灯建设，方便学校师生和附近村民夜间出行。引导侨胞侨眷捐资助建，全县接受侨捐 55 万元。其中用于教育 20 万元，社会救助 25 万元，平安建设 10 万元。

**【招商引资】** 对接上级侨联举办的招商引资引智活动，为侨商参与本地经济社会建设牵线搭桥，推动项目对接和落地。走访、联系德顺酒业、恒顺商贸等侨资企业，开展全县侨资企业调研，掌握侨资企业发展规模、产业结构、行业分布等情况，完善更新侨资企业数据库，引导推动侨资企业加快转型升级。同时，根据县委、政府的要求，做好辉隆生物、武夷纯然、正山堂等公司股权投资和小额扶贫贷款资金的投资工作。

**【参政议政】** 组织侨联委员、侨联界政协委员“活动日”活动，开展“我为建设美丽福建献一策”行动，提交提案议案 9 件，为归侨侨眷和海外侨胞参政议政创造条件，促进侨界群众最关心最直接最现实的利益问题的解决。

**【关注侨界民生】** 对全县困难归侨、困难侨眷子女就读全日制高等学校情况进行摸查，对符合救助的人员及时做好扶贫救助补助资金的发放工作。通过摸底，得知坪山社区侨眷吴孚兰家庭困难，其女在泉州师范大学就读，侨联提供 5000 元助学金。春节和重要节日，上门慰问困难归侨、侨眷、侨企、侨联老朋友等涉侨对象 30 余人。

**【依法维护侨益】** 全年收到来信来访 2 件，办理华侨回国定居业务咨询4件，办结率100%。妥善解决退休侨眷熊年辉拆迁安置问题。

（冯斌）

## 社科联

【概况】 2017年，县社科联以"学习宣传贯彻党的十九大精神·加快构建中国特色哲学社会科学"为主线，以品牌建设提升社科工作影响力，强化人文素养及社科普及宣传，全县社科工作取得新进展。

【科学普及】 11月4～11日，与县委宣传部、县社科联共同举办以"学习宣传贯彻党的十九大精神·加快构建中国特色哲学社会科学"为主题的社会科学普及宣传周活动。活动内容包括"社会科学在你身边"普及咨询活动、"树立发展新理念、加快建设新福建"科普挂图展、《东南周末讲坛选粹(8)》《福建历史文化名人丛书(第二)》赠送活动、"百场社会科学专题报告会""学习宣传贯彻党的十九大精神加快构建中国特色哲学社会科学"主题图片展、利用电视媒体宣传社科普及知识、社会科学书籍展示及销售活动等。活动目的旨在着力提高人们对社会科学重要性的认识，广泛动员全社会共同参与社科普及、营造中国生态食品城建设的良好环境和氛围。4日上午宣传周活动启动仪式在县图书馆门口举行，县社科联、党史办、各乡（镇）等20个单位参加启动仪式。之后在现场开展社科知识普及和咨询活动。"光泽论坛"作为全县社科普及宣传的重要阵地，2017年度开展专题讲座10场，内容包含"党的十九大精神解读""绿色产业发展""大洲国共谈判"等等。

【红色历史创作】 与县委宣传部、文联共同聘请本县知名作家邱贵平同志，创作一部以大洲国共谈判为背景的红色小说《红道》，再现三年游击战争时期光泽红色历史。

【申报社科普及示范基地】 对全县乡村进行摸底，组织申报，将华桥乡牛田村做为福建科普及示范基地上报省上。

【举办研讨会】 10月31日，与县委宣传部、县文联、县党史研究室共同举办"纪念大洲国共谈判80周年研讨会"，活动邀请当年在闽北武夷山山脉坚持三年游击战的革命前辈和先烈的后代、党史研究专家及10县市党史工作者参与，并邀请全国知名媒体宣传报道。

（林芙蓉）

## 残　联

【概况】 2017年，全县户籍持残疾人证4892人，一级残疾人683人，二级1361人，三级835人，四级2013人。其中视力残疾502人，听力残疾534人，言语残疾72人，肢体残疾2594人，智力残疾297人，精神残疾402人，多重残疾491人。为残疾人提供就业指导、登记介绍、技术培训等就业服务，做好集中及分散安置残疾人用人单位的资格认定等相关工作，强化信息化建设和残疾人就业信息网的建设工作，规范残疾人劳动就业保障金的收缴、使用和管理。

2017年12月1日，县残联到止马镇为身患残疾的建档立卡贫困户办理残疾证

2017年7月7日，县残联举办动态更新暨精准康复服务培训班

**【助残工程项目】** 完成省、市下达的为民办实事项目——助残工程项目。扶持46名农村贫困残疾人开展种植、养殖、生产经营及光伏扶贫项目等，补助金额23万元；扶持6名残疾人进入“福乐家园”托养，补助金额3万元；资助105名居家养护的智力、精神和肢体重度残疾人，补助金额21万元。

**【康复服务】** 在全县85个行政村和5个社区配备康复协调员，实现县、乡（镇）、村（社区）三级网络全覆盖。出台《光泽县残疾人精准康复服务行动实施方案（2016～2020）》，制定县级精准康复服务目录5类31项。全年有康复需求的各类残疾人1099人，得到康复服务592人，服务率为53.6%，超过省残联核定任务数的3.6%，并做到一人一册一卡。残疾儿童康复训练救助实行增面覆盖，有康复需求的0～6岁残疾儿童增至14周岁，全县有40名残疾儿童少年享受康复救助政策，其中32名0～6岁残疾儿童享受每人每年15000元补助，8名7～14周岁残疾儿童享受每人每年5000元。落实省、市辅具适配补贴制度，服务管理办法，使有需求残疾人可以享受80%到100%的补贴。印制2000多份宣传材料，在乡（镇）、村（社区）广泛开展补贴制宣传。组织辅助器具机构专业人员深入到全县各乡（镇）、村（社区）针对不同类别、不同需求的残疾人进行评估、适配。促进辅助器具适配服务更加精准、规范、便捷。落实补贴资金16.57万元，惠及贫困残疾人85名。

**【教育就业】** 解决残疾人及子女就学困难，为19名中高考残疾学生和残疾人子女发放助学金1.05万元，为11名贫困残疾大学生残疾人子女申报扶贫圆大学梦，补助金额6.41万元。利用就业招聘平台，促进残疾人就业。组织全县残疾人参加由省劳动就业中心与市残联联合在邵武举办的残疾人就业供需见面会及县里举办的“春风在行动”招聘会，通过双向选择，全县有11名残疾人与5家用人企业达成意向。鼓励和扶持残疾人自主创业。在政策、资金、信息上积极引导现有残疾人企业做大做强，鼓舞和带动一批残疾人通过自主创业、自谋职业，解决自身的就业问题。为本县就业年龄段自主

2017年2月14日，县残联组织残疾人参加残疾人专场招聘会

就业的 81 名残疾人，补助社会保险资金 21.13 万元。

**【扶贫和社会保障】** 县政府印发《关于进一步加强扶残助残工作加快推进残疾人小康进程的实施意见》，实现残疾人社会保障从单一的“低保”向普惠加特惠的社会保障体系迈进。在残疾人社会保障、就业、公共服务、保障机制等方面进行扶持。全县 1061 名贫困残疾人纳入城乡居民最低生活保障范围，1979 位残疾人参加城乡居民医疗保险，覆盖面超过 40%。建立和完善困难残疾人生活补贴和重度残疾人护理补贴制度，“两项补贴”惠及 1980 名生活困难残疾人、1786 名重度残疾人，全年补助资金 267.31 万元。

**【信访维权】** 十九大期间，制定信访应急预案，确保维稳安保工作落实。改善残疾人生存生活环境，完成 39 人 1.01 万元燃油补贴资金发放工作，为 93 名精神障碍病患者发放 3.72 万元服药补助。全年接待残疾人来信来访 76 人次（来信 1 封），办结率 100%。

**【宣传文体】** 借助“全国助残日”“全国肢残节”，牵头组织开展各类文体活动，提升社会、家庭以及残疾人本身的认同感，消除不稳定因素。在“全国助残日”期间，邀请省残疾人艺术团和台湾残疾人艺术团到光泽演出，给予全县残疾人积极向上的正能量。完善志愿服务与残疾人需求信息对接模式，提升志愿服务实效性。推动“同仁助残中心”成立，建立助残志愿者之家，提升志愿者服务能力，引导更多社会力量扶残助残。全年助残中心 110 名助残志愿者深入到全县 90 村（社区）慰问 600 多名贫困残疾人，发放慰问品 2000 余件，总价值 30 万元。残疾人事业新闻多次在省、市、县级媒体及网站报道。

**【组织建设】** 召开乡（镇）、县级残联换届大会，完成预定的各项工作任务。

（邓凤玉）

## 贸促会（国际商会）

**【概况】** 2017 年，贯彻落实党的十九大精神，坚持以习近平新时代中国特色社会主义思想为行动指南，践行新理念，贯彻总基调，和衷共济，想事干事，攻坚克难，创新创业，拓展深化对外经贸交流，优化商事法律服务效能，推动企业积极参展，提升贸易投资促进工作水平，为加快建设“中国生态食品城”，实现绿色发展跨越赶超贡献力量。

**【对外联络】** 通过对外联络交流，推动贸易投资促进工作。围绕贸促会、国际商会建设、贸易投资、招商引资等活动，组织贸促会工作人员参加 5 月 25 日由香港贸发局、省贸促会主办的“创新升级香港论坛”和 10 月 20 日在平潭举办的首届海峡仲裁论坛，为促进两岸经贸合作和服务“一带一路”建设，提供更加便捷高效、国际化、专业化的仲裁服务等方面的学习机会，推动闽港合作，共创“一带一路”新经济动力。走访兄弟县（市）区贸易促进机构，开展学习交流，总结吸收先进经验，结合实际更好地发挥党和政府联系经贸人士、企业团体纽带桥梁作用，更有效地服务政府、服务企业。宣传招商引资政策，推介企业招商引资。发挥贸促会、国际商会国际联络优势，与省、市贸易促进机构对接，主动作为，推广光泽品牌。全年推荐多家企业参加“日本东京国际食品展”“福建—海丝国家经贸对接会”“香港贸发局美食博览”等经贸活动，为企业商业、技术、市场合作等提供交流平台，力促企业转型升级，促成共赢发展。利用展会、推介会等平台，参与县重大招商引资活动，重点推介县里产业政策、招商项目及优惠措施等。参与“9·8”厦洽会，以厦门国际投资贸易洽谈会为平台，进行对外招商，全县签约合同项目 27 项，项目签约合同投资总额 61.46 亿元，其中现场签约项目 2 项，签约合同投资额 2 亿元。促进全县企业与境外企业的交流，为会员企业招商引资、项目合作、信息咨询牵线搭桥，从而促进全县贸易投资促进工作上新台阶。

**【服务企业发展】** 配合县经信局深入会员企业了解情况，与县经信商务局成立 6 个挂点联系企业小分队，把全县各类企业分为 6 个片区，将国家、省、市系列惠企政策，印发、宣传、解读到企业一线，指导和帮助企业用好用足优惠政策。全年开展惠企政策宣讲 2 期、110 余人次参加，发放惠企政策资料 150 多册。鼓励支持企业增产提速，扩大出口，对挂点帮扶企业进行分类指导，到企业实地了解掌握企业不同时期不同热点、难点问题，采取一企一策，指导和服务企业。对外贸出口实行“一对一”结对帮扶。开展精准服务和贴心服务活动，帮助企业做好有关预警提示信息服务，每逢过年安排会员短信拜年问候，加强与企业间的沟通。配合县经信局对全县外贸出口企业向省上争取资金项目 100 余万元，与展览有限公司取得联系，筛选境内外有影响力的重点展会。选派干部参加“南平市贸促工作座谈会”，了解企业所需；组织参加“首届海峡仲裁论坛”帮助企业了解出口活动中应注意的事项，规避贸易风险。协助会员企业办理签发一般原产地证明，为出口企业办理各类单据和商事证明书，优惠产地证明书，“ATA”认证提供咨询服务。

**【参加特色展会】** 承接省市贸促机构推荐国内外优质展，为县会员企业参展提供服务。组织参加“5·18”“第十二届中国（福建）消费品全球采购交易会”“9·8”厦门国际投洽会、广州春秋交易会等系列展会。精心组织瓯盛木业有限公司、俊恒工艺品有限公司、华韵武夷茶叶有限公司三家会员企业，参加由世界贸易中心协会共同主办福建——海丝国际经贸对接会等经贸活动，为企业商业、技术、市场合作等提供交流的平台，促使企业转型升级，促成共赢发展。圣农食品有限公司连续两年成功组团参加东京国际食品博览会，并获得预期效果，为该企业拓展日本市场扩大产品销路，奠定良好的基础。鼓励县茶企“走出去、请进来”，参加第十一届海峡两岸茶叶博览会，促进企业增加外贸销量、扩大生产规模、吸纳行业先进创新理念、产业调整提质的经验。协助县经信和商务局落实省、市支持企业开拓市场专项资金，对参加国内外知名专业展会的企业给予每家参展费用和场租补助 5000 元。组织企业参加闽北旅游美食节和百佳旅游伴手礼评选活动，促进企业增加外贸销量，扩大生产规模，拓展视野，吸收国外企业产品创新的设计理念，丰富产业调整提质的经验。协助县经信和商务局落实省、市支持企业开拓市场专项资金。积极推动促进县外贸出口企业参加 2017 年春、秋两季广交会，全年进出口累计完成 8472.12 万美元，同比增长 36.64%，增幅全市排名第 1 位。其中完成外贸出口 6519.67 万美元，同比增长 8.33%，全市排名第 7 位，比 2016 年前进 1 位；完成外贸进口 1952.44 万美元，增幅达 971%，全市排名第 1 位。

（张寅）

圣农食品有限公司连续两年成功组团参加东京国际食品博览会

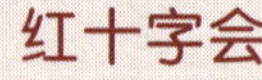

## 红十字会

**【概况】** 2017 年，县红十字会认真贯彻落实省、市红十字会各项工作要求，紧紧围绕中心，服务大局，秉承人道主义宗旨，弘扬“人道、博爱、奉献”的红十字精神，以红十字会“三救”“三献”工作为主线，不断加强自身建设，加大宣传力度，推进红十字各项事业发展，发挥红十字会作为政府在人道救助领域的助手作用，各项工作取得一定成效。

**【人道救助】** 从4月份开始启用2016年红十字会大病救助基金，结合实际制定大病人道救助办法，并经县政府批复同意，推进县本级大病人道救助工作，累计为25名大病患者办理人道救助，发放救助资金3万元。

**【应急救护“六进”活动】** 落实省市卫计委、省市红十字会《关于开展应急救护知识“六进”活动的通知》要求，开展应急救护“六进”活动。8月6日上午，与县卫计局在综合医院联合举办应急救护“六进”活动启动仪式。开展应急救护知识“进社区、进农村、进学校、进企业、进机关、进家庭”活动。9月初，红十字会与光泽二中联合举办应急救护知识“进学校”活动，近700名师生参加培训活动。6月和11月，红十字会分别在圣农食品有限公司开展两期应急救护知识“进企业”急救员培训班。12月，在县供电公司开展两期应急救护培训班，培训内容包括心肺复苏、伤口包扎等理论知识和实践操作，坚持高标准、严要求，经培训考核合格，有83名企业员工取得急救员证。

**【“三献”活动】** 全年吸收造血干细胞志愿者28名，有3名志愿者到红十字会填写《福建省自愿捐献遗体登记表》，申请捐献遗体。3月11日，遗体捐献志愿者吴某去世，遵照其家属意愿，联系厦门眼科医院和福建医科大学，做了眼角膜和遗体捐献，这是全县首例遗体捐献。红会工作人员参与无偿献血工作，通过多种形式宣传无偿献血，全年完成无偿献血946人次，189090毫升；配合南平市血站做好无偿献血者用血报销工作，全年同意申请报销金额62423元。

**【宣传慰问活动】** 1月17日，在“世界防治麻风病日”期间，联合县卫计局、县疾控中心，组成慰问团带上博爱箱、棉被、食品等慰问物资深入到共青村看望、慰问麻风病人吴某某。在病人家中，详细询问病人生活情况和身体状况，实地解决患者在医疗、康复、生活等方面困难问题，给患者送上新春祝福。省红十字会下拨“博爱送万家”慰问物质60份，价值2.1万元，在春节期间组织志愿者深入到乡（镇）、村（社区）开展"博爱送万家"慰问活动，及时将慰问物资发放到农村特困户、低保家庭、大病患者家庭等需要帮助的群众手中，让困难群众感受到党和政府的温暖。5月8日第70个世界红十字日，与县医院、中医院、县妇幼保健院等医疗单位，在妇幼保健院门口联合开展以“学习宣传贯彻《中华人民共和国红十字会法》”为主题的义诊和现场救护演示活动，发放宣传资料300余份，义诊100多人，接受咨询120多人。

（徐家寿）

## 关工委

**【概况】** 2017年，县关工委按照中国关工委和省、市关工委的工作部署要求，围绕中心，服务大局，对青少年进行思想道德建设，开展社会主义核心价值观教育、法制宣传、阳光心理服务、“农村青年致富种子工程”等活动，坚持不懈为青少年办实事、做好事、解难事，在实践中加强自身建设、提升服务水平和工作

2017年12月15日，光泽县“两史三爱”暨“美丽的光泽我的家”主题征文比赛颁奖仪式

实效。

【社会主义核心价值观教育】县关工委政治报告团组织“五老”成员于5月在全县城乡9所中、小学开展以《志存高远，为圆“中国梦”而读书》为主题的宣讲报告。9月到全县城乡11所中、小学开展以“中华振兴谱写光辉篇章 民族复兴铸就壮丽军魂”为主题的政治报告，以此纪念中国人民解放军建军90周年。12月组织“五老”到崇仁实验学校开展以“欢呼十九大、高歌十九大”为主题的学习十九大精神宣讲政治报告。各乡（镇）关工委、中小学校关工委利用宣传栏、橱窗等阵地，通过黑板报、文化墙等形式，并通过国旗下的讲话、班队会等活动，进行“两史三爱”宣传。

【普法教育推进】 3月，与县综治办、司法局、教育局、团县委、鸾凤乡等部门召开“关爱明天，普法先行”研究部署会。4月，向“零犯罪学校”试点光泽县三中初一年段543名学生及“零犯罪行政村”鸾凤乡黄溪村100名青少年赠送全国青少年普法教育读本643本。组织“五老”、志愿者到光泽三中开展青少年普法教育读本进课堂活动。各县直单位、各乡（镇）、各中小学关工委通过不同的形式开展第三届“关爱明天、普法先行”未成年人普法教育活动。县法院关工委开展法制进校园系列活动，县检察院关工委到光泽三中开展“树品格、反欺凌”千人签名活动，

2017年4月21日，全国青少年普法教育读本进课堂

止马镇关工委在中、小学校组织法制专题报告会，崇仁乡关工委利用暑假围绕法律法规、思想道德主题组织一系列社会实践活动。

【关心关爱帮扶青少年】 7月份，县关工委到小名童素质村为38名留守儿童授课并赠送40本《美丽的光泽我的家》青少年思想道德教育地方教材。配合县法院少年庭和杭川镇关工委对有不良行为的青少年进行帮扶和矫正工作，通过临界预防，并对失足青少年做到跟踪帮教，直至转化。全年发放“福光助学金”2万元及省关工委助学金3万元，资助贫困大、中、小学生61名，其中大学生17名，高中生24名，义务教育阶段20名特别困难的学子。司前乡关工委开展“冬日暖阳”活动，为21名留守儿童、孤儿送上羽绒服、围巾、手套等暖冬物资；崇仁乡关工委争取非公企业家结对帮扶崇仁乡共青村10户贫困学子，每人2400元，计24000元；华桥中小关工委组织志愿者在“六一”儿童节之际为留守儿童送去节日的问候；止马镇关工委为留守儿童举行集体生日活动；李坊乡、寨里镇等关工委组织留守儿童到苏维埃旧址东方县、大洲国共谈判旧址接受爱国主义教育，搭建“爱心桥”促进留守儿童与其父母之间的沟通联系。

【注重心教有新招】 开展网吧巡查活动，杜绝未成年人进网吧，遏制青少年沉迷网络的念头。办好家长沙龙，与阳光心理服务团围绕培育和引导青少年树立健康心理这一主题，配合县教育局、教师进修学校开展家长沙龙、亲子活动等活动，提升孩子学习主动性。

【服务“种子工程”】 县关工委农村科技服务团通过开展多种形

式培训和传帮带活动，帮助农村青年实现脱贫致富。县关工委科技服务团老科技工作者到各乡（镇）对“种子工程”项目及青年致富带头人跟踪科技指导、科技培训、科技咨询，并开展科技赶墟活动，对赶墟的农民宣传科普知识、赠送科技书籍。全年实地科技指导120人次，科技培训220人次，帮助解决产前产中产后困难3次，对接帮扶资金4万元，抓“种子工程”升级版1个。在南平市召开的优秀“种子”和优秀“种子工程”项目表彰会上，光泽县关工委农村科技服务团在大会上作“服务种子工程”的典型经验介绍。

【创新发展领域】　联合县教育局把“两史三爱”教育以及结合学习中国关工委主任顾秀莲在《美丽的光泽我的家》一书中的题词精神，在全县中小学生中开展征文比赛活动。经各中小学校认真筛选推荐，报送县关工委97篇参赛作品。经评审小组严格评审，评选出一二三等奖和优秀奖、优秀组织奖等奖项。主动与法院、检察院等司法部门联合，采用“借台唱戏”“联台唱戏”的方法，借助道德讲堂、法律讲坛等开展“关爱明天、普法先行”活动。应浩丽、凌云获第三届“关爱明天、普法先行”活动的先进个人荣誉称号，光泽县第三中学获优秀组织奖荣誉称号。

【加强自身建设】　先后在寨里镇和华桥乡举办村级关工委主任培训班。上半年县委召开常委会研究关心下一代工作，县委办下发《中共光泽县委办公室关于调整光泽县关心下一代工作委员会领导班子成员的通知》。下半年以县委组织部、县关工委联合下发《关于开展党建带关工委建设工作的实施意见》，意见从“总体要求、主要任务、工作要求、组织保障、创新推进”五个方面，全面阐述加强党对关心下一代工作领导的重要性与必要性，要求各级党委把关心下一代工作纳入党建工作，纳入精神文明建设等统一考评，把关心下一代工作提到新高度。

（林华琴）

2017年8月31日，县关工委在寨里镇举办镇村关工委主任培训班

## 文　联

【概况】　2017年，县文联以党的十九大精神为指导，贯彻落实党的“双百”文艺方针，坚持中国特色社会主义文艺发展道路，准确把握文艺工作的时代主题和历史使命，推进光泽县文艺工作繁荣发展。

【论文入选】　3月31日～4月1日，县文联主席沈少华参加由中国民间文艺家协会、中国文物学会古村镇专委会、福建省文联、南平市委宣传部联合主办的“中国·南平 古建筑古村落高峰论坛”，其论文《从商周干栏式建筑到崇仁裘氏宗祠看光泽古建筑发展变化》入选本次高峰论坛。

【举办征文活动】　2月20日，由福建省作家协会、中共光泽县委宣传部主办，光泽县文联、光泽县作家协会承办的纪念建军90周年暨大洲国共谈判80周年“信用社杯”海内外征文活动正式拉开序幕，福建文艺网、省作协微信公众号、南平文艺网、漳州文艺网、《光泽时讯》、《乌君山》期刊等相关媒介刊登征文通知。此次征文收到来自32个省、

2017 年 3 月 25 日，知名作家韩小蕙、王必胜、王松来光泽采风

自治区、直辖市 800 多名作者的 1086 篇来稿，评出 10 篇优秀作品和 41 篇入围作品。

**【作家光泽采风】** 3 月 24 日至 26 日，中国作协全国委员会委员韩小蕙、王必胜、王松应光泽县委宣传部、县文联邀请，到光泽进行采风创作。几位作家先后来到大洲国共谈判旧址、武夷天池、杉关、管蜜梨园、承安廊桥、崇明馆参观，特别是大洲国共谈判旧址引起作家们的极大兴趣，认为这是非常难得的历史印记和红色文化，是闽北这块土地上珍贵的革命精神遗产，值得认真研究和广为宣传。作家们表示要用美好的文章讴歌光泽这块红色而美丽的土地。3 位作家在文学艺术创作上均有丰硕的成果，并获多项文学创作大奖，享受国务院特殊津贴。福建省文联副主席陈毅达，省作协副主席黄文山，秘书长林秀美，县委常委、宣传部长陈进财陪同 3 位作家进行采风创作。

**【书法比赛】** 4 月 15 日，与县人社局、县总工会、县文体新局等单位联合举办的“书写壮美时代·助力百日攻坚”全县书法大赛评选揭晓，经中国书法家协会会员、全国第十届书法篆刻展金奖获得者余国联，原武夷学院中文系副主任、中国书法家协会会员、南平市书法家协会顾问、书法专业副教授徐良夫，中国书法家协会会员、武夷艺术学院党总支书记甘志斗等几位评委评选出：一等奖 1 名，二等奖 2 名，三等奖 5 名，优秀奖 14 名。

**【本土会员创作成绩】** 《中国作家》杂志 2017 上半年长篇小说增刊头条刊发邱贵平 10 万字长篇小说《普希金时代》。5 月 3 日，《人民日报》副刊刊登王建成散文《坪溪映山红》。

**【宣传光泽】** 5 月 17 日，《人民日报》副刊刊登著名评论家、散文家王必胜散文《光泽走笔》。

**【创作采风】** 5 月 15 日至 17 日，全省十地市（区）27 位作家在县委宣传部和县文联邀请下走进光泽，进行为期 3 天的采风

2017 年 4 月 15 日，县文联举办“书写壮美时代 助力百日攻坚”全县书法展览

2017 年 5 月 16 日，全省十地市（区）作家采风团在光泽牛田采风

创作活动中。作家们先后参观县苏维埃政府旧址，“大洲国共谈判”旧址，牛田红军反围剿前线指挥所旧址，千年古关杉关，县博物馆，崇明馆等红色革命旧址和商周文化留存。

【古钱币展览】 7 月 1 日，县文联与县收藏协会联合举办的“中华古钱币展”在福州三坊七巷省海峡民间艺术馆正式开展。此次展出的钱币 70 种品类计 4000 余枚。从商周的贝币、战国刀币到明清的铜钱和民国的银元，基本涵盖中华古钱币文化的整个历史过程。

【创作扶持项目】 6 月 15 日和 8 月 16 日，福建省长篇小说原创作品扶持项目初评、终评分别在福州和北京举行。经过评委实名投票评审，最终评出 5 位作家的作品。由县委宣传部出资、县文联策划，中国作协会员、光泽县作家邱贵平执笔创作的、反映光泽县土地革命时期红色题材长篇小说《红道》榜上有名，获得原创作品扶持。此外，邱贵平于 2016 年创作出版的《大陆新娘》，还获得首届福建省长篇小说双年榜提名奖。邱贵平是南平市唯一获得扶持和获奖的作家。

【纪念大洲谈判八十周年】 10 月 30 日～11 月 1 日，县委宣传部、县文联、县党史研究室共同举办“大洲谈判”八十周年纪念活动，活动内容有：本土作家邱贵平创作、以光泽土地革命时期的大洲国共谈判、牛田红军行营、东方县苏维埃政府等为元素的、闽北首部红色题材长篇小说《红道》首发式；纪念大洲谈判 80 周年全国征文颁奖仪式；由开国将军王直儿子王炎东主讲的南方三年游击战主题报告会；大洲谈判纪念馆落成仪式等。活动邀请当年在闽北武夷山山脉坚持三年游击战的革命前辈和先烈的子女——原闽北苏区领导人黄道女儿黄知慧，原闽赣省委书记曾镜冰女儿曾会师、曾新榕，原新四军三支队五团团长、开国中将饶守坤女儿饶卫平，原新四军三支队五团政治部主任、开国将军刘文学女儿刘晓明等人参加。她们分别从北京、江西等地来到原中央苏区县光泽，和光泽人民一

2017 年 10 月 31 日，革命先辈黄道、曾镜冰、王直、饶守坤、刘文学后代及来宾参观大洲谈判纪念馆

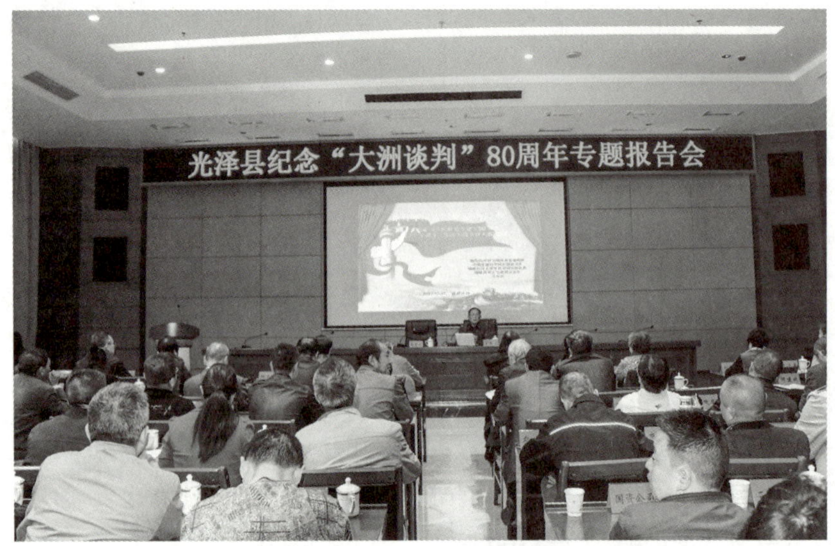


2017年11月1日，开国将军王直之子、福建省铁军研究会会长王东炎在纪念“大洲谈判”80周年活动上作主题报告

起追忆80年前那场艰苦卓绝的游击战，共同缅怀革命先辈们的丰功伟绩。

【完成九龙峰森林公园登山门楼楹联创作】 7月20日，根据县政府、县政协安排，文联组织县诗词楹联协会会员完成九龙峰森林公园登山门楼楹联撰写和书写任务，以下作品入选：

——伍志刚撰联、陈同友书：理学名邦，李光祖承先启后；达人福地，探花郎激浊扬清。

（李光祖即李郁，探花郎即李方子）。

——沈少华撰联、王寅生书：扼关据隘，六代风云昭昭在目；开闽辟疆，千年文化熠熠生辉。

（上联：从唐、宋至民国，光泽共建有九关十三隘，为闽西北军事经济要塞；下联：中原文明南下，从光泽杉关、铁牛关等著名关隘进入古闽越，为八闽带来文明的曙光。光泽池湖商周遗址的发现，把福建的文明史向前推进了1000年。）

——官雄鹰撰联、樊小华书：旭染九峰，但得高端游目；春归六岸，且临宽处骋怀。

——李再雄撰联、许国荣书：追慕七贤，理学遗训播遐迩；仰望九峰，书院雅风泽后人。

（沈少华）

## 工商联

【概况】 2017年，县工商联以促进非公有制经济健康发展和非公有制经济人士健康成长为工作主题，坚持围绕中心、服务大局、牢牢把握“两个健康”主题，贯彻团结、服务、引导、教育方针，为光泽县打造中国生态食品名城作出新贡献。县工商联2017年度被省人力资源和社会保障厅、省工商业联合会授予“全省工商联系统先进集体”，并继续确认为全国“五好县级工商联”、全省“五好县级工商联”等荣誉称号。

【工商联（总商会）建设】 商协会组织拥有其他组织不可替代的人脉网络、信息资源和宣传渠道。围绕这一特质和功能，从为企业谋发展入手，凝聚会员力量，实现资源共享抱团发展。此外县工商联还利用南平异地商会，光泽异地商会成立及年会等各种时机，主动出击，积极联络联谊，先后走访了深圳、上海、杭州、石狮及义乌、温州等地企业家，进一步扩大了商会的朋友圈。光泽县福清商会于2017年12月8日经有关部门批准正式

2017年4月13日，全市工商联主席、党组书记工作座谈会在光泽召开

成立。该商会属光泽县总商会下属商会，是一个以福清籍在光泽企业界、个体工商界人士与相关人士组成，并依法登记，属非营利性社团组织，目的是成为团结联系福清籍的工商群体，维护福清籍工商户权益，建立福清人生存发展的平台，为光泽的经济发展继续发挥福清人群体的作用。

【组织机构】　现有在编人员2人，即主席和副主席。党组、党委书记、常务副主席由县委统战部副部长兼任。党委下属14个支部。工商联机关编外人员有1人，从事办公室工作。有独立产权的办公场所，办公地点、会议室，面积700多平方米。工商联有执委73人，基层商会14个，其中行业商会7个、乡（镇）商会3个、异地商会4个。

【参政议政】　参与调研《发挥国家政策性银行作用服务光泽县重点项目建设情况》。会员企业提出的《关于规范视频监控建设服务中国生态食品名城的建议》《关于要求加大扶持本地建筑企业力度的几点建议》及《建议政府建设青年创业孵化基地》等建议，得到立案及办理。组织担任人大代表、政协委员的非公经济人士采取“走出去、引进来”的方式，学习外省、外县好的经验。多次联系各有关部门与企业家面对面座谈，传递政策和信息。

【构建新型政商关系】　8月7日人民网刊登《光泽县工商联：亲清政商，促企业做强》一文。从2017年开始将“亲、清”政商关系列入全县绩效管理考评，此举在南平市尚属首例，进一步激发部门主动服务的热情。做好“三方”劳动关系，及时化解企业与职工的矛盾和纠纷。

【扶贫助困】　配合市工商联开展“同心·海西春雨光彩助学”活动，全年资助18名应届贫困大学生，发放助学金25万元；做好“傅光明先生大病救助专项慈善基金”申报及发放工作，全年资助194名大病患者，发放救助金280余万元。发动非公经济人士、异地商会企业家以各种形式参与捐资助学，让企业家投身公益，回报社会的责任感进一步增强。

【实施“百企帮百村”】　引导会员企业光泽县亿帆农业综合发展有限公司、光泽县欧盛木业有限公司，同金融部门合作，分别向挂点司前乡长庭村的10家农户及鸾凤乡饶坪村5家农户，运用扶贫小额信贷资金，让建档立卡贫困户每年受益3000余元。利用村部建设光伏发电站，年发电量3万度左右，每年为村集体增收2万元以上。

【人才培训】　突出人才培训和人才发展，制定企业家5年培训计划。全年举办10余场座谈会，7场培训会，其中4场培训会，县政府主要领导到场主讲《现代农业发展》。为搭建青年企业家学习、交流、合作与发展平台，承办市工商联组织的青商会筹备工作现场会。全年全县9位非公经济青年加入了南平市青商会。制作《叫响光泽新农人品牌》专题刊物，激发广大青年大众创新，万众创业氛围。配合组织、人事部门做好企业高级技术职称申报和人才的引进工作。

【招商引资】　利用“互联网+、商帮帮、非公企业之家”等，与企业界联系和信息沟通。实施

2017年5月3日，县工商联举行“百企帮百村”扶贫小额贷款发放仪式

2017 年 12 月 21 日，县工商联举办台湾特色县市品牌营销专题培训会

“回归工程”，先后到上海、杭州、深圳、南京等地联系在外企业家回乡创业，实施回归工程项目 7 个，实现投资超亿元。发挥异地商会优势，组织对口企业进行互相交流学习，营造“亲商、安商、富商”“创业、兴业、乐业”的社会氛围，配合县委、县政府、县政协开展乡贤“恳谈会”活动，组织民营企业参加“5·13”“9·8”洽谈等。

**【光彩事业】** 发动非公企业参与“光彩事业”活动，鼓励非公经济人士投身慈善事业。其中圣农发展有限公司董事长傅光明先生每年坚持向市慈善总会捐资 1000 万元。让建档立卡贫困学生一个不落享受助学补助。每年资助一位品学兼优应届大学生 2 万元，直至 4 年大学毕业。光泽德顺酒业副董事长郑文耿向市慈善总会捐资 10 万元；光泽集友石材董事长庄学枝捐资 5 万元。发动上海、福州、光泽莆田商会、光泽餐饮商会，以各种形式积极参与“光彩事业”，提升非公企业在群众心中扶贫济困，帮弱助残良好形象。

（李庚贵）

## 计生协会

**【概况】** 2017 年，在县委、县政府的重视下，在省、市计生协会的关怀指导下，紧紧围绕计划生育协会的“六项重点任务”，以生育关怀行动为主线，夯实基层基础，通过宣传倡导，服务工作大局，取得较好工作成效。

**【助力贫困母亲】** 2017 年“幸福工程—救助贫困母亲”项目已运作至第 14 轮，已帮扶贫困母亲 140 户，提供幸福工程借款 122.2 万元，发展种植、养殖项目的占总救助户的 84.45%。帮扶后家庭人均收入在 10000 元以上，脱贫率为 95.33%，资金回收率 100%。

**【小额贴息助力精准扶贫】** 以年人均收入低于当地平均水平的农村独生子女户、二女户，以及建档立卡的计生困难户为重点贴息对象，严格核实申请贴息人员的有关资料，规范运作程序，确保贴息资金使用公开、公平、透明。全年完成省、市级小额贷款贴息 101 户，贷款总金额 287.86 万，发放贴息资金 8.10 万（其中市级 32 户，贴息金额 2 万）。

**【计生意外保险补齐民生短板】** 全县完成计生家庭意外伤害保险参保 8493 户，投保金额 64.13 万元。其中乡、村财政投

县计生协会召开 2017 年度计生家庭意外伤害保险工作总结暨表彰会议

县计生协会常务专职副会长黄杰水及秘书长傅长玲为2017年度省级助学对象授牌

人38.26万元，占投保总金额的59.66％，赠送保单5247份，占投保总户数的61.78％。理赔83起，理赔金额30.91万元。

【金秋助学助计生困难家庭】 与中国人寿光泽支公司及县卫计局共同开展“生育关怀—国寿金秋助学”，为58名困难学子提供金秋助学金5.28万元。争取省级助学2名（每学年5000元），市级6名（每人2000元），各乡（镇）、村（居）开展“金秋助学”活动，发放助学金28.50万元，帮扶慰问417人。

【实施房屋修缮工程】 帮扶计生困难家庭房屋修缮，分别为杭川、寨里两乡（镇）3户计生低保家庭争取省计生协安居工程房屋修缮项目，每户得到省、市、县帮扶资金各5000元，较上年每户修缮补贴金额提高5000元。

【开展法律援助服务】 围绕计生户的生产、生活开展法律援助工作，全年在县司法局法律援助中心登记申请法律援助的案件7件，惠及计生群众14人，挽回经济损失11万元，发放宣传资料524份。

【节日慰问】 “两节”期间，县、乡、村计生协会开展一系列生育关怀慰问活动，营造全社会共同关爱的浓厚氛围。各级计生协会（含县计生局）慰问失独家庭、城乡计生“三户”困难家庭2031户，金额47.66万元。关心关怀计生特殊家庭，母亲节前夕，走访慰问城区失独家庭23户，为他们送上党和政府的关怀和价值3400余元的食用油、纯牛奶等爱心慰问品。联合市计生协会，为全县42户67人失独家庭成员购买失独家庭父母住院看护补贴保险。

【精简整合基层计生协会】 全县精简协会小组30%，提高会长、小组长补贴标准。村级会长补贴由原来的每人每月160元调整为200元（含省级补贴100元）；城区协会小组长补贴由每人每月50元提高到100元，农村协会小组长补贴由每人每月30元提高到50元。整合后全县有553个协会小组，发放会长、小组长补贴57.96万元。

【基层计生协组织建设】 落实《福建省计划生育协会“基层计生协组织建设提高年”实施意见》，结合县组织建设基本情况，下发《关于认真落实好〈光泽县计生协会“基层计生协组织建设提高年”活动实施方案〉的通知》，严格规范专项资金的使用范围和程序使用资金，改善8个村级计生协会阵地建设；4个村（居）重新修改制定计生自治公约，制作发放计生自治公约宣传小册子1180份；各村（居）开展8次宣传活动，参与群众1159人次；有3个村（居）开展培训活动，培训63人次。各村（居）完成创建工作。

【流动人口计生协会和人口早期发展项目建设】 配合、参与县卫计局开展“流动人口关怀关爱”健康促进活动，营造关怀关爱流动人口的氛围。做好接洽联系工作，于7月在福建省凯圣生物质发电有限公司成立流动人口计生协会，建立健全各项规章制度，选举产生凯圣计生协会会长、秘书长，并为一户企业计生协会困难会员子女申请县级金秋助学。确定在杭川镇杭中社区星辰乐园托幼中心，开展人口早期发展教育项目试点工作。整合早教资源，开展早教工作。

**【巩固创先“四联创”活动质量】** 全县评选先进乡（镇）协会4个，占乡（镇）总数的50%；各乡（镇）巩固、新创合格村（居）协会32个，一流村（居）协会46个，“双创”达标率86.7%。实行计生基层群众自治，全县村（居）民自治覆盖率100%。各乡（镇）已巩固、新创“六好示范村（居）”29个，创计生基层群众自治“六好”标准示范村（居）达到32.2%。

（熊斐娴）

## 老科协

**【概况】** 2017年，在县委、县政府的领导及上级老科协的关心指导下，学习党的十九大精神及《中国老科协事业发展行动计划》和陈至立在河北省老科技工作者重要讲话，充分发挥老科技工作者的积极性，围绕全县经济建设和社会发展大局，以服务“三农”为重点，发挥老科技工作者应有作用。

**【制定计划】** 2月15日，召开理事扩大会议，制定2017年的工作计划。主要工作着重在四个开展（开展扶贫助农活动、开展科技调研、开展技术培训、开展科技服务）、四个发挥（发挥老科协工作者的积极作用、发挥三个科技咨询点的作用、发挥科技重点项目的示范推广作用、发挥各专委会、分会的专业特色作用）、四个提倡（提倡胸怀大局，情系发展的奉献精神；提倡老有所为，不断学习，不断进取的创新精神；提倡求真务实，勇于探索的科学精神；提倡不图名利，脚踏实地的务实精神）。要求各分会和专委会落实好省、市老科协的工作要求，自觉结合全县实际，用党的最新理论成果指导老科协工作。

**【科技服务】** 3月上旬组织50多位农户在鸾凤乡饶坪村开展水稻、果树病虫害防治技术培训。由退休高级农艺师高朝斌、陈小宇负责培训讲课。并提醒农民暖冬，预测水稻、果树病虫害将会偏重发生，启发农民务必有充分的思想准备及应对措施。4月中旬在寨里镇山头村，由县林业局退休高级工程师张维义对种竹大户，开展“竹林抚育和竹笋高产技术”培训。

**【示范推广】** 抓好山头村77.33公顷笋竹两用林丰产高效示范基地和紫微等名贵花木培育种植6.67公顷示范基地。该村仅笋竹产业一项，人均增收1586元；桥亭村2公顷名贵花木和3.33公顷山泉水养鱼及黑木耳种植等项目示范基地。抓好中蜂良种繁育基地建设，协会采取扩大中蜂良种繁育分点，全县直接服务的蜂场有6个、1063箱，每箱每年产蜜40斤以上，具有较好经济效益。推广高产水稻新品种，在饶坪五里亭村民小组为5户农户种植3.33公顷水稻，赠送甬优1540种子100斤。9月中旬协会5名农业科技人员到现场验收，产量1500斤左右，为水稻高产栽培打下基础。

**【调研献策】** 5月初，老科协科技服务团组织8人深入到4个乡（镇）、6个蜂场，查看1063箱群，进行为期3天的养蜂业调研，并建议蜂农抓好清箱防病虫，避免造成巢虫病，注意采蜜留粮，以防逃蜂现象。抓好春、秋季节繁殖扩群时机，做好遮阳防暑和避寒保温工作，保持蜂群正常的生理状态，促进强群发展，确保蜂蜜丰收。5月下旬老科协科技服务团5位退休老同志到寨里镇等乡（镇）调研菌菇发展情况，并就如何加强项目的科学管理、推进产业升级发展提出意见和建议。7月上旬，4位老科协人员走访崇仁乡“南美白对虾养殖基地”，参观新建的钢结构厂房、封闭式循环水工厂化养殖车间，查看5月份投放的200万尾虾苗的生长情况。在现场探讨管理措施，老科协还赠送相关的科技养殖书籍，并针对其存在的问题及困难提出建议和意见。

**【科技咨询】** 在农技咨询点、畜牧兽医咨询点、水稻新品种推广点3个咨询点，根据不同生产和季节，利用黑板报公布农技、水稻新品种、畜牧兽医等信息，介绍优良种植水稻、蔬菜品种。提供高效低毒农药、微肥和兽药及饲料添加剂等种植技术与使用技术。3个点接待农民咨询5300多人次，电话咨询900多人次，发放联系卡1900多张，发放技术资料65000多份，与种植大户和养殖大户结对子23户；老科技工作者10多次下点指导及时了解种植和养殖户情况，并帮助解决技术上的难题。

**【科普讲座】** 10月21日，邀请县林业局科技中心主任高级工程师罗金旺在县进修学校作题为“保护生态，造福子孙”讲座。会员们听完讲座后，表示作为老技术工作者应该树立“绿水青山就是金山银山”新观念，不忘初心，老有所为，发挥余热，为保护生态环境，建设美丽家园，为全面建成小康社会贡献自己的力量。

**【协会活动】** 开展“学习型”协会建设，多次召开理事会议，集中学习贯彻中央有关会议文件精神及《陈至立同志在河北省老科技工作者科技精准扶贫高层上的讲话》和《中国老科协事业发展行动计划》的精神，做好老科协工作。领会精神实质，使老科协工作从实际出发，因地制宜助力精准扶贫。开展重阳节会员活动，学习中国共产党十九次代表大会精神，参加丰富多彩的游园活动，拍集体合影。

**【壮大队伍】** 完善老科协组织功能，鼓励身体健康、愿意发挥潜能的老科技工作者加入到队伍中来。全年新增会员3人、理事3人，全县会员总数87人，分会3个，专委3个。

**【分会活动】** 1月老科协教育分会在华桥中学举办题为“崇尚科学、反对邪教”讲座，由高级教师傅文魁讲解。参加听课的师生有110余人，教育学生要崇尚科学、反对邪教、提高警惕、擦亮眼睛，防范邪教组织的渗透，维护自身、家人和国家的安全。9月下旬，诗联分会高级教师傅文魁到茶富中学讲解格律诗创作知识，傅老师从古诗词在我国传统文化中的地位讲到格律诗的特点和规律，让学生掌握格律诗的创作技能。

（李建慧）

## 消委会

**【概况】** 2017年，县消委会围绕“网络诚信 消费无忧”年主题，坚持以提升消费环境安全度、经营者诚信度和消费者满意度为目标，通过分领域、分行业开展形式多样、内容丰富的消费维权活动及宣传活动，营造县域安全放心的消费环境。完善12315等消费者诉求渠道，对工商12315、食药12331、质监12365、“民生110热线”“12345政务服务平台”、旅游服务投诉热线等进行整合，实现“六线合一”的工作格局。全年消委会受理消费者投诉134件，解决134件，投诉解决率100%，为消费者挽回经济损失39万元，接待消费者来访和咨询120余人次。

**【消费维权宣传活动】** 以纪念“3·15”国际消费者权益日为契机，围绕“网络诚信 消费无忧”年主题，开展网购维权指导、真假商品辨别、维权成果图片展等活动。3月14日，38个参加活动单位在县城新华都超市广场分别设立宣传咨询台，并向群众宣传讲解如何识别假币、假烟、不合格食品等基本知识，现场发放《新消法》、“2017年消费维权年主题宣传提纲”、社会保障中心、银行等宣传资料2000多份，现场受理消费投诉2起、法律法规咨询30多人次。各乡（镇）基层分会同时开展形式多样的“3.15”宣传活动。

**【专项维权执法检查】** 与县市场监管局、农业局、物价局、烟草专卖局、卫计局等成员单位开展消防产品、房地产明码标价、种子、肥料、一次性餐具、饮用水、食品、药品、烟草、建筑用材料等6类次专项检查，检查各类市场主体150余户，检查中发出责令整改通知书8份，检查情况总体良好，各类市场经营主体经营活动较为规范。

**【重点领域专项整治】** 县消委会组织成员单位对不平等格式条款、网购7日无理由退货、消费者个人信息、售后“三包”、虚假宣传和广告等方面消费侵权行为进行专项整治。成员单位发出责令整改通书9份，立案11起，已结案9起，罚没金额1万元。

**【流通领域商品质量抽检】** 根据省、市消委会工作安排，县消委会组织成员单位于6月13日对县眼镜、电线、电缆、插座等零售市场的商品进行抽检，抽查商品32批次。其中合格28批次，不合格4批次，县市场监管局投诉举报中心及时向社会公布抽检结果，辖区市管所对不合格商品经营者进行立案处理。

**【消费维权进校园】** 5月24日，与市场监管局、教育局开展《消费者权益保护法》《食品安全法》进校园讲课活动。

**【完成消委会换届选举】** 11月下旬，完成第七届消委会换届选举工作，选举县人大常委会副主任王元帜为新一届消委会会长。

部分消费案情简介　案例1：消费者朱女士于1月24日在镇岭路橘子洲都市港湾楼盘购买3＃1404室商品房一套，建筑面积116.42平方米，已付购房款265874元，其中定金30000元、首付款235874元。5月15日，消费者认为开发商在销售该房屋时存在欺诈行为，其诉求：1. 要求开发商退还购房款265874元；2. 解除购房合同。经与市场监督管理局、规划建设和旅游局、房管所工作人员调查了解，由于开发商的原因，造成不能正常将该套房屋交付消费者。县消委会、县市场督管理局、县规划建设和旅游局、房管局工作人员组织消费者、开发商进行了多次调解，双方达成解除网签镇岭路橘子洲都市港湾楼盘3＃1404室商品房。开发商于6月2日前，将投诉方购房款265874元予以全数退还消费者。

案例2：2016年11月11日，程先生通过县农村淘宝站向淘宝网店购买一台价值2100元的美达牌液晶电视，收到货后，开箱发现电视屏幕有屏裂现象，立即与商家联系要求退货。多次沟通无果，程先生又向淘宝网站进行投诉，希望淘宝网站平台能给自己一个说法，但事情一拖就是3个月。无奈之下，程先生拨打12315消费投诉电话进行投诉。接诉后，县消协秘书处和投诉中心工作人员立即着手调查。经查实，程先生通过淘宝网向广州一网络商家购买的液晶电视，交易发生地在广州。根据属地管理原则，工作人员建议程先生向广州市12315进行投诉。一周后，广州市12315回复，由于该网店登记的经营地址不详，无法找到该网店的经营者，之后就没有下文。县消协秘书处和投诉中心工作人员了解情况后，主动到县农村淘宝主管部门县经贸商务局进行协调，并协助程先生拨打全国12315互联网平台电话，经过多次沟通和协调，商家最终同意全额退款。

（谢兆有）

# 政 法

## 综合治理

**【概况】** 2017年，县政法综治维稳工作以党的十九大和厦门金砖会晤安保维稳为主线，以“四项行动”为抓手，守住“七个坚决防止”底线，完成全国全省“两会”“一带一路”高峰论坛、香港回归20周年、厦门金砖会晤、党的十九大等重大安保维稳任务，全县综治工作综合考评为第二系列第一名，连续4年处在全市前列。

2017年5月31日，县委常委、政法委书记危有水等陪同市领导督导检查厦门金砖会晤安保维稳情况

**【维护社会稳定】** 公安机关开展“平安南平”系列专项打击行动，全年立刑事案件519起，比降11.4%；立治安案件721起，比降22.14%；立侵财案件353起，比降21.9%；检察机关批捕刑事案件49件53人，起诉141件170人；法院受理各类案件2726件，办结2596件，一审服判息诉率95.49%，执行案件结案率96.59%；司法行政部门建立社区矫正监管指挥中心和远程视频监控系统，社区服刑人员和刑满释放人员重新犯罪率为零，办理法律援助案件219件，帮助群众挽回损失1499万元；社会救助标准全面提高，县残联开展精准扶贫、精准康复关爱活动，维护残疾人群体的稳定；通过防范控制、教育转化、警示宣传工作，打击整治邪教人员。信

2017年2月2日，光泽县政法工作暨厦门金砖会晤安保维稳会议召开

2017 年 8 月 9 日，光泽县厦门金砖会晤实战阶段动员部署会召开

访工作在全市考评中名列第一，全年信访总量下降 2.8%，进京上访下降 33.3%，没有集体上访，省、市、县排查的信访积案化解率 100%，“党的十九大”和“厦门金砖会晤”、全国、省市“两会”等敏感时期均为“零”上访。

**【厦门金砖会晤和党的十九大安保维稳】** 开展风险隐患排查、矛盾纠纷化解、治安问题整治、社会力量群防“四项行动”，按照“严之又严、细之又细、实之又实”的要求，紧扣重点人员、重点行业领域、重点部位场所、重点问题、重点案件，全面排查，全力化解、有效稳控。全县排查出各类矛盾纠纷和可能影响社会稳定的苗头性、隐患性问题 64 件，化解率 100%，稳控重点人员 91 名，实现“厦门金砖会晤”和“党的十九大”重点时期，重点人员“零失控、零聚集、零滋扰”及“零进京、零赴省、零到厦”。

**【综治领导责任制】** 各级各部门重视综治维稳及平安建设工作，层层签订（下达）综治领导责任书。县综治委各成员单位认真履行职责，县综治委落实定期检查督导通报制度，对发现的问题进行通报，压实责任，层层传导压力，落实政法综治维稳工作。在全市全部 106 个被考评的综治项目中，有 73 个项目未扣分或排名全市第一。

**【社会治理创新】** 建设县综治中心，建成全市标准化程度最高的县（市、区）级综治中心，形成集民生 110、公共安全视频监控系统、综治视联网、矛盾多元调处平台、综治网格化平台于一体的综合服务管理平台；新建交通体验式的以普法宣传为主题的城南法治公园；打造集“生态理念传播、生态成果展示、生态法制宣传、生态文化推广”于一体的止马杉关生态司法教育实践基地；“综治进民企”这一创新品牌得到提升，服务内涵延伸至乡（镇）企业，巩固多元化共建共治共享的工作格局，该做法受到省政法委官方媒体《福建法治

2017 年 7 月 1 日，县委政法委组织开展全县平安志愿者启动仪式

2017 年 2 月 6 日，副省长、公安厅长王惠敏到光泽县慰问基层民警

报》关注，并得到省、市领导肯定；创建 16 个“四无”（无案件、无上访、无诉讼、无邪教）平安村（居）示范点，创建工作进一步提升。

**【“平安光泽”建设】** 推进平安县、乡（镇）、单位、学校、医院、铁路、边界、文化市场等创建活动，县综治办被评为 2013～2016 年度全省平安建设先进集体。上下半年综治“三率”（平安建设知晓率、执法工作满意率、群众安全感满意率）三项指标均居全市前三名，“三率”总成绩位居全市第二名。对全县乡（镇）、县直单位平安单位进行考评，评定一类乡（镇）3 个、一类县直单位 22 个；二类乡（镇）4 个，二类县直单位 37 个；三类乡（镇）1 个，三类县直单位 15 个。考评结果按工资的 100%、80%、60%的标准兑现奖励。通过考评，调动各部门、各单位平安创建工作的积极性和主动性。

**【基层基础】** 建设基础性设施、基础性平台、基础性制度、基础性队伍，在公安检查站，新建 100 个高清视频监控探头。建设治安巡防处突、平安志愿者、综治协管员等群防群治队伍，招募平安志愿者 10000 人，有城乡治安巡防处突队伍 9 支 257 人，综治协管员、平安中心户长 1468 人，维稳群众工作队 99 支 1083 人。

（官建兴）

## 公　　安

**【概况】** 2017 年，全县公安机关以厦门金砖会晤和党的十九大安保为主线，坚持“敏锐维稳、主动治安、实力应对”理念，开展“迎接十九大忠诚保平安”主题活动和“打黑恶、缉枪爆”“保畅通、清火患”平安南平 5 号、6 号专项行动，维护社会大局稳定。对社会治安进行排查打击整治和防控，完成厦门金砖会晤和十九大安保任务。社会大局稳定、治安平稳，未发生重大案事件和较大以上交通、火灾事故，敏感期间重点人员“零失控”、刑事发案连续 5 年下降。上半年、下半年群众安全感分别位居全市第一和第三。

**【维护社会稳定】** 做好十九大、厦门金砖会晤、全国和省市县各级“两会”安保维稳工作，进行反恐斗争，排查化解矛盾纠纷和管控重点人员，保持社会大局稳

县公安局局长杨南深入闽赣宁光高速、省际册下检查站检查指导工作

定和治安平稳。开展反恐斗争，对进出本县的关注人员建立一人一档，实行一日一访查。组织13个最小作战单元，开展各类突发性反恐联合演练2次，危化物品等重点单位防暴演练6次，不定期到重点单位进行“人防、技防、物防”安全检查，打牢反恐工作基础。开展矛盾纠纷排查化解工作。围绕可能影响社会稳定的重点领域、重点项目、重点问题、重点群体，深入排查梳理各类矛盾纠纷和不安定因素，配合党委、政府和相关部门开展化解调处工作，最大限度消除不稳定因素。全年排查化解各类矛盾纠纷78起，未引发重大群体性事件。对各类重点人员进行教育稳控，明确责任领导和责任人，因人施策，敏感期间对特别管控对象严格落实一对一、人盯人、每日访查等管控措施，未出现漏管失控现象，敏感期间重点人员实现“零失控”。

**【打击刑事犯罪】** 开展打击“盗抢骗”“打黑恶、缉枪爆”平安南平5号等专项行动。全年立刑事案件519起，破201起，破案率38.7%。抓获嫌疑人223人，抓获网上逃犯63名，外省逃犯11人。打击“盗抢骗”专项行动综合考评在全市排名第二位。把侦破抢劫、杀人、放火等8大类恶性案件置于打击犯罪工作重中之重的位置。对暴力犯罪做到集中优势警力、重点攻坚、全力追逃。全县立8大类案件13起，破13起，破案率100%。3月15日，抓获1名潜逃22年的湖南籍命案逃犯姚某军，协助湖南警方侦破历年命案。历经5年锲而不舍的追捕，9月28日成功抓获一名潜逃5年的重伤害逃犯朱某龙，协助贵州警方成功侦破当地8年前的一起命案积案。坚持破大案与破小案并重，突出以打团伙、打系列、打流窜、合成作战，小案快侦为重点。全年立侵财案件353起，比降21.9%，破案率20.4%。经缜密研判，合成作战，6月成功打掉盘踞在闽赣一带疯狂作案的江西籍盗窃电缆线犯罪团伙以及江西籍迷信诈骗团伙。开展“云端2017”“春雷”系列行动，受理经济犯罪案件16起，立案12起（其中合同诈骗案1起，职务侵占案1起，虚开发票案1起，非法经营案1起、信用卡诈骗案8起），破19起（其中年前积案3起），通过破案抓获犯罪嫌疑人11人。

**【社会治安防控】** 坚持抓源头、抓预防，做好压发案工作，社会治安持续好转。全年立刑事案件519起，比降11.4%。利用广播、电视、报纸、横幅、标语等，并通过文艺演出、“大妈宣传队”、短信平台、“光泽公安”公众微博、微信及宣传大篷车、警务流动车开展形式多样的防范宣传，增强群众防盗、防抢、防骗意识和能力。全年立侵财案353起，同比减少99起，比降21.9%。其中立电信诈骗类案件43起，同比减少27起，比降38.6%。建设防控体系，完成第5期105路城市高清视频建设和宁光、册下两个省际检查站信息化建设，织密防控网。组织机关、派出所、巡特警及社会治安力量和志愿者巡逻街路面，提高见警率，挤压犯罪空间。巡特警大队出动路面巡逻力量69894人次，巡逻车8977辆次，制止打架事件180起，服务群众229次，参与羁押遣送任务20余次；破获1起摩托车盗窃系列案件，抓获涉案人员5名；现场解救欲轻生人员1名，配合县公安局抓获各类违法犯罪人员100余人。在重要敏感时期或案件高发时期，组织由局领导带队参加的全局民警大巡逻，收到较好效果。在金砖会晤、党的十九大等重大安保期间，相继启动社会治安防控Ⅱ级、Ⅰ级响应，严格1、3、5分钟处置机制，及时启动册下公安检查站和2个移动检查站，做到逢车必查、逢疑必查。仅金砖会晤期间两个公安检查站就核查车辆23187辆、人员71756人，查获涉稳人员159人、吸毒人员16人、非法入境人员10人，抓获各类违法犯罪嫌疑人45人，在逃人员6人，确保敏感期间全县社会稳定。

**【社会治安整治】** 开展治安问题清查整治专项行动、社会面管控“坚盾”系列集中统一行动等专项行动，为金砖会晤和党的十九大安保工作奠定基础。全年立治安案件721起，同比减少205起，比降22.14%；查处治安案件453起，同比减少134起，比降22.83%；查处违法人员313人，同比减少108人，比降25.65%（其中罚款30人，治安拘留268人，并处罚款51人，其他处罚8人、警告7人）。采取明查暗访检查、测试等方式，开展行业性突出治安问题整治，全面清查整治旅馆、网吧等场所不如实登记问题，娱乐场所“黄赌毒”问题，寄递物流业不落实“三个”（收货发货开箱验视、寄货运货实名制、危化品运输全程监控）100%等问题，对发现的违法违规行为进行严厉查处。全年查处不如实登记住宿旅客信息案件32起，查处无证旅馆4家，停业整顿旅馆4家，发现治安、消防隐患18处，当场整改12起，处罚6家。全面清查整治流动人口管理死角盲区、治安复杂城中村、城乡接合部、校园及周边地区治安突出问题、铁路沿线治安突出问题、车站及周边地区治安突出问题。清查登记流动人口18385人、出租房屋3597户，查处治安案件10起。开展涉枪涉爆整治。采取宣传发动群众主动上交，设立有奖举报发动群众检举揭发，一个村一个村统一清查等措施，全面清缴枪支和爆炸物品。全年破获涉枪涉爆案件40起（其中涉枪刑事案件37起，涉爆治安案件3起），抓获涉枪案件犯罪嫌疑人37名，查处涉爆案件违法人员4名，清查、收缴枪支111支、子弹533发，收缴管制刀具44把，非法烟花爆竹制品126件。开展毒品问题整治。以“飓风肃毒2017”会战行动为抓手，全力清剿种植毒品原植物、涉麻制毒犯罪，打好重点整治纵深仗；开展吸毒人员查控，做到应收尽收，严防肇事肇祸；对易制毒化学品进行检查、管控，严防流失。全年破获涉毒案件13起，抓获涉毒人员数15人，查获涉毒治安案件99起，抓获吸毒人员126人。缴获冰毒28.38克、罂粟果实740个、铲除罂粟原植物459株。开展赌博违法行为整治，查处赌博治安案件17起，查获违法人员30人（其中拘留21人，罚款2人，警告2人，并处罚款18人，其他处罚5人）；破获赌博刑事案件2起，抓获犯罪嫌疑人2人，收缴赌博机18台；查处涉黄治安案件2起，查获违法人员4人，破获涉黄刑事案件1起，抓获犯罪嫌疑人2人。

十九大会议期间，县公安局局局长杨南带领治安大队民警对物流寄递业进行安全检查

**【网络安全监管】** 全年出动警力200余人次，盘查上网人员1300余人次。走访网络运营商、金融系统等重点单位60余家，消除网络安全隐患10处。发现本地网上有害信息175起，处置175起，约谈教育10人。对全县所有企事业单位重点网站进行漏洞扫描，发现漏洞36家次，发放整改通知书36份，均进行漏洞修复和整改。

**【实有人口管理】** 开展户口登记管理清理整顿工作，截止11月30日24时（按公安部人口统计时点），全县户籍人口时点数为47043户162983人，城镇人口数为45068人。截止2017年12月31日24时，全县登记在册流动人口时点数为18385人、出租房屋时点数为3597户。全年流动人口案前登记率为96.7%，位全市第1名。派出所全面启动居住证受理、制证工作，制发居住证316张。全年实有人口管理列入市级综治、绩效考评项目全部得满分。开展全县标准地址二维码管理工作，编排标准地址38041个、安装二维码门牌38041面、标注地址77225个、访查房屋69001户，采集实有人口55392人，2017年11月18日，经省公安厅实地初验全部合格。

**【出入境管理】** 全年受理出国境4266人次，其中受理护照2084人次；受理港澳游1725人次、受理港澳探亲58人次、受理港澳定居2人次、受理港澳商务8人次；受理台湾游301人次、受理台湾探亲居留78人次、受理应邀赴台8人次、受理定居2人次；受理台胞2人次。批准前往香港定居2人。全年境外人员入境本县584人次，有22个国家和地区的外国人、外籍华人进入光泽县。其中外国人（含外籍华人、华侨）426人次，港澳居民48人次，台湾居民110人次。常居留本县外国人42人。

**【清查打击“三非”外国人】** 开展《中华人民共和国出入境管理法》宣传，打击查处“三非”（非法入境、非法居留、非法就业）外国人，全年查处外国人“三非”案件14起19人。其中非法入境案件13起18人（卡口查处9起、工作中发现4起），非法居留案件1起1人。遣返18名非法入境外国人。

**【权责清单清理】** 根据县府办和审改办关于权力清单和责任清单融合编制工作部署，经梳理编制，清理出有权责事项378项，其中行政权力事项315项（含行政许可16项、行政确认10项、行政处罚205项、行政强制46项、行政征收0项、行政征用1项、行政裁决0项，行政奖励1项、行政给付0项、行政监督检查17项、其他行政权力19项），公共服务事项24项，内部管理事项3项，其他权责事项36项。

**【基础设施建设】** 将司前派出所营房危房改造项目列入副省长、公安厅长王慧敏对接帮扶2016年光泽县公安局建设项目，由泉州市公安局和漳州市公安局提供帮扶资金200万，该项目于2016年10月12日开工，2017年9月2日竣工。

**【监所管理】** 县看守所收押犯罪嫌疑人206人，其中上年留下39人，新收押167人，已结案交付监狱执行26人，刑满释放28人，其他处理出所39人。拘留所收拘330人，其中上年留下12人，新收拘318人。治安拘留268人，司法拘留30人，其他20人。

**【队伍教育管理】** 提高政治思想建设，把政治建警放在首位，以“两学一做”教育活动和“向廖俊波先进事迹学习”活动为载体，组织全体民警开展学习党的十九大精神和习总书记系列讲话精神，全体民警“四个意识”增强。开展廉政学习，强化民警廉政意识。加大业务培训，本着缺什么，补什么的原则，以每月全市民警训练考核为牵引，组织全体基层民警开展以警务实战化、信息化应用、接处警、档案管理、交通安全管理、消防管理、法制工作等方面的春季训练培训。采取布控堵截、应急处突演练，从基本队形、基本技能入手，练指挥、练协同，提高基层民警的快速反应能力和综合处置能力。8月24日，通过布控堵截成功抓获一重大盗窃团伙成员3人，查获大量财物和作案工具。坚持文化育警，开展警营文化环境建设活动，营造浓厚的文化氛围。全年组织篮球、拔河、登山、演讲等各类比赛活动及各种岗位技能竞赛24次。10月31日，南平市公安局公共关系处对寨里、止马、城关三个派出所申报省市级文化环境建设达标派出所进行验收。验收组通过调研查

县指挥中心载誉归来

看，三个所文化环境建设均符合要求，通过验收。开展“暖警工程”建设，落实警员工资套改、民警体检、休假、平安互助金、困难、疾病慰问等措施。先后下拨30万元资金为7个派出所改善工作、生活环境。对伤病及家庭困难民警及时进行慰问，对重大疾病民警积极争取英烈基金给予帮扶，为民警排忧除难，增强民警向心力和归属感。全年5个单位立集体三等功，3个所队被授予集体嘉奖；10人立个人三等功，12人被授予嘉奖，27人被县政府评为优秀公务员。

**【打造廉洁警队】** 落实党委主体责任和纪委监督责任，始终坚持把党风廉政建设和反腐败工作作为队伍建设的一项重中之重的工作来抓。通过开展日常教育、任职教育、示范教育、风险教育、警示教育、提醒教育等形式多样的廉政教育，组织党纪党规学习、观看廉政警示片、参观反腐倡廉警示教育基地，筑牢民警拒腐防变思想防线。采取监督检查，执纪问责，发挥监督职能。深入4个挂点扶贫村，对县公安局党员民警扶贫工作开展情况进行监督检查，利用交警信息平台开展“1+X”专项督查。全年受理群众来信来访7件；查办民警违纪案件1起；进行廉政谈话20人次。其中批评教育6人次；提醒谈话13人次；诫勉谈话1人次；发函询通知书1份。7月，县纪委实行派驻制，县公安局纪委改为县纪委驻县公安局纪检组，同时撤销县监察局驻县公安局监察室。

**【召开第六次党代会】** 7月5日，中共光泽县公安局第六次代表大会召开。56名代表及列席代表和特邀代表参加会议。全体代表正式投票选举产生中共光泽县公安局第六届委员会和中共光泽县公安局第六届纪律检查委员会。

**【民警英烈基金座谈会】** 6月15日，省公安民警英烈座谈会在县公安局召开。省公安民警英烈基金会常务理事长郑昆义、副理事长孙国璋、监事黄东民等领导到会并讲话。市公安局政治部主任何根启，县公安局局长杨南、政委李勇、县局党委班子成员，以及县局机关室、队负责人参加会议。座谈会主要议题是民警存在的困难，定向基金解决途径。明确基金去向主要用于公安英烈抚恤，患病民警、支助公安民警困难家庭、子女的善款。自福建省公安民警英烈基金捐款活动开展以来，启动民警捐款和向当地政府及社会各界捐款活动，此举得到县政府50万元、圣农公司50万元、县集友石材有限公司5万元、德胜酒业有限公司5万元、县公安局及全体公安民警15万元，计125万元捐款。

**【县青少年警训中心成立】** 7月18日上午，在县职教中心举行“光泽县青少年警训中心成立暨首期警训夏令营开营仪式”。县委常委、县委政法委书记危有水，县政府副县长叶财旺，县政府党组成员、公安局长杨南出席开营仪式，并为光泽县青少年警训中心揭牌。县委宣传部、县教育局、县卫生局领导，以及县公安局民警、消防、交警、职教中心教师、医务人员，参加夏令营警训活动的41名学员和部分学生家长参加开营仪式，本次警训夏令营为期一周。青少年警训中心是县委、县政府为提升青少年综合素质而推出的一项专门针对青少年的警训平台，由公安局和职业技术教育中心联合打造，以警务技能、警务安全为基础教学内容，整合主题教育、素质拓展、社会实践等专题。通过学习警务技能和安全知识，提高青少年自我保护能力，防范社会不良现象危害等。目的是通过严格的训练，培养和锻造出一支守法、守纪，意志坚强、体格健壮的青少年学生队伍。

（宗水根）

## 交　警

**【概况】** 2017年，县公安局交通警察大队围绕道路交通安全管理，启动实施“畅通城市三年行动计划”，做细做实隐患排查治理，严查严处交通违法行为，深入推进综合整治“三年提升工程”，提升业务管理水平。在年度目标责任制考评中，道路交通事故处理工作和科技设施应用工作均列全市第二，机动车管理工作名列全市第四，大队在“金砖会晤”安保工作中荣立集体三等功。

**【道路交通秩序管理】** 依托册

开展酒驾检查

下交通执法站，与交通综合执法大队配合，不间断开展货运车辆超限超载治理。与治安、巡特警等警种联手，在春运、重要会议、重大节庆活动期间实行24小时勤务，严管入闽通道。组建执法小分队，巡回各乡镇配合派出所开展交通秩序整治，夯实农村地区交通安全管理工作。采取定点拍摄和移动抓拍相结合，规范车辆归位停放、按道行驶和斑马线前礼让行人，管理城区通行秩序。印发《关于开展干部职工不文明交通行为与文明单位创建挂钩活动的实施方案》，将不文明交通行为纳入创建评选文明单位的考评内容，达到社会共治。组织开展道路交通安全大排查大整治、厦门金砖会晤与十九大安保等一系列专项整治和"逢六逢九"查处交通违法行为统一行动，形成严查重处交通违法行为的高压态势。全年查处各类交通违法行为15548起，其中醉酒驾驶25起，酒后驾驶320起，超员1062起，超载37起，涉牌1872起，涉证1013起，未戴头盔10298起，未挂安全带904起，车辆违停4682起，逆向行驶325起，违反信号灯和禁行管理1186起，不礼让斑马线267起，拘留34人。

开展道路安全隐患排查

【道路交通设施建设】 完善城区交通安全设施，新增综合医院路口灯控系统。在文昌路、光明大道增设隔离护栏6800米，并结合省级文明县城创建，增补交通标志牌25面，设置交通警示灯6个，施划、补划交通标线7000平方米。制定《光泽县城市道路占道泊车收费管理实施方案》，提请县政府实施路面停车泊位有偿收费，推动资源共享。对二一七路、文昌路、杭东路、杭中路的停车泊位进行重新规划，新增泊位70个。定期分析研判交通事故的规律特点，滚动排查事故多发路段，及时整改光司线标线不清，圣农大道路灯、诱导牌缺失等道路交通安全隐患3处。

【道路交通安全宣传】 创新宣传形式，全方位、多渠道开展交通安全宣传。与县委文明办、团县委、杭川镇和全县省级文明单位联合发出《向不文明交通行为告别》倡议，共同营造“交通法规我遵守、文明交通我参与”的良好氛围。在全县中小学校开展以“遵守交通法规、安全文明出行”为主题的征文活动，通过学生积极参与，达到“教育学生，带动家长、启发社会，提升全民文明交通素质”的效果。联办“文明交通杯”乒乓球比赛，在对抗比拼中，把友谊第一的赛风转化为文明交通新风，带动更多的人行文明路、驾文明车、做文明人。在全县32个单位抽调187人组建交通安全劝导志愿者中队，每天安排5人在城区主要路口和人流聚集的路段开展文明交通劝导活动，倡导守交规、少陋习理念。成立圣农公司文明交通劝导队，承担、履行宣传交通法规、劝导交通违法的职责，管好“自家人”，看好“自家门”。开辟“出入平安”广播栏目，建立光泽交安微学群，每周播发安全知识、事故案例，及时曝光交通违法车辆和驾驶人员，发挥警示作用。编印《摩托车驾驶人安全出行常识》《农村交通安全知识宣传手册》等宣传资料，借助县乡两级道安办分发至各劝导站，前移宣传阵地，提高村民安全意识。

开展交通安全宣传

**【车辆和驾驶人管理】** 开展等级星级车管所创建，做好驾驶人考试、车辆挂牌等业务工作；推行互联网交通安全综合服务平台的应用，网上办理考试预约、补办牌证等车驾管业务；落实新车免检、省内异地检验、预约检验等利民便民措施；针对超标电动车过渡期满，摩托车驾驶证考试人员剧增这一状况，前移服务窗口，安排警力利用双休日开展进企下乡考试，先后到圣农公司考试3场，到乡镇考试2场。全年接待办事群众31600余人，组织小车类驾驶人科目一、科目三考试2352人，摩托车驾驶人考试4805人，增驾1013人，补换证2045本，满分学习377人；办理小车挂牌1225辆，摩托车挂牌4829辆，检验机动车9273辆，转移变更387辆，注销2654辆。联合多部门攻坚克难，完成剩余61辆黄标车的淘汰工作。

**【道路交通事故处理】** 全年发生列报道路交通事故74起，死亡19人，受伤81人，直接经济损失14.14万元，与上年相比，交通事故四项指数除死亡人数上升90%外，其他三项指数均有不同程度下降。从引发事故的驾驶人方面分析：机动车驾驶人引发事故70起，致17人死亡，分别占事故起数和死亡人数的94.60%、89.47%。从肇事车辆方面分析：摩托车是事故的突出主体，发生道路交通事故36起，死亡7人，分别占事故总数和死亡人数的48.65%，36.84%。从事故发生的道路分析：县乡道路多于城市道路，而城市道路又多于国道，县乡道路发生道路交通事故28起，城市发生道路交通事故24起，国道发生道路交通事故22起；国道事故死亡人数多于城市道路与县乡道路，辖区316国道发生交通事故致7人死亡，城区道路发生交通事故致6人死亡，县乡道路发生交通事故致6人死亡，分别占死亡总数的36.84%、31.58%、31.58%。

（蒋叶根）

## 森林公安

**【概况】** 2017年，县公安局森林分局突出生态安全保护，严厉打击破坏森林资源和野生动植物资源的违法犯罪行为，维护林区秩序稳定。全年查处各类森林案件156起，其中森林刑事案件立案23起（其中重大案件1起）、破15起（其中重大案件1起），抓获犯罪嫌疑人32人，提请逮捕3起3人，批准逮捕3起3人，取保候审11起22人，移送起诉（含直诉）11起27人。查处林业行政案件133起，处罚133人次。

**【开展缉枪治爆专项行动】** 根据《全县公安机关“平安南平”5号—“缉枪爆”专项行动工作方案》和《南平市森林公安局关于开展2017年全市森林公安机关缉枪治爆专项行动的通知》的部署要求，开展缉枪治爆专项行动。通过周密部署、广泛宣传、全面摸排的方式，采取“深查缴、除祸患，严清网、控人头，打团伙、捣窝点，截渠道、强联控”举措，依法查处并收缴一批非法持有、私藏的枪爆物品，消除一批涉枪涉爆安全隐患，铲除滋生枪爆违法犯罪的土壤，对达到立案标准的坚决立案查处。专项行动期间，收缴各类枪支37支（其中土铳29支、制式猎枪2支、气枪4支、射钉枪2支），子弹（钢珠）195发，黑火药0.49公斤，立刑事案件4起，破案4起，采取强制措施5起5人。

**【参与生猪养殖污染整治】** 根据《光泽县人民政府办公室转发县环保局县农业局关于光泽县生猪养殖污染专项整治行动工作方案的通知》精神，结合打击非法占用林地违法犯罪工作，开展生猪养殖污染专项整治行动，认真排查，打击毁林种茶种果、修建养殖场的违法犯罪，行动期间，查处擅自改变林地用途林政案件16起，处罚16人次。

放生野生动物

**【打击破坏野生动植物资源违法犯罪】** 开展严厉打击破坏森林和野生动植物资源违法犯罪（2017利剑行动）行动。经过认真细致的统筹部署、对疑难案件的攻坚，破获非法猎捕出售、收购、运输珍贵濒危野生动物案件5起，查处未持有合法来源证明运输非国家重点保护野生动物林政案件7起，查处非法采挖移植非保护树木林政案件6起。

**【森林火灾预防和查处】** 开展森林防火宣传70余次，张贴标语、发放宣传单1500余份。通过多形式、多角度、全方位的宣传，在禁火令期间，组织民警上路巡查，有效提升林区群众野外用火安全意识和责任意识，全社会森林防火意识普遍提高。全年查处森林防火期内未经批准擅自在森林防火区内野外用火4起，处罚4人次。全年森林火灾案件同去年相比有大幅度下降。

**【涉林矛盾纠纷调处】** 建设信访制度，执行信访接待日制度，提高解决涉林涉警信访问题的能力和水平。坚持把依法维护人民群众合法权益放在最高位置，及时解决群众反映的实际问题，严格按照程序流转，推动信访案件尽快办结，做到件件有落实，事事有回音。推进依法办案，从源头上预防和减少涉警信访问题。适时地开展法制宣传教育，推动形成依法维权、理性信访的行为习惯，有效避免群体性上访事件的发生，防止重复信访，推进林区稳定。全年办理信访案件17起，办结17起。

开展森林资源保护宣传

**【联动防控】** 围绕“预防为主、打防结合”的方针，从两个方面着手，维护森林资源安全和林区治安持续稳定。与国有林场、村镇等护林组织开展多次座谈，并对护林组织开展不定期培训，整合全县护林力量，发挥打击涉林违法犯罪合力。与周边县市以及省际间警务合作常态化，与江西省资溪、贵溪两地森林公安签订侦防协作协议，并加强与地方公安情报互通、资源共享、防控共建。管理好源头，督促林木所有人加强管护，全年向涉及不稳定林区的单位和个人发放管护建议书30余份。

**【队伍建设】** 坚持政治建警、素质强警、文化育警、从严治警，探索新形势下加强队伍建设的思路与方法，推进森林公安队伍正规化建设，打造一支信念坚定、执法为民、敢于担当、清正廉洁的高素质公安队伍。坚持政治建警，切实筑牢忠诚警魂。从严治警，不断加强教育，确保队伍严守政治纪律、讲政治守规矩。推行人才兴警、素质强警，优化警力结构。

**【基层基础建设】** 多方筹措资金，建设信息化硬件设施，擦亮科技强警之利刃，实现对林区治安秩序的有效管控，最大限度的保护森林资源。完成指挥中心、办案中心、10个治安卡口建设并投入使用，添置电脑11台，打印机4台，扫描仪1台，电脑配备率达100%。发挥好刑侦、技侦、图侦、网侦等“四大技术”在办案过程中的作用，应用大数据及合成作战能力，打击各类涉林违法犯罪。

（席莉莉）

## 公安消防

**【概况】** 2017年，县公安消防大队积极融入光泽经济发展大局，聚力强军实践，抓队伍建设，落实消防安全责任、加强基层基础建设，部队建设和消防工作取得新发展。

**【消防社会化管理】** 提请政府召开每季度一次消防工作联席会议，与各乡（镇）、县直有关部门签订年度消防工作责任书，全面落实消防安全责任制。

**【岗位练兵】** 开展全员岗位练兵活动，推进灭火救援预案制

全县微型消防站比武竞赛

豪沃8吨泡沫水罐车

度、消防设施调查测试和战例讲评工作，调查测试建筑固定消防设施40余家、市政消防栓90个，组织典型战例讲评15课时，修订预案25类，组织演练50余次，提升部队实战处置能力。

【营房装备和队伍建设】 县委、县政府大力支持消防事业建设，完成“闽财行98号”关于年度地方消防业务经费保障任务。建成大队“红门影院”并投入使用；购置一部8吨消防水罐车和主要器材装备。

【正规化建设】 开展“维护核心、听从指挥”主题教育暨推进“两学一做”学习教育常态化制度化、学习习近平总书记重要讲话精神、党的十九大精神等专题教育等一系列活动，提升部队正规化建设水平。

消防安全演练

【基层基础建设】 完成所有乡（镇）消防安全网格规范化管理，所有村级志愿消防队完成达标建设。所有的重点单位、社区完成微型消防站建设。在重点单位集中的商业区建立消防安全联防协助组织1个。在九小场所、养老院等人员密集场所，安装独立式感烟探测器。

【灭火救援】 全年接报处置火灾、各类抢险救援和社会救助等76次，出动消防车228辆次，出动警力1103人次，其中扑救成灾火灾6次，抢险救援23次，社会救助30次，抢救被困人员31人，疏散人员64人，抢救财产价值326万元。

（高丽华）

## 检　察

【概况】 2017年，县人民检察院深入学习贯彻习近平总书记治国理政新理念、新思想、新战略以及对政法工作的重要指示精神，认真落实县委全会精神和县十七届人大一次会议决议，围绕“服务发展、维护稳定、保障民生、推进改革”的检察主题，忠诚履职，各项检察工作取得新进展。

【融入地方工作大局】 针对“百日攻坚战”“四比六促”重点项目工程，与公安、水利、建设及工业园区管委会签订《工程建设同步预防工作方案》，确保“工程优秀、人员廉洁、资金安全、项目平安”。抓好精准扶贫，开展整治和预防扶贫领域职务犯罪专项工作，联合县邮政公司推出“精准扶贫，预防邮路”基层行，保障扶贫政策、资金落实到位，维护群众切身利益。

**【优化经济发展环境】** 适应经济发展新常态，把握服务大局的结合点和着力点。参与整顿和规范市场经济秩序，在全市率先设立驻国税局、地税局检察工作室。依托“两法衔接”平台和涉企案件绿色通道，批捕各类破坏市场经济秩序犯罪 4 人，起诉 14 人。发挥驻圣农集团检察工作站服务非公经济作用，安排业务精、能力强的检察干警深入企业调研 27 次，帮助企业发现制度和监管漏洞，围绕交通安全、职务犯罪预防及企业法制生态等主题制作法制宣传资料万余册，开展讲座 7 次，提高民营企业防范和化解风险能力。

**【打击刑事犯罪】** 发挥起诉批捕职能，惩治危害群众生命财产安全和社会治安刑事犯罪，批准逮捕 50 人，审查起诉 132 人，其中批捕故意伤害、强奸等严重暴力犯罪 6 人，起诉 12 人。注重打击多发性侵财犯罪，批捕“两抢一盗”、诈骗等犯罪 17 人，起诉 23 人。针对群众深恶痛绝的黄、赌、毒犯罪，始终保持严打态势，共批捕 11 人，起诉 13 人。持续加大对涉枪涉爆、涉邪教犯罪打击力度，批捕 1 人，起诉 22 人。促进社会安定，保障人民群众安居乐业。

**【生态司法保护】** 推进“保护闽江源，共建母亲河”专项活动，多次调研县域河流生态实情，并采取咨询专业意见、查询档案资料等方式了解河道管理现状，发出推动流域保护、落实“河长制”等检察建议 4 份，编写《光泽县人民检察院关于县内富屯溪流域“河长制”实施现状的调研报告》，得到县人大常委会主任、分管副县长批示。推动政府划定武夷山自然保护区缓冲区为野生动物禁猎区，促成光泽县发布全县禁止毒、电、炸鱼通告，并推动政府出台南平市首个县级禁渔期的文件。在寨里镇设立全市首个派驻森林公安派出所检察工作室，并联合乡（镇）、公安局共同研究制定“河道警长”工作机制。以实地办案、督促履职等方式，打击破坏生态环境犯罪。办理涉林生态资源案件 14 件 30 人，发出检察建议，监督相关部门积极履职，及时处置山林倾倒、堆放污染物案件 2 件 1000 余吨。与森林公安、市场监督管理等部门开展专项整顿行动，办理涉及鬣羚、黑框蟾蜍等野生动物案件 2 件 3 人，综合治理生态环境，保障全县绿色发展战略实施。

**【查办职务犯罪】** 受理初查职务犯罪线索 14 件，立案侦查贪污贿赂职务犯罪 9 人，玩忽职守职务犯罪 2 人。其中贪污贿赂案件涉案金额 167 万元，大案 2 件 2 人。坚持以专项行动带动整体办案工作，围绕社会反映强烈和群众关注问题，以查办扶贫领域专项补贴资金管理、危害生态文明建设、涉农惠农等专项工作为抓手，坚持无禁区、全覆盖、零容忍。

**【职务犯罪预防】** 分析研究职务犯罪案件，为党委、政府和有关单位推进反腐败工作提供决策参考。落实惩防职务犯罪专题报告制度，针对重点领域、行业职务犯罪开展专项预防调查 2 次，形成案例分析 7 篇、发出检察建议 7 份，开展警示教育活动 20 次。发挥行贿犯罪档案查询作用，提供查询 211 次，助推社会诚信建设。

**【化解社会矛盾】** 落实宽严相济刑事政策，对涉嫌犯罪但无社会危险性的，决定不批捕 12 人，对犯罪情节轻微，无需判处刑罚的，决定不起诉 21 人。对捕后无继续羁押必要的，建议侦查机关变更强制措施 6 人。以省级文明接待室为平台，依法妥善处理群众控告申诉 28 件次。向 5 名刑事被害人提供帮扶救助，发放司法救助金 10 万元。化解检察环节矛盾，将维护公正、排解民忧、化解民怨宗旨贯穿于检察工作全过程。

**【社会综合治理】** 围绕党的十九大和厦门金砖会晤，细化维稳举措，对可能存在的信访隐患和苗头性问题予以全面梳理，做到分类调处，跟踪化解。针对李某多次进京缠访、闹访的情况，成立办案组提前介入，全程引导侦查，以寻衅滋事罪将其依法批捕，提起公诉，相关做法得到市检察院肯定和推广。保障未成年人权益，发挥省级“青少年维权

2017年4月28日，光泽县检察院在县公安局寨里林业派出所、坪山（鸾凤）派出所设立的检察工作室正式揭牌成立。

岗”和省级“青年文明号”作用，创建“未成年人零犯罪村居”工作，围绕反欺凌、宪法宣传等主题开展送法进校园8次。创新社会综合治理，解决影响社会和谐稳定的源头性、根本性和基础性问题。

**【刑事诉讼监督】** 监督刑事立案、侦查活动，设立派驻公安机关派出所检察工作室，相关工作机制被市检察院转发全市检察机关学习借鉴。监督侦查机关立案4件、撤案12件，发出纠正违法意见书6份。监督刑事审判，向人民法院提出量刑建议55份，提请抗诉1件1人，卢某等7人特大非法采矿案提请抗诉后，经南平市中级人民法院二审裁定发回重审，县法院依法重审后改判。监督民行诉讼，办理民事执行监督案件2件，发出行政公益诉讼诉前程序检察建议1份。

**【专项监督】** 开展“危害食品药品安全犯罪专项立案监督”活动，监督行政执法机关移送犯罪线索5件，立案3件。开展“基层民事行政检察工作推进年”专项活动，受理民事行政监督案件6件，发出检察建议3份。健全刑事执行监督，开展监管场所巡视检查49次，监督整改安全隐患、执法不规范问题7个，发出检察建议、纠正违法通知书6份。设立南平市首个驻司法局检察工作室，监督社区矫正。落实财产刑执行专项检察“回头看”活动，采取个案检查与定期检查相结合方式，对2013年以来涉及财产刑生效判决的623人开展财产刑执行监督。协助基层组织对118名社区矫正人员进行监督、管理和帮教，维护刑罚执行的公正性和严肃性。

**【提升智慧检务水平】** 探索智慧检务建设，投入100余万元采购办公办案技术设备，以信息化、大数据引领检察监督工作创新发展。全面实施电子卷宗应用工作，制作电子卷宗180件364卷21643页。在全市率先试行技术性证据全面审查工作，明确故意伤害、交通肇事等10类罪名的技术性证据必须审查。运用电子证据成功起诉2起“零口供”利用邪教组织破坏法律实施案均获有罪判决。在重大、疑难、复杂案件中通过技术手段收集电子证据2次，文证审查纠正鉴定意见6份，发现瑕疵鉴定意见4份，改变案件定性2件。加强监督工作，发挥现代科技在检察监督的新引擎作用，提升检察工作公信力。

**【司法体制改革】** 改革司法体制和各项检察机制。坚持择优、公正原则，完成第二批员额检察官考核选任，开展全省首批聘用制书记员招录工作。实行检察官办案责任制，开启“谁办案谁负责，谁决定谁负责”检察权运行新模式，整合集中全院83%的干警到办案一线，领导干部带头办理案件43件，占全院办案数20.7%，落实司法责任制改革。配合监察体制改革，认真谋划、统筹推进职能划转、机构人员转隶及业务衔接等工作，以良好精神风貌和过硬纪律作风实现平稳转隶。

**【强化检察队伍素能】** 围绕人员分类管理制度改革，以规范化、职业化、专业化为导向开展分类培训，全年56人次干警参与国家、省、市、县级岗位素能培训。开展疑难案件研讨，常态化开展岗位练兵，在实践中提升干警法律监督、信息化应用及释法说理等能力。刑事执行检察工作理论调研文章在最高检理论研究征文活动中获得三等奖。卢某某故意传播虚假信息案观摩庭被评为“全省检察机关优秀公诉庭”。推荐优秀干警到新疆木垒县检察院挂职锻炼，选派年轻干警到省、市检察院跟班学习，引领和促进青年干警快速成长。全年全体检察干警立足职能，获国家级荣誉2次，省级荣誉7次，市级荣誉9次。

**【坚持政治建检】** 通过各层面、多形式学习贯彻党的十九大精神，推进“两学一做”学习教育常态化、制度化，开展向廖俊波、李华等先进典型学习主题实践活动。落实党组管党治党主体责任，抓好上级院巡察组“回头看”反馈情况的整改落实，抓机关效能建设，获全县绩效管理考评第三系列先进单位第一名。部署开展“展现新状态，拼出新作为”专项活动，提振检察干警干事创业精气神。落实党风廉政建设主体责任和监督责任，及时排查防控廉政风险。贯彻落实中央“八项规定”以及“检察人员8小时以外行为禁令”，厉行勤俭节约，抵制“四风”，督促干警严格遵纪守法，做到警钟长鸣，推进专项检务督察活动，开展检风检纪专项督察24次。

**【规范检察权力运行】** 向县人大常委会报告公诉专项工作，并按照审议意见进行整改。定期开展检察开放日和举报宣传周活动，主动将人大代表、政协委员及人民监督员请进来，实地了解检察机关办公办案情况，听取专题工作汇报及座谈交流对检察机关的建议和意见，并根据代表建议加大对未成年人犯罪和涉毒犯罪的打击力度，对预防职务犯罪和法治进行宣传。开展案件质量评查4次，对40件案件进行评查。推进门户网站、官方微博微信等新媒体建设，探索实行新闻发言人机制，宣传检察工作，推进人民监督员工作，自觉接受监督。对依申请公开的案件信息，及时做好申请公开的案件当事人或相关人员的统计、上报工作，全年共公开法律文书147份，程序性信息109份，重要信息公开数2份，以公开“倒逼”规范司法行为。

（马爱霞）

## 审　判

**【概况】** 2017年，县人民法院认真贯彻落实党的十八大、十九大精神，坚持以习近平新时代中国特色社会主义思想为指导，忠实履行宪法法律赋予的职责，服务和推进“中国生态食品城”“平安光泽”建设，各项工作取得新进展。全年受理各类案件2726件，审（执）结2596件，解决争议标的1.98亿元。

**【刑事审判】** 全年受理并审结各类刑事案件134件172人。严惩危害公共安全犯罪，审结非法持有、非法制造枪支、危险驾驶、交通肇事案件56件56人。严惩危害群众生命财产安全犯罪，审结故意伤害、抢劫、盗窃等犯罪案件17件19人。严惩破坏生态资源犯罪，审结涉生态刑事案件9件37人。严惩职务犯罪，审理贪污贿赂、玩忽职守案件5件6人，为脱贫攻坚提供司法服务，审结龚某贪污扶贫款案件。严惩毒品犯罪，审结涉毒案件10件10人。做好未成年被告人审前社会调查、社区矫正和回访帮教工作。严惩家庭暴力犯罪，审结光泽首起家庭暴力犯罪案件。

**【民事审判】** 全年受理各类民商事案件1521件，审结1432件。保护合法民间借贷关系，妥善审结民间借贷纠纷案件318件，结案标的额6610.28万元。维护正常的金融秩序，审结金融借款案件138件，快速审结金融部门提交的实现担保物权案件11件，标的额256.65万元。维护建筑市场秩序，审结建筑工程合同纠纷案件16件，结案标的额530.76万元。推进家事审判方式改革，开展审前调查走访，妥善处理婚姻家庭矛盾纠纷，审结人身损害赔偿、财务纠纷等各类侵权案件222件。维护房地产交易秩序，审结房屋买卖、租赁案件86件。维护小区物业管理秩序，审结物业服务合同纠纷案件204件。

**【行政审判】** 全年受理并审结行政案件2件，审查行政非诉案件23件。深化行政执法与行政审判良性互动，创新互动方式，通过召开座谈会、邀请行政执法人员学习培训、行政执法案卷评查等方法，促进行政机关依法行

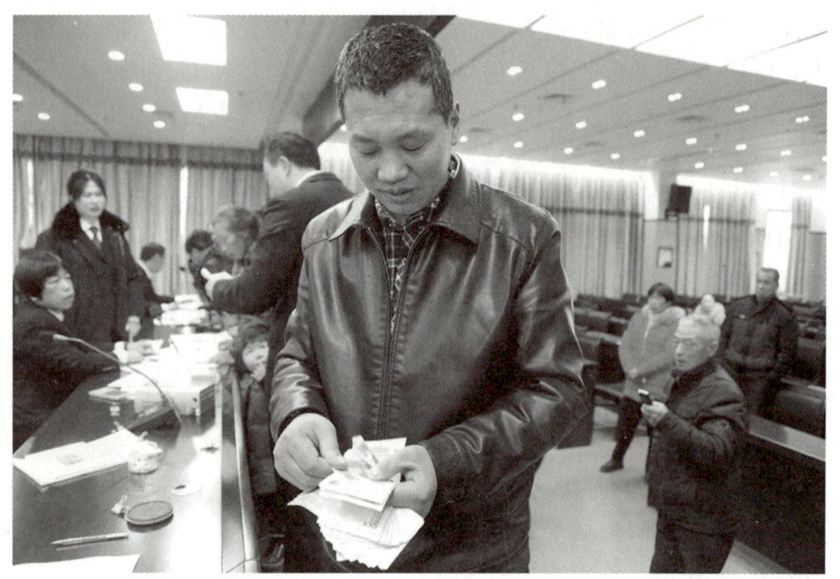

县法院发放执行款

政。实行行政机关负责人出庭应诉，应诉率100%。

**【推进执行攻坚】** 执结案件992件，同比上升4.53%。在地方党委、政府的支持下，出台《关于光泽县构建诚信社会完善执行联动机制的实施意见》，形成齐抓共管、共克执行难格局。发挥“点对点”和“总对总”网络执行查控系统作用，查询案件2917件（次），查询不动产206处，查询车辆164辆，冻结、划拨执行款623万元。惩戒失信，425名自然人和39个法人单位被列入失信被执行人，坚持曝光失信被执行人，对3名拒不履行判决、裁定的失信被执行人依法作出有罪判决。成立法税协作平台追缴欠税。设立国税、地税与法院联动办公室，建立信息交换、联动协作和互助共进“三项机制”，实现信息共享，形成惩戒合力，双向提升依法行政和司法能力，在全市首次成功通过税款解缴优先、解冻公司账户，为税务机关追缴欠税20.95万元。制作的《吹响集结号，打赢执行难攻坚战》获得全省法院“421”法制微视频优秀奖。

**【服务发展大局】** 结合司法改革，创新生态司法，成立生态行政审判团队，审结各类环境资源案件21件。完善生态环境司法保护和行政执法互动协调机制，注重恢复性生态司法，生态司法“保护链”效果初显。建设杉关生态司法教育实践基地，主题展馆开馆以来，已有70余批1000余名国内外各界人士来馆参观，被列为全市法院司法品牌建设示范项目、南平市青少年生态法制教育基地。

**【司法为民】** 审结劳务合同、追索劳动报酬、医疗纠纷、健康权生命权纠纷等涉民生案件105件。与县司法局共建诉调对接调解室，实行诉前调解、立案调解、庭前调解和全员调解，民商事案件调撤率66.97%。缓减免诉讼费，对生活困难的当事人缓、减、免交诉讼费281件147.4万元。实行司法救助，向34名经济困难申请执行人发放司法救助金24.24万元。实行小额速裁案件审理和跨域立案工作，适用小额速裁审结案件370件，跨域接收21件，跨域推送2件。制订《光泽县农民工工资应急基金使用管理暂行规定》，

2017年6月5日，光泽县杉关生态司法教育实践基地正式揭牌

人大代表、政协委员旁听案件审理

建立农民工工资应急基金机制，为农民工垫付工资15.85万元，有效维护劳动者合法权益，促进涉诉涉执信访化解和社会稳定，农民工工资应急基金机制被省高院列为全省法院解决执行难创新举措。

**【司法公开】** 建设法院官方网站、微博、微信等平台，发布各类法律、法院工作信息、宣传1000余条。落实普法责任制，开展“法律六进”（进机关、进乡村、进社区、进学校、进企业、进单位）活动，举办禁毒、妇女儿童保护、反家暴、维军、国家宪法日、消费维权等法律宣传20余场。组织“法院开放日”6次，邀请人大代表、政协委员、消防官兵、在校师生、社区群众参加开放日。公开庭审和裁判文书，发挥法院网站和新媒体矩阵集群效应，网络庭审直播103场，公开裁判文书1203份，文书公开合规率100%。

**【参与社会治理】** 落实“诉访分离”，实行涉诉信访案件“领导包案制”和“集体会诊制”，妥善解决涉及金源水电和鼎盛竹木拖欠31名农民工工资纠纷案。开展领导约访、巡回接访、带案下访工作，引导群众依法理性表达诉求，妥善调解华桥乡牛田村陈家村民小组27户村民与某水电开发公司土地租赁纠纷案。打击破坏国家信访制度、缠访闹访等非正常访行为，对无事生非挑起事端，不断到政府机关缠访、闹访、寻衅滋事的李某依法判处有期徒刑。排查风险隐患和矛盾纠纷、化解涉诉信访案件和清理信访积案，清积率100%，涉诉信访量、案访比全市最低。做好十九大和厦门金砖会晤安保维稳工作，实现零安全事故。

**【司法改革】** 完成人员分类定岗、第二批员额法官选任、入额法官工资套改和绩效工资的发放。任命14名法官助理，完成10名聘用制书记员招录考核。组建刑事、民事、商事、生态行政、执行和诉讼服务中心“五团队一中心”的审判团队模式，建立专业法官会议制度，落实院庭长办案责任。成立法官考评委员会和法官权益保障委员会，完善审判委员会和裁判文书签发制度，裁判文书由审判长或独任法官签发。开展“分调裁”机制改革，实施案件繁简分流，实行简

院长开庭

案快审和多元化调解。实行以审判为中心的刑事诉讼制度改革，完善证人、鉴定人出庭制度，落实庭前会议制度，推进庭审抗辩实质化及推进轻刑快审。

【队伍建设】 开展“两学一做”学习教育，组织专题研讨，院领导带头上党课、撰写心得体会，落实学习教育常态化、制度化。举办“学习英模事迹·探求人生价值”主题演讲和“坚定理想信念·坚定法治信仰”全员读书活动，组织干警祭扫烈士陵园，引导全院干警向廖俊波、黄志丽等先进典型学习。开展“法官沙龙”“喜迎十九大”读书讨论、演讲、书法笔会、摄影展等，创制微电影《爬上楼顶的男孩》入选“弘扬社会主义核心价值观 共筑中国梦”主题原创网络视听作品评选；有5个集体和30人（次）受到县级以上表彰，法院因生态司法教育实践基地建设成绩突出，被南平中院记集体三等功。凌云被国家关工委、司法部、中央综治办评为青少年普法教育活动先进个人。

【信息化建设】 推进法院信息3.0版和“智慧法院”建设，完成“智审”业务平台、庭审直播系统和7个科技法庭升级改造。完善执行指挥中心和执行单兵系统建设，实现指挥中心和上级法院、执行现场实时对接常态化。发挥法院官方网站和微博微信等新媒体的作用，宣传法律政策，发布法院工作信息和典型案例，解答网民提出的问题，实现与网民实时在线沟通。

（叶晓丹）

## 司法行政

【概况】 2017年，县司法局围绕全县中心工作，以“厦门金砖会晤、党的十九大”安保维稳为主线，充分发挥职能优势，服务大局、服务民生，推进司法行政各项工作迈上新台阶。开展“七五”普法、法律“六进”工作。实现“一村一法律顾问” “一村一法律指导员” “一社区一法律诊所”全覆盖。实行律师坐班“问诊”制度，开通县“12348”法律服务热线平台，搭建社区矫正视频监控系统，成立光泽县法律援助中心驻法院法律援助工作站。扎实抓好人民调解工作，确保社会安定稳定。

【基础设施建设】 2月20日，县司法局正式搬迁面积730平方米的新大楼办公。上半年投资20多万元完成鸾凤司法所改造达标建设；下半年投资8万多元对李坊司法所墙体脱落、围墙坍塌等进行整体修缮；5月县长办公会同意无偿提供的荣兴花园150平方米国有资产店面给县公证处做业务用房（在装修当中）。向省财政厅申请支持，拨给司法局专项经费125万元，用于以上各项基础设施建设。建设社区矫正中心基础设施，建筑面积330平方米，建成社区矫正指挥中心、社区矫正指挥监控系统、交付接收室、心理咨询室、检察官办公室、培训教育室等功能科室。

【普法宣传】 落实普法责任制，制定下发《光泽县“七五”普法规划任务分解》通知，按照“谁执法谁普法、谁主管谁普法”的原则，与全县44个行政执法

2017年8月23日，县司法局局长王宗疆到李坊乡到司法所调研

单位签定普法责任制。县司法局联合县关工委、县法制办、县教育局、团县委等单位在光泽三中开展“关爱明天，普法先行”青少年普法教育赠书活动，赠送《青少年法治教育读本》600余本；县依法治县办征订法制宣传手册、各类教材14000余册发放各机关、农村、社区、学校，与县法学会联合制作的一部以二维动漫手法，通过3个法治片段，针对当今社会“醉驾”“权霸”等犯罪倾向，同时对校园学生毒品问题和网瘾问题予以警示，为预防未成年人犯罪敲响警钟。全县成立普法宣讲团，参与专题法治讲座、网络在线解答等各类普法宣传教育活动。开展网上普法活动，及时推送“光泽普法”微信公众号、微博和“今日头条”宣传文章。建设全县普法阵地。投资200万元建设城南体验式法治公园，其中交通安全体验区设有交通安全标识区、交通安全常识区、红绿灯信号体验和交通事故案例警示区4个部分。县法院建设杉关生态司法教育实践基地，对乌君州法治公园宣传广告牌，宣传墙、宣传灯箱等进行修葺整改扩建，更新宣传知识。止马镇建成边界法治公园，各乡（镇）纷纷建设法治公园、法治长廊等法制宣传阵地。

普法宣传宣讲进校园

**【法律服务】**　完善基层法律服务。建华、杉城两个律师事务所担任法律顾问92家，承办各类案件122件，代写法律文书13件，解答法律咨询580件，涉及经济标的450.06万元，避免挽回经济损失188.6万元，业务收入99.8万元。落实律师参与化解和代理涉法涉诉信访案件制度和律师值班制度，全年参与律师数53人次，接待信访人数1274人次，参与化解案件数259件，接受律师意见建议的信访人数57人，化解成功案件数51件，代理案件数185件。落实“一村一法律顾问”“一社区一法律诊所”，全县8个乡（镇）和85个村、5个社区法律顾问实现100%全覆盖。公证处在解决办公用房同时加强内部管理，优化办证流程，公开收费标准，明确一次性告知单，对外主动上门拓展业务，公证处办理各类公证488件，其中国内经济47件，国内民事203件，涉外民事、经济193件，涉台44件，接受咨询392人次。实行律师坐班“问诊”制度，完善值班登记制度，详细记录来电来访、案件受理、回访及投诉等情况，将相关数据及时录入法律援助信息管理系统。开展法律便民服务，开通县“12348”法律服务热线平台，搭建视频监控系统，建立“12348”平台架构和工作机制，方便群众法律服务需求。成立光泽县法律援助中心驻法院法律援助工作站，工作站人员由各值班律师组成，采取每周一天现场坐班和其他时间电话咨询相结合的方式开展法律援助工作站工作。办理各类法律援助案件219件，其中民事212件，刑事7件，接待咨询1432件。

**【人民调解】**　建设人民调解员队伍和组织，全县聘请首席人民调解员91名，专职人民调解员38名，其中37名调解员被评定为光泽县第一届等级调解员。开展人民调解业务培训810人次，人民调解员的法律素质和业务能力显著提升。新成立司前干坑肖育平个人调解工作室，化解茶企与当地茶农之间的矛盾纠纷。健全完善多元化纠纷解决机制，完善与法院的诉调对接调解工作室。开展“防风险保稳定护航金砖会晤喜迎党的十九大”人民调解专项活动，坚持每月两次和金砖会晤前每周召开一次矛盾纠纷排查化解工作例会，对出现的不稳定情况进行分析研判，及时化解，主动作为。全年全县人民调解组织排查矛盾纠纷815起，调处815起，调处成功815件，成功率100%，有效避免矛盾纠纷直接面对县、乡（镇）党委政府或直接进入诉讼渠道，节省行政和司法成本。

**【社区矫正和安置帮教】** 在厦门金砖会晤和十九大召开前夕，全体司法行政干部开展大排查大走访工作，对全县110多名社区服刑人员，近5年669人刑满释放人员逐一走访核实，每个对象走访5次左右，共走访3000多人次，其中有148名刑满释放人员在外地打工，逐一进行信息查找核实，对社区服刑人员进行手机定位和电子手环监管。落实“两类人群”分类管理工作，对社区服刑人员进行集中教育和现场点验，邀请县法院法官和县检察院检察官一起开展县级和片区集中教育及集中点验10余场次，建立健全这“两类人群”的信息档案，实现“一人一册，一案一册”。配齐配强社区矫正中心的工作人员（专职3人）。开展司法所长、司法助理员及司法协理员“岗位大练兵”活动，包括业务知识考试、信息管理系统上机操作技能测试、档案装订评比和案件质量评查等专项活动。全县开展审前调查129人，解除矫正111人，新入矫123人，在矫110人。其中缓刑94人，管制13人，假释2人，暂予监外执行1人。社区服刑人员和刑满释放人员重新犯罪率为零。刑满释放人员的衔接率、安置率和帮教率均为100%。

**【医患纠纷调处】** 完善医患纠纷调处“五位一体”（协调、处置、调解、理赔、救助）机制，严格按照《福建省医疗纠纷预防与处理办法》，依法依规调解处理医患纠纷。健全医患沟通和医患纠纷应急联动机制，确保乡（镇）人民政府和卫生、公安、民政、信访等部门及医疗机构，按照《光泽县医患纠纷应急处置预案》要求，密切协调配合，及时化解纠纷。健全医患纠纷第三方调解机制，医患调处中心共调处医患纠纷5起，其中1起引导走司法程序。

（陈香美）

人民调解员培训会

# 人民武装

**【概况】** 2017 年，县人武部认真学习贯彻党的十九大精神，以习近平新时代中国特色社会主义思想为指导，全面贯彻习近平主席强军思想和上级党委年度工作指示精神，加强作风建设，深化军事斗争准备，抓部队安全管理，参与地方平安建设，完成上级赋予的各项任务，确保人武部安全稳定。

**【创先争优】** 以迎接建党 96 周年活动为平台，在干部职工中开展“靠学习成才、靠素质立身”争先创优活动，组织干部职工重温入党誓词，开展党史知识竞赛，邀请全国知名企业家、优秀退伍军人、圣农集团董事长傅光明作创业辅导报告，利用先进典型的现身说法，引导干部职工爱军精武、爱岗敬业。

**【国防教育】** 利用民兵整组、国防教育日和重大军事活动时机，发挥军事部门职能作用，抓好全民国防教育宣传，打牢广大民兵高举旗帜、听党指挥、履行使命的思想政治基础，确保广大民兵坚定理想信念，以高昂的工作热情和饱满的政治激情投身到民兵建设工作中。

**【新闻宣传】** 部党委坚持把新闻报道工作当作一项重要任务来抓，部长亲自带头写稿，机关人员和新闻报道骨干专心挖掘新闻线索，采写新闻稿件，协调报社和新闻记者报道本部的军事训练情况及全面建设的成果。全年先后在各类报刊上稿 24 篇。

县领导参加军事活动日

**【战斗编组】** 按照“平时应急、战时应战”要求，本着“精干、稳定、可靠、管用”原则，编实“三支队伍”652 人，基本做到“人员、装备、物资”相配套。

**【业务培训】** 针对专武干部换届调整较多的实际，4 月份组织一期整组业务集训。县本级应急连依托县“三支队伍”、各乡（镇）依托义务消防队、公安巡逻队和部分乡（镇）一般干部完成应急一类分队的编成；按照一装二挖三拖车的标准与相关单位企业签订协议编实道路抢修队，确保一有情况能及时拉的出，用得上。

**【保障演练】** 5 月至 6 月，修订完善抗洪抢险方案等 6 类战备方案，会同防汛部门组织民兵应急抢险分队 70 人，进行冲锋舟操作和水上编队、搜救、打捞、转移等救援演练。10 月，组织物油保障工作的行动指挥、保障

2017 年 9 月 5 日，光泽县召开 2017 年全县定兵会议

点开设撤收、物油接收分发、物油机动保障科目的训练演练。

**【征兵工作】** 针对征兵中遇到的新情况新问题，成立征兵工作领导小组，周密制定征兵工作实施计划，明确责任分工，做到计划安排到位、任务分工到位、督促落实到位。应用多种宣传方式，营造征兵工作氛围，采取入村入户一对一的宣传方式，突出大学生应征入伍相关新政策的宣传，特别是大学生的学费补偿代偿办法、补偿范围、入学资格保留、征集地改革等新政策，确保“新政策”家喻户晓，从而激发高学历应征青年参军热情。落实县、乡、村三级责任制，按照“谁承办、谁签字、谁负责”的原则，层层签订责任书。坚持“公开、公平、公正”的原则，自觉接受人民群众和社会各界的监督，确保征兵过程公开透明，确保为部队输送合格兵员。

**【警示教育】** 开展“条令法规教育训练月”和“安全专项整治”活动。利用早交班和每周二晚集中学习时机，学习《安全条例》《生命的关口》，适时组织警示教育，着力提高干部、职工思想认识和安全常识，落实安全保密意识。

**【安全防范】** 围绕“人、车、枪、弹、密、酒”等管理重点，抓好安全形势分析、检查、防范、整改等工作。坚持每季度对重要岗位人员进行一次审查，每月走访公安、信访和社区了解民社情。落实安全工作每周一检查一讲评制度，做到武器库部领导每周查、值班干部每日查。组织干部职工签订“四反”责任书、军人家庭上互联网保证书和车辆安全保证书，确保一级对一级负责，安全责任落实到具体人。

**【规范化建设】** 先后投入 10 万余元，对本部值班室、武器库、值班系统和文印室进行专项整治，改造困扰多年的屋顶渗水、下水道堵塞系统，更换武器库视频监控设备、消防器材和脉冲电网。以军分区基层规范化试点为突破口，实行基层规范化建设，组织各乡（镇）专武干部在李坊召开基层规范化建设现场观摩会；通过抓试点示范，普及规范化建设标准。县乡（镇）两级投入 10 多万元，统一添置器材架、救灾装具等应急物资，确保基层武装部和民兵营（连）库室规范、器材配套、资料齐全。

**【新营院建设】** 人武部现处于城市中心地带，办公楼建筑面积较小，配套不够完善，无法达到新时代规范化建设的要求；民兵武器库被居民区包围，存在较大安全隐患；进出营区道路复杂，不便于应急出动。经人武部协调县党委、政府，同意人武部与县人防指挥中心，异地重建。由政府出资，按“钥匙工程”实施，落实城投公司承建。新址定在武林路武林新村西侧，占地面积约 1.47 公顷，计划建筑面积 8400 平方米左右，2017 年 8 月 1 日奠基并破土动工。人武部新办公楼建成搬迁后，原营区交由县政府收储。

**【创建省级双拥模范城】** 人武部紧跟军改形势任务，充分发挥军地桥梁纽带作用，全力支持部队基础设施、训练设施、文化设施和生活设施建设，帮助部队解决军事演习、野营拉练、战备执勤、国防施工遇到的实际问题，协调解决军队转业干部安置、随军家属就业安置、军人子女教育优待等系列拥军优属问题，并组织开展督促检查，切实解决广大官兵关注的热点难点问题，解除部队官兵的后顾之忧。驻光泽部队在基础设施、定点帮扶、助学兴教、送医扶医、文化服务、社会福利、国防教育、绿化美化、应急救援、和谐平安等领域，赢得了广大群众的赞誉，2017 年“八一”前夕，全县党政军民携手首创省级双拥模范城。

（蔡伯贤）

2017 年 4 月 27 日，光泽县召开 2017 年创建省级双拥模范县推进会

# 生态食品产业

## 综　述

2017年，光泽县委、县政府深入贯彻县第十三次党代会和县十七届人大一次会议精神，始终保持战略定力，秉承“绿水青山就是金山银山”发展理念，坚守生态红线，夯实生态本底，发挥生态优势，不断把生态资源转化为生态产业，把生态产业转化为生态效益，进一步拓宽“绿水青山”向“金山银山”转化的道路。扎实贯彻国家生态文明试验区福建实施方案，深化领导干部自然资源资产离任审计试点工作，在全省率先建立自然资源资产大数据平台，改革经验成效受到中央深改办、国家审计署、央视等国家机构和新闻媒体高度关注。在全国率先建立“绿水维护补偿”机制，推行全流域水质考核管理，从源头保护水资源成为全县共识。完成全国首个县域生态文明建设水利总体方案编制，特色水文化品牌加快树立。坚定不移打造现代绿色产业体系，突出做强“1＋3”食品产业，协调推进“七大产业”融合发展，在延伸产业链条，壮大产业规模，提升产业层次上迈出坚实步伐。产业特色更加鲜明，规模以上食品企业增至14家，实现产值82.4亿元，占规上工业总产值84.9％。圣农集团积极应对严峻的国内外形势，全面推进转型升级战略规划，在同行业率先推行农业4.0模式，白羽肉鸡养殖规模跃居亚洲首位；全年鸡肉销售量达90.56万吨，同比上升18.88％，销售收入首破100亿元；狠抓科学生产管理，切实降低各项成本，完成对圣农食品收购，促进公司一体化农业产业向下游深加工行业延伸，与子公司圣农食品在鸡肉原材料采购、工艺流程优化、产品销售渠道、客户维护与拓展等方面，产生纵向一体化的协同效应，进一步提高公司产品市场占有率与竞争力。承天集团入选“2016年度中国医药行业最具影响力榜单”，圣农熟食品六厂、圣农技术研发中心、中科渔业一期等一批重大项目建成投产。学习圣农发展经验，发挥圣农示范作用，更加重视实体经济发展，在继续支持圣农高质量做优做强的同时，鼓励各行业创建品牌，扩大品牌规模。立足全省、全国乃至更高层面，推进武夷山水、承天药业、中科渔业、正山茶业、泽汇渔业、武夷纯然等企业壮大规模，体现产业特色，促进产业优势向品牌优势转化。

2017年12月30日至2018年1月1日，首届中国生态食品产业发展研讨会在县数字影院隆重举行

## 重要活动

**【《月光·泽茶乡》获评省茶文化“最具人气节目”奖】** 1月12日，在中共福建省委宣传部主办、福建电视台综合频道承办的“福建省茶文化艺术创作调演活动专场文艺演出”活动中，光泽选送作品《月光·泽茶乡》获评“最具人气节目”奖；县委宣传部获“福建省茶文化艺术创作调演活动组织奖”。

**【圣农集团白羽肉鸡企业排名跃升】** 2016年，圣农集团总资产130多亿元，生产基地近500个，员工达3万余人。全年生产肉鸡超过4亿羽，在全球白羽肉鸡企业中排名跃升第八，亚洲排名第二，中国排名第一。

**【县企业获市级创业项目奖】** 2月6日，梦想家电子商务有限公司、武夷绿园蔬菜专业合作社获市级创业项目一等奖，风车宝贝福乐幼儿园获三等奖。

**【丰圣智能温室蔬菜鲜食西红柿上市供应】** 2月13日，丰圣智能温室蔬菜种植基地生产的第一批绿色、营养、无公害鲜食西红柿供应市场，该项目为国内首创，于2015年开工建设，是圣农集团进一步延伸产业链，加速产业化扩张的重点项目。种植基地位于金岭工业园区，总投资2亿元，占地面积约8.67公顷，主要种植生菜、西红柿、樱桃等产品。

**【县委书记陈敏辉接受福建综合频道“生态光泽、百日攻坚”专题栏目采访】** 2月14日，县委书记陈敏辉应邀接受福建综合频道“生态光泽、百日攻坚”专题栏目采访，全面介绍光泽县历史人文、生态环境、产业发展、项目攻坚和乡村旅游、特色小吃等方面情况。省政府发展研究中心副主任、研究员王开明，对光泽县自然生态、肉鸡产业等进行现场解读。

2017年2月14日，县委书记陈敏辉应邀接受福建综合频道“生态光泽、百日攻坚”专题栏目采访

**【光泽县O2O生态食品展销平台在晋安区稻田创业小镇开业】** 2月18日，光泽县与福建武夷纯然发展有限公司合作打造的O2O生态食品展销平台，在福州市晋安区稻田创业小镇开业。

**【市纪委领导调研生态食品企业】** 2月23日，市委常委、市纪委书记陈熙满到光泽调研工作，走访县纪委机关，看望市委“百日攻坚”督查组，参观圣农小镇、中科渔业产业园、中石油光泽矿泉水、丰圣智能温室蔬菜种植示范基地、寨里镇百石村无职党员“负面清单”等重点项目、企业和乡镇，考察企业发展和新农村建设情况。

**【省农科院与光泽县签订科技合作框架协议】** 3月3日，省农业科学院与光泽县签订院县科技合作框架协议。协议商定省农科院将加强与光泽重点农业企业、重大农业项目对接，密切筹划合作、推动技术创新，推进全县科学发展、跨越发展。

**【武夷学院生态食品类专业（光泽）教学实践基地框架合作共建协议签订】** 3月7日，光泽县与武夷学院举行合作共建武夷学院生态食品类专业（光泽）教学实践基地框架协议签订仪式。

**【南平市农业局到光泽县进行蔬菜快速农残检测】** 3月9日，市农业局农产品质量安全检测小组到县进行蔬菜快速农残检测。

检测小组一行分别到中坊吉农蔬菜专业合作社、在武夷绿园蔬菜合作社、在富康源大棚蔬菜专业合作社进行采样，共计32个样品（包括大白菜、萝卜、甘蓝、芥菜）。市农业局农产品质量检测小组专家在县农产品检测中心，对样品进行快速农残检测。经检测，样品全部合格。

**【2017年度一批重大生态食品城建设项目集中开工】** 3月16日，全县2017年第二批重大项目集中开工仪式在九龙峰入口公园施工现场举行。集中开工的5个重点项目，包括投资1.5亿元的李坊梨花天堂乡村旅游开发项目，投资1.1亿元的鸿建科技农庄民俗文化街项目，金岭工业园内年产6000吨脱糖黄酒灌装生产线项目，九龙峰入口公园滨水景观和西溪北岸橘子洲段1.5千米滨水景观5大项目，总投资4.05亿元。

**【开展餐饮服务单位食品安全风险等级评定】** 3月17日，全县完成餐饮服务单位食品安全风险等级评定596户，清理过期旧证75户，下户核查评定确认326户，现有餐饮服务单位风险评定工作全部完成。

**【“多花黄精栽培标准化示范区”获批省级标准化示范区】** 3月20日，福建承天农林科技发展有限公司“多花黄精栽培标准化示范区”经省质监局批准，成为第九批省级农业标准化示范项目，这是继厚朴之后光泽县第二次获批的省级标准化示范区。

**【中国生态食品城暨“百日攻坚战”吸引全国各重点媒体前来采风】** 3月28～29日，中央电视台、新华网、人民网、中国消费者网、海峡网、龙虎网、中国网、大龙网、海峡卫视、中华工商时报、香港商报、海峡导报、中国改革报、中国经济导报、中青网、中国农业新闻网、中国食品报、东南广播、千龙网、福建日报、福建省广播影视集团新闻中心、福建省广播影视集团综合频道、公共频道、福建新闻广播、南平电视台、闽北日报等近50多家新闻媒体人齐聚光泽，为光泽县打造中国生态食品城暨百日攻坚战加油鼓劲。各家媒体记者在光泽集中走访圣农企业、中石油矿泉水项目、福建中科渔业项目、丰圣温室蔬菜种植示范基地、福建承天药业林下珍稀中药材种植与加工基地等重点项目，并实地参观光泽生态旅游景点开发的止马杉关龙樟生态文化园、管密梨园和铁皮石斛种植基地。全国重点媒体通过为期3天采访活动，对光泽进行全方位、多角度深入报道，在社会上引起巨大反响。仅新华网3月29日一天，就在其网站上发表31篇深度报道文章，其他不同媒体也有14篇发表。

**【县委书记陈敏辉接受新华网专访】** 4月6日，县委书记陈敏辉接受新华网记者专访，并作题为《一任接着一任干，建设生态食品城》专题发言，全面介绍光泽战略发展定位、工作任务、发展目标，全方位展示光泽形象，让更多人对光泽中国生态食品城建设有更深了解。

**【县内2家企业被确定为2016年福建省工业企业质量信誉承诺企业】** 4月5日，福建双牛酒业有限公司、福建武夷山水食品饮料有限公司等2家企业被确定为2016年福建省工业企业质量信誉承诺企业。

**【县西溪中华鳖国家级水产种质资源保护区列入福建省首批重要湿地名录】** 4月17日，光泽县西溪中华鳖国家级水产种质资源保护区列入福建省首批重要湿地名录，保护区从李坊乡贯庄村至县自来水厂坝头，全长51千米。

**【光泽县省级地质公园被评为福建十佳地质公园】** 4月13～23日省国土资源厅组织开展了“福建最美地质公园”点赞评选活动，对全省23个省级以上地质公园进行公开投票，并评选最具人气十佳地质公园。光泽县省级地质公园内的乌君山和神山2个园区榜上有名，为生态光泽再添名片。

**【国内中药材专家到县考察调研华重楼规范化种植示范基地】** 4月22～24日，由中国中医科学院中药研究所下属中药质量控制技术国家工程实验室举办的全国首届“重楼产业发展研讨会”在武夷山召开。会议期间，19位国内重楼专家专程来到光泽承天农林科技发展有限公司考察调研华重楼规范化种植示范基地，并召开学术研讨会。

**【县审计局开展副食品基地建设情况审计调查】** 5月2日，县审计局对县财政蔬菜基地建设工程专项资金开展副食品基地建设情况审计调查。审计人员深入基地调查现场，向企业负责人了解常年蔬菜基地地力培育情况、蔬菜大棚项目建设进度、智能温控大棚建设情况及政府补助资金使用情况。

**【县长赵大建到寨里镇现场办公推进项目建设】** 5月8日，县长赵大建、副县长卢常传率县水利、建设、农业、招商等相关部门到寨里镇百石村现场办公，推进现代渔业项目建设。随后，赵大建一行到寨里镇钰圣食品公司实地调研指导。

**【台湾客商考察圣农有机肥合作项目】** 5月10日，台湾鸿海集团（富士康母公司）郭耀鸿总经理一行5人，到县考察洽谈有机肥废弃物无害化处理及有机肥料研制项目合作事宜。

**【福建省农业科学院科技干部培训中心（数字农业研究所）党支部与县工商联党委下属福建武夷纯然发展有限公司党支部进行支部共建签约仪式】** 5月26日，福建省农业科学院科技干部培训中心（数字农业研究所）党支部与县工商联党委下属福建武夷纯然发展有限公司党支部进行支部共建签约仪式。此次签约是在院县合作框架下，结合农科院挂钩扶贫县对口帮扶项目，以中坊村蔬菜基地为依托，将互联网、物联网、云计算、虚拟现实（VR）等现代技术，深度融合应用于蔬菜生产，加工、流通、经营、体验、监管、追溯等产业链各环节，建立热带农业科技服务信息平台光泽示范点，创建光泽“互联网＋生态食品”新模式，推动光泽生态食品产业改造升级。县政府副县长方少忠和工商联、组织部有关领导参加签约仪式。会议由武夷纯然发展有限公司董事长邱峋主持。

**【危有水到圣农集团调研“综治进民企”工作】** 5月25日，县委常委、政法委书记危有水带领政法系统各单位主要领导深入圣农开展“综治进民企”调研工作。座谈会上，圣农集团董事长傅光明高度评价县“综治进民企”创新实践对企业发展保驾护航作用，政法部门领导就更好地发挥职能作用，服务圣农，为企业平安和谐发挥更大作用提出意见和建议。

**【华韵武夷有限公司举办茶园绿肥种植管理技术培训班】** 5月26日，华韵武夷有限公司在止马举办茶园绿肥种植管理技术培训班，邀请专家进行专题讲座，共60多名学员参加培训。

**【县市场监督管理局开展圣农集团在建食堂餐饮食品安全指导】** 6月6日，县市场监督管理局餐饮监管人员深入圣农食品公司在建六厂食堂实地开展餐饮食品安全指导工作，推进创建南平市“职工满意食堂”工作。

**【县人大代表对全县生猪养殖面源污染防治工作进行视察调研】** 6月8日，县人大常委会组织部分代表对全县生猪养殖面源污染防治工作进行视察调研，视察组深入到鸾凤、止马、杭川、李坊等乡镇，现场查看生猪养殖面源污染防治情况，并听取县政府副县长江晖及有关部门工作情况汇报。

**【专家到县开展中药材国家标准化项目中期督导活动】** 6月11日，光泽县举办重娄、泽泻两个品种的中药材国家标准化项目中期督导活动，来自广西壮族自治区药用植物园及本省有关医药研究机构的19位专家参加此次活动。

**【农业部到县检查指导春季重大疫病防控工作】** 6月14～15日，国家农业部春季重大动物疫病防控督查组组长刘亮到光泽部分乡镇及圣农宰杀四厂、食品五厂等地，检查指导全县春季重大动物疫病防控工作，了解企业生产经营流程以及动物疫病防控工作经验做法。

**【圣农公司被确定为省级专家服务基地】** 6月26日，圣农发展股份有限公司被省人社厅确定为“福建省级专家服务基地”。

**【县检察院与水利部门共同制定《生态环境司法保护工作实施方案》】** 县检察院与水利部门共同研究制定《生态环境司法保护工作实施方案》，开展“保护闽江源、共建母亲河”专项活动，对县内安全生态水系综合治理工程实施重大项目跟踪预防，并对该工程同步实施水生态、水安全、水资源质量保障司法监督活动。

**【福建中医药大学医疗专家组开展义诊活动】** 7月4日，福建中医药大学组织医疗专家小组到光泽圣农集团总部，开展为中坊村村民及圣农集团员工义诊活动。

**【团省委领导到县调研生态农业发展】** 7月11日，团省委书记宿利南到崇仁乡共青村、县武夷绿园蔬菜专业合作社、福建武夷纯然发展有限公司调研团的建设、农村青年带头致富、生态农业等情况。

**【傅光明董事长捐赠扶贫专项资金100万元】** 7月21日，圣农公司董事长傅光明向光泽捐赠扶贫专项资金100万元。

**【圣农集团境外牧场第一批牛肉产品供应国内市场】** 7月28日，圣农集团境外牧场第一批13吨PS级牛肉产品开始供应国内市场。圣农集团实施“跳出鸡肉做食品，在世界肉牛、肉羊生产出口大国新西兰成立子公司 Sunner NZ limited，牛肉来自于圣农集团在新西兰的Stratford屠宰场。

**【省农科院专家为管蜜梨树“把脉问诊”】** 8月4日，省农科院专家李涛、廖汝玉到李坊乡管蜜村为一千多亩老梨树“把脉问诊”。管蜜梨树种植于20世纪70年代，树龄达40多年，近年来梨树老化严重，产梨质量下降。

**【圣农食品六厂正式投产】** 8月16日，福建圣农食品公司六厂通过南平市食品药品监管局核准，领取《食品生产许可证》，标志该厂正式投产生产。该厂已累计投入近4亿元，投产后预计年产值达8～10亿元，可供就业人员500人，成为圣农食品公司机械化、自动化熟食品加工厂。

**【福建圣维生物科技有限公司举行奠基仪式】** 8月18日，福建圣维生物科技有限公司在县金岭工业园区举行奠基仪式。项目总投资3.5亿元，占地面积8.13公顷，总建筑面积8.80万平方米，建设疫苗车间、兽药综合车间、中药提取车间、消毒剂车间、微生态饲料剂车间以及相关质检、研发等配套设施。

**【市检查组到寨里镇开展动物卫生联合执法检查】** 8月23日，由延平区、邵武市、光泽县动物卫生监督所相关工作人员组成的市联合检查组，到寨里镇后垅养殖场进行联合执法检查，就动物饲养场所动物卫生状况进行风险评估。

**【省安全生产督查组莅临欧圣实业检查指导】** 8月27日，省安全生产大检查督查组莅临欧圣实业检查指导。

**【省法院马新岚到圣农调研指导工作】** 8月31日，省法院党组书记、院长马新岚到圣农集团调研指导工作。

**【圣农产品供应金砖会议】** 9月3日，金砖国家首脑齐聚厦门，圣农集团冻鸡、熟食、车厘子茄三大类产品供应金砖峰会，成为本次峰会指定的鸡肉供应商和果蔬供应商。

**【赵大建县长到佳源生态农庄调研指导工作】** 9月3日，县政府县长赵大建轻车简从深入位于乌君山风景区的佳源生态农庄调研，实地考察珍贵苗木种植区、观赏区、体验区，察看游步道、游客接待中心及住宿大楼等配套服务设施。

**【省委统战部省工商联领导到圣农集团调研】** 9月4日，省委统战部副部长、省工商联党组书记李家荣到光泽调研基层工商联建设及圣农集团企业发展情

**【干坑小种红茶注册地理标志证明商标】** 9月18日，司前乡干坑小种红茶成功注册地理标志证明商标，标志着干坑小种红茶从此拥有自己的“身份证”。

**【全县粮食产能区增产模式攻关与推广项目现场培训会在寨里镇召开】** 9月27日，全县粮食产能区增产模式攻关与推广项目现场培训会在寨里镇召开，县粮食产能区技术组成员、各乡镇三农服务中心主任及各粮食产能区专业合作社负责人等参加会议。

**【圣农荣获全国“万企帮万村”精准扶贫行动先进民营企业称号】** 10月10日，福建圣农发

展股份有限公司荣获全国“万企帮万村”精准扶贫行动先进民营企业称号。

**【县委书记陈敏辉调研圣农第二祖代种鸡场项目建设】** 10月12日，县委书记陈敏辉深入寨里镇大青村，调研指导圣农第二祖代种鸡场项目建设工作，了解圣农第二祖代种鸡场项目规划设计、施工进度安排及生产工艺等，研究解决项目建设过程中存在的困难和问题。

**【中国食品安全报社调研光泽生态食品产业发展】** 10月14日，中国食品安全报社社长、总编辑朱长学及报社福建站负责人到光泽，就生态食品产业发展进行调研。

**【县综合医院举行揭牌仪式】** 10月20日，在城南新区举行光泽县医院、中医院揭牌仪式。至此，县综合医院完成搬迁并正式投入使用，傅光明董事长为医院建设捐资2亿元。

**【傅光明董事长成为南平市首个企业河长】** 10月31日，在闽江干流（南平段）及富屯溪流域落实河长制工作推进会上，福建圣农发展股份有限公司董事长傅光明成为南平市首个企业河长。

**【县委书记陈敏辉到圣农宣讲十九大精神】** 11月1日，县委陈敏辉书记走进圣农，宣讲十九大精神，强调食品安全。

**【市委宣讲团到圣农宣讲十九大精神】** 11月13日，南平市委宣讲团深入圣农集团，宣讲党的十九大精神。

**【县内12家茶企参加武夷山第十一届海峡两岸茶业博览会】** 11月16日，福建正山茶业、华韵武夷茶业等12家茶企赴武夷山参加第十一届海峡两岸茶业博览会，宣传推介茶品牌、展示新产品，县领导赵大建、江晖、卢常传等出席开幕式。

**【圣农第七次囊括“中国食品安全十强企业”等三大奖项】** 11月18日，在北京人民大会堂召开的第十五届中国食品安全年会上，中国白羽肉鸡联盟主席、圣农发展股份有限公司董事长傅光明出席开幕式并致辞，圣农集团荣获“中国食品安全十强企业”“管理创新十佳案例”“百家诚信示范单位”荣誉称号，这也是圣农第七次囊括三大奖项，傅光明连续获得“中国食品十大人物奖”“普法先进工作者”称号。

**【光泽县通过省级食品安全社会共治示范县考评验收】** 12月1日，光泽县通过省级食品安全社会共治示范县考评验收。

**【武夷学院举行圣农食品学院揭牌庆典暨光明奖教奖学金颁发仪式】** 12月8日，武夷学院举行圣农食品学院揭牌庆典暨光明奖教奖学金颁发仪式，傅光明董事长出席。圣农食品学院由武夷学院董事会董事长、福建圣农发展股份有限公司董事长傅光明捐资2亿元共建。

**【郑友忠荣获“2016～2017年度中国食品行业企业家精神风云人物”称号】** 12月9日，由中国轻工业联合会等单位主办，中国食品报、中国酒杂志社承办的“第三届中国食品企业社会责任年会暨企业家精神论坛”在北京召开，福建光泽德顺酒业有限公司董事长郑友忠与茅台、双汇等知名企业家共同荣获“2016～2017年度中国食品行业企业家精神风云人物”荣誉称号。

**【胡昌升到圣农集团调研指导工作】** 12月15日，省委常委、组织部长胡昌升莅临圣农集团参观调研指导工作。

**【圣农再次上榜第十一届中国品牌价值500强】** 12月18日，第十一届中国品牌价值500强榜在广州发布，福建圣农发展股份有限公司再次榜上有名。

**【省农业厅农科院领导调研生态农业发展工作】** 12月20日，省农业厅、省农科院领导到寨里镇山头村调研指导现代生态农业发展工作。

**【市慈善总会和县工商联举行2017年傅光明专项慈善基金救助款发放仪式】** 12月22日，南平市慈善总会、县工商联举行2017年傅光明专项慈善基金救助款光泽县发放仪式，为全县194名重大疾病贫困患者发放慈善救助金280余万元。

**【南平市首届旅游产业发展大会光泽分会暨首届中国（光泽）生态食品产业发展研讨会开幕】**

12月30日，由中国食品工业协会、南平市人民政府主办，福建省食品工业协会、光泽县委、县政府承办的南平市首届旅游产业发展大会光泽分会暨首届中国（光泽）生态食品产业发展研讨会在县数字影院开幕。

**【圣农小镇】** 圣农小镇是福建省首批28个特色小镇之一，是光泽县实施“中国生态食品城”战略的重大项目，圣农集团总部及其下属主要加工企业坐落于区域内。小镇建设坚持“产业为根，突出特色；功能融合，精致宜居；企业主体，双创带动”原则，规划总面积3.46平方千米，其中建设用地面积1.73平方千米，3年计划总投资18亿元以上，空间结构按“一廊双轴，两核多组团”的布局。一廊：沿鸾凤河谷形成生态产业走廊。双轴：沿圣农大道串联产业组团，形成产能集聚轴线；沿鸾凤大道串联生活空间，形成休闲景观轴线。两核：十里铺产业提升核心区，主要围绕创新研发、交流培训、展示宣传三方面建设平台，提升产业竞争力和影响力；中坊生活服务核心区，以配套服务小镇产业，推动产城融合为主要职能，规划建设学校、医院、社区活动管理等公共配套设施及商业街、创客村等，让居民安居乐业。多组团：多个产业组团和配套组团。圣农小镇建设分三期进行：一期以中坊生活服务核心区为重点，形成智能社区、小镇公共服务、创意SOHO、文体活动中心等为一体的智创社区，改变小镇现状单一产业功能，由产业区真正转变为“小镇”；二期以十里铺产业提升服务核心区为重点，带动产业提升和生态文化的整体布局，加强会议培训和展示体验功能；三期完善公园等景区配套设施，带动周边片区的发展。圣农小镇通过整合区域资源，横向延伸产业链，拓展衍生产业，发展加工工业和商贸物流，同时充分发挥引领示范作用，辐射带动周边邵武、顺昌、资溪等闽赣地区发展，最终实现工业总产值120亿元，利税达6亿元。围绕建设全球知名白羽鸡“小镇”目标，建设一座富有生活情趣的活力小镇，一座承载地域生态文化的魅力小镇。2017年，圣农小镇公建项目全年投资1.2亿元，已全部完工。

（萧诚贵）

2017年3月，建设中的圣农小镇

## 圣农发展

**【概况】** 福建圣农集团有限公司创建于1983年，是全国同行业现代化程度最高、南方规模最大的集饲料加工、种鸡饲养、苗鸡孵化、肉鸡饲养、屠宰加工、食品深加工、产品销售为一体的联合型白羽肉鸡生产食品加工企业。公司主要竞争优势是拥有自繁自养自宰一体化的产业链，30多年的肉鸡养殖经验，科学、健全的生产管理体系，经验丰富的经管团队以及稳定的客户群。产业链一体化经营模式是公司核心竞争力。公司一体化的产业链从下游的肉鸡屠宰加工纵向延伸至上游祖代种鸡养殖，现代化程度高、产业链完整。一体化的产业链使公司在成本控制、疫病防控、产品“优质、可控、可靠、可追溯”、规模化经营、供货稳定等方面拥有明显竞争优势。同时，基于特殊的地域环境约束、资金约束和人才约束、管理体系以及运营系统等多方面原因，同行业其他公司难以简单模仿。

正是一体化经营模式、30 多年来的专业经营管理经验、良好的自然环境，保证公司鸡肉产品的优良品质，赢得众多优质客户青睐。公司是肯德基、麦当劳的长期合作伙伴和双汇、太太乐的重要供应商，也是 2008 年北京奥林匹克运动会、2010 年上海世博会、2011 年深圳大运会的鸡肉原料供应商、2015 年福州青运会、杭州 G20 会议、2017 年厦门金砖会议的鸡肉原料供应商。

2017 年，面对严峻的国内外形势，圣农集团积极应对，全面推进转型升级战略规划，狠抓科学生产管理，切实降低各项成本。公司严守产品品质要求，养殖量及屠宰量继续领跑国内白羽肉鸡行业。全年鸡肉销售量达 90.56 万吨，同比上升 18.88%，销售收入首破 100 亿元。完成对圣农食品的收购，促进公司一体化农业产业向下游深加工行业延伸，与子公司圣农食品在鸡肉原材料采购、工艺流程优化、产品销售渠道、客户维护与拓展等方面，产生纵向一体化协同效应，从而降低管理成本、提升运营效率，进一步提高公司产品市场占有率与竞争力。一年来，公司主要取得以下成就：首先是食品重组完善产业布局。公司顺应国家对食品安全规范与监管，支持农业供给侧结构性改革，2017 年 2 月启动发行股份购买圣农食品 100%股权事项，并于 2017 年 11 月正式完成。收购事项的完成，推动公司对资源的整合及销售渠道的拓宽，极大丰富公司产品品类，推动公司产业链从上游的养殖、屠宰延伸至肉制品深加工领域。促进公司增强对上下游市场波动的抗风险能力，有效提升公司的盈利能力和综合竞争力。其次是农业 4.0 战略初见成效。积极适应经济发展新常态，坚定不移地实施科技创新驱动发展战略，全面实施农业养殖 4.0 战略。依托全产业链经营模式，建立更加完善的食品安全追溯体系，实现每一批鸡从种蛋到孵化、从饲料到养殖、从宰杀到加工整个生产过程可追溯。借助世界先进生产设备，公司在劳动密集型车间“机器换工”，推动企业由制造向智造转型，实现生产自动化。通过生产系统的横向关联，配套圣农独有的可循环全产业链模式，以各个管理系统进行基础支撑，建立庞大的养殖大数据分析平台和智能化管理系统，促进智能化装备和系统深入应用，达到智慧经营生产、科学管理企业。第三是深度挖掘内部管理潜力，促进降本增效。公司紧密围绕挖掘内部潜力、降本增效中心工作，坚持向管理要效益的理念，从大处着眼、小处入手，继续深化总监责任制，对公司各部门工作进行梳理，以能者上、平者让、庸者下、劣者汰为宗旨，积极提出可行性策略，合理引进高素质人才，使得公司整体管理效率得到较大幅度提升。同时，管理效率的提升也有助于生产经营效率改善，加上各生产环节内部优化，公司关键生产指标均得到不同程度提升，有效降低生产成本，缓解经济下行压力。

公司主要竞争优势是建立集饲料加工、祖代与父母代种鸡养殖、种蛋孵化、肉鸡饲养、肉鸡屠宰加工、熟食加工等环节于一体的肉鸡产业链布局，通过优越的地域环境、先进的生产设备、较高的品牌知名度和一支专业的经营队伍等优势，同时在疫病防控、产品质量稳定、规模化经营、供货稳定等方面拥有明显竞争优势，从而成为推动我国鸡肉生产卫生标准和鸡肉品质提升的重要力量。首先是一体化自繁自养自宰经营模式优势。公司在同行业内创新性采用高度一体化的大规模自繁自养自宰肉鸡经营模式，将各生产环节置于可控状态，在食品安全性、生产稳定性、疫病可控性、规模化经营等方面都体现较高竞争力。在食品安全优势方面，一体化的自繁自养自宰经营模式，为公司对食品品质和食品安全实施源头控制奠定基础。公司在生产加工过程中制定质量和食品安全管理制度，对兽药使用严格管理，制定完善的兽药控制体系，并依靠一体化产业链建立可靠的食品安全追溯体系。公司产品品质和食品安全控制水平，处于国内领先水平。在产量均衡稳定的优势方面，在一体化自繁自养自宰模式下，公司内部各生产环节环环相扣、均衡生产、计划性强，产品产量均匀稳定，能满足高端客户长期稳定的采购需求，大大提升公司获取大额订单和优质客户的能力。在疫病防控优势方面，一体化自繁自养自宰模式，为公司实施规范的疫病防控措施奠定基础。公司核心养殖团队拥有 30 余年的肉鸡饲养及疫病防控经验，形成以总畜牧师等业务骨干为核心的专职兽医及防疫队伍，在内部建立较完整的疫病防控管理体系，肉鸡疫病防治水平处于国内领先水平。公司制定严格的疫病防控制度，采取消毒、预防、免疫、监测等卫生防疫措施；在养殖场内外环境管理、养殖过程、屠宰加工等生产环节中采取“全进全出”“封闭饲养”“隔离空关”等生物安全措施，确保公司防疫体系安全有效。在作业标准化和经营规模化优势方面，在一体化自繁自养自宰经营模式下，公司将祖代与父母代种鸡养殖、种蛋孵化、肉鸡饲养等生产环节置于可控状态，并通过各项生产管理制度，在各生产环节实现规范化、标准化作业，按照生产计划，同一时间大批量出栏肉质、重量基本一致的肉鸡。在此基础上，公司在屠宰加工环节以及食品加工环节大量采用先进、高效率的自动化设备，提高生产效率、实现规模化经营，为降低单位产品的生产成本、提高综合竞争力奠定基础。其次是环境优势。公司有优越的自然环境优势，种鸡、肉鸡养殖场位于光泽县、浦城县、政和县境内，是我国南方重要林区，森林覆盖率达74.7%，年平均气温17～22℃，境内人口密度低，独特的生态养殖环境大大降低动物疫病风险，为生产高品质鸡肉产品提供良好基础条件。地理位置优越，产品市场辐射能力强。公司所在地位于浙江、江西、福建三省交界，处于消费市场规模大的长江三角洲、珠江三角洲之间，距福州、南昌等地300千米左右，距厦门、杭州、泉州500千米左右，距上海、广州、武汉等城市不超过1000千米，产品市场辐射能力强，有利于产品运输、销售。第三是品牌优势。公司经过多年市场积累和得益于一体化自繁自养自宰经营模式，在行业内树立产品质量优势明显、规模大、供货稳定的良好市场形象，与一系列客户建立长期而稳定的合作关系，在下游客户中享有良好声誉，保有稳定的市场份额。2017年公司完成对深加工企业圣农食品重组，双方协同开展市场营销、市场开发和品牌推广，对客户深度开发，进一步提升品牌优势。最后是管理优势。公司拥有多年肉鸡饲养、加工经验，在肉鸡饲养和鸡肉加工的主要生产环节，实现以ISO9001 质量管理体系、ISO14001 环境管理体系和HACCP食品安全管理体系为基础的管理智能化、生产自动化、环保消防以及生产工艺标准化、品质控制规范化、日常管理制度化，保证高品质鸡肉产品的稳定生产供应。同时，公司持续吸纳优秀人才，并成功建立经验丰富的肉鸡饲养、加工、防疫、研发、质量控制及销售团队，管理层对行业拥有深刻理解，并具备丰富的专业知识和管理实践经验。

一年来，公司积极践行社会责任，从经营模式开始，坚持严要求、高标准，做到“零废弃、零排放、零污染”，促成生态环境可持续、平衡发展。同时，严格遵循产品品质要求，重点抓食品安全健康，自觉将社会责任扛在肩上，坚守圣农初心，成就圣农“不负信赖”的品质。2017年，公司在股东权益、职工利益、客户权益、环境保护和社会公益事业等方面履行其社会责任，取得经济效益和社会效益统一。

## 重大事项

**【圣农首发鸡年生肖邮票】** 1月5日，圣农携手邮政首发鸡年生肖邮票。

**【傅芬芳董事长获评2016年度中国公益人物】** 1月10日，圣农公司董事长傅芬芳获评2016中国年度公益人物。

**【百胜中国CEO潘伟奇参访圣农】** 2月24日，百胜中国CEO潘伟奇参观访问圣农。

**【圣维兽药疫苗项目正式开工】** 2月28日，圣维兽药疫苗项目正式开工。

**【农业部通过圣农公司肉鸡无高致病性禽流感生物安全隔离区评审验收】** 3月24日，农业部发布第2509公告，通过圣农公司肉鸡无高致病性禽流感生物安全隔离区评审验收。

**【圣农公司荣获省“五一劳动奖状”】** 5月1日，福建圣农食品有限公司荣获福建省“五一劳动奖状”，李文迹常务副总裁被评为“闽北工匠”。

**【傅芬芳再次当选资溪县慈善总会会长】** 4月5日，资溪县慈善总会累计募捐1607万余元，傅芬芳董事长再次当选资溪县慈善总会会长。

**【傅芬芳连任福建省女企业家商会常务副会长】** 4月7日，在福建省女企业家商会第六次会员（代表）大会上，圣农集团董事长傅芬芳女士连任福建省女企业家商会常务副会长，并作“转折中的圣农女性力量”主题发言。

**【华圣梦笔明珠项目正式开工】** 4月16日，华圣梦笔明珠项目正式开工，项目位于浦城梦笔大道与205国道交汇处（新中医院旁）。

**【上海银龙食品有限责任公司投资合作签约仪式举行】** 4月18日，上海银龙食品有限责任公司投资合作签约仪式在圣农举行。

**【圣农集团包揽“百胜中国”三大奖项】** 5月8日，主题为“让生活更有滋味”的百胜中国2017供应链伙伴合作大会在上海召开。会上圣农集团一举揽下三大奖项，分别为“百胜中国卓越供应链奖”“百胜中国质量奖”“百胜中国研发金锅奖”。

**【圣农参加第十二届上海国际肉类工业展】** 5月19日，第十二届中国（上海）国际肉类工业展览会开幕，圣农集团携旗下圣农食品、圣农发展、乐美隆、银龙食品、丰圣农业等子公司参加展会，作为圣农在本次展会上的一大全新亮点，上海银龙食品有限公司展示旗下绿色蔬菜、鸡蛋、植物饮料等产品。

**【圣农荣获2017中国最佳商业模式创新奖】** 5月31日，圣农集团荣获2017中国最佳商业模式创新奖。

**【圣农食品有限公司获评信用管理AA级企业】** 6月14日，国家质检总局公布第六批出入境检验检疫信用管理AA级企业名单，福建圣农食品有限公司入选，AA级是我国出入境检验检疫信用管理5级信用等级中最高级别。

**【圣农浦城公司再获金锣“战略合作伙伴”称号】** 6月15日，圣农浦城公司再获金锣“战略合作伙伴”称号。

**【圣农食品荣获中国调理食材产业“领创品牌”称号】** 6月23日，圣农食品荣获中国调理食材产业“领创品牌”称号。

**【圣农集团党委举行建党96周年庆祝活动】** 6月25日，圣农集团庆祝中国共产党建党96周年暨“两优一先”表彰大会在假日酒店召开。

**【傅芬芳升任民建会福建省省委委员】** 6月26日，圣农集团董事长傅芬芳升任民建会福建省省委委员。

**【圣农食品开发4度系列鸡肉】** 7月，福建圣农食品有限公司开发4度系列鸡肉，走“差异化”发展新路，提高产品市场竞争力。4度健身鸡胸肉选用生态肉鸡身上蛋白质含量最高、脂肪最低部位——鸡胸肉，经过严格的质量检测与科学滚揉排酸工艺，为广大健身爱好者、健康生活倡导者提供专业、美味、健康的健身食品，为健身人群提供专业饮食指导。

**【圣农华圣桐城封顶】** 7月，圣农华圣桐城楼盘开发项目顺利封顶。

**【傅光明董事长捐赠扶贫专项资金100万元】** 7月21日，圣农公司董事长傅光明向光泽捐赠扶贫专项资金100万元。

**【欧圣实业肉鸡厂开工】** 8月，欧圣实业（二期）新厂两个肉鸡场开工建设。

**【圣农发展股份发行获证监会核准】** 8月30日，圣农发展发行股份购买资产获得证监会核准。

**【圣农三类食品供应厦门金砖峰会】** 9月3日，圣农集团冻鸡、熟食、车厘子茄三大类产品供应金砖峰会，成为厦门金砖峰会指定鸡肉供应商、果蔬供应商。这是继2008年北京奥运会、2010年上海世博会、广州亚运会、2011年深圳大运会、2015年福州首届青运会和2016年杭州G20峰会后，圣农集团再次榜上有名，向世界展示圣农产品大国品牌风采。

2017 年 10 月 26 日，县委组织部召开支持圣农做强做优暨非公党建工作座谈会。

**【傅芬芳向政和移民班捐款】** 9 月 18 日，圣农集团董事长傅芬芳向政和县三中移民班捐款 10 万元。

**【圣农荣获全国“万企帮万村”精准扶贫行动先进民营企业称号】** 10 月 10 日，福建圣农发展股份有限公司荣获全国“万企帮万村”精准扶贫行动先进民营企业称号。

**【圣农布局湖北市场】** 10 月 26 日，荆楚争鸣，此刻开启，标志圣农正式布局湖北市场。

**【召开支持圣农做强做优暨非公党建工作座谈会】** 10 月 26 日，县委组织部召开支持圣农做强做优暨非公党建工作座谈会。

**【资溪县举行圣农敬老基金发放仪式】** 10 月 28 日，江西省资溪县举行圣农敬老基金发放仪式，让重阳节温暖山城。

**【傅光明董事长成为南平市首个企业河长】** 10 月 31 日，在闽江干流（南平段）及富屯溪流域落实河长制工作推进会上，福建圣农发展股份有限公司董事长傅光明成为南平市首个企业河长。

**【武夷学院圣农食品学院入选福建省示范性产业学院名单】** 11 月，福建省示范性产业学院名单公布，武夷学院圣农食品学院入选。

**【圣农 4 度鸡肉进军海外】** 11 月 6 日，圣农 4 度健身鸡胸肉开售仅三个月即进军海外。

**【圣农举办压力容器操作培训考核班】** 11 月 7～11 日，圣农集团举办压力容器操作人员取证（复审）培训考核班。

**【圣农应邀参加国际学术研讨会】** 11 月 14 日，圣农公司应邀参加“中国优质肉禽计划食品安全国际学术研讨会”。

**【圣农应邀参加高峰论坛】** 11 月 16 日，圣农公司应邀参加 2017 年动物健康与食品安全高峰论坛。

**【圣农第七次囊括“中国食品安全十强企业”等三大奖项】** 11 月 18 日，在北京人民大会堂召开的第十五届中国食品安全年会上，中国白羽肉鸡联盟主席、圣农发展股份有限公司董事长傅光明出席开幕式并致辞，圣农集团荣获“中国食品安全十强企业”“管理创新十佳案例”“百家诚信示范单位”荣誉称号，这也是圣农第七次囊括三大奖项，傅光明也连续获得“中国食品十大人物奖”“普法先进工作者”称号。

**【厦门大学举办餐饮“圣农杯”第五届厨师技能竞赛】** 11 月 19 日，厦门大学餐饮“圣农杯”第五届厨师技能竞赛圆满举办，多款圣农产品亮相现场。

**【圣农技术中心揭牌并正式投入使用】** 11 月 27 日，圣农技术中心揭牌并正式投入使用，中国科学院院士刘秀梵为圣农技术中心大楼揭牌，并主持召开肉禽养殖生物安全座谈会。

**【傅芬芳当选全国工商联执委】** 11 月 27 日，圣农集团董事长傅芬芳当选全国工商联执委。

**【海关认证助力圣农食品开户全球化战略】** 11 月 28 日，海关高级认证助力圣农食品开启全球化战略。

**【圣农食品获美国注册许可推荐】** 12月，圣农食品六厂进口原料加工熟食获得美国注册许可推荐，目前全国仅有3家食品企业获得推荐。

**【圣农荣获“2017年度中国肉制品十大品牌”称号】** 12月，圣农发展荣登“2017年度中国肉制品十大品牌”榜单。

**【傅光明董事长帮扶贫困户养蜂】** 12月11日，圣农集团傅光明董事长捐资400万，用于帮扶县内贫困户养蜂。

**【叶蔚参加湖北省餐饮食品质量安全提升工程研讨会】** 12月15日，圣农集团品管部总监叶蔚应邀参加湖北省餐饮食品质量安全提升工程研讨会。

**【圣农再次上榜第十一届中国品牌价值500强】** 12月18日，第十一届中国品牌价值500强榜在广州发布，福建圣农发展股份有限公司再次榜上有名。

**【圣农集团党委召开第四次党代会】** 12月22日，中共福建圣农集团第四次代表大会胜利召开。

**企业项目简介：**

福建圣农食品有限公司熟食品加工六厂 该项目系食品加工龙头企业、省重点项目、行动计划重大投资项目，项目总投资为3.5亿元，位于光泽县和顺工业园，建设年限为2016～2017年，项目用地面积7.67公顷，总建筑面积为37000平方米，其中厂房建筑面积20057平方米，原料、辅料及成品仓库区面积10795平方米，制冷机房建筑面积1980.00平方米，供水、污水处理、锅炉等配套设施面积4160平方米。厂区内配套停车位、供电、消防、绿化、环保、围墙等附属设施。新建成型油炸类、蒸烤类、裹粉油炸类产品生产线四条。项目特点：生产规模大，该项目为圣农集团最大熟食品加工厂，投产后年产各类鸡肉熟食品4.8万吨；技术水平高，采用国际先进技术，主要生产设备及工艺从美国、德国、瑞士、荷兰、日本等国引进；延伸产业链，项目是光泽县打造中国生态食品城和千亿元食品产业集群的关键性工程，有助于圣农公司肉鸡产业链布局更加完善，提升肉鸡产品附加值。项目于2017年8月建成试生产，全面达产后可实现年产值11亿元。

圣农马脚印肉鸡场 位于光泽县鸾凤乡大陂村，总投资6000万元，占地面积44268平方米，新建肉鸡立体养殖场1座（含6栋鸡舍）及附属配套设施。项目建成后每批次可饲养肉鸡44万羽，年饲养量可达290万羽。项目特点：土地利用率高，项目采用立体化笼养，单栋鸡舍每批次养殖量7.5万羽左右，饲养密度是平养模式2.5倍，大大提高土地资源利用率；自动化程度高，项目按照农业养殖4.0标准建设，在国内同行业中率先采用自动出鸡和自动清粪系统，肉鸡喂料和饮水也都实现自动化，是国内最先进、自动化程度最高的肉鸡养殖场，大大提高生产效率，降低疫病发病率；生态效益好，鸡舍鸡粪采取闷罐菌种发酵处理，实现零废弃、零排放，守护光泽绿水青山；示范带动强，项目探索肉鸡笼养关键技术和成功养殖经验，推进肉鸡标准化规模养殖支撑技术集成与示范，既为圣农公司实现未来10亿羽肉鸡产能破除技术瓶颈，也为中国肉鸡行业转型升级提供可借鉴样板。项目于2016年9月开工建

2018年8月7日，县长赵大建调研马脚印肉鸡厂

设，建成6栋鸡舍，完成设备安装调试，并于2017年10月全面建成投产。

（陈志鸿　蒋志颖）

## 其他生态产业

**【酒类产业】** 全县有福建双牛酒业有限公司、福建光泽德顺酒业有限公司、光泽县圣祥源酒业有限公司等3家重点酒类企业，2017年产酒8500多吨，实现产值10961万元。其中福建双牛酒业有限公司2013年1月投产，位于鸾凤乡双门村国道边，占地4.87公顷，总投资1.1亿元，建设酿酒、大米加工一体化项目，总建设面积约2.6万平方米，其中建设地下酒窖一座2200平方米，利用自然山体建设两座洞窖2200立方米，项目建成投产后，是福建省生产米香型原浆白酒最大企业，年生产高中端米香型原浆白酒3000多吨，生产高中端酱香型、浓香型原浆白酒各700多吨，生产黄酒1000多吨，2017年实现产值6770.5万元。光泽德顺酒业公司创建于1992年，公司位于华桥乡华桥村，占地面积2.4公顷，年生产能力1500吨，产品主要有闽源春系列白酒，蛇酒系列以及蛇类附属产品，共两大系列18种品种，是集研发、生产及销售为一体的现代化酒类酿造企业，自2012年以来，34°蛇胆酒荣获各年度“湘、鄂、赣、桂、渝、闽”四省一市优质产品金质奖。公司现有员工108人，2017年产酒755吨，实现产值3736.7万元。

福建光泽县圣祥源酒业有限公司　公司创建于2010年4月，坐落于鸾凤乡五里亭水垅，建设占地面积4公顷，建筑面积1.26万平方米，总投资5000多万元，公司员工80多人，是一家民营股份制企业。公司设有总经办，科研中心、财务中心、生产中心、营销中心、综合部等职能部门，原以养殖各种蛇类为主，2011年12月单独供地2.82公顷，试生产圣祥源牌蛇酒、蛇胆酒和果酒系列。现拥有酿酒蓝莓种植基地，为蓝莓酒生产提供充足的天然生态蓝莓。公司技术力量充足，拥有蓝莓酒、蛇酒行业酿酒经验，配置酿酒师、品酒师等经验丰富的生产技术和检验人员，生产车间配备有先进的蓝莓酒、蛇酒自动化灌装设备，化验室检测设备和各类酿酒仪器，形成一套成熟的蓝莓酒、蛇酒生产工艺，各项作业标准和制度完善，质量管理体系科学有效。2017年产酒755吨，实现产值2494万元。

（曾立平）

**【矿泉水产业】** 全县现有矿泉水企业两家，分别为福建武夷山水食品饮料有限公司、福建省光泽县武夷矿泉水饮料有限公司。福建武夷山水食品饮料有限公司（简称武夷山水）是由中国石油天然气股份有限公司投资控股的食品饮料企业，于2014年投资动工建立的现代化的矿泉水生产基地，公司厂区占地面积1.87公顷，总建筑面积17100.7平方米，主要生产“武夷山”牌矿泉水，2017年产值11838.5万元。目前产品规格为333ml、513ml和4.5L。生产工艺设备为最新进口全自动吹灌旋无菌生产线，实现全程无菌灌装。公司严格履行《国家食品安全法》，配备国际先进检测仪器，建立和实施GB/T22000和ISO2200食品安全管理体系，保证产品质量。福建省光泽县武夷矿泉水饮料有限公司位于城关东北部，与武夷山

2017年8月22日，县长赵大建察看圣祥源酒业公司

自然保护区坪山管理所相邻，厂区距市中心2千米，占地面积10000余平方米，生产车间、仓库建筑面积2800平方米，固定资产500多万元。现有员工30人，2017年实现产值300多万元。

**福建武夷山水食品饮料有限公司一期项目** 福建武夷山水食品饮料有限公司项目是省扶贫开发和南平市“三维”对接重点项目，项目位于鸾凤乡坪山村，一期投资1亿元，占地面积1.87公顷，总建筑面积17100.7平方米，设计产能10万吨/年。项目特点：合作模式新，2014年4月通过中石油立项批准，由中国石油天然气股份有限公司、南平实业集团有限公司、光泽县国有资产营运有限责任公司按7∶2∶1的投资比例，组建福建武夷山水食品饮料有限公司共同实施，为央企与地方国企跨行业合作模式典范；建设速度快，从2014年12月4日动工建设，到2015年7月产品正式投放市场，仅用8个月时间；管理理念新，公司建立并实施ISO22000食品安全管理体系，配备国际先进检测仪器，引进两条国内顶级全自动化吹灌旋一体的生产线，有效保证产品质量。该项目2015年6月完成基础设施和设备调试并投产，同年7月正式投放市场，公司产品武夷山矿泉水有333ML、513ML瓶装和4.5L桶装3种规格，成为2015年全国第一届青运会指定用水，成功打响品牌。2016年，公司生产矿泉水200万箱，实现工业产值5648.6万元，吸纳就业113人；2017年生产矿泉水450万箱，实现工业产值1.5亿元。二期计划新建一座年产20～50万吨的饮用天然矿泉水厂。

（曾立平）

**【茶产业】** 2017年，全县茶叶发展紧紧围绕产业布局，坚持绿色发展观念，致力宣传茶文化，着力推介茶品牌，积极拓展茶市场，主力推进全县茶产业发展，加强交流合作，搞好行业自律维权。全县茶园面积0.38万公顷，主要分布在4个乡镇，其中司前0.10万公顷、止马0.10万公顷、李坊0.05万公顷、华桥0.05万公顷，其他乡镇0.08万公顷左右。茶园海拔在300～1600米之间，茶叶品种多样，主要以菜茶（小种）为主，面积约0.15万公顷左右，占总面积的40.6%，“福云6号”、“福云7号”品种面积0.12万公顷，占总面积的32%左右，九龙大白、龙井43、乌牛早、肉桂、水仙等品种面积0.11万公顷，占总面积的27.4%。全县具有一定生产规模茶业企业20余家，其中获得QS认证茶企11家，茶叶专业合作社18家，茶叶经营网点40多个。县委县政府高度重视茶产业发展，年初制定茶产业发展实施意见，着力提升全县红茶品牌品质，做大做强红茶品牌，县领导多次深入茶企调研，了解茶叶生产经营情况，并先后2次召开由全县茶叶生产企业、专业合作社负责人参加的产业发展工作交流会，把茶产业作为推动光泽经济发展，带动农民致富的民生工程来抓，以新理念、新举措，促进产业新发展。2017年9月27日，福建正山茶业发展有限公司在县正式注册成立，公司由县政府、正山堂茶业有限公司和县内5家规模茶企共同投资成立，注册资金5千万元。同时充分发挥县茶叶协会作用，加强沟通交流，进一步提高茶叶市场组织化程度，做好产前、产中、产后服务。加强茶叶品牌建设，充分发挥地域品牌市场冲击作用，做好地理标志产品保护工作，借助武夷山茶业品牌影响力，加强与省内外茶叶经营窗口对接，推介县内茶叶品牌等名优特产品，提高市场竞争力。组织茶企参加各种展销会、茶博会，扩大产品影响力，搞活产品流通。2017年11月16～18日，组织12家县内茶企参展第十一届海峡两岸茶业博览会，重点以中国生态食品城为主题，着力推出“光泽红茶”这一主打品牌，参展企业与各地客商洽谈达成意向性协议70多项，销售茶叶3000多万元，建立联系方式百余家。县正山茶业公司5款正山红茶产品，深受广大消费者喜爱。但全县茶叶产业发展也存在一些问题，主要表现在：茶园分布相对分散，集中连片较少，企业生产规模小，投入不足，科技化、标准化程度低，品种杂更新慢，制茶工艺不高，企业缺乏整体品牌和企业自主品牌。

**福建正山茶业发展有限公司** 为着力提升全县红茶品牌品质，做大做强红茶品牌，带动茶产业发展。县政府主要领导多次带领县茶叶协会及规模茶企负责人，到武夷山市正山堂茶业有限公司交流、沟通、洽淡。2017年9月27日，福建正山茶业发

2017年9月27日，福建正山堂茶产业（光泽）战略合作项目签约仪式

展有限公司在县正式注册成立，公司注册资金5千万元，由县政府、正山堂茶业有限公司和县内5家规模茶企共同投资成立。光泽正山堂茶业有限公司的成立，重在深度开发全国红茶市场，借助正山堂文化传承、品牌力量、技术优势、品质标准、营销团队，带动光泽茶业产业快速发展。

（刘晓明）

**【渔业】** 2017年，全县水产养殖面积0.2万公顷，比增0.5%，产量1.0888万吨，比增0.65%，产值1.7亿元，比增7.9%，渔业已成为全县农业产业结构中一个重要支柱产业，成为促进农业增效农民增收的一个重要途径。重点抓好现代渔业生产发展建设项目，指导2015～2016年现代渔业3个在建项目实施，完成2015年光泽县现代渔业封闭式循环水渔业脆脘鱼项目竣工验收。帮助指导福建中科渔业有限公司现代渔业项目实施和2017年渔业结构调整项目实施。开展水产技术咨询，接待水产咨询人数170次；赠送自编水产养殖实用技术资料500余份；建立渔业主体示范户20户。建立水产试验示范基地，推广水产“五新”技术：建立“中科3号”异育银鲫主、混养试验 示范3.33余公顷；建立封闭式循环水养殖南美对虾示范，养殖水面3780.8平方米，投放南美白对虾虾苗200万尾；建立中华绒毛蟹池塘生态养殖示范面积16余公顷，地点李坊乡管密村、鸾凤乡高源村和双门村；建立高丰收牧草养殖“贡鱼”示范8公顷，投放苗种10万尾，种植高丰收牧草6.67余公顷；建立小龙虾池塘生态养殖10.67余公顷，地点华桥乡吴屯村；推广80∶20池塘高产养殖技术和无公害健康养殖技术，推广面积133.33余公顷。

**中科渔业产业园一期项目** 该项目系农业养殖业龙头企业、省重点项目、行动计划重大项目、生态项目。位于鸾凤乡大陂村，总投资13.2亿元，规划用地38.67公顷，总用地面积为38.5万平方米，总建筑面积37.3万平方米，设计年产鳗鱼1.2万吨、二级鱼4千吨、鳗鱼饲料1.6万吨、烤鳗3600吨、光伏发电3000万千瓦时。项目一期投资2.8亿元，总建筑面积12.8万平方米，其中养殖车间11.9万平方米，加工车间3200平方米，办公楼、宿舍4300平方米，能源车间、配电房2098平方米。项目特点：带动能力强，项目全部建成后预计实现年销售收入24.33亿元，年利润约2.6亿元，年缴税金6000多万元，带动就业800多人；产业链完整，项目集饲料生产、鳗鱼养殖、二级鱼养殖、鳗鱼加工、光伏发电于一体，形成完整产业链；养殖技术先进，项目采用先进的智能化封闭式循环水养殖技术进行鳗鱼养殖，一个鳗鱼成长周期8个月，用水耗损仅2%；养殖饲料渣、废水等又循环用于养殖二级鱼，既节约用水，又大大降低水体污染。该项目一期2016年3月动工建设，完成投资1.76亿元，厂房土建工程全部完成，并于2017年7月投苗，达产后可实现年产鳗鱼3000吨、二级鱼2000吨。二期项目正在征地。

（黄志平）

**【食用菌】** 2017年，全县食用菌栽培主要品种包括香菇、竹荪、黑木耳、海鲜菇、羊肚菌等，主要种植地为寨里、鸾凤、崇仁、华桥等乡镇。其中香菇栽培量100万袋，年产鲜菇750

吨，产值900万元，规模价格与2016年持平，主要种植地为鸾凤乡饶坪、大羊和寨里镇大青、梅溪、官桥等村；竹荪栽培面积33.33公顷，年产干菇50吨，产值600万元，规模价格与2016年持平，主要种植地为寨里镇官桥、桥湾、大洲、梅溪和崇仁乡洋塘等村；黑木耳栽培量120万袋，产量90吨，产值540万元，规模价格与2016年持平，主要种植地为寨里镇桥湾、山头等村；海鲜菇生产均为企业工厂化生产，有海鲜菇工厂5家，日生产7.6万袋，年产量5700吨，产值5700万元，规模与2016年相比有所扩大，但价格略有下降；引进珍稀品种羊肚菌种植13.33公顷，产菇约30吨，经济效益较高，规模较往年扩大，但价格较往年略有下降，主要生产加工地为华桥乡吴屯村和鸾凤乡君山村。食用菌项目属农村短平快经济发展项目，总体经济效益较好，对农业增产、农民增收、农村增财发挥较大作用。

（汤雪猛）

**承天中药材种植与加工产业园开发项目** 该项目系全县中药材龙头企业、省重点项目、行动计划重大投资项目。项目总投资10亿元，规划通过8～10年逐步发展成为集中药材资源保护、种苗繁育、中药材种植、深加工、研发和林下经济作物生产、加工为一体的中药材种植与加工基地。项目特点：种植与加工规模大，项目规划在8～10年内建成0.27万公顷以上的全省最大中药材种植生产基地，建成集中药材资源保护、种植、深加工、研发为一体的大型企业；辐射带动能力强，项目全面建成后，可实现年销售收入10亿元，利润2亿元，并通过“公司＋合作社＋药农”合作运作模式辐射带动全县及周边地区种植中药材0.67万公顷，带动区域经济发展和农民增收致富；技术水平高，企业聘请福建省中药行业顶尖研究人员20名，并与国宝级人物—国家非物质文化遗产（中药炮制）代表性传承人王孝涛建立合作协议。项目累计完成投资12393万元，种植中药材533.33余公顷，带动周边农户就业20余人。中药饮片加工厂于2017年10月建成投产，年产值达1.8亿元。

2018年7月26日，县长赵大建到承天药业调研

**福建辉隆生物科技有限公司** 位于崇仁乡洋塘村水西一组，距县城11千米，占地0.87公顷。董事长邱金旺于三十世纪八十年代专业学习五步蛇养殖，1983年成立光泽县金龙蛇类养殖场，专门从事五步蛇活体养殖研究及其药用蛇干、蛇毒、蛇胆、蛇酒等制品加工、销售。通过三十年多年实践探索，公司养殖规模不断壮大，技术创新不断提升，并突破五步蛇人工养殖等一系列难题，为扩大规模养殖打下坚实基础。2016年，公司与上海致雲股权投资基金管理有限公司进行战略合作，将原有金龙蛇类养殖场改制为福建辉隆生物科技有限公司，计划投资4000万元，扩大养殖规模，建设产品深加工生产线。项目一期投资1200万元，建设新厂房和办公楼及标准化规范改造，养殖五步蛇1万条，2017年养殖量达到3万条，成为全国最大五步蛇养殖基地。目前，公司已开发生产蛇毒酒特色产品，致力于研发生产国家药字号酒类产品及美容、保健产品，并计划同步发展肉用蛇养殖，开发预包装蛇类食品、健康休闲食品及蛇类罐头。同时，公司采取“公司＋农户”形式，积极为困难群众提供就业岗位，带领贫困户脱贫致富，带动20户贫困家庭养殖各类蛇2万条，增加村民收入300万元，为农民增收致富提供良好平台。

（姚荷玉）

# 国土　环保

## 国土资源

**【概况】** 2017年上级下达光泽县补充耕地任务47.27公顷，完成补充耕地47.27公顷；全县高标准农田建设投资工程包任务为1493.33公顷，完成高标准农田建设1506.67公顷；完成基本农田划定工作，划定全域永久基本农田面积共13752.02公顷。全县上报省政府批准农用地转用征收20个批次，面积82.70公顷；上报南平市政府批准农转用建设10个批次，已获批准10个批次，总用地面积8.29公顷，临时用地审批13宗，面积6.32公顷，设施农用地备案15宗，面积10.9公顷。全县出让各类土地18宗，面积31.74公顷，收取土地出让金12496万元；划拨供应各类基础设施用地30宗，面积149.77公顷。全年开采萤石矿石量2.39万吨，开采饰面花岗岩荒料1178立方米；全年打击非法违法采矿行为10起，立案查处土地违法案件16件，违法用地总面积0.48公顷，全县国土资源管理工作监测评价综合得分83.4分，位居全市第一、全省第二。

止马镇水口村2017年高标准基本农田建设项目

**【耕地保护】** 开展多种形式补充耕地，上级下达补充耕地任务47.27公顷，截至2017年底，全县完成补充耕地47.27公顷，补充耕地任务数的156.08%，连续18年实现耕地占补平衡。全县高标准农田建设投资工程包任务为1493.33公顷，截止2017年底，全县共完成高标准农田建设1506.67公顷，高标准农田建设进度、旧村复垦进度均列全市前三名。近3年，全县共对外交易增减挂钩指标136.61公顷，获得交易费近10亿元，为县财政增收作出贡献，光泽县人民政府在南平市人民政府对年度耕地保护责任目标综合评定中获评第一名。

**【基本农田划定】** 完成基本农田划定工作，全县全域耕地面积16441.34公顷，划定全域永久基本农田面积共13752.02公顷，其中：水田13488.55公顷、水浇地3.24公顷、旱地260.23公顷。划定后，全县永久基本农田保护面积比上级下达的永久基本农田保护目标高出0.02公顷，基本农田保护率为83.64%。

**【土地开发利用】** 全县综合运用规划、政策、标准等措施，做好“百日攻坚战”“四比六促”期间项目的用地保障。计划指标

崇仁乡大洋坪村2017年高标准基本农田建设项目

保障率100%，占补平衡保障率338.31%，交地率达99.12%，两费缴纳、补充耕地、征供地平均用时均全市第一，临时用地审批、设施农用地备案、征地等各项工作及时有效开展，为项目落地提速增效。2017年，全县共上报省政府批准农用地转用征收20个批次，面积82.70公顷；上报南平市政府批准农转用建设10个批次，已获批准10个批次，总用地面积8.29公顷；临时用地审批13宗，面积6.32公顷，设施农用地备案15宗，面积10.9公顷。

**【节约集约用地】** 全年出让各类土地18宗，面积31.74公顷，收取土地出让金12496万元；划拨供应各类基础设施用地16宗，面积46.76公顷。全县供地率达80.67%，已供土地闲置率0%；开工巡查率达93.98%，强化土地利用总体规划的控制作用。

**【公布土地级别和基准地价】** 为进一步加强地价管理，完善科学的地价管理体系，充分发挥基准地价对土地市场的调控作用，2017年县政府对土地级别和基准地价进行修订更新。修订后，全县城区范围内土地级别分为5级，乡镇土地级别分为3级。各级别土地基准地价较上一轮基准地价上浮约3%。

**【矿产开发利用】** 2017年全县持证矿山开采企业有8家（萤石矿2家，矿泉水1家，饰面花岗岩矿2家，建筑用石2家，石英矿1家），其中：矿产生产企业4家（萤石矿2家，矿泉水1家，饰面花岗岩矿1家）。全年开采萤石矿石量2.39万吨，开采饰面花岗岩荒料1178立方米。

**【打击非法违法采矿】** 县国土资源局及有关部门及时组织人力物力对非法采矿现场进行制止，防止非法采矿行为继续扩大。全县公安、林业、环保、国土、安监等部门共同配合打击非法违法采矿行为10起。协调乡、村两级加大巡查力度，如有发现违法行为及时报告，要求乡、村及时封闭盗采矿洞，并对非法开采造成的山体破坏进行恢复治理。

光泽集友石材有限公司高源花岗岩矿区

**【规范地灾防治】** 完成地灾威胁对象信息采集工作。编制年度《地质灾害防治方案》和《地质灾害应急预案》，明确撤离信号、撤离路线、转移安置、应急救援等应急处置对策。同时，全县120个地灾隐患点均设置警示牌，并进行重点监测。动员和依靠广大群众，健全全县地灾群测群防网络，确保地质灾害防灾工作明白卡、避灾明白卡每家每户发放到位，全年发放地质灾害防灾工作明白卡240份、避灾明白卡1212份；发送地质灾害气象预警预报信息16批次，共计4800条。

**【卫片执法成效明显】** 全年土地卫片执法监督检查立案查处案件16件，违法当事人自行整改到位2件，移交林业部门查处4件。违法总面积0.48公顷，其中耕地面积0.17公顷，新增建设用地46.41公顷，其中耕地面积22.23公顷，卫片执法监督检查全县违法用地比例1.03%，违法耕地比例0.78%。县国土资源管理部门履职到位率100%，违法行为发现率100%，违法案件立案率100%，上一年度土地卫片执法履职到位率100%。全县国土资源违法行为发现率、卫片执法履职到位率均排在全市首位。

**【遏制违法用地】** 全年县国土资源管理部门发现土地违法行为93件，均下发《责令停止违法行为通知书》，违法类型以农村村民违法占地建房、违法破坏耕地发展养殖等为主。全县立案查处土地违法案件16件，违法用地面积7.23，其中耕地面积0.17公顷，申请法院强制拆除建筑面积5627.7平方米，恢复耕地面积1633平方米，并处罚款人民币23420元。

## 不动产登记

**【概况】** 在2017年全县不动产登记工作，行政服务中心设立7个窗口，建立完善《光泽县不动产登记中心主要职责及岗位设置》等工作制度，按照不动产登记有关法律和《规范》进行资料提交、限时办理和收费，制作办事流程图、一次性告知单、申请书和受理通知单等表格式样，认真梳理和完善登记业务流程；定期培训登记服务人员，学习省、市印发的业务文件，领会、掌握国家大政方针和政策，提高工作人员的业务技能和服务质量，减少工作中的差错。全县发出不动产权证书7397本，不动产登记证明4763张。

**【登记发证】** 2017年全县发出不动产权证书7397本，其中林权525本，不动产登记证明4763张，其中林权42张。按登记类型分：首次登记93宗；注销登记1413宗；转移登记4155宗；变更登记98宗；补换证登记46宗；更正登记98宗；预告登记1493宗；查封登记80宗；解封登记42宗；抵押登记2292宗；抵押注销952宗。

**【完善工作制度】** 县不动产登记中心招聘在编人员1名，劳务派遣人员5名，在行政服务中心设立7个窗口（业务受理窗口6个，权籍配号窗口1个），确保中心办证业务的顺利开展。在原有工作制度的基础上，又建立完善《光泽县不动产登记中心主要职责及岗位设置》《光泽县不动产登记事务中心工作制度汇编》《不动产保密安全制度》《不动产档案管理制度》《光泽县不动产登记中心定岗定责》等工作制度。印发《不动产登记业务办事指南》《光泽不动产登记各类业务一次性告知单》等便民服务指南，让群众及时了解不动产登记服务相关程序，做到利民、便民。

**【业务建设与培训】** 按照不动产登记有关法律和《规范》进行资料提交、限时办理和收费，制作办事流程图、一次性告知单、申请书和受理通知单等表格式样，梳理和完善登记业务流程；定期培训登记服务人员，学习省、市印发的业务文件，领会、掌握国家大政方针和政策。通过学习培训，提高工作人员的业务技能和服务质量，为不动产登记系统正常运行提供软实力，减少工作中的差错。建立实时沟通机制，在不动产登记业务中，对遇到的重大疑难问题，积极向南平市不动产登记中心及县国土资源局领导汇报；同时县不动产登记中心还建立内部会审机制，定期组织人员分析研判、攻坚克难，对问题进行合理处理；对于暂时不能解决的问题，对群众做好解释工作，取得群众谅解，保证登记工作井然有序开展，维护群众合法权益。

**【提高服务质量】** 开展外网受理、内网审核，缓解登记拥挤，方便群众办理；针对老弱病残服务对象，开展预约和主动上门等服务方式，受到申请人好评；严格执行一次性告知制度，要求受理人员要熟悉本岗位业务知识，不让申请人多跑一次腿；设立房地产开发商自理办件区，方便开发商前来办理，既减轻受理人员工作量，有效提高登记效率，得到开发商好评；进一步压缩登记时限，一般登记业务的办理时限压缩至15个工作日，不动产抵押登记办理时限压缩至10个工作日，不动产查封登记、异议登记即时即办，随到随办。

**【档案移交和数据整合】** 12月初，县房管所正式与县不动产登记中心进行档案移交，经过一个月的努力，房管所的抵押登记档案及预告登记档案向县不动产登记中心完成移交。同时，对移交的登记档案进行清点，进行归门别类，罗列清单，编制目录，方便查找和利用。推进数据整合工作，县不动产登记中心将不动产登记存量数据整合工作作为2017年重要工作，加强组织协调，稳妥推进。至12月底，已完成数据整合招标，作业公司已确定，土地档案已完成扫描，并向省厅汇交部分试点数据。

## 环境保护

**【概况】** 2017年全县环境质量稳中有升，持续保持优良。其中，富屯溪和顺交界断面水质全面恢复到Ⅱ类，乡（镇）和城区集中式饮用水源水质均达到Ⅱ类标准，8个小流域监测点位水质均达到或优于相应水质标准要求，达标率均为100%；全年县域空气质量优良天数比例达99.7%，县域声环境质量良好，交通噪声、功能区噪声、区域环境噪声均达到国家功能区标准。全县环境保护工作以服务全县绿色发展为大局，以改善环境质量和提升全县群众幸福感为根本，通过严格环境执法、强化环境监管、加大工业污染治理等措施，较好地完成年度各项任务目标，县域环境质量稳中有升。全年审批建设项目108个，完成中科渔业淡水鳗养殖、光泽县数字影院等15个项目环保“三同时”（同时设计、同时施工、同时投产使用）竣工验收，为24家工业企业发放排污许可证；查处违法排污企业35家（次），其中取缔关闭4家，责令停产3起，查封扣押10起，行政拘留1起，司法移送污染环境犯罪1起，处罚25家（次）违法排污企业，处罚金31.26万元。

**【环境质量】** 2017年全县环境质量稳中有升，持续优良。其中富屯溪和顺交界断面水质全面恢复到Ⅱ类，乡（镇）和城区集中式饮用水源水质均达到Ⅱ类标准，8个小流域监测点位水质均达到或优于相应水质标准要求，达标率均为100%；全年县域空气质量优良天数比例达99.7%，同比去年增长1.6%，其中PM2.5年均浓度为22μg/m³，较2016年24μg/m³有所改善；县域声环境质量良好，交通噪声、功能区噪声、区域环境噪声均达到国家功能区标准。

**【环境监测】** 对县域环境质量开展常规监测，完成富屯溪光泽段西关水坝及和顺桥2个断面全年水质监测任务，对全县8条小流域水质每年监测2次，完成全县8个乡镇共29个地表水监测断面的水质监测及考核工作，按要求对县域空气和噪声环境进行监测，掌握全县环境质量状况。完成圣农肉鸡加工一、二厂和三、四厂、县污水处理厂等3个国控重点污染源和凯圣电厂废气、圣农肉鸡加工二厂锅炉废气等2个省控重点污染源及中联纸业、佳和纸业、县垃圾填埋场、美迪化工等4个市控重点污染源每季度1次的监督性监测工作，监督各重点企业稳定达标排放污染物。积极配合开展生猪养殖专项整治监测、环保专项行动执法监测和环保“三同时”验收监测，为全县环境监管执法提供科学、有效的技术支撑。

**【完成环保迎检督察】** 制定全县迎检和中央环保督察整改工作方案，多次召开迎检、环保督察整改专题会议，推动迎检和整改工作落实，按时收集、整理和上报全县生态环保工作情况、突出环境问题整改情况等内页资料，中央督察和省市通报光泽的11个突出环境问题，全部完成整改，及时处置并反馈中央环保督察组转办的4件环境污染信访件，完成督察期间各项工作任务。

【环境“四比六促”整治活动】 在全县深入开展“四比六促”环境整治专项行动，制定《光泽县深入开展“四比六促”活动环境整治专项行动方案》，层层分解下达任务，建立“四比六促”环境整治指挥室、项目分布图和工作推进表，多次召开工作推进会，抓好各项工作的落实，县环保局会同县委、县政府督查室，对整治工作完成情况开展专项督查，通报工作进展情况，督促有关乡（镇）和部门履职尽责，形成工作合力。同时，加强与上级环保部门的沟通联系，积极争取环境整治工作在全市排名中有所进位。活动开展以来，全县党政领导生态环保目标、县域突出环境问题整改和环境整治项目等各项任务均得到有效落实，9、10 和 11 月，全县“四比六促”环境整治专项行动在全市分别位列第三、第一和第四名，全年综合排名位列全市第五，在“六促”中排名最靠前。

【打好“碧水攻坚战”】 强化饮用水源保护，完成《2017 年度光泽县集中式饮用水水源环境状况评估报告》编制，加大饮用水源地日常巡查力度，发现并消除环境污染隐患，完成全年饮用水水源监测任务，水质均达到Ⅱ类标准；推进工业废水污染治理，指导圣农公司完成肉鸡加工三、四厂和圣农食品六厂废水深度治理项目，污染治理效果显著。其中，肉鸡加工三、四厂排放废水经处理后，COD、氨氮浓度由原来的 70mg/L、15mg/L 降低到 30mg/L 和 10mg/L 左右，污水处理能力提高到 12000 吨/日；整治生猪养殖污染，配合县农业部门整治生猪养殖污染，累计关闭拆除禁养区生猪养殖场 35 家、可养区生猪养殖场 70 家，拆除、关闭面积 4.2 万平方米。全县 8 家存栏 1500 头以上生猪养殖场全部实现养殖污染全过程治理，并配套安装污染在线监控设施，有效控制全县生猪养殖面源污染；推行“绿水”维护新机制，创新出台《光泽县流域水环境质量管理考核方案（试行）》，在 8 个乡（镇）设立 29 个流域水质监测点位，其中投资 2000 余万元的 16 个水质自动监测平台已全部建成，实现对全流域水质的实时监控和跟踪考核。同时，将水质考核结果作为乡（镇）和村（场）绿水维护补偿的重要依据。

环保工作人员深入中科渔业现场办公

【打好“蓝天保卫战”】 实施燃煤锅炉提升改造工程，排查梳理辖区内在用燃煤工业锅炉并建立数据库，完成明圣生物科技公司煤改气。海圣饲料公司淘汰 3 台 4 吨燃煤小锅炉，新上一台 20 吨大锅炉集中连片供热项目已建成投运，圣农饲料四、五厂 20 吨锅炉集中供热项目已基本完成，还在试运行，均配套建设除尘和脱硫脱硝设施；整治机动车尾气污染，推进全县黄标车淘汰进程，将年度淘汰任务分解到各乡（镇）、县直部门和企业，并采取专题研究、执法抓拍、强化督查、奖惩挂钩和跨省追查等综合措施，统筹安排，强力推进，提前完成全县 61 辆黄标车年度淘汰任务，淘汰进度位列全市第一，并得到市环保局的表彰肯定；全面整治城区周边恶臭，开展大气污染整治专项行动，对县内相关企业生产过程产生的恶臭进行集中治理，圣农公司对肉鸡宰杀厂污水处理站、有机肥厂及运输车辆过程产生的废气进行集中治理，凯圣发电、明圣生物、圣羽生物、农丰饲料、泽农生物等相关企业也实施了一批废气污染治理工程，经第三方监测，城区及周边恶臭浓度明显降低。

**【打好“净土守卫战”】** 完成土壤污染状况详查工作，对县内土壤污染重点行业企业及其空间位置、土壤污染问题突出区域进行逐一核实，补充划定农用地土壤污染状况详查单元，确定全县土壤污染重点行业企业2家、详查单元8个和农用地详查点位36个；完成国控土壤风险监测点位设置和采样工作，配合上级环保部门做好4个国控土壤风险监测点位设置和采样工作，并配合省、市对部分无路通行难以到达的点位做小幅度调整；开展重点企业及堆存场排查和整治工作，组织环保、国土、经信商务、安监局等部门联合开展排查整治工作，将美迪化工、生活垃圾填埋场作为重点检查对象，对检查发现的问题，限期完成整改。督促县生活污水处理厂购置板框压滤机，将污泥含水率降至60%以下后，才能运往县垃圾填埋场无害化处理；加强危险废物污染防治，辖区内圣农公司、凯圣生物质发电、美迪化工、圣达波纹管等危险废物产生企业均实现危险废物规范化处置，涉及医疗废物转移的3家医院全部纳入省固体废物环境监管平台进行监管，并按要求规范处置医疗废物。

**【环境监察执法】** 通过开展“清水蓝天”等专项执法行动，严厉打击辖区内各类环境违法行为，全年查处违法排污企业35家（次），其中取缔关闭4家，责令停产3起，查封扣押10起，行政拘留1起，司法移送污染环境犯罪1起，处罚25家（次）违法排污企业，处罚金31.26万元。对辖区内县医院、中医院以及疾控中心的辐射安全进行全面检查，并提交“放射性同位素与射线装置辐射安全和防护状态自查报告”，采取有效监管措施，保障县域辐射环境安全；排查县内环境风险隐患企业，全年检查重点企业143家次，出动执法人员300余人次，对发现的利民废品收购站、册下氾浆点等7个风险隐患，做到查处到位、整改到位；做好环境污染信访投诉工作，切实维护群众的环境权益，全年受理各类群众环境信访与投诉件48件，其中涉水12件，大气24件，噪音10件，电磁辐射污染2件，出警150余人次，及时办结、反馈48件，群众满意率100%。

**【服务绿色发展】** 服务全县绿色发展大局，采取缩短审批时限、开通绿色通道等措施，提高项目审批效率，促进优质项目尽快落地投产，全年共审批建设项目108个，完成中科渔业淡水鳗养殖、光泽县数字影院等15个项目环保“三同时”竣工验收，为24家工业企业发放排污许可证。积极开展排污权市场交易工作，全年完成圣农食品三厂、敏华碳业、三丰农业等25家企业初始排污权核定及确认工作，指导4家企业总计购买化学需氧量6.9578吨、氨氮0.7728吨、二氧化硫3.244吨、氮氧化物8.762吨，其中政府协议出让化学需氧量2.3328吨、氨氮0.3108吨、二氧化硫2.42吨，成交额23万余元。

县环保局执法人员在开展执法检查

【环保能力建设】 全面建成并启用两站一线，百石水质自动站和县林业局第2座空气自动站全面建成投入使用，县机动车尾气检测线也已基本建成，并投入试运营。补充一批执法监测硬件设备，新购置一台无人机，用于日常环境监管执法，环境监测站新购置了COD消解器、恒温恒湿箱等监测仪器设备，为强化全县监测能力提供了支撑。加强环保工作人员学习和培训，先后选派30余人次参加各级举办的业务培训，新增4人取得全省行政执法资格证、1人取得中级技术职称，人员思想理论素质和业务能力水平得到提高。

【存在问题】 主要问题是：生态环保“党政同责、一岗双责”意识还不够强，全县生态环保工作合力还不够，还存在“小马拉大车”的现象；环境质量持续改善压力较大，和顺交界断面水质受邵武金龙水电站影响较大，受城市建设影响，空气中颗粒物成为主要污染物；城乡生态环保基础设施仍然存在较多短板，特别是城乡生活污水、垃圾设施不够完善，现有的一些设施缺乏运管长效机制；环保能力建设水平仍然有待加强，特别是在环保队伍结构、人员素质和业务水平方面，还无法满足当前人民群众日益增长的优美生态环境需要。

（吴祥国）

## 水土保持

【概况】 2017年全县水土流失治理任务面积2880公顷，其中水利1060公顷，农业、国土各13.33公顷，林业1826.67公顷。截至11月底，完成水土流失综合治理面积3053.33公顷，其中水利部门1060公顷，林业等其他部门1993.33公顷。完成投资2505万，其中水利部门1270万元，林业等其他部门1235万元。完成2017～2020年国家水土保持重点工程福建省实施方案光泽项目区项目规划、2017～2020年福建省水土流失治理重点乡镇项目规划和2017～2020年全县生态清洁型小流域综合治理项目规划，全年批复3个县级生产建设项目的水土保持方案。

【国家水土保持重点建设工程】 完成省水利厅2015年度国家水土保持重点建设工程光泽县岛石、止马溪（三期）小流域水土流失综合治理项目整改，8月21日省水利厅通过项目验收，结余65万元用于项目补充设计，建设内容为改造水坝一座以及修建水保公园，项目已完成。2016年度国家水土保持重点建设工程砂坪溪、严家册溪小流域水土流失治理工程，完成综合治理措施面积2000公顷，完成总投资1057.74万元，其中国家补助700万元、地方自筹及群众投劳折资357.74万元，9月28日通过省水利厅验收组的竣工验收。2017年国家水土保持重点建设工程光泽县饶坪溪（一期）、坪溪小流域水土流失综合治理项目，实施综合治理措施面积571公顷，投资285.71万元，其中国家补助200万元、地方自筹及群众投劳折资85.71万元，林草措施已基本完成，完成工程招投标，工程还在建设当中。

【省重点乡镇水土流失治理工程】

鸾凤乡饶坪溪小流域水土流失综合治理项目

鸾凤乡2015年度水土流失重点治理项目，该项目综合治理面积253.39公顷，投资189.23万，于2016年9月19日经市水利局组织竣工验收提出整改意见，并组织整改完工后，于2017年3月13日通过市竣工验收。崇仁乡2016年水土流失治理项目，综合治理项目措施面积250公顷，项目投资185.73万元，其中省财政补助150万元，地方配套35.73万元。该项目2017年4月18日通过市水利局组织的验收，并完成整改工作。李坊乡2017年度重点水土流失综合治理项目，投资193.94万，综合治理面积250公顷，其中封禁管护244公顷，造水保林6公顷，建设生态安全水系1千米。8月开工建设，至年底已完成项目工程建设，待上级验收。

【水保生态村建设】　完成2016年水土流失面上治理司前农祥水稻专业合作社治理项目、寨里镇儒洲小流域水土流失综合治理项目、止马镇白门楼水土保持生态茶园治理项目验收工作等三个水土保持建设项目，征收水土保持补偿费81万元。

【水土流失面上治理项目】　2017年水土保持省级专项资金140万元由省财政厅、水利厅联合发文下达，已分解下达到有关乡（镇）财政所，综合治理面积233.33公顷，其中水土保持生态村83.33公顷，水土流失综合治理面上项目150公顷。至年底，大部分项目已基本完工，个别项目还在扫尾。

【水保项目规划】　完成2017～2020年国家水土保持重点工程福建省实施方案光泽项目区项目规划，确定全县列入2017～2020年国家水土保持重点工程的12条小流域名称、分布情况、所在乡镇、村以及建议实施的年度；规划完成2017～2020年福建省水土流失治理重点乡镇项目，规划内容包括项目区、涉及村、主要防治内容、措施、数量以及拟实施的年份，共涉及李坊乡增排溪小流域等7个乡（镇）7条小流域；规划完成2017～2020年全县生态清洁型小流域综合治理项目，项目涉及饶坪溪小流域在内的8条小流域，建设任务包括水保林、封禁治理、拦沙坝、道路、护岸护坡等；协助县发改局做好流域水环境保护治理项目策划，项目总投资2.5亿元，其中小流域综合治理项目投资0.5亿元；将2016～2030年全县水土保持规划纳入《光泽县生态文明建设水利总体方案》；协助县河长办完成“一河一策”中有关水土保持内容的编制。

【水保督查整改】　配合省市有关部门填报提交关于涉农资金最后一千米的各类统计报表以及整改报告；配合中央环保督查要求提交的有关水土保持的各类工作汇报以及所需的各类材料；配合省市质监站对光泽考评中对水土保持项目的质量监督检查；针对县里人大代表提出的各项议案进行实地走访，并与相关人员进行座谈，及时反馈。

【推广燃料补助政策】　贯彻落实上级精准扶贫脱贫和推动全省水土流失区治理，开展非柴燃料工作部署工作，结合光泽县精准扶贫工作的实际，积极推广燃料补助工作，9月制定《光泽县燃料补贴政策与实施办法》，并报县政府批准实施。

【国家水保信息录入】　补录光泽县2011～2017年国家水土保

华侨乡吴屯溪水保项目

持重点建设工程8个（含小流域治理项目1个），完成所有项目从实施方案、施工准备、施工进度、项目检查、验收准备、项目验收等阶段的录入；每月及时录入光泽县2017年国家水土保持重点建设工程（第二批）光泽县饶坪溪（一期）、坪溪小流域水土流失综合治理项目施工进度及有关信息。

**【水保宣传】** 利用“世界水日”“水土保持宣传日”等节点集中开展活动，通过悬挂横幅标语10条、发送手机短信100多人次、微信公众号宣传受众4000多人次，制作宣传展板16块在城区人口集中区域进行展示，向群众发放宣传单2000余份、水保法宣传小册子300余册等方式，宣传水土保持工作。在水保基点学校开展征文、书法、讲座等活动，向师生宣传水土保持。同时，在城区中心街口人员密集处，利用大型屏幕连续5天播放循环播放水土保持宣传片与宣传标语。

**【水保审查审批】** 全年批复3个县级生产建设项目的水土保持方案。5年内县、市级生产建设项目在光泽境内未完工或未开工的项目共有10个，其中公路项目5个（乌君山至富家坪三级公路改建一期已完工二、三期无期限延；宫家巷至崇仁村二级；崇仁村至寨里镇口二级公路已完成招标未开工；横四段还在建设中；仙华洲路改造工程）。水利水电项目3个（肖家坑水库主体完工、未验收；枧坑水库还在建设中；大洲水电站增效扩容改造工程）。矿山项目1个，铁牛关矿区建筑用花岗岩矿未开工。房地产开发项目1个，恒荣南郡建设项目还在建设当中。对未编制水土保持方案部分建设单位，送达限期整改通知书，要求在规定的时间内申请水土保持批复。2017年征收水土保持补偿费81万元。

**【水保监督检查】** 4月份，县水利局统一部署，联合县安监局等部门开展涉河建设项目汛前检查；汛期前深入矿山巡查，督促矿山企业在雨季来临前做好水土保持防范工作，对发现的问题下达整改通知书，责令限期整改；对在建项目水土保持方案实施情况进行检查，重点监管在建项目施工做好弃土弃石存放工作，防止乱堆乱倒产生新的水土流失。全年深入项目点检查2次，检查项目12个。对检查中发现的问题下发整改意见12份，涉及在建的公路5条，在建水库2座。

**【健全水保机构】** 3月县委、县政府调整充实由县委书记任组长的县水土保持工作领导小组，加强对全县水土保持工作的领导；7月县政府办公室又调整充实包括有农业局为成员的县水土保持委员会，修订各成员单位职责，明确各成员单位水土流失防治职责，加强水土保持工作的协调与沟通。

**【加强水保管护】** 县级设立水利工程管护基金，专款用于水利工程维修管护工作；项目所在地的乡（镇）、村均制定乡规民约和水土保持管护公约，建立健全管护制度，把治理成果真正落实到群众手中，确保水土资源的可持续利用。因工作成效好，2017年3月28日，县水利局长代表光泽县在全省水土保持工作视频会上作，题为“立足生态 同心聚力创建国家水保生态文明工程”的典型发言，介绍光泽县水保工作经验；2017年4月，县水土办李国华获省“第四届红太阳杯·林则徐基金会水利奖”三等奖。

**打造水保精品工程** 光泽县在水保项目的实施上始终以立足生态、打造精品为目标，注重创新，因地制宜，采用卵石、干砌石、生态砼块等当地现有材质，建设多种形式的生态护岸，使建成后的护岸与周边环境融为一体。如2015年国家水土保持重点建设工程止马镇岛石、止马溪小流域的生态砼块复合式生态护岸、大卵石堆砌护岸，防护、生态及景观效果。2016年国家水土保持重点建设工程砂坪溪、严家册溪小流域水土流失综合治理项目，在两侧堤岸上修建人行步道、机耕路，种植行道树；利用河边荒滩荒地打造休闲节点，植树种草、设立廊架、铺设园路，添置座椅与垃圾收集箱，实现堤岸的软化、绿化、彩化与美化，极大地方便群众的生产生活以及休闲，成为当地增添一道亮丽的风景线。同时，组织水土保持人员到浙江等地参观学习先进的治理模式以及治理技术，与当地的设计、水利部门交流，借鉴当地的治理经验。邀请浙江设计企业参与光泽水土流失治理项目，打造更多生态精品水保工程。

（李国华）

# 规划建设和旅游

## 城乡规划

**【概况】** 坚持规划引领，按照水美城市建设要求，统筹城乡规划编制。开展“多规合一”(指政府授权下，强化国民经济和社会发展规划、城乡规划、土地利用规划、环境保护、文物保护、林地与耕地保护、综合交通、水资源、文化与生态旅游资源、社会事业规划等各类规划的衔接，确保“多规”确定的保护性空间、开发边界、城市规模等重要空间参数一致，并在统一的空间信息平台上建立控制线体系，以实现优化空间布局、有效配置土地资源、提高政府空间管控水平和治理能力的目标）前期工作，完成城市地形图勘测和更新工作；完成光泽县景观风貌专项规划评审、批复及备案，光泽县给水专项规划评审，光泽县道路、近期建设、环卫设施、公共服务设施、综合防灾等专项规划，完成光泽县基本单元控制性详细规划、光泽县中山南路片区城市设计评审稿设计工作。全年办理选址意见书 23 件、土地收储规划意见函 12 件、规划设计条件 16 件、用地规划许可 25 件、方案审查 28 件，工程规划许可 25 件、建设工程竣工规划条件核实 13 件。

**【城乡规划编制】** 开展“多规合一”部署，基本完成地形图测绘工作，启动“多规合一”编制设计单位招投标工作；城市景观风貌专项规划、圣农特色小镇创建规划获县政府批复；中山南路片区城市设计、原县医院地块城市设计编制完成；光泽县单元控规、道路专项规划、公共设施专项规划、综合防灾减灾规划已进入评审阶段；给水工程、通信基础设施、环境卫生、污水专项、充电桩和停车场等专项规划编制工作启动。提升城乡规划服务水平，加强与福州市规划设计研究院及南平市规划设计研究院的战略合作关系，确保高水平规划、高标准建设。

**【规划先行】** 针对近年来群众关心的热点和城市民生基础设施建设中存在的突出问题，进一步细化城市道路交通、景观风貌、公共设施、环卫设施、给水工程、污水工程、社区设施配置等专项规划设计，化解城市建设工程上的难题。坚持高标准规划，提前开展“三溪六岸”（富屯溪、北溪、西溪及每条溪流两岸）概念性规划，谋定后动，做好水美城市设计。通过方案招标、方案征集、战略合作等方式牵头开展中山南路、梅树湾等片区城市设计，开展近期建设行动规划，提高规划的科学性和针对性。

**【提高项目规划设计质量】** 采取购买服务方式，委托有资质、有经验、有实力的专业咨询机构、规划设计单位，提前参与城市建设项目谋划与设计，与福州市规划勘测设计研究总院签订《战略合作协议书》。在规划设计阶段提出专业意见，提高项目的可行性与品质，同时，通过《战略合作协议书》，缩短项目前期时间，中山台片区项目采取工程总承包模式（EPC）试点开发建设，节省前期时间约 6 个月，同时控制项目造价，提升工程建设质量与效率。

**【城乡规划管理】** 规范管理城市规划审批。进一步完善“一书两证”(《建设项目选址意见书》《建设用地规划许可证》《建设工程规划许可证》)，制定《建设项目选址意见书》）审批核发制度，制定建设项目选址意见书、建设用地规划、建设工程规划等规划行政许可服务指南，严格按照承诺时限办理，一次性告知办理规划手续的业务流程、所需资料和相关政策，规范审批程序，简化审批流程，提高审批效率，严格落实风险源及风险等级排查，预防审核、审批工作中的腐败行为；全年办理土地收储规划意见函12件；规划设计条件函16件，核发建设项目选址意见书23件，核发建设用地规划许可证25件。

（陈志雄）

## 城市建设

**【概况】** 以“百日攻坚战”“四比六促”（四比：比党性、比作风、比业绩、比贡献，六促：促产业发展、促项目投资、促城乡建设、促企业做强、促环境整治、促精准扶贫）等政府年度重点工作任务为依托，以创建省级文明县城为契机，提升城市品位，策划实施一批民生基础设施补短板项目；通过道路建设工程、城市亮化工程、易涝点及排水防涝设施建设、公交站亭、护栏工程、城区绿化提升工程等一系列公共服务设施建设与改造提升项目，进一步完善城区路网，缓解城区交通压力，改善市民宜居环境。扎实推进城市生活污水、垃圾处理工作进程，顺利完成中央、省级环保督查迎检任务。在污水治理方面，完成全县20余千米污水管网疏通，新建污水管网17.5千米，污水处理率达到95.5%，计划投资7600万元建设光泽县污水处理厂二期。在垃圾治理方面，完成仙华洲梨树窠非正规垃圾填埋场的评估整改，完成生活垃圾填埋场改扩建项目可研，生活垃圾无害化处理率达99%；推动城区绿化提升项目，组织建设东关塘口绿化及卧牛山停车场项目，完成九龙峰入口公园两端绿化、光明大道交通岛绿化、体育中心绿化及高速路口绿化等多处绿化提升工程。

**【市政工程建设】** “百日攻坚”城区环境综合整治项目43个，任务节点107个，总投资39.56亿元，攻坚期间完成投资4.84亿元，占任务目标107.09%，完成节点任务107个，占任务目标100%；“四比六促”城乡建设项目共131个，总投资130.8亿元，2017年计划投资31.01亿元，“四比六促”期间完成投资23.3亿元，占投资计划101%；2017年宜居环境建设项目56个，全年计划投资8.9亿元，完成投资9.02亿元，占年计划比101.31%；全年完成道路改造、城区主干道及小街巷混凝土路面维护维修，城区人行道、盲道、路缘石修补，城区沥青路面修补及建设，总投资841万元。

**【道路工程建设】** 坚持以“创优”和“民心”为重点，以“高效能管理，高质量建设，高标准维护”为宗旨，“百日攻坚”与“四比六促”完成改造、维护维修城区主干道及小街巷混凝土路面面积36615平方米，工程投资650万元。修补人行道3616平方米，费用70万元；修补盲道560平方米，费用12万；路缘石667米，费用4万；城区沥青路面紧急抢修243处，铺筑沥青3239平方米，费用105万元。

**【灯光工程建设】** 全年日常维护维修及更换路灯1585余盏，加装新路灯690盏，总投资额18万元；二一七路庭院灯改造150盏50瓦的LED灯，洪光塔夜景灯安装工程18盏30瓦的LED灯，总投资100万元，于9月完工。全年共维修、抢修路灯

光泽橘子洲片区水美景观

专用控制箱172次，路灯控制柜更换10个，费用共8万元；更换故障电缆1500余米，费用9万元；维修撞损的路灯89盏、水泥杆89根，并及时调整路灯开关时间15次，费用48万元；更换路灯灯头共1378盏，灯罩690个，更换巷道路灯线路910米，清洗路灯367多盏，应急处理路灯突发故障共830起，费用10万元；全年对城区41台路灯专用控制箱进行除尘、电器元件和线路的维护、保养，配合城建迁移、改造路灯及线路10余起，费用2.5万元。同时路灯管理实行夜间巡察制，每晚4名电工进行亮化巡查，针对市民来电来访的路灯故障及时维修。开展节能减排工作，降低能源损耗，城市日常亮灯率和设施完好率均达98%以上。

**【供水工程建设】** 推进北溪水厂（省重点建设项目）工程项目建设，项目主体土建工程已完成，还在进行设备安装工程及扫尾工作。推进35千米供水管网改扩建项目工程建设，已完成27千米安装和改造任务。完成财富花园11、12＃楼水表安装工作、房屋征收中心（林业棚户区）7、8＃给水安装（新开户96户），完成万福小区处级楼、粮食局宿舍、五金厂宿舍一户一表改造，完成恒荣南郡小区前期对接准备工作以及电力公司家属区、烟草公司建南街宿舍楼、邮政火车站宿舍楼“三供一业”供水工程前期对接准备工作，完成DN50口径以上新装、改造老旧管网1508米，完成DN100以上市政主管维修20余处、小支管维修1000余处、小街小巷楼房改造8处（如火车站市场、坪山妇幼、万福小区处级楼、领头街、杭川镇等），维修率达100%，完成清洗水表644台次、换表388台次、更换水表玻璃67台次，技改大口径水表、水表井2台次。

**【排水防涝设施建设】** 北溪沿岸、西溪沿岸、坪山污水主干管改造、提升、疏通排水管道及管网清淤共35千米，投资总额500万元；两座污水泵站设备维护维修3次，更换污水泵1台，清淤3次，费用8万；新购置X5—HQ管道机器人26万元，探测污水管道1160.8米。全年累计清理零散排水管道堵塞182处，费用76万元。杭东社区下游处及坪山社区易涝点整改共32处，疏通管网7395米、排水沟清淤5885米，总投资额27万元；全年更换丢失、损坏窨井设施840套，费用50万元。

**【污水管网设施建设】** 把污水管网建设作为改善城市生态环境质量的重要内容，放到突出位置，城区污水管网改造及清淤总长32.184千米。“百日攻坚”城区污水管网改造维护工程，维修、清淤总长15千米污水管网及两座污水泵站，于5月30日完工；杭中路污水管网改造工程，污水管道总长158米，设计改造内容为沥青路面316平方米，HDPE双壁波纹管DN400 158米，φ1000污水检查井6座，于9月21日完工；“四比六促”武林路（闽源锦秀至西溪）雨水管网改造项目，道路全长270米，雨水工程Ⅱ级钢筋混凝土雨水管DN300 L＝150米，Ⅱ级钢筋混凝土雨水管DN1000 L＝270米，污水工程HDPE缠绕增强管B型DN400 L＝250米，于10月11日完工；城防巷北巷沿河架空层新建排污管总长1900米：直径160长1500米，直径200的排污管长400米；新增污水管网工程（华圣秀城至寺前街）总长0.9千米，管径300～400mm缠绕管；武林路污水管网新建3.3千米，管径400～500mm缠绕管；仙华洲道路改造工程（污水管网配套设施建设）2.5千米，管径300～400mm缠绕管；宫家巷至崇仁道路改造工程（污水管网配套设施建设）4.5千米，管径400～500mm缠绕管。

**【市政维护工程】** 公交站牌更换维修132次；路名牌更换维修106次；新建公交候车亭17个；新增灯箱式路名牌11个；护栏维护维修358米；对城区护栏定期进行清洗4次。投资总额138万元。城区8座桥梁检测总投资200万元，11月13日已完成招投标。全年更换沟盖板1850块；累计办理开控审批手续22户；隔离墩损坏维修、更换29个，费用9万元。胜利桥头大樟树夜景工程，IP65－AC220V－50W绿色带遮光罩LED投光灯25套，YJV－3＊4电缆线80米，RVV－3＊2.5电缆线300米，PVC－25电缆线管80米，11月已完工，投资3万元。胜利桥头绿化乔木灌木及色带栽植，面积

950平方米，11月已完工，总投资13万元。创建省级文明城市期间，对全城区基础设施建设进行应急维护维修：人行道修补（火烧板）50平方米，费用0.8万元；沥青路面修补80平方米，费用4万元；检查井修复及更换8套，费用1.9万元；沟盖板维扩维修1560块，费用8万元；城区排水沟清淤1600米，费用0.8万元；坪山幸福楼墙面美化工程1200平方米，费用2万元；胜利桥头墙面美化工程墙面喷涂仿石漆，墙面面积185平方米，12月已完工，总投资4万元；公交站台维护维修3万元；路名牌维护维修2万元；护栏维护维修100米，费用2.7万元；广告宣传费用5万元；欧沪夜景维护费1万元；实验小学门口圆形树池坐凳11套，费用2.3万元；数字影院门口半圆树池坐凳9套，费用2.5万。创城期间应急维护维修资金40万元。

**【燃气市场清理整顿】** 加大用气安全宣传力度，查处液化石油气非法充装、销售行为，形成常态化燃气联合检查机制。先后两次与安监、环保、公安消防等七部门对茶窠燃气储存点、10个燃气销售点及餐饮场所进行用气安全专项检查，共发放宣传资料500余份；建立瓶装液化气销售点微信群，利用微信群随时查验瓶装液化气实名制销售台账建立情况，切实维护社会公共安全。

**【园林绿化】** 至2017年12月，城区绿化覆盖面积233.96公顷、覆盖率44.65%、绿地面积217.66公顷、绿地率41.54%、公园绿地面积64.83公顷、人均公园绿地面积13.7平方米。建立城区绿化日常管护工作市场化考核机制，完成城区行道树补种及城区行道树树池透水砼施工；组织建设东关塘口绿化5300平方米和卧牛山停车场项目，完成九龙峰入口公园两端绿化8000平方米，完成光明大道交通岛绿化、体育中心绿化、高速路口绿化等绿化提升工程，完成项目投资约360万元。

（陈志雄）

## 城市管理

**【概况】** 持续开展“两违”（违法占地、违法建筑）专项治理行动，拓展城乡发展空间，维护城市规划权威，将“两违”治理工作与复耕复垦、园林绿化、重点工程相结合，助力全县重点工程建设有序推进；通过“百日攻坚”“四比六促”、创省级文明县城等活动，建立市容环境卫生综合整治机制与巡查队巡查制度，完善路段管理办法，实现城区保洁作业市场化清扫保洁8小时全覆盖，垃圾清运日产日清，每日两次洒水除尘降温；环卫基础设施建设进一步完善，大力推进“厕所革命”，购置除尘雾化车等新型环卫设备；修复破损路面及人行道，疏通排水沟涵，确保路平沟通；强化管理，加强节能减排建设，让城市“亮的艺术”“亮的科学”；获得“百日攻坚”城区环境整治工作全市第一，“四比六促”该项工作也始终在全市前三，省级文明县城验收实地测评在南平同类县排名第一的好成绩。

**【“两违”治理】** 以拆违来促进重点项目、美丽乡村建设，拓展城乡发展空间，维护城市规划权威；继续保持拆违的高压态势，强化日常网格管控，加大各类违建的查处力度，将拆违与复耕复垦、园林绿化、重点工程有机结合，配合好全县重点工程建设的拆迁、拆违工作；全年查处并制止各类违建100余起，拆除违法建设40余起，拆除面积约13000平方米，安置拆迁户80余次，拆除腾空房屋3000余平方米，确保全县棚户区改造工作顺利完成；联合杭川镇、水利部门，为“水美城市”建设清理江滨大道河道边菜地等影响项目建设地块。

**【市容整治】** 以“百日攻坚”“四比六促”为契机，建立市容环境卫生综合整治机制与巡查队巡查制度，完善路段管理办法，巡查队从早7点至晚10点不间断巡查城区市容环境卫生情况，发现问题，及时劝导、纠正违章行为，对劝导不纠正且继续违章违法的人员进行处罚，从而基本实现全县各路段市容环境卫生的长效管理；完成全县创省级文明城市综合执法任务，对照创建省级文明城市标准，查找不足，实行分组划片定岗管理，将管理责任落实到具体执法队员，明确个人工作职责和任务，使城市环境得到全天候管理，减少违章回潮反复问题的发生。全年发出《责令停止违法行为通知书》45 份，发放宣传通知 3000 余份，拆除城区破旧与违规设置户外广告 70 余处，拆除商场大型广告牌 9 块，制止流动宣传等 70 余起，扣押宣传单 8000 余份，整治、劝导流动摊点 3000 余起，店外店、店面外溢 600 余起，店外堆放杂物、物料 600 余起，纠正移动小广告牌 350 余个，乱挂乱晒 850 余处，乱搭雨棚、遮阳伞、拱门 150 余起，整治、拆除乱挂横幅 150 余条，清理牛皮癣小广告 6500 余处。

**【城区卫生保洁】** 实行城区环卫保洁作业市场化运作，建立环卫所、社区二级考核制度，实现城区清扫保洁垃圾清运全覆盖，8 小时保洁全覆盖，垃圾日产日清，每日两次洒水除尘降温，完成主次干道、社区街巷、老旧小区、城中村、新建道路清扫保洁面积 86 万平方米，做到主次干道“一大扫，三保洁”，重点路段实行不间断保洁，保洁率达 100%；加强对主干道、小街巷保洁情况检查考评，环卫所考评组实行每日上午、下午检查制度，发挥社区监管作用，形成监管合力，全年督查整改 163 处，其中社区提供整改信息图文 46 处；垃圾收集站、垃圾桶日产日清，垃圾全程密闭运输到压缩站压缩后运送至生活垃圾填埋场处理，全年清运垃圾 3.54 万吨，垃圾清运率、无害化处理率均为 100%；垃圾场规范运行，安全平稳，完成渗滤液处理站在线监控整改达标项目，全年处理渗滤液 12000 吨，处理水质达到国家（2008 表二）规定标准；开展创建“星级”公厕活动，实行每日检查考评，城区 14 座直管公厕配设 10 名公厕保洁员人员；城市生活垃圾处理费严格按照征收标准、征收范围（沿街边店面，个体工商户，摊点，企事业单位）执行，截至 2017 年 12 月，已入财政销票金额 2369984.31 元，完成年度征收计划目标。

**【环卫基础设施建设】** 全面提升环卫基础设施建设，规范垃圾填埋场运行管理，推进文明城市建设。持续抓好垃圾填埋场坝体及档墙工程建设项目按时序推进，2017 年已完成坝体及档墙主体工程，光泽县城市生活垃圾填埋场改扩建工程已完成可行性研究报告，申报立项，完成渗滤液处理站在线监控整改达标项目，全年处理渗滤液 12000 吨，处理水质达到国家（2008 表二）规定标准，生活垃圾填埋场规范化运行管理工作被省住建厅通报表扬；大力推行“厕所革命”，补齐影响群众生活品质短板，提升城市公厕品质档次，全年投资 560 万元用于新建 4 座城市公厕及改建 10 座旧公厕；净化城市环境，新购置除尘雾化车 1 辆和中型吸粪车 1 辆，改装洒水车自动调控洒水，确保路面清洁卫生，环卫基础设施得到进一步完善。

**【市政设施维护】** 及时修复路面及人行道破损，疏通排水沟涵，确保路平沟通，做好城区公交站牌、路名牌等公共设施的维护管理工作，完善部分小街巷路灯照明。全年完成维修城市道路面积 10509 平方米、修复路塌陷面窨井盖 148 个、清理污水沟 5885 米、疏通管道 7359 米、修复路灯 267 盏、更换路灯控制箱 3 个、维修公交站牌和更换 83 次、新增公交站牌 48 个。

**【城市供水管理】** 实施阶梯式水价，水价从 2017 年 1 月 1 日起，水价执行标准为：生活用水，第一阶梯 1.65 元/吨（25 吨以下）、第二阶梯 2.48 元/吨（26～38 吨），第三阶梯 4.95 元/吨（38 吨以上）；其他行业用水 1.8 元/吨；特种行业用水 2.5 元/吨。在新建小区实行智能抄收系统，并按照步骤实施，逐步推行至原有老住户的用户，水压监控点已采用无线远程传输至电脑终端和管理人员手机上，时刻掌握各个点的水压动态情况。全年完成水表实时监控 3 台，新增无线远程传输水压监控点 2 处，完成 6 户大口径水表无线摄像抄表系统安装，新增华圣阑珊东区及汇金广场无线远程传输抄收近 600 户，累计普及使用 4000 多户。积极筹措资金，与通信运营商沟通协调，对接用户水费短信通知平台，已实现水费欠缴用户以短信通知的方式每月发送至用户手机，使用户每月水费情况一目了然。方便广大用户缴纳自来水费，在原有邮政储蓄代缴水费基础上新开通农行、农村信用社储户代缴水费，实现多家银行代缴水费。

**【饮用水水质监测】** 县自来水公司加大对出厂水及末梢水的检测力度，形成公司化验室检测、委托县疾控中心检测、委托南平市疾控中心检测、福州水质检测站检测的多级检测制度。其中，县自来水公司化验中心每日检测出厂水13项指标、每周2次检测末梢水13项指标。县疾控中心每月检测出厂水13项指标、末梢水13项指标。南平市疾控中心每季度检测出厂水33项指标、末梢水33项指标。福州水质检测站每半年检测一次出厂水、管网水106项指标。出厂水、末梢水检测结果全部达到饮用水标准，实现全年安全供水。加强水质信息公布工作，县自来水公司在“中国光泽”网站信息公开板块中定期公布由光泽县疾控中心、南平市疾控中心、福州水质检测站等检测机构发布的水质检测报告单。

**【污水处理】** 先后完成武林北路、坪山（横街与二建）等破损污水管网修复和西溪、北溪污水管道清淤工程；完成华圣秀城、华圣澜山、闽源锦绣和凤凰华府住宅小区生活污水接入县污水处理厂支管建设项目，规范污水管网（泵站）管理；现污水管网（泵站）维护管理工作全部委托杉城公司，杉城公司成立专门巡查维护组每日巡查，发现问题及时处理，提高污水处理厂进水浓度，目前COD进水浓度达150～220之间；县污水处理厂新增一整套板框压滤污泥设备，将污水厂产生的污泥含水率处理至60%以下，达到填埋标准，县污水处理率保持在95%以上。

**【城管体系建设】** 引进社区力量，参与城市建设管理，在城市市政改造维护过程中，采取“社区出题，建设局做题”的方式，由熟悉居民诉求的社区工作人员列出市政改造提升清单，由建设局整合打包形成工程包，委托市政公司具体实施，并由社区参与验收检查。2017年整改杭东社区下游处及坪山社区易涝点32处，集中改造提升背街小巷路面36615平方米。在城区卫生保洁中，实行环卫所、社区二级考核监管制度，在环卫所日常检查、考评的基础上，加强与社区联系，发挥社区监管作用，确保大街小巷卫生干净整洁。征迁人员结构多元化，改变原来单纯从行政事业单位中抽调副科级以上干部为主的做法，打破身份界线，多渠道、多种身份、多种类别选人用人，征迁队伍包括行政事业单位副科级以上人员以及一般干部、国有企业职工、村主干、社区工作者等，人员有着更多的学历等级，更加丰富的工作经验。人员结构多元化后，工作思路更宽、社会阶层代表性更广。整合县、乡、村三级力量，全面摸排农村住房情况，抽调全县28家在册建筑施工企业中具有中级以上职称专业技术人员，抽调300余人次分赴全县各乡镇，开展农村安全专项评定工作，并将此项工作将列入创业竞赛考评内容，与以奖代补资金挂钩，在一周时间内完成全县1850户建档立卡户农村住房的安全评定，成为全市率先完成该项工作的县（市、区），经验做法在全市推广。

**【渣土管理】** 以《南平市市容环境卫生管理办法》出台为契机，狠抓渣土车运输管理，联合公安、交通运输、安监、公路等部门开展“百日攻坚”与“四比六促”市容环境综合整治，强化重点地区、重点路段、重点时间对违章渣土车的管控力度，严查渣土车无牌无证、超速、超限、超载、不按规定时间通行、不按规定线路行驶、“滴撒漏”和乱卸倒等违法违规行为，城区所有渣土车实现封闭运输；建立城区各在建工地巡查制度，定期对建筑工地、路面进行跟踪监管、查巡，定期对大街小巷出现的建筑渣土垃圾进行清理；对违规的施工单位，责令其清理污染路面、整改占道堆放物料以及工地出入口硬化不到位等行为，全年查处违法违规车辆350余辆，暂扣违规车辆40余台（次），责令整改违规行为340余起，阻止在建工地现场车辆车轮带泥上路350余起，清理沿街、小巷弃土垃圾520余处，有效改善城市面貌，维护道路整洁，确保城区市容环境洁净。

**【质量安全管理】** 严把工程质量关，制定质量通病专项治理内容，推行社会服务承诺制度，提高服务意识。加强现场质量监督及现场检查力度，重点对基础、主体及使用功能部分所用的主要原材料，进行现场质量把关，重点对钢材、水泥等建筑材料进行监管，杜绝伪劣钢材进入工地；专项治理工程质量通病，针对全县校安工程、保障性住房、工业项目及商品房建设的特点，依托建设工程质量安全动态管理系统，强化安全管理，落实工程建设各方责任主体责任；全年新报监工程项目25个，建筑面积42.4万平方米，造价11.0亿元，竣工验收工程项目18个，建筑面积35.3万平方米，造价6.85亿元，完工工程项目4个，建筑面积3.2万平方米，总造价2.1亿元，出具监督报告10份，建筑面积28.3万平方米，造价6.36亿元，均为合格工程，合格率100%，受理建筑起重机械备案0台、安装/拆卸告知92台次、使用登记50台。全年发出安全隐患通知书74份，提出安全隐患246条，已整改隐患246条，质量隐患通知书71份，提出安全隐患211条，已整改隐患211条数。共对项目经理记736.85分，对项目总监记485.8分。

**【信访办理】** 为确保厦门金砖会晤圆满举办和十九大的顺利召开，制定《光泽县规划建设和旅游局关于开展维稳风险隐患大排查大整治的实施方案》，做好住建系统内矛盾纠纷大排查大整治材料的收集整理及反馈工作。全年接待来电、来访、咨询、反映情况的信访人215批次，均能细心听取、耐心解释；书面受理答复各部门转交办的信访件131件，其中：省、市长信箱2件，县长信箱47件，12345政务平台33件，县领导接访转交办23件，人大3件，效能督办12件，纪检1件，省厅1件，市信访局2件，依法依规化解信访积案4件，均能按照规定办结回复并主动进行回访，做到“件件有着落，事事有交代”，按时办结率达100%。

（陈志雄）

## 乡村建设

**【概况】** 2017年，全县乡村建设工作主要开展“千村整治、百村示范”美丽乡村创建、农村污水垃圾治理、农村危房改造、国家级传统村落的申报与维护、农民新村建设和管理、打造精品示范村等以及“一书两证”的审批工作。

**【美丽乡村建设】** 共打造15个（备选村3个）美丽乡村，计划总投资4181万元，实际完成投资7700.86万元，占计划总投资额的184.19%，主要以美丽乡村“六大整治项目”为着手点，新增水冲式公厕10座；拆除临时搭盖、有碍观瞻的违章建、构筑物22206平方米。15个整治村共新增村内道路硬化33千米，硬化面积约112400平方米，新增“四旁”（村旁、宅旁、路旁和水旁）及节点景观绿化面积14470平方米。

**【污水治理】** 开展集镇所在地污水处理设施建设，寨里镇污水处理厂竣工并投入运行，总投资411万元；华桥乡污水处理站竣工并投入试运行，总投资370万元，共新增污水管网11.02千米。做好行政村污水处理设施建设，新建改造农村三格化粪池3000个，总投资390万元。

**【垃圾治理】** 新增16个行政村建立垃圾治理常态机制，全县85个行政村均实现垃圾治理常态化，完成乡镇垃圾运行系统建设，并获得省级补助资金87万。按照农村垃圾“户分类、村收集、乡（镇）转运、县处理”运行处理模式，全县停止使用简易垃圾填埋场和焖烧炉，对中央环保督察的5个农村简易垃圾填埋场制定风险评估和整治方案，拆除1处焖烧炉并进行生态恢复。

**【农村危房改造】** 开展农村住房安全评定工作，聘请县内28家建筑施工总承包企业中具有中级及以上职称的工程技术人员，对2017年全县在册的1850户农村建档立卡户住房进行安全评定。全年共完成建档立卡户、五保户、低保户、残疾人贫困户及其他贫困户152户危房改造工作，下达危房改造资补助资金196.32万元。

**【传统村落】** 止马镇亲睦村获得中央财政补助资金300万元，亲睦村传统村落保护与利用方案经专家评审通过，方案经县政府批复同意实施。同时，完成管蜜村、崇仁村、牛田村3个村第五批中国传统村落的申报工作。

**【新村建设】** 华桥乡古林村新村第一期41户农户完成新居建设，入住率100%，总投资约4000万元。另外，司前乡岱坪村岱上新村、寨里镇小寺州新村、崇仁乡希源小区列入2017年省级村镇住宅试点小区。

**【精品示范村】** 重点打造杉关村、管蜜村、上屯村、饶坪村和

神山水韵

油溪村5个精品示范村，计划建设项目41个，计划总投资6140万元；全年启动建设项目41个，完成投资18389万元，完成投资占比299.50%。

【审批事项】 把好乡村规划建设审批关，共办理《建设项目选址意见书》14件，办理《建设用地规划许可证》8件，办理《建设工程规划许可证》12件，另外，办理《建设工程规划核实意见书》2件。

## 建筑与房地产业

【概况】 坚持以“标本兼治，整治与规范并举”的原则管理建筑业，以整顿和规范建筑市场秩序为主线，提高工程质量安全水平和建筑业发展为目标，全面开展建筑业管理工作，严肃查处建筑业违法违规行为，使工程建设各方主体的法治意识得到显著加强，规避招投标和招投标活动出借挂靠资质等问题得到有效整治；加大特种人员和关键岗位人员的培训力度，建筑农民工和行业管理人员技术水平明显提升，拖欠工程款和农民工工资现象得到有效遏制，有力地推动光泽建设事业快速健康发展。全年完成房地产投资6.64亿元。开工建设坪溪农场、仙华洲综合农场、王家际农场、电炉厂棚户区地块共164套安居工程项目建设，全年共完成施工许可33件，竣工验收备案4件，招投标备案78件，全县在建项目24个，建筑面积46.3万平方米，造价约11.77亿元。规范业主委员会成立的步骤和程序，加大对物业服务企业行业监管力度，强化物业服务企业的服务意识，提高服务质量，提升服务水平，不定期对物业小区消防、高层等安全、卫生服务进行检查。

【发展房地产】 加强房地产行业管理，规范市场运作。加强房地产交易行为监督管理，保障权利人的合法利益。对全县房产交易行为全面实行网上签约备案制（包括：新建、存量、拆迁、限价、经济适用房等房屋交易行为），全年办理存量房网签705件，同比增长59.50%，成交面积7.18万平方米，同比增长69.6%；成交金额1.72亿元，同比增长66.2%，办理商品房销售网上签约2339套，同比增长87.42%，成交面积20.42万平方米，同比减少71.5%；成交金额10.68亿元，同比增31.99%；加强商品房预售资金管理、确保专款专用；制定和监督商品房交易资金监管机制，维护购房人合法权益，全年批准商品房预售30件，2856套，同比增长541.8%，预售面积24.37万平方米，同比增长878.15%；积极配合县拆迁工作，完成中山台、坪山、林化厂等片区拆迁工作，拆迁面积约8.5万平方米，保障商品房建设工程顺利完成；杜绝拖欠农民工薪金现象发生；完善公共维修资金缴存和使用制度，自2017年6月起，由县城镇房产管理所对全县住房专项公共维修资金进行监督管理，共归集收缴570户，缴存金额233.05万元；建立房地产开发企业信用档案。

【建筑行业发展】 全县现有22家建筑施工总承包企业，1家劳务分包企业。为推进建筑业健康有序发展，根据《南平市人民政府关于促进建筑业转型升级加快发展的九条措施（试行）的通知》研究制定鼓励和扶持建筑业优惠政策，县建设和旅游局拟稿报政府出台《光泽县人民政府关于促进建筑业转型升级加快发展的七条措施（试行）的通知》扶持本地建筑施工企业优先承接本县工程；同时，加大全县项目房屋建筑和市政基础工程领域在建工地监管力度，对在建项目实行省厅系统动态监管，全年完成施工许可33件，竣工验收备案4件，招投标备案78件，全县在建项目24个，建筑面积46.3万平方米，造价约11.77亿元。强化建筑业质量监督，开展建筑施工安全专项整治活动，重点对基础和主体及使用功能部分所用的主要原材料进行现场质量把关，重点对钢材、水泥等建筑材料进行监管，坚决杜绝伪劣钢材进入工地，围绕建设工程质量安全动态管理系统，狠抓工程建设各方责任主体履职。针对全县校安工程、保障性住房、工业项目及商品房建设的特点，制定质量通病专项治理内容，抓好校安工程和保障性住房建设。

**【居民小区建设】** 加大对物业服务企业行业监管力度，强化物业服务企业的服务意识，提高服务质量，提升服务水平。对物业服务从业人员的业务、服务意识的学习培训，提升从业人员素质；建立健全对物业企业的检查、考核制度，以业主的满意度作为对物业企业服务质量考评依据，以物业企业服务意识、服务态度、服务质量为主要考核标准，促进物业企业服务水平的提高；建立物业服务企业信用档案；规范业主大会、业主委员会的行为，促进业主自律和民主决策，依法维护自身合法权益。配合与工商、税务、物价部门对全县房屋中介机构、房屋测绘机构进行摸底，建立房屋中介信用档案、规范房屋中介办事行为。

**【保障性住房建设】** 继续加快保障性安居工程建设，在项目审批和工程招投标上采取全“绿色通道”审批模式，变串联式审批为并联式审批，减少审批环节，缩短审批时限。2017年，市下达光泽县棚户区住房改造建设任务325套，其中：城市棚户区251套，垦区棚户区74套。至11月底已开工164套，其余161套作为货币化安置项目已全面开始征迁。

橘子洲红霞

**【建筑质量监督】** 全年新报监工程项目25个，建筑面积42.4万平方米；造价11.0亿元；竣工验收工程项目18个，建筑面积35.3万平方米，造价6.85亿元；完工工程项目4个，建筑面积3.2万平方米，造价2.1亿元。出具监督报告10份，受理建筑起重机械备案0台、安装/拆卸告知92台次、使用登记50台。发出安全隐患通知书74份，提出安全隐患246条，质量隐患通知书71份，提出安全隐患211条。

**【直管公房管理】** 委托第三方测绘机构对直管公房进行全面复查，全县直管公房面积9964.24平方米（98%属危房），成立工作领导小组，建立和健全重大安全事故救援紧急预案，并组成专门的检查小组，特别是在节假日与重大自然灾害时，加大巡查力度，实行24小时值班制，对无人居住的特危房争取一切资金进行拆除。

**【保障性住房管理】** 为确保廉租房前期申请工作顺利进行，县保障房中心派专人将材料一一送往各社区，并对表格内容的填写进行指导，全年分两批（7月和9月）将乌君苑3#、4#的76

套廉租房配租给符合条件的申请户；建立健全单位内部的管理机制，结合《福建省保障性住房配租配售流程图》，建立专人负责保障性住房分配信息公开制度，按照保障性住房六类十二种分配信息内容、时限和形式要求，适时公开分配信息，切实做到“六公开”（分配政策信息、分配对象信息、分配房源信息、分配流程信息、分配结果信息、退出情况信息），完成住房保障信息系统安装。

**【建筑市场管理长效机制】** 完善并严格执行建筑市场准入和清出制度。对所有工程勘察、设计、施工、监理、招标代理企业，都必须依法取得相应等级的资质证书，并在其资质等级许可的范围内从事相应的工程建设活动，禁止无相应资质的企业和无执业资格的人员进入工程建设市场。坚持开放建筑市场“宽进严管”“准入清除”原则，使有资质条件的企业完全参与平等竞争。加强对企业、专业技术人员的资质、资格管理，在工程项目投标前，企业所具备的资格、所拟派管理人员的资格以及拖欠农民工工资问题等是市场准入审查的首要条件，实行登记备案制，凡不符合条件者，不得准入，不得参加投标活动。凡是在建筑市场中有违法违规行为的，一律视情节给予相应处理，并公开曝光。

**【建筑及房屋档案管理】** 加强建筑档案管理工作，对存在档案管理不全，保存时间短，查阅不方便等现实状况，加大建筑业档案监督检查力度，完善管理制度，建设标准县建筑档案室；建立房屋档案查询制度。配合不动产登记部门对房管所原有房屋登记档案进行扫描归集，对旧改和房改资料进行归集、整理，确保资料的完整性，为解决历史遗留问题提供证据。

**【清理拖欠农民工工资】** 开展清理拖欠农民工工资工作，农民工工资问题反映最突出的在于一些工程项目特别是小开发的工程项目，没有履行基本建设程序，农民工的基本权益得不到保障，因此是有效解决农民工工资拖欠的有力屏障。规范建筑市场秩序，依法加强对农民工劳务合同的管理，监督建筑企业与劳务企业签订合同；继续开展排查工作，打击拖欠和克扣农民工工资行为；逐步建立长效制约机制，保障农民工的合法权益。

（陈志雄）

## 人民防空

**【概况】** 以新时期军事战略方针为统揽，以人防法律、法规为依据，围绕人防建设全面融入社会经济发展体系这条主线，抓住机遇，乘势而上，持续推进人民防空建设全面协调可持续发展。全年新开工人防地下室建设项目3个，新增人防面积6440平方米，全县人防地下室建筑总面积53391平方米，编制县人防应急专业队伍9支，人防应急专业救援队员300多人；共审批防空地下室结建项目共计16个，收取易地建设费142.86万元。被福建省人防办评为“2012～2015全省先进集体”荣誉称号。

**【防空警报与疏散演练】** 全县城区范围有电声、电动防空警报4台。9月18日组织完成警报试鸣，结合警报试鸣，组织城区部分中小学及社区居民近300人进行疏散演练。随着县城南新区建设的逐步开展，城区范围的不断扩大，计划2018年新增防空警报5台，以适应新形势下人民防空工作的需要。

**【人防专业技能训练】** 2017年，短波电台训练工作正常化，每周固定二次通话训练，每次约1.5小时，全年累计训练达120小时。

**【人防工程建设】** 全年新开工人防地下室建设项目3个，新增人防面积6440平方米，已完成“闽北物流城”二期、恒荣南郡、启天山水佳苑、城南实验学校人防地下室防护工程施工技术交底工作；完成“恒荣南郡”人防地下室工程防护主体结构验收工作，完成欧沪国际大酒店防空地下室防护专项整体验收工作。截至12月底，全县人防地下工程建设审批12项，人防地下室建筑面积53391平方米。邀请市工程科技术人员及项目监理对全县在建人防工程建设质量逐一进行检查，对检查中出现问题，下整改通知要求施工单位及时整改，已竣工验收7项，竣工面积32224平方。

**【人防专业队伍建设】** 制定《2017年度县人防办绩效管理考评标准》等，促进干部队伍的管理。根据市人防办及国动委要求，2017年重新编制县人防应急专业队伍9支，人防应急专业救援队员300多人。

**【服务经济社会建设】** 推进人防行政服务中心标准化建设，在县行政审批中心设立窗口，推行行政权力清单制度和深化行政审批制度改革工作；完成上级行政服务中心要求的各项工作，简化审批手续5项，合并审批手续1项；严格执行《关于结合民用建筑修建防空地下室和缴纳易地建设费的暂行规定》《关于严格规范结合民用建筑修建防空地下室工作审批程序的通知》两份规范性文件精神，严格许可与审批权限、程序、条件和时限，规范自由裁量行为，简化审批程序，提高人防窗口办事效率，确保应建必建，应收必收，使人防“结建”工作步入规范化运作。截至12月份，审批防空地下室结建项目计16个，收取易地建设费142.86万元，收取率达100%，同时向两个单位追缴历年欠人防易地建设费33.36万元。

**【人防工程质量监督培训】** 组织县人防办工作人员参加省人防办5月及10月分别在泉州及厦门组织全省人防系统人防工程质量监督管理业务培训班，听取省人防办专家授课。提升人防工程管理人员质量监督管理业务水平。12月27至29日，又组织县人防办人员到福州参加全省人防依法行政培训班。

**【人防地面应急指挥中心建设】** 人防地面应急指挥所建设项目，已完成项目立项、建议书申报、土地平整、施工图设计等工作，项目已进入施工招投标阶段。县人防办组织局项目办及办相关人员到松溪县人防地面应急指挥中心学习取经，学习指挥中心建设经验；邀请市人防办工程科及有关技术人员到指挥中心工地现场视察，听取上级部门专业的意见和建议。

**【人防宣传】** 推进人防法律法规宣传，增强国防意识。将福建省第十二届人民代表大会常务委员会第二十五次会议新修订的《福建省人民防空条例》分发县各有关单位。在县委党校干部培训班上进行播放中国首部人防教育系列电影科教片“居安思危 备战人防”宣传片；制作《防空、防灾知识》宣传挂图26幅发放宣传单和人防宣传手册以及《人民防空中小学读本》约200余本。结合疏散演练，把人防法律、法规编成小册发放到参演的居民手中。

（张亮）

## 旅　　游

**【概况】** 2017年全县旅游接待人数83.08万人次，同比增长21.3%，旅游总收入7亿元，同比增长28%。石城村、百石村、油溪村、杨里村被评为省级乡村旅游特色村，铁牛关山庄被评为省三星级乡村旅游经营单位，完成新改建旅游公厕9座并投入使用。

**【旅游经济】** 2017年1～12月全县旅游接待总人数83.08万人次，同比增长21.3%；旅游总

九龙峰公园夜景

鸿建山庄瓜果长廊

收入7亿元，同比增长28%。

**【旅游景区创建】** 提升完善梨花天堂乡村旅游景区，聘请华侨大学旅游专家全程跟踪指导，建设闽江源生态绿道、梨园漫游道、乡村休闲漫步道、候鸟栖息保护区、天然湿地保护区等景点；加大鸿建农庄国家3A级景区指示标牌等基础设施及配套服务设施投入，提升景观节点。

**【乡村旅游品牌创建】** 把发展乡村旅游作为推动全县旅游业发展的突破口，配合"百镇千村"行动计划，进一步深化和提升品牌意识，打造一批具有吸引力、影响力和竞争力的旅游景点。提升完善梨花天堂乡村旅游景区，聘请华侨大学旅游专家全程跟踪指导，建设闽江源生态绿道、梨园漫游道、乡村休闲漫步道、候鸟栖息保护区、天然湿地保护区等景点；加大鸿建农庄国家3A级景区指示标牌等基础设施及配套服务设施投入，提升景观节点；推进乡村旅游特色村创建，石城村、百石村、油溪村、杨里村顺利通过省级乡村旅游特色村创建验收。完成铁牛关山庄创建省级乡村旅游经营单位创建，提升完善住宿、餐饮大楼，制作标识标牌，新建星级旅游公厕等。截至2017年底，全县乡村旅游特色村已达8家（管蜜、饶坪、墩上、杉关村、石城村、百石村、油溪村、杨里村）。

**【省级乡村旅游经营单位创建】**

确定铁牛关山庄申报2017年福建省三星级乡村旅游经营单位，按照《福建省乡村旅游经营单位服务质量等级划分与评定》细则对已有设施进行全面提升改造，新建游客服务中心、旅游公厕、设计制作精品旅游线路、完善DIY体验区、增设旅游标志标牌等基础设施和配套服务设施，11月份通过省级乡村旅游经营单位验收。

**【旅游公厕建设】** 推进旅游厕所革命，严格按照《旅游厕所质量等级的划分与评定》标准，新建改建上观东方县苏维埃旧址、铁牛关山庄等旅游公厕9座。至12月底，9座公厕全部完成建设并投入使用。

**【旅游扶持政策】** 结合光泽自身旅游产业发展现状，制定出台《光泽县促进旅游产业发展扶持政策》（光政综［2017］219号）文件，对积极申报创建国家A级、省级旅游品牌、"规下"转"规上""规上"企业壮大规模、积极开发旅游新产品和参与举办旅游促销活动，组织开展"引客入县"活动的旅游经营单位给予奖励扶持；同时，鼓励县内旅行社和资溪、黎川、邵武等周边县（市、区）旅行社签订合作协议，对引进一定数量游客给予优惠，以吸引周边游客前来县内观光游览。

**【旅游宣传促销】** 创新旅游营销方式，加强旅游资源宣传，提升光泽旅游的知名度。开通"光泽旅游资讯"微信公众号，利用微信、微博、旅游网站等平台，线上线下相结合，全方位宣传光泽旅游资源、线路及生态食品；打造精品旅游线路，围绕吃、住、行、游、购、娱、节庆赛事7个篇章设计制作《旅游攻略》，策划推出自助游、自驾游、一日游等精品旅游线路；借助厦门旅博会、6.18绿色发展创新大会等宣传推介光泽旅游资源，与生态食品产业相融合，策划推出投资21.3亿"山地户外旅游运动基地""乌君山景区旅游开发"

等5个重点旅游项目，其中“乌君山景区旅游开发”“神山景区旅游开发”及“山地户外旅游运动基地”3个项目被列入“6·18”南平市旅游项目招商册重点推介。此外，县建设旅游局与上海固晔实业有限公司达成合作协议，双方就“欧沪国际大酒店”项目进行现场签约，补足光泽旅游项目短板，提升旅游知名度与影响力；响应市委、市政府关于召开南平市首届旅游产业发展大会的号召，于12月30日召开以“生态食品·美丽光泽”为主题的首届中国（光泽）生态食品产业发展研讨会，邀请30余名国家、省、市领导、专家学者出席大会。同时，邀请华韵武夷、圣祥源酒业等6家企业参加南平市首届旅游产品交易会，并制作景区景点宣传展示图、宣传折页2000份，LED播放“印象光泽”“生态光泽·美丽家园”宣传片；邀请佳源生态农庄、古关隘生态旅游发展有限公司、天马旅行社等企业参加旅发大会现场签约活动。此外，大会期间策划推出精品线路踩线、神山景区智慧骑行、老年人环“水美城市”健身行和主题为“保护一方好山水·创建生态食品城”的元旦晚会等活动，在高速出口悬挂旅发大会宣传图片和标语，数字影院LED播放宣传视频，引导和调动广大群众和社会力量积极投身光泽旅游发展事业，营造浓厚的旅游氛围。

**【旅游专项资金】** 全年争取省、市旅游专项资金126万元，全部下拨各乡镇及旅游企业，主要用于省级乡村旅游特色村、A级旅游公厕、红色旅游及A级景区标识标牌、景区打造等基础设施和配套服务设施建设工作。

（王慧）

## 旅游重点项目

**【概况】** 2017年全县旅游重点项目主要有佳源生态旅游、华桥铁牛关山庄建设、旅游基础设施建设、李坊梨花天堂乡村旅游开发、白云生态旅游开会、梦灵谷文化旅游建设、鸿建科技农庄开发（民俗文化街）、杭川花果山休闲度假区建设、李坊东方县苏维埃政府旧址红色旅游开发项目（二期）、光泽县杉关生态文化园开发10个重点项目，年度投资2.51亿元，完成投资3.13亿元，完成年度投资计划124.70%。

**佳源生态旅游** 投资10000万元，2017年计划投资500万元，1～12月完成投资500万元，占年度计划投资100%，启动旅游公厕、停车场、旅游道路及竹林景观工程等基础设施和配套设施建设。

**华侨铁牛关山庄建设** 投资3500万元，2017年计划投资500万元，1～12月完成投资500万元，占年度计划投资100%，完成餐饮大楼提升改造、景区指示标牌设计、完成部分旅游接待设施，多功能游客服务中心新建完成。

**旅游基础设施建设** 投资5000万元，2017年计划投资1500万元，1～12月完成投资1500万元，占年度计划投资100%，全部完工。

**李坊梨花天堂乡村旅游开发** 投资15000万元，2017年计划投资3500万元，1～12月完成投资4507万元，占年度计划投资128.8%。完成游客接待中心、停车场、观景台、探花渡古码头，闽江源生态绿道场地平整、垫层、路沿石准备铺装，梨园漫游道路面碎石垫层，名贵花卉苗木基地。

**光泽白云生态旅游开发** 投

乌君山映山红

资31000万元，2017年计划投资10000万元，1～12月完成投资10804万元，占年度计划投资108%。完成道路硬化工程，水果种植园、水上观光园、水果观光建设，四合院游客接待中心、冷库、生态修复场地绿化美化等基础建设，观光栈道工程；水上乐园（游泳池）已投运。

**梦灵谷文化旅游建设** 投资20000万元，2017年计划投资3000万元，1～12月完成投资3588万元，占年度计划投资119.6%，完成室外游泳馆和休息室。

**鸿建科技农庄开发（民俗文化街）** 投资11000万元，2017年计划投资3000万元，1～12月完成投资3597万元，占年度计划投资119.6%，完成戏台建设和明清古宅内部装修。

**东方县苏维埃红色旅游开发** 投资600万元，2016年计划投资600万元，1～12月完成投资584万元，占年度计划投资97.3%，东方县苏维埃英烈群雕已完成，星级公厕封顶已投入使用，东方县苏维埃历史陈列馆、文化广场完成建设，东方县旧址落水管和旧街排污沟疏通完成，景区道路修建完成。东方县苏维埃政府旧址红色旅游开发项目（二期）投资800万元，2017年计划投资500万元，1～12月完成投资876万元，占年度计划投资175.2%，已完工。

**杭川花果山休闲度假区建设** 投资25000万元，2017年计划投资1500万元，1～12月完成投资523万元，占年度计划投资34.9%，与住建局商定修改城区规划区，林地申请审批手续；种植西瓜、百香果，修建鱼塘。

**光泽县杉关生态文化园开发** 投资6000万元，2017年计划投资1000万元，1～12月完成投资4500万元，占年度计划投资450%，停车场全面竣工；完成引水工程建设；生态司法教育实践基地全面竣工；完成生态司法公益林项目、景观林建设、登山景观栈道建设。

（王慧）

# 农业　农村

## 综　述

2017年农村工作围绕打造“中国生态食品城”建设目标，落实强农惠农扶持政策，农业农村经济保持良好发展势头。农牧渔业总产值72.3亿元，比增10%。农村居民人均可支配收入12574元，比上年增长9.9%。全力推进精准脱贫攻坚工作，当年完成贫困人口1193户2994人和8个贫困村的脱贫任务，至2017年底，全县未脱贫人口27户90人，贫困发生率下降至0.075%。

## 精准扶贫

**【概况】** 认真贯彻落实中央和省市扶贫开发工作部署，坚持把精准脱贫攻坚工作作为最大的政治任务和最重要的民生工程，扶贫开发与经济社会发展相互促进，聚焦“两不愁、三保障”目标，围绕“扶持谁、谁来扶、怎么扶、如何退”四个关键环节，按照“四个切实”“五个一批”“六个精准”工作要求，推进精准脱贫攻坚工作，当年完成贫困人口1193户2994人和8个贫困村脱贫任务，至2017年底，全县未脱贫人口27户90人，贫困发生率下降至0.075%。

**【党建引领】** 年初县、乡（镇）、村逐级签订年度扶贫目标责任状。实施“六个一”帮扶方式，26位县领导、101个县直单位、490多名乡科级以上干部和1700多名普通党员干部“驻”点一线抓扶贫。设立党员干部结对帮扶日，党员干部每月至少两次进村入户开展帮扶，为贫困户排忧解难。

**【政策落实】** 当年县本级安排扶贫项目资金3074.3万元，占当年全县地方级财政收入的7.5%，较2016年增长6.2倍。县级贫困人口医疗救助基金，发放救助资金300.4万元，救助992人次。另有839人次享受精准扶贫叠加保险和慈善救助，医疗报销总费用158.71万元，实际报销86.86%，比一般参保人员实际多报销22.68%。市慈善基金为光泽县194名重大疾病患者实施救助，发放慈善救助金280余万元。实现全县建档立卡贫困人口全部免费参加城乡医疗保险，享受基本医保、大病保险、大病救助、医疗叠加保险、特殊病种救助和慈善救助等“六道”医疗救助，确保贫困群众看得起病。县级教育帮扶基金，对建档立卡贫困户子女上大学，每人每年补助1万元；高中和中职教育，每人每年补助5000元。春季和秋季补助贫困学生391人次，其中高中和中职生202人次，大学生189人次，共发放补助金133.73万元。全年全县各学段建档立卡家庭经济困难学生约2000人次受助，受助金额260余万元。同时，省上“5+2”挂钩帮扶单位筹集教育资助资金98.07万元，用于资助光泽县建档立卡贫困学生。全年完成新建、改造各类校舍9816平方米，新增学位200个，县职教中心通过省级达标校验收。当年高考本科上线人数、本一上线率创十年来新高，建档立卡贫困学生大专以上上线人数31名，上线率77.5%。制定出台《全力推进脱贫攻坚若干意见》等文件，对贫困村予以政策扶持；建立绿水维护补偿机制，将“河长制”与扶贫工作相结合，以村为单位，由县财政安排专项资金，对完成任务的村，每年给予不低于5万元的“绿水”保护补偿，对27个贫困村另外增加奖励2万元。为拓宽各贫困村村财收入渠道，将11个村550万元委托县国资公司投资经营管理，并按不低于5.19%的年收益率，每村每年可获得2.55万元收益。

**【技能培训】** 将贫困劳动力培训工作纳入“春潮行动”统筹安排，大力实施“农民工职业技能提升计划”，持续推进“雨露计划”培训工作，提升贫困家庭人员就业能力。对参加培训取得资格证书的贫困户，按相应等级给予500到2000元补贴；对参加符合规定的技能培训的贫困户，从就业专项资金中安排不高于1000元/人的培训补贴。完成：“雨露计划”培训565人，春潮行动培训2799人。将贫困家庭劳动力全部纳入《就业创业证》登记范围和就业困难人员对象范围，实施社保补贴政策，成功推荐就业364人。同时，县级筹资180万元，大力开发公益性就业岗位，安排500名建档立卡贫困人口就业。

**【产业培育】** 重点发展以圣农肉鸡饲养加工企业为龙头，水饮品、鱼制品、中药饮片为主的“1+3”食品产业；打造武夷山矿泉水、中科渔业产业园项目、承天中药饮片加工等“小巨人”企业，创建“中国生态食品名城”，发挥主导产业引领脱贫作用，脱贫攻坚提供有力保障。坚持以发展“一村一品”为主体思路，进一步调整农业结构，将扶贫工作与生态食品城建设相结合，依托生态食品名城效应，以专业合作社引导贫困村群众走合作开发的路子，对本地特色资源进行规模整合；选准产业，鼓励种养大户、经济能手加入扶贫队伍，做大做强贫困村产业。积极探索“电商+扶贫”“光伏+扶贫”“金融+扶贫”等新型扶贫模式。推进省级电子商务进农村综合示范县建设，成为阿里巴巴农村淘宝福建省第一个试点县，建成县级服务中心1个、村级服务站30个，开展农村电子商务培训，培训建档立卡贫困户500人次。电子商务的发展直接带动76户建档立卡贫困户脱贫增收。同时，紧抓政策机遇，全力推广“光伏+金融+扶贫”项目建设，县农村信用合作联社、刺桐红村镇银行、农行、邮储银行等4家金融机构，对1662户建档立卡贫困户发放扶贫小额贷款8190万元，贷款覆盖率89.8%。贫困户利用小额贷款完成光伏电站建设，每户年收益2400元以上，可稳定持续享受20年以上，全县有310户安装光伏项目。县财政统筹安排305万元，用于支持村集体发展光伏发电项目，该项目成为壮大村集体经济实力，保障贫困人口持续增收、稳定脱贫的重要途径。

**【“5+2”挂钩帮扶】** 2月10日，省经信委牵头召开党建引领脱贫工作对接座谈会，开展捐资助学工作，全年筹资98.07万元，其中省经信委25万元，省教育厅21.27万元，省投资集团20万元，省银监局10万元，惠安县10万元，省通信管理局5万元，夏商集团6.8万元，对光泽县90名贫困高中生和106名贫困大学生进行资助帮扶。在就学帮扶活动基础上，省“5+2”帮扶单位继续加大项目帮扶支持力度，省经信委全年到位帮扶资金353.74万元；省教育厅落实帮扶资金2234万元，支持光泽县义务教育薄弱学校改造、校舍安全、基础教育发展、教师队伍建设、贫困学生资助等5个项目；省通信管理局将光泽列为全省第一批宽带村村通建设县，协调推进村级以上区域光纤宽带资源100%覆盖，全年完成投资4784万元；省银监局积极推动扶贫小额信贷政策落实，支持光泽县信用村镇创建，协调各银行机构捐助帮扶资金34.5万元，并支持止马杉关村建设项目3项，帮扶资金16万元；省投资集团捐建的顺安桥已建成投入使用，投资1.65亿元的光泽县天然气综合利用项目正按序时进度推进；惠安县对口帮扶资金到位1200万元，同时另外再支持光泽县城南实验学校建设200万元；夏商集团将光泽县生产的蔬菜、娃娃鱼等农副产品引入集团所属批发市场，推动光泽县农副产品销售，增加农民收入。

**【造福工程危房改造】** 全年共实施造福工程易地扶贫搬迁1263人，建成20户以上集中安置区3个，在建设易地搬迁集中安置区的基础上，鼓励贫困户入住福建省首批28个特色小镇之一的“圣农小镇”，以实现贫困人口搬迁就业稳定脱贫，有贫困户50户150人达成购房协议。统筹推进危房改造工作，完成全县所有建档立卡贫困户住房安全评定工作，统筹资金约200万元，为2017年未享受危房改造的贫困户提前实施危房改造；各乡（镇）统筹安排近100万元，消除一般农户存在的农房安全隐患，全年完成农村危房改造232户（其中建档立卡贫困户95户）。

**【农村工作机制】** 全县选派科技特派员132名下村开展创业示范项目建设。整合培训农村“六大员”（农民技术员，综治协管员，计生社保协管员，国土资源和规划建设环保协管员，乡村卫生员，文化与食安协管员）792人，建立家庭农场109个，其中2017年新增26个，成立农民专业合作社561家，其中2017年新增62家，评选省级示范社5家，市级示范社2家。

## 粮食生产

**【概况】** 2017年，全县粮食播种面积为1.43万公顷，其中稻谷播种面积为1.23万公顷，比2016年增加371.6公顷，增长3.1%；粮食总产量8.66万吨，比2016年增加5891吨，增长7.3%。

**【保障粮食安全】** 强化粮食安全责任，建立落实粮食安全行政首长责任制考核工作机制，稳定粮食播种面积和粮食总产量。加大财政资金扶持力度，扶持新型经营主体和粮食生产社会化服务组织发展。实施耕地保护制度，提升耕地有机质，积极实施测土配方施肥，水稻测土配方施肥面积1.13万公顷，平均亩产量比农民常规施肥增加18.5千克。开展粮食产能区增产模式攻关，挖掘生产潜力。全年建立产能区示范片65个，面积0.42万公顷，分别比2016年增加3个、0.08万公顷。在产能区建立0.21万公顷优质稻生产基地。主要粮食作物主导品种甬优9号、两优616等推广面积1.11万公顷，占主要粮食作物播种面积的95.94%。

**【农作物新品种试验示范】** 县农业局在桥亭村、洋塘村、金陵村三个村试验种植水稻新品种40个，主要品种有广8优3301、荟丰优713、望两优6533、微两优1813、深两优841、甬优5552等，鸾凤乡黄溪村、寨里桥亭村、崇仁乡金陵村、止马镇虎塘村四个点，示范推广泰丰优3301面积133.33公顷，全年全县制种面积200公顷，平均亩产175千克，其中寨里镇小寺洲微两优航1573制种面积33.33公顷，平均亩产250千克，创县制种单产历史新高。

**【农作物病虫草害测报与防治】** 加强农作物病虫草害测报，做好病虫草害防治。坚持“预防为主、综合防治”植保方针和“公共植保、科学植保、绿色植保”理念，做好病虫害预测预报，科学指导防治，推广防虫网育秧技术和高效、低毒、低残留农药应用，推进华桥、寨里、崇仁等乡镇病虫草害专业化统防统治。由于防治及时、科学，有效控制住重大病虫草害暴发流行。全年农作物病虫害中等偏轻发生，相似于2016年，轻于常年。其中，二化螟中等发生，稻飞虱、稻纵卷叶螟中等偏轻发生，纹枯病、稻瘟病、稻曲病轻发生。10月上旬水稻粘虫在部分稻田发生较严重。全年农作物病虫草鼠害发生面积70.72万亩次，防治面积839.4万亩次，挽回农作物产量损失30586吨。

## 畜牧业生产

**【概况】** 2017年，全县畜牧业产值62.17亿元，肉鸡养殖略有增长，生猪出栏降幅较大。实现肉类总产量398680万吨，其中家禽存栏3601.28万羽，出栏26272.97万羽；生猪存栏3.04万头，出栏4.79万头；牛存栏0.52万头，出栏0.139万头；羊存栏0.74万头，出栏0.71万头；禽蛋产量0.1万吨。

**【畜牧业发展】** 全县年出栏250头以上生猪养殖场38家，规模较大的生猪养殖场有8家：崇仁乡共青村天瑞农业发展有限公司、崇仁乡儒堂村鑫福生猪养殖有限公司、寨里镇茶富村后垅生猪养殖有限公司、杭川镇康顺畜牧养殖有限公司、鸾凤乡高源村泰丰畜牧有限公司、鸾凤乡坪山村晓红养殖有限公司、鸾凤乡双门村永青生猪养殖有限公司、止马镇杉关村龙祥养殖有限公司。全县肉羊养殖场（户）有110余家，养殖品种为湖羊和山羊，分布在全县7个乡（镇），养殖规模较大的羊场有3家，分别是：光泽县寨里镇后垅湖羊养殖场、光泽县吉公山生态农业有限公司、光泽县绿野养羊专业合作社；其他养殖户养殖量在100头左右。肉鸡养殖主要为圣农集团，有鸡场184个，其中祖代种鸡场12个，父母代种鸡场41个，肉鸡场131个，分布在：司前乡7个，寨里镇56个、崇仁乡24个、鸾凤乡34个、华桥乡22个、止马镇28个、李坊乡13个。全县蛋鸡饲养场3个：鸾凤乡清原蛋鸡场存栏蛋鸡1.6万羽，鸾凤乡万树林蛋鸡场存栏蛋鸡1.8万羽，鸾凤乡邓小如蛋鸡场存栏蛋鸡0.9万羽。

**【重大动物疫病预防与控制】** 重点抓好高致病性禽流感、牲畜口蹄疫、猪瘟、鸡新城疫、羊小反刍兽疫等重大动物疫病的防控工作，统筹抓好牛羊布氏杆菌病、结核病、猪伪狂犬病等的防控工作。全年全县免疫家禽高致病性禽流感1.85亿羽次，鸡新城疫2.75亿羽次，家畜口蹄疫15.72万头次，猪瘟12.55万头次，高致病性猪蓝耳病4.5万头次。各重大动物疫病免疫密度常年保持在90%以上、免疫抗体合格率80%以上，超过国家农业部规定标准，全年未发生一起重大动物疫情。春季，县重大动物疫病防控工作代表福建省接受国家农业部组织的检查考核，顺利通过。在全市10县（市、区）率先开展病原学（PCR检测）。全年开展高致病性禽流感等强制免疫病种免疫抗体检测，及H7N9、羊小反刍兽疫、猪伪狂犬病、牛羊布病等疫病流行病学调查监测，监测血清及病原学样本7385份；开展圣农肉鸡无禽流感生物安全隔离区和祖代鸡白血病净化创建场监测，巩固创建成果，全年采样监测样本1380份；完成圣农祖代种鸡场、宰杀厂国家农业部和省定点监测点采样监测任务，全年定点监测采样660份；开展圣农淘汰种鸡禽流感H5、H7检测，全年检测1320份。强化消毒灭源工作，利用夏季高温季节和冬春季疫病多发时期，组织开展全县范围内的消毒灭源工作，发放消毒灭源知识宣传单1000余张，为养殖户发放消毒药2000余千克，组织人员对养殖场、畜禽交易市场、屠宰场等开展消毒，消毒面积200万平方米，有效消灭传染源，防止动物疫病的发生和传播。

## 渔业生产

**【概况】** 2017年，全县水产养殖面积0.20万公顷，产量1.09万吨，比增0.6%，产值1.82亿元，比增1%。

**【现代渔业建设】** 抓好福建中科渔业公司现代渔业项目实施。一期建设完成，部分投入生产，二期用地征收基本完成。泽汇渔业投资开发现代渔业专业园区落地寨里镇百石，项目总投资22.26亿元，其中鳗鱼养殖项目投资18亿元，占地面积约53.33公顷。该项目利用百石村水源充足、水质良好，没有工业污染源，交通、通讯便利等条件建设以鳗鱼为主的渔业园区。公司选用欧洲进口的循环水处理设备，开发适应多品种高密度养殖的智能封闭式工厂化循环水养殖系统，实现工厂化、设施化、标准化、信息化为一体的现代化养殖新模式。该项目分2年建设，项目投产后，可为当地提供就业岗位800个，全年完成部分养殖池及办公住宿生活设施建设

**【渔业科技服务指导】** 常态化开展“科技下乡”“科技咨询”“科技培训”。举办1期渔业技术培训，受训人员30余人次。开展水产技术咨询，接待水产咨询人数170次。赠送自编水产养殖实用技术资料500余份。建立水产科技示范户20户。做好主导品种和主推技术的示范、推广，建立“中科3号”异育银鲫池塘主养试验示范2.67余公顷；建立封闭式循环水养殖南美对虾示范，养殖水面3780.8平方米，投放南美白对虾虾苗200万尾；推广80∶20池塘高产养殖技术和无公害健康养殖技术，推广面积133.33余公顷；李坊乡管密村、鸾凤乡高源村建立中华绒毛蟹池塘生态养殖示范面积20余公顷，华桥乡吴屯村建立小龙虾池塘生态养殖10.67余公顷。开展水生动物疫病和病虫害防治和测报工作，加强全县水产养殖动植物病情测报，有效减少病害发生。对10个规模养殖企业草鱼、鲤鱼、鳗鱼等水产品质量安全快速检测21个批次，药物残留抽检合格率100%。

## 茶果蔬菌等生产

**【概况】** 全县茶园面积0.19万公顷。福云系列品种面积略有下降，肉桂、水仙等闽北乌龙品种面积增长较快；干坑小种自然增

长比往年较快，单品种面积超过0.13万公顷。年产粗制毛茶1309吨，产量有较大增长，特别是红茶和乌龙茶。茶叶年产值2.6亿元，受价格因素影响，与2016年基本持平略有增长。全县果树面积0.09万公顷，较往年有所增长，原有主栽品种淘汰，新兴果树猕猴桃、百香果、火龙果等有所增长；总产量0.33万吨，略有增长。蔬菜播种面积0.39万公顷，播种面积和复种指数大大增长；总产量6.76万吨，增长迅速，主要是设施面积增长较大，复种指数升高，产量增长。食用菌产量5700吨，产量略有增长，海鲜菇生产受价格因素影响，波动加大；新兴食用菌品种羊肚菌落户光泽，已有少量投产。

**【茶产业】** 全县茶叶采摘面积0.17万公顷，生产各类毛茶1309吨，其中小种红茶347吨，绿茶962吨。年产值2.6亿元，茶叶平均价格降幅较大。茶叶企业规模不断扩大，其中福建省华韵武夷茶业有限公司被评定为省级农业产业龙头企业，该企业建立标准化茶园400多公顷，获得“绿色食品”认证，注册的“尚井茗品”商标为南平市知名商标、福建省注册著名商标。年生产加工各类茶叶600多吨，完成销售收入4980万元，实现利润217万元。带动农户1700户，农民增收2500万元。全县茶叶加工企业和合作社的数量逐年增加，截止2017年，全县有茶叶生产加工企业和合作社36家，从事茶产业的人员近4600人；茶叶销售渠道不断拓展，光泽小种红茶、高山绿茶和闽北乌龙茶在全国20多个省市均有销售网点。继续实施生态茶园项目建设，全县生态茶园采用绿色防控技术0.05万公顷，套种绿肥的茶园0.03万公顷；标准化茶园180公顷，完成全部项目内容的建设；推广茶叶清洁化生产，资助企业引进节能环保设备和高新技术设备，促进茶企和合作社的健康发展。

**【果产业】** 果树面积稳中有升，主要果树品种黄花梨、板栗等果树面积逐年下降，杨梅、猕猴桃等果树种类增长较快，其中杨梅面积突破333.33公顷，天子岗杨梅合作社有杨梅面积200多公顷，主要品种有东魁、炭梅等，社员集中在鸾凤乡坪山、文昌、武林、崇瑞以及华桥、崇仁等乡镇。年产东魁杨梅900多吨，年产值700多万元，社员人均4000余元。猕猴桃种植面积突破66.67公顷，近几年增长明显。年产各类水果0.33万吨。

**【蔬菜产业】** 蔬菜播种面积有较大幅度增长，产量明显增长。新建蔬菜基地面积有所扩大，设施面积增长迅速，在各种帮扶措施的影响下，全年新建智控温室和设施大棚33.33多公顷，补助资金1600万元。福建丰圣农业有限公司新建的智能温室投入使用，实现种植、加工、销售、冷藏、运输全链生产，打造从种苗生产到客户终端的完整产业链和绿色、高品质鲜食蔬菜生产和供应基地，力争成为全国一流的蔬菜种植加工企业，创领果蔬制品行业的新潮流。新兴的农民合作社规模不断壮大，合作社蔬菜基地面积突破0.03万公顷，种植品种120多个；省级副食品调控基地2家，面积40余公顷；农产品质量安全监督力度不断加大，对蔬菜生产基地实行全程监控，确保菜篮子的安全。

**【食用菌产业】** 食用菌生产以海鲜菇、香菇、黑木耳、为主，全县工厂化生产海鲜菇发展5家，日生产海鲜菇7.6万袋，年产量5700吨。华桥乡引进珍稀品种羊肚菌种植13.33公顷，种植成功后将扩大到66.67公顷。

## 烟叶生产

**【概况】** 2017年烟叶生产贯彻落实“守住一条红线，提高三个水平，夯实两大基础”的指导思想，坚持控稳结合，坚持绿色发展，以工业需求为导向，着力培育特色品质烟叶，全力推进光泽烟叶生产工作全面、科学和可持续发展。2017年全县签订种烟农户1966户，种植烟叶0.22万公顷，收购烟叶9.33万担，总产值1.48亿元（含补贴），户均售烟产值7.53万元（含补贴），创烟叶税2791.96万元。

**【规模稳控】** 为落实国家烟草局烟叶规模稳控政策，光泽县调整发展思路，建立以1～1.33公顷为主体户的种植模式，实现种植规模效益均衡，全年落实种烟农户1966户，同比上年（1993

户）减少27户；种植烟叶面积2153.33公顷，同比上年（2566.67公顷）减少413.33公顷；户均种植规模1.10公顷，其中：6.67公顷以上1户，种植面积6.93公顷；3.33公顷～6.6公顷10户，种植面积47.67公顷；1.33公顷～3.33公顷300户，种植面积518.3公顷，1公顷～1.33公顷农户675户，种植面积754.2公顷。种植规模的稳控有利于烟叶生产基础性工作落实，每个环节技术措施落实到位，烟叶生产大田长势优良，烤后烟叶质量良好，基本实现面积减少烟农收入不减少的目标。

**【政策扶持】** 落实各项烟叶扶持政策，全年发放育苗、散叶收购、优化结构、专业化服务等各项补贴补助1826.87万元，其中烟用物资补贴999.57万元、专业化服务补贴827.3万元，政策补贴占烟农收入15%左右，进一步调动烟农种烟积极性，为烟农增收提供保障。在烟叶自然灾害保险保障方面，继续与中华联合财产保险股份有限公司合作开展烟农种植保险，实现100%农户和烟叶面积投保，投保金额174.42万元，由县政府、县烟草分公司分别按照5：5比例承担保费，最终根据自然灾害损失情况烟农全部得到保险理赔，进一步完善防灾减灾体系，切实维护烟农利益。

**【生态发展】** 稳步推进土壤保育。按照轮作面积不低于50%的目标，引导烟农采取烟田耕地休整；推行稻草溶田技术，在灌溉条件较好的阳面田块实行稻草溶田，实现水旱交替耕作；调节土壤平衡PH值，推广白钙镁粉调节土壤PH值，每亩使用50千克；推广紫云英改良土壤种植新模式。紫云英示范种植面积逐年扩大。2017年在全县7个种烟乡镇示范种植绿肥紫云英133.33公顷，平均每亩生物量2895千克。形成新的种植管理机制和耕作模式。经过2年示范种植，总结出一套以“烟农种植、烟站指导、乡村配合、多方扶持”的紫云英种植管理机制，形成“烟叶—水稻—紫云英—水稻—烟叶”的耕作新模式。加强对绿肥紫云英改良土壤课题研究。与福建农林大学联合开展紫云英绿肥改良土壤对烟叶、水稻产出质量影响的研究。2017年下半年，继续在7个种烟乡镇、60个行政村示范推广种植紫云英633.33公顷，为下一年度烟叶生产提升质量奠定基础。落实绿色生态发展技术。加强用药管理，设立病虫苗圃实时观察，及时发布预测信息，加强烟田病虫害药物防治管控，建立药物使用管理档案，对用药种类、时间、方式进行重点管理。合理优化烟田，对低洼易涝和重病害田块进行优化，标出不适宜种植区红线图，实行责任倒查追责，全年全县优化出易涝烟田118.26公顷，重病害烟田140.47公顷。由于烟田优化到位，未发生自然灾害影响，病害发生也比往年明显减轻；推行烤烟“柴改煤”保护生态，补助每吨150～180元，全年补贴136.5万元，减少烤烟木材使用3.5万余吨。全面推广蚜茧蜂生物防治，全年烟蚜茧蜂防治技术烟田覆盖面积0.22万公顷，大农业覆盖面积0.12万公顷，合计0.34万公顷；土壤施用白云石粉2000吨，调节烟田土壤PH值及改良土壤0.13万公顷，亩均使用100千克，占烟叶种植面积62%；施用鸡粪有机肥4109.4吨，亩均使用有机肥125

福建省烟草专卖局（公司）局长（经理）张永军指导光泽烟草工作

“紫云英—水稻—烟叶”绿色生态循环轮作示范区

千克，有效增加烟田土壤有机质；持续开展废弃地膜回收，全县回收地膜面积 0.22 万余公顷，回收率 100%。

**【技术创新】** 围绕“提质增香”和“福建上下部烟叶深化应用研究”2 个重点课题，梳理出 7 项对烟叶质量提升有正调控的关键技术进行突破，促进烟叶质量明显提升，烟叶市场竞争力大幅提高。提升起垄质量，采取加大牵引机械动力、更新旋耕刀片、推行专业化机耕等方式提高起垄质量。172 调整适宜播栽期，烟叶育苗期从 2016 年 11 月 25 日开始播种，2017 年 2 月 20 日开始移栽，播栽期提前 10～15 天，烟叶采烤于 7 月中旬完成，符合福建清香型烟叶风格特色形成的。培育优质壮苗。通过提高透光性能、增加 250ppm 肥料浓度、更换新型漂湿育苗棚、示范进口新型基质等措施，培育更加优质的健壮烟苗。抓好平衡施肥，严格总氮控制、比例平衡原则，严控系统外肥料和农药，重点抓好芝麻饼肥替代鸡粪有机肥示范片，整体上大田长势呈“中棵型”，叶片油脂分泌物较多，烤后烟叶身份和油分有所改善，下部叶香气量和香气质有所提升，上部叶成熟度提高。科学打顶抑芽，实行单株分色打顶，整体分次打顶，培育中棵型烟株，实现“一川一色一高度”平衡生产目标，保持清香型烟叶本色。严格采收标准。采取“叶龄计算＋特征判断＋SPAD 叶绿素检测仪器”相结合，掌握不同叶位成熟度标准，确保调制出符合对口工业卷烟品牌原料需求的烟叶。落实南平标准烘烤工艺，控制合理装烟密度，采取中温中湿变黄，提早并缓慢排湿，促进清香风格凸显，试点延长凋萎期时间，促进香气物质形成，严控不同部位最高干筋温度。

**【烟叶收购】** 全部推行烟农初分＋站点专业化分级相结合的散叶收购模式，全面实行烟叶原收原调，“一打三扫”（即烟草站收购的烟叶成包打码，出库时扫码，烟叶运送到南平市烟草局出库扫码，烟叶工商交接出库时扫码）工商运作模式，收购过程推行精益收购，优化“专分散收”流程，突出质量管理，提高分级收购的质量和效率，烟叶收购等级质量整体平稳。全县各烟草站

县烟草专卖局（分公司）领导到烟田指导烟叶生产工作

于7月25日陆续开秤收购，全县烟叶计划收购量8.8万担，实际收购9.33万担，上等烟比例61.84%，担均价1555.85（含补贴）元，烟农售烟总收入1.45亿元（含补贴），户均收入7.38万元（含补贴），实现烟叶税2791.96万元。全年收购烟叶质量总体稳定，烟农效益基本达到理想值，实现政府、企业、烟农和烟草工业四方满意。

**【保障措施】** 利用各种宣传媒体，向烟农宣传烟叶生产、烟叶收购、补贴政策和专卖法规，做到家喻户晓，让烟农明明白白种烟。完善烟叶生产基础设施建设。全面实施烟田水利、机耕路、密集烤房群、烟用农机具、育苗工场、信息系统、基层站点、防雹网络等“八大工程”综合配套建设，提高产区综合生产能力和抗御自然灾害能力。加强烟农专业合作社建设，提升烟叶产业服务能力，充分运用现有资产，为烟叶生产提供专业化服务，全年全县专业化育苗面积0.22万公顷，机械化起垄面积0.22万公顷，专业化地膜回收面积0.22万公顷，烤房维护覆盖率100%。利用闲置资产发展多元经营，开展闲置资产对外进行租赁和专业化服务。打造平台拓宽烟农增收渠道，“紫云英+优质烟后稻”列入福建农科院和光泽县合作签约项目，合作社与福建武夷纯然发展有限公司成功牵线，打造13.33公顷紫云英后作优质烟后稻种植，亩增加120元收入，光泽县三禾米业在3个乡（镇）实施66.67公顷优质烟后稻，增加烟农烟后稻收入。加强防灾减灾服务，与中华联合财产保险股份有限公司按照“政府主导、协同推进、市场运作、服务到位”的烟叶种植保险运作原则，建立多方共同投保运作机制；与气象部门合作开展人工影响天气作业，实施人工防雹降雨服务，加大防范自然灾害投入力度，建立防灾减灾救助体系和救助基金。强化惠农服务，用好工业反哺农业和烟草扶持农业政策，合理配置扶持资金，实现优质增效、增产增效和节本增效目标。提升服务水平。以烟农满意为标准，改进服务方式，拓宽服务内容，密切与烟农血肉联系，建立利益共同体，实现共享共赢。

福建省烟草公司总农艺师陈顺辉到光泽指导烟叶生产工作

**【枧坑水库】** 枧坑水库大坝坝址位于富屯溪西溪支流李水溪源头，李坊乡百岭村枧坑村民小组上游500米处，坝址控制流域面积4.26平方千米。2012年，县政府开始筹备枧坑水库建设工作，成立相应组织工作机构；2014年，南平市发改委和南平市水利局评审并批复枧坑水库建设初步设计与概算；2015年，中国烟草总公司组织专家在北京对枧坑水库初步设计和概算进行评审，核定烟草行业援建资金为2495.9万元，项目总投资为3297.45万元。枧坑水库于2016年6月14日开工建设，施工总工期24个月。截至2017年底，项目完成投资1852.27万元，占总投资的56.17%。枧坑水库工程任务以农业灌溉为主、兼顾烟农生活用水。水库总库容131.67万立方米，兴利库容121.0万立方米；坝顶高程448.9米，最大坝高49.9米，坝顶宽4.0米，坝顶长156.15米；溢流堰净宽15.0米，堰顶高程445.0米，平板钢闸门控制；灌溉输水采用分层取水，坝体内埋设3根DN500取水钢管。灌区内管道全长5.84千米，采用PE管，管径300毫米和250毫米。上坝公路全长1.5千米，混凝土路面，宽3.5米。设计灌溉、供水流量每秒0.162立方米。工程设计年总供水量为207.35万立方米，其中灌溉供水量183.26万立方米，生活供水24.09万立方米。枧坑水库建成后将有效地解决枧坑、杞林、高坊、李坊等地的农业用水需求问题，改善灌区水利基础设施，提高水资源利用率，提高烟叶产量和质量，促进区域经济发展。灌溉面积307.13公顷，保灌面积238.73公顷，受益基本烟田300公顷，为下游烟农提供生活饮用水源，日供水量660吨。

**【种烟典型村户】** 止马镇岛石村距镇政府所在地3.5千米，距县城26.5千米。全村有耕地面积254.67公顷，宜烟耕地面积140公顷。村辖12个村民小组，620户2680人。全年种烟92户，种烟面积87.77公顷，户均0.95公顷，密集式烤房77座、烤房群1处。全年收购烟叶4200.59担，收购总金额594.35万元。鸾凤乡饶坪村距乡政府所在地6千米，全村有耕地面积225.4公顷。村辖11个自然村，15个村民小组，523户2133人。全年种烟户数26户，种烟面积32.83公顷，户均1.26公顷，密集式烤房43座、烤房群3处。全年收购烟叶1357.92担，收购总金额186.28万元。寨里镇梅溪村烟农饶承良种植K326品种，合同面积1.17公顷，售烟总金额69538.49万元，售烟总数量2330.9千克，亩产值3973.63元，亩产量133.19千克，均价29.83元，上等烟比例75.74%。李坊乡李坊村烟农李长根种植云烟87品种，种植面积1.39公顷，售烟总金额79665.64元，售烟总数量2921.5千克，亩产值3830.08元，亩产量140.46千克，均价27.27元，上等烟比例68.28%。

（叶礼霆）

## 农业科普与执法

**【专业技术人员科技培训】** 分批次选送4名业务骨干到国家农业部培训；1名项目管理员，1名项目会计管理员，2名项目信息员，10名业务骨干到省农业厅培训基地培训；全县96位专业技术干部、农业局10位公务员完成网络继续教育培训；完成38名基层农技推广专业技术人员连续脱产5天的培训。聘请福建省农业厅种植业管理处高级农艺师徐倩华、南平市农科所高级农艺师邹荣春等专家、教授来光泽授课，组织20人到省内外开展技术交流、学习研修、现场观摩。

**【防疫示范乡镇建设】** 结合本县畜牧业生产和重大动物疫病防控工作实际，选定寨里镇、止马镇和华桥乡等3个为防疫示范乡（镇）。选聘畜牧兽医专家8人，组建畜牧兽医技术指导员队伍36人，重点对3个防疫示范乡（镇）通过进村入场到户，开展畜牧兽医技术服务工作。春防和秋防强制免疫要确保免疫密度，做到应免尽免，不留空档。加强免疫效果监测，保证免疫质量。防疫示范乡（镇）做好重大动物疫病防控与产地检疫、技术指导员手册、村级动物防疫员管理与培训等详细的工作记录。防疫示范乡（镇）强制免疫病种的抗体合格率均85%以上，畜禽产地检疫开展面100%。

**【“12316”农业热线服务】** 电话呼叫中心安排2人兼职从事农技咨询服务值班，保持呼叫中心电话畅通。依托“光泽农业网”拓展农业信息服务。全年接听“12316”农业热线服务135个，解答率100%，满意度100%。

**【培育科技示范户】** 围绕水稻、蔬菜、茶叶、肉鸡、生猪、羊养殖六大主导产业，辐射带动梨、食用菌、兔等产业的发展。对科技示范户采取集中办班、分户指导、实地考察和观摩交流等方式，开展农业科技培训。全年“雨露计划”培训494人，每人3天；新型职业农民培训325人，其中生产经营型200人，每人六天；专业服务型125人，每人五天；科技示范户培训21期，1050人次，补助项目基地3个，每个基地培训4次，360人次；完成5个田间学校建设，培训4期，120人次。通过培训，提高科技示范户学习、接受、应用、推广新品种、新技术能力、自我发展能力和辐射带动能力，使科技示范户成为农技推广体系的重要成员；成为农情调查员、技术推广员、政策宣传员；成为农民看得见、问得着、留得住的“乡土专家”。

光泽县 2017 年新型职业农民培训

**【执法检查】** 组织农业技术和行政执法人员 36 人次，开展农资知识宣传咨询活动 2 次，参加现场咨询的群众 360 人次，发放宣传资料 1 万份。举办农业法律培训班 1 期参加培训 70 人。录制《2017 年光泽县农资联合打假专项行动》新闻在市、县电视台播放。开展农资市场执法巡查、质量抽检和检打联动工作，出动执法车辆 97 台次，执法人员 235 人次，检查农资产品 200 余吨。查处违法经营农资案件 1 起，罚没 3600 元，查处违法经营农产品质量安全案件 1 起，罚没 2542 元。开展种子市场检查 36 次，检查种子经营户 58 户。水稻种子标签抽查 36 个样品，合格率 100%。抽查农药标签样品 9 个，合格率 100%。抽检农药产品 3 个。抽查肥料标签样品 7 个，合格率 100%。抽检肥料产品 3 个。开展渔业巡查 36 次，出动执法人员 79 人次，检查渔业企业 26 家次，查处电鱼违法行为 9 起，暂扣电鱼机 7 台（套），立案查处使用违规渔具电鱼案件 2 起，罚款 1000 元。印制严禁电、毒鱼渔业法律法规政策宣传公告 2000 份。

（综　合）

## 林　业

**【概况】** 2017 年全县实现全社会林业总产值 8.24 亿元，与去年同期比增长 7.1%。全县实现林下经济产值 6.41 亿元，其中新增林地利用面积 0.36 万公顷，新增产值 550 万元。全县完成植树造林 0.08 万公顷，森林覆盖率 79.52%，森林蓄积量 1188.21 万立方米。在 2017 年度南平市保护发展森林资源目标责任制考评中光泽县获得 93.4 分，名列全市第二。

**【生态环境建设】** 牢固树立“绿水青山就是金山银山”的理念，全县完成植树造林 0.08 万公顷，占任务的 100.4%，其中：“三带一区”造林绿化 193.87 公顷（含森林生态景观

农业执法人员检查农药等农资

带 17.33 公顷、生物防火林带 25.73 公顷、重点区位林分修复 150.8 公顷）。人工造林更新 651 公顷（含珍贵树种造林 126.6 公顷、非珍贵树种造林 10.6 公顷、其他人工造林 513.8 公顷）。完成森林抚育 6471.87 公顷，全县完成义务植树造林 36.9 万株，培育各类苗木 3.47 公顷 196 万株。提升森林生态景观，增强人们幸福感。按照“造林大苗化、树种多样化、品种乡土化、色彩季相化”要求，通过修复补植、拓展延伸、调整提升等措施，完成中心城区环城一重山生态景观提升 44.53 公顷、邵（武）至光（泽）高速公路景观带建设 12.67 公顷、乡村生态景观林 4 公顷，种植楠木、枫香、木荷、桂花等乡土珍贵树种 5.9 万株。

光泽县林业局组织森防、林政、执法大队进行松木及其制品检疫大检查

**【森林生态安全】**　落实保护和发展森林资源目标责任制，将目标责任制分解落实到各乡（镇），纳入乡（镇）创业竞赛绩效考评。落实森林防火责任制，加强森林防火知识宣传与普及，印发新森林防火条例宣传本 600 册，指导华侨国有林场组建一支 20 人县级专业森林消防队，开展计划烧除演练活动，烧除面积 6.67 多公顷，举办森林防火培训演练 8 期，受训人员 320 人。实现森林保险全覆盖，参保率 100%，全年未发生重大森林火灾。开展林业有害生物调查、监测与防治工作，松林防治作业面积 1733.07 公顷，森林病虫害监测率 97.4%，无公害防治率 100%，调运检疫率 100%，全县清理枯死松树 2998 株。与邵武市林业局签订两地毗邻区域联防联控联治协议，进一步加强区间松材线虫病等重大林业有害生物防控。保持对涉林违法犯罪活动的严打高压态势，全县办理各类涉林案件 192 起，其中：林业行政案件 169 起，刑事案件 23 起，挽回经济损失 101 万元。以“湿地日”和“爱鸟周”活动为契机，开展主题鲜明的宣传活动。执行林地定额和用途管制，把好征占用林地审核关，杜绝乱征滥用林地行为。保障全县重点、基础、民生和公共事业等项目建设用林地需求，加强项目用林地服务，介入重点项目前期工作，引导用地单位规范、快捷申办林地手续。全年审核征占用林

2017 年 9 月 8 日，光泽县林业局召开 2017 年光泽林业安全生产暨消防安全工作培训会

地32起，面积79.8公顷，缴纳森林植被恢复费2473.6万元。全县落实生态公益林补助资金1586.25万元，补助面积4.79万公顷；落实天然林补助资金1652.1万元，对3.67万公顷天然商品林进行补助；落实县级重点保护林补助资金100万元，补助面积0.39万公顷。依法依规化解各类林业矛盾纠纷，促进林业经济发展和林区和谐稳定。全年受理接待山林权属争议16起，全部办结。全面落实“党政同责、一岗双责、齐抓共管”的安全生产工作机制，围绕安全生产目标责任，履行安全生产工作职责，开展安全生产隐患大排查、大整治和大检查工作，林业行业未发生重大安全事故。

**【林业改革】** 开展林权抵押收收储工作，制定具体实施方案，注册成立光泽县青源林业收储中心。推进国有林场改革工作，由原来8个县属国有林场，减少到2个，保留饶坪国有林场（事业性质），成立光泽县天源国有林场（企业性质），下设官桥、西口、大青、城关、长兴、九龙和圣峰等7个分场，经营区面积2.85万公顷，在职职工126人。整合后，主营业务为培育和保护森林资源、林业科技成果示范与推广、发展林下经济等。

**【林业产业】** 竹产业，全年留养新竹800万株，开设路面宽2.5米的竹山机耕路50千米，新建竹山蓄水池2个，铺设喷灌管道2千米。在寨里太银、司前墩上建立2片市级丰产竹林示范片面积42.53公顷。开展竹乡生态旅游点创（续）建活动，寨里镇山头关竹乡生态旅游点评定为省四星旅游经营单位，止马镇杉关竹乡生态旅游点评定为省三级乡村旅游特色村。全县2017年竹业总产值4.64亿元，同比增长14%。大力发展林下经济，对2017年新增4个省级林下经济示范项目进行补助，补助资金70万元。新增林地利用面积0.36万公顷，新增产值550万元。全年实现林下经济产值6.41亿元。

2017年7月19日，国家林业局驻福州专员办彭华福副巡视员、李月清处长到光泽县开展天然林保护、国有林场改革调研以及建设项目使用林地行政许可监督检查事宜

**【林业科技推广】** 全年建立厚朴、桢楠、鄂西红豆树、杉木三代良种等种苗繁育及造林示范和林下经济等示范片共28片，新建示范片面积192.73公顷；选派15名林业专业技术人员组成县级林业科技特派员队伍，开展林业科技进村（企）入户帮扶指导，开展科技惠民服务工作。

**【林权收储】** 为有效破解生态保护与林农利益矛盾，开展重点生态区位商品林赎买工作。全年完成重点生态区位商品林收储任务440.53公顷，占任务101.7%，其中：林权赎买107公顷、租赁333.53公顷，支付收储资金231万元。

**【国家储备林项目建设】** 光泽县国家储备林森林质量精准提升工程项目总投资10.7亿元，向国家开发银行申请贷款8亿元。项目建设总面积1.26万公顷。其中：集约人工林栽培0.4万公顷、现有林改培0.4万公顷、商品林赎买0.33万公顷；林下经济0.13万公顷。建设期8年，即2017～2024年，运营30年，即2025～2054年。授权天源国有林场作为光泽县实施该项目的实施单位，与南平市绿发集团合

2017 年 11 月 27 日，光泽县林业局召开国家储备林精准提升项目现场推进会

作，组建成立南平市国家储备林建设有限公司。县财政筹集 3000 万元作为该项目前期费用。2017 年完成国家储备林质量精准提升项目任务 465.53 公顷，其中：集约人工林栽培 108.33 公顷，占任务的 101.5%，现有林改培 354.2 公顷，占任务的 100.2%。

**【创建省级森林县城】** 完成创建省级森林县城总体规划编制工作。根据总体规划制定《光泽县创建省级森林县城实施方案》，明确创建原则、目标任务、实施步骤和责任分工。成立县政府县长任组长，县政府分管领导任副组长，16 个县直部门为成员的创建省级森林县城领导小组及其办公室，统一组织、协调推进全县省级森林县城创建工作。

（林　斌）

## 水　利

**【概况】** 2017 年，光泽县加强水利建设，落实防汛抗旱措施，加大水资源开发力度，全面推行“河长制”，各项目标任务顺利推进。全县完成水利建设总投资 2.19 亿元，占年度目标任务的 101%。重大水利项目 4 个，其他面上项目 12 个。建设项目包括：防洪工程、水库建设工程、水土流失治理、万里安全生态水系建设、山洪灾害防治、农村饮水安全巩固提升、冬春修水利、水资源管理等。

**【水美城市项目建设】** 光泽县重点推进“水美城市”建设，项目规划总投资 30 亿元，涉及河道总长 17 千米，建设滨水景观带 31 千米，围绕三溪（富屯溪、北溪、西溪），打造闽江源头“水美城市”。2017 年完成橘子洲景观带、洄龙潭景观带、梅树湾景观带、圣农特色小镇景观带建设，完成年度投资 2.4 亿元。在 2017 年南平市“水美城市”拉练检查中，光泽县排名全市第一；在南平市“水美城市”建设年终考核中，光泽县位列全市第一。

万里安全生态水系项目

闽江防洪工程南平段（七期）光泽段

**【治水管水】** 实施最严格的水资源管理制度，开展河道岸线规划，明确防洪红色岸线、河岸生态保护蓝线、河道管理范围绿线，为依法管理河道奠定基础。设立河长办公室，完善河长制，把河长制打造成治水管水的综合平台。

**【防汛抗旱】** 汛前，修订完成县、乡（镇）、村三级防汛预案，编制乡（镇）防汛避险转移预案，并经县、乡（镇）主要领导审核后上报市委、市政府。建立“预警到乡、预案到村、责任到人”长效机制。县防汛办编印防汛通讯录，将防汛抗旱指挥部成员单位领导、值班室、传真、邮箱，以及村主干、挂村领导、工作组长、采砂场、电站等联系电话逐一登记造册。全县120个地质灾害隐患点、27座中小型水库、28座小山塘、9处非煤矿山、1处渡口等重点区域均建立台账，逐一明确责任人、联系方式。在4月1日至10月15日防汛期，实行防汛24小时值班和领导带班制度，特殊情况时按照预案要求实行加强班。完成全县27座中小型水库汛期调度运用计划和防汛抢险应急预案的审查和审批工作，全县8处涉河在建项目编制完成汛期度汛方案，并报县防办备案。各乡（镇）、防汛抗旱指挥部成员单位均按照《光泽县人民政府防汛抗旱指挥部关于做好2017年防汛备汛工作的通知》文件要求，在组织领导、责任体系、安全检查、完善预案，加强演练，落实物资等方面逐项抓好落实。汛前对全县120个地灾隐患点、27座中小型水库、28座小山塘开展全覆盖、拉网式排查。县国土资源局对9处非煤矿山进行安全生产检查，检查记录14次，现场提出整改意见8条，均已整改。全县建防洪堤17.57千米，运行情况正常。全县有危（病）桥10座，均设置标牌，其中4类危桥8座，5类危桥2座。3月底前完成2016年水利水毁项目56处，完成投资363万元；交通水毁项目修复32处，完成投资210万元。全县自动雨水情监测站点53个，图像站4个，视频站3个均运行正常。90个行政村（居）均安装简易雨量器，并且发放铜锣和手摇警报器。县、乡（镇）9个洪水预警平台运行正常，县、乡（镇）两级视频会议系统和卫星电话经过调试，运行正常。全县组建10支（含光泽蓝天救援队）抢险队，县级抢险队伍主要是由县人武部负责，各乡（镇）分别成立应急抢险小分队，队长由乡（镇）人武部部长担任。县水利局成立防汛抗旱工作组织协调、后勤服务、应急处理3个小组，为抢险救灾提供保障。光泽蓝天救援队纳入到全县防汛救灾队伍。县防指配备防汛抢险冲锋舟7艘，救生衣300件，洋锹、锄头100把，与经销商预订3万条编织袋备用。民政部门储备踏花被1384床、应急灯500个、手电筒500个、帐篷190顶等救灾物资，与超市签订应急物资合同，预订大米5吨、方便面200箱、食用油100箱、饮用水500件。各乡（镇）、村根据各地具体情况，相应储备抢险救灾物资。

**【长源水库项目前期】** 长源水库坐落在县境富屯溪支流西溪李坊乡长源村长源自然村下游1.3千米河段上。水库按50年一遇设计，500年一遇校核，总库容4460万立方米，坝址以上集雨面积 372 平方千米，正常蓄水位 306 米，库面面积 190.67 公顷；大坝为砌石重力坝，高 42.7 米，坝长 159 米，设 3 扇 10×8 米闸门，堰顶高程 306 米，坝顶高程 317.7 米；坝后引水隧洞长 406 米，水头 22 米，可装机 8000 千瓦，年发电 1716 万千瓦时。建成后能使西溪城关防洪能力由 15 年一遇提高到 30 年一遇，相应提高下游保护乡（镇）防洪能力，并使邵武城区防洪标准从 15 年一遇提高到 30 年一遇，项目总投资 5.87 亿元。截止 2017 年底，完成库区测量、坝址勘探、库区影像图拍摄、压覆矿报批和可行性研究报告编制，并报省水利厅行业评审，已开展移民、用地、道路、电力线路、通讯线路等各专项初查，着手文物、水资源等方面报批工作。

**【打击非法采砂】** 围绕“落实绿色发展理念，全面推行河长制”主题，精心策划，开展多种形式的水法律、法规宣传活动。“世界水日”和“中国水周”期间，在县政府后门设点向市民派发宣传单并接受法律咨询。将南平市人民政府关于加强河道采砂管理的通告粘贴至各个行政村，并在县广播电视台及时曝光违法行为整治情况。执法人员随身携带新出台的水法规宣传材料，深入采砂现场和取水企业，宣传法律法规新要求。审批河道采砂发证，按照只减不增的原则，严格审批采砂场。增加对重要水域、重点采砂河段巡查频次，采取明查与暗访相结合、全面检查与双随机抽查相结合、自查整改与受理投诉举报相结合方式，对违法采砂行为做到早发现、早制止、早处理。全年巡查河道 56 次，巡查发现并及时处理苗头性采砂行为 17 起。建立采砂业主“黑名单”制度。将越界开采、超深超量开采和尾碴乱弃等行为纳入重点考核，凡违规开采 3 次及以上的采砂业主将被列入黑名单，取消其下一年度采砂申请资格，并依法追究相关法律责任。全年有两名采砂业主被列入“黑名单”。县水利局联合县公安局、县国土资源局、县交通运输局、县供电公司等单位，对 7 家未经批准的采砂场实施强制切除动力电源，就地查封电源配电设施。县水利局还与县特警大队签订友好互助协议，根据执法需要，协助县水利局现场执法。

**【水土流失治理】** 全县完成 0.31 万公顷水土保持治理，占任务的 106.02%，累计完成投资 2505 万元，其中：水利部门完成 0.11 万公顷，完成投资 1270 万元；其他部门完成 0.20 万公顷，完成投资 1235 万元。完成 2016 年度国家水土保持重点建设工程光泽县砂坪溪、严加册溪小流域水土流失综合治理项目；组织实施 2017 年度国家水土保持重点建设工程光泽县饶坪溪（一期）、坪溪小流域水土流失综合治理项目。完成崇仁乡 2016 年水土流失治理项目，组织实施李坊乡 2017 年水土流失治理项目。完成 2016 年度省级财政专项资金水土流失治理项目，组织实施 2017 年度省级财政专项资金水土流失治理项目。

**【推行河长制】** 坚持“绿水青山就是金山银山”生态理念，守河尽责，形成较好的综合治水格局。全县设县级河长 1 名、县级副河长 3 名、乡（镇）河长 8 名、河道警长 17 名、河段长 99

岛石溪小流域治理项目

名、河道专管员102名。县政府从水利、环保、农业部门抽调4名专职人员组成县级河长办，形成横向到边，纵向到底的县、乡（镇）、村三级网络管理体系。在各河段沿岸显要位置设立河长公示牌105块，标明各级河长、专管员、河道警长的工作职责、整治目标、电话号码等内容，接受社会监督。建立河长制工作微信群、公众号，初步实现信息化动态监管、群众投诉快速反应工作机制。出台《光泽县绿水维护补偿考核实施方案》属全国首创。对落实管护机制、达到水质标准的建制村，由县财政按每个建制村5万元的基数统一预算安排至乡（镇），27个贫困村另外增加2万元，再由各乡（镇）根据每村辖区河流状况统筹安排，既提高基层一线管水护水的主动性，又增加乡村特别是贫困村收入。“绿水维护补偿”机制的实施，受到省内外媒体的关注。《中央电视台》“晚间新闻”、《中国环境报》《福建日报》《闽北日报》等主流媒体先后对其作报道。建立河道夜间巡查机制。针对少数人“晚上电鱼早晨卖”问题，组建由乡（镇）领导、各村负责同志、河长办、民警等为成员的河道夜巡队，开展经常性夜间巡逻，重点打击夜间违法电鱼人员，收效明显，该做法被省河长办收录在《河长制在福建》专题片中。采取举报奖励和限期赎买电鱼设备等措施，全面摸排、收缴非法捕鱼设备并集中销毁。全县收缴非法捕鱼工具近1000套（件），查处“顶风冒犯”河道电鱼案件8起，收缴民用捕鱼船只6艘、电鱼机8台，并先后在止马、寨里、李坊等三个乡（镇）召开规模较大的非法捕鱼工具销毁现场会，扩大声势，震慑违法行为，全县非法捕鱼问题得到明显遏制。强化生猪养殖污染治理，建立生猪养殖退出奖励机制，拆除或关闭生猪养殖场78家，削减生猪可养量2.7万头，可养区保留的38家养猪场全部完成标准化升级改造并通过环评验收。严格限制审批涉水项目和新增入河排污口，指导企业污水治理或深度治理。开展“清水蓝天”行动，严惩违法排污企业。全县检查涉水企业99家次，查处违法排污企业21家，查封扣押9家，停产整顿1家，关停取缔3家，行政处罚企业13家，处罚金额19.5万元，移送公安机关行政拘留案件1起，司法移送环境污染案件1起，工业企业“跑冒滴漏”问题明显好转，有效降低富屯溪光泽段污染负荷

**【北溪光泽城区段安全生态水系建设项目】** 位于光泽县城区与崇仁乡，涉及西溪、北溪和富屯溪，实施河段具体为北溪与富屯溪河段从崇仁乡共青村共青大桥起始，经崇仁乡、上屯村、光泽城关等，至洪光塔下游大洲电站水坝终止，实施河道长度9.6千米；西溪河段从光泽城关胜利桥起始，至汇合口终止，实施河道长度1.09千米。本项目实施河道总长度10.69千米，工程总投资1566.96万元。本项目建设主要内容包含初步划定岸线及生态保护蓝线、改善河水、改良河床、恢复河滩、修复河岸等方面。根据区位特点、保护要求及河段特征，将治理范围分为二个区域：上游乡村水生态保护区和下游城区水生态提升区。其中，第一个区域（共青大桥至高速桥段，总长4.54千米）安全生态水系建设以水生态保护、滩地修复为主，辅以部分生态、亲水工程等措施；第二个区域（高速桥至洪光塔下游大洲电站水坝段及西溪胜利桥至汇合口段，总长6.293千米）安全生态水系建设以水生态修复、亲水性提升为主，丰富滨水、植被景观。项目建成后，使光泽县河道水生态得到改善。达到河岸线自然弯曲，有深潭、有漫滩，河中保留江心小岛与天然砂石，河流常年不断流、水清澈，水质达到水功能区保护标准，水生动植物丰富，具备生物多样性，可供游人水边漫步，感受充满鸟语花香的光泽。

（章　强）

## 农业机械管理

**【概况】** 2017年，全县农机总动力10.71万千瓦，比上年减少2.06万千瓦；拖拉机1808台，比上年减少707台，拖拉机配套农具2729部，比上年增加216部；联合收割机344台，比上年减少15台；水稻插秧机282台，比上年增加127台；粮食烘干机58台，比上年增加16台。总动力数下降幅度较大的原因在于农用车不再纳入统计范围，拖拉机台数下降幅度较大的原因主要是机具报废，上一年度相关农户未

上报统计。

【农机购置补贴】　光泽县农机管理部门把落实农机购置补贴政策工作作为日常工作的重中之重来抓。强化政策宣传，完善信息公开，抓好购机补贴各个环节，及时办理申请、汇总、结算等各个环节工作手续，编制农机购置补贴资金结算明细表与汇总表，向县财政递交补贴资金结算函。全年共申请补贴410.01万元，其中中央资金327.85万元，省级资金82.15万元，购置农机具541台套，受益农户385户。

【农机科技服务】　光泽县农机管理部门以实施购机补贴政策为契机，围绕农业“五新”（新技术、新品种、新化肥、新农药、新农具）工程，抓好农机推广和农机服务，增强农业综合生产能力，促进农业机械的推广。全年县农机总站组织全县水稻机械插秧技术推广现场演示会1场，组织开展省级水稻全程机械化示范项目建设2个，组织全县联合收割机驾驶员培训3场，203人。

【农机安全管理】　强化源头管理，严把农业机械登记注册、年检、拖拉机驾驶员（操作手）换证审核关。2017年核发、年检、过户检验各类农业机械352台，其中：上道路拖拉机年检过户166台，办理拖拉机驾驶证换证51人。通知多功能拖拉机使用到期34台。

（林　海）

光泽县基层农业机械登记注册、年检、拖拉机驾驶员（操作手）换证审核工作

# 工业经济

## 综 述

【概况】 2017年，全县工业经济紧紧围绕全力打造“中国生态食品城”建设工作目标，坚持绿色低碳循环经济发展方向，牢牢把握稳中求进总方针，精心谋划、科学规划，全力推动工业增长，工业运行保持稳中有升。加强工业规划，制定全县工业经济发展目标计划和实施方案，确保全年工业目标任务如期完成。强化服务举措，从财税扶持、企业贷款、防范金融风险、科技创新、市场开拓等方面加大扶持力度，对规模以上及成长型企业和项目实行县领导带部门帮扶责任制，帮助协调解决企业生产经营中的困难和问题。由中国食品工业协会和南平市政府主办，省食品工业协会和光泽县委、县政府承办的“首届中国（光泽）生态食品产业发展研讨会”成功举办。2017年，全县拥有年产值2000万元以上规模工业企业38家，其中年产值达亿元企业8家、超5亿元企业3家；全年规模工业完成产值96.14亿元，现价比增10.77%；实现规模工业增加值17.48亿元，比增7.6%；工业用电量3.99亿千瓦时，比增11.2%；工业产品销售率97.6%，比2016年降低了1.1个百分点；万元GDP能耗预控制在0.6042吨标煤以内，完成市下达目标任务。

2018年5月9日，省经信委党组成员、纪检组长李长根一行到光泽调研

【工业运行监测】 按照建设光泽“中国生态食品城”发展战略，不断加强工业运行跟踪、监测、分析。对接年度增长目标任务，制定工业运行具体计划，密切跟踪服务，实行动态监测分析，及时发现问题、解决问题，促进企业平稳生产。强化要素保障，加强与有关部门沟通协调，突出抓好企业融资、用工、用电、用地、用料等要素调配，保障工业生产需求，有力推进工业持续稳定增长。通过“送政策到企业”活动、定期召开企业座谈会、深入企业调研走访、邮件短信微信发送等，将惠企政策信息第一时间送到企业，精心指导企业学好、用好、用足惠企政策。

【企业市场开拓】 组织企业参加闽北名优新产品展销会、“5·18”“6·18”“9·8”旅发会、食博会等大型展销会、博览会、交易会、投洽会，鼓励支持企业参加国内外知名专业展会，积极落实省市支持企业开拓南平市场专项资金，对参加国内外知名专业展会企业给予每家参展费用和场租补助5000元，2017年圣农食品公司参加日本展销2次。认真落实三产发展工作，及时将《光泽县人民政府办公室关于下达光泽县2017年度第三产业目标任务的通知》下达至各有关责任单位，督促各部门做好三产指标落实工作。建立政府、部门、企业定期沟通会议工作推进机制，加强三产推进工作跟踪督查，发现问题及时解决，把握指标运行态势，做到精准服务，应统尽统，有效引导。2017年，第三产业完成22.01亿元，增长9.5%，比2016年增速提高3.3个百分点。

**【企业安全生产】** 落实各级主管部门安全生产监管责任和企业安全生产主体责任，全面完成安全生产目标责任考核指标。加强监管力度，开展安全生产专项整治和安全生产大检查，在重要、特殊时段和灾害天气期间，组织开展不定期安全生产大检查，防止重大事故发生。重点对危化品、非煤矿山等安全生产开展专项检查和隐患排查治理工作，开展企业安全生产标准化建设工作，全县有6家新增规模以上企业通过国家安全生产标准化三级评审，8家通过复评。全县工矿商贸企业安全总体平稳。

**【企业技术改造】** 引导和推动有条件的企业开展技术改造、新产品研发与推广、质量品牌建设、诚信体系建设、发展战略性新兴产业等项工作，引导和推动企业借助科研院校、通过“6·18”科技交易平台开展技术和科研成果对接，不断加大技改和工业投资力度，努力提升创新能力，实现创新发展，推动技术进步，对摸排、收集和入库项目，做到有一个服务一个、成熟一个申报一个。列入省市重点技改项目，圣农食品公司熟食品加工六厂、美迪化工公司氟盐项目清洁生产技术改造、绿也炭业公司炭棒自动化生产、武夷山水食品饮料公司玻璃瓶装矿泉水生产线均已建成投产；圣农发展股份公司技术中心进入设备安装调试，即将投入运营；圣农发展股份公司肉鸡加工厂提升链速改造项目一期设备正在安装调试；圣农发展股份公司第五饲料厂、武夷干黄酒业公司脱糖黄酒灌装生产线、承天农林科技公司中药材饮片加工项目已建成投产，圣维生物科技公司兽药疫苗及配套设施建设、辉隆生物科技公司蛇类养殖加工等项目按计划有序推进。

**【民企项目对接】** 精心策划组织参加“6·18”福州民企对接会、“9·8”厦门国际投洽会、广州春秋交易会、“12·31”首届中国（光泽）生态食品产业发展研讨会，参加“10·12”武夷山生物产业对接会、“11·15”首届中国（武夷）食品博览会、“11·27”南平市首届旅游产业发展大会等项目推介招商活动，不定期组织小分队外出开展上门招商。全县完成新对接民企项目7项、总投资15亿元，占市下达民企对接项目总投资目标任务100%；其中县经信商务局完成签约引进项目3项、签约合同总投资5.8亿元。全县当年新引进总投资3亿美元的中外合资福建华阳众智实业有限公司，另有总投资4600万元“福建高丰收农业科技”项目正在报批阶段。

**【企业品牌创新】** 县经信商务局、市场监管局等部门协同配合，帮助企业做好国家、省级品牌申报工作，2家企业成功复评福建省著名商标；企业获得专利中有3项获国家发明专利，24项获得国内使用新型专利，1项获国内外观设计专利。福建圣农发展股份有限公司获得南平市2017年企业科技进步一等奖，另有5家企业为省科技型备案企业。

**【审核审批流程】** 建立完善技术服务、延时服务、上门服务、项目审批“一条龙”服务等制度，提高审核审批效率。对产业开发、项目建设、技改创新、对外经贸、商贸流通、民生工程等重点投资项目实行绿色通道办理程序，简化办事流程，压缩办理时限，加快审批审核进度，提升项目核准公信度和办结率，办理审核转报、备案等公共服务项目共7项。

**【企业服务年活动】** 认真贯彻落实省政府“十一条”和“九条”惠企政策，坚持上门服务，精心指导企业用好、用活、用足国家、省、市、县重点产业项目投资支持政策，全力帮助企业争取省市经信委、商务厅局项目发展扶持资金。全年累计争取项目奖励和扶持资金57项，资金总

2017 年 1 月 6 日，县经信商务局组织召开县食品企业产品营销对接会

额 993.03 万元，其中企业 48 项，资金 626.79 万元。争取省技改基金支持，其中圣农已争取到第一批 1.59 亿元基金贷款支持。

**【跟踪推进项目】** 坚持班子成员挂项目、组建团队抓项目、专门人员盯项目工作机制，实行层层分解、责任到人、人人参与，全程“一条龙”服务推进挂钩挂点项目建设。全年共承担 5 大类、61 项建设项目跟踪服务，即 11 项总投资 31.5 亿元省民企对接项目（新上 7 项总投资 15 亿元、续建 4 项总投资 16.5 亿元）、9 项总投资 8.67 亿元省重点技术改造项目（新上 3 项总投资 1.1 亿元、续建 6 项总投资 7.57 亿元）、4 项总投资 16.9 亿元省战略性新兴产业项目、8 项总投资 10.87 亿元市工业重点投资（技改）项目、29 项总投资 103.66 亿元县重点制造业项目，各类项目均按时间节点、序时进度、投资计划顺利推进。

**【企业融资服务】** 县经信商务局、财政局与光泽工行三方合作，实施“光泽县万家小微企业成长贷款计划”，由县财政出资 100 万元，省财政配套 100 万元，作为小微企业成长贷款增信资金和工商银行合作按放大 50 倍率放贷，全县小微企业贷款规模可增加 1 亿元。建立经信商务局、人行、银监、金融办等部门组成的企业资金应急处置联席会议制度，实行“周转贷”计划，即由县财政出资 4000 万元作为企业转贷帮扶基金，专项用于企业银行贷款到期转贷周转，2017 年，全县累计使用转贷帮扶基金 47 次，转贷金额 9360 万元，受益企业 41 家，有效缓解企业融资压力，降低企业融资成本。

**【节能降耗和结构调整】** 加强重点能耗企业管理和指导，对圣农实业有限公司、美迪化工有限公司、海圣饲料等重点耗能企业实行重点节能监管，促使重点耗能企业产值能耗下降，基本达到预期指数要求。2017 年，单位 GDP 能耗控制在 0.6042 吨标煤/万元以内，完成南平市政府下达任务目标。全年积极组织实施重点节能工程，推进循环经济发展，开展清洁生产，支持企业推行固体废弃物综合利用，重点推进圣农集团、青盛木业、凯圣生物质发电、海圣饲料作为循环经济示范作用。

**【生态工业发展】** 围绕光泽“中国生态食品城”发展战略，坚持“1+3”生态食品产业发展模式，即圣农肉鸡系列食品+水饮品系列、淡水鱼系列、中药材系列，全力推进光泽生态食品产业发展。据初步统计，圣农白羽肉鸡一、二产业产值已远超百亿，肉类熟食品、矿泉水、中药材、米香型原浆酒、茶叶、山茶油、食用菌、淡水鱼、蜂蜜、笋制品、净菜等一、第二产业生产总值，年均增幅超过 10%，正向百亿规模迈进。同时，两家食品生产企业通过食品工业企业诚信体系年审，完成“2016～2017 年度全国食品工业强县”创建，再获誉名。由中国食品工业协会和南平市政府主办，省食品工业协会和光泽县委、县政府承办的“首届中国（光泽）生态食品产业发展研讨会”成功举办，光泽“生态食品”日益深入人心，生态食品品牌不断发扬光大。

**【“百日攻坚”“四比六促”】** 5

月31日前按时全面、高效优质完成“百日攻坚战”各项目标任务。总投资亿元以上的环保型数码喷墨墨水及纺织品数码印花机生产、医疗器械生产2个制造业项目，提前一个月完成谋划任务；圣农第五饲料厂、闽北（光泽）冷链物流中心建等2个前期推进攻坚项目，均按时间节点和工作要求完成项目前期工作任务；开（竣）工项目，圣农第五饲料厂提前开工建设、累计完成投资5397万元、占年度划134.93%，熟食品加工六厂加快建设、按时间节点完成投资、建成试投产。全力推进“四比六促”，县局承担促产业发展、促企业做强二项任务。在促产业发展方面：数字信息产业项目全面达标，全县促数字信息产业发展项目共8项，其中武夷纯然生态食品生产园农产品生产基地建设完成2公顷，可追溯系统建设、农产品检测中心建设完工，冷链物流分拣包装中心建设已开工；福建圣农食品有限公司ERP项目已完成基础设施采购和调试，进入软件上线进入试运行阶段；武夷纯然互联网+生态食品产业链关键技术开发应用线上、线下信息化技术体系已建设完成并投入使用，完成年度计划投资500万元；圣农发展肉鸡养殖大数据采集、运营、分析平台建设项目一期完成基础设施采购，进入试运行阶段；移动基础网络基站建设、移动宽带村村通光纤工程、城乡4G网络建设、光迁到户改造及中继光缆扩容等4个项目建设全部完成。先进制造业项目超额完成投资任务，全县列市先进制造业产业项目4项，分别为承天中药材饮片加工项目、圣农食品熟食品加工六厂生产建设项目、圣维生物兽药疫苗及配套设施建设项目、圣农第五饲料厂生产项目，总投资10.38亿元，完成投资6.14亿元，占年计划127.91%。促企业做强方面：建立企业做强和企业做大问题服务清单，分别明确责任部门、责任领导，协调解决企业提出相关问题，开展针对性精准服务。圣维生物兽药疫苗及配套设施建设项目开工，圣农食品有限公司完成产值17.71亿元，比增15.1%（圣农熟食品六厂已投产），欧圣农牧完成产值5.55亿元，比增12.8%，海圣饲料完成产值1.37亿元，比增10.5%，凯圣生物质发电完成产值1.31亿元，比增10.9%，美迪化工完成产值2.63亿元，比增10.1%，武夷山水完成产值1.11亿元，比增110.7%。

（曾立平）

鸾凤乡举办精准扶贫电子商务培训班

## 工业园区

**【概况】** 福建光泽工业园区是经福建省人民政府审批、国家发改委核准的省级工业园区，规划批准面积1.34平方千米，以发展食品加工、工艺箱包加工为主，由和顺工业园和金岭工业园组成，形成光泽“一区两园”新格局。工业园区总规划面积为23.4平方千米，已开发面积3.65平方千米。初步形成以食品加工、生物制药、竹木加工等为主体的产业群。和顺工业园规划面积3.4平方千米，规划批准面积1.34平方千米，重点发展食品加工业，是农业部确定的全国农副产品加工示范基地，省经济和信息化委员会确认的福建省新型工业化食品产业示范基地，园内水、电、路、讯等基础配套设施完善，有农业产业化国家重

金岭工业园区

点龙头企业圣农集团等27家企业入驻。金岭工业园总规划用地面积20平方千米，首期规划4平方千米，以发展食品加工、传统资源加工、机械制造、新兴科技产业等一、二类工业项目为主，按照建设山垅特色经济，打造绿色生态园区的要求进行开发建设，园区规划以生态作为工业发展前提，形成“山中有园、园中有山”的生态格局，被省委农办确认为福建省山海协作示范园区，有圣农丰圣智能温室蔬菜大棚、炜韵生物提取、承天药业、工艺箱包等30个项目入园，项目总投资26.17亿元。2017年，光泽工业园区共实现工业总产值820970万元，比上年增长2%，税收11505万元，比上年增长11.9%，解决就业17320人。

**【调整规划】** 在金岭工业园总体规划基础上，继续委托中铁设计研究院有限公司开展二期控制性详细规划工作，并对金岭工业园产业规划布局重新调整，食品项目用地将由占工业集中区范围内面积20%调整为占比80%，园区发展定位和目标更加明确。和顺工业园委托福建省城乡规划设计院对发展进行重新修编，并通过规划环境影响评价评审。同时，完成工业园区新一轮土地集约利用评价工作，推动园区朝着“布局集中、产业集聚、用地集约”方向发展。

**【投资环境】** 和顺工业园内水、电、路、讯等基础设施完善，有农业产业化国家重点龙头企业、南方规模最大的联合型肉鸡生产加工企业圣农集团等企业入驻。金岭工业园已建成金岭110千伏专用变1座，完成城区日供水2万吨至园区供水管道和园区连接城市污水处理厂管道铺设。已开发范围的道路、排水、排污、供水、供电、通讯完善到位；建设标准厂房22幢，面积60000平方米，员工配套楼2幢，面积8160平方米；开通城区至园区公交线路。项目固定资产总投资5000万元以上，每亩投资强度200万元以上企业可实行单独供地，并根据新办工业企业入库税收情况，分别给予企业不同档次的创新基金奖励。对新入驻金岭工业园标准厂房的企业，当年实际入库税收总额达50万元以上的将地方级分成部分50%给予奖励。固定资产投资额在2亿元以上，且每亩投资强度不低于500万元的企业，物流专业园、食品专业园、“园中园”等项目，采取“一事一议”的方式。

**【招商引资】** 2017年度，全县完成招商引资合同项目43项，总投资118.37亿元，占市下达任务数215%，其中完成总投资超2000万元招商引资开工项目64项，占市下达任务数209%。围绕工业园区开发，结合打造“中国生态食品城”战略，策划工业项目。一方面，着力拓展产业链招商领域，重点推进配套食品产业的机械制造项目、圣农白羽肉鸡深加工项目、圣农食品上下游配套项目、圣农集团关联项目、生物医药项目、旅游商贸项目、包装营销文化创意项目的招商引资；另一方面，鼓励全县上下“百花齐放”多元化招商，重点打造和积极推进产业平台招商、园区平台招商、网络招商、会展招商、委托代理招商、以商招商。2017年，充分借助“厦洽会”“茶博会”等大型招商活动平台，围绕全县当前产业发展方向，宣传推介鸡肉和鸡骨提取、鳗鱼和肉类提取、宠物饲料生产、矿泉水生产、中药材深加工、竹产业及林下经济、旅游、现代农业等招商重点项目。常年借助省上挂点扶贫单位、上级业务主管部门和结对的惠安县、光泽驻外商协会、光泽藉和在光泽工作过的成功知名人士开展委托招商，依托圣农集团等现有企业推进“以商招商”，实现招商引资常年化、常态化。

**【基础设施】** 工业园基础设施建设项目列入2017年度市、县重点建设项目，全年完成投资6132万元，占全年计划投资任务122.64%，超额完成县下达固定资产投资任务。完成征地14.47公顷，硬化道路2560米；金岭工业园主干道、高速公路沿线绿化工程、东西主三路中段管网工程已竣工；金岭污水处理厂完成管理房基础建设。

**【项目建设】** 光泽工业园区共入驻企业57家，其中投产42家，在建13家，签订入园合同2家。其中食品加工企业17家，竹木精深加工企业16家，工艺箱包企业4家，生物类项目企业3家，汽车配件生产企业5家，电子类及电力配件生产企业2家，发电企业2家，其他企业8家。实行月通报制度，对招商项目任务分解各责任单位完成情况定期通报，倒排项目招商工作落实，刊印情况通报5期。举办华旭光伏发电、福建正山堂茶产业战略合作、承天种子科研中心等共11场项目签约仪式。全力对接服务好圣农集团，充分挖掘圣农产业扩张、改造提升项目，有兽药疫苗、第五饲料厂等7个项目落地开工，总投资36.9亿元。召开项目专场协调会20余场，现场解决项目推进过程中遇到的困难和问题。

**【产业布局】** 和顺工业园为食品加工专业园，以圣农集团为龙头，是我国规模最大、现代化程度最高的自繁、自养、自宰白羽肉鸡专业生产企业，已形成集饲料加工、种鸡养殖、种蛋孵化、肉鸡饲养、肉鸡加工、食品深加工为一体的白羽肉鸡“全进链”全产业链。金岭工业园作为承接发达地区产业转移，新上工业项目以及老企业提升改造后退城进园的集约化工业平台，是以食品加工为主导产业，以机械制造和传统资源加工为辅助产业的生态园区。

**【管理服务】** 建立、健全园区系列管理措施，实行每周一例会制度，汇报工作、查找问题、提出对策。本着公开、公平、公正的原则，所有工程公开招标。加强施工管理，安排专人现场指导和督促，领导检查和监督，确保工程的进度和质量。建立重大事项协调机制，设立园区建设联席会制度，定期不定期召开会议，协调解决园区项目建设和基础设施建设中重大问题，建立入园企业高效服务机制，为入园企业提供“一站式、一条龙”服务。搭建银企合作平台，协助企业解决融资难问题，助推企业达产达效。

**【体制机制】** 设立光泽工业园区管理委员会，主任由分管县领导兼任，根据工业园区开发需要，及时协调相关部门解决征地、拆迁、杆线迁移、林木采伐、招商等矛盾。成立园区开发建设有限公司，与县招商局合署办公，实行“三块牌子，一套人马”运作，并从有关部门抽调精干人员参与园区建设。制定《光泽县项目联审制度暂行规定》，对投资入驻工业园区和受限不宜入园的其他生产性投资项目，实行联合审核制度。逐步完善工业园区各项管理制度，有力促进工业园区各项工作有效开展。

**【环境保护】** 和顺工业园投资近6000多万元建立4个污水处理厂，采用物化加生化相结合的处理工艺，每日可处理污水22000多吨，完成规划环境影响评价评审。金岭工业园绿化面积7.2万平方米，绿地率达31%，绿化覆盖率达36%。已建设园区内部污水管道铺设12280米，完成园区污水处理接入城市污水处理厂管网建设、工业园新一轮土地集约利用评价、水土保持方案、地质灾害评估。为提高项目投资的可行性，项目落地决策的科学性和确定项目投资政策的合理性，对投资入驻工业园区投资项目，实行联合审核制度，确定项目是否可以入园。同时，对新上项目坚决执行“四不批”政策：即环境影响评价不过关的不批、环境容量不允许的不批、区域或流域排污总量超标的不批、污染防治措施不可行的不批。入园项目均通过环评审查，按要求建设污水处理、粉尘处理、降噪处理设施，尤其是对用水量大，要求建设水循环利用系统，加强定期监测，主要污染物符合全县污染物排放总量控制要求，有关企业固体废物综合利用率指标达到国家标准。

**【绿色发展】** 和顺工业园内水、电、路、讯等基础设施完善，园内农业产业化国家重点龙头企业圣农集团已形成集饲料加工、种鸡养殖、种蛋孵化、肉鸡饲养、肉鸡加工、食品深加工为一体的完整白羽肉鸡全产业链。金岭工业园作为承接发达地区产业转移，新上工业项目以及老企业提升改造后退城进园的集约化工业平台，是以食品加工为主导产业，以机械制造和传统资源加工为辅助产业；园内结合现行地形地貌科学设置不同平台，保留部分山体高、植被好的原生态山体作为各产业功能区之间的天然屏障，打造“山中有园、园中有山”的生态园区。工业园区内工业建筑容积率1.6，单位土地单位土地平均投资强度3585万元/公顷，单位土地平均产出4831万元/公顷，园区内万元国内生产总值能耗较上年下降3.6%，完成县政府下达的节能减排目标；单位工业增加值能耗0.508吨标准煤/万元，单位工业增加值用水量7.1立方米/万元。经过近年持续发展，县工业园区综合发展水平得到省上高度认可，2017年获得福建省商务厅组织评选的省级开发区综合发展水平评价第9名（全市第1名），获得奖励金50万元。

**【圣维生物兽药疫苗项目】** 位于光泽县金岭工业园，由圣农集团全额投资，总投资3.5亿元，占地面积81442平方米，建筑面积61900平方米，建设厂房、车间、办公楼及其他配套设施。主要生产线为灭活苗4条生产线、活疫苗3条生产线、中药提取、粉剂、颗粒剂、口服溶液剂、饲料添加剂、消毒剂等7条生产线。疫苗采用鸡胚、细胞、细菌培养后接种、灭活或冻干后分装，兽药采用配料、分装、灭菌等技术工艺，购置主要设备有孵化器、冻干机、生物反应器、灭菌器、分装机、灌装机、中药提取浓缩系统、空气净化系统等。项目建成后可生产疫苗100亿头份、各种兽药产品为3000吨，产品用于禽类及其他养殖动物疾病的防治，年可新增产值86000万元。完成场地平整及挡墙护坡工程建设，环路修建工程完成路基平整，厂房、办公楼主体工程正在施工中。

（李学秋）

## 电力工业

**【概况】** 2017年，县供电公司坚持稳中求进工作总基调，以“强基固本、规范管理”为工作主线，忠诚担当、攻坚克难，各项工作取得新成绩。2017年，完成固定资产投资6579.4万元；售电量5.57亿千瓦时，同比增长12.13%，同业对标提升至全区第六。以“不发生人身伤亡事故和大面积停电事故”为首要目标，认真开展建设现场反违章、电力建设施工安全年、安全生产大检查等专项活动。严格执行班子成员周末带班制，全年检查作业现场213个，发现各类问题及违章64个，参加班组安全日活动108场次，提出问题57条。精心组织“安全生产月”活动，圆满完成厦门金砖会晤、十九大等重大活动供电保障任务，实现公司连续安全生产7545天。以优化电网结构、配电自动化及线路走廊清理为抓手，坚持抓运维、降故障，着力提升电网管理水平。编制《光泽县2018～2022年配电网滚动规划》，严格配网立项审查，将薄弱环节优先列入农网新增项目改造。组建业扩联合服务中心，成立重点项目推进小组，主动对接政府关心、企业关切项目，提供“一站式”贴心服务，建立工程项目进度定期协商机制，所有项目均按节点序时推进。加强对营业窗口、供电所、抢修、抄催、施工等与客户接触的一线服务人员宣传培训，严格控制服务行为投诉，有效化解客户不满情绪。保持良好盈利态势，顺利完成各项经营业绩指标并完成“两金”压降目标。加强公司依法治企内部督查，发现问题及时督促整改。开展党员身边“安全无违章”“服务无投诉”及中央八项规定精神专项学习教育“九个一”活动，深化党员“一带二”“双培养一输送”、党建“三级联创”“三挂三联双体验”等党建工作载体，层层压实压紧党风廉政建设责任。在第十三届省级文明单位总评中公司取得全县第一名好成绩。

【安全形势】 公司以“不发生人身伤亡事故和大面积停电事故”为首要目标，认真开展建设现场反违章、电力建设施工安全年、安全生产大检查等专项活动。严格执行班子成员周末带班制，全年检查作业现场213个，发现各类问题及违章64个，参加班组安全日活动108场次，提出问题57条。开展春、秋季安全大检查等活动，发现整改各类问题883项。针对年底施工高峰期间公司领导带队执规，对临增项目加强管控，确保人员到岗到位，严控作业现场安全。精心组织“安全生产月”活动，开展员工警示教育、防恐消防知识培训演练，圆满完成厦门金砖会晤、十九大等重大活动供电保障任务，实现公司连续安全生产7545天。

【生产运维】 以优化电网结构、配电自动化及线路走廊清理为抓手，坚持抓运维、降故障，着力提升电网管理水平。梳理调试635组柱开定值，安装三遥开关214台，实现10kV架空线路三遥开关全覆盖，针对部分线路易遭雷击区段，新装1125组线路避雷器，进行避雷器接地引下改造394处，完成95%针式绝缘子更换。架空线路绝缘化率从2016年16.3%提升至44.2%，百千米故障次数13.88次，同比下降69.6%。高故障线路19条，较2016年减少11条，同比下降36.7%，发生故障120条次，同比减少194条次，故障次数下降61.78%，2017年频繁停电实现零投诉。

【电网建设】 编制《光泽县2018～2022年配电网滚动规划》，严格配网立项审查，将薄弱环节优先列入农网新增项目改造。建立工程项目进度定期协商机制，所有项目均按节点序时推进。“西口35kV配电化成套设备工程”“坪山—清溪（威达）二级线T接寨里变电站35kV寨山线工程”“官桥—司前35kV线路工程”顺利竣工投产，“和顺—止马35kV线路工程”按时间节点开工建设，完成11基铁塔基础开挖。2017年下达配网投资5054万元，总项目数44个，竣工22个，剩余含跨年度工程已完成80%。

【服务质量】 加强对营业窗口、供电所、抢修、抄催、施工等一线服务人员宣传培训，严格控制服务行为投诉，发现客户存在其他问题或者不满意情绪时，及时发出预警并升级，有效化解客户不满情绪。组建业扩联合服务中心，成立重点项目推进小组，主动对接政府关心、企业关切项目，提供“一站式”贴心服务，2017年共受理高压业扩项目61个（含8个2016年在途项目），容量42625kVA。开拓节能市场，与省节能服务公司完成电力调度大楼、寨里供电所节能灯具及炊具合作，并在福建省光泽县自来水公司配套工程等三个项目实施节能变压器购置。

【经营管理】 保持良好盈利态势，顺利完成各项经营业绩指标并完成“两金”压降目标。开展财务合法合规自查，整改问题11条；完成问题清单梳理全覆盖“一至四上”阶段性工作，一般问题整改21条，整改率95.45%。加强集体企业往来账核对，结清长期挂账项目，规范主业与集体企业关联业务管理。

【依法治企】 制订党风廉政建设“两个责任”清单和依法治企任务清单，层层压实压紧党风廉政建设责任。扎实开展“九个一”专题教育活动，班子成员与各部门负责人廉政提醒谈话35人次、各部门负责人与本部门重点岗位人员提醒约谈96人次，组织员工签订执行中央八项规定精神承诺书106份。加强公司依法治企内部督查，发现问题及时督促整改。对照《供电所费用管理手册》，完成两轮供电所巡察工作。强化员工“八小时以内”和“八小时以外”监督，开展党员干部婚丧嫁娶提醒谈话3人次，对违反劳动纪律、工作纪律等行为严肃予以考核，累计考核22人次，其中待岗1人。

【党建推动】 深入学习贯彻党的十九大精神，扎实推进“两学一做”学习教育常态化制度化，推行周政治导读学习机制。深化党员“一带二”“双培养一输送”、党建“三级联创”“三挂三联双体验”等党建工作载体，做实做优共产党员服务队。开展党员身边“安全无违章”“服务无投诉”及中央八项规定精神专项学习教育“九个一”活动，严格市公司巡察问题整改和追责问责。认真落实“两个责任”，建立支部书记定期报告党风廉政建设机制。加强班组文化建设，建立“班组大事记”文化墙，创建“互联网＋”班组地图、“1＋N”班组互通互助机制，推进新一届文明单位及文明行业创建；打造“电力义工”服务品牌。深化外部诉求内部改进响应机制，建立值班、保密、信访维稳和重大舆情事件即时报告制度，严肃查处影响公司形象事件和责任追究，确保和谐稳定的良好局面。

**【西口35kV配电化成套设备工程项目】** 2017年公司重点建设项目，已竣工验收并投入使用。变电为主变1×3.15MVA，户外落地布置。35kV配电装置本期及远景采用线变组接线方式，10kV本期及远景采用单母线接线方式。35kV本期及远景1回出线，采用架空进线，T接于35kV崩山线（T接点到西口35kV变电站（配电化）线路长为0.45千米）；10kV本期及远景出线4回，均为架空出线，10kV接入系统方案：终期4回，本期建设4回（其中1回备用），分别为：10kV西坑线（西口—干坑）、10kV西溪线（西口—清溪）、10kV共青线及10kV备用线；1组母线设备，1组电容器设备及1台站用变（柱上安装）。线路路径起自35kV西口变35kV进线间隔，线路朝东南方向后右转跨过村公路至西口村西南侧山腿，左转前行至原35kV城崩线原＃240杆南北两侧各立一基铁塔，后T接至原35kV城崩线＃240杆。新建线路总长约0.45千米，新建线路使用单回路转角塔4基。

（周　暄　朱文杰）

# 交通 邮政

## 公路建设

【概况】 2017年全县公路交通共有国道2条，计72.79千米；农村公路1204.42千米，其中：县道7条208.22千米，乡道64条451.54千米，村道474条计544.65千米。加快交通基础设施建设，全年交通在建及开工项目4个，总投资约6.62亿元。横四线光泽十里铺至高田段新建工程，全长9.87千米，工程造价约2.15亿元；杭川镇宫家巷至崇仁乡公路改建工程，全长7.54千米，投资2.86亿元，全年投资计划6000万元；崇仁乡至寨里镇公路改建工程，全长14.73千米，投资1.26亿元，全年投资计划4000万元；县汽车站（二级客运站）及公交总站新建工程，投资3500万元，已于11月中旬动工。农村公路完成危桥改造5座，乡村公路建设22.5千米，农村公路生命保护工程建设完成72.2千米。

【公路里程】 至2017年底，全县公路交通基本情况：国道2条、72.79千米；农村公路1204.42千米，其中：县道7条208.22千米，乡道64条451.54千米，村道474条544.65千米。

【交通重点项目建设】 全年交通在建及开工项目4个，总投资约6.62亿元。横四线光泽十里铺至高田段新建工程，该项目为南平市政府“一市一议”项目，按二级公路标准建设，全长9.87千米，工程造价约2.15亿元，分两个标段实施，全年投资计划6000万元，已完成7065万元。杭川镇宫家巷至崇仁乡公路改建工程，项目按二级公路标准建设，全长7.54千米，投资2.86亿元，全年投资计划6000万元，已完成11123万元。崇仁乡至寨里镇公路改建工程，项目按二级公路标准建设，全长14.73千米，投资1.26亿元，全年投资计划4000万元，已完成4706万元。县汽车站（二级客运站）及公交总站新建工程，属市政府“一市一议”项目，投资3500万元，全年投资计划2000万元，于11月中旬动工，完成投资2000万元。

【农村公路设施建设】 农村公路改造提升、危桥改造年计划投资3500万元，完成4422万元。其中：危桥改造5座完成1300万元。计划改建乡（村）道20千米，实际完成22.5千米，完成投资3122万元。计划完成20千米农村公路生命保护工程，年计划投资520万元，实际完成72.2千米，完成投资

横四线楼下隧道

1413万元。

【完善农村客运建设】 全年更新农客车2辆，2018年计划更新1辆省际客车、2辆县际客车、4辆县内客车。在建客运站2个，新二级客运站已于11月开工，华桥综合运输服务站年底可投入使用，2018～2019年拟新建9个港湾式客运站（5个1类，4个1类）、新建1个乡镇客运综合服务站（司前）。

【谋划交通建设储备项目】 策划储备2018～2021年实施的交通重点项目8项，投资约11.1亿元。2017年启动崇和线、十里铺渡改桥、城西环路、城西综合停车场等重点项目前期。其中，崇和线改建工程，全长70.39千米，总投资59528万元，2017年计划投资200万元，完成工可编制。岭崇（十里铺）撤渡建桥项目（总投资8000万元）已完成设计招标。预计2018年汛期过后动工。其他项目按年度计划均已完成项目建议书。

**横四线新建公路工程** 横四线光泽县十里铺至高田段新建公路工程是南平市重点工程，项目起点位于鸾凤乡十里铺316国道，经下王家、中王家、上王家，终点位于册下高田（G316线与G322线交叉处）。项目全长9.74千米，按二级公路设计速度60km/h的标准建设，路基宽12米，行车道宽7.0米，水泥混凝土路面。该段公路有桥梁4座，总长249.22米；隧道1座，长约863米；涵洞33道。项目工程造价21498万元，分两个标段实施。S1标段长3.6千米，合同价为8021万元，S2标段长6.14千米，合同价为5876万元。项目于2015年11月开工建设，预计2018年6月全线完工。横四线光泽县十里铺至高田段新建公路工程S1标设计单位为苏交科集团股有限公司，施工单位为宏峰集团（福建）有限公司，监理单位为福建新路达交通建设有限公司；S2标设计单位为苏交科集团股有限公司，施工单位为中铁二十四局集团福建铁路建设有限公司，监理单位为福建新路达交通建设有限公司。2017年工程建设进展情况，S1标段完成投资6690万元，占合同总价8020万元的83.4%。楼下隧道土建工程已全部完成，完成隧道路面工程2500立方米；软基换填、路基盲沟已全部完成，完成台背回填11585立方米；完成排水沟、截水沟10460米；完成拱形骨架护坡5098立方米；完成护面墙、挡土墙10300立方米；完成高边坡喷锚防护18500平方米；完成盖板涵、圆管涵383米；底基层级配碎石累计完成2.355千米；隧道照明、供电设施和配电房房建设备已完成。S2标段累计完成投资4980万元，占合同总价5876万元的84.8%。累计完成路基填筑47.7万立方米，主要为拌和站区的路基填筑；剩余新坊大桥伸缩缝未安装，其余工程项目已全部完成；全线涵洞主体已全部完成，剩余K3＋603盖板涵及K9＋708圆管涵进出口八字墙未完成；级配碎石底基层完成约5.25千米，约总量5.89千米的89%；水泥稳定层完成约5.25千米，约总量5.89千米的89%。砼面板完成约4.35千米，占总量5.89千米的74%。

2017年2月15日，建设中的横四线

**宫家巷至崇仁村二级公路改建工程** 光泽县ZX9301杭川镇宫家巷至崇仁乡崇仁村二级公路改造工程为市重点工程。项目起点位于国道316橘子洲大桥桥头，经仙华洲，终点位于崇仁乡政府大门口。项目全长7.55千米，项目工程造价 28600 万元。交通部门建设项目起点位于邵光高速公路高架桥下，终点位于崇仁乡政府门口，全长 4.69 千米，按二级公路设计速度 40 千米/小时的标准建设，路基宽 20 米、23.5 米，沥青混凝土路面。桥梁 1 座，总长 87 米；涵洞 13 道。合同价为 6773 万元。该项目于 2017 年 1 月开工，预计 2018 年 12 月完工。光泽县 ZX9301 杭川镇宫家巷至崇仁乡崇仁村二级公路改造工程，设计单位为厦门中平公路勘察设计院有限公司，施工单位为中建海峡建设发展有限公司，监理单位为福建中交建设发展有限公司。工程进展情况，累计完成投资 466.9 万元，完成占合同总价 5505 万元的 8.5%。路基工程完成 K5＋320－K5＋511.575 段 C20 片石砼衡重式挡土墙 2500 立方米；完成 K4＋680－K4＋860 段高边坡清表、修便道开挖土方约 1000 立方米。桥梁工程完成崇仁中桥下部结构 0＃台承台、0＃台台身、1＃墩系梁、2＃墩系梁、1＃1－1 墩柱、1＃1－2 墩柱、1＃1－3 墩柱、2＃2－3 墩柱。

**崇仁村至寨里镇口二级公路改建工程** 光泽县 ZX9302 崇仁乡崇仁村至寨里镇镇口二级公路改造工程为市重点工程，项目起点位于崇仁村尾敬老院附近，沿老路方向拓宽改造，部分路段截弯取直，经洋塘村、庙上、艾家、下大坪、小寺洲，终点位于寨里镇镇口。该项目全长 14.918 千米，按二级公路设计速度 60 千米/小时的标准建设，路基宽 8.5 米（0.75 米硬路肩＋7.0 行车道＋0.75 米硬路肩），行车道宽 7.0 米，水泥混凝土路面。新建桥梁 3 座，总长约 167.36 米；涵洞 63 道。项目工程造价 12650 万元。该项目分为两个标段实施，A 标合同价为 3884.33 万元，B 标合同价为 2661 万元。于 2016 年 9 月开工，预计 2018 年 12 月完工。崇仁村至寨里镇镇口二级公路改造工程，A 标设计单位为厦门中平公路勘察设计院有限公司，施工单位为邵武交通建设有限公司，监理单位为厦门港湾咨询监理有限公司。崇仁村至寨里镇镇口二级公路改造工程，B 标设计单位为厦门中平公路勘察设计院有限公司，施工单位为龙岩市恒达工程有限公司，监理单位为厦门港湾咨询监理有限公司。工程进展情况，A 标段累计完成完成投资 1273.79 万元，占合同总价 3884 万元的 32.8%；路基工程完成 K1＋500－K2＋500 段挖土方 0.5 万立方米，完成 K2＋880－K3＋420 段路基填筑约 0.8 万立方米，完成 K3＋600－K5＋200 段路基填筑 1.2 万立方米，完成 K5＋580－K5＋780、K5＋840－K5＋940 段软基处理 2900 立方米；完成 K0＋920－K2＋300 段路基成型。路面工程完成路面填隙碎石底基层 4000 平方米；完成路面 5%水泥稳定碎石基层 1800 平方米。涵洞工程完成 K4＋470、K4＋854、K4＋895、K5＋100 涵洞工程施工。桥梁工程完成大里丰中桥 0＃台背墙浇筑，完成大里丰中桥 T 梁预制 5 片，完成崇仁二桥 1＃台基础开挖及基础浇筑；完成崇仁二桥空心板梁预制 5 片。B 标段累计完成投资 1275 万元，占合同总价 2660 万元的 50%。路基工程完成清理现场 104000 平方米，旧路面开挖完成 15580 平方米，路基砂砾换填完成 73026 立方米，完成开挖土石方 162786 立方米，完成土石方回填 136017 立方米；完成级配碎石底基层 13390 平方米；完成级配碎石底基层 13390 平方

正在施工的宫家巷至崇仁公路

米。路面工程完成水泥稳定基层12805平方米。涵洞工程完成圆管涵22道（₵0.75米长26米，₵1.0米长95米，₵1.2米长14米，₵1.5米长112米）。桥梁工程完成9片空心板的张拉、注浆及7片空心板的预制，小寺州中桥下部结构已全部完成。

（高其荣）

## 交通管理

**【概况】** 全年受理交通行政审批事项214件，办结214件。对“两客一危”车辆的动态监管，对超速、超范围经营、不按核定线路行驶、不按规定要求落地休息和不在线等五类报警实时监管，入网车辆数276辆，纳入监控班线56条，入网企业14家，接入运营商7家。强化安全生产督促检查，全年检查企业94家（次），发现69处安全隐患，下发整改通知书28份，收到整改反馈18份，进行复查18次。提升运输服务质量，更新农村客运车辆2辆，更新出租汽车2辆，新增公交企业1家，开通公交班线2条，新增公交车3辆。审批许可2家机动车驾驶员培训机构，全县驾培机构增至3家，教学车增至66辆，单月核定招生数量由200人增至475人。全县路检巡查共出动执法人员1908余人次，出动执法车辆455余辆次，检查客运站及企业137次，检查车辆3047台；水路巡查出动执法人员127人次，检查渡口29次，检查采砂船18艘次。受理办结投诉23起，立案查处违法违章行为180起，结案180件，罚款（人民币）15.6万余元。

**【行政审批制度改革】** 县交通运输局所有行政审批、公共服务事项已按要求入驻光泽县行政服务中心，并按规范制定一次性告知书；同时在福建省网上办事大厅予以公开、公布，切实做到审批事项进驻落实到位、授权到位、电子监察到位。在福建省网上办事大厅公开“两张清单”事项，100%可通过网上申请、预审和受理，办结后到窗口核验纸质材料，领取证照或批复等。县服务中心交通窗口共受理214件，办结214件（其中承诺件99件，即办件115件）。

**【水上交通管理】** 县海事处、县交通综合执法大队每月对渡口渡船进行安全检查，主要检查船舶检验证书、船舶的安全状况、安全设施、安保措施、安全责任落实情况、船员资格证等，确保“船舶适航、船员适任、通航有序”；结合百日内河专项行动，海事、大队联合水利部门对辖区采沙场采砂船舶进行摸排，联合水利、公安、电力、国土对使用三无船舶的4家采沙场采取断电、拆除动力装置等强制措施。

**【交通工程建设管理】** 执行在建项目“三同时”（同时设计、同时施工、同时投入生产和使用）制度，落实安全生产责任制，层层签订安全施工责任合同，加大现场监督检查力度；加强对沥青、油料等易燃易爆危险品的管理，对施工现场、仓库、料场等重点部位，做好火灾隐患排查，合理有效设置消防器材，严防发生火灾、爆炸事故。排查施工路段坍塌、滑坡、落石等险情，做好修复维修工作；设置安全警示标志，加强施工路段安保措施。每月对各项目施工作业单位进行安全检查，督促施工安全规程的实施，排除施工过程中的安全隐患，对检查中发现的安全隐患及时反馈，下发整改意见书，提出整改意见及期限，并进行检查落实。

**【农村公路管理】** 加大公路养护和环境治理力度，加强对农村公路的安全监管，确保农村公路安全畅通。尤其是在春节、五一等节假日和易发生水毁、冰灾等时间段，加强对县乡列养公路的巡查和安全防范。对乡村道路安全隐患地段、水毁未修复地段、危桥（涵）设置的警示标志进行检查，缺少的重新补设。加强农村公路的养护管理，实现农村公路养护管理规范化，县、乡（镇）人民政府签订农村公路、桥梁养护管理责任状，并将农村公路养护工作纳入对乡镇年终绩效考评内容之一，将农村公路养护配套资金列入县级财政预算。县道养护公开面向社会化招标，由专业养护公司进行养护，为创建“四好农村公路”奠定坚实基础。投入95万元为全县农村公路购买灾毁保险。

**【工程质量监督】** 通过服务窗口加强项目监督通知书下达前相关附件完整及内容填写规范、真实性的审查，及时掌握质量安全动态、分析主要质量指标变化情况，全面推进建设标准化和数据打假，认真做好项目交工验收前检测工作。全年监督受理在建项目9个（其中二级路新改建项目2个，三级路新改建项目2个，四级路新改建项目3个，危桥改造项目2个），造价约19267万元/31.35千米，监督覆盖率100%；对全县农村公路在建项目共组织开展质量安全督查12次，下发督查通报文件12份，要求限期整改193处（已整改193处），出具《质量鉴定报告》7份（其中公路工程1份，桥梁工程6份）

（高其荣）

## 国省道养护

**【概况】** 以标准化养护和路政管理工作为中心，强化在建养护工程质量监管，全面构建“畅安舒美”的干线公路。在公路养护中按照“小修养护管理标准化年”活动要求，以达到“三化五优”（基础设施标准化、养护作业标准化、服务管理标准化，平安优先、路况优良、管理优化、服务优质、生态优美）为目标，加强公路的精细化养护，建设生态文明路，不断提升公路品质，在市公路系统开展的季度小修养护专项检查中两次获得排名第一。全年实际养护里程65.816千米，其中国道316线45.397千米，国道322线（原县道828线）20.419千米，大中小桥15座，隧道406米/1座，涵洞315道，全线路基边坡稳定，排水设施完善、畅通；路面整洁，病害处治及时；隧道、桥梁、涵洞等构造物保持完好状态；沿线设施较规范、齐全；路容路貌整洁、美观；养护作业规范，抢险应急机制完善，措施到位。市公路局下达国省干线优良路率88.8%，光泽全年自评国省干线优良路率89.22%。

**【公路小修养护】** 光司线、国道316线圣农大道白改黑路段（6.84千米）移交地方后，实际养护里程65.816千米，其中国道316线45.397千米，国道322线（原县道828线）20.419千米，大中小桥15座，隧道406米/1座，涵洞315道，全线路基边坡稳定，排水设施完善、畅通；路面整洁，病害处治及时；隧道、桥梁、涵洞等构造物保持完好状态；沿线设施较规范、齐全；路容路貌整洁、美观；养护作业规范，抢险应急机制完善，措施到位。市公路局下达国省干线优良路率88.8%，光泽全年自评国省干线优良路率89.22%。全年养护计划经费775.334万元（事业费、养护工程费），其中事业经费271.7875万元，截止11月份开支319.67万元，小修经费503.5465万元，截止11月份支出484.9854万元。

**【日常小修养护】** 全年路面保洁7372千米、整修边坡2330千米、清理边沟1164千米、清理桥梁261座次、隧道维护9744米、清理涵洞5345道次、修剪乔灌木62155株、修剪地被草皮74万平方米、农药300千克、肥料2.25吨。

**【标准化养护】** 疏枝透景约20千米、疏浚桥梁8座、制安箭头诱导标620面、制安三维涵帽40面、制安新建桥涵通道50米、挖环形沟10千米、路面标线109.57平方米。

**【小修专项工程】** 全年清理水毁溜方260立方米，修复路基构造物（砌体）3立方米，修复路基构造物（混凝土）259立方米，修复波形护栏60米，水泥路面修补385平方米，更换道口桩19根，修复标志、示警拄5面（根），新做涵帽25个、隧道洞门反光警示标志4面，更换桥隧信息牌30面等；桥梁预防性养护工作，投入资金2.15万元；国道316线路面清灌缝及裂缝修补2.1千米，投入1.5万元资金；专养县道828线提级为国道干线，修建涵洞通道167.70米、划设标线2042平方米，投入资金12万元。

**【小修养护管理标准化年活动】** 根据实际养护路况，将国道316线45.397千米建成标准化养护路段。按小修养护标准化要求加强路基、路面、桥涵隧、沿线设施、绿化等养护，进一步规范班站管理、机械管理、养护作业安全以及内业管理，加强日常养护及月查考核，使标准化养护路段成为光泽一张亮丽的名片。

**【预防性养护】** 在8月初全面完成国道路面病害修复，计240平方米；组织一线养护工人成立专业队伍采用清灌缝专用机械设备，对G316线失效的纵横缝进行补灌及裂缝修补，共计2100米；对G316线、G322线14座桥梁继续实施非结构性细微裂缝等桥梁预防性养护修复工作。选择国道316线华桥公路站开展小修养护成本分析，逐步核定标准化小修养护定员、预算，不断加强一线班站人员工效考核。

**【桥涵专项整治】** 继续开展“桥梁养护年”活动，完善桥涵专项整治工作，在规定时间内修复桥涵结构性细微裂缝或局部损坏，全面完善桥涵检查通道不落地、不彻底的缺陷，清除桥梁各部位杂草长草，对桥梁上、下游15米范围内河道进行疏浚，保持河道通畅。

**【小修养护管理数据库】** 重视信息化管理工作，及时更新水泥混凝土路面清灌缝、路面、安保、桥梁、绿化、排水系统、灾害防治、班站等数据库，做好养护管理系统、桥梁管理系统、路况采集系统、视频采集系统等数据的采集、维护、更新工作，确保数据真实、有效、准确。

**【绿化管护】** 按照“美丽交通生态公路”建设要求，建立公路绿化档案，明确绿化养护检查考评要求，定期开展打草、修枝、修剪，合理安排补植、施肥、治虫、浇水等养护管理。四月开始，组织养护职工启动2017年植树护绿活动，深入国道316线、322线补植移植紫薇、红叶石楠、红叶石楠球、红花继木等，推行公路绿化从单一绿化向多元绿化转变，打造公路生态景观。

**【桥隧管理】** 执行《福建省专养公路桥梁养护管理工作规定》，落实桥梁养护工程师制度、桥梁检查制度（日常检查、定期检查、特殊检查），8月中旬完成全线桥梁定期检查，9月份委托检测机构完成3座桥梁的特检，及时更新桥梁数据，全面落实桥梁养护管理责任，对每一座桥梁确定桥梁监管人、日常养护责任人；加强桥梁日常养护，加强重点桥梁监测监控，规范检查和技术评定，完善“一桥一隧一档”管理。

**【县道移交】** 根据《福建省普通公路归类移交接养工作方案》，市公路局完成与光泽县人民政府移交事项，明确相关事权，从2017年9月1日起，光司线（县道827线）光泽农工商岔口（K0＋000）至司前乡（K55＋200）计55.2千米养护里程由光泽县人民政府管养，移交事项包括路面、路基、构造物和沿线设施等资产及养护管理权，其中包含桥亭公路站、黄坊公路站两个公路站。移交接养公告已于8月27日在《闽北日报》刊登。国道316线和顺桥（K352＋308）至十里铺（K359＋148）计6.84千米兼有城市道路功能，经报请市公路局同意，于2017年4月25日，县公路分局与光泽县规划建设和旅游局签订《国道316线和顺桥至十里铺养护移交协议》。

**【专项工程建设】** 完成跨年实施的国道316线铁关桥危桥改造工程；完成国道316线境内水泥混凝土路面加铺工程5.4千米；完成国道316线吴屯桥危桥改造工程，工程自评合格率100%，项目总投资1145.27万元。其中，光泽国道316线水泥混凝土路面加铺工程列入南平交通百日攻坚项目，县公路分局成立项目建设百日攻坚行动实施工作领导小组，把工程作为当年工作的重点，强力推进，10月末该段水泥砼路面加铺主体工程顺利完工。

**【编制养护工程计划】** 止马公路站装修改造工程因方案变更，正在与设计单位沟通进行施工图设计。同时还按要求完成2018年南平市国省干线公路安全生命防护工程施工图设计工作。

**【安全管理常抓不懈】** 始终把安全工作作为头等大事来抓，强化组织领导，认真贯彻落实安全生产“党政同责、一岗双责、齐抓同管、失职追责”工作机制，层层签订安全生产目标责任书，制订严格的安全生产措施。为确保安全，在每月安全例会重点进行安全方面的思想教育工作，集中传达和学习交通部全国交通运输生产电视电话会议精神和省市相关领导会议讲话精神；按照上级统一部署，制定《普通专养公路行业安全生产大排查大整治工作方案》，重点落实2017年铁关桥危桥改造、册下至华桥水泥砼路面加铺等在建工程安全监管和督查；开展桥梁定期检查和安全隐患排查；要求施工和上路作业时严格按照养护施工安全作业标志指南做好安全布控；对附属设施和警示标志及时增设、更换、刷新，2017年公路养护安全生产态势平稳。

**【完善应急预案】** 重视建设公路应急抢险体系，完善公路安全防护设施，落实冰灾雨季抢险物质、机械、人员准备，做好值班巡路工作，同时加强与气象、交警等相关单位的信息对接和联动协作。组织2支抢险保畅通预备队，配备装载机4台（含社会），挖掘机4台（含社会），除冰机1台，撒盐机2台，发电机2台。储备工业盐7吨、碳酸氢氨1吨、麻袋500条、防滑砂20余立方。2月下旬，寒潮突袭，国道316线、县道827线（光司线）23千米路段出现大面积积雪，局部积雪厚度达到8厘米，车辆受阻。分局立即启动抗冰雪保畅通预案，组织沿线公路站职工上路抗冰雪保畅通，3个小时后，所有积雪均已铲除，确保公路运行安全。据统计，此次抗冰抢险投入劳力42人次、机械4台次、工业盐1吨、碳酸氢氨1吨。

（高其荣）

交警在316国道华桥冰雪路段提醒过往司机小心驾驶

## 农村公路管护

**【概况】** 全县农村公路总里程为1294.831千米（其中：县道207.301千米、乡道543.348千米、村道544.182千米）。全县7个乡镇和85个行政村的县、乡道已基本实现路面水泥硬化，形成以县城为中心，以国道、省道为主干道，县乡道为主体，乡村道为基础，纵横交错贯穿南北东西的交通网络。全县农村公路养护工作认真贯彻落实全县有关农村公路管理养护精神，采取有效措施，把农村公路管理养护工作放到农村工作重要位置来抓，通过全体人员努力，较好地完成了农村公路管理养护任务。各乡（镇）能按照《责任书》的要求逐一落实，群众对农村公路养护积极日益提高，养护质量较上年度有明显改善，较好地解决农村公路管理养护失管失养问题，确保全县的农村公路级级有人管，条条有人养。从9月1日起，县交通运输局将全县县道养护权实施公开招标，由专业养护公司养护，提高了养护质量。

**【基本情况】** 至2017年12月，全县农村公路里程为1294.831千米（其中：县道207.301千米、乡道543.348千米、村道544.182千米）。全县7个乡镇和85个行政村的县、乡道已基本实现路面硬化。初步形成以县城为中心，以国道、省道为主干道，县乡道为主体，乡村道为基础，纵横交错贯穿南北东西的交通网络。全县农村公路管养队伍共有专职管理人员18人（其中：县6人，乡镇11人）；道路养护人员人181人（其中县道20人，乡村道161人）。

**【建立长效养护机制】** 整合完善充实管理技术人员，由原2人扩充到6人（其中2人为路桥中级职称，4人为初级职称）。《光泽县农村公路管理养护办法》规定，县人民政府与各乡（镇）人民政府签订了《光泽县2017年农村公路、桥梁养护管理责任状》，将建设“四好农村路”工作纳入县委、县政府对各乡（镇）年终绩效考评内容之一，实现农村公路养护常态化管理。

**【加强日常监管】** 定期、不定期对全县农村公路进行检查和抽查，对检查和抽查中发现的问题及时给予反馈并按要求限期进行整改。2017 年 7 月中旬，县交通运输局组织考评组，对全县县道及 7 个乡（镇）管养的乡、村道路路进行考核，考核按照日常养护、公路养护机构及体制建立、机制运行、规章制度管理等方面进行。通过检查考核，各乡（镇）能按照《责任书》的要求逐一落实，群众对农村公路养护积极日益提高，养护质量较上年度有明显改善，较好的解决农村公路管理养护失管失养问题，确保全县的农村公路级级有人管，条条有人养。从 9 月 1 日起，将全县县道养护权实施公开招标，由专业养护公司养护，提高养护质量。

**【农村公路安保设施建设】** 农村公路管护工作重点向农村公路危桥改造和安保工程建设倾斜，全年改造危桥 6 座。新一轮农村公路安全生命防护工程完成 72.2 千米隐患路段整治，实现“政府为民办实事”的总体要求，道路交通安全事故发生率逐年降低，很大程度上改善农民群众出行安全问题，促进农村经济社会发展。

**【管护资金筹措】** 全县农村公路养护配套资金列入县级财政预算，配套的 284 万元足额发放到位。投入 95.28 万元为全县农村公路购买灾毁保险，灾毁公路修复资金有了保障。加大乡（镇）筹资力度，乡（镇）按照乡道不少于 500 元/千米，村道不少于 400 元/千米的标准配套养护资金，全年乡（镇）配套道路小修养护资金 55 万元。

（高其荣）

## 运输管理

**【概况】** 落实客运实名制，开展源头安检，客运站设立专门安检区域，客运站、公交等视频监控与公安系统联网对接；对“两客一危”车辆的动态监管，对超速、超范围经营、不按核定线路行驶、不按规定要求落地休息和不在线等五类报警实时监管，完成全县道路运输企业、车辆及从业人员基础信息排查清查工作；做好车辆信息查询，超速、超范围经营、不按核定线路行驶、不按规定要求落地休息和不在线等五类报警实时监管工作，全县入网车辆数 323 辆，纳入监控班线共 56 条，入网企业 14 家，接入运营商 7 家，全年客运量 83.52 万人次，货运量 74.4 万吨。城市公交车辆由 24 辆增加到 33 辆，新增公交线路 3 条、优化 2 条。制定《深化改革推进出租汽车行业健康发展的实施意见》及《网络预约出租汽车经营服务管理实施细则的通知》，全县驾培机构增至 3 家，教学车增至 71 辆，单月核定招生数量由 200 人增至 475 人。

**【运输行业管理】** 落实客运实名制，开展源头安检，客运站设立专门安检区域，客运站、公交等视频监控与公安系统联网对接；对“两客一危”（指从事旅游的包车、三类以上班线客车和运输危险化学品、烟花爆竹、民用爆炸物品的道路专用车辆）车辆的动态监管，对超速、超范围经营、不按核定线路行驶、不按规定要求落地休息和不在线等五类报警实时监管，入网车辆数 276 辆，纳入监控班线 56 条，入网企业 14 家，接入运营商 7 家。加强道路运输监管，对货运和维修企业加强安全监管，建立健全驾驶人档案、车辆技术档案

新建成的华桥乡客运综合服务站

和维修设备档案。强化安全生产督促检查，全年检查企业94家（次），发现69处安全隐患，下发整改通知书28份，收到整改反馈18份，进行复查18次，落实安全生产隐患排查治理闭环管理。提升运输服务质量，更新农村客运车辆2辆，更新出租汽车2辆，新增公交企业1家，开通公交班线2条，新增公交车3辆。审批许可2家机动车驾驶员培训机构，全县驾培机构增至3家，教学车增至71辆，单月核定招生数量由200人增至475人，不断满足人民群众驾驶培训要求。加强执法检查，全县路检巡查出动执法人员1908余人次，出动执法车辆455余辆次，检查客运站及企业137次，检查车辆3047台；水路巡查出动执法人员127人次，检查渡口29次，检查采砂船18艘次。受理办结投诉23起，立案查处违法违章行为180起，结案180件，计罚款（人民币）15.6万余元。规范出租汽车运输市场经营，报请县政府出台《光泽县人民政府关于深化改革推进出租汽车行业健康发展的实施意见》及《光泽县网络预约出租汽车经营服务管理实施细则》，以“乘客为本、改革创新、统筹兼顾、依法规范”为原则，促进巡游出租汽车转型升级、网约出租汽车融合发展，厘清责任单位，切实提升服务水平和监管水平。

**【排查企业资质】** 完成全县道路运输企业、车辆及从业人员基础信息排查清查工作，对《经营许可证》超期180天未换证、《道路运输证》超期180天未年审的经营业户、车辆进行清理。做好安全生产源头管控和安全准入工作，2017年注销届满到期维修企业9家、更换法人维修企业2家，按照道条、国标、部令等法律法规严格审查并许可1家公共交通企业、2家驾培机构、1家货运企业、7家三类维修企业，备案物流企业7家，纳入监管的经营单位由29家增加到36家（不含岭崇渡口）。

**【动态监控标准化监管】** 按照《福建省道路运输车辆动态监督管理实施办法》《福建省道路运输车辆动态监督管理考核办法》及《福建省道路运输车辆动态监督管理标准化手册》开展工作，实现车辆信息查询，超速、超范围经营、不按核定线路行驶、不按规定要求落地休息和不在线等五类报警实时监管，入网车辆数323辆（含省际客车6辆，市际客车5辆，旅游客车5辆，县际客车16辆，县内客车48辆，危货运输车6辆，出租汽车88辆，公交车33辆），纳入监控班线共56条（其中省际班线3条，市际班线4条，县际班线6条，县内班线43条），入网企业14家，接入运营商7家，下发动态监控通报26期，被通报对象涉及“三客一危”所有违规违法企业，召开动态监控监管专项协调会2次，督促企业落实企业安全生产主体责任。

**【提升行业服务水平】** 为切实保障“春运”“清明”“五一”“端午”“国庆”等节假日活动期间，广大人民群众出行安全，制定2017年道路春运、防汛、防台等各类工作方案。节假日期间，全县投放203辆车辆运输旅客，其中班线客车82辆，公交车33辆、出租车88辆，落实旅游客车4辆作为紧急疏运运力保障。投入4台客车，增开直达及接驳高铁、动车站班线，满足群众多种换乘方式和高效抵达的现实需求。

**【提升公共交通服务】** 城市公交车辆由24辆增加到33辆，新增公交线路3条（含圣农小镇专线）、优化2条，智能公交已初步实现，社区、工业园区、车站、景区等与公共交通接驳基本实现有效衔接，公交线网布局逐渐合理。

**【规范出租车营运】** 配合出台的《深化改革推进出租汽车行业健康发展的实施意见》及《网络预约出租汽车经营服务管理实施细则》，以“乘客为本、改革创新、统筹兼顾、依法规范”为原则，促进巡游出租汽车转型升级、网约出租汽车融合发展，厘清责任单位，切实提升服务水平和监管水平。县交通运输局、物价局拟定出租汽车调价方案，按照政府制定价格成本监审办法，测算运营成本，参加光泽县出租汽车营运价格听证会，并检查企业及驾驶员落实情况。

**【推动驾培行业转型升级】** 全县驾培机构增至3家，教学车增至71辆，单月核定招生数量由200人增至475人，全年小型汽车年培训量达2300余人，摩托车年培训量达2400余人。开展本辖区驾培机构布局规划暨驾培市场投资预警机制研究，向社会发布机动车驾驶员培训行业市场供求信息及投资风险提示的公告。同时，切实做好驾培“计时培训计时收费、先培训后付费”新型服务模式信息化建设工作，宣贯《南平市驾培新型服务模式信息化建设方案》，提升驾驶培训服务质量，推动驾培行业转型升级。

**【强化职业危害防治】** 落实《南平市职业病危害用人单位状况摸底调查工作方案》，有效防范和遏制职业病危害。向各汽车修理厂发放“职业健康宣传手册”和“关爱农民工职业健康折页”，宣传职业病防治的相关内容。配合县安监部门开展汽车维修保养行业职业危害防治检查工作，加强汽车维修有毒有害作业岗位职业卫生管理，强化职业病防治主体意识，履行法定责任和义务，建立职业卫生管理制度。

（高其荣）

## 交通安全管理

**【概况】** 印发《2017年道路运输安全生产与应急管理工作要点》《光泽县道路运输行业安全生产大排查大整治工作方案》《2017年光泽县道路运输系统重大活动安全保障和运输服务工作实施方案》《光泽县道路运输行业安全生产大检查工作实施方案》等有关安全、管理机制文件134份，做到交通安全有部署，有落实、有总结，推动安全生产工作系统化、规范化、精准化，不断提高安全管理工作水平，并与32家道路运输经营单位签订《安全生产目标责任状》。宣贯和落实新《安全生产法》《福建省安全生产条例》等法律法规，召集各企业参加季度例会及法律知识培训会，督促企业开展内部教育，落实企业负责人员和安全管理人员进行安全生产知识和管理能力考核工作。

**【落实交通安全责任制】** 制定有关安全、管理机制工作方面的文件134份，先后印发《2017年道路运输安全生产与应急管理工作要点》《光泽县道路运输行业安全生产大排查大整治工作方案》《2017年光泽县道路运输系统重大活动安全保障和运输服务工作实施方案》《光泽县道路运输行业安全生产大检查工作实施方案》等重要文件，做到有部署，有落实、有总结，推动安全生产工作系统化、规范化、精准化，不断提高安全管理工作水平。开展“安全生产大排查大整治”及“道路运输行业安全生产大检查”工作，年度检查企业230余家次，出动检查人员420余人次，发出整改通知书98份，发现安全隐患195项，目前已整改190项，整改率达97.44%，风险隐患排查治理工作成果明显。

**【双重预防机制】** 印发《道路运输行业实施遏制重特大事故工作指南构建双重预防机制实施方案》，开展安全风险分级管控和隐患排查治理双重预防机制工作，督促企业加强对从业人员的教育培训，使其熟悉掌握企业风险类别、危险源辨识和隐患排查方法与治理措施、应急救援与处置措施等，提升安全风险管控和隐患排查治理能力；加强对企业构建双重预防机制情况的督促检查，签订《自查自改承诺书》《安全责任状》，对排查出的隐患要求立即整改到位，实现把风险控制在隐患形成之前、把隐患消灭在事故前面。企业签订的三个阶段《企业安全生产大检查自查自改承诺书》83份，发现问题隐患151项，整改151项，整改率100%。8月份与32家道路运输经营单位签订《安全生产目标责任状》。

**【安全生产专项活动】** 结合“春雷行动”“雷霆行动”“安全生产大检查”“维修企业专项整治”“平安交通”“道安综合整治三年行动”“四个专项行动”（大检查专项行动、大整治专项行动、大执法专项行动、大问责专项行动）“大排查大整治”等专项行动，提升安全生产工作水平，开展隐患排查，确保行业内无非法经营、违法生产、违规操作等现象发生；重点开展四个专项行动，关注行业重点人员、重点问题稳控化解工作，及时成功化解出租车驾驶员越级群体上访、反映旅游包车拉客、过境班车带客等问题；加强货运物流企业专项整治。制定落实道路货运物流安全联合管控八项措施，严格做好2个100%工作。与辖区企业签订“2个100%”责任状

18份，承诺书105份，送达整改通知书14份。8月份，对物流企业开展4次压力测试，有效提高企业收寄人员的安全意识；开展防汛、防恐等安全应急演练5次，检验交通运输企业预案的有效可行，提高参与人员的应变能力。

**【重点领域专项整治】** 开展危货运输安全专项督查，排查全县危险货物运输业户1家，危化品运输车辆7辆，持有危货从业证驾驶员6人，押运员6人，掌握危货运输车辆装载情况；排查并整改各类隐患18处，加强运输车辆动态监控管理，所有在运营的危货运输车辆实现2个100%，即100%接入省厅联网联控平台，100% 24小时在线；全面对接应用省危险物品“一体化”安全监管平台。货运物流安全专项整治，落实道路货运物流安全联合管控八项措施，重点检查是否严格落实“2个100%”制度，与辖区企业签订“2个100%”责任状18份，承诺书105份，强化道路货运物流企业主体责任，对物流企业开展4次压力测试，提高收寄人员的安全意识。机动车维修市场专项整治，联合交通行政执法大队、公安、安监、市场监督管理局等部门开展专项整治行动，摸排辖区内无证照维修企业34家，下发一次性告知书及法律法规宣传单，要求无证企业在规定时间内完善相关手续，有10家企业依法申请机动车维修经营许可证，有5家达到开业条件并取得《机动车维修经营许可证》。驾培行业专项整治，结合安全生产大检查开展对驾培企业督查工作，印发《光泽县驾培行业管理和安全生产专项整治方案》，检查全县4家机动车驾驶培训机构（1家摩托车），主要检查信息公开、安全生产、档案、车辆、教练员、场地管理等制度落实情况，特别是对学员档案完整性进行详细检查，对教练员资质进行重新核查。出租汽车专项整治，重点排查辖区内3家出租汽车行业的矛盾纠纷，注重对行业重点人员、重点问题稳控化解工作，制定完善出租汽车行业“一对一”“点对点”的包干挂钩工作机制，根据出租汽车行业维稳方案，安排运管人员“一对一”“点对点”入驻出租汽车企业。

汽车站工作人员向过往旅客发放春运安全宣传单

**【完善应急管理】** 先后印发《春运应急预案》《重大活动期间应急预案》《防汛抗旱和防台应急预案》《卫星定位管理站突发事件应急预案》等，立足防范，落实责任，最大限度减少事故的损失，保障人民群众生命财产安全，实现道路运输工作“安全、优质、有序、畅通”的总体目标，建立和完善重特大事故应急救援体系。联合县消防大队在汽车客运站开展客运安全消防演练1次，组织货运企业开展防汛应急演练1次、消防演练1次，联合县公安局处突大队、交警、武夷股份光泽分公司、公交公司开展反恐怖应急演练1次，组织危货运输企业开展消防演练1次，联合鸾凤乡人民政府开展水上交通综合应急演练1次，检验企业应急预案的可操作性，提高行业管理单位和企业工作人员的应变能力。

**【交通安全培训】** 宣传、贯彻和落实新《安全生产法》《福建省安全生产条例》等法律法规以及《福建省安全生产事故隐患排查治理和监督管理暂行规定》《突发事件应急预案管理办法》《道路旅客运输及客运站管理规定》等相关安全生产规范性文件，召集各企业参加季度例会及法律知识培训会，督促企业开展内部教育，落实企业负责人员和安全管理人员进行安全生产知识和管理能力考核工作。全年开展道路货运物流安全管理培训班1期、道路危险货物运输安全教育培训班1期、道路运输车辆技术管理有关标准宣贯会1期、新《安全生产法》培训班1期、《反恐怖主义法》培训班1期，进行安全生产知识和管理能力考核1次。

**【交通安全教育】** 通过会议、宣传标语、宣传板报、电教片、培训班、安全宣传咨询日等形式宣传交通运输安全生产知识和交通运输安全的重要性、必要性。重点宣传“以人为本、安全发展”的科学理念和安全生产方针政策、法律法规，宣传安全生产先进典型，增强自觉维护交通运输安全秩序的意识，提高从业人员尤其是一线人员的安全意识和操作技能；按照县道路运输安全生产宣传教育工作计划，先后开展“安全生产月”“水上平安交通，安全伴我成长”、微信“随手拍”、文明交通进驾校“五个一”“安全宣传周”等宣教活动，通过悬挂横幅标语、LED滚动播放、发放宣传材料、设立咨询台、公告栏宣传、依托网络平台等方式实现宣传工作的全覆盖、立体化、高频率。交通安全信息在各类媒体发表50篇次，在2所小学开展水上安全知识进校园等活动，分别开展网络宣教、微信“随手拍”、播放安全生产宣传片等系列活动。组织全县道路运输行业企业进行安全生产知识和管理能力考试1次，举办安全方面的法律法规培训会1次、货运物流企业安全管理培训班1期，开展企业职业病防治培训讲座1次，开展道路危险货物运输专题教育培训1期。共发放宣传单300余份，《小学生交通安全教育读本》200余份，宣传文具50余套，《道路运输“安全生产月”宣传手册》300余份，播放安全生产宣传片400余次。

（高其荣）

## 交通综合执法

**【概况】** 开展以打击“黑车”非法营运为重点的全县客运市场整治行动和“春雷3号”专项整治行动。围绕道路运输“四个重点”，对“两客一危”、出租车和客运站、火车站等人流密集场所，加强日常路检巡查以及夜班巡查。同时加强对班线车不按规定线路行驶、站外上客以及出租车不打表收费、拒载、变相从事班线经营等群众反映强烈的问题进行查处；认真贯彻落实《安全生产法》等安全生产法律法规，开展安全生产隐患排查，确保交通运输行业安全生产形势稳定。全县路检巡查共出动执法人员1908余人次，出动执法车辆455余辆次，检查客运站及企业137次，检查车辆3047台；水路巡查出动执法人员127人次，检查渡口29次，检查采砂船18艘次。受理办结投诉23起，立案查处违法违章行为181起（其中道路运输99件、公路路政82件，涉及非法营运6件、客运违法违规12件、物流20件、动态监控4件等类型），结案180件，罚款（人民币）15.6万余元。

**【净化运输市场秩序】** 开展以打击“黑车”非法营运为重点的全县客运市场整治行动和“春雷3号”专项整治行动。围绕道路运输“四个重点”（机制健全为重点、路面管控为重点、排查整治为重点、强化宣传为重点），对“两客一危”（从事旅游的包车、三类以上班线客车和运输危险化学品、烟花爆竹、民用爆炸物品的道路专用车辆）、出租车和客运站、火车站等人流密集场所，加强日常路检巡查以及夜班巡查。同时加强对班线车不按规定线路行驶、站外上客以及出租车不打表收费、拒载、变相从事班线经营等群众反映强烈的问题进行查处。全年查处非法营运“黑车”6辆次，处罚班线违规经营行为6辆次，5月份对万顺公司存在非法经营行为再次下达整改通知书。加大机动车维修市场秩序整治力度，保护维修经营从业者和群众的合法权益，清理排查出34家（无证经营34家中，开展汽车维修类24家（补胎8家），汽车美容类6家，洗车类2家，油泵配件2家）违法经营线索。7月执法人员对全县摸排出的24家无证从事汽车维修的企业进行现场调查取证。全年累计出动执法员80人次、执法车18辆次，联合执法3次，深入企业门店47次，下发整改通知书34份。加强驾培市场监管，对驾校培训学时不足、一车超额配备学员以及部分教练员存在“吃、拿、卡、要”等问题开展摸排查处，责令驾校强化内部管理，作出服务承诺，查处从事异地培训的教练车辆，查实5辆违法违章车辆，依据有关法规进行处罚。

**【履行安全监管职责】** 全年开展或参与各类应急演练5次，参与突发应急处置2次。全县交通运输系统层层签订安全责任状，权责层层细化分解，明确安全生产管理职责及年度考核目标。执行责任追究制安全生产一票否决制，明确主要负责人是安全生产的第一责任人，对本单位的安全生产负总责，并结合实际制定了详细的安全生产考评细则。广泛开展交通安全生产宣传教育，加强对运输、物流企业的执法安全检查，4月份，县交通综合执法大队、运管所、汽车站、县消防大队等在县汽车客运站开展客运安全消防演练培训，结合“安全生产月”开展宣传工作，在醒目的位置悬挂安全生产横幅，电子屏滚动宣传交通安全知识，向群众发放宣传材料。深入交通运输企业及渡口开展隐患排查活动，特别是在“春节”“两会”“五一”等节假日及重要时段期间，以围绕落实安全生产两个主体责任，开展安全生产隐患大排查，及时消除安全隐患。全年深入交通运输企业78家次，排查隐患15起，下达整改通知书15份。

**【执法装备建设】** 开展交通综合行政执法大队装备标准化建设，9月份顺利通过省总队的复核验收。将装备标准化建设工作列入执法大队议事日程，多次召开专题会议，研究各项工作任务。每天有专人负责对工程进度拍照和视频图像资料的采集整理汇编，确保标准化建设工作保质保量完成；严把项目投入，本着节约保质保量建设项目要求，测算出装备标准化建设需投资67.2万元，其中站所装修装饰工程造价26.2万元；监测与指挥中心建设工程24万元；装备、设备采购安装17万元；执法场所做到了标志统一、布局合理、功能实用，执法装备配全配齐，五小工程全面提升，为执法干部职工营造温馨如家的良好氛围。

**【文明执法】** 对照“两类不规范行为”和“四种违规违纪行为”内容开展检查。坚持每周开展廉洁执法、文明执法的专题学习教育，学习相关文件和理论知识，学习法律法规等，坚决杜绝“捂案”“变案”“销案”和变相收取“保护费”的违法违规行为，提高执法队伍的思想认识和整体素质。县交通执法大队与执法人员签订《规范执法、廉洁执法责任书》，明确规范执法、廉洁执法的具体内容，并与个人年度执法评议考核和绩效评定挂钩；落实标准化建设，要求执法人员检查车辆时，要着装规范，先敬礼，使用文明用语，主动出示执法证件亮明身份。对违规车辆要告知驾驶员违反哪项法规，根据法规第几条进行处罚，要做好询问笔录，明确当事人姓名、车牌号、违法事实、处罚标准、当事人签字、开具处罚单、去指定银行交款，告知当事人行政复议机关、诉讼法院，维护当事人权益；严格按照程序，每处理一件违法车辆，都要求规范制作执法文书，书写工整，记录翔实，装订归档，有案可查，确保执法程序合法、文明执法；做好执法案卷评查，成立评查小组，每月开展一次案卷评查工作，对评查中发现的问题进行整改落实，努力提高案执法卷制作水平和行政执法能力；定期安排人员参加军训、业务培训以及执法资格证考试培训。

**【打击交通违法行为】** 2017年春运期间，县交通执法大队与交警、运管所等部门开展联查、联管、联防、联控执法，从严查处违法运输行为。出动执法车辆111辆次，出动执法人员378人次，检查车辆1084辆次，联合执法49次，巡查渡口2次。查处客运车辆违规2起，货运车辆违规11起，警告8次。共检查运输企业及场站7次，下发整改1份。接群众投诉举报3次，已及时处理办结，共发放宣传单2000余份，开展志愿者服务活动3次。加强水上交通安全管理，突出渡船渡口管理，严禁无证，无资质的船舶参与客运。全年组织4次深入渡口的“拉网式”安全检查，9月份与地方海事、乡镇等部门开展水上交通应急演练，有效地保证渡口运输安全。强化公路路政执法，制定《开展“雷霆1号”整治路域环境百日专项执法行动工作方案》，以国省道为主，重点对G316国道和禁止线进行现场摸排，形成问题清单，下达整改通知书13份，并与公路局路产路权所联合开展7次执法巡查，开展宣传4次。共拆除非法广告牌39块，清理路面违章堆积物120平方米，查处违章车辆7辆，查处擅自挖掘公路1起查纠桥梁安全保护区违法作业案件1起。开展道路运输行业安全生产大排查大整治工作，与运管所联合对全县道路客运、货运、运输站场、城市公交、出租汽车、机动车驾驶员培训学校和机动车维修等企业开展安全生产大排查大整治活动，重点整治道路运输企业主体责任落实情况、道路运输企业事故隐患排查治理机制和全面整治非法违法行为。及时制定重大活动执法保障方案，开展“春雷三号”等专项行动，加强对跨省客运车辆检查，及时了解光泽县出租车驾驶员因网约车影响客运市场秩序有上访的意向，召集部分出租车驾驶员座谈，安抚驾驶员情绪，组织力量对网约车进行治理，查扣未取得出租汽车经营资格车辆1辆；结合各专项行动，联合交警、运管、册下检测站等部门，加强值班值守，实行24小时在大队备勤备班，加大流动巡查，严厉打击“非法营运”、超限超载等违法行为；联合运输管理所对21家需备案企业进行摸排，并对有意向从事货物仓储、转运、代理的企业下发整改通知书，责令其在规定期限内到运输管理部门备案，无意向的企业限期到工商部门注销登记。强化危货企业监管，与运管所对辖区唯一一家危货企业开展检查，核实公司经营资质，对从业人员、车辆进行重新摸排造册；强化内河管控，与水利部门对辖区采沙场是否使用船舶采砂、船舶数量进行摸排，并联合水利、公安、电力、国土以及乡镇等对使用三无船舶的4家采沙场进行断电，切除动力装置处理。

**【超限运输检测执法】** 深化交通、公安部门为期一年的公路货车违法超限超载行为专项整治行动，全面落实交警、路政联合派驻和处罚记分制度，严格规范执法、文明执法，按照职责分工、规定流程和超限超载认定标准进行处罚、记分，集中查处三轴及以上货运车辆车货总质量超过限载标准的违法行为，切实做到不消除违法行为不放行。与每位执法人员签订《规范执法、廉洁执法责任书》，落实职责，加强监管，接受监督，执行“追责办法”，打造“政治坚定、素质优良、纪律严明、行为规范、廉洁高效”的执法队伍。贯彻执行治超执法有关要求，禁止下达治超罚款指标等趋利执法任务；严格实施“一超四罚”（一超四罚是指，货运司机超载被抓后，将进行四项处罚），治超“十不准”（不准制定和执行与全国统一超限超载认定标准不一致的地方标准；不准无执法资格人员实施行政处罚、行政强制措施等执法行为；不准超出法律法规规定的范围实施行政检查和行政处罚；不准制定和执行罚款收缴合并的制度；不准利用职务便利，以各种形式收受当事人及其委托人财物；不准对同一违法行为进行重复罚款；不准对违法超限超载车辆只罚款不卸载；不准违规收取超限检测费、停车保管费、通行费等费用；不准超期扣留违法超限超载车辆不作处理；不准在公路超限检测站以外现场处罚车辆超限超载违法行为，原则上所有对货车超限超载违法行为的现场检查处罚一律引导至公路超限检测站进行）和“五坚持”（坚持长期作战思想、坚持履行治超职责、坚持治超责任追究、坚持部门协调配合、坚持长效监管机制）原则和“八项制度”（违法超限超载车辆未卸载到位不得放行；车货总质量超过限定标准的违法统一由公安交管部门实施处罚；严格规范罚款处罚；罚款收缴分离；行政执法公示；执法过程全记录；重大执法决定法制审核；运政人员不再单独上路检查货运车辆）规定等。截至12月底，检测车辆16220辆，处罚车辆143辆，卸载吨数1457.6吨，扣分485分，罚款84300元。

**【健全应急处置制度】** 建立应急处置预案，为应对道路交通突发事件，提高交通执法预防和应对能力，控制、减轻和消除公路交通突发事件引起的严重社会危害，保护人民生命财产安全，保障公路安全完好和畅通，制定印发《道路交通突发事件应急预案》，明确机构、职责、措施，建立应急值班备勤制度和突发事件应急处置联络员通讯录。

**【做好信访投诉受理】** 规范投

诉受理工作，采取专人负责，电话24小时在线受理方式，及时处理群众投诉举报。及时成功化解国安局抄告的出租车驾驶员上访动向，武夷客运公司反映旅游包车拉客、过境班车带客等问题。全年受理投诉22起，均已办结。

**【交通执法宣传】** 全年印制各类宣传单及宣传画册7000余份，制作宣传横幅7条，宣传展板5个，开展各类宣传15次，还在各类媒体发表信息54篇次。5月份是路政宣传月，5月15日开始，会同公路分局、公安交警、册下超限检测站等部门，围绕“爱护公路，服务出行”主题，在国道316线册下路段、华桥乡政府所在地、华桥村等开展路政宣传活动。分发宣传资料300余份，接受现场咨询40余次，悬挂路政宣传横幅3条次。5月24日，到止马镇中心小学，开展水上安全进校园宣传活动，在学校张挂安全防患宣传图片，还结合近年来辖区发生的青少年儿童溺水事故，为五年级段全体学生上一堂防溺水安全教育课，教育学生远离水库、池塘、河边，不要擅自下水游泳、戏水，面对面地向同学们讲解防溺水知识，并通过一个个实际案例的分析与同学们之间的互动有奖问答的方式，向同学们讲解预防溺水的基本方法、下水游泳前的准备工作、救生衣使用等基本的溺水救助常识，让广大学生掌握溺水时应该采取的救助方法。制定《2017年安全生产月活动方案》，开展以“全面落实企业安全生产主体责任——压实企业安全主体责任，助力平安交通纵深发展”为主题的安全生产月宣传活动。6月19日，与地方海事处联合到崇仁乡中心小学，针对夏季儿童溺水安全隐患，开展水上安全宣传，以趣味有奖问答形式组织学生听讲课、看图片等。发放宣传材料500余份，接受解答咨询60余次，悬挂宣传横幅2条次。12月4日在册下，联合交警和册下检测站，开展“弘扬宪法精神，构建和谐社会”主题的宣传活动。12月18日在城区西关圆盘、新华都超市路口以及火车站等重要路段，联合交警、光泽电视台，开展整治网络预约车宣传活动。发放宣传村料500余份，接受解答咨询100余次，悬挂宣传横幅1条次。

（高其荣）

## 铁　路

**【概况】** 2017年光泽火车站完成旅客发送10万人，客运收入845.94万元；货运发送11.8万吨，货运收入1488万元。针对安全管理、制度落实、现场作业等方面存在的不足和问题，进行梳理、排查、研判和落实卡控措施，有效地将安全风险防范工作前移，努力将车站安全隐患问题消灭在萌芽状态，作业执标水平得到进一步的提高，车站安全工作得到有效的保障，车站实现运输安全1606天。

**【基础设施】** 光泽火车站位于福建省光泽县鸾凤乡坪山村境内，在鹰厦线鹰潭—邵武区段，管辖里程由K115＋435至K116＋890。车站共有30条线路，其中接发列车股道5条，Ⅱ道为正

2017年5月10日，福建省铁路护路办常务副主任陈恳、南平市铁路护路办主任李辉一行到光泽调研铁路护路工作

线，一、三、四、五道为到发线；道岔总数为40副，南头18副道岔，北头22副道岔，电动32副、手动8副。车站上行进站信号机设于116千米890米，下行进站信号机设于115千米435米，联锁设备为DS6－11型计算机联锁设备。车站设有牵出线调车设备，有固定调车机车，由型号为DF4或DF5的内燃调度机车进行调车作业，配有用于指挥调车作业的固定机控器2台，型号为HF—5A；便携式机控器2台，型号为HF－5B；调车无线灯显电台15台，型号为TK—378G；录音电台1台，型号为GP—88；数字语音记录仪（调车区长台）1台，型号为SLF—II，频率均为MHZ413.400。车站配有视频会议系统一套；车站供电来源于贯通电，属于一级供电，主要用于车站岗位设备用电，有备用电源，备用电源来源于地方电，属于一级供电．

**【客运设施】** 车站有客运站台2个、其中一号站台长400米，宽8米、高0.4米、雨棚长度350米。二号站台长400米，宽8米、高0.4米、雨棚长度30米；候车室1处，面积336平方米，可容纳300人，候车室内设有广播；进站口、出站口及地道均设有引导标志，并配备有引导旅客上车的引导表示牌；售票厅1处，面积66平方米，设有电子客票系统1套（电子计算机1台、打印机1台、服务器1台）。车站有整车仓库3座，货位17个，总面积1680平方米；货物高站台1个，货位5个，总面积1425平方米；堆场1个，货位13个，总面积6253平方米；货2线设有龙门吊，用于装卸木材及笨重货物，一次作业次数8辆。

**【机构人员】** 车站属南平车务段管理的车间级单位，设有运转班组、客运班组、货装班组3个生产班组。车站管理机构设有行政、党总支、工会支会、团支部。管理干部设有站长1名、书记1名、副站长1名、主任业务员1名、助理工程师2名、安全员1名、班组书记1名、支会主席、团支部书记各1名均为兼职。车站共有职工76人（管理7人，行车职工32人，客运职工25人，货装职工12人）。

**【运输业务】** 全站干部职工积极履行工作职责，认真完成各项工作任务，全年任务完成情况见表：

**2017年火车站主要任务完成情况表**

| 分类　项目 | 年计划 | 实际完成 | 完成年计划％ | 同比＋、－％ |
|---|---|---|---|---|
| 发送旅客（万人次） | 12.000 | 10.0028 | 83.35 | －21％ |
| 货运发送（万吨） | 12 | 11.8 | 98.3 | －0.2％ |
| 客运收入（万元） | 1500.000 | 845.9376 | 56.4 | －9.33％ |
| 货运收入（万元） | 1400 | 1488 | 106.28 | －2.61％ |
| 净载重 | 55 | 28.3 | 51.4 | －49.1％ |
| 停　　时 | 18 | 18.6 | 96.7 | 9.7 |

**【安全生产】** 车站以春运、暑运、“十一”黄金周、十九大召开、安全大检查等关键时期各项工作为抓手，采取主要领导跟班方式，从现场的安全检查、卡控入手，采取录音抽听分析，跟班作业盯控、关键时段检查等多种手段和形式，突出接发列车安全、施工作业、劳动安全、车辆防溜以及专用线调车的调车安全工作重点，开展百日安全主题及安全生产大检查活动、以“规范化、标准化”建设活动以及调车、防溜防撞、接发列车、劳动安全、施工、货装等专项整治活动，强化作业的执标力度，努力将安全质量检查，安全评估究责，人员素质建设、设备质量保障和安全管理做实、做细，车站强化货物装载加固方案的落实，新增装卸集装箱业务，要求货装现场作业及管理人员切实加强对货装作业过程的盯控检查，盯住开班、收班关

键时段，抓好拍照存档制度的落实，确保货装作业的安全可控。车站全体作业人员自觉地执行作业安全操作规程，将车站安全隐患问题消灭在萌芽状态。针对车站安全生产工作实际，结合运输安全管理、经营工作特点，制定和完善各项安全生产管理制度，细化现场作业的安全卡控措施。截至12月31日，车站实现运输安全1606天。

（张发钱）

## 邮　政

**【概况】** 全县邮政共有3个班组、3个城关邮储网点、5个农村支局、3个代办所，开通农村投递邮路28条，行政村通邮率达100％。2017年邮政工作围绕转型目标，抓发展不放松，抓创新不停步，邮政各项工作取得成效。累计完成业务总收入2150万元，完成预算94.74％，比增2.86 ％。累计完成收支差436万元，完成预算100％。建立完善各项规章制度，企业福利费、三项补贴、会议费、招待费等成本费用达到管控要求。加强自主检查，改善服务质量，提升规范化服务水平，全年未发生违反“两条红线”案例，国家邮政局申诉处理满意率100％。

**【邮政通信简介】** 至2017年12月，光泽县邮政分公司有干部职工125人，内设2个部室（综合办公室、市场营销部）、4个业务中心（金融业务中心、集邮与文化传媒中心、渠道平台中心、包裹快递中心）；共有3个班组、3个城关邮储网点、5个农村支局、3个代办所。全县开通农村投递邮路28条，行政村通邮率达100％。

**【代理金融业务】** 主动适应新形势，加快业务结构调整，在力促余额增长的基础上，加大中间业务和资产类业务的发展力度，取得初步成效：截至12月31日，期末余额89157万元，跨年度余额净增9811万元，完成跨年度确保档目标的99.1％，保险净增3430万元，其中期缴930万元，实现保险收入163.5万元。对账短信完成收入63.9万元，净增3214户，完成率为84.6％。

**【业务转型升级】** 按照市公司的统筹安排，1月份开展“邮政喊您来过年”，5月份开展“端午粽飘香，感恩回馈季”，8月开展“大干二十天，提前夺目标”余额专项竞赛等活动。扎实开展转型活动，树立“以客户为导向，以活动为手段”的经营理念，以节假日为契机，做好常态化营销，扩大基础客户规模，全县基础客户达17982户，全年新增基础客户558户，基础客户新增余额9861万元。定期开展夕阳红月月生日会活动，用心维护夕阳红客户，提升夕阳红品牌影响力。全县新增夕阳红会员375名，达标会员133名。

**【包快发展迅速】** 2017年全县累计完成包快收入88.22万元，比增22.21％，位列全市第八。其中电商包裹收入55.89万元，比增209.82％，位列全市第二。“双十一”期间共收寄电商快包5559件，同比增幅127％，完成率位列全市第三。

**【文化传媒和集邮】** 开发水利局“3.22世界水日”水法律法规和水利知识宣传邮简，实现收入0.23万元；开发档案局关于

邮政职工进行邮件包裹装卸分拣

纪念“6.9国际档案日”宣传邮简，实现收入0.23万元；加强和地方合作，将函件节日营销与服务地方经济相结合，依托政府项目成功开发县政法委综治办关于“公众安全感电话调查知识问答”的制作，实现收入8800元；制作杭川镇计生服务中心制作“全国实施一对夫妇可生育两个孩子政策”宣传邮资邮简，实现收入1.5万元；与医保中心制作医保账单，实现收入2.95万元。1月5日，在圣农假日酒店举行主题为“不负信赖·激情飞扬”的《丁酉年》特种邮票首发揭幕仪式，次发行的丁酉年生肖邮票是我国第四轮生肖邮票中的第二套生肖邮票，《丁酉年》特种邮票1套2枚，图案名称为意气风发、丁酉大吉，全套邮票面值2.40元。此外，还举办“百日攻坚战”采访活动仪式以及第二届“朱子文化进校园”中小学生书法现场大赛等活动。对接“预防职务犯罪邮路”项目，举办“预防职务犯罪邮路”启动仪式，制作宣传册、邮资信封、微信朋友圈广告等共实现收入1.64万元；中秋节成功举办“中秋啤酒节教师专场”活动共销售电影票112张。

**【传统邮政业务】** 开展主题营销活动，通过开展“酒水评鉴会教师专场”“邮味中国年年货节”“思乡月”“福至新春产品营销会”等活动，强化商业联动、商家联盟，有效组织邮政客户服务节、商演会展等，开发个人消费市场，带动邮政产品销售。在“思乡月”营销工作中，实现月饼销售额17.8万元，完成市公司下达计划的121%。推进电商业务发展，电商产品上线，注册邮乐小店946家。

**【加强企业管理】** 推进ERP系统完善，完成预算、投资、采购、资金等模块上线工作，为财务、业务和投资核算工作提供支撑。建立完善各项规章制度，欠费与去年同期相比下降30%（扣除已到账，未确认资金60万元），福利费、三项补贴、会议费、招待费等成本费用达到管控要求。加大基础能力建设力度，突出投资效益，筹集资金对金融网点进行优化，提升企业竞争力。

**【优化人力资源】** 加强劳务用工的管理，增员向竞争性业务倾斜，支撑重点专业的用人需求；完成岗职工劳动合同签订工作，劳动合同签约率和劳务用工派遣率均达到100%；激发全员学业务、学技能的热情，形成“学业务、强素质”良好氛围；围绕职业技术鉴定、岗位练兵，创新培训模式，全年培训从业人员975人次，员工履岗能力得到增强。

**【规范安全服务】** 加强自主检查，改善服务质量，提升规范化服务水平；重视服务管理，落实政府部门监管要求和新标准的贯标工作，全年未发生违反“两条红线”案例；强化服务投诉管理，国家邮政局申诉处理满意率100%；开展“平安邮政”创建活动，针对重点环节加强事前预警和防范，抓好金砖会议等特殊时期的安全保障工作；强化金融风险管控，实行机构违规积分管理，督促强化合规管理工作，深入开展“一个加强、两个遏制”专项检查和民间借贷风险排查整改“回头看”等活动，金融风险管控得以强化。

**【关爱企业员工】** 开展“职工小家”建设活动，按照“五有”标准开展建设工作，对区乡支局职工小家统一配备热水器、电磁炉、餐具、桌椅等家用电器和生活用品，解决区乡支局职工吃饭难的问题。在高温酷暑天气，为全体员工发放防暑药品，确保职工身体健康，保证企业正常生产。组织78名职工参加体检；行政出资为128名在职职工参加市总工会的职工医疗互助活动，63名女职工参加女特病互助活动。

**【文明创建】** 光泽邮政分公司开展创建第十三届省级文明单位活动，响应县文明办部署的各项工作，完成全司在职员工100%注册福建志愿服务网，壮大志愿队伍，规范志愿活动。开展常规性和形式多样化的志愿服务活动，响应县委县政府的政策要求，开展“送温暖”活动，为“精准扶贫”挂点的李坊村16户低保贫困家庭送去资金扶助，提高邮政文明程度和邮政服务社会满意度，夯实创建的基础工作，11月顺利通过十三届省级文明单位考评，被评选为福建省第十三届省级文明单位。

**【党风廉政建设】** 结合工作实

际，完善政务公开，优化服务流程、提高工作质效。在单位的固定场所开辟党务政务公开栏，引导党员自觉发挥先锋模范作用，提高服务质量和“马上就办”执行力度。严格实行党风廉政建设责任制，坚持“两手抓、两手硬”的方针，坚持把党风廉政建设和反腐败斗争与实际工作一起部署、一起落实、一起考核。严格遵守廉政各项规定，坚持民主集中制，对全司重大工作决策和人事任免都由党支部和司务会集体研究决定。深入推进创新学习型企业，抓好员工教育培训，加强前台营业人员的业务能力，提升服务水平，同时定期下发政治学习计划，巩固基层员工的思想根基。

（何丽翠）

## 速递物流

【概况】　光泽邮政速递物流全力做好揽投邮件工作，调整发展结构，保持平稳较快的发展，全年快递收入同比增长25%，列南平市邮政速递物流公司第五位。运营质量稳步提升，居位9个县市营业部第一。获2017年南平市邮政速递物流优秀营业部，获2017年南平市邮政速递物流省际标件“提质增量”优秀奖。

【速递物流机构】　福建速递物流股份有限公司南平市分公司光泽营业部于2010年6月28日注册成立。地址位于光泽县文昌路45号，共有职工13人，内部处理2人，按片区分成8个揽投段道和1个替班段道。业务种类有国际、国内标准快递、快递包裹、代收货款、收件人付费，返单、回执业务、礼仪配送、物流等业务。邮件寄达范围遍及全国31个省（自治区直辖市）的所有市县乡（镇），通达包括港澳台地区在内的全球200余个国家和地区。光泽邮政速递物流全力做好揽投邮件工作，调整发展结构，保持平稳较快的发展，全年快递收入同比增长25%，列南平市邮政速递物流公司第五位。运营质量稳步提升，居位9个县市营业部第一。荣获2017年南平市邮政速递物流优秀营业部。荣获2017年南平市邮政速递物流省际标件“提质增量”优秀奖。

【员工培训】　加强从业人员的安全教育和业务知识培训，保证从业人员具备作业所需要的条件，进一步规范培训管理，提升培训质量，达到员工培训常态化，每月执行一次邮件安全法律法规常识的学习，每季度安排8个课程进行邮件揽收、投递、特殊业务揽投注意事项、EMS产品优势推介、服务规范、着装规范等一系列的业务知识培训及规范模拟操作，来提高员工的综合素质。还与光泽县城关派出所签订了安全生产责任书。

【邮件安全】　完善安全防范设施建设，在邮件，快件收寄、分栋、运输等营业场所，处理场所安装监控设备，确保全天24小时运转，监控资料保存时间不少于30天。邮件收寄，分栋，运输、投递环节有专人负责，全程落实，封闭上锁跟踪定位，品牌标识等技能手段。严防邮件被调包，夹寄禁寄物品或邮件的丢失，确保邮件万无一失。

【服务管理】　按照上级公司领导的工作部署，实行段道揽投合一，履行“情系万家、信达天下，的使命，贯彻“迅速、准确、安全、方便”八个方针，做好普遍服务和特殊服务，为社会提供优质的寄递，满足人民群众的需要。一方面持续做好外包装加固打包，贵重产品、茶叶保价等增值服务；另一方面做好大客户和贵重邮件的主动跟踪查询，不断提升对异常邮件的处理能力和主动反馈机制，改善客户的体验。

【实名制管理】　按照国家邮政局的相关要求，为确保寄递渠道和人身财产安全，维护公共秩序稳定的重要措施，我们主动宣传对外告知义务，对协议客户：与协议客户签订《寄递安全保障协议》，电商客户类提供网店名称，网址及店主有效身份证件原件，核对无误后留存复印件。单位客户提供法人营业执照，组织机构代码证，核对无误留存复印件。散户：在上门揽收或网点收寄环节，揽投员指导客户正确填写详情单，核对客户提供的有效身份证与详情单填写的姓名是否一致，核对无误后，将邮件号码与客户有效身份证号码抄录在《实名收寄登记表》里，按日档案管理上缴保管，禁止无关人员随意查阅，确保客户信息不外泄。对于暂不能或拒绝提供有效身份证的，坚决拒收。

**【安全生产】** 将安全生产放在企业生产经营第一位，按照“谁主管、谁负责”原则，层层落实安全生产责任。严格执行邮件收寄时“先验视”后“封箱”验视制度。明确不同种类物品的验视方法，验视标准，在邮件、快件上加上已验视的戳记。在收寄过程中，应提示用户如实填写寄递详情单；应当面验视交寄物品，检查是否属于国家禁止或限制寄递的物品并核对寄递详情单内容；用户拒绝验视、拒不如实填写寄递详情单及发现用户寄递国家禁止寄递的物品，应拒绝收寄。如有发现侵权假冒商品、黄色非法出版物、毒品、枪支弹药等立即向邮政管理局及相关部门报告。严格保守用户信息。积极配合邮政管理局、公安等部门的安全监管工作，发现利用寄递渠道从事违法犯罪活动的，立即报告相关部门，并做好现场保护。自觉遵守劳动纪律和企业各项规章制度，未发生邮件盗窃、毁邮丢弃、隐匿、私拆等涉及邮件安全责任事件，未发生资金贪污、挪用、截留等违法违纪案件，未发生消防安全、交通安全等重大责任事故，未发生员工违法犯罪案件。

（胡兰玉）

# 商贸流通

## 商业贸易

**【概况】** 2017年，光泽县认真贯彻落实省政府《关于促进内贸稳定发展九条措施》等系列政策，全年实现社会消费品零售总额22.01亿元，比增9%，增幅排名全市第七位，呈现增速上升趋势。落实三产发展工作，推进第三产业发展，印发《光泽县人民政府办公室关于下达光泽县2017年度第三产业目标任务的通知》。建立健全限上企业管理台账，做好当年注册及往年注册企业跟踪摸底工作，做到应统尽统，全年新增限上商贸企业5家、规上服务企业2家。同时，定期不定期召开企业碰头会、分析座谈会，共同研究解决商贸流通业统计中出现的新情况、新问题。引导鼓励电商发展，打造武夷纯然生态食品项目，建成以光泽本土特色生态农产品为核心，以“O2O”形式推广，集中展示、体验、销售线上线下相结合模式，推广农特产品，加快农村电商发展，带动一批电商企业做大做强。把“菜篮子”工程作为一项为民办实事重要工作，全年新发展常年蔬菜种植基地12公顷，占全年任务数105%，完成投资360万元。全年进出口累计完成8472.12万美元，同比增长36.64%，增幅列排名全市第一位；其中，完成外贸出口6519.67万美元，同比增长8.33%，完成外贸进口1952.44万美元，增幅971%。

**【第三产业】** 落实三产发展工作，加快推进第三产业发展，印发《光泽县人民政府办公室关于下达光泽县2017年度第三产业目标任务的通知》，及时督促各部门做好三产指标落实工作；建立政府、部门、企业定期沟通会议工作推进机制，加强三产推进工作跟踪督查，把握指标运行态势，做到精准施策，有效引导，发现问题，及时解决。2017年，第三产业完成22.01亿元，增长9.5%，比2016年增速提高3.3个百分点。

**【重点项目】** 推进冷链物流产业发展，闽北冷链物流专业园落地光泽。该项目位于鸾凤河谷和顺工业园区内，总占地面积约为66.67公顷，分三期建设。物流园立足南平，辐射华东片区乃至全国，汇聚各地优质果蔬、粮油、畜禽产品、水产品、林产品及其他农副产品，畅达全国各地，打造闽赣边界农副产品的集散中心。目前该项目完成项目选址，并委托同济大学建筑工程设计院完成项目建议书、项目可行性研究报告编制、冷链物流园总体规划，同时按PPP项目建设方式，根据招投标管理规定和程序，完成项目实施方案、物有所值评价与财政承受能力两论编制。完成征地24公顷，第一期5公顷土地已报批，并进入拆迁阶段。

**【电商发展】** 引导鼓励电商发展，打造武夷纯然生态食品项目，建成以光泽本土特色生态农产品为核心，以“O2O”形式推广，集中展示、体验、销售线上线下相结合模式，推广农特产品。加快农村电商发展，全年新

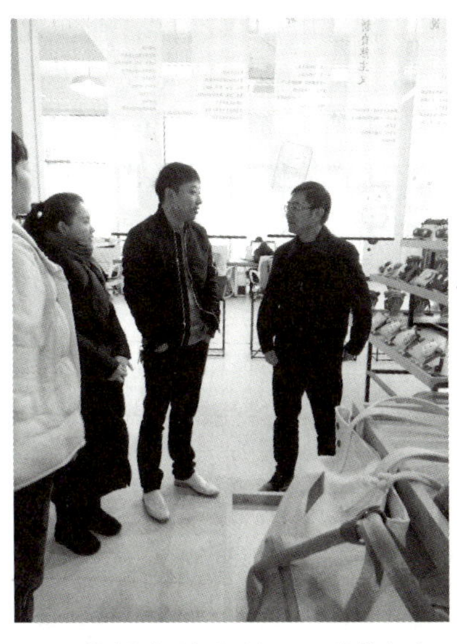

2017年12月11日，县长赵大建调研梦想家电子商务

建8个村级服务站，大力支持“农村淘宝”“乡城品”“巧八婆”等电商平台推广推销光泽生态食品，带动一批电商企业做大做强。加大农村电商培训力度，借助阿里巴巴农村淘宝向淘宝合伙人提供系统化培训，为推进电商发展奠定人才基础和提供技术保障，全年开展各级各类培训共48期1256人次。同时，引导鼓励外贸出口企业开展网上交易、网上订单，有5家企业开展网上国际贸易业务。

**【民生工程】** 把“菜篮子”工程作为一项为民办实事重要工作，全年新发展常年蔬菜种植基地12公顷，占全年任务数105%；完成投资360万元。其中新建智能温控大棚蔬菜种植基地4公顷，占全年任务数109%；新增季节性蔬菜种植基地36.67公顷，占全年任务数110%。

**【市场监管】** 联合安监、公安、消防、市场监督等部门，加强对民用爆炸物品行业、成品油、典当业、拍卖业、二手车和报废车企业等市场监管。全年开展各种检查24次，出动车辆48台次，出动人员120人次，下发责令整改通知书8份，已全部整改到位。

**【鸾凤武夷纯然生态食品园】** 位于鸾凤乡中坊村，由福建武夷纯然发展有限公司投资建设，总投资33000万元，其中土建投资23000万元，设备投资10000万元；项目占地面积100万平方米，其中耕地100公顷，主要建筑物建筑面积200000平方米。项目含生态农业、物流、线上O2O销售和食品检测板块，建成后预计年产大米、蔬菜等产品5000万吨。项目特点：销售模式新，项目采用O2O销售模式，建立线上线下销售体系，以直营店以及光泽县生态食品名城O2O展销中心等销售平台，配合线上淘宝店以及公司自有线上平台，提供定制蔬菜、定制菜园和定制庄园三种套餐满足不同市场的需求，实现从菜地到餐桌24小时可控服务；安全体系优，项目与县政府签订合作协议，并与福州大学达成战略合作框架协议，共同打造生态食品名城农业检测中心，与福州大学化学学院合作设立化学分析专硕点，与福建省农科院达成初步技术合作意向，设立农业部农业质量标准与检测分析研究所，旨在打造地区性食品安全检测第三方权威机构，有力推进光泽县及周边区域特色原生态农产品质量标准化，产品规范化；产业链完善，该项目建设采购中心、基地运营中心、乡村服务中心、食品初加工中心及仓储物流中心、新材料研发中心、农产品检测中心，打造武夷纯然生态食品园，实现农产品从种植、采收、加工、运输、存储、配送、销售、检测等全过程规范管理，形成较为完善产业链条。项目完成投资500万元，生态农业板块启动建设，种植优质大米66.67公顷，各式蔬菜20公顷，10公顷大棚建设已开工建设；物流板块完成项目选址并动工建设；线上O2O销售板块已在福州运营半年；食品检测板块正同高校以及农业局协调相关设备引进。

（曾立平）

## 供　销

**【概况】** 2017年，供销工作坚持稳中求进，以打造“中国生态食品城”建设为主要目标，扎实推进供销社综合改革，持续抓好基层组织建设、项目建设、流通经营网络建设。确定寨里供销社、城关供销社为综合改革试点，拓展新型业态和农村合作经济发展新路子，全面完成基层社恢复重建，实现乡镇供销社全覆盖，通过强化提升，努力把基层社建设成为“有阵地、有人才、有服务、有实力”的“五有”为农服务载体。开拓为农服务新领域，全年实现商品购进总额商品购进总额15.25亿元，其中农副产品购进3.18亿元，商品销售总额17.64亿元，消费品零售额14.04亿元，生产资料销售1.2亿元。实现利润总额835万元（含开放办社企业），各项工作继续保持良好态势。广泛开展“满意在供销，送肥到田到户”便民活动，全年供应化肥1.5万吨，送肥下乡3600多吨。注册供销社电子商务责任有限公司，稳步推进电子商务服务平台建设，建设乡镇农村电商综合服务站5个，实现线上线下融合，形成上下贯通、左右配合运行机制。围绕特色生态农产品，大力发展农民专业合作社，充分发挥农村合作经济组织联合会作用，创办专业合作社15家，不断完善农村社区综合维修服务建设，投入30多万对综合维修网络进行升级改造，共同开发新建乡镇维修站1个，村级维修点1个。以“新网工程”建设为抓手，加快经营网络建设，新建乡镇综合网点3个，新增农资网点3个。2017年，县供销社荣获南平市供销社创业竞赛三等奖，李坊供销社、华桥供销社被评为全省基层供销社标杆社，寨里闽光食用菌专业社被评为全国总社示范社，武夷绿园蔬菜专业合作社被评为省供销社示范专业合作社。

**【综合改革有成效】** 认真贯彻落实省、市《关于深化供销合作社综合改革的实施意见》，6月8日，印发《光泽县人民政府关于深化供销合作社综合改革的实施意见》，为全县供销合作社推进综合改革提供良好政策保障。全县供销系统围绕综合改革目标，积极作为，因地制宜，在创新体制、机制，强化为农服务等方面进行大胆探索。寨里供销社“合作社＋农机服务社”、华桥供销社土地托管为农增收等模式，探索推进全县供销社综合改革步伐。

**【探索改造基层社】** 县供销社在全面完成基层社恢复重建，实现乡镇供销社全覆盖基础上，坚持开放办社，主动探索改造基层社，密切与农民利益联结，提升经营服务能力。如寨里供销社通过“合作社＋农机服务社”等多途径推进体制创新，大力发展农民专业合作社联合社和农村综合服务中心建设，与专业合作社融合发展；华桥供销社通过资本、土地经营等合作方式，开展土地托管、代耕代种等有益尝试；司前供销社通过“三旧改造”充分盘活原有陈旧资产，拟新建农副产品批发交易市场，多元化提升农村综合服务能力，拓展服务领域，在提供农资、日用品供应的同时，开展综合维修、文体娱乐、电子商务、生态旅游等多样化服务。通过强化注重提升，努力把基层社建设成为“有阵地、有人才、有服务、有实力”的“五有”为农服务载体。

**【农资供应保质量】** 扎实抓好2016～2017年度化肥冬储计划落实，全县供销系统筹措化肥储备资金600多万元，调入化肥储备3600多吨，超额完成市发改委下达全县2016～2017年化肥储备3000吨任务。在做好储备同时，创新服务方式，大力开展农资科技下乡活动，利用乡、村赶墟日，积极开展“满意在供销，送肥到田到户”便民活动，宣传党的惠民政策，开展农资科技咨询和新肥新药的推广，化肥供应1.5万多吨。注重农资质量监管，严格实行“两账两票、一心一书”制度，保证农资质量监管职责到岗到人，确保农业生产安全。

**【烟花爆竹规范经营】** 加强烟花爆竹专业仓储规范升级改造，改造仓库、围墙和安全防护设施，新建门卫值班室。强化安全经营意识，落实安全主体责任，做好规范经营，对烟花爆竹经营进行重新换证。配合公安、安监等部门加大市场管理力度，打击非法经营行为，净化烟花爆竹市场。努力做好终端网点连锁配送，开拓消费市场。

**【电商服务进农村】** 注册供销社电子商务责任有限公司，培育电商经营主体，加强与全国总社“供销 e 家”省、市社电商平台对接。落实县委、县政府关于发展电子商务任务要求，通过整合系统内外资源，吸纳加盟，股份合作等形式推进乡镇电子商务综合服务站建设，新增城关、崇仁、司前等供销社，构建实体和网络结合的购销平台，帮助农户网上购物和网上推销农产品，努力推动农村电子商务服务“最后一千米”问题解决。

**【新型为农服务体系】** 紧紧围绕光泽县特色生态农产品，领办、协办农民专业合作社，全年创办专业合作社10家，继续扶持武夷绿园蔬菜专业合作社，主动对接，及时帮助专业社构建蔬菜平价直销店。华桥新农供销社在2016年引导农民以土地经营权入股创办专业合作社的基础上，进一步扩大大田托管、代耕代种规模，扩种优质稻20多公顷，努力实现农民专业合作社与基层社融合发展、助农增收。

**【新网工程增成效】** 以“新网工程”为抓手，加快经营网点建设，全年建设农资连锁经营网点2个，日用消费品连锁经营网点2个，综合服务中心1家，庄稼医院1家，改造电商服务站点5个，同时，认真抓好农村综合维修中心的升级改造验收工作，按照省、市社建设规划要求，完成县级维修中心和寨里维修站和儒州维修点改造建设。

**【武夷绿园蔬菜合作社】** 位于鸾凤乡油溪村，于2015年12月开工建设，总投资1100万元，已完成投资800万元，2.67公顷温控大棚已投产运行，2600平方米加工车间已完工并投入使用，种植面积20多公顷（其中智能温控大棚2.67公顷），年产无公害蔬菜1500多吨，实现年产值700多万元。该项目生态效益高，以蔬菜生产种植为主，严格按照绿色食品标准组织生产，充分利用当地及周边经发酵处理的有机肥，实现高产生态；经济效益高，实现亩产值10000多斤，亩产值2万元，极大提高农业生产利润；社会效益高，项目实行“公司＋合作社＋农户”模式，带动当地及周边农户130多就业，其中建档立卡贫困户20户45人。合作社先后在本县社区市场设立平价店6个，市场销售良好，有效稳定市场。武夷绿园蔬菜合作社被列入福建省副食品调控基地，并先后被评为全省供销系统农民专业合作社示范社、福建省级农民合作社示范社、光泽县2016年A级纳税信用企业。

（廖国华）

## 粮食流通

**【概况】** 2017年，光泽县粮食收购企业年收购各类粮食5.67万吨，转化用粮107.71万吨，销售原粮5.85万吨，粮食库存0.69万吨。国有粮食企业实现盈利164.4万元。落实国家最低收购价和种粮直接补贴等惠农政策，签订并完成粮食订单购销合同1.666万吨，发放种粮直接补贴款399.84万元，惠及农户4100户。县国有粮食购销企业全年购、销粮食总量55916吨，其中粮食收购27382吨（贸易粮4802.14吨），粮食销售28534吨。严格按照《福建省地方储备粮油管理办法》，加强对县级储备粮油的储存、轮换、进出仓和账务管理，顺利迎接省、市、县三级粮油安全检查工作。福建圣农发展股份有限公司转化用粮107.71万吨，其中玉米72.47万吨，豆粕35.24万吨。扎实推进“粮安工程”危仓老库维修改造工作，提升粮库整体功能。全年开展“粮油库存、原粮质量监管、治理餐桌污染”等专项检查活动，检查合格率达100%。落实安全生产主体责任和“一岗双责、党政同责、齐抓共管”分级治理安全生产责任制，扎实推进安全生产标准达标建设，实现安全生产达标企业3家。

**【储备订单粮收购】** 全县各级储备订单粮收购任务1.666万吨，其中省级1.37万吨，县级0.296万吨，全面完成订单粮收购任务，与4100户农民签订收购合同。全县落实粮食收购资金4531.52万元，确保收购不“打白条”。落实储备订单粮直接补贴款399.84万元，并通过“一折通”账户兑现，严防挤占挪用粮食收购资金，确保政策到位。全县腾出收购仓容1.35万吨，全年采购麻袋13.74万条，编织袋12.7万条，校调磅秤5台，地磅1台，采购水分测量仪38台，保证农民售粮需要。

**【粮食购销工作】** 县国有粮食购销企业全年购、销粮食总量55916吨，其中粮食收购27382吨（贸易粮4802.14吨），同比增加40.13%；粮食销售28534吨，同比增加4.46%。

2017年9月27日，在寨里镇召开全县粮食产能区增产模式攻关与推广项目现场培训会

**【县级储备粮油管理】** 2017年县级储备粮任务5180吨、县级储备油任务40吨；县级储备粮轮换任务2960吨。县政府核定县级储备粮保管费120元/年/吨，轮换费100元/年/吨。严格按照《福建省地方储备粮油管理办法》，加强对县级储备粮油的储存、轮换、进出仓和账务管理。

**【省级储备粮管理】** 省直属库严格按照《福建省地方储备粮管理办法》《一规定两守则》要求，做好现存省级储备粮稻谷68520吨（其中2015年晚谷26612吨、2016年早谷5600吨、2016年晚谷22308吨、2017年晚谷14000吨）现粮保管工作。认真执行“一三五自查、科长半月查、库主任月会查、风雨随时查、节假日照常查”等查仓保粮制度，每月及时召开主任月会查粮情分析会，对检查中发现的问题有分析、有整改，对评选出季度“示范仓”都给予一定奖励。要求分管领导、仓储科长、保管员每日都必须掌握各仓粮情情况，熏蒸期间了解浓度检测情况，按照公司要求规范填写《粮情检查记录簿》《科保记录簿》。认真落实省公司《关于开展2017年春秋两季省级储备粮油库存和安全普查工作的通知》及省粮食局复查工作通知要求，加强组织领导，成立普查小组，严格按照通知要求做好自查和迎查各项准备工作，对检查组提出的整改意见及时分析原因，确保整改到位。

**【科学保粮工作】** 省直属库积极探索科技储粮技术，充分利用机械通风、环流熏蒸、粮情测控、谷物冷却等科学储粮技术，实现低温储粮、绿色储粮。根据季节变化，在气温回升前及时对仓房门、窗布设防虫网、防虫线，采用塑料薄膜、棉被隔热密闭；地上笼通风口采用聚乙烯泡沫板双层隔热保温，对地上笼通风口布设槽管，在熏蒸期间采用塑料薄膜密闭，增加气密性；粮面全部采用棉被、毛毯加塑料薄膜密闭压盖；采用诱捕器、害虫陷阱器、喷惰性粉等方法习性诱杀；所有储粮仓房靠西南北面采用悬挂遮阳网等办法以减少外温对仓温影响。做好储粮仓空调控温工作，根据气温变化设置控温仓时间、温度，高温期间通过对不同仓房不同时间段粮温仓温数据比对，确定最佳控温方式，白天采取2台空调控温（交错使用），晚上采取4台空调控温，错开谷峰电价，既节约电费开支，又达到预期控温效果。省直属库储粮稻谷粮情稳定，各仓仓温在12度以内，平均粮温在10度以内。

**【粮油安全检查】** 全年开展春、秋两季粮油库存和安全普查，顺利迎接省、市、县三级粮油安全检查工作，对2家国有粮食承储企业、29座仓库、各类库存粮油30880吨进行检查。实现“四无”粮30880吨，占检查数100%，“四无”粮仓29座，占鉴定数100%，实现各级储备粮油“库存真实、质量良好、储存安全、管理规范”目标。

**【原粮质量管理】** 完成当地农户新收获的中晚稻谷质量安全风险监测和原粮卫生质量抽查工作，抽送检测样本70份，其中县级检测25份，抽送中心粮库入库粮中样本；市级检测41份，抽送鸾凤、止马、华桥等村以及粮食加工企业样本；省级检测2份，国家级检测2份，抽送中心粮库入库粮中样本；对全县原粮质量进行全面监测，顺利通过二项抽样检测工作，送检样品检质量指标、卫生指标合格。

**【粮食收购企业】** 全县共有粮食收购许可的企业7家，仓容14.05万吨。其中国有粮食收购企业2家，分别为光泽县粮食购销有限公司、光泽县粮食储备库；私营企业5家，分别为福建圣农发展股份有限公司、光泽县三禾米业有限公司（骨干加工企业）、光泽县恒丰米业有限公司、光泽县福盛米业有限公司、光泽县闽辉粮油贸易有限公司。2017年，全县粮食收购企业收购粮食5.67万吨，福建圣农发展股份有限公司转化用粮107.71万吨，其中玉米72.47万吨，豆粕35.24万吨。

**【安全生产标准化】** 县粮食系统认真贯彻执行“安全第一，预防为主，综合治理”方针，按照“党政同责、一岗双责、齐抓共管”的要求，强化安全目标，巩固和完善各项职责和安全管理制度，加大安全教育培训和生产设备设施资金投入，巩固标准化达标企业成果。

全年实现安全生产标准化达标企业3家，其中福建省储备粮管理有限公司光泽直属库为安全生产标准化二级企业，光泽县粮食购销有限公司为全生产标准化小微达标企业，光泽县三禾米业有限公司为安全生产标准化三级企业。

**【保证军粮供应】** 军粮供应工作，坚持“质量第一，服务第一，信誉第一”服务承诺制，严格执行“一批一检一报告”制度，同时辅以抽样送检方式，保障军粮质量安全。积极开展双拥共建活动，定期走访慰问部队，认真听取部队意见建议，做好军粮供应工作。2017年，军粮供应总量34270.5公斤，其中晚籼米27785公斤，面粉6155公斤，食用油330.5公斤。

**【餐桌污染治理】** 开展治理“餐桌污染”专项检查工作2次，对全县4家粮食加工厂（含骨干企业）、3家粮食销售企业（含骨干粮店）、1家军供网点进行专项检查，重点抽查大米、小麦粉、食用植物油三大类。采取理化检测和微观检验相结合的办法，共抽查米、面、油28批次，代表各类粮油数量共计164吨，商品检查合格率100%。

**【光泽县中心粮库新库建设项目】** 2015年12月获准立项，2016年9月动工建设，2017年6月完成工程验收，2017年10月正式投入使用。总仓容8000吨（7米堆粮线），占地面积1750.19平方米，总建筑面积1750.19平方米；附属配套设施有：消防泵房、道路硬化及其他配套设施等。项目总投资633万元（含附属工程），2017年底按计划完成投资633万元，实际支出633万元。资金来源：中央预算内投资32万元，省级财政专项投资329万元，地方财政投资70万元，企业自筹资金202万元。

**【省直属库信息化建设项目】** 福建省储备粮管理有限公司光泽直属库信息化系统建设项目总投资451万元，施工单位为航天信息股份有限公司，2017年2月20日开工建设，完成移动式仓外测虫、智能通风、粮情测控、仓房智能控温、智能充氮气调、网络视频监控、智能出入库、综合控制、中心机房建设及大屏拼接、管路预埋及综合布线、智慧粮库软件平台等11项子系统的基础配套设施建设和系统集成，8月20日信息化建设全面竣工，8月22日通过专家验收评定合格。项目档案专项验收于9月底通过专家组验收合格，11月9日由省粮食局牵头组织省发改委、省财政厅、省重点办及项目各参建、设备单位在省直属库召开项目预验收会议，经工程、财务、资料、信息化4个专业验收小组现场检查及对参建单位进行质询，提出检查整改意见，验收组同意该库拆旧建新项目通过竣工预验收。验收组提出的检查整改意见，各参建单位已全部整改到位。各仓房沉降观测报告已出具，正在组织安评验收。

（王鹤龄）

## 烟草专卖

**【概况】** 光泽县烟草专卖局（分公司）实行“一套机构、两块牌子”经营管理模式，主要担负光泽县烟草专卖行政管理及执法监督、卷烟销售、烟叶生产经营等职责。2017年，县局（分公司）认真贯彻党的十九大会议精神和省、市局烟草工作会议精神，不忘初心，牢记使命，以规范为准则，以创新为抓手，推动企业经营、管理新发展。围绕“提质增香”和“福建上下部烟叶深化应用研究”两个重点课题，梳理出7项对烟叶质量提升有正调控的关键技术进行突破，全县烟叶质量明显提升，烟叶市场竞争力大幅提高。2017年，全县种植烟叶0.22万公顷，收购烟叶9.33万担，烟农售烟收入12690万元，创烟叶税2792万元，烟叶销售实现“零库存”。按照市公司“限大、扩中、扶小”工作思路，提高农网低档级客户的卷烟销量；提高零售户终端自主经营能力。全年销售卷烟6176箱，完成年度任务101.21%，位列全区第三位，完成卷烟销售收入17429万元，同比增加65万元，增幅0.37%。通过开展乡镇品牌宣讲会、新品定点品吸、新品终端陈列竞赛等活动，做好“蓝钻”“1575”、古田（光芒）等新品卷烟培育工作，深化省产烟品牌影响力。继续深化“专销协同”，降低卷烟非法流通风险，通过增加市场检查频次，形成市场监管高压态势，深化与江西省毗邻县局联合执法长效机制，联合邮政管理局对物流寄递行业进行梳理，全年查获涉烟案件41起，涉案卷烟5461条，案值共计83.14万元，其中5万元以上大要案3起。加强卷烟物流中转站建设，使之成为集卷烟、烟叶、烟用物资的仓储、拣选、运输、信息职能为一体的服务站。省局张永军局长莅临光泽调研指导时，给光泽的项目管理和基层党建工作点赞，并评价“光泽烟草确实很有‘光泽’”。

**【烟叶生产】** 围绕“提质增香”和“福建上下部烟叶深化应用研究”两个重点课题，梳理出7项对烟叶质量提升有正调控的关键技术进行突破，全县烟叶质量明显提升，烟叶市场竞争力大幅提高；主动对接中烟企业，光泽烟叶质量得到陕西中烟、安徽中烟高度肯定，2018年烟叶销售有望实现零库存；主动对接武夷纯然责任有限公司和光泽县三禾米业，分别签订13.33公顷和66.67公顷的优质烟后稻合同，构建“烟农种植、烟站指导、乡村配合、多方扶持”的紫云英种植管理模式，形成“烟叶—水稻—紫云英—水稻—烟叶”的耕作新模式，提升烟叶和其他经济作物质量，促进烟农每亩增收100元以上；投入资金220万元，建设烟水路项目13项，全部完成县局综合验收和审计工作，行业援建的肖家坑水库基本完成蓄水验收，枧坑水库建设进度约60%，现代烟草农业基础进一步夯实。2017年，全县种植烟叶0.22万公顷，收购烟叶9.33万担，烟农售烟收入12690万元，创烟叶税2792万元，烟叶销售实现“零库存”。紫云英项目课题论文获全市技术研讨会一等奖，“‘烟叶—水稻—紫云英’生态循环农业促进烟农增收”精益创新课题获全市二等奖，三项发明获国家实用新型专利，烟农增收工作得到行业内外，包括福建日报、东方烟草报、滴水缘杂志等多家媒体的关注和报道，全省烟叶生产工作会两次提及光泽烟叶生产工作。

**【卷烟销售】** 持续推进客户经理岗位在基层，工作在基层，奉献在基层，出台相关制度保障客户经理享受与烟站员工相同福利待遇，筑牢全县卷烟销售市场基础。按照市公司“限大、扩中、扶小”工作思路，2月份出台《低星客户营销工作提升方案》，从抓驻点工作时间、重点品牌培育等五个方面提升低星级客户销量，5月份出台《限大、扩中、扶小工作方案》，重点抓小户分级分档策略参与率、订货次数等6项指标，进一步合理化全县大小户比例，提高农网低档级客户的卷烟销量；深入推进现代终端建设，已建成现代终端100户、诚信自律小组25个和最小市场单元54个，提高零售户终端自主经营能力。完善并落地实施绩效考核方案，以绩效考核级差激发营销人员工作主动性，提振营销队伍活力。全年销售卷烟6176箱，完成年度任务101.21%，位列全区第三位。

**【品牌培育】** 通过开展乡镇品牌宣讲会、新品定点品吸、新品终端陈列竞赛等活动，做好“蓝钻”“1575”、古田（光芒）等新品卷烟培育工作，深化省产烟品牌影响力。利用光泽良好企业地方关系和烟技员驻村优势，持续开展驻站助销、项目营销、意见领袖营销等品牌培育工作，不断提升省产烟市场占有率和影响力。

**【专卖管理】** 继续深化“专销协同”，在货源投放环节加强监管，降低全县大户比例，14件大户户数从3月份的136户下降到12月份的1户，降低卷烟非法流通风险。通过增加市场检查频次，在春节、国庆等重大节日期间开展错时检查、暗访检查，形成市场监管高压态势，实现四个季度市场净化率100%；通过深化与江西省毗邻县局联合执法长效机制，建立通畅信息沟通机制和联合执法情报网络，共同维护边界卷烟市场；通过联合邮政管理局对物流寄递行业进行梳理，建立细化档案，实现互联网、寄递业监管日常化，全年查获涉烟案件41起，涉案卷烟5461条，案值共计83.14万元，其中5万元以上大要案3起。

**【物流建设】** 光泽卷烟物流中转站是集卷烟、烟叶、烟用物资的仓储、拣选、运输、信息职能为一体的服务站。2017年，物流中转站秉承“至诚至信、全心全意”服务理念，为全县735户客户提供配送服务，直送占比91.97%，定点、委托代送59户，定点取货占比8.03%；利用先进的 PDA 送货在途系统设备进行送货到户确认，服务零售客户 35610 户次；利用信息技术车辆 GPS 全球定位导航系统分析配送信息，生成最优化配送线路，全年行车里程 86188 千米，耗油 8198.76 升，累计配送卷烟 6192.79 大箱，货款总额 18027.66 万元，货款电子结算率达 100%，卷烟后台扣款率达 96.34%，扣款委托代送户为 59 户，退货率为 0.15%。

**【队伍建设】** 通过完善绩效考核方案，明确营销队伍岗位工作职责，提高营销队伍活力，重点对兼品牌经理的市场经理、兼内务信息员的客户经理实行“双岗”考核。强化考核结果应用，进一步拉开绩效差距，有效提高营销人员责任心、积极性和执行力。通过发挥 25 个自律小组组长和 54 个最小市场单带头人引领作用，定期组织零售客户开展品牌培育技巧培训、经验交流分享、创意陈列竞赛等活动，提高零售户品牌推介能力和自主经营能力。2017 年，杨春泉获福建省“人工影响天气贡献奖”，黄培琳在全省专卖技能竞赛中获省级技术能手，舒勤静在全市烟叶调制技能竞赛中获“青年岗位能手”，黄莹获“光泽县优秀共青团支部”团员称号，有 3 篇论文在全市论文竞赛中获奖，2 名同志获实用新型专利。贯彻落实南平市烟草专卖局关于推动专卖队伍“精所强队”工作思路，将县烟草专卖办公室调整设置为一个专管所、一个稽查大队。修订完善专卖考核方案，一所一队分工明确，一岗一职责任细化，通过实施月度考核衔接年终考核，保障考核方案落地实施，提升专卖队伍工作积极性，全面提升专卖管理水平。组织专卖人员参加实战培训，将疑难问题组织进行“头脑风暴”讨论解决，提升专卖办向心力、凝聚力，2017 年县局全年专卖序列考核位列全区第三位。

（黄培琳）

## 对外经济贸易

**【概况】** 2017 年，光泽县落实扶持外经贸发展政策措施，加大对外经贸工作力度，促进外经贸各项工作持续发展，全县正常运营“三资”企业 10 家，其中生产性企业 10 家，开展自营出口业务企业 1 家。全县新备案登记外资企业 1 家，累计合同利用外资 21000 万美元，完成市下达目标任务 1400%，排名全市第一位；全县累计完成验资口径实际利用外资 4410 万美元，同比增长 47%，增幅排名全市第三位。进出口累计完成 8472.12 万美元，同比增长 36.64%，增幅排名全市第 1 位。县经信商务局成立 6 个挂点联系企业小分队，由局班子成员带队，将国家、省、市系列惠企政策，印发、宣传、解读到企业一线，指导和帮助企业用好用足优惠政策，对外贸出口和“百项千亿”重点企业技改项目，实行“一对一”结对帮扶。以厦门国际投资贸易洽谈会为平台，加大对外招商力度，全县累计签约合同项目 27 项，项目签约合同投资总额 61.46 亿元，其中现场签约项目 2 项，签约合同投资额 2 亿元。组织招商小分队前往厦商集团和漳、泉、榕等地上门推介“中国生态食品城”、食品开发系列、农副产品深加工等项目，项目推介、引进效果明显好于往届。通过“在线广交会”和“阿里巴巴”等开展网上交易，打造武夷纯然生态食品项目，建成以光泽本土特色生态农产品为核心，以 O2O 形式推广，集中展示、体验、销售线上线下相结合的模式，推广农特产品，引导鼓励外贸出口企业开展网上交易、网上订单，已有 5 家企业开展跨境电商业务。建立领导干部联系企业制度，主动协调企业与政府涉外部门间业务问题，努力推进“大通关”协调机制运作落实。

**【利用外资】** 2017 年，全县新备案登记外资企业 1 家，累计合同利用外资 21000 万美元，完成市下达目标任务 1400%，全市排名第一位。全县累计完成验资口径实际利用外资 4410 万美元，同比增长 47%，增幅全市排名第三位。

**【外贸进出口】** 2017 年，进出口累计完成 8472.12 万美元，同比增长 36.64%，增幅全市排名第 1 位，与 2016 年持平。其中完成外贸出口 6519.67 万美元，同比增长 8.33%，全市排名第 7 位，比 2016 年前进 1 位；完成外贸进口 1952.44 万美元，增幅 971%，全市排名第 1 位。

**【服务企业】** 县经信商务局成

立6个挂点联系企业小分队，由局班子成员带队，把全县各类企业分为6个片区，将国家、省、市系列惠企政策，印发、宣传、解读到企业一线，指导和帮助企业用好用足优惠政策，全年开展惠企政策宣讲2期110余人次，发放惠企政策资料150多册。鼓励支持企业增产提速，扩大出口，对挂点帮扶企业进行分类指导，深入企业，实地了解掌握企业不同时期不同热点、难点问题，采取一企一策，更好地指导和服务企业。对外贸出口和“百项千亿”重点企业技改项目，实行“一对一”结对帮扶。

**【“9·8”投洽会】** 以厦门国际投资贸易洽谈会为平台，加大对外招商力度。全县累计签约合同项目27项，项目签约合同投资总额61.46亿元，其中现场签约项目2项，签约合同投资额2亿元，其中福建正山堂茶业发展有限公司投资的福建正山堂茶产业战略合作项目，总投资1亿元；福建光泽明智家居用品有限公司投资的明智家居用品生产基地项目，总投资1亿元。组织招商小分队前往厦商集团和漳、泉、榕等地上门推介“中国生态食品城”、食品开发系列、农副产品深加工等项目，项目推介、引进效果明显好于往届。

**【“大通关”机制】** 引导和鼓励企业外出参展，通过“在线广交会”和“阿里巴巴”等开展网上交易，打造武夷纯然生态食品项目，建成以光泽本土特色生态农产品为核心，以O2O形式推广，集中展示、体验、销售线上线下相结合的模式，推广农特产品，引导鼓励外贸出口企业开展网上交易、网上订单，有5家企业开展网上国际贸易业务。强化政策落实，建立领导干部联系企业制度，主动协调企业与政府涉外部门间业务问题，努力推进“大通关”协调机制运作落实。

（曾立平）

# 综合经济管理

## 发展与改革

**【概况】** 2017年，全县经济持续平稳增长，实现生产总值91.1亿元，比上年增长8.5%，一、二、三产比例为44.2∶31.6∶24.2。全社会固定资产投资为64.47亿元、农林牧渔业总产值为78.35亿元、规模以上工业总产值为96.14亿元、社会消费品零售总额为21.79亿元、公共财政总收入6.06亿元、地方公共财政收入为4.33亿元、出口总额为6520万美元、实际利用外资为4410万美元、农民人均可支配收入为12574元、城镇居民人均可支配收入为27193元、城镇登记失业率为2.98%。生产总值增幅居南平市第4位，农林牧渔业总产值增幅居南平市第2位，规模以上工业总产值增幅居南平市第6位，固定资产投资增幅居南平市第2位，社会消费品零售总额增幅居南平市第7位，实际利用外资增幅居南平市第3位，地方公共财政收入增幅位居南平市第1位，农村居民人均可支配收入增幅居南平市第1位，城镇居民人均可支配收入增幅居南平市第7位。

**【项目建设】** 牵头开展“百日攻坚战”和“四比六促”中促项目接续行动及促产业发展中的生物产业，推行项目建设“三个层面、四张清单、五项机制”工作机制。全年全县重点项目153项，总投资216.36亿元，完成投资38.56亿元，占年度计划投资的113.4%，占全县固定资产投资的59.8%，固定资产投资增幅排名全市第2位。推进行动计划重大项目和重点项目建设，18项省市在建重点项目，完成投资17.64亿元，占年度计划的143.41%。11项省行动计划在建重点项目，完成投资12.27亿元，占年度计划155.35%。深化“五个一批”推进机制，全年新增“五个一批”项目195项，总投资334.36亿元，其中谋划项目44项，签约项目52项，开工项目58项。签约项目转化率100%，居全市第1位。

**【经济运行】** 年初，在与县直有关部门及省、市做好充分沟通与衔接的基础上，编制2017年全县国民经济和社会发展计划，确立全县年度发展目标，经县十七届人大一次会议审议通过。分解制定全县投资计划，做好月度、季度经济运行监测分析，为县委、县政府领导决策提供第一手参考资料。

**【组织机构】** 5月，设立发展

2017年3月9日，县委常委、常务副县长郭绯红主持召开重点项目推进会

改革和科技党组，设有办公室（党委办）、投资管理股、产业发展股、项目服务股、经动办、价费监督股、科技进步股、粮食调控股八个内设机构，13名机关行政编制、1名行政工勤编制。其中党组书记、局长1名，副局长4名，股级职数8名。机关工勤编制1名。

【资金争取】 对接中央、省上重大规划和投资导向，协调相关部门向上申报项目资金支持，做好项目跟踪力度，全年争取31个中央和省级预算内项目，获补助资金9100.2万元。做好项目管理，资金监管使用，做到中央和省级预算内资金专款专用。

【生态文明建设】 落实国家生态文明试验区各项改革任务，实施国家生态文明试验区建设8项重点改革任务，15项改革成果任务全面启动，设立县乡“河长办”，率先建立“绿水”维护补偿机制，党政领导干部自然资源资产离任审计试点改革成果已在全省全国复制推广，生态保护与建设示范区建设被国家发改委评定为合格示范区。

【特色小镇建设】 出台《补助圣农一线员工常住圣农小镇的办法（试行）》和《在圣农小镇实施造福工程易地扶贫搬迁补助办法（试行）》，推进圣农特色小镇创建。建设圣农小镇学校、卫生院、道路、管网等公建设施，及华圣桐城商住休闲区、商贸一条街及道路等配套设施，推进恒冰物流二期、闽北（光泽）冷链物流园、武夷纯然生态食品产业园等产业项目建设，构建产城融合。

【行政审批】 牵头开展县级行审批中介服务事项清理规范工作，在2016年基础上再次调整规范固定资产投资项目节能评估文件编制、木材经营规划等2项行政审批中介服务事项。推进企业投资改革，贯彻执行省政府《关于印发政府核准的投资项目目录》，梳理权责清单、行政审批和服务事项清单，并及时公示，启动福建省投资项目在线审批监管平台备案系统试运行工作，项目业主无需提交纸质材料，真正实现“一趟不用跑”，足不出户即可在线办理项目备案。推动社会信用体系建设，牵头县直部门整理归集社会信用信息数据和“双公示”数据，并录入市公共信用信息平台。

【第十五届“6·18”项目】 组织全县48名企业代表参加第十五届“6.18”项目成果交易会，对接项目成果100项。

**2017年光泽县重点项目1～12月（在建、预备）固投完成情况**

| 序号 | 项目名称 | 总投资（万元） | 2017年计划投资（万元） | 2017年完成情况 | |
|---|---|---|---|---|---|
| | | | | 1～12月完成投资（万元） | 占年度计划（%） |
| 在建、预备153项 | | 2163613 | 340020 | 385593 | 113.4 |
| 一、在建项目117项 | | 1766073 | 289450 | 360396 | 124.5 |
| (一)交通项目6项 | | 76917 | 21010 | 30094 | 143.2 |
| 1 | ▲横四线光泽县十里铺至高田段新建工程 | 21498 | 6000 | 7065 | 117.8 |
| 2 | ▲光泽县ZX9301杭川镇宫家巷至崇仁乡崇仁村二级公路 | 28258 | 6000 | 11123 | 185.4 |
| 3 | ▲光泽县ZX9302崇仁乡崇仁村至寨里镇镇口二级公路改造工程 | 12651 | 4000 | 4706 | 117.7 |
| 4 | 农村公路改造提升 | 13000 | 3500 | 4422 | 126.3 |
| 5 | 石城村神山至冲溪四级公路改建项目 | 800 | 800 | 833 | 104.1 |
| 6 | 司前通组道路硬化 | 710 | 710 | 1945 | 273.9 |
| (二)社会事业项目16项 | | 114650 | 33400 | 36041 | 107.9 |
| 1 | 县疾控中心建设 | 1500 | 800 | 900 | 112.5 |

（续）

| 序号 | 项目名称 | 总投资（万元） | 2017年计划投资（万元） | 2017年完成情况 | |
|---|---|---|---|---|---|
| | | | | 1～12月完成投资（万元） | 占年度计划（%） |
| 2 | 县综合医院附属配套设施建设 | 3500 | 3500 | 4530 | 129.4 |
| 3 | 康养中心建设 | 6000 | 1000 | 0 | 0 |
| 4 | 全面“改薄”基本建设 | 1300 | 1200 | 1434 | 119.5 |
| 5 | 光泽县中小学建设 | 1500 | 1000 | 1125 | 112.5 |
| 6 | ▲光泽县城南实验学校 | 12000 | 5000 | 5800 | 116 |
| 7 | 光泽县杉关生态文化园开发 | 6000 | 1000 | 4500 | 450 |
| 8 | 城乡文体设施建设 | 6000 | 700 | 702 | 100.3 |
| 9 | 县工人文化宫建设 | 1500 | 850 | 850 | 100 |
| 10 | 公安业务场所建设 | 1350 | 1350 | 930 | 68.9 |
| 11 | 光泽移动基础网络基站建设 | 1500 | 1500 | 1520 | 101.3 |
| 12 | 光泽移动宽带村村通光纤工程 | 1000 | 1000 | 1000 | 100 |
| 13 | 2017年光泽城乡4G网络建设项目 | 1000 | 1000 | 1000 | 100 |
| 14 | 2017年光泽城乡光迁到户改造及中继光缆扩容项目 | 500 | 500 | 500 | 100 |
| 15 | 农村分散建房 | 10000 | 10000 | 0 | 0 |
| 16 | 闽北商贸物流城 | 60000 | 3000 | 11250 | 375 |
| ㈢农林水利项目20项 | | 62884 | 19530 | 21716 | 111.2 |
| 1 | 生态林保护工程 | 10000 | 1000 | 3500 | 350 |
| 2 | 森林资源培育建设 | 3600 | 1000 | 1170 | 117 |
| 3 | ▲闽江防洪工程南平段（七期）（光泽段） | 9624 | 3000 | 3000 | 100 |
| 4 | 光泽县枧坑水库建设 | 3300 | 1000 | 1100 | 110 |
| 5 | 光泽县“十三五”农村饮水提质增效工程 | 2300 | 500 | 500 | 100 |
| 6 | 光泽县小流域水土流失综合治理 | 1000 | 400 | 500 | 125 |
| 7 | 防洪减灾项目建设 | 1800 | 300 | 300 | 100 |
| 8 | 光泽县生态茶园建设 | 4500 | 1500 | 0 | 0 |
| 9 | 高标准农田建设 | 1200 | 1200 | 1370 | 114.2 |
| 10 | 烟叶生产基础设施建设 | 1100 | 220 | 230 | 104.5 |
| 11 | 鸾凤高标准农田建设 | 1000 | 1000 | 1000 | 100 |
| 12 | 司前乡集镇供水工程 | 650 | 300 | 300 | 100 |
| 13 | 司前基本农田配套设施建设 | 510 | 510 | 510 | 100 |
| 14 | 司前乡庭燎、云际村高标准基本农田建设 | 1000 | 500 | 525 | 105 |
| 15 | 华桥生态长廊建设 | 1800 | 1000 | 1060 | 106 |
| 16 | 华桥羊肚菌示范种植 | 4000 | 1000 | 1200 | 120 |
| 17 | 华桥金映茶庄增资 | 2000 | 600 | 615 | 102.5 |
| 18 | 崇仁南美白对虾工厂化养殖基地 | 1000 | 1000 | 1197 | 119.7 |

（续）

| 序号 | 项目名称 | 总投资（万元） | 2017年计划投资（万元） | 2017年完成情况 | |
|---|---|---|---|---|---|
| | | | | 1～12月完成投资（万元） | 占年度计划（%） |
| 19 | 崇仁农田基础设施建设项目 | 500 | 500 | 597 | 119.4 |
| 20 | 李坊管蜜庄园现代农业开发项目 | 12000 | 3000 | 3042 | 101.4 |
| ㈣市政和旅游项目46项 | | 475020 | 94720 | 125618 | 132.6 |
| 1 | ●光泽圣农小镇建设 | 177000 | 12000 | 11065 | 92.2 |
| 2 | 仙华洲道路改造 | 4500 | 2000 | 2000 | 100 |
| 3 | 澜山南路 | 500 | 500 | 500 | 100 |
| 4 | 城区市政道路改造维护 | 600 | 600 | 500 | 83.3 |
| 5 | ●光泽第二水源北溪水厂及配套供水管网建设项目 | 15000 | 4000 | 4000 | 100 |
| 6 | 城市供水管网改扩建 | 8700 | 3000 | 3012 | 100.4 |
| 7 | 城区污水管网改造维护 | 600 | 600 | 600 | 100 |
| 8 | 城区排水系统改造维护 | 500 | 500 | 500 | 100 |
| 9 | 坪山片区排水工程 | 2650 | 1000 | 1000 | 100 |
| 10 | 乡镇垃圾处理建设 | 15000 | 4000 | 4000 | 100 |
| 11 | 城区生活垃圾转运站改建 | 1600 | 1600 | 1500 | 93.8 |
| 12 | 城市停车场建设 | 3000 | 2000 | 4000 | 200 |
| 13 | 城南综合停车场（市民休闲广场） | 1200 | 1200 | 1500 | 125 |
| 14 | 九龙峰入口公园及迎宾大道滨水景观 | 3000 | 2000 | 3000 | 150 |
| 15 | 城区绿化提升 | 600 | 600 | 600 | 100 |
| 16 | 城乡危房改造 | 10000 | 3000 | 0 | 0 |
| 17 | 华圣桐城综合体 | 20000 | 3000 | 15380 | 512.7 |
| 18 | 恒荣南郡综合体 | 20000 | 5000 | 16261 | 325.2 |
| 19 | 佳源生态旅游 | 10000 | 500 | 500 | 100 |
| 20 | 华桥铁牛关山庄建设 | 3500 | 500 | 500 | 100 |
| 21 | 旅游基础设施建设 | 5000 | 1500 | 0 | 0 |
| 22 | 武林北路 | 950 | 950 | 800 | 84.2 |
| 23 | 册下环路 | 790 | 790 | 705 | 89.2 |
| 24 | 橘子洲滨水景观 | 1500 | 1500 | 1500 | 100 |
| 25 | 仙华洲路滨水景观 | 1500 | 1500 | 1532 | 102.1 |
| 26 | 李坊梨花天堂乡村旅游开发 | 15000 | 3500 | 4507 | 128.8 |
| 27 | 李坊幸福小区建设 | 500 | 500 | 572 | 114.4 |
| 28 | 李坊乡村基础设施建设工程 | 1200 | 1200 | 1249 | 104.1 |
| 29 | 光泽白云生态旅游开发 | 31000 | 10000 | 10804 | 108.0 |
| 30 | 梦灵谷文化旅游建设 | 20000 | 3000 | 3588 | 119.6 |
| 31 | 鸿建科技农庄开发（民俗文化街） | 11000 | 3000 | 3597 | 119.9 |

（续）

| 序号 | 项目名称 | 总投资（万元） | 2017 年计划投资（万元） | 2017 年完成情况 | |
|---|---|---|---|---|---|
| | | | | 1～12 月完成投资（万元） | 占年度计划（%） |
| 32 | 杭川花果山休闲度假区建设 | 25000 | 1500 | 523 | 34.9 |
| 33 | 鸾凤武夷纯然生态食品园开发 | 33000 | 1000 | 2280 | 228 |
| 34 | 司前农民新村建设 | 4650 | 4650 | 4760 | 102.4 |
| 35 | 司前村级组织活动场所建设 | 880 | 880 | 1165 | 132.4 |
| 36 | 止马红色文化旅游建设 | 4000 | 2000 | 4000 | 200 |
| 37 | 止马中心区开发建设 | 4500 | 2500 | 4500 | 180 |
| 38 | 寨里新区开发 | 2200 | 1000 | 1089 | 108.9 |
| 39 | 寨里镇农村基础设施建设 | 1000 | 600 | 1032 | 172 |
| 40 | 寨里镇区改造 | 1000 | 500 | 548 | 109.6 |
| 41 | 华桥乡集镇改造 | 700 | 400 | 888 | 222 |
| 42 | 华桥乡古林新村建设 | 2400 | 1400 | 1512 | 108 |
| 43 | 华桥牛田红色旅游基础设施建设 | 5000 | 1500 | 1508 | 100.5 |
| 44 | 光泽移动通信综合楼建设 | 2700 | 650 | 1006 | 154.8 |
| 45 | 李坊东方县苏维埃政府旧址红色旅游开发项目（二期） | 800 | 500 | 876 | 175.2 |
| 46 | 管蜜农民文体活动中心 | 800 | 600 | 659 | 109.8 |
| ㈤制造业项目 29 项 | | 1036602 | 120790 | 146927 | 121.6 |
| 1 | ●福建圣农（光泽）食品深加工项目 | 50000 | 20000 | 18107 | 90.5 |
| 2 | 光泽氟盐清洁生产技术改造 | 700 | 700 | 700 | 100 |
| 3 | ▲光泽圣农第五饲料厂 | 12000 | 4000 | 11999 | 300.0 |
| 4 | 光泽县电商产业园建设 | 10000 | 1000 | 1000 | 100 |
| 5 | ▲光泽工业园区基础设施建设 | 100000 | 3000 | 6132 | 204.4 |
| 6 | ●福建圣农（光泽）鸡业产业化扩建项目 | 400000 | 10000 | 25688 | 256.9 |
| 7 | ●福建中科渔业项目 | 132500 | 10000 | 10004 | 100.0 |
| 8 | ●福建圣农技术中心 | 15000 | 5000 | 2366 | 47.3 |
| 9 | ▲光泽蛇类养殖加工 | 35000 | 5000 | 6130 | 122.6 |
| 10 | 光泽绿也标准化竹碳棒生产加工 | 20000 | 4500 | 3230 | 71.8 |
| 11 | 和合精装竹筷加工项目 | 5000 | 2000 | 3110 | 155.5 |
| 12 | 光泽天然气综合利用 | 16530 | 1000 | 1000 | 100 |
| 13 | ●光泽县山泉水加工 | 20000 | 5000 | 3866 | 77.3 |
| 14 | 光泽脱糖黄酒灌装生产线建设 | 1000 | 1000 | 1000 | 100 |
| 15 | 光泽县畜禽无害化处理厂 | 2000 | 2000 | 2000 | 100 |
| 16 | 圣农公司污染治理提升工程 | 5850 | 3400 | 3280 | 96.5 |
| 17 | ▲光泽兽药疫苗及配套设施建设 | 35000 | 6000 | 6866 | 114.4 |
| 18 | ▲光泽县智能配电箱制造及 PHC 管桩二期扩建开发 | 20000 | 4000 | 4740 | 118.5 |

（续）

| 序号 | 项目名称 | 总投资（万元） | 2017年计划投资（万元） | 2017年完成情况 | |
|---|---|---|---|---|---|
| | | | | 1～12月完成投资（万元） | 占年度计划（%） |
| 19 | ▲光泽承天中药材种植与加工产业园开发项目 | 100000 | 12000 | 12553 | 104.6 |
| 20 | 崇仁生物质能源装备制造和碳棒生产 | 4000 | 2000 | 2303 | 115.2 |
| 21 | 寨里镇钰圣食品开发 | 5000 | 3000 | 3445 | 114.8 |
| 22 | 司前乡箬叶产业发展加工 | 3000 | 1400 | 1700 | 121 |
| 23 | 杭川镇城区光伏发电试点工程 | 4400 | 1000 | 1200 | 120 |
| 24 | 光泽电网35kV线路改扩建工程 | 3572 | 2240 | 2291 | 102.3 |
| 25 | 光泽农网升级改造 | 5050 | 5050 | 4950 | 98.0 |
| 26 | 和联胜物流有限公司 | 2000 | 800 | 959 | 119.9 |
| 27 | 佳品佳味鸡肉粉加工 | 20000 | 3000 | 3595 | 119.8 |
| 28 | 华桥生态特色养鳗及深加工项目 | 6000 | 2000 | 2013 | 100.7 |
| 29 | 鸾凤机制碳、竹制品加工项目 | 3000 | 700 | 700 | 100 |
| 二、预备项目36项 | | 397540 | 50570 | 25197 | 49.8 |
| (一)交通项目2项 | | 4900 | 2400 | 3415 | 142.3 |
| 1 | 农村公路生命保护工程 | 1400 | 400 | 1413 | 353.3 |
| 2 | 汽车客运站及公交总站 | 3500 | 2000 | 2002 | 100.1 |
| (二)社会事业项目4项 | | 6640 | 3780 | 2385 | 63.1 |
| 1 | 体育中心景观工程 | 3000 | 2000 | 2000 | 100 |
| 2 | 乡镇敬老院建设 | 400 | 400 | 0 | 0 |
| 3 | 广电数字化提升工程 | 1740 | 380 | 385 | 101.3 |
| 4 | 城南幼儿园建设 | 1500 | 1000 | 0 | 0 |
| (三)农林水利项目8项 | | 307200 | 13200 | 7725 | 58.5 |
| 1 | △光泽安全生态水系综合治理工程 | 20000 | 3000 | 2720 | 90.7 |
| 2 | 河道清淤及景观工程 | 500 | 300 | 298 | 99.3 |
| 3 | 小流域治理工程 | 1000 | 600 | 600 | 100 |
| 4 | 砂坪溪滨水景观建设 | 800 | 800 | 900 | 112.5 |
| 5 | 司前旧村复垦 | 500 | 500 | 150 | 30 |
| 6 | 司前毛竹丰产林建设 | 2400 | 2400 | 2420 | 100.8 |
| 7 | 寨里农业综合开发治理 | 2000 | 600 | 637 | 106.2 |
| 8 | 现代渔业养殖 | 280000 | 5000 | 0 | 0 |
| (四)市政和旅游项目19项 | | 72600 | 29850 | 11672 | 39.1 |
| 1 | 北溪第二水源建设工程 | 3000 | 2000 | 0 | 0 |
| 2 | 十里铺货车停车场 | 1000 | 300 | 0 | 0 |
| 3 | 城西山地公园 | 2200 | 1000 | 0 | 0 |
| 4 | 美丽乡村建设 | 3000 | 3000 | 3000 | 100 |

（续）

| 序号 | 项目名称 | 总投资（万元） | 2017 年计划投资（万元） | 2017 年完成情况 | |
|---|---|---|---|---|---|
| | | | | 1～12 月完成投资（万元） | 占年度计划（%） |
| 5 | 316 国道连接线（一期） | 1500 | 500 | 512 | 102.4 |
| 6 | 多规合一平台建设 | 2000 | 500 | 0 | 0 |
| 7 | 垃圾填埋场提升改造 | 1000 | 500 | 0 | 0 |
| 8 | 武林路污水管网 | 700 | 700 | 700 | 100 |
| 9 | 医院东侧限价房建设 | 6000 | 2000 | 0 | 0 |
| 10 | 梅树湾限价房建设 | 10000 | 2000 | 0 | 0 |
| 11 | 乌君山大道 | 4050 | 500 | 0 | 0 |
| 12 | 中山南路 | 6000 | 1300 | 2098 | 161.4 |
| 13 | △中山台文化主题公园及人防设施 | 5000 | 2000 | 3103 | 155.2 |
| 14 | 污水处理厂二期 | 7600 | 3000 | 0 | 0 |
| 15 | 砂坪溪新桥 | 1050 | 1050 | 759 | 72.3 |
| 16 | 城市棚户区（电炉厂棚户区）改造 | 10000 | 5000 | 0 | 0 |
| 17 | 鸾凤月山新村限价房 | 4000 | 2000 | 0 | 0 |
| 18 | 鸾凤坪山村山下美丽乡村建设 | 3000 | 1000 | 0 | 0 |
| 19 | 司前美丽乡村建设 | 1500 | 1500 | 1500 | 100 |
| (五)制造业项目 3 项 | | 6200 | 1340 | 0 | 0 |
| 1 | 光泽清溪华龙矿业关闭及矿山生态修复 | 600 | 600 | 0 | 0 |
| 2 | 杰圣医疗器械健身器材项目 | 5000 | 500 | 0 | 0 |
| 3 | 司前梅坪电站技改开发 | 600 | 240 | 0 | 0 |

备注：1. 标注“●”为省重点在建项目，标注“▲”为市重点在建项目，标注“△”为市重点预备项目；2. 在建项目指续建项目或上半年开工的项目，预备项目指下半年开工的项目

（余万有）

## 统　计

【概况】 2017 年，在县委、县政府的正确领导下，围绕全县“中国生态食品城”和“国家生态保护与建设示范区”建设、“百日攻坚战”“四比六促”等重点工作，群策群力，认真履职，各项工作取得新进展。主要体现在统计基础建设、统计数据质量、统计法制宣传、政府绩效管理、建言献策、第三次全国农业普查、精准扶贫数据上。

【农业普查】 县委、县政府主要领导协调解决农业普查工作中遇到的新情况、新问题，确保农业普查各项工作的顺利开展。县统计局班子成员用心思考、用心协调，用心策划，把握各阶段工作的重点和难点，确保工作的主动。各乡（镇）、各部门通力协作，全县 460 余位农普工作者用心投入，协同作战，全面完成普查主体任务，得到上级业务主管部门的肯定，并顺利通过全市农普事后质量抽查。

【企业统计】 更新维护名录库，对企业统计员进行业务培训，对企业开展有关统计法律法规的宣传，杜绝企业统计数据的“跑冒滴漏”。完成 2017 年企业联网直报工作，上报率均达 100%。全年全县执行企业一套表统计方法

2017 年 1 月 9 日，县统计局领导到李坊乡指导三农普入户登记工作

制度的企业有 91 家，其中规模以上工业 36 家、限额以上贸易及住宿餐饮业 25 家、规模以上服务业 8 家、质资等级以上建筑业 12 家、房地产业 10 家、纳入联网直报投资项目数 286 个。

**【统计服务】** 编发《2016 年光泽县国民经济和社会发展统计公报》《光泽统计摘要 2017》《光泽统计年鉴 2017》《光泽统计月报》等统计资料，搜集整理全省 23 个扶贫开发县主要经济指标，为县委、县政府科学决策提供统计数据保障。主动参与县本级绩效考评方案和奖惩办法的制定实施。开展市对县绩效管理考评指标的业务指导、监测汇总、分析预警及成果运用，并建言献策。组织实施市对县绩效管理公众评议问卷（电话）调查，完成党代表、人大代表、政协委员、企业经营者四个届别样本框的筛选上报。通过创新工作方法，改革跟踪评议手段，与市统计局和市调查队等部门的沟通联系，及时掌握评议的实时动态。负责制定全县绩效管理公众评议工作方案，对 4 个届别和城乡居民 2540 个样本点进行集中和入户调查工作，推动全县政府绩效管理工作的有序开展。做好项目入库辅导，做好数据的跟踪与服务，助力“百日攻坚战”“四比六促”主战场，做到应统尽统。在“百日攻坚战”活动中，被县委、县政府评为先进集体。

**【经济运行】** 及时了解和掌握经济社会发展运行情况，精准研判发展形势、分析变化特点、找准问题原因，做好经济运行分析。全年各专业撰写统计进度分析（信息）45 篇。

**【信息发布】** 向省、市统计局上报政务类信息 55 条，其中被市统计局采用 24 条。向县委办、政府办上报统计数据类信息 112 条（次），被县委办采用 48 条（次），被县政府办采用 45 条（次）。

**【法制宣传】** 2017 年是《中华人民共和国统计法》颁布 34 周

2017 年 12 月 5 日，县统计局联合县发改科技局在数字影院三楼举办“光泽县 2017 年度投资统计工作培训会”

年，统计“七五”普法宣传第二年。利用企业联网直报、“统计开放日”和“法制宣传日”等时机，推动统计法“进机关、进乡村、进社区、进学校、进企业、进单位”的“六进”工作。

【统计执法】 9月下旬，抽调业务骨干，围绕相关统计指标，对22个政府机关、企业、事业单位相关数据质量及其宣传贯彻执行统计法律、法规和统计方法制度，依法如实提供统计资料和统计基础建设等情况进行监督检查，并对3家违反统计法律法规的企业事业单位予以立案查处。

## 统计调查

【业务培训】 2017年，县农调队对基层专业人员和辅助调查员的业务培训与指导，举办20余场各类培训会议。居民收支调查专业根据住户调查报表制度的规定，结合全县实际，在全县范围内实施农村住户调查数据查询制度，深入15个调查点举办直接面对基础调查对象集中式培训，并编写《记账户如何记好账》等资料，制定《住户调查辅助调查员考评管理办法》，对辅助调查员进行管理。

【调查管理】 抓样本代表性评估和结构微调工作，落实调查网点（样本）的报批、备案制度，对确定的调查样本，统一发放样本名单确认文件和统计法律事务告知书，杜绝出现随意更换调查村、调查户和调查企业现象。居民收支调查专业慰问住院调查户并送去慰问金和营养品，建议乡（镇）、村对自己辖区内的调查对象和辅助调查员给予一比一的配套补贴，调动他们的积极主动性。城乡住户调查专业定期开展入户访户工作，与调查对象面对面地进行情感交流，及时帮助解决记账户生活和记账过程中存在的问题。据市调查队反馈，全县2017年农民人均可支配收入达到12574元，同比增长9.9%，增幅全市第一，高于全省年度增幅1个百分点。全县连续三年平均增幅达到9.0%，三年平均增幅高于全省0.1个百分点。指标完成情况真实反映全县农民收入增长变化情况。

【制度建设】 以《统计调查业务流程规范》和《专业调查数据质量全程控制办法》作为规范调查工作依据，全队各专业都按照规范要求，落实专业样本确认、统计法律事务告知、资料签收签领等基础性工作。县本级专业累计发放样本确认文件150份及《统计事务告知书》300份，建立样本企业（户）签收签领台账。建立以专业人员、科室负责人和分管领导三级审核、局长审签的“三审一签报”制度，确保每一笔上报数据依法依规。各相关专业建立科学评估办法，搜集、利用部门行政记录，建立健全数据质量评估台账，做好调查数据与宏观经济趋势客观分析与评估，形成比较健全科学的评估体系，保证数据评估准确性和权威性。规范调查样本维护、台账建设、业务管理、业务培训等基础工作。对报表及时性、准确性、完整性，编报说明要求。对信息、分析工作进行量化考核。

【业务登记】 各专业工作人员深入企业、调查户，填写走访记录表和访户手册，作为资料收集和开展工作依据。全面实施业务登记制度，将相关历史资料都统一建档归档，重点数据资料实行电子版、纸质版、硬盘版多重备份。

【信息报送】 将信息专报和分析课题研究列入综合统计工作考评重点，确保信息工作的质量和时效。全年撰写常规分析45条，工作信息66条。所列的信息借助县统计局门户网站、县统计局官方微博、统计信息期刊多种媒介对外公开发布，展示调查研究成果。

（黄志坚）

## 物价管理

【概况】 2017年，物价工作在县委和县政府的正确领导下，按照上级价格部门的工作部署，踏准工作节奏，撸起袖子“百日攻坚”，扑下身段“四比六促”，完成年初既定的各项任务。

【发挥价格机制促进生态文明建设】 贯彻落实省政府运用价格机制促进生态文明建设的文件，通过全面推行环保电价和实行环保加价政策，运用电价机制抑制高耗能、高污染行业的无序发展，促进绿色产业结构优化升级。全年征收惩罚性电费近50万元，这些环保措施取得明显成效，减排不到位的建筑饰面石材、碳化硅企业全部关停。推进农业水价综合改革，建立健全农业水价形成机制，促进农业节水减排和可持续发展，主动承担牵头单位职责。11月3日至11月15日连续出台《光泽县推进农业水价综合改革实施方案》(光政办［2017］121号)、《光泽县政府办公室关于农业水价综合改革工作绩效评价指标责任分工的通知》（光政办［2017］130号）和《光泽县发展改革和科技局关于印发〈光泽县推进农业水价综合改革实施方案意见重点任务责任分工方案〉的通知》（光发改科［2017］72号）3个红头文件，由物价部门牵头，各有关部门分工负责，近远期目标明晰，年度工作有序推进的工作体系。对全县重点流域水环境进行综合整治，保护流域水环境，实行生态电价奖惩政策。落实生态流量的水电站10座，于2017年底之前全部安装下泄流量在线装置，确保全县水美城市建设需要。

**【价格监测和平价商店建设】** 选配素质高责任心强的干部专职从事价格监测和民生价格信息发布工作。每月按时发放并提高报价员补贴，充分调动报价员工作积极性。挑选并增加民生价格信息监测点、报价点。坚持每天定时定点采集和发布，做到采集的数据准确、发布及时。每周四定期在《光泽资讯》发布主要食品价格信息，每天在光泽政府网站、发布21种主要食品价格信息。推进平价商店建设，在停止征收价格调节基金的情况下，争取财政继续每年安排45万元平价商店建设经费，平价商店已发展到9家，并延伸到止马镇。春节、国庆、中秋节期间启动平价商店运行，发放价格补贴45万元。国庆节、中秋节启动平价商店运行机制，除选品种、定降幅、实结算等常规做法之外，采取全天候监测、改进监测方式，引入物价绩效，以确保平价商店运行机制的扎实、显效。县物价局组建五个监测小组，在家人员全体出动，轮流值守。原则上每个工作日都要进行不定期的巡查监测。日常监测采取“追本溯源”的方法，顺进货渠道进行抽样核查，以此为依据，进行补贴的据实结算，防止瞒价虚报的现象。建立平价商店运行机制专门管理台账。将各平价商店本次实施平价商店运行机制的情况纳入台账管理，待有关绩效评定办法出台后，一并兑现奖惩。全年市场价格保持平稳，尤其是食品类价格没有出现异常波动现象。

**【价格监督检查】** 完成省、市价格主管部门布置的各项专项监督检查任务。开展新建在售商品住房价格专项检查，对全县新建在售商品住房和房屋中介是否按规定实行明码标价，是否存在捂盘惜售等问题，进行认真检查，对个别企业明码标价公示不规范的行为，当场提出整改建议，督促企业进行整改。开展电力价格专项检查，对国网福建光泽供电公司2015年以来国家规定的各类电价、包括环保差别电价、居民阶梯电价、农民创业园和烤烟优惠电价、小水电上网电价以及新建商品住房配电建设费收费标准的执行情况，是否存在擅自提高国家规定的电价，是否提高标准或超范围收取基金、附加费等变相提高销售电价等问题，进行检查。在杭东社区万福小区和汽车站建立价格争议纠纷调解处理工作站2个。调解价格争议案件2件，及时化解价格矛盾，促进社会和谐发展。与12358价格举报工作相衔接联动机制，调解价格争议案件，针对爆破公司多次反映的民爆器材价格偏高的投诉，及时协调民爆器材公司和多家爆破公司进行协商，爆破器材公司同意适当降价，最终双方达成和解协议，化解双方矛盾。

**【价费管理】** 落实国家发改委关于取消行政事业性收费年审制度和取消收费许可证管理的新政策。对事中事后管理，建立实行收费报告监管制度，对全县45个有资质的行政事业收费单位101项收费项目进行公示，未经公示的单位一律停止行政事业性收费。设置“阳光价费、清单管理、收费动态监管系统、网格化督查、12358价格举报信息系统”等5个平台。开展清理收费政策，全面停征价调基金及工业企业除资源补偿和损害性补偿外省定行政事业性收费项目，取消、免除和降低27项收费。年可减轻企业和社会负担达402万元。对行政事业性收费单位收费情况实行报告制度，各收费单位报告上年的收费情况。按照省上要求将收费情况录入全国收费动态监管系统，便于国家管理行政事业性收费。及时纠正个别单位不按规定收费、收费不公示和乱收费的行为。规范全县收费秩序，保障群众的切身利益和优化投资环境。严格按照省政府定价目录和省物价局关于政府制定价格行为实施细则的通知，规范政府制定价格行为。依法制定城市出租汽车运营价格和幼儿园教育培养收费，召开城市出租汽车运营价格听证会，对幼儿园教育培养收费成本进行调查，做到政府定价主动、公开、公平、公正。

**【规范政府定价】** 贯彻国家发展改革委第42号令，规范政府制定价格成本监审，完成城市出租汽车营运成本、市级示范幼儿园、县级示范幼儿园保教收费成本监审工作，核减不合理成本147.77万元。发挥价格认定职能作用，对司法、行政机关办理环境资源案件中涉及价格不明或价格难以确定的物品及时进行价格认定。随着全县重点工程建设规模不断扩大，市场砂石料需求量持续增长，非法采砂行为时有发生，屡禁不止。县政府多次开展河道采砂执法专项整治行动，为严厉惩治非法采沙犯罪，遏制非法采沙行为蔓延，县价格认证中心价格认定人员积极与公安、水利等执法部门配合，开展沙石料价格认定工作，办理沙石料价格认定4件，涉案金额100余万元。为司法、行政机关及时办理案件，打击破坏环境资源犯罪提供有力保障。对价格认定工作，价格认定人员提高法治意识、责任意识、风险意识，做到“价格认定行为符合客观公正、价格认定过程符合程序公正、价格认定结论符合实体公正”的法治工作目标。全年办理公安机关委托的刑事案件价格鉴定29件，价格争议调处2件，金额256.41万元。做好农产品成本调查工作，成本调查人员与县烟草公司有关人员，多次深入调查户家中和田间地头了解烟叶生产和购买农资情况，按照省上的要求按时上报烟叶生产成本调查和分析资料，受到省局表扬。

（王惠雄）

## 市场监督管理

**【概况】** 2017年，市场监督管理工作围绕“省级食品安全社会共治示范县创建”和“省级文明单位创建”两项重点工作，服务“百日攻坚战”“四比六促”重大项目、重点工作，构建和完善具有光泽特色的统一、高效、权威的市场监管队伍，顺利通过省级文明单位总评验收、省级食品安全社会共治示范县。

**【服务经济建设】** 进行企业注册登记便利化改革，全面梳理和公开行政审批及公共服务事项目录。与其他行政部门信息共享获取相关信息。简化优化办理流程，将办理环节压缩到5个环节内，办理时限压缩到法定时限的50%，对登记事项简单、手续齐全的当场办结。新发展市场主体1572户，其中内资企业246户，公司210户，农民专业合作社74户，个体1042户。年报工作居全市全列。全年办理重点企业设立、迁移登记34户，个体设立登记483户，完成招商引资3亿的签约项目，起草两个谋划项目意见书。召开全县推进双随机抽查工作机制、规范事中事后监管工作会议，县政府叶财旺副县长参加会议。年底全县共有内资企业245户，私营企业1203户，农民专业合作社565户，个体工商户5884户。

**【食品药品监管】** 完成全年监督抽检任务，实施监督抽检510个次。开展药械安全监测工作，收集上报药品不良反应105例，医疗器械不良事件27例，化妆品不良反应8例。创建2家省级食品安全可追溯示范点，7家市级食品安全可追溯示范点。全年开展涉药单位检查312家次，出动执法人员137人次，检查医疗机构32家次，其中责令限期整改2家，立案调查5家。全年抽检生产环节食品80批次，流通环节100批次，食用农产品240批次，餐饮环节60批次。引导餐饮经营户按照“明厨亮灶”的要求搞好硬件设施建设，新增“明厨亮灶”单位20家，向市局推荐争创省级“明厨亮灶”示范单位3户。开展网络订餐专项整治，指导餐饮食品经营户申请办理食品经营许可“网络经营”资质63个。

【商标品牌发展】 推动商标品牌发展，将“一村一品”品牌发展规划纳入《光泽县人民政府关于推进商标品牌工作的实施意见》，推进商标富农，将商标发展纳入各市场监管所年终绩效考评。建立健全商标战略服务综合体系，实施梯级培育和滚动申报，指派专人全程跟踪，邀请商标事务所专家予以指导，全年申请注册商标41件，干坑小种红茶地标注册成功，完成管密黄花梨地标申报工作，认定闽北知名商标3件，延续闽北知名商标12件，2件集体商标已进入初审。

【市场准入】 全年核发食品经营许可证793份（新办、换证、变更）。新申证食品生产企业4家、延续申证5家。清理过期许可896户。药品经营许可2件，变更15件。100%完成食品、药品、餐饮经营单位风险等级评定工作。完成辖区内24家药品零售企业GSP跟踪检查。

【消费维权】 全年受理消费者咨询158人次。受理消费投诉118件，办结115件。为消费者挽回经济损失37万元。受理举报22起，全部办结，办结率100%。成功调解一起购房纠纷，为消费者挽回经济损失39万元。开展消费品质量提升专项行动，抽查智能手机、儿童玩具等商品82批次，立案查处4件。完成诉转案2件。

【无传销城市】 营造抵制传销、打击传销的社会舆论氛围，发放“打击传销宣传单”“110、12315传销举报电话联系卡”1600余份。查处投诉件1起，与公安部门一起捣毁窝点5个，教育遣送参与人员47人，解救传销受困人员3人，遏制传销活动反弹。全县创建无传销示范点2个，分别是寨里镇和杭州镇杭东社区。

【查无工作】 制定《2017年光泽县查无工作要点》，明确各专项行动的责任单位职责。以案件为抓手，循序渐进的开展查无考评工作。召开查无联席会议2场次，办理无照经营案件9件，利用查无信息抄告平台向相关部门抄告无证信息13条。开展无照经营专项整治13次，出动执法人员316人次，执法车辆103台次。

【虚假广告】 围绕非法集资广告专项整治、互联网金融广告等整治重点，通过媒体监测、与广告业主约谈，召开联席会议等方式整治虚假违法广告工作。召开联席会议1场，约谈广告业主9人次，举办大型宣传活动1次。LED宣传12条，86家参与。办理虚假广告案件3起。

【质量强县】 通过全县2016年度政府质量考核。抽查美迪化工有限公司、圣农有机肥厂等7家企业。开展工业产品生产许可证获证企业监管。全县现有工商许可证企业4家，1家已于7月份注销工商许可证，其余3家开展巡查及工许年审工作。

【计量工作】 全年检查大型商超8家，检查计量器具46批次，实施计量惠民工程，检定计量器具5011台，完成全年工作目标的100.22%。开展“两免费”检定活动，免费检定电子计价秤105台。本级备案检定累计2826件（台），送省、市检定备案866件（台）。

【标准化工作】 推进“标准化+”建设。指导申报团体标准1件，指导7家企业网上自我公开声明19项标准。继2009年光泽厚朴获得省级农业标准化示范区之后，福建承天农林科技发展有限公司获得光泽县第二个省级农业标准化示范区称号，并将其推荐列入市质监局“双服务一打造”活动项目，市、县两局相关人员入企指导标准化建设及帮助企业申请奖励经费。指导圣农集团参与胚胎免疫技术规范（社团标准）和动物福利国标准的制定，已提交到国标委，年底还未发布。

【特种设备安全监察】 制定《特种设备安全目标责任考核评分标准》，并将其纳入2017年县委县政府对各乡（镇）安全生产目标责任制考评。建立股所联动机制，实行业务传帮带，开展业务及现场观摩培训2期，指导各基层所开展摸底检查，摸排企业139家，涉及设备1100余台套，发现21台未办理注册登记的设备，及时办理完毕。开展各类专项整治，检查使用单位70家次，抽查设备207台套，出动执法人员260余人次，发现安全隐患74条，下达监察指令书6份。选取凤凰华府小区开展电梯网格化管理试点，试点已顺利通过验收。

2017年4月，县市场监管局工作人员到兴瑞液化气充装站开展特种设备检查

【综合治理】 全年立案80起，结案78起，罚没入库47.23万元，其中食品、药品、化妆品、医疗器械案件立案37起，结案31起，罚款23.23万元。工商、质监类案件43起，结案41起，罚没款入库24.0万元。开展食品生产经营风险排查及各类市场专项整治。出动执法人员2033人次，检查企业1500家次，排查风险隐患14个，立案查处14件，下架假冒伪劣食品121公斤，发出责令整改通知书50份。联合公安、经信商务、消防等部门开展成品油专项整治，取缔5家非法成品油销售点，立案查处2家起，罚没20余万元。开展野生动物保护专项整治。检查市场11个，超市、餐馆314家，签订承诺书314份，立案查处5起，查扣并放生野生动物15公斤，移送公安1起。开展农资打假，联合农业部门对肥料生产企业、农资仓储、农资销售企业开展执法检查和化肥质量抽检、免费检测，送检样品6份。开展地条钢、电线电缆、配电箱等专项检查，检查3C获证企业3家、销售单位19家，立案查处1件。

【宣传发动】 将食品生产经营企业管理人员、学校食品安全管理员、各乡（镇）食品安全协管员、宗教场所负责人、餐饮行业经营者等相关人员统一组织进行预防食物中毒、农村集体聚餐报备等食品安全知识培训，召开培训9场次，培训人员200余人次。利用新闻媒体、官方网站、手机微信等多种途径，采取多种方式，宣传和普及食品药品安全知识，及时发布消费提示、警示等信息，引导社会消费和良性预期。开展“3.15”食品药品安全宣传、食品安全宣传周等宣传咨询活动11场次，发放宣传资料20000余份。在县广播电视台播放内容为校园食堂食品安全监管、餐饮单位“明厨亮灶”建设、食用农产品安全、特种设备安全纪实的专题宣传片6期，在网络平台“光泽网”、光泽电视台等当地媒体上发布含青蛤、野生毒蘑菇等食品的消费警示8次。

（元慧祥）

## 安全生产监督

【概况】 2017年，全县安全生产形势持续平稳。发生各类事故5起，同比减少2起，下降28.6%。死亡2人，同比持平。伤3人，同比减少1人，下降25%。直接经济损失1.1万元，同比减少16.4万元，下降93.7%。其中道路交通生产经营性事故5起，死亡2人，受伤3人。

【落实安全生产目标责任】 根据南平市政府下达的2017年安全生产责任目标，结合实际，制定《光泽县人民政府关于下达2017年安全生产目标责任的通知》，下达给8个乡（镇）、13个行管部门。5月，新增县委组织部、县委宣传部、人武部、团县委等6个部门负责人为县政府安全生产委员会成员。按期召开四个季度防范重特大安全事故会议，对安全生产工作进行安排部署，县委常委会议两次研究全县安全生产工作，对全县安全生产工作进行安排部署。

【安监机构建设】 增设总工程师职数，新招录监察大队工作人员1名，调入应急救援中心工作人员1名，增核监察大队和应急救援中心编制各1个。调剂400余平方米办公场所给县安监局使用，拨给50余万元资金，用于办公场所装修、购置设备。安排消防工作经费400万元、道路交通专项整治经费160万元、智慧式用电安全隐患服务系统经费50万元。

2017年12月2日，县安监局与交警大队、消防大队等部门开展安全生产宣传周活动

**【安全生产】** 针对安全生产大排查大整治、安全生产大检查等重点工作要求，动员部署各重点时期、重点环节安全生产工作，确保"厦门会议""党的十九大"等重要时期"零事故、零伤亡"。县委、县政府领导带头深入一线检查指导安全生产工作。结合全县安全生产存在的突出问题和薄弱环节，对建筑施工、道路交通、特种设备、消防、职业卫生、非煤矿山、危险化学品等重点行业领域进行排查整治。全县检查企事业单位4800余家次，排查出隐患5140条，整改5071条，整改率98.65%。

**【企业安全生产标准化建设】** 将安全生产标准化建设工作列入县政府"立项挂牌办理"事项，推进安全生产标准化建设常态化开展。市政府下达全县安全生产标准化达标任务14家，完成17家，完成期满复评38家。

2017年2月21日，县安监局开展安全生产执法检查

**【安全宣传教育】** 利用有线电视、《光泽时讯》、短信、微博、微信等媒体开展安全生产知识宣传教育。组织开展以"全面落实企业安全生产主体责任"为主题的"安全生产月"活动。举办《安全生产法》《中共中央、国务院关于推进安全生产领域改革发展的意见》等安全知识讲座5场次500余人听讲。累计发放安全生产宣传材料1万余份，发送短信5万余条，制作各类展板200余张。

**【应急演练】** 突出重点行业领域和事故多发易发区域，有针对性开展多种形式的应急演练。先后组织开展危险化学品泄漏事故应急演练、防汛救援综合演练等

2017年4月20日，县安监局联合消防、供电、医院等在美迪化工开展应急救援演练

专项及综合性演练。全年开展各类应急演练52场次（含桌面演练），参演单位60多家次，参演人数2800余人次。

【职业健康监管】 督促企业完成职业危害申报64家，开展危害因素场所的检测32家，545名员工做职业健康体检。开展《职业病防治法》宣传周活动，举办现场咨询活动9场，参与工作人员138人，现场咨询达6000余人次，发放《职业病防治法》《职业健康宣传手册》《关爱农民工职业健康折页》等宣传材料，累计2600余份。

（肖哲旻）

## 审　计

【概况】 2017年，围绕县委、县政府中心工作，开展审计服务和审计监督。按时完成上级审计机关统一组织实施政策措施落实情况跟踪审计、保障性安居工程跟踪审计、精准扶贫和城乡医疗救助资金“最后一千米”等审计项目，对预算执行、“1＋X”、经济责任和政府投资等项目进行审计。全年完成自定审计项目14个，其中预算执行审计项目5个、经济责任审计项目7个，其他项目2个（公务支出和公款消费、“1＋X”专项督查），查出主要问题金额2131万元（其中违规金额133万元，管理不规范金额1998万元），非金额计量问题67个。审计处理处罚金额628万元，其中应上缴财政133万元，应归还原渠道资金464万元，应调账处理金额28万元。移送处理事项4件（其中纪检监察机关1件），移送金额51万元。审计促进整改落实有关问题资金532万元，上缴财政133万元，归还原渠道资金464万元，调账处理金额28万元，审计后挽回（避免）经济损失25万元。报送信息简报78篇，被采用或批示63篇（次）。提出审计建议19条，被采纳16条。发挥审计工作在保障国家经济社会健康运行、推动深化改革、促进依法行政、推动惩治和预防腐败体系建设等方面的“免疫系统”功能。

【预算执行审计】 结合全省预算执行情况及决算草案审计，对县财政局等8部门2016年度预算执行和其他财政收支情况进行审计，同步开展财政资金信息化管理情况调查、加快产业转型升级资金使用绩效审计调查、支持现代农业发展资金使用绩效审计调查、财政事权和支出责任划分情况审计调查、地税部门税收征管及优惠政策执行情况等审计调查。重点关注政府性债务、财政资金的存量和增量，审查财政资金安排、分配、使用环节存在的问题。揭示一些单位政策执行不到位、管理不规范等问题。全年县本级预算执行审计项目计划4个，查出主要问题金额7758万元，其中未按规定纳入预算管理259万元，资金滞留闲置171万元，预算编报不真实不完整120万元，移送县纪委处理问题1件。审计分析产生问题的原因，从制度层面提出审计建议8条。

【民生项目审计】 履行审计服务改革发展职责，调配精干力量，以推动政策落实，项目落地、资金保障、简政放权、风险防范、强化管理、完善制度，保障专项资金安全有效，维护群众利益为工作目标，上下联动，持续对稳增长等政策措施落实情况、城镇保障性安居工程开展跟踪审计、对精准扶贫工作开展专项审计，揭示和反映政策措施的贯彻执行和效果、制度建设、资金筹集管理使用中存在的问题，有针对性地提出审计建议，同时关注审计发现问题的整改情况，促进规范民生专项资金管理和政策落实。

**【政府投资项目审计】** 实行政府投资审计监督模式。转思路、转职能、转方式，发挥审计部门对政府重大投资项目实施的监督作用，推进政府投资高效、规范、有序运转。实行一承诺二隔离三审核的“123”投资审计风险防控机制和工程造价审计复审制，有效防控投资审计领域廉政风险。将财政审计与政府投资审计相结合，上级统一组织项目与本级实施项目相结合，充分运用审计成果，努力实现“一果多用”。

**【经济责任审计】** 科学立项，与县委组织部建立沟通机制，根据审计力量，对年度委托项目总数及对象类型提出合理化建议，任中审计比例逐年提高。统筹资源，实行经济责任审计与预算执行审计有机结合，做到一批人马，一次进点，两份成果，提高审计工作效率，推进经济责任审计监督全覆盖。建立审计整改联合督查机制，与县纪委联合组成督查组，对经济责任审计整改落实情况督促检查，落实审计发现问题的整改。全年对8位党政及事业单位领导人员进行经济责任审计，其中任中审计6人、离任审计2人。重点检查被审计单位在重大经济决策、执行财经政策、国有资产管理、工程项目建设等方面存在的问题，查出主要问题金额1326万元，其中违规金额48万元，管理不规范金额1278万元。移送有关部门处理问题4件、移送线索2条。结合部门行业特点针对性地提出审计建议8条，提高经济责任审计结果的辨识度。

2017年8月22日，县审计局召开项目审理会现场

**【领导干部自然资源资产离任审计】** 按照全市统一部署，开展闽江源（光泽）流域生态环境保护情况审计和乡（镇）领导干部自然资源资产离任审计试点。审计报告反映全县在自然资源资产管理和生态环境保护方面存在部分重大措施落实不到位、部分约束性指标和目标任务未完成、矿山生态环境整治修复措施不到位、自然资源资产管理和生态环境保护基础工作薄弱等问题。摸清闽江源（光泽）流域水资源状况、重点控制断面和饮用水水源地水质变化、农业面源污染、主要污染物减排、水土保持、水生动植物保护等情况，揭示流域水质变化及水环境治理存在的重大问题和风险隐患，促进生态文明试验区建设。推进领导干部自然资源资产离任审计试点工作，向下延伸，率先开展乡（镇）领导干部自然资源资产审计试点，打通自然资源资产管理和生态环境保护责任落实的“最后一千米”。全县深入推进领导干部自然资源资产离任审计试点工作作为“抓得好、抓得实、抓出成效”的全国县级典型在央视综合频道播出。

**【重大政策措施落实情况跟踪审计】** 围绕供给侧结构性改革重点任务，以检查重大政策落实、重大项目落地为切入点，重点把握政策配套措施科学性评估、政策落实跟踪、政策效应评价，促进政策安排的不断优化，关注区域发展战略、“三去一降一补”任务、供给侧结构性改革、精准扶贫精准脱贫、积极财政政策、重大项目建设、简政放权和“放管服”改革、“营改增”等减税降费、科技创新、大众创业、万众创新等中央和省重大决策部署贯彻落实情况，推动政策落地、有效发挥作用，重点关注农业供给侧结构性改革、中央赋予省、市、县特殊区域政策叠加效应和生态文明试验区政策效应、精准扶贫长效机制建设、税收优惠等政策配套措施科学性、贯彻落实情况、政策效应评价，并开展对上年度审计反映问题整改落实情况的跟踪。

**【审计信息化建设】** 配置台式计算机20台，便携式计算机14台，做到审计业务人员人手1台。做好AO和OA系统的互动工作，便于干部职工在被审计单位或出差过程中上网查阅有关资料，配备无线上网卡，提供审计数字化工作硬件保障。将AO应用和计算机审计方法纳入局绩效考核内容，与奖惩挂钩，确保信息化建设落到实处。聘用计算机专业毕业的同志专门负责数字化日常管理工作，在市局计算机审计中心和县政府信息中心的指导下开展数字化建设等有关工作。按时交纳网络所涉及的所有费用，确保网络的畅通。全年完成申报AO应用实例1项，并获得省厅表彰。

**【审计质量管理】** 围绕市审计系统创先争优工作，将审计项目质量纳入局绩效考评办法。通过强化法规审理力量，发挥总审计师对审计项目质量总把关的作用。完善法规审理、总审计师审核、业务会议审定的三级审理机制，审计质量和水平得以提升。在全市审计项目评选中获表彰项目1个。

**【系统创先争优】** 围绕《2017年度南平市审计系统创先争优工作目标管理考核办法》，细化目标任务，明确责任分工，积极创先进位。在年度考评中，审计信息宣传工作获全省先进单位。在全市审计系统创先争优考评中。取得了信息宣传工作第一名、数字化建设工作第一名。综合考评第三名的成绩。

（吴珍珍）

# 财政 税务 国资

## 财 政

【概况】 2017年，光泽县财政着力推进供给侧结构性改革，应对经济下行压力和全面推开营改增试点等政策性减收影响，打好“百日攻坚战”，开展好“四比六促”活动。财政运行总体平稳，为地方经济建设和社会发展提供财力保障。

【全县财政预算执行情况】 2017年，全县公共财政总收入完成6.06亿元，比上年增收4292万元，比增7.62%；其中地方级公共财政收入4.33亿元，比上年增收1638万元，比增10.44%。全县公共财政支出17.46亿元，比上年增支2.50亿元，比增16.74%。全县财政运行总体平稳。

【加强征管】 突出加强财政、国税、地税协调配合，强化涉税信息共享机制，抓好重点税源，不漏过零星小额的“功夫税”，提高财政收入质量和管理水平。加强重点企业走访调研，强化对企业政策帮扶，挖掘税收增长潜力。加强“营改增”改革后重点建设项目税收征管，出台加强建筑业税收征管办法，增强财政可持续发展能力。加强对重点项目的监控，及时了解项目进展情况，对重点项目承建单位的工程款项支付实行动态监控，保障税收及时入库。加强建筑业税收征管办法实施后，新增建筑业纳税人13户，同比税款增加1246万元。加强征管服务，通过国、地税共同入驻行政服务中心，整合国、地税优势资源，联合打造县级“办税一体化”服务品牌，最大限度缩减纳税人办税时间和办税成本，纳税人满意度大幅提升。

2017年8月24日，副县长宋凤英到县财政局调研

【优化支出】 把保障和改善民生作为财政工作的出发点和落脚点，提高财政支出用于民生的比例。投入农林水资金4.48亿元，主要用于小农水工程建设、农田水利、抗旱防汛、科技推广，支持农民专业合作社的种植、养殖等项目，支持农业和农村经济的发展。安排教育资金2.70亿元，用于农村义务教育经费、薄弱学校改造、农村中小学校舍维修、职业教育及设立高中教育奖教基金、落实乡村教师生活补助等支出，支持教育事业优先发展。安排社会保障资金1.39亿元，支持新型城乡养老保险、城乡低保、五保供养、抚恤、社会救济和自然灾害救助等工作，推动社会保障体系建设。安排资金

2045万元，用于城市棚户区改造等保障性住房建设和农村危房改造，改善低收入群体和农民住房条件。安排资金1.54亿元，支持基层医疗卫生机构和公立医院建设，推进新型农村合作医疗、医疗救助等工作。安排文化支出3172多万元，用于建设文化场所，改善农村群众文化娱乐和体育健身条件。支持“美丽乡村”“万人保洁”“绿水补偿机制”等重点环境整治活动，做好相关经费保障工作。安排旅游发展资金500万元，促进旅游产业加快发展。做好粮食安全行政首长责任考核工作，落实好补贴政策，保障粮食安全。加大扶贫投入，统筹安排4900多万元财政扶贫资金，支持扶贫开发、医疗扶贫、发展壮大村集体经济试点，保障脱贫攻坚政策兑现。参与政策研究制定，助力脱贫攻坚精准施策。对全县8个乡镇建档立卡贫困对象在享受基本医疗保险、大病保险、医疗救助报销的基础上，给予精准扶贫医疗叠加保险再报销。实施“财政＋金融”联动扶贫，发放扶贫小额贷款8190万元。

2017年7月22日，县委办、县财政局领导到寨里镇桥湾村调研村财增收工作

**【服务发展】** 研究省上支持扶贫开发重点县和原中央苏区发展的政策措施、结构性减税改革变化情况等，细化对接项目，争取上级支持，促进县域产业经济发展。全年争取上级专项转移支付资金4.5亿元，一般性转移支付资金4.9亿元。争取省级地方政府置换债券7216万元，有效缓解债务偿还压力。争取新增地方政府债券31400万元，确保圣农小镇、工业园区、中山台片区、城北片区等基础设施建设项目的顺利实施。争取村级公益事业“一事一议”财政奖补项目省级资金1090万元，县级安排配套资金383万元，实施道路建设、安全饮水、环境整治等项目53个。加大对实体经济扶持力度，投入3500万元设立企业帮扶资金，有效缓解企业短期资金周转难题，全年共为21户企业提供了累计10110万元的短期资金周转；争取企业发展项目资金1290多万元，支持生态食品、电子商务等重点优势产业快速发展。

**【深化改革】** 推进预决算公开，强化对各部门预决算公开监督，2017年县级预决算及“三公”经费预决算全部在政府网站公开。继续深化国库集中支付改革，推动预算执行动态监控制度。出台《光泽县预算执行动态监控工作方案》，预算执行动态监控工作和财政国库集中支出电化工作位列十县（市）前位。盘活财政存量资金，收回结余资金和结转2年以上的项目资金1.14亿元，统筹用于本县急需项目支出。贯彻落实上级部门关于支持农业转移人口市民化财政政策措施，加快推进农业转移人口市民化，推进以人为核心的新型城镇化，破解城乡二元结构，印发《光泽县人民政府关于印发支持农业转移人口市民化财政政策的通知》，从推进城乡医保合并改革、促进城乡教育均衡发展、健全就业服务体系、推动平等享受社保、提升城镇公共服务承载能力、统筹用好转移支付资金等六个方面做好政策支持，并明确各部门职责。进一步规范政府采购工作，编制政府采购预算，推进政府采购全过程信息公开，政府采购工作不断向规范化、精细化管理迈进。

【加强管理】　贯彻落实《中共中央、国务院关于打赢脱贫攻坚战的决定》和中央纪委扶贫领域监督执纪问责工作座谈会精神，加强对财政扶贫资金监管力度，保障扶贫资金的安全有效使用。履行从严治党的主体责任，根据县纪委《关于开展“1＋X”专项督查、推动中央八项规定精神的工作方案》部署要求，对部分县直行政事业单位及乡镇公务接待费、因公出国（境）费、公务车辆使用费等“三公”经费及培训费、会议费等经费支出的合法性、合规性、合理性以及在执行中央八项规定等方面开展检查，上报问题线索6条。

## 国家税收

【概况】　光泽国税局2017年共组织各项税收收入25464万元，增收10420万元，同比增长69.26％，完成年度计划任务115.75％。分级次看，中央级税收收入完成13876万元，增收5160万元，同比增长59.20％；省级税收收入完成758万元，增收500万元，同比增长193.80％；县级税收收入完成10830万元，增收4760万元，同比增长78.42％。

【分税种税收完成情况】　增值税入库税款19431万元，占全县国税总收入的比重为76.31％；企业所得税入库税款4681万元，占全县国税总收入的比重为18.38％；车辆购置税、消费税分别入库税款1270万元、82万元，占全县国税总收入的比重分别为4.99％、0.32％。

附：光泽县国税局税收收入分税种分入库级次情况表（2017年）

单位：万元

| 项　　目 | 累计入库 | | | |
|---|---|---|---|---|
| | 税额 | 上年同期 | 同比±额 | 同比±（％） |
| 税收总收入 | 25464 | 15044 | 10420 | 69.26 |
| 增值税 | 19431 | 9777 | 9654 | 98.74 |
| 消费税 | 82 | 88 | －6 | －6.82 |
| 企业所得税 | 4681 | 4504 | 177 | 3.93 |
| 车辆购置税 | 1270 | 675 | 595 | 88.15 |

【分产业税收完成情况】　全县第二产业入库税收前三名的行业是：食品制造业入库税款5522万元，增收4039万元，同比增长272.35％；建筑业入库税款5113万元，增收3725万元，同比增长268.37％；电力、热力生产和供应业入库税款2799万元，减收1720万元，同比下降38.06％。第三产业入库税款前三名的行业是：金融业入库税款2279万元，增收523万元，同比增长29.78％；房地产业入库税款2061万元，增收918万元，同比增长80.31％；交通运输业入库税款1606万元，增收822万元，同比增长104.85％。

【重点税源管理】　建立重点税源企业联系制度，强化对重点税源企业的预测及监控，全县40户重点税源企业共入库税款14822.5万元，占全县国税总收入的比重为58.21％，增收3776.4万元，同比增长34.2％。

【国地税合作】　落实《国地税合作规范3.0版》，建立以联席会议制度为主，以任务清单制度、督察督办制度、绩效考评制度、定期通报制度等一系列配套制度为辅的国地税合作制度体系。国地税联合设立税务登记535户、联合办理变更登记1502户、联合办理注销登记235户、联合采集财务报表1475份、联合对全县849户企业开展纳税信用等级评定工作，评出21户纳税信用A级企业、联合走访867户重点企业，共收集调查问卷735份，收集意见建议24条，解决纳税人实际需求13条，落实反馈率达100%。

**【"互联网+税务"】** 推行网上申报，共有1391户纳税人使用网络申报纳税11675笔，户数占比99.64%，笔数占比87.58%；推行O2O领票，共有1977户纳税人通过O2O模式领用发票149273份，份数占比达23.45%，户次占比达32.60%；推行网上代开专票，共有313户纳税人通过网上代开增值税专用发票2060份，代开金额4083.11万元，税额122.57万元，专票代开户数占比82.37%，专票代开份数占比70.45%；推行发票网上验旧，共有631户纳税人在网上进行了发票验旧，户数占比为96.04%；开设24小时自助办税厅，共有10户纳税人通过线上自助领用发票334份，份数占比0.12%，户数占比0.78%。

**【服务企业发展】** 开展营改增政策大辅导，共组织开展专场培训6次、走访辅导22户、发放各类宣传资料2200余份。为小微经济体减免增值税738万元，小微企业优惠政策受惠面达100%。落实增值税即征即退优惠，全年累计政策性退税1195万元。开展出口退税无纸化管理试点推行工作，对6户正常申报的出口退（免）税企业实行无纸化备案，全年共审批办理出口退税2274万元，审批办理免抵税2490万元。

**【打击发票违法活动】** 对全县14户企业的受票、开票情况检查，其中包括交通运输、房地产、建筑安装、金融保险、餐饮娱乐、商业批发与零售、药品与医疗器械等13个行业，查实违法企业14户，查处、缴获非法发票4321份，涉票金额690.62万元，查补各项收入31.84万元，其中，税款26.69万元，滞纳金0.83万元，罚款4.32万元。

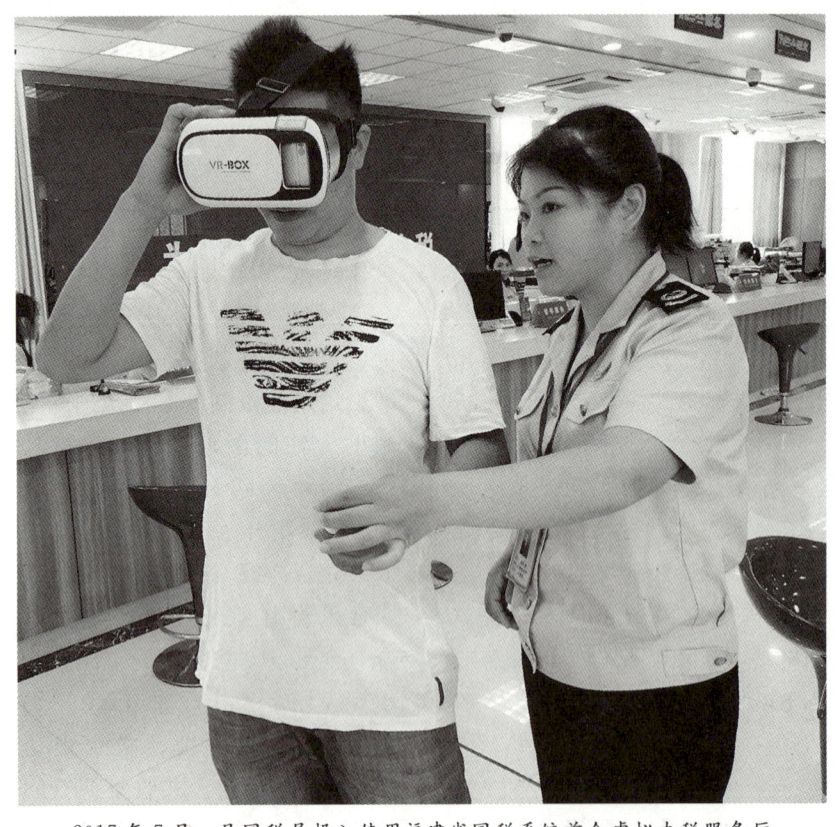


2017年7月，县国税局投入使用福建省国税系统首个虚拟办税服务厅

**【协税护税】** 坚持集成统筹的理念，贯彻落实税收保障办法，建立部门协作机制，按照"横向到边、纵向到底、全面覆盖、不留死角"的要求，在全省率先实现公、检、法"三位一体"协税治税体系，建立起横向涵盖市场监管、国土资源、工商、法院、林业、公安等31个单位，纵向贯穿镇街、社区、涉税中介组织的综合治税网络。通过优势互补协同治税、跨部门协作信息共享、国地税协作重点突破等多举措，以"部门协作、联合管税"为突破口促进管征提质增效。

**【电子税务局】** 推行实名办税，共实名采集企业信息2179户，占领发票纳税户的84.23%，实现在涉税事项如发票领用、发票票种核定、调整及发票代开等方面只提供一次身份信息，提高服务便捷性、精准性。打造虚拟办税服务厅，将VR技术运用于法治税务、纳税服务等领域，推行VR普法互动宣传、建立VR空间维权站，实现VR立体导税、以沉浸式体验、交互性操作拓展电子税务局建设的外延和内涵，让学习税法更生动、让权益保障更畅通、让日常办税更便捷。

## 地方税收

【概述】　2017年，光泽县地税局采取有力措施，扎实推进各项工作。全年共组织税收收入2.01亿元、非税收入1.93亿元。被省国税局、省地税局、省法制办联合授予“福建省法治税务示范基地”荣誉称号；荣获“全国2016年度打击发票违法犯罪活动工作成绩突出单位”荣誉称号。在2017年纳税人满意度第三方随机调查中位居全市第一名。在2017年度全市地税系统绩效考评中名列第二名。

【税费收入】　2017年共组织税收收入2.01亿元，同比减收8766万元，下降30.4%，完成市局年初预分配目标任务的87.94%。剔除营业税（本期营业税611万元、上年同期营业税7426万元）同比减收1951万元，下降9.11%。与此同时，全年共组织非税收入1.93亿元，比增2237万元，增长13.08%。社会保险基金收入1.78亿元，同比增收2224万元，增长14.25%，其中：基本养老保险费1.02亿元，同比增收1328万元，增长14.96%。教育费附加650万元，同比减收5万元，下降0.76%。税收特点分析：税收总量减少后一次性不可比因素对税收增减影响更为突出。上年圣农实业股权转让所得税6515万元，属一次性税源，在经济税源无大变动情况下使税收减幅超常规。

2017年4月25日，光泽县首家国地税24小时自助办税服务厅在县国税局一楼正式投入使用

【税收法治】　贯彻落实《福建省税收保障办法》，协调各部门联合控管，建立覆盖全县9家重点企业和31个部门的跨行业、部门综合治税网络；与公安局、检察院、法院、国税局共建“四室一中心”，联合打造全方位司法治税体系；拓展合作范围，从纳税服务、信息管控、联合稽查、团队服务、税务文化等方面落实《国地税合作规范4.0版本》，联合打造国地税合作升级版。

【税收政策落实】　严格减免税资格管理，通过数据比对，厘清优惠面，严把备案资料审核关，结合补充报备与纳税评估，对企业减免税资格进行动态管理；强化落实监督，将优惠政策的落实情况纳入绩效管理，通过“任务单”“督办制”，做到事前有安排，事中有督促，事后有考核，全年共减免各项税费1.2亿元。

【税种管理】　落实企业所得税汇缴清缴实施方案，入库企业所得税264.09万元；完成2016年度个人所得税12万元申报工作，共受理申报人数151人，完成缴（扣）纳税款2699.64万元，申报完成率104%；强化资源税管理，全年共入库资源税275.7万元，同比增长139.1%；强化个税明细申报，超额完成总局个税明细申报指标任务，准确率、申报率均达100%；开展环保税开征准备工作，与财政局、环保局联合制定《光泽县环境保护税法

2017年11月1日，县地税局开展以“环保税开征助力绿色发展”为主题的税法宣传骑行活动

实施工作方案》，举办环保税法专题培训会，开展以“环保税开征·助力绿色发展”为主题的税法宣传骑行活动。

【纳税服务】 设立国地税联合纳税人学堂与微信学堂，为纳税人提供预约点课服务，依托法务人才优势，开展“纳税人咨询日”活动；推出“一人一窗一机双系统”联合办税服务服务，进一步完善“网上办税为主、自助和其他社会办税为辅、实体办税服务厅兜底”的综合办税服务模式；落实“一趟不要跑”和“最多跑一趟”办事清单，细化梳理出“一趟不用跑”事项30项、“最多跑一趟”事项851项。

【征管稽查】 按照“重点税源专业化管理、一般税源规范化管理、农村税源集中管理、零星税源社会化管理”工作主线，重新划分管理分局职责；充分运用纳税信用等级评定结果，结合签约服务、数据分析、上门辅导、税务约谈、纳税评估、税务检查，对不同级别纳税人制定分类管理计划。此外，推行“选案随机、检查主责、兼职参与、审理相互、执行交叉”的光泽稽查模式，结合税务黑名单、国家税务总局重大案件管理系统与综治诚信系统对稽查案件进行电子化管理；与县公安局联合开展“4.20”假建安发票案件查处工作，依法查补、追缴入库各项税费合计414.89万元。

【三化五防风险管理】 设立风险防控分局与风险防控中心，建立风险应对四级联动管理体系，借助“三步骤”与“三表格”，开展“三化”风险管理。建立“低风险分局自行处理，中风险由风险防控分局协调处理，高风险稽查局介入”的“内部齐防”流程；实施以“引导企业建立健全税务风险内控体系”为重点的“征纳同防”；构建“政府主导，国地联合，部门配合，审计监督，司法保障”的““部门协防”网络；注重“国地联防”，通过联合纳税评估，2017年入库税费999.2万元；开展“司法护防”，与公检法建立常态化合作机制，在县法院的配合下，在南平市首次成功通过税款解缴优

县地税局、县检察院联合举行“税检联动”启动仪式

先、解冻公司账户，联合追缴欠税 20.95 万元。

（陈超）

## 国资管理

**【概况】** 继续做大做优国有资产，实现国有资产保值增值。全年实现业务收入 608.5 万元，比上年增长 11%；上缴税费 455.3 万元，比上年增长 433.3%；上缴财政收入 1827 万元，比上年增长 788.7%，；实现净利润 29.95 万元，比上年增长 182.6%；年末资产总额 6.83 亿元。

**【国有资产管理营运】** 加大租金收缴工作力度，强化租金收缴机制。全年完成自营资产租金收入 212.3 万元，完成年计划 107%，比上年增长 15%；结合光泽县“百日攻坚”活动，做好原县宾馆中山台文化主题公园重点项目建设和原电炉厂棚户区改造项目建设征迁工作，共完成土地征收面积 48560 平方米（其中原电炉厂 34000 平方米），房屋拆迁面积 14736 平方米（其中原电炉厂 6745 平方米），并妥善处理和安置 11 家涉及搬迁的承租企业；接收原质监局办公用房闲置资产面积 433 平方米，并整合调剂给福建群发公司、福建正源旅游公司、鸾凤乡文昌村等办公场所使用；按照县政府要求，完成与欧沪和金福圣两个房地产开发公司办理了资产（店面）抵押工作，促进全县房地产业发展。

**【安置房管理营运】** 协同拆迁组做好原县宾馆、县总工会、农工商、疾控中心、妇幼保健院等多处征迁安置工作，全年安置拆迁户选房、购房共 8 批次 128 户，310 套，安置面积 32290 平方米，并协助办证 160 本；按照县政府要求接收原林委棚改房 110 套 7300 平方米，全部用于安置原竹器厂、印刷厂和林化厂等改制企业拆迁户搬迁周转渡房；按照招投标程序依法依规将原驻榕办和原国土局闲置资产，以及荣兴花园和富源小区等安置房店面资产向社会公开招租，共招租 6 批次 40 间，面积 2755 平方米；为政府招商引进项目企业提供经营场所，包括梦想家文化创意公司、巧八婆电商、正山茶叶公司等共 3350 平方米面积，还为县司法局公证处、杭川镇社区服务站及多家县属国有企业等单位无偿提供 2300 多平方米办公用房，并为县妇联、文明办无偿提供“爱心屋”场所 100 余平方米；建立人才公寓（周转房）机制，将杭东路文体花园小区尚未安置使用的 16 套 1500 平方米和荣兴花园 2 套安置房参照住房简单装修标准装修好提供给县委组织部做人才公寓和省、市挂职领导使用。

**【非转经资产营运管理】** 全县纳入“非转经”资产管理的行政事业单位共有 32 个（其中新增单位有武装部、交通执法大队、文化馆、环卫所等），148 处店面。在产权单位的支持和配合下，“非转经”资产管理和风险防控机制进一步规范。顺利完成全年“非转经”租金收入 327.5 万元，比上年增长 6.7%；公开拍卖车改中心公务用车 42 辆，成交金额 77.04 万元。

**【投融资功能】** 继续做好政府帮扶基金转贷业务，全年共帮扶 31 家企业，转贷 48 笔业务，转贷金额 10110 万元；为重点项目建设贷款提供担保服务，其中为林业收储项目贷款担保 1.5 亿元，为金岭工业园区污水处理项目贷款担保 5500 万元；对福建辉隆生物科技有限公司和福建武夷纯然发展有限公司股权投资前期尽职调查，并完成投资 270 万元。完成投资入股福建正山茶叶发展有限公司 20 万元。以及投资 350 万元竞买光泽县睿辄贸易有限公司工业土地面积 4164.2 平方米，房产建筑面积 2072.99 平方米。

**【服务社会发展】** 做好精准扶贫和挂村驻社区工作。指派专人驻村负责精准扶贫工作，为壮大农村集体经济组织，为挂点村（止马镇水口村）向上争取农业综合开发土地整理项目。并安排 2 万元经费帮扶挂点村，补助结对帮扶贫困户种植生姜购买姜种和化肥资金 6000 元，并送去慰问品和慰问金等共 3000 余元；做好县属国有企业专业技术人才招聘工作。按照“公平、公开、公正 ”的原则，全年共招聘专业技术人才三批次，录用 14 人，为水投公司、工业园区、城投公司和农鼎检测中心等国有企业输送专业对口的技术人才。同时为规范县属国有企业管理，代县政府起草制定《光泽县关于进一步加强县属国有企业监督管理工作意见》，协同县财政局出台《光泽县县属国有企业聘用人员管理办法》；承担圣农小镇（鸾凤河谷中坊启动区）PPP项目建设业主，完成该项目投资1.3亿元（包括其他公建项目4200万元），占总投资任务80%，各项工程比计划时间提前20%完成；成立数字影院管理中心，接管数字影院人员和财务管理工作，垫付前期运转经费50多万元；参与对县污水处理厂赎买或投资的谈判工作；参与对县医院搬迁的清产核资工作。

# 金　　融

## 人民银行

【概况】　2017年末，光泽县银行业金融机构各项存款余额79.59亿元，比年初增加4.58亿元，增长6.10%。从存款结构看，住户存款余额43.67亿元，比年初增加4.20亿元；非金融企业存款余额16.25亿元，比年初增加1.27亿元；广义政府存款余额19.57亿元，比年初减少0.98亿元。截至12月末，全县金融机构各项贷款余额68.90亿元，比年初增加10.14亿元，增长17.26%，增幅居南平市第二；全县金融机构小企业贷款余额9.86亿元，同比增加1.14亿元，增幅为13.09%；光泽县金融机构涉农贷款至12月末余额59.55亿元，比年初增加13.58亿元；全县金融机构消费贷款余额11.06亿元，比年初增加2.82亿元。辖内金融机构存贷比达86.57%，比南平市各县（市）平均水平高12.50个百分点，存贷比居南平市第二。至12月末，全县金融机构不良贷款余额9036万元，比年初增加282万元，不良贷款率1.31%，比年初下降0.18个百分点，不良贷款率居南平市末位。至12月末，光泽县共有8家银行业金融机构、6家保险支公司和3家保险公司营销服务部、1家证券机构。

【货币信贷管理】　2017年，人民银行光泽县支行把握履职形势，指导辖内金融机构融入、对接地方产业政策，优化信贷资源配置，盘活存量，用好增量，增加有效信贷投放，持续加大对重点项目建设以及小微企业、“三农”、民生等领域信贷支持力度，召开金融工作座谈会、季度金融形势分析会，分析货币政策及金融、信贷形势走向。争取政策倾斜支持，支持“三农”发展，立足光泽县作为中央苏区县、省级扶贫开发重点县的实际，向上争取扶贫再贷款等政策性资金支持。自2016年投放扶贫贷款以来，累计向光泽县农村信用社及刺桐红村镇银行发放扶贫再贷款5100万元，其中2017年新增500万元，有效增强地方法人金融机构支持“三农”发展的能力。提高金融服务水平，助力小微企业发展，引导辖内金融机构优化信贷结构，加强金融产品和服务创新，提升对小微企业的金融服务水平，取得较好成效。至12月末，小企业贷款余额9.86亿元，同比增加1.14亿元，增幅为13.09%。引导金融机构运用县政府设立的企业转贷帮扶基金，开展小企业到期贷款的转贷周转业务，帮助企业解决转贷资金筹集困难、转贷成本高的问题，全年转贷帮扶基金累计使用总额38976万元，累计使用次数160次，累计保障企业数156家。推进绿色金融体系建设工作，配合县政府有关绿色金融体系建设工作部署，出台《光泽县绿色金融体系建设实施方案》，以农业产业、小微企业和帮扶弱势群体为切入点，拓展绿色信贷业务，支持当地特色种养业发展和绿色生态建设。至12月末，全县林权抵押贷款累计发放5.25亿元，余额7142万元。

【金融稳定】　2017年，人民银行光泽县支行加强金融管理，做好金融风险监测等基础工作，切实防范化解金融风险，维护辖区金融稳定，按照《光泽县非法集资风险专项整治工作方案》等文件要求，健全协调机制，加强与县处置非法集资领导小组成员单位之间的联系与沟通，推进辖区金融生态县创建工作。积极推进存款保险工作，贯彻落实《存款保险评级管理办法（试行）》，对辖内2家法人投保机构开展现场评级；开展存款保险标识巡查，投保机构严格按照相关要求制作规范的存款保险标识；加强相关舆情监测，动态把握辖内存款保险条例相关网络舆论。加强风险监测，维护金融稳定，做好风险企业和关注企业贷款的监测分析工作，及时准确提示金融风险；加大对非法集资、假币、电信诈骗等问题的关注力度，督促金融机构积极做好宣传，提高防范意识；加强金融部门与法院、公安等部门的协调配合，加大打击逃废债力度，加大不良贷款清收处置力度。提升征信管理与服务工作水平，督促金融机构加强信用信息查询安全管理，开展了两次征信制度落实情况执法检查。新增了二代个人征信自助查询设备，大大提升了查询便利性。至12月末，个人查询信用信息3911次，同比上升230%，较好地履行了社会责任。强化国库、支付结算、反洗钱、人民币业务管理，推进国库集中支付电子化试点工作，与县财政局联合制定《光泽县国库集中支付电子化管理实施方案》和《集中支付代理银行管理办法》，南平市辖区首家县级国库集中支付电子化管理成功上线。夯实国库核算基础工作，强化内控制度落实，保障国库资金安全，抓好国库业务培训；优化助农支付服务环境，辖内助农取款服务点全面升级为农村综合金融业务服务站，至12月末，辖内综合服务站共计108个，查询交易笔数15579笔；取款交易笔数107184笔、金额1616.50万元；现金汇款笔数39911笔、金额635.55万元；代理缴费笔数78040笔、缴费交易金额537.25万元；社保卡激活2698笔；兑换小面额及残损币19842笔、累计金额106.94万元；加强反洗钱监管，完成对辖内17家金融机构的考核评级工作，建立金融机构非现场监管档案，2017年上报重点可疑交易线索4条；加大对金融机构现场检查力度，开展国库、人民币收付业务现场执法检查3次，处罚金融机构2家。

**【金融服务】** 加强信息沟通，准确传导金融方针政策。2017年，人民银行光泽县支行继续以金融工作联席会、《金融直通车》为平台，及时向县委、县政府传导金融政策，反映金融支持地方经济发展举措与成效以及经济金融热点、难点问题，全年共推动召开金融工作联席会4次，编报《金融直通车》8期。还通过公共媒体积极宣传金融支持地方经济发展成效与举措，《精准扶贫“光泽模式”显成效》等宣传稿件分别被《上海金融报》、《闽北日报》报刊采用22篇（条）。建立健全普惠金融长效机制，结合当地实际，围绕加快“中国生态食品名城”“国家级生态县”建设和创建“农村金融信用县”和光泽“中国生态食品城”信用园区的战略布局，出台了《光泽县普惠金融提升工程推进计划（2017～2020年）实施方案》，优化、完善普惠金融服务和保障体系，促进普惠金融可持续发展。推广城乡信用体系建设试点，推进光泽“中国生态食品城”信用工业园区创建，与县经信局联合出台《光泽“中国生态食品城”信用工业园区创建实施方案》，至12月末，已评选“信用示范企业”共计8家；开展农村信用体系建设试点工作，落实县政府强化农村金融服务十条措施，在农村信用联社试点创建“农村金融信用县”活

2017年9月6日，人行光泽县支行到李坊乡中心小学开展人民币反假、诚信教育知识宣传活动

动的基础上，开展农村信用体系建设试点工作。已在寨里镇小石洲和止马镇水口村开展农户和新型农业经营主体建档、评级工作。

提升金融普法实效，构建金融消费权益保护网，深化“农村金融维权协管员”工作机制，将金融普法宣传教育深入到农村，先后组织开展协管员“金融知识课堂”活动，召开“村、镇、人行、信用社、协管员”工作交流座谈会，依靠“农村金融维权协管员”的“帮手带动”作用，畅通农村金融消费维权渠道、提升金融普法实效，建立起辐射全辖的金融消费者维权网络。开展金融知识进校园、进社区活动。将金融知识启蒙教育范围扩展到乡镇级中心小学，全年深入辖内6所城区、乡镇小学开展“金融知识进校园”活动，累计授课14个课时，发放金融知识读本、教材等共计200本；加入地方消委会常委单位序列，利用“3·15”消费者权益日、“12·4”国家宪法日等开展多种形式的金融知识、金融法规宣传，组织央行青年志愿者深入企业、社区开展调研和金融知识宣传，全年开展大型宣传活动23次，发放宣传资料近1万余份，接受群众咨询300余人次。

**【精准扶贫】** 推动金融精准扶贫示范带动，引导辖内法人金融机构通过创建金融精准扶贫示范点，提高金融精准扶贫效果和社会影响力。已设立2个扶贫再贷款示范村及金融精准扶贫合作示范村、5个扶贫再贷款合作示范项目及金融精准扶贫示范基地（项目），至12月末，累计发放扶贫再贷款5100万元，余额500万元，其中用于精准扶贫的扶贫再贷款余额205万元，累计带动建档立卡贫困户258人实现增收；推进财政金融联动扶贫，引导金融机构加强与财政、扶贫办等部门的沟通协作，推进“财政＋金融”联动的精准扶贫模式，拓展“信贷＋风险担保基金”的扶贫小额信贷业务，发挥财政扶贫和金融扶贫的联动效应。至12月末，金融机构精准扶贫贷款合计余额12524万元，比年初增加7553万元，其中，建档立卡贫困户直贷人数1753人，金额8523万元，产业带动建档立卡贫困户人数437人，金额4001万元，带动建档立卡贫困户总人数2190人；创新产品促进金融精准扶贫，引导金融机构加大金融扶贫产品和方式创新力度，为各类贫困户提供差异化金融服务，精准对接贫困户金融服务需求，推出“光福贷”贷款产品，帮助贫困户利用光伏发电项目实现脱贫致富，全年累计发放“光福贷”319笔，金额1596万元；支持龙头企业带动脱贫攻坚，支持国家级农业产业化龙头企业圣农集团做大做强，助推脱贫攻坚。

**【外汇管理】** 推进外汇管理便利化工作，运用非现场监测系统对辖内各货物贸易进出口企业开展非现场监测，对重点监测企业做好现场走访，加强政策宣传。指导企业做好相关预收、预付、延收、延付等业务的报告。全年辖内出口总额5941万美元，出口收汇5938万美元，同比分别增加981万美元和1065万美元，分别增长20%和22%，进口总额1686万美元，进口付汇1543万美元，同比增加1547万美元和1051万美元，分别增长11倍和2倍。

## 银行业监管

**【概况】** 2017年，光泽县银行业扶贫开发工作实施“636”工作方案，推进光泽扶贫“五个一”行动，精准对接到户，实现信贷增量提速、服务增户扩面、发展提质增效。截至12月底，全县各项贷款74.98亿元（含表外融资2.70亿元），比年初增加14.91亿元，增幅24.78%；存贷比达98.05%，比年初增加10.68%；在册贫困户扶贫小额信贷余额7924万元，比年初增加6726万元，增幅561%，金融扶贫工作为全县打好脱贫攻坚战奠定坚实基础。

**【加大小微企业信贷扶持力度】** 争取南平市银行业机构加大对光泽县信贷工作的支持，建立光泽县贷款快速审批“绿色通道”，进一步提升贷款“获得率”。扩大贷款审批授权。督促光泽联社加大对止马信用社的贷款审批授权，减少审批环节，提高办贷效率。实施贷款利率优惠。协调各银行业机构实行利率优惠政策，降低客户融资成本；督促全县银行业机构各项贷款加权平均利率保持低于周边县市10%左右。截至2017年12月末，全县小微企业贷款余额98654万元，比年初增加16180万元，增幅19.62%，光泽县小微企业经营状况出现拐点，形势有所好转，金融支持小微企业发展实现"三个不低于"（小微企业贷款增速不低于各项贷款平均增速；小微企业贷款户数不低于上年同期数；小微企业申贷获得率不低于上年同期水平）目标。

**【服务“三农”】** 满足涉农领域有效信贷资金需求，加大特色优势产业信贷投放力度，支持“中国生态食品城建设”，督促各银行业机构加大信贷结构调整，要求农村中小金融机构涉农贷款严格执行“两个不低于”（贷款增量不低于上年，贷款增速不低于各项贷款平均增速）工作目标。结合县政府建设食品城的规划，加大食品生产、加工行业信贷投入，扶持生态农业，绿色产业发展。继续支持圣农集团等产业化龙头企业保持良性发展，加大对中小食品企业和生态农产品生产、加工企业授信，重点支持粮食、禽类、烟叶、茶叶、酿酒等地方优势行业发展。同时，推进生物质发电工程项目等相关生态工程和农民专业合作社等农村经济组织发展。全县涉农贷款余额565535万元，增加105817万元，增长23.02%。其中光泽工商银行涉农贷款余额44271万元，比年初增其加35688万元，增幅415.8%，高于贷款增幅297.27个百分点。

**【推进普惠制金融】** 改善百姓享受金融服务环境。引导各银行业机构加大普惠制金融的建设力度，提高金融服务的覆盖面和可获得性，协助县政府做好2017年2349户（5615人）重点贫困人员的脱贫帮扶工作。支持保障性安居工程建设，创新消费金融产品，改进特殊群体的金融服务。光泽信用联社持续推进支农服务“三大工程”建设，提高建档质量和利用率，实现目标客户建档、便民基础金融服务、阳光信贷标准化网点全覆盖。全年设立ATM机73台，新增10台；POS机1369台，新增99台；自助服务终端22台，新增6台；小额便民服务点108个，减少1个；全县信用乡（镇）有8个，实现全覆盖，信用村88个，全县信用村比例达98.89%。

**【突出农村信用体系建设】** 鼓励各银行业金融机构向下延伸服务触角，在人口密集、经济发达的村庄增设物理网点，支持银行业机构网点升格；指导探索设立小微支行、社区银行等新型服务网点，全县银行业金融机构达到8家，网点数达27个，“引银入光”进展顺利。推动全县银行业以“电子银行建设年”为契机，全面拓展电子银行业务和电子渠道便捷服务，在小额支付便民点村村全覆盖的基础上，新增自助机具10台（存取款一体机4台、自助终端6台），手机银行15000多户，POS机（含福农通）99台，更多农民能“人不出村”“足不出户”享受转账、刷卡消费、小额取现等基础金融服务，推动光泽信用联社实现自助设备乡镇全覆盖。截至2017年末，有贷款余额户数24593户，新增3636户，更多农户和小微企业受益。与此同时，加大农村信用体系建设力度，指导农行、联社、邮储银行和刺桐红村镇银行协作各级政府和有关部门进一步加大信用乡镇建设力度，加大银村共建力度，提高普惠金融卡服务覆盖面，实现全县信用乡（镇）全覆盖，将成为全省第一个信用县（待验收）。加大金融知识宣传力度，在金融知识流动宣传点、墟日集中宣传点、社区便民服务宣传点三个平台和“送金融知识下乡”的基础上，以物理网点为中心，向周边村落辐射，进一步探索金融知识宣传的新途径，提升农村百姓运用金融知识服务自身发展的能力，营造良好的农村信用环境。

**【合力扶贫】** 助力打赢“十三五”脱贫攻坚战。成立一把手任组长、分管局领导兼任办公室主任的扶贫开发领导小组，要求各主要责任银行相应成立领导小组，编制精准扶贫规划，落实责任到岗到人。立足光泽各金融机构工作实际，按照农业银行不低于25%、邮储银行不低于30%、农信系统100%的比例开展贫困人口信用建档，分解目标到行，形成各有侧重、分工合作、分类实施、相互协调的支持扶贫开发金融工作机制。推行“主包干行”制度，推动光泽县成为南平辖区唯一一个实现乡镇、村“包干到人”全覆盖的县域。全年完成农户贷款增速高于各项贷款平均增速3.21个百分点、扶贫小额贷款增速高于农户贷款增速

554.4个百分点的“两个高于”（农户贷款增速高于各项贷款平均增速；扶贫小额贷款增速高于农户贷款增速）的目标，以及贫困户信用建档对接“一个对接百分百”的既定工作目标。建立主要涉农银行业机构工作考核机制及金融扶贫联席会议制度，按月组织主要责任银行交流学习与督导考核，全力推进光泽贫困人口精准信贷服务工作。同时，各机构将考核结果与绩效薪酬、评先评优挂钩，着力提升金融扶贫工作实效。

**【挂点乡镇、村帮扶成果凸显】** 指导县域银行业机构与光泽县贫困村建立“一对一帮”的帮扶机制。结合光泽县当地特色产业，加大农、林、茶、中药材等产业链调研，重点支持与农业生产相衔接的加工业、农民经济合作组织的扶持力度，探索建立“公司＋贫困户”“公司＋基地＋贫困户”“能手＋贫困户”等产业化扶贫模式，促进地方产业发展不断升级，进一步满足农户生产发展需求。在巩固规范林权抵押、农产品订单、仓单质押等贷款品种的基础上，大力推广公司合同质押、农机具抵押贷、e贷通、农家乐等特色金融产品，探索宅基地抵押、土地流转权抵押贷款、商铺经营权抵押贷款、农业科技专利质押等新型品种，满足小微企业及农户的金融需求。推动光泽信用联社年内与止马镇团委、光泽团县委共同组织开展评选“止马镇诚信创业青年”及“止马镇青年示范户”活动，对诚信青年、青年示范户、巾帼创业、党员创业等在其自主创业过程中的资金需求予以大力支持，发挥创业模范带头作用，促进止马镇信用氛围提升。

**【强化重点领域风险管控】** 截至2017年末，全县不良贷款余额9169万元（全释放口径），增加309万元，不良贷款率1.33%（低于南平市平均水平1.77%），比年初下降0.15个百分点。督促辖内银行业执行审慎经营原则和差别化个人房贷政策，防范信贷风险和案件风险。以“深化银行业内控和案防制度执行年活动”为抓手，督促辖内银行业机构加强合规文化建设，全年辖内银行业机构实现安全运行无事故。规范银行代理业务行为，落实代理业务和服务收费等监管要求，防范信用卡、理财、票据融资和表外资金业务风险，关注和防范民间借贷向银行机构蔓延风险。

（朱小良）

## 农业发展银行

**【概况】** 截至2017年12月31日，农发行各类贷款余额42259万元，各类存款余额10610万元。国家重点建设基金投资1000万元。

**【服务国家粮食安全】** 支持地方储备粮食体系建设，确保储足贷够。2017年累计发放县级储备粮贷款828.8万元，轮换粮食296万千克；稳定粮食市场，保障地方粮食安全，支持企业购入粮食367.64万千克。

**【服务脱贫攻坚】** 落实精准扶贫基本方略，把握区域投向、支持方式和受益人口，确保真扶贫、扶真贫。全年拨付易地搬迁扶贫资金1174万元；支行全体党员与挂点村建档立卡贫困户（12户）开展结对帮扶。

**【服务乡村振兴战略】** 支持光泽县林业资源开发与保护建设项目一期，贷款投放2800万元；支持光泽县金岭工业园区污水处理厂项目，贷款投放2000万元；对闽江防洪工程南平段（七期）项目投入资本金1000万元。

**【服务农业现代化】** 结合光泽区域和产业特点，实施优质客户战略，树立“以客户为中心”的服务理念，加大对重点客户、重点项目的营销和维护，把支持圣农集团公司作为开拓市场、加快发展、助力新农村建设的突破口。为企业做好评级授信工作和贷款到期续贷的无缝衔接，完成圣农发展3亿元和圣农食品5000万元的续贷工作。

## 工商银行

**【概况】** 2017年工行光泽支行全部存款余额20782万元，比上年增长4231万元，增幅31%。各项贷款62282万元，比年初增33781万元元，增幅达118.53%，存贷比300%。全年工行光泽各项业务在当地金融同业考评中居前，贷款主要投向圣农集团、小微企业、个体工商户和城乡居民住房和消费为主。围绕县政府提出“中国生态食品城”建设目标，找准当地经济与金融的结合点，满足全县重点客户圣农集团、小微企业、支农信贷、个体经营以及城乡居民消费金融的需求。

**【信贷支持】** 工行与圣农发展就双方金融服务方案达成共识，成立圣农发展业务拓展团队，每日跟踪进度，圣农发展获批授信7亿元，于2017年3月15日实现首笔提款2亿，4月12日提款1.5亿，为光泽支行经营发展启动新引擎。

**【防范金融风险】** 截至2017年12月末，光泽工行不良贷款实现较大幅度下降，存量不良贷款520万元，全部通过证券化转让出去，不良贷款余额和不良率均零。推出“工银智能卫士”，以账户安全为核心，将工行已有和新投产的风险管理工具和服务整合在一起，重新组合推出，包括账户安全检测、账户安全锁、磁条卡消费交易附加验证、借记卡交易限额个性化定制、借记卡大额消费核实、借记卡短信止付、自助渠道余额查询提醒、账户余额变动提醒共8项服务。

**【精准扶贫】** 开展“6月高（中）考季”“9月升学助学季”等主题活动，与团县委联合推出“工”成名就、纵“行”千里中高考季系列公益活动，捐助10位中考成绩效优异贫困学生。工行与大青村开展结对帮扶，确定帮扶对象2人，2个贫困家庭已完成房屋迁建，并为贫困家庭联系分布式太阳能项目，解决贫困家庭日常收入来源。配合县有关部门工作，做好精准扶贫名单存款筛查，先后筛查2438人和1661人，筛查结果均按时反馈到县扶贫办。

工行光泽支行开展捐资助学活动

**【案件防控】** 落实内控防案责任制，将内控防案纳入“一把手”工程，推动全行建立以教育、监督、自律、惩治相结合的内控外防体系。同时，加强合规意识的传导，在全行深入开展“合规讲堂”“主动揭示违规风险，增强内控防案有效性”“平安金融创建”和行风政风评议等主题系列教育活动，提高员工的合规意识。抓好例会、晨会的落实，加强对重点业务、关键环节和重要人员进行有效管控。对发现的违规行为，要求立即整改，并对相关管理人员和责任人进行严肃问责，确保全行案防工作目标的实现，连续6年实现无案件、无重大违规事件、无重大舆情事件的案防工作“三无”工作目标。

（王　威）

## 农业银行

**【概况】** 截至2017年12月末，光泽农行人民币各项存款余额17.17亿元，其中，储蓄存款余额9.77亿元，对公存款余额7.41亿元；全行人民币各项贷款余额14.24亿元。其中法人贷款余额8.1亿元，个人贷款余额6.12亿元，自营不良贷款实现连续18年“零增长”，连续10年“零余额”。连续五届获“省级文明单位”称号，在全县金融机构安全评估中取得四大国有商业银行第一名的成绩，获得总行级“三化三达标”（标准化、规范化、精细化、物防达标 、技防达标、人防达标）先进集体荣誉，保持农行总行“案件防控先进单位”“全国农行文明单位”称号，实现连续22年安全经营无事故、无案件。

**【服务“三农”】** 围绕烟叶生产，开办“烟农快贷”产品，推进金融服务能力建设，组建烟农服务专业团队，深入各乡镇烟草站，现场办理烟农贷款。推广低门槛、收入证明简化、还款方式灵活的“安家贷”等金融产品，满足农民工购房信贷需求，累计发放此类贷款3800万元。服务农业产业化龙头企业、特色产业、新兴行业发展，加大对农业专业合作社、家庭农场、种养大户的信贷投放和金融支持力度，了解金融服务需求。促成与林权收储担保机构合作，推进“林农贷”“林企贷”等创新产品。坚持以农户小额贷款、农村生产经营贷款等优质信贷产品为载体，以服务点为依托，以电子渠道为平台，以提高基础金融服务覆盖面为目标，创新“三农”服务模式，拓宽“三农”服务渠道，为县域“三农”发展做好服务。全年累计发放涉农法人贷款11.13亿元，累计发放涉农个人贷款2.07亿元，其中农户小额贷款1953万元。

**【支持地方经济】** 做精做实政府金融服务。服务县域特色产业，开办助业贷款，助力小微企业做大做强。开办住房按揭贷款，支持房地产行业“去库存”，服务供给侧结构性改革。开办汽车分期、家装分期、车位分期业务，为住房按揭贷款客户量身打造“靓居卡”，进一步刺激消费需求，支持地方经济发展。创新“金博士”、“网捷贷”等金融产品以及“水费缴费”“扫码支付”“E商管家”等新兴电子银行业务，支持个人生产经营、消费，进一步便利个人客户群体。坚持以服务实体经济为导向，加快信贷业务转型，优化结构和资产质量，助力小微企业，推进信贷业务快速有效发展。2017年累计发放小微企业贷款1.2亿元，个人住房贷款余额4.63亿元。

**【风险防控】** 树立“信贷质量立行”经营理念，准确定位信贷发展战略，处理业务发展与风险管理、发展速度与资产质量关系。落实信贷“三查”制度。针对性出台贷后管理及贷后管理核查工作考核方案，把贷后管理工作视为信用风险防范和控制的重要手段和优先方法，予以优先布置、优先落实，切实做实、做细各项具体工作，发挥贷后管理在信用风险防控中的重要作用。设置信用风险监测专岗，严格落实账户资金监管，监控贷款资金流向，严防信贷资金被挤占挪用，加强到期贷款收回管理，防范贷款劣变，控制不良反弹。抓好不良贷款清收处置工作，跟踪企业经营状况和客户的具体情况，对症下药，采取依法清收、岗位责任清收、上下联动清收等举措，抓好到期贷款的收回，做到能收尽收，不留死角。至2017年末，全行表内不良、逾期贷款余额双双清零，创建信贷基础管理“三化三无”单位，净化全县信用环境。

**【金融知识普及】** 组织宣传员深入光泽县各中小学校，开展以“普及金融知识、提升金融素养、共建和谐金融”为主题的“金融知识普及月”活动，通过发放宣传单、现场讲解的方式，向学校师生大力宣传反洗钱、防范金融诈骗等知识，取得良好效果，真正做到“金融知识进校园”。组织宣传员到人流量集中的汽车站

农行光泽支行开展金融知识进校园活动

和火车站开展新版人民币知识普及和反假宣传活动，通过现场讲解、悬挂宣传标语、派发宣传折页、播放宣传视频等方式向群众介绍新版人民币的票面特征及防伪特征，宣传效果良好。并将宣传覆盖面向学校、企事业单位以及社区扩展，深受广大群众好评。

（吴鸿凌）

## 中国银行

【概况】 截至2017年末，各项人民币存款余额41628万元，其中，储蓄存款余额29034万元，对公存款余额12594万元；各项人民币贷款余额87037万元，较上年增长8099万元，增幅10.26%。自营贷款实现连续6年“零不良”。外汇业务、国际结算业务在全县范围内保持领先地位。

【外汇服务】 截至2017年末，各外币折美元存款余额515.23万美元，较上年减少64.26万美元，降幅11.08%；外币贷款100万人民币，支持地方出口企业创汇。为企业办理外汇贴息（融信达）业务337.40万美元。全年国际结算量6893万美元，市场占有率87.45%，跨境人民币结算量2600万元，市场占有率52%。中国银行依托覆盖全球的服务网络和丰富的国际业务经验、整合集团多元化产品和服务，面向有出国需求和跨境金融服务需求的群体，提供外币现钞兑换支取、外币现汇存储理财、见证开户、出国留学等金融服务。

【信贷支持】 2017年光泽中行新增贷款主要来自于投放重点项目的固定资产贷款9972万元。2017年该行着力打造科技银行品牌，支持中小企业创新，为中小企业融资输血，为有专利权的企业申请贴息贷款。

【普惠金融、精准扶贫】 光泽中行通过创新和改进符合光泽消费群体特点的差异化金融产品和服务，满足客户日益多元化的综合金融需求，通过持续发行圣农联名卡的专属卡种，真正将普惠金融与便利大众紧密结合，为客户提供各类外汇兑换及外汇资金保值增值服务；通过大额存单、信用卡消费返现、一元理财等多种产品的推广，提供满足客户多元化、长期化、全方位的资产配置需求。此外，与挂点村（鸾凤乡十里铺村）对接，为村民提供金融知识和金融产品服务，了解贫困户需求，一户一策，为贫困户提供帮助，助力脱贫。

（陈　洁）

## 建设银行

【概况】 截至2017年末，光泽建行全口径时点存款余额14.76亿元，当年新增1.53亿元。各项贷款余额17.82亿元，较年初新增2.47亿元，贷款余额当地第一。实现公司类贷款零不良，个人类不良贷款余额91万元，控制在上级行下达计划之内。与此同时，党建、案件防范、内控合规工作健康发展；连续六年无信仿、违规、违纪案件发生；通过2017年银行业金融机构安全评估验收、创建第十三届市级文明单位总评、县直单位综治“平安建设”考评等；助力三农精准扶贫；组织送金融知识进社区、走乡镇、下军营，受到各界好评。

【支持民生方面】 截至12月31日，光泽支行个人贷款余额达7.2亿元，较年初新增0.45亿元，贷款余额居当地第一。公积金个人住房贷款余额达1.37亿元。为广大客户提供免转账手续费的结算卡、手续费与流量全免的个人手机银行，推出免利息的家装分期、汽车分期、车位分期、耐用消费品分期、旅游分期、留学分期等业务；同时还为居民提供低利率的龙支付、企业与个人建行快贷等。推出的“慧兜圈”平台，整合微信、支付宝、Apple Pay、龙支付、银行卡等多种支付方式，部分商家开通“慧兜圈”业务，方便客户缴存各类费用，使客户可以轻松地通过手机银行做到自觉、按时、足额缴纳党费和其他相关费用。

【支持地方经济发展】 省、市建行领导多次来光泽指导工作，支持光泽经济发展。对光泽圣农集团、小微企业、专业市场、广大乡村、种植养殖大户、个体工商户等，在审批时间、审批流程及利率优惠上给予支持。累计发放贷款量达103000万元，当年新增20000万元，满足客户的资金需求，推动地方经济发展。同时，不断创新金融服务模式，先后推出“速贷通”“成长之路”“供应链融资”“助保贷”“网银循环贷款”“供应贷”“善融贷”“个人助业贷款”“税易贷”“信用贷”“POS贷”“结算透”等特色信贷产品，最新推出无抵押、无担保、无需提供材料、自助办理的“小微快贷”产品，方便快捷、利率优惠，受到客户热捧。全年为6户小企业办理传统小企业信贷业务，发放额2545万元。小企业客户通过网上银行自主获取贷款，随借随还，全年共办理小微快贷36户，发放额达586.03万元。

（黄建华）

## 邮储银行

**【概况】** 2017年，邮储银行光泽县支行立足光泽，履行社会责任，发挥职能作用，助力企业发展，各项人民币存款余额54220万元，其中，储蓄存款余额24228万元，对公存款余额29992万元；各项人民币贷款余额64705万元，较上年增长35255万元，增幅119.71%。

**【助力守信企业发展】** 2017年支行与国税局、地税局签订“征信互认、银税互动”合作框架协议。“银税互动”是税务机关和光泽邮储银行共同搭建的服务守信企业发展的平台，旨在通过共享区域内小微企业纳税信用评价结果，支持守信企业特别是小微守信企业健康发展，营造依法诚信纳税的良好社会信用氛围。全年共发放税贷通贷款2笔、152万元。两笔贷款的发放有效缓解企业融资难、融资贵的问题。

**【服务助学贷款】** 光泽邮储银行为方便贫困学子办理贷款手续，安排2名业务骨干，带上移动展业设备到学生资助管理中心驻点办公，为学生提供“一站式”服务，避免了往年学生多头来回跑的辛苦。全年共发放助学贷款146笔，累计金额105万元，圆了光泽贫困学子的大学梦。

**【农村信用体系建设】** 光泽邮储银行深入各乡镇开展信用村建设工作，筛选确定信用环境良好且资金需要较强的止马镇水口村、寨里镇小寺洲村为信用村。光泽邮储银行通过对村民进行评级建档，最终选定首批信用户名单，信用户无需任何抵押、担保，即可在邮储银行申请最高三年期信用贷款。一年以来，光泽邮储银行为深入贯彻服务“三农”的战略定位，大力打造“银村合作”平台。通过大力开展“信用村”建设活动，实行“整村授信、批量开发”，为村民开辟出一条优先受理，手续简便，利率优惠的信贷绿色通道。“信用村”建设是光泽邮储银行服务“三农”实体经济的具体表现，有助于将金融服务工作与推动农村经济发展、农业精准扶贫相结合，将对带动当地农民增收、农村发展和农业增效起到重要的作用。2017年为水口村发放贷款18户，累计86.3万元；为小寺州村发放贷款10户，累计34.5万元。

**【力推优享贷】** 光泽邮储银行多次组织业务骨干深入多家优质单位，开展金融知识进单位活动，针对优质单位在职人员的工作性质，邮储银行量身推出一款创新消费贷款产品——“优享贷”。邮储银行优享贷是一款纯信用、无抵押的创新性消费贷款产品，仅需身份证、收入证明等简单材料即可申请贷款，最快2个工作日放款。同一工作单位5名及以上员工组团即可办理，无需保证人，团办人员无需承担保证责任。2017年光泽邮储银行全力打造各类特色融资贷款，涵盖企业、农户、普通市民等方方面面，利用其基层网点覆盖广的先天优势，打破金融服务“瓶颈”，在“互联网＋信贷”上下功夫，打造快捷金融服务品牌，解决客户资金需求的同时大大提高了作业效率，实现足不出户即可成功获取贷款，为信贷的线上服务创新打开一片新天地。

**【履行社会责任】** 2017年支行积极响应党的号召，为广大人民群众办实事，开展上门服务，切实把良好的服务送到了人民群众的身边。以党员为骨干开展了党员扶贫、金融知识进社区、“绿色馈赠”公益环保活动、助老年人守住“钱袋子”、送金融知识进校园活动、“邮爱公益”健步走活动、参与创建第五届省级文明县城活动等各类社会责任活动，扎扎实实践行响亮光泽邮储银行进步与您同步的服务理念。

（李许新）

## 农村信用合作联社

**【概况】** 2017年，光泽农信社发挥农村金融、普惠金融、民生金融三大主力军作用，做到以支农支小、服务实体经济为核心，以精准扶贫为重点，推进普惠金融工作。开展产品、服务和机制创新，满足广大群众多元化金融服务需求，助力建设机制活、产业优、百姓富、生态美的新光泽和打造“中国生态食品城”。

**【夯基础助三农】** 农信社面对金融形势、金融市场的新情况、新变化，在业务上围绕普惠金融和精准扶贫，以服务民生为己任，发挥信贷资金的支农作用。年末各项存款余额204521万元，比年初增加24991万元，增幅13.92%。其中：储蓄存款116786万元，比年初增加12845万元，增幅12.36%；对公存款87735万元，比年初增加12146万元，增幅16.07%。存款市场占比27.06%，居全县第一，比年初增加0.73个百分点。各项贷款余额126901万元，比年初增加13824万元，增幅12.23%，还原后增幅为19.82%。其中：涉农贷款122598万元，比年初增加14746万元，增幅13.67%，涉农贷款占比96.61%。年末有贷款余额户数11347户，户均贷款11.18万元，比年初下降0.3万元；存贷比62.05%。

**【普惠金融更全面】** “微贷”投放不动摇，坚决遏止大额投放，严防贷款集中度风险和重点领域信用风险。在做好小额农户、公职人员、商户授信的同时，加强普惠金融卡业务的营销，并按省联社要求加强“农e贷”授信业务营销，加快、加紧与青源林业收储中心、民兴担保公司的业务合作，全力推进普惠金融工作。扶贫攻坚不动摇，加强与县委组织部、团县委、县妇联及县卫计局等部门的沟通协作，大力拓展困难党员贷款、巾帼扶贫妇女创业贷款、诚信青年贷款和计生小额贷款，积极支持困难党员、诚信青年和妇女创业。加强与县教育局资助中心对接，简化生源地助学贷款手续，及时发放生源地助学贷款。同时，为深化“银校服务”，农信社与教育局、县团委联合为大学生提供“普惠金融·青创卡”，支持大学生返乡创业。精准建档不动摇，稳步推进增户扩面，提升精准建档力度。将农户建档、信用工程建设与农户小额信贷有效结合。助推农户“建档、评级、授信”工作的全面开展，至12月末客户精准建档达9728户，完成全年任务的162%。

信用联社开展精准扶贫活动

**【服务实体更有力】** 更新服务理念，创新信贷产品。为更好地服务小微企业、农民合作社等实体经济，农信社积极更新服务理念、创新信贷产品、加强平台合作，将特色化、差异化、个性化金融服务贯穿于实体经济业务链条，努力破解实体经济融资难题，主动担负起为实体经济发展“雪中送炭”的社会责任，助推实体经济发展壮大，培育县域经济新的增长点。开展“红色创业”贷款。1月6日农信社与县委组织部签订党员信用户“红色创业”贷款战略合作协议，同时也与党员信用户代表签订贷款授信协议，通过“红色创业”贷款增强了党员带头致富、带领群众脱贫致富的“双带”能力，对农村经济的发展起到良好的推动作用，全年发放“红色创业”贷款

972 万元。开展林业担保业务，6 月 1 日，与光泽县青源林业收储中心签署《林业担保业务合作协议》，并作为县域唯一一家与该收储中心开展业务合作的金融机构。双方以此为契机建立长期战略合作关系，并在深化林业信贷机制改革，推动林业精准扶贫，促进林业产业转型升级、提质增效达成协议。开展农担业务项目。光泽县是省政府确定在全省必须成立农业担保公司的 22 个县（市）中的首家。6 月 22 日，与光泽县民兴融资性担保有限公司签订银担战略合作协议，并向各授信代表签订贷款授信意向。体现农信社实际行动更好展现农信社的“农村金融、普惠金融、民生金融”三大主力军作用。融入互联网+，打造“农 e 贷”特色品牌，做深做透农村城区个人信贷市场。经过前期的准备和培训工作，在省联社农 e 贷项目组的指导下，9 月底“农 e 贷”授信业务 459 户，授信金额 3814 万元。支持实体经济，助力小微企业。对于实体经济的续贷业务，做到应贷尽贷，无抽贷、断贷行为，帮助实体经济走出困境。年末，小微企业贷款（含个体工商户）58253 万元，比年初增加 6803 万元，增幅 13.22%；小微企业贷款户数 1847 户，同比增加 486 户，小微企业贷款申贷户数 1800 户，同比增加 444 户，申贷率达 100%，实现小微企业“三个不低于”的工作目标。

**【精准扶贫更深入】** 对接贫困户，促进增收脱贫。加强对接政府扶贫部门及建档立卡贫困户，充分发挥扶贫担保基金的作用，积极投放扶贫贷款，确保扶贫贷款增速高于各项贷款增速。至 12 月末，直接精准扶贫贷款 1247 户，贷款余额 5998 万元，比年初增加 1097 户，新增贷款 5284 万元，增长 15.5 倍。同时，对带动贫困户的 26 户家庭农场、专业大户、农民专业合作社及农业产业化企业授信 3686 万元，帮扶 177 名贫困人口增收脱贫。发挥扶贫示范点功效，引领脱贫。以创建全省农信系统“金融扶贫开发示范点”为抓手，结合县域实际，已创建百岭扶贫再贷款合作示范村和腾农菌业扶贫再贷款合作示范项目，创建承天药业金融精准扶贫绿色信贷示范基地、桥湾金融精准扶贫示范村、华农现代农业金融精准扶贫示范项目及馨园茶叶、武夷蔬菜专业合作社等金融精准扶贫示范基地。2017 年 3 月，光泽农信社创建的《“福建承天药业有限公司”金融精准扶贫绿色信贷合作示范基地》项目，在团省委举办的福建省“青春扶贫”项目与计划决赛中荣获三等奖和网络最佳人气奖。10 月 20 日，省联社、省扶贫办在宁德市屏南县举办的金融扶贫工作现场推进会上授予光泽农信社“福建农信 2016～2017 年度金融扶贫先进单位”称号，并作为全省典型发言的三家行社之一进行了经验交流。10 月 31 日，中央人民广播电台、福建日报等中央、省级主流媒体组成联合记者采访团，将光泽农信社作为全县唯一一家被采访的金融机构，对农信社积极开展金融精准扶贫工作进行现场采访。同时农信社还荣获县委、县政府 2015 年、2016 年“精准扶贫先进单位”。

## 刺桐红村镇银行

**【概况】** 2017 年，贯彻落实“小特精好”经营方针和“支农支小”市场定位，在做大总量中不断调整业务结构，在特色经营中不断扩大竞争优势，在精细管理中不断提高经营质效，实现各项业务稳中有升、稳中向好。截至 12 月末，存款余额 20802.49 万元，比年初增长 3960.94 万元，增幅 23.52%。贷款余额 19043.27 万元，比年初增长 6359.18 万元，增幅 50.14%；存贷比 91.54%，户均 12.95 万元，涉农贷款 18756.42 万元，涉农占比 98.49%。

**【开展金融精准扶贫】** 截至 2017 年 12 月末，累计发放扶贫贷款 2258 万元，受惠建档立卡贫困户 398 户，其中发放光伏扶贫贷款 1550 万元。“光福贷”业务已经覆盖全县所有乡镇，并且延伸到大部分行政村，帮助 310 名贫困户实现长效脱贫。

**【金融知识进校园】** 9 月 6 日，组织员工到李坊中心小学开展金融知识普及活动，师生近 100 余人参与此次金融知识讲座。讲座主要以围绕“诚信，人生的必修课”以及“认识人民币　反假币宣传”两个主题进行。通过一幅幅生动的漫画图片，以及诚信小

2017 年 10 月 21 日，光泽刺桐红村镇银行开展柜面业务技能比赛

故事，告诉全体师生诚信在社会生活中的重要意义，特别是在金融活动中的重要性。讲座第二部分通过观看新版人民币宣传册，带领全体小朋友识别真假人民币。讲座内容赢得在场师生的阵阵掌声。

**【举办业务技能比赛】** 10 月 21 日，泉州农商银行 2017 年度村镇银行柜面业务技能比赛在光泽行拉开帷幕，主发起行村镇银行管理部以及其他 11 家村镇银行领队和参赛选手共 90 余人参加。比赛共设五个项目，即单指单张点钞、多指多张点钞、数字录入、汉字录入及四项全能。比赛中，各参赛选手们以饱满的热情和最佳的竞技状态全身心投入比赛，展示扎实的基本功。经过角逐，光泽行荣获团体第三名。

（修红艳）

## 人保财险

**【概况】** 2017 年，人保财险光泽支公司围绕新时期的发展目标和“转方式促发展，强合规增效益”的工作主基调，以“稳中求进，进中求好”为主线，以科学发展为第一要务，坚持“外强服务，内练素质”，持续提升发展能力，服务能力，管控能力。全年各险种承保业务实现保费总收入 2770 万元，同比 2016 年增长 15.82%，市场份额 53.83%，市场份额同比 2016 年上升 5.78%，为地方政府缴纳税收 131.81 万元。连续 7 年荣获南平市政府颁发的“守合同，重信用”企业。

**【服务“三农”】** 人保财险光泽支公司主动融入地方经济发展，服务农业、农村和广大农民群众，政策性农业保险实现全县覆盖。覆盖包含：累计承保全县农村住房 3.37 万户；累计承保全县普通水稻和制种水稻 1.39 万公顷；累计承保全县生态林 4.78 万公顷、商品林 9.42 万公顷；累计承保全县能繁母猪、育肥猪 5220 头。全年稳步实施政策性农业保险工程，为农业增效、农民增收提供强有力保障，

人保财险公司开展结对帮扶活动

各项政策性农业保险承保覆盖面在95%以上，为全县农户在抵御自然灾害和病虫害风险上撑起全方位“保护伞”。

【履行社会责任】 公司领导率广大员工多次深入挂点村、社区、县福利院和乡镇敬老院组织开展学雷锋志愿活动，到光泽县福利院为孤寡老人献爱心，送去慰问品及慰问金；组织员工开展“慈善一日捐”活动；为困难群众捐款献爱心。公司践行社会责任，深入八个乡镇开展老人意外伤害保险宣传，并与县民政局签订80岁以上老人社会保险合同，为全县4381位80岁以上老人投保，且为其中31位因意外受伤的老年人支付赔款14.73万元。此外，在精准扶贫过程中，人保公司还为挂点贫困户雷长生之子雷易辉在2017年高考中考取华南民族学院提供每年1万元的助学补助扶贫款，直至其大学毕业。2017年度人保公司全面履行国有骨干保险公司在服务社会经济发展，参与社会民生建设社会责任，为助力光泽全面发展贡献一分力量。

## 人寿保险

【概况】 2017年，中国人寿保险股份有限公司光泽县支公司经营管理工作取得明显成效，保费收入大幅增长，实现总保费7033.89万元，新单保费突破千万元，公司效益得到提高。2017年，公司荣获南平市总工会“工人先锋号”集体荣誉称号。

【个人代理业务】 2017年，个险渠道实现长险首年期交保费1545万元，同比增长34%，完成率127%；长险10年期交保费930万元，同比增长15%，完成率126%；长险首年标准保费816万元，同比增长37%，完成率125%；短期险保费102.29万元，同比增长11%，完成率94%；新增人力122人，完成年度各项指标。个险2017年实现三个第一，第一家完成全省开门红目标公司、第一家全省完成全年首年期交的综合性公司、第一家全省完成首年期交、十年期交、标准保费的综合性公司。

【银行代理保险业务】 在队伍和业绩上均取得突破性进展，开门红取得全区第一的业绩。提前四个月基本完成市、县公司下达的各项任务指标。在业绩方面，全年新单期交保费275万元，完成率105%，10年期交保费99万元，完成率110%，标保保费112万元，完成率121%，短期意外险13.55万元，完成率90%。做好与各银行邮政储蓄所维护工作。做到常拜访、常沟通，从细微处见真情，从小节上体现出中国人寿对他们的尊重和关爱，巩固合作关系，保持渠道畅通，确保业务稳定发展。

【团体保险业务】 2017年团险渠道完成短期险保费收入288.17万元，同比增长22.94%，短期险赔付率为43.52%，团险渠道除了在传统重点项目有序展开工作外，积极推进新项目。把计划生育家庭人身意外伤害险的推广作为短期险强劲发展的一项重要工作来抓，取得成效，全年计生险项目保费收入60.54万元，同比增长8.95万元；女性安康保险业务得到县妇联领导支持，对全县各乡、镇就女性安康保险进行走访宣传动员，全年实现项目总保费收入15.96万元；在做大做强各项目的同时积极推进新项目，2017年进驻县摩托车检测中心以“E”门店模式进行销售，实现保费收入25.7万元，为光泽团险意外险的正增长奠定基础。

【热心公益事业】 确定每月第二周星期二为经理接待日，听取群众的意见和建议，提高群众对保险的认识，提升保险服务品质。参与社区共建，参与镇岭社区大党委活动，组织开展“精准扶贫”“金秋助学”“为见义勇为子女捐款”等社会公益活动。例如，在“爱心助孤、情暖光泽”活动中，开展助孤活动，与结对的孤儿签写爱心结对卡，并给孤儿赠送礼，到光泽县司前乡、华桥乡、李坊乡、止马镇、寨里镇等开展宣传活动，与精准扶贫村司前东山村签订“结对共建协议书”，党员领导干部与挂点村贫困户签订信息表，实现一对一的帮扶；“六一节”及“教师节”深入到各中小学校慰问等。

## 中华联合财险

【概况】 2017年是中华保险光

泽支公司在光泽落地开业的第十一个年度。经过公司全体员工努力，取得一定的经营业绩。全年实现保费收入约1200万元，同比2016年增长1.27％（2016年保费收入950万元），完成了上级公司下达的任务指标。

**【拓展新业务】** 在稳固车险和企业财产保险，拓展新车市场的同时，把食品安全、电梯责任保险等新险种新业务的拓展工作作为工作的重心，在抓业务数量的基础上，拓展新领域新业务，为来年工作打好基础。确保续保业务及时续保，公司安排专人跟椐业务部门续保业务台账，提前对续保客服进行跟踪，并提醒业务人员加强跟踪自己的客户，一旦出现业务流失，马上查找原因，以便于及时更新和协调对策，巩固原有业务，减少业务流失，保证主要险种的市场份额占有率。加大信息收集工作，提前获悉新项目、新工程信息，并和交警部门、汽车销售商等建立友好合作关系。对潜在的新业务、新市场做到心中有数，把握市场主动，填补因竞争等客观原因带来的业务不稳定因素。对已流失业务不放弃追踪，列出明细，加大公关力度，找出流失原因，属竞争流失的，不消极退出，主动进攻，上门听取意见和建议，改善服务方式，逐个突破，争取回流。

**【在竞争中求生存促发展】** 光泽现有四家经营财产保险机构，面对外部竞争所带来的业务压力，公司始终保持沉静，客观面对现实情况，寻求对策。加强公司品牌宣传力度，参与地方政府和各职能部门开展的各类公益宣传活动。2017年1月16日，到司前乡长庭村结对帮扶，给贫困户送去慰问品。“3·15”消费者权益日，公司配合工商部门在县中心地段（新华都）设点咨询，公司经理到场接受群众对理赔等方面的咨询及投诉，化解部分客户对公司的不满情绪。7月8日是保险宣传日，公司经理带领员工到光泽县建光运输公司发册子，做宣传，公司全体员工下载手机APP公益跑，参加公益活动及保险客户涂填色卡。通过参与一系列的活动，提升了公司对外形象，也提升公司在客户中的认同度。服务更加人性化、亲密化，公司经理室成员年初就对主要渠道进行多次走访，将福建圣农集团在该公司的保费占比提升一倍。由于竞争激烈，一些渠道客户保费流失，公司经理室立即组织相关部门查找原因，寻找对策，通过努力，大部分业务保留下来。经理室在公司列会上反复强调服务的重要性，提出与客户零距离接触，只要客户需要必须随叫随到，提供多方面服务。按照向社会服务承诺和行业禁令，严格内部管控，以理赔和承保两大服务部门为切入口，全面提高公司整体服务水平，提升客户对公司的满意度。

中华保险开展业务宣传

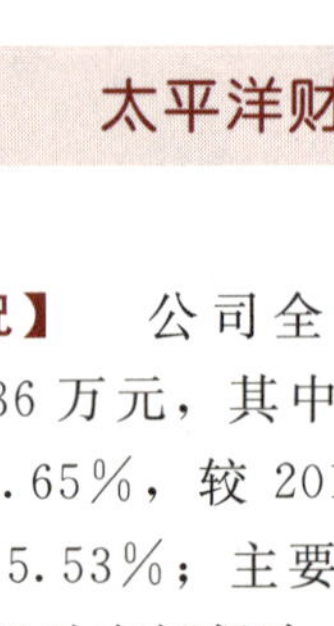

## 太平洋财险

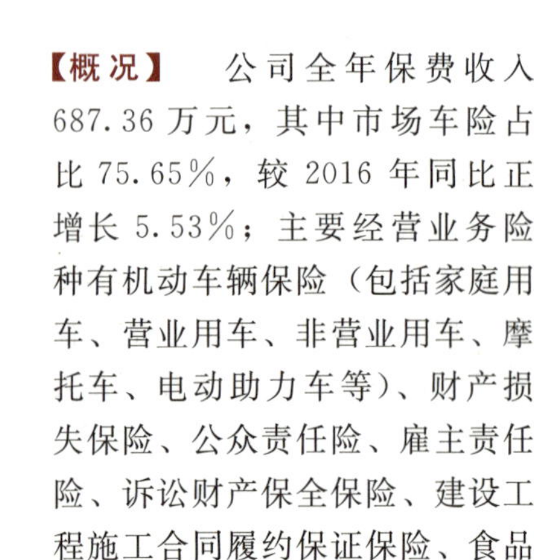

**【概况】** 公司全年保费收入687.36万元，其中市场车险占比75.65％，较2016年同比正增长5.53％；主要经营业务险种有机动车辆保险（包括家庭用车、营业用车、非营业用车、摩托车、电动助力车等）、财产损失保险、公众责任险、雇主责任险、诉讼财产保全保险、建设工程施工合同履约保证保险、食品

安全责任险、环境污染责任险、安全生产责任险、电梯安全责任险、产品责任险、个人账户资金损失保险、瓶装燃气经营责任保险等。公司通过优化管理架构，整合内部资源，加强与市场的交流沟通，形成较为完善、相互协调的保险体系。

**【风险防范】** 公司将“合规经营”放在企业发展的首位。按照中国保监会“加强内部管控、加强外部监管，遏制违规经营、遏制违法犯罪”专项检查工作部署，促进员工自觉守法、依规操作，树立诚信合规的企业形象，开展持续一年的“严厉打击舞弊行为专项行动”。为强化风险内控机制，营造全员主动合规的良好氛围，4 月 24 日，南平中支公司组织全辖干部员工召开“一把手”合规宣讲培训会，学习《保监会“1＋4”系列文件》《保险公司合规管理办法》《新员工合规辅导》等文件精神，并结合具体的违法违规案例向全体员工阐述合规的重要性。这些行动旨在打击舞弊案件、威慑违法行为，强化底线教育、提升法制意识，查漏补缺，经营风险得到有效防范，确保支公司运营健康稳定，为支公司战略转型创造良好环境。

**【业务与服务】** 客观、系统地研判当地市场，通过拓宽销售思路，采取各种有效措施，调整和优化险种结构，促进效益水平的提高，集中力量推动业务发展。在服务方面，公司加强服务体系建设，结合外部市场、监管环境和业务变化趋势，我司重点提高员工素质，优化服务资源配置，推进服务门店标准化建设，加强客户服务的标准化、规范化建设；定期开展服务标准培训，合理确定承保、理赔各服务环节的时效管控指标，强化各渠道标准化服务过程的监督检查，确保按时保质履行对外各项服务承诺。

# 信息产业

## 电信

**【概况】** 2017年，运营收入增长10.4%，全县电信业务客户总量超8万户。贯彻党中央和国务院“宽带中国”战略和“互联网＋”行动，建设“全光网城市”和4G移动网络，普及“双百兆”宽带应用服务，推动电子商务等互联网经济发展。城区100%实现光网覆盖，农村98%实现光网覆盖，97%的普通铜缆宽带用户升级为光网用户，达到光网城市要求。2017年，完成城乡行政村以上区域4G设备安装调测开通工作，实现全县辖区内行政村以上区域4G信号的连续覆盖。

**【智慧城市建设】** 推动“十三五”数字光泽建设，通过平安城市、数字城管、行政执法、智慧安监等信息化项目建设，智慧政务应用扩展到19大类，覆盖25个系统。通过智慧村庄、智慧教育、健康云、社会综治网格、慧农信等信息化项目建设，智慧民生应用扩展到11大类智慧应用，覆盖15个行业。智慧经济方面，通过智慧圣农、智慧旅游、中小企业信息化等项目建设，智慧经济应用扩展15大类，覆盖42个行业。7月，完成城区10个点20路人脸识别视频监控系统建设、3个流动检测站及1个省际卡口人证合一闸机建设，完成城乡公安高清五期100路视频监控光缆接入建设；上半年配合朗高公司完成林业公安10个卡口建设，为金砖五国厦门峰会及十九大期间公安民警安全值守提供保障。10月，与县政府签订“光泽县自然资源资产离任审计平台”合作协议，于11月上线试运行。11月，完成“智慧家居”儒洲村示范项目建设。全年完成圣农公司178个养鸡厂光缆接入及专线开通，助力圣农公司提高信息化管理能力。

**【翼支付城建设】** 全年完成互联网金融生态圈及翼支付城建设，打造社区、乡镇农村、校园厂区三类微生态圈，拓展商超连锁、家电卖场、乡镇百货店三类泛渠道，建设商户运营和“新物业”小区。

2017年12月5日，光泽电信分公司在福建省审计厅汇报领导干部自然资源离任审计平台建设成果

2017 年 5 月，光泽电信分公司工作人员在司前上山院等自然村光改建设立杆

【宽带三项承诺在全县推行】 在全县范围内推行“当日装，当日修，慢必赔”服务举措，打造金牌宽带。4 月底前服务承诺覆盖网格 100%，全面提升客户感知。通过宽带三项服务承诺的推行，宽带装、移在 24 小时内接触率提高至 90% 以上，宽带装移机满意率≥92%，宽带修障回访满意率≥92%。

【网络安全】 完善网络各专业应急预案，确保预案的实用性和可操作性。组织各中心人员学习各类应急预案，熟练掌握预案操作。做好备品备件储备，对应急通信装备进行检修。对重要机楼等重点生产现场巡查，做好通信要害区域防通信事故、防火灾、防盗窃、防破坏、防爆炸、防失泄密“六防”工作。做好党政军等重要客户的通信保障工作。规范来话主叫号码传送、检查自有网站和信息平台，做好信息管控、监测及应急处置，确保内容合法健康。一体化 24 小时集中监控维护体系确保全县网络安全畅通。

【实名制登记】 组织部署、落实防范打击通讯信息诈骗工作的。制定年度防范打击通讯信息诈骗工作总体计划，建立规范的流程机制，落实实名登记。提出五项深化工作要求：上线实体渠道人证比对功能，保障人证一致性；优化实名制规则，提升实名信息合规性；清理规范一证超五卡用户，提升存量用户信息准确率；实行物联网卡实名制管控；实行代理渠道实名制风险管控。在各专营店等醒目位置张贴《谨防通讯信息诈骗提醒公告》，以演示电脑、电视滚动方式介绍诈骗常见方式和注意要点，在独立店、便利服务点以台卡方式温馨提示，提醒用户加强防范，提升用户的防诈骗意识和能力，进行多措并举开展防诈骗公益宣传。重点要求对前期已在电话实名制、重点业务清查整顿、虚假主叫号码拦截等工作基，完成 3278 户未实名用户补登记工作，并对多次告知仍未实名在网用户进行分阶段单停、双停。清理一证多号，从严审核一证多号用户办理新卡，对已达 5 卡由系统自动识别不能再新增号卡。对同一用户名下在网已超 5 卡的用户进行清理，全年清理一证超 5 卡用户 2255 户。

【安全生产】 组织开展“冬季防火”“安康杯竞赛”“安全生产月”“打非治违”“安全大检查”等活动，通过安全培训、宣传教育、安全监督检查、督促隐患整改等方式落实安全生产责任制，运用“易信”平台进行安全宣传及远程监管，监督监管各项安全生产活动。员工安全知识教育培训率达 100%，特种作业人员持证上岗率达 100%。未发生电信员工责任性因工死亡事故和火灾事故，未发生企业内部因管理不善造成的盗窃、破坏、贪污挪用等重大案件。

（应浩健）

## 移　动

【概况】 2017 年，以“五个领先”（网络领先、业务领先、品质领先、管理领先、人才领先）战略部署，在变革中抢抓机遇、在挑战中奋发作为，聚焦“互联网+”行动，开创“互联网+”时代发展新局面，实现运营收入同比增幅 3.5%，确保实现“十三五”时期持续健康发展。获第十二届省级文明单位称号。

**【网络建设】** 总投资2500多万元建设4G网络和宽带网络，年内网络建设，其中宽带建设总投资1000多万元，覆盖县城和重要场景，完成74个建制村的宽带网络建设，新建宽带端口数可满足4.9万用户需求。实现4G网络覆盖县城城区、乡镇镇区，打造移动视频示范城精品网络，在商圈、高校等业务需求强劲区域加大4G厚度覆盖建设，构建多层立体4G网络覆盖，确保4G网络高速接入，继续保持深度覆盖绝对领先。广度覆盖上，行政村100%覆盖，确保广度覆盖的领先优势。推进4G专项覆盖工程，实现全县高速、高铁、国道、省道100%连续覆盖。同时致力打造重要景点和党政军驻地优质覆盖网络，承接多个平安城县建设项目，满足全县人民对网络的需求。

**【电信服务】** 响应县委、县政府“加快宽带建设，为互联网+提供保障”为民办实事项目，编制全年通信基础设施专项规划，加大在全县电信普遍服务农村地区的宽带网络建设和投资力度。促进县新型工业化、信息化、城镇化和农业现代化的同步发展，保障全县农村边远地区人民的基本通信需要。

2017年4月14日，光泽移动分公司在华桥乡建设网络

**【通信安全】** 响应抗台、防汛工作，派驻专业的通信保障车辆及人员，全程、全时段、全方位地开展保障任务。累计完成重要社会活动及防汛、抗台等自然灾害通信保障任务8次，出动应急保障车辆45辆次、应急保障人员约215人次。保障通信安全，开辟绿色通道，警企联动，多方合作，与公安机关共同建立电信网络新型违法犯罪电话通报阻断机制。

**【落实实名制】** 对新入网电话和宽带用户实行实名登记，落实用户身份证件核查责任，采取二代身份证识别设备、联网核验等措施验证用户身份信息，并现场拍摄和留存办理用户照片。通过网络渠道发展新用户时，要采取在线视频实人认证等技术方式核验用户身份信息。严格限制一证多卡，针对同一用户在全国范围内办理使用的移动电话卡达到5张。开展移动电话实名制核查，对全县存量客户数2.2万户进行实名制抽检，其中未通过数为95户，并对其通过短信、电话温馨提示等方式提醒客户进行实名认证，至2017年年底实名率达到100%。

**【保护客户信息安全】** 实行用户个人信息使用内部管理，采取网络安全技术保障措施。通过内部安全审计，严肃处理非法出售、泄露用户个人信息的问题。按照“发现、取证、处置、曝光”的工作机制，对手机应用软件收集、使用用户个人信息情况进行技术检测，对发现的违规应用软件统一下架和公开曝光，并依法查处违规企业。

**【落实提速降费政策】** 落实“客户为根，服务为本”的经营理念，从套餐资费，服务保障以及带宽提升等方面落实提速降费号召。套餐上，统一下调4G统一套餐资费，开展“买一送一”、办多人群组送一年宽带电视等融合优惠营销政策。服务上，实现流量不清零，套餐外流量标准资费统一下调至0.29元/M，并开展光纤改造，推广流量安心包，创新流量共享功能。活动上，开展宽带免费体验三个月、流量白加黑、流量场景化营销工作，做到让客户敢用，放心用。全年实现新增50M及以上高带宽占比达88.6%，累计50M及以上带宽客户占比达60%，客户满意度持续保持领先优势。

**【地方信息化建设】** 为民办实事、建设公安和部队行业信息化。通过承建“平安城县”“平安乡镇”等项目，参建道路交通、校园周边、建筑施工、食品药品等重点领域与行业的安全项目，维护人民群众生命财产安全。与部队通信业务及信息化合作，为部队开发手机安全管理平台，保障部队人员的智能终端设备的信息安全可控。建立“旅游大数据信息分析系统”，发挥大数据资源优势，整合旅游监管数据、旅游行业数据，进行技术检测。助力企业信息化建设。为全县合作企业的信息化水平提供支撑，合作内容涵盖智能楼宇、智慧园区、厂区智能监控、企业营销宣传等，促进“两化”（信息化和智能化）融合与“互联网+”项目在全县落地。

（蔡兴进）

## 联　通

**【概况】** 2017年，员工28人，其中党员4人，员工平均年龄30岁。内部机构设政企、社区、建维等3个网格。已建成全网基站总数215多个，实现光泽县城区4G网络全面覆盖，乡镇、行政村3G网络覆盖达100%，重要交通干线的3G全面覆盖。95%的城区和80%的乡镇均已开通联通宽带。全年主营业务收入累计完成1426万元，通服收入累计完成1260万元。创新业务实现有效转型，实现利润12.7万（完成率超100%，绝对值全区第二）。营业厅满意度从年初的92%提升至年底的98%。4G网络质量满意率由年初的70%提升至年底的79%；投诉处理解决率100%，投诉处理及时率100%。

**【网络宽带普及提速】** 完成5个4G站点，9个3G站点。做好“光网世界——沃宽天下”宽带提速营销普及工作，完成2个国标小区，128个端口宽带覆盖；完成4个弱覆盖小区，72个端口宽带覆盖。

**【项目建设】** 便于公安机关更好侦破各类案件，与公安机关签订公安电子围栏合作项目，完成2个公安卡口的电子围栏项目建设。为杜绝316国道各类安全事故发生，与公路局签订视频监控项目，完成2个事故多发路段落安装视频监控点。通过对行业场所的信息化及视频监控系统远程化建设，提升行业场所治安管理工作效能，完成7个行业场所监控点。全年完成16条互联网专线电路、14条电路、水库4个点视频监控电路的建设及开通工作。

2017年11月10日，光泽联通分公司在南平市体育公园体育场参加由南平联通举办的趣味运动会

**【安全生产】** 落实安全生产责任制。对通信机房、基站、办公楼、营业场所、客服中心、仓库等重要场所，定期安全检查，防止火灾、治安隐患和通信故障隐患，确保通信网络安全和公司人身财产安全。对发现隐患定期整改，以创建“平安联通”为目标，开展内部矛盾纠纷排查，化解各种纠纷，把不安定因素消灭在萌芽状态。

**【服务工作】** 在全市联通率先推行“好服务100+10”。集中解决群众反映的热点和难点问题。健全服务监督检查体系。

**【建立惩治和预防腐败体系】** 调整惩防体系建设、党风廉政建设责任制领导小组成员，完善责任制落实体系。落实部门一副职、部门一重要岗位人员的党风廉政建设责任制体系。做到风险防控和敏感岗位管理。

（邱小芳）

# 教育　科技　气象

## 教　育

【概况】　2017年，全县有中小学23所，其中中学9所（乡镇中学6所，城区中学3所，其中光泽一中、二中为完中），完全小学14所（城区小学4所，乡镇中心小学7所，村级完小3所），农村教学点59个。小学在校生10401人，初中在校生5356人，高中在校生2812人，全县中小学寄宿生总数3744人。

【教育投入】　全年全县地方公共财政教育支出268449万元，占财政支出的15.37%，比上年增长3.8%。生均公共财政预算教育事业费26220元，较上年增长0.84%。公共财政预算公用经费10426.86元，较上年增长0.04%。教职工年人均工资74801元，较上年增长3.66%。义务教育预算内经费拨款20586万元，较上年增长0.02%。

【教育督导】　履行教育督导"监督、检查、评估、指导"的职能，坚持督政与督学并重，开展国家义务教育质量监测工作，推进"全国中小学校责任督学挂牌督导创新县"工作，并顺利通过市级核查。通过督学培训，提升督学队伍业务水平。做好全县中小学春季、秋季开学工作的检查，抓好中小学办学行为"五规范"（规范课程设置、规范作息时间、规范评价考试、规范招生行为、规范教学用书管理）专项督查，开展全县幼儿园招生入园工作大检查和幼儿园规范办园行为专项督导检查。迎接省市教育"两项督导"（县级党、政主要干部教育实绩督导考核）评估工作，于12月通过光泽县"两项督导"省级督导评估。完善《中小学幼儿园教育目标管理考核实施细则》并组织年终考评。

【基础设施建设】　推进市重点项目城南实验学校主体建设，完成投资5800万元，占年度计划投资的116%。启动总投资2500万元城南幼儿园建设，年底完成招投标，计划2018年1月开工建设，前期费用（含三通一平）投资500万元。推进义务教育学校项目建设，杭西小学教学楼、崇仁中心小学综合楼及华桥中学综合楼及附属设施等校舍建筑面积6000平方米，总投资1500万元，2017年底完成投资1100万元。

【全面"改薄"】　全年完成全面改善贫困地区义务教育薄弱学校完成投资1200万元，其中650万元用于司前中心小学学生宿舍楼基建项目（2017年底已竣工），550万元用于采购教学仪

2017年12月14日，在假日酒店会议室举行省级督导评估反馈会

市重点项目光泽县城南实验学校（光泽一中高中部）主体工程建设情况

器、电脑、监控、课桌椅、床铺等改善学校教育技术装备。

【教育信息化】 推进全县教育信息化建设，完成省资源平台师生账户全覆盖，完小以上学校的计算机配置满足教师备课人手一机、学生上课人手一机要求，已建成鸾凤、止马2套远程网络同步互动教室系统，覆盖各级各类学校、各级教育管理部门的教育千兆骨干网正在积极改建过程中。以鸾凤、止马、三中为城区、北路、西路三个片区龙头，整合各级各类教育资源，形成集中与分散相结合的教育资源库群，建立公共教育信息资源共享机制。以光泽县第一中学、光泽县鸾凤中心小学为中、小学数字教育资源中心，整合、新建、引进一批优质网络教学资源，建立数字图书馆，建设各类教育和全民学习资源库。以15所教学点的多功能教室为基础，完善农村远程教育工程应用服务体系，实现农村多媒体教学“班班通”，使农村师生共享优质教育资源。以教师进修学校为阵地，建立教师培训课程资源中心和专家库，开展教师远程培训和网络教研活动，推广远程教育有效教学模式和典型经验，提高教师应用信息技术能力，构建信息化环境下的教学新模式。开展智慧校园试点工作，为各类教育信息化应用提供服务，形成科学规范的信息化教育管理体系。

【德育教育】 把培育和践行社会主义核心价值观融入学校教育，通过“争做文明人”“孝敬父母·体验亲情”“三节三爱”“传扬美德·奉献爱心”“诚信友善·伴我成长”“开学第一课”“我的中国梦”等系列主题教育活动，抓实学校“三风”建设，多渠道多形式对未成年人进行思想道德建设，培养学生习惯养成，提高学校德育工作水平。光泽一中被评为福建省中小学德育建设“十佳百优”示范项目（创建儒雅校园）。营造校园文化艺术环境，通过找特色、亮点，树立典型，全县“一校一特”“一校一品”的学校德育格局正在形成。止马镇中心小学入围全省校园文化美育环境（培育）示范校，司前乡中心小学入围全省中小学创建中华优秀文化艺术传承学校，前乡中心小学的校本教材《剪纸》入围福建地域文化艺术特色中小学地方、校本美育教学材料遴选名单。通过参观军营、祭扫烈士墓、网上祭英烈，举办现代化军事科技知识讲座，举办国防知识竞赛等活动提高学生的国防意识，制定“七五”普法实施方案，开展“法制进校园”、“法制进课堂”活动，做好国防教育和双拥工作。县教育局被省委、省政府、省军区授予“爱国拥军模范单位”。有序推进文明单位（校园）、档案、共青团、妇女儿童、计划生育、关工委等工作。

【教学教研】 开展全县教育教学督查工作，以督查促提升、促发展。立足课堂主阵地，推进高效课堂建设。落实国家三级课程，明确国家、地方和校本课程的标准和课时安排，提升学校课程执行力。整合区域内优质教育资源，发挥中小学、幼儿园“名师团队”作用，针对基层学校要求，结合课题研究方向，精心打造不同类型的课送到基层学校，并利用送课机会与一线教师进行互动，帮助他们答疑解惑。全年到农村中小学开展送课、送培活动30人次，30节课，受益教师800人次。组织“一师一优课，一课一名师”评选活动，向市里推荐40节中小学优课，其中10节被评为省级优课，21节被评为市级优课。多形式开展课堂教学观摩研讨活动，县教育局先后举办形式多样的教学观摩、评比活动二十多次，为教师专业成长搭建平台。做好课题研究引领工作。中学组织申报3个省级课题，4个市级课题，收集到69个县级课题，4个市级课题顺利结题。小学承担的教育部重点课题研究工作形成结题报告、结题申请及结题汇报展示，根据省普教室要求，选派黄英琳等4位参加研究的教师分别在厦门和晋江进行课题研究课展示及研究经验介绍。小学四校报送的4个课题通过市级结题，完成7所学校的课题结题验收工作。杭西小学被评为首批福建省义务教育教改示范性建设学校。

**【家长学校】** 规范家长学校办学方式，各校在原有办学的基础上，探索提高家长学校办学实效性的方法。健全组织机构，成立家长学校工作领导小组，组建家长委员会，建立健全各项制度。制定每一学年度的学习培训计划，广泛征求家长意见，针对学生、社会教育中出现的问题，组织教育骨干认真准备有关课题，有针对性地对家长进行科学辅导。定期进行“家长学校”授课，通过学校现场培训、印发学习资料、网络学习开展各类活动，形成三位一体的教育网络。做好家长委员会建设，每学年组织委员们参与学校工作的研究讨论，听取委员们的建议，邀请委员们协助学校解决教育教学管理中的一些问题。筹划每学期至少一次的全校性家长会，编制家长学校培训材料，在教学开放周组织家长代表进课堂听评课。学校通过家长会和家访的形式，共同承担起教育孩子的任务，要求每学期家访率达到80%以上。

**【教师队伍建设】** 开展教师职业道德教育，结合新时期教师职业道德建设的特点和全县师德建设工作实际，从师德教育、宣传、考核、惩戒、问责等方面加强对校长、教师的考评工作。召开第33个教师节庆祝活动暨表彰大会，对全县2015～2017年度城区和农村优秀教师、优秀教育工作者、优秀班主任、优秀督学共125人进行表彰，同时对两位市级名师和三位省优秀教师表示祝贺，营造尊师重教氛围，凝聚教育正能量。全年新招聘中小学、职教中心、幼儿园教师53名，为全县教育一线增添一批新生力量，优化教师年龄、专业、学历结构。推进“教师人事关系收归县管，实施教师校际交流工作”，各单位采取正面引导、政策激励等多种措施促进教师交流。2017～2018学年安排110位教师参加校际交流，占应交流教师的22.6%，促进教师资源配置均衡。选送12位校长参加省级培训。选派55位中小学、幼儿园教师参加省级培训。选送10位教师到省优质校跟岗学习，5位教师到市优质校跟岗学习。全年教师进修学校举办各类教师培训班6期，培训教师1844人次。全县评选市中青年学科教学带头人10人，省名师工作室团体成员3人，省“十三五”中小学学科带头人培养人选4人，南平市名师评选2人。

教师进修学校　全年举办中小学教师培训班6期，培训教师1844人次。依托教育部直属教育机构奥鹏远程教育中心搭建的“南平市2017年中小学教师继续教育网络研修平台”开展全县中小学、幼儿园、县职校中心教师继续教育全员培训1586人，中小学教师微课程设计与制作研修培训56人，中心小学骨干教师培养培训82人，村校长高级研修培训50人，新教师岗前培训53人，协助福建教育学院开展“跨学科师范类四门主干课程进修班”培训17人。制订《关于光泽县乡村教师素质提升工程的实施办法》和《光泽县“十三五”期间中小学骨干教师培训实施方案》。组建校际心理拓展教研小组，采用大组示范和组间交流的形式，在全县11所城区小学和乡镇中心小学开展心理拓展专题教研活动，让教师和学生感到心理活动课与传统学科课的区别，让学校心理拓展活动充满“心理味”。组织各中学开展考前干预活动，面向中、高考家长举行“考生减压 家长先行”——2017年中、高考考前家长干预沙龙活动。发挥县中小学心理健康辅导中心的功能作用。周一至周三为城区学校学生、家长提供参观体验，全年邀请城区8所中小学校的学生及家长400人次左右（其中约80人左右为留守儿童）到辅导中心体验，并调查来访学生及家长的亲子沟通、教育互动中的困惑和问题。周四至周五对学校转介及通过热线预约的人员进行个别心理辅导，完成热线预约及咨询50多起，接待个案咨询40多人次。周六（以月为单位）开展热点主题心理团体活动，开展《减轻孩子对网络的依赖》《考生减压 家长先行》《在家庭中培养孩子的注意力》《爸妈怎么做，才能让孩子拥有安全感》《沟通，让亲子关系更美好》等5场亲子讲座沙龙，举办“留守儿童沙盘体验”专场活动和《快乐分享 幸福起航》（教师）、《信任一家亲》（亲子）等2场心理拓展活动。采用“知识梳理、案例分享”、微信研讨、专项个案辅导等形式提升全县心理健康教师心理辅导技能。

**【综治安全】** 树立“安全第一、预防为主、综合治理”的方针，推进校园安全教育及安全隐患排查整改工作。全年无校园安全责任事故。抓安全教育演练、增强师生生命安全意识，开展2次大型事故应急演练，常规应急演练283次。突出学生异常情况管理、严格教育教学活动安全管理，教育系统设立37个信息报送点，及时报送各校（园）相关情况。与部门联动，开展联合检查4次，全面优化校园周边环境。与学生食堂“明厨亮灶”建设，实现阳光操作、透明化管理。遏制校园欺凌和暴力事件发生，落实校园消防安全，规范流程管理、确保校园食品卫生安全，突出重点、落实危险化学药品管理和危旧房屋安全隐患整改，强化引导监管、确保网络安全落实。做好安全标准化校园建设，评出二级安全标准校（园）21所，三级安全标准化校园31所。做好平安校园等级创建工作，5A平安校园22所，4A平安校园7所，3A平安校园7所。

**【扶贫助学】** 将精准扶贫与教育资助工作有机结合，送政策、送关爱、送资助资金到农户，精准地做好各类教育资助工作，没有一个孩子因贫困而失学，不让一个家庭因教育而返贫。全年资助各类学生7.23万人次，资助金额1457.04万元。全面落实农村义务教育学生营养改善计划，对学生营养餐资金使用进行监管。做好驻村帮扶工作，成立以局长为组长的挂点结对帮扶领导小组，多次赴挂点的华桥乡何舟坪村实地走访，座谈和调查研究，帮助确定发展思路和目标，全年资助5万元作为基础建设和美丽乡村建设资金。结合“4＋X”固定党日活动，党委书记于11月到何舟坪村给党员作学习“十九大”精神报告。选派办公室负责人驻村协助挂点村做好精准扶贫工作。做好党员干部结对帮扶贫困户工作。教育系统科级党员领导干部结对帮扶何舟坪村13户贫困户，根据贫困户实际，制订就学、生源地贷款等帮扶措施，多种形式进行帮扶，13户挂点贫困户现全部脱贫。

**【学前教育】** 全县有幼儿园16所（乡镇中心幼儿园7所，城区幼儿园3所，民办园6所），在园幼儿4203人，净入园率92.82%。贯彻落实《幼儿园教育指导纲要》精神，遵循幼儿成长规律，坚持保教并重原则，探索幼儿教育的新方法，注重早期幼儿潜能开发和个性发展，规范内部管理，杜绝小教化倾向。开展规范办园专项检查，16所幼儿园年检均合格。引导社会力量办园，印发《光泽县民办幼儿园申报普惠性幼儿园认定办法（试行）》，爱德堡幼儿园9月开始招生，爱蜜儿艺术幼稚园被责令停止办学。

2017年4月10日，南平市梁廉荣副市长到光泽一中慰问精准扶贫对象

**光泽县实验幼儿园** 为福建省标准幼儿园，南平市示范性幼儿园，有25个班级，874名在园幼儿，105名教职员工。为逐步向创建省级示范性幼儿园目标迈进，2017年7月，实幼对主体教学楼外观及走廊和操场进行改造，更好地营造良好的生活、游戏、学习环境，使之有效的促进幼儿的个性发展。开展教科研课题研究，5月承担省教育厅立项课题《一日生活中幼儿自主学习品质养成的研究》圆满结题，该课题成果中的论文《关注生活自主学习》在CN刊物《成才之路》刊登。12月申报省级课题《创意戏剧融入幼儿园主题活动的实践研究》立项并启动实施。申报的县级课题《基于指南幼儿园区域游戏中教师的有效指导与观察》《幼儿园户外混班自主游戏推进策略的研究》《幼儿园户外自主游戏中低结构材料运用的策略研究》，历时3年于2017年12月顺利结题，分获县级课题一、二等奖。该课题中的论文《低结构材料在户外的运用》刊登在CN刊物《读与写》杂志上，并获得一等奖，《在户外游戏中促进幼儿社会性的发展》获得市级二等奖，六篇论文分获县级一、二、三等奖。案例《建构区里走出来的巡逻队》和《美其乐的故事》获市游戏故事一、二等奖。为促进幼儿全面发展，让幼儿在游戏中快乐的学习。2017年在全县率先引入创意戏剧游戏课程。以戏剧为手段，以游戏为基本形式，促进幼儿多元智能发展，同时也让幼儿在戏剧角色体验中学习认识自我、接纳别人、了解世界、学会分享、懂得感恩。同时实幼注重幼儿的实践和亲身体验，组织幼儿参加经典诵读、大型绘画、幼儿运动会等系列活动。让幼儿在快乐中学习知识、开阔眼界、掌握技能。幼儿园重视家长工作，每学期定期开放半日活动，举行家长助教、亲子联欢会、美劳DIY亲子创意手工制作大赛等一系列活动，增进家园联系，沟通亲子情感。为充分发挥市级示范性幼儿园的示范和辐射作用，缩小城乡差距，实施互帮互学，优势互补，带动全县幼教事业的发展。从教育管理、环境创设、教学活动、教研教改等方面对止马中心幼儿园、华桥中心幼儿园、李坊中心幼儿园及民办闽源幼儿园、武林幼儿园实施帮扶活动。主张立足实际，因地制宜，不主张“模仿”“同化”，而注重发挥帮扶园自身乡土特色，利用自然资源，丰富园所内涵。在全园的大力帮扶下，止马中心幼儿园在5月被评为南平市示范性幼儿园，提升全县幼教整体水平。

**【九年义务教育】** 开展中小学“名师工作室”送课、送培活动，到农村中小学开展送课、送培活动36人次，45节课，受益教师600人次。与省、市业务部门对接，承担高级别示范课、观摩课、评比课教学任务。多形式开展课堂教学观摩研讨活动，县教育局先后举办形式多样的教学观摩、评比活动20多次，为教师专业成长搭建平台。开展全县教育教学督查工作，以督查促提升、促发展。立足课堂主阵地，推进高效课堂建设。落实国家三级课程，明确国家、地方和校本课程的标准和课时安排，提升学校课程执行力。整合区域内优质教育资源，发挥中小学、幼儿园“名师团队”作用，探索小学“集团化办学”模式。杭西小学被评为首批福建省义务教育教改示范性建设学校。

**光泽县实验小学** 全校有36个教学班，在校学生1920人，教师110人，党员37人，本科学历51人，省、市级骨干教师9人，县“研、送、训”核心团队成员8人，国家三级心理咨询师3位。2017年投资36.14万元修缮维护教学楼，以改善师生学习、办公条件。筹措20.7万元采购学生台式电脑，满足信息课学生“一人一机”上课要求。为保障学校的合法权益，缴纳1.33万元校方责任险，并聘请李茂平律师为学校法律顾问；学校继续实行“阳光招生”，严格将班生数控制在50人以内，片区内儿童入学率为100%。通过家长会，送《告家长书》。与教师签订《“廉洁从教”承诺书》，设立“校长信箱”等廉政校园系列活动，形成浓浓的廉洁从教的清新之风，受到社会的肯定和群众的广泛好评。制订实施教师培训计划，实施“青蓝工程”。选派吴斌、李锋等34位老师参加省、市级课题培训，开展“新理念、新思路、新做法”二次培训。开展“骨干教师观摩课、中青年教师优质课、年轻教师过关课”活动，评选出15节“学校优质课”，作为年轻教师成长的“示范课”。柯丽华、何慧、洪水娟、3位教师在参加县教育局举办的“青年教师基本功大赛”中获得县一等奖。傅再平、华美英老师在省级微课评选活动中获一等奖。黄春柳、何健等11位教师在市、县级公开课评选中获一等奖。危美珍、袁丽英等22位教师的论文在市、县级论文评选中获一等奖。黄小洁、胡红梅的教学设计和论文在CN刊物中发表。学校形成一支素质优良、廉洁从教、有强烈事业心和责任感的教师队伍。王俊云、朱少真等9位教师被评为县优秀教师，吴斌还被评为福建省优秀教师。学校将“传承朱子文化”与“打造书香校园”“美系列活动”相结合，设立“朱子文化墙”，开设“朱子校本课程”。开展“经典诵读系列活动”，举办的“经典诵读文化周”“千人吟诵”“周一千人吟唱”“诗词考级”等活动深得家长、学生的喜爱，受到家长及上级领导的广泛好评。开展“杉苗苗”社团活动，社团二十多个活动小组由46位老师精心辅导，活动成果丰硕。蔡璨丞等4位同学作文在《创新作文》《作文与考试》《快乐语文》等国家级刊物中发表。陈雨晗等13位学生在参加国家级各项比赛中获一等奖。叶一诺等46位学生在参加省、市级各项比赛中获一等奖，16位学生在参加市、县级征文比赛中获奖。10月份，举办“第四十五届学校田径运动会”。选派的运动员在“县小学生乒乓球赛”中获得团体总分第一名。在“县田径运动会”取得团体总分第三名，在“南平市第三届运动会”中取得田径团体总分第三名。在“县小学生羽毛球赛”中有9名选手在比赛中获得名次，其中男子甲组还包揽前三名，取得团体总分第一名。

**光泽县文昌小学** 全校有17个教学班，在校学生938人，教师49人，其中2017年新招聘教师3人。全校教师本科学历15人，大专学历33人，中等师范学历1人。中级职称教师24人，县级以上骨干教师11人，县“研、送、训”核心团队成员1人。2017年开始创建国家防震减灾科普示范校，被评为省级管理标准化学校，福建省红十字会体验式生命教育试点学校，被评为2015～2017年度市级文明学校。创建南平市男子排球传统示范学校，荣获2017年度教育系统综治安全目标管理先进单位小学组（非寄宿制小学）一等奖。荣获2017年教育系统“六一”文艺汇演二等奖；荣获2017年县局田径赛团体小学组第五名；获南平市第20届推普周“啄木鸟”找错别字活动优秀组织奖。教师撰写CN论文3篇，省级7篇，市级27篇，县级39篇。学生获国家级奖11人次，获省级奖3人次，获市级奖7人次，获县级奖53人次。全年参加外县培训达25人次。语文县级研究课题《指导学生语言文字应用案例研究》，数学县级研究课题《自主学习与创新思维的培养》均通过结题，同时报送县级审批。开发供低年级学生使用的校本教材——课外阅读链接《金色的童谣》、供中年级学生使用的校本教材——《节日情怀》、供高年级使用的校本教材——朱子《蒙训诵读》。

**光泽县杭西小学** 全年有21个教学班，在校学生1145名，教职工51人，专任教师学历合格率达100%。26人取得本科学历，3人取得高级职称，1人获国家二级心理咨询师资质，4人考取心理教学B级；1人被吸纳为上海“真爱梦想基金”种子教师，1人参加省级小学语文骨干培训，8人参加市级培训，3人被聘为县小学名师。2017年，被评为福建省义务教育教改示范性建设学校、福建省义务教育管理标准化学校、“南平市优秀少先队集体”。执行省颁课程计划，以课题研究为突破口，提高课堂质量和教学水平。学校被评为福建省首批基础教育教改示范校。语文课题《“习作本位”阅读教学有效模式研究》处于结题阶段，数学《小学常数学自主学习和创新能力培养研究》已结题。2人论文分别在《吉林教育》《教育》刊物上发表、2人论文获省级一等奖、6人论文获市级一二等奖、2人微课获省级优秀成果奖、1人课堂教学获全省“梦想课程”二等奖、1人微课获市级优秀成果奖、1人在县小学语文中青年课堂教学评比一等奖。组织老师参加全员远程教育培训，利用校本资源开展教研活动，对新入编老师以老带新，结对互助，提升教师理论知识、专业素质和道德素养水平。落实“五个一活动”，即每天阳光活动一小时、每天一次计算训练、每月看一本好书、每天书写一页规范字、每周背诵一首古诗词。学生在各类竞赛中成绩优异：学校李大钊大队被为“南平市优秀少先队集体”、鲁迅中队被评为“南平市优秀少先队集体”、取得2017中小学田径运动会小学组团体总分第二、“2017中小学羽毛球”团体第一名、“2017体彩”杯中小学乒乓球分获县小学组团体第一名、2017年“体彩杯”小学足球联赛第五名。

**光泽县镇岭小学** 学校占地面积9789平方米，有教学班19个，在校学生992人。附设1个特教班，有学生12人。与县少体校联合创办1个举重班，现有学生7人。专任教师40人，全部具备相应教师资格，学历达标率100%，大专及以上学历36人，占90%，一级以上教师20人，占50%。省级骨干教师1人，市级骨干教师6人，县名师2人，县“研、送、训”核心团队成员2人。学校全面贯彻党的教育方针，扎实推进素质教育，以“读书成习惯，运动成自然”为校训，注重细节，养成习惯，形成品格，奠基人生，把“人人善举，事事进取”作为校风，打造“善举”文化，引导学生“善点滴一介之善，举小流跬步之举”，要求老师“善为师博爱之善，举授渔高明之举”，努力提高办学效益，促进学生全面发展。学校加大力度，进一步改善办学条件，投入资金150余万元用于运动场工程建设，投资30万元用于教学楼立面美化工程，投资22万元进行校园文化工程建设。学校总务处获得南平市“五一先锋岗”荣誉称号。学校打造美丽校园，开发校本课程《琼林学话》，建设“琼林书廊”，突出以教师为主体，落实教师发展，以骨干教师为龙头，以日常教学为核心，以教学课例为载体，开展教师论坛。分层指导，教研分队，优薄对接等活动。语文课题“指导学生学习语言文字运用的案例研究”和数学课题“小学数学自主学习和创新能力培养研究”持续深入进行，开展同题异构、课题研讨、课题案例论文征集等活动，提升教研组的凝聚力和科研能力。2017年5月由福建经济频道制作的题为《书香满园，一揽芳华》的镇岭小学宣传片在该频道《今日八闽》栏目播出。华凌蕾、张香花等老师在县师德师风演讲、教学比武、朗诵比赛中获得一、二等奖。开展“学校少年宫”活动，加强社团建设，“春芽”文学社卓有成效，现有40多位社员，出刊25期，在省小学生文学社建设上小有名气，作品发表在快乐语文》《小火炬》等多个CN刊物上。在2017年全国青年男女举重锦标赛69公斤级比赛中，举重班学员元玉婷以抓举106公斤、挺举128公斤、总成绩234公斤的成绩，夺得抓举、挺举、总成绩三块金牌。黄紫妍、郑依琳、余樟荷等同学的作品发表在《海峡教育报》《学生周报》等报刊上。郭家辉、华道安、项长富等10人次同学获得南平市2017年特奥会50米、200米、400米等项目的金、银、铜牌。严文佳同学获得县2017中小学生运动会小学女子乙组800米冠军。伍逸轩、严张源等同学的作品获得县庆六一“阳光下成长”绘画比赛一等奖。学校男子足球队获得县体彩杯小学生足球比赛第二名。邓欣怡同学获得南平市第一届“闽教杯”小学生英语讲故事比赛一等奖。

**光泽县鸾凤中心小学** 全校有教学班27个，在校学生数1331人（其中寄宿生84人），全乡现有高级教师1人，一级教师98人，初级教师42人。教师中大专以上学历有132人（其中本科学历的教师34人），占85.1%。省级骨干教师2人，市级骨干教师4人，县核心团队教师2人。在职教师76人，教师学历合格率100%。按教学规律实施教育教学活动，面向全体，因材施教，稳妥的实施素质教育，强化学校管理，形成内部活力，以教学为中心，大面积提高教育教学质量。关注青年教师成长，为学校可持续发展奠定基础。青年教师是学校未来发展的宝贵财富，青年教师的成长成为学校教学管理一个重点之一。按照学校制定的青年教师培养计划，进行师徒结队指导，年段集体备课听课，同伴互助等形式，促进青年教师成长。举办新教师培训，针对如何备课、上课、如何处理教材进行讲座。组织青年教师外出听课、培训等。开展教学教研活动，以课题带动教研改革。促进和推动阅读教学改革，以培养学生阅读素养为核心的课题理念渗透到单元检测和期末检测试卷中，以测试带动日常教学改革。县“核心团队”送教下乡活动在学校录播室举行。全县2017“梦想好课堂”展评研讨活动在学校举行，来自10个县、市部分项目学校的40多名教师参加活动。组织青年志愿者和红领巾志愿到富屯溪河畔，开展“保护母亲河、宣传河长制”研学之旅主题教育活动。在“美丽的光泽我的家”主题征文比赛中李玲钰获一等奖，王诗颖获二等奖，学生征文比赛活动中获奖人数在全县小学组第一。举办“鸾凤齐鸣”艺术节、第十六届体育节。在 2017“体彩杯”全县中小学生田径会中，获全县小学组第一名，总分 189 分。教师撰写论文有 60 多篇在 CN、省、市、县年会上发表，学生在各级各类比赛、征文等活动中有 160 多人次获奖。开展“弘扬雷锋精神、争做文明学生”主题系列活动。举行“讲文明礼仪，争当美德少年”表彰仪式。组织少先队 180 余人，赴烈士陵园祭扫活动。开展“传统戏曲”进校园活动。开设美术、声乐和光泽民间戏曲——三角戏，3 个兴趣班，每班学生人数分别为 25～30 人，举办“最美书香少年”评选活动，活动取得很好的效果，在福建电视台公共频道播出。举行“童心向党颂红歌，书香怀柔筑新风”文艺汇演。开展走访结对帮扶贫困生活动。团支部开展“携手献爱，关爱留守儿童”活动。2 月 6 日上午，新华保险福建分公司在学校举行 2018 年春节关爱行动“情系学子、爱在光泽”。开发校本课程《环境教育读本》《经典美文选》《乌君山下风铃声》《一笔一画写好字 一言一行学做人》，已出版《梦之蓝》5 期，打造书香校园。

**光泽县第三中学**　全校有教学班 30 个，在校生 1577 人，在编教师 97 名，全部获得初、高中教师资格证书，专任教师大学本科学历 90 名，达 92.78%，高级教师 22 人，一级教师 43 人，省、市、县骨干教师 19 名。学校为广大教师特别是骨干老师的发展提供各种平台，鼓励他们参加省、市、县、校等各级培训和教育、教学技能比赛、交流。2017 年，与浦城二中、武夷三中邵武四中建立跨县、市教学交流活动。与止马中学、李坊中学、茶富中学联合开展多次教研活动。组织教师参加“一师一优课，一课一名师”评选活动，6 名教师分获部、省级奖项。在中国关心下一代工作委员会、中华人民共和国司法部、中央社会治安综合治理委员会办公室联合主办的第三届“关爱明天 普法先行”——青少年普法教育活动中被评为优秀组织奖。在教学方面，实行年段和教研组分层管理，利用年段长和教研组长抓好组内日常管理工作。学校抓目标管理，在起始年级就确定三年管理目标，并与班级、科任教师签订质量共保协议。抓好教科研工作，开展校本培训。各教研组从自己学科性质出发开展课题研究及各具特色的教研活动。在全县初中统一考试综合评比居全县第一。

**【高中教育】**　规范高中办学行为，落实《光泽县高中教育教学质量提升工作实施方案》，县一中充分发挥省一级示范学校的领头作用，二中结合学校实际挖掘潜力，开展高效课堂教育教学研究活动，立足课堂增效益，高中教育质量获得提升。高考本科上线总人数创历史新高，一本上线率较 2016 年提升 5 个百分点，为近 10 年来最高，理科状元位列南平市第 3 名，创近年来高考理科最好成绩。

**光泽县第一中学**　全校有 53 个教学班级（其中初中 20 个教学班级，高中 36 个教学班级），在校生 2940 人，教职工

2017 年 2 月 8 日，县委书记陈敏辉在光泽一中召开高中教育质量座谈会

213人(其中特级教师1人,全国优秀教师1人,省优秀教师4人,省学科带头人2人,省级骨干教师2人,市学科带头人2人,享受市政府特殊津贴2人,市级骨干教师19人,县管"拔尖人才"3人,县"学科带头人"及县名师团队成员15人)。2017年,学校"创建儒雅校园"项目获福建省中小学德育建设"十佳百优"示范奖,获中国人民解放军东部战区空军政治工作部颁发的"空军招飞工作先进单位"称号,获"欢庆十九大 颂歌献给党"南平市首届中学生合唱比赛一等奖,获2016年度教育系统目标管理一等奖,获全县迎五一职工气排球比赛第一名。学校选送节目《水调歌头》荣获全县2017年教育系统庆六一"阳光下成长"文艺比赛城区组一等奖。学校完成第十三届省级文明校终评、教育"两项"督导评估、创建省级文明县城迎检等重大工作,成功举办第62届秋季田径运动会和2017年校园科技文化艺术节,丰富师生文体生活。2017年,申报省教育学院课题3项,完成98个校级研究性学习课题申报工作。1个南平市基础教育科研课题顺利完成结题。18个课题完成县级课题结题,获一等奖8项,二等奖6项,三等奖4项,一中获县教育局中学课题研究先进学校表彰。9月,高中历史教学研究基地实验校顺利完成验收工作。2017年,学生获奖达到437人次,其中高中学科竞赛省级获奖14人次,市级48人次,高中青少年科技创新大赛省级3人次。2017年高考,本科上线人数404人,其中理科本科上线人数302人,文科本科上线人数102人。本科上线总人数为历年来最好成绩。本一上线人数合计127人,历年来最多。本一上线率25.7%,本一上线率为近10年来最高。理科状元吴周明,总分641,位列南平市第3名,全省163名,创校近10年来高考理科最好成绩。文科状元陈梦婷563分,全省名次较上一年提升847名。600分以上2人,均为理工类,分别是状元吴周明同学641分,第二名危新民同学612分。高分人数位居全市第五名。

光泽县第二中学 全校有38个教学班级(其中初中15个,高中23个),在校学生1811人,教职工151人。投入38万余元用于美化校园,新增探头等学校基础设施建设。投资近50万元改造六个年段教师办公室。综治工作名列2017年全县教育系统目标责任考评中学组第一名。培育足球特色文化,荣获2017年南平市中学生足球锦标赛高中组第一名,获得南平市中学生田径联赛团体总分第一名。坚持走"教学、教研一体化"道路,向教研要质量,教师论文和案例参与县以上各级评选有数10人次获奖。指导学生各类竞赛有102人次获奖。鼓励教师参加各级各类进修培训和技能大赛,有多人获市片段教学比武一、二等奖。

**【职业技术教育】** 县职教中心以省级达标学校创建统领学校工作,坚持专业对接产业、培训带动培养,拓展职教办学功能,县域经济贡献率不断提高。结合经济发展需要,推行工学结合、校企合作、顶岗实习的人才培养模式,力求开设具有市场空间、就业前景看好的专业。新设"生物制药"专业。积极宣传引导,扩大职教招生,2017年,招生全日制学生150人。投资60多万

2017年4月18日,县长赵大建、副县长宋凤英到光泽一中调研、指导高考备考和学校建设管理等情况

元，新建“畜牧兽医解剖实验室”，为学校畜牧兽医专业学生提供较为完备的校内实训基地。启动“生态食品高校实训基地”建设，总投资7000万元，总建筑面积23633平方米。

**【终身教育】** 完善终身教育制度建设，制定《2017年终身教育工作实施方案》和《关于开展2017年“9·28终身教育活动日”的通知》，提高终身教育工作的发展水平。开展各类培训工作。抓好已脱盲人员巩固培训工作，全年完成156人，占市局下达任务120人的130%。开展成人文化技术培训工作，全年举办各类培训130余场次，培训人员8500余人次。做好人口培训工作，充分利用各中小学、幼儿园“家长学校”这一平台，全县参与培训的家长达12000余人次。做好电大学历教育，全年电大招生286人，在全市同类电大工作站中排名前三位。其中招收开放教育本、专科学生231人，招收奥鹏网络教育本、专科学生55人。

**【体卫艺工作】** 落实“阳光锻炼一小时”，开展系列中小学生体育竞赛，组织学生参加南平市级联赛，成绩优异，获市足球锦标赛女子第一名、市田径联赛团体第一名、市田径运动会女子团体第二名、市篮球锦标赛团体第二名、市排球锦标赛女子团体第二名。完成2017年《国家学生体质健康标准》测试和数据上报工作，开展初中毕业升学考试工作，优秀率达84.25%。加强学校卫生保健工作，切实做好流行病预防和防控工作，落实中小学心理健康和生命安全教育课，确保少年儿童的身体健康和正常教育教学秩序，促进学校和谐发展。投入120.9万元共向全县20所中小学及59个教学点配备美育教学设施设备，成功举办“阳光下成长”庆六一全县中学文艺汇演、全县中小学生书画评比和第二届“朱子文化进校园”中小学生书法现场大赛。成立飞扬学生民族管弦乐团，并入围全省中小学生乐团培育建设项目，获得15万元的拨款。县实验小学被认定为第二批全国中小学中华优秀文化艺术传承学校。

**2017年光泽县农村初级中学基本情况表**

| 名　称 | 地　址 | 创建时间 | 教职工数 | 专任教师 | 学生数 | 班级数 |
|---|---|---|---|---|---|---|
| 崇仁实验学校 | 光泽崇仁乡政府所在地 | 1974年 | 23 | 23 | 306 | 7 |
| 寨里茶富中学 | 光泽县茶富村山下75号 | 1958年 | 34 | 34 | 390 | 9 |
| 司前中学 | 光泽县司前街58号 | 1958年 | 31 | 31 | 235 | 6 |
| 华桥中学 | 光泽华桥乡文明街28号 | 1970年 | 44 | 44 | 392 | 9 |
| 止马中学 | 光泽县止马镇白门楼村22号 | 1965年 | 27 | 27 | 323 | 9 |
| 李坊中学 | 光泽县李坊乡181号 | 1979年 | 20 | 20 | 179 | 6 |

**2017年光泽县乡镇中心小学基本情况表**

| 名　称 | 地　址 | 创建时间 | 教职工数 | 专任教师 | 学生数 | 辖村校数 |
|---|---|---|---|---|---|---|
| 崇仁中心小学 | 崇仁乡政府所在地 | 1952年 | 55（43） | 54 | 594 | 7 |
| 寨里中心小学 | 寨里镇屏山新村30号 | 1950年 | 97（53） | 96 | 733 | 10 |
| 司前中心小学 | 司前司前街55号 | 1935年 | 84（47） | 81 | 614 | 10 |
| 华桥中心小学 | 华桥乡文明街4号 | 1950年 | 92（49） | 89 | 820 | 9 |
| 止马中心小学 | 止马镇和平街1号 | 1926年 | 71（51） | 68 | 686 | 10 |
| 李坊中心小学 | 李坊乡李坊街57号 | 1935年 | 64（40） | 59 | 345 | 6 |

**2017 年光泽县幼儿园基本情况表**

| 项　　目 | 2014 年 |
|---|---|
| 幼儿园数（所） | 16 |
| 教育部门办 | 10 |
| 其他部门办 | 0 |
| 社会力量办 | 6 |
| 教职工人数（人） | 167 |
| 专任教师 | 124 |
| 保健（育）员 | 17 |
| 在园幼儿数（人） | 4203 |

（雷贤培）

## 科　　技

**【概况】** 2017 年，科技工作以开展“两学一做”活动和“十九大”精神为契机，落实科学发展观，贯彻落实省、市科技工作会议精神，围绕县委、县政府的中心工作，推进科技进步与创新以及知识产权工作，取得一定的成效。

**【科技型企业】** 以建设“中国生态食品城”为主线，引导企业增加研发投入，开展技术创新活动，促进科技成果转化，培育创新企业群体。2017 年，福建圣达波纹管有限公司等 7 家企业列入福建省科技小巨人领军培育企业，福建光泽圣祥源酒业有限公司等 5 家获科技型企业称号。

**【科普宣传】** 以“科技创新 强国富民”为主题，以创建国家防震减灾科普示范校为契机和纽带，开展地震各项工作。与宣传、教育、新闻等部门的合作，开展形式多样，内容丰富的科普宣传活动，提升公众科技意识和科学素养。

**【科技项目】** 县三禾米业有限公司“优质稻新品种无公害栽培技术集成与产业化”，为省星火项目，获得科技补助资金 40 万元。李坊乡石城村“大棚蔬菜种植基地建设”，为市科技项目，获得科技补助资金 5 万元。

**【科技合作与交流】** 激发创业创新活动，鼓励企业联合高等院校、科研院所开展科技合同与交流。福建圣农发展股份有限公司与扬州大学农业部建立利益共同体，联合开展“白羽肉鸡主要疾病净化趋势及防控关键技术研究”研究工作。福建省承天农林科技发展有限公司与福建省农科院建立利益共同体，联合开展道地中药材“黄精、华重楼、建泽泻，凹叶厚朴”等中药材的研究工作，建立道地中药材示范基地。福建圣农实业集团有限公司与武夷学院建立校企合作关系。福建辉隆生物科技有限公司与福

2017 年 12 月 10 日，福建师范大学生命科学院教授到富民蔬菜专业合作社大棚指导蔬菜生产

建师范大学生命科学学院签订战略合作协议，发挥高端人才的聚集效应，培养创新团队，提升全县主导产业的科技水平。

**【科技扶贫】**　全年贯彻落实“三区人才”工作，遵照“双向选择，按需选派”的原则，邀请兰祖荣（邵武市农业局水产技术推广站）、连金珠（延平区畜牧兽医水产局水产技术推广站）等11位专家作为第四批省级扶贫开发工作重点县科技人员，对全县开展一对一的科技扶贫帮扶工作。争取科技人才支持计划资金22万元。

**【科特派工作】**　选派省级科技特派员50名服务全县的企业40家。选派18个大学院校和科研院等73名科技人员作为“南平市第十批科技特派员”派驻全县企业开展科技服务工作，其中院士1人、教育部长江学者特聘教授1人、闽江学者1人。服务全县的企业（专业合作社、村）45家。建立福建圣农发展股份有限公司等3个科技特派员工作站。培树福建承天农林科技发展有限公司等6个科技特派员工作典型示范单位。创建“标准化尖吻蝮蛇养殖基地”等5个科技特派员示范基地。

2017年12月16日，科技特派员张鼎华、黄璐强在春其养蜂研究所指导工作

**【防震减灾】**　以创建国家防震减灾科普示范校为契机和纽带，开展地震各项工作。确定地震预警试点校光泽县文昌小学作为国家防震减灾科普示范校创建学校。对照中国地震局国家防震减灾科普示范校建设指南，明确创建目标和任务。举办启动仪式，营造创建氛围。3月25日，利用学校课间操时间，全校1000多名师生参加创建国家防震减灾科普示范校启动仪式。

**【专利申请和授权量】**　全年申请专利84件，其中申请发明专利27件，申请实用新型专利41件，申请外观设计专利16件。全年专利授权43件，其中发明专利授权4件，实用新型专利授权29件，外观设计专利授权10件。全县每万人口发明专利拥有量0.76件。

**【知识产权宣传与培训】**　组织全县企事业单位负责人及技术骨干参加福建省知识产权远程教育平台培训班。开展知识产权进校园活动，结合校园科技节活动，县知识产权局联合光泽县实验小学共同打造“知识产权进校园”活动。通过专家现场讲解、播放宣传片、展示宣传展板、赠送宣传资料、现场咨询答疑等形式，宣传知识产权的创造、运用、保护、实施等相关知识及奖励政策，使知识产权知识深入人心。通过面对面的讲解与交流活动，激发学生们对发明创造和创新创业的热情，为实验小学拓宽学生创新平台提供强大的智力支持，提升学生科技创新和知识产权意识。

**【专利权质押融资贷款】**　为促进知识产权与金融资源深度融合，推动企业创新驱动，拓宽中小微专利型科技企业融资渠道，降低融资成本，更好地发挥知识产权对经济发展的支撑作用，开展企业专利拥有情况调查，搭建银企对接平台，向银行推荐有专利成果、发展潜力的科技型企业，选择合适的企业开展专利权质押融资贷款业务。对完成专利权质押贷款工作的企业，申请专利权质押贷款贴息，缓解企业融资难题，实现企业创新发展。全年新增专利权质押贷款业务5笔，专利权质押融资规模达到3325万元，其中首笔专利权质押贷款已获得省财政贴息。

**【专利行政执法】**　联合南平市知识产权局及兄弟县市知识产权局开展知识产权执法维权“护航”专项行动，对全县多家超市及药店进行专利行政执法联合检查，检查超市及药店的上千个品种，登记专利标识产品100余件，对专利的真实性、合法性、有效性以及宣传标识语的表述规范性进行核查，查处涉嫌假冒专利案件10余件。

**【众创空间】**　福建武夷纯然发

展有限公司的“武夷纯然同心创客村”，被认定为南平市众创空间。

（许山岗）

## 气　象

【概况】　2017年，气象工作突出气象服务在防灾减灾中的作用，全面深化气象业务改革，推进气象现代化工作重点，抓好气象业务能力建设，以提高气象服务水平为目标，稳步推进各项工作，为建设美丽光泽贡献一分力量。

【业务培训】　选派人员参加岗位培训、技能考试、岗位练兵和技术竞赛，对综合观测、技术保障及预报服务人员技术培训，增强一线业务人员综合业务能力。1人获得南平市气象局重大服务先进个人，1人获南平市预报业务竞赛全能三等奖，1人获南平市装备保障与信息网络技能竞赛二等奖。

【防灾减灾】　完成降水类天气现象自动观测仪、山头区域自动站改造项目建设。9月1日起开始地面标准化格式试运行。设立农村兼职气象信息员，做好农村气象灾害防御工作。

【发布预警信息】　全年发布《预警信号》322期、《重要气象信息专报》39期、《重要天气预警报告》14期、《一周气象》46期、《短时强天气报告》27期、《地质灾害风险预警》4期，发送预警短信18万余条。全年启动应急预案22次，其中Ⅳ级15次、Ⅲ级7次。

【防汛备汛】　汛前，做到组织领导、思想认识、人员队伍、技术装备、监督检查“五到位”，全面检查维护业务仪器、网络设备、防雷设施，对全县14个区域自动气象站进行巡检，确保各项气象业务工作正常运转。全年全县出现6场暴雨，其中6月22日全县普降暴雨到大暴雨，直接经济损失877.8万元。气象预警为政府抗灾救灾提供决策依据，全县气象灾害损失降到最低。

【气象服务】　树立“以人为本，无微不至，无所不在”服务理念，做好烟叶气象专项服务工作。被县委、县政府授予“支持烟叶生产先进单位”称号。全县组织实施人工防雹作业22次，发射火箭弹208枚。防雹作业区内未出现冰雹，防雹效果明显，保护烟叶生产安全针对烟叶的移栽、生长、采栽期，制作专题气象预报。利用短信平台，分灾种对国土资源、水利、交通运输、圣农等部门发布相应专题气象服务。汛期，准确及时发布气象决策信息，为县委、县政府及有关部门指挥错峰泄洪、抗洪救灾提供科学的决策意见，为全县安全度汛、减少洪涝损失起到重要决策和参谋作用。

【文明单位创建】　弘扬“奉献、友爱、互助、进步”志愿服务精神，参加县委、县政府、文明办、社区等单位组织的青年志愿者活动，落实县文明办“门前三包”责任制，投身创建文明县城活动。做好挂点村走访、慰问工作。利用“3·23”气象日、“5·12”防灾减灾日、光泽气象微信等平台，开展气象防灾减灾科普宣传。利用气象“科普教育基地”平台，接待中小学生、幼儿园师生及气象兴趣爱好者参观气象科普教育基地，并为部分学生免费发放气象科普产品，为普及气象防灾减灾知识作出贡献。连续5届获得南平市级文明单位称号。

（李勇波）

# 文化 体育 广电

## 文化 体育

【概述】 围绕开展“百日攻坚”“四比六促”活动，推进公共文体服务设施补短板建设，举办群众性文体活动，加强文保单位、非物质文化遗产保护力度，加大文化市场、“扫黄打非”监管力度，组织各类专项整治行动，确保文化市场健康有序、繁荣发展。坚持政府引导，发挥企业主体作用，推进文化产业加快发展。推进基层综合文化服务中心建设，促进全县基本公共文化服务标准均等化，提升基层公共文化设施建设、管理和服务工作。体育工作创新发展，群众文体活动活跃。竞技体育多项在全市比赛获奖，促进了全县体育工作上水平。

【公共文体设施建设】 县体育中心建设初具规模，总投资约1.3亿，占地面积约3.33公顷，总建筑面积26000平方米。由青少年校外体育活动中心暨田径场、看台、室内体育馆、管理房及其他附属配套设施组成。县辖区内建成7块多功能运动场（止马镇文体广场、崇仁乡新村、圣农总部广场、鸾凤乡梅树湾新村、杭中社区华圣澜山小区、鸾凤乡油溪村、镇岭社区闽北物流城），3处室内健身房建设（杭东社区、杭西社区皇庭丹郡、镇岭社区橘子洲小区），1处笼式足球场建设（坪山社区二中），1处可拆卸游泳池建设（福建梦灵谷文化旅游发展有限公司）；完成新一轮45个社区、行政村的健身路径建设；持续完善公共文体设施，在中山台文化公园新建博物馆和图书馆两个大型公共文化服务设施，建筑面积1.1万平方米，预算造价1.2亿元，目前已开工建设。

【公共文化服务】 按照县委、县政府办公室制定下发《光泽县加快构建现代公共文化服务体系实施方案》（光委办〔2017〕25号）《光泽县推进基层综合性文化服务中心建设实施方案》（光政办〔2017〕102号）文件要求，促进全县基本公共文化服务标准均等化，提升基层公共文化设施建设、管理和服务水平。建成1个县级、8个乡级文化信息资源共享工程中心，实现与省图书馆达成电子资源共享。累计投资110万元，完成6个乡镇18个村级综合文化服务中心建设，确定崇仁、止马2个乡镇以及崇仁、百石 、桥亭、茶富和黄溪5个村作为全县基层综合文化服务中心示范点。

【群众文化活动】 成立“光泽县全民阅读指导委员会”，设立“全民阅读示范基地”，着力推进全民阅读工作均衡协调发展。组织成立“光泽县文化发展促进会”，设立活动策划组、群众文化活动组、老年少儿艺术组、地方文化组、文化产业组等5个工作小组，整合全县社会文化资

2017年12月31日，光泽县在数字影院举行迎新晚会

源，发挥全县文艺骨干人才的引领作用。举办“迎新春·送春联”活动、“绽放的时光——树德画室作品展”“非物质文化遗产”“中国传统文化”图片展、“我们的节日”传统文化、“唱响光泽”歌手大赛、激情广场舞大赛、“百日攻坚战”建设者专场文艺演出、“朱子故里·理学摇篮”南平市2017’朱子祭祀大典。持续开展文化下乡、文化扶贫、文化进军营（进社区、进企业）、三角戏进校园、“培训下基层，服务进书屋”等文化惠民活动，举办公益性讲座5次、各类读者活动54场次、组织举办各类展览21场、组织文艺活动50余次、戏曲进校园活动40余次、培训班14期。图书馆年接待读者近10余万人，年图书流通量达12万册次。博物馆年接待参观人数3000余人，其中未成年人1000人次。

**【文物修缮保护】** 成立光泽县文物保护中心，县博物馆加挂“光泽县文物保护中心”牌子，承担全县文物保护管理相关职能；筹建光泽县商周文化研究会，并确定研究会会长、副会长、秘书长等；申报池湖遗址公园项目，编制完成《池湖遗址保护项目计划书》，呈报国家文物局；完成国共大洲谈判旧址零星修缮及展厅新建工作，东方县苏维埃政府旧址修缮方案编制及经费申请、洋塘梁氏宗祠修缮方案；省级文保单位“镇江府”及县级文保单位“承安桥”修缮已结束；完成全县红色革命文物点普查上报及市文管办组织的。“红色文物系列”宣传片拍摄工作，并在南平电视台《武夷文化纵横》栏目播出。

**【非遗传承保护】** 推荐申报光泽县第一批非物质文化遗产项目代表性传承人名单（“木活字印刷术”邱盛衍、“三角戏”吴龙兴、“闽北古民居营造技艺”毛景荣、“光泽仿古箱包传统手工制作技艺”饶仲根、“闽北‘走桥’习俗”付庆辉、“‘建昌帮’——光泽中药加工炮制传统技艺”余松柏）；市级非遗传承人2人（“闽北‘走桥’习俗”付庆辉、“‘建昌帮’中药加工炮制传统技艺”余松柏）；省级非遗传承人1人（“闽北古民居营造技艺”毛景荣）。

**【文化产业招商引资】** “百日攻坚”期间，完成光泽县中山台文化广场、光泽县体育中心附属及配套工程以及光泽县乡村文体设施建设三个其他项目的立项审批工作。在招商引资工作方面，完成投资2200万元的梦想家文化创意产业基地，投资2000万元的羿国皇朝音乐会所2个新开工项目；投资3.4亿元的山地户外运动基地和投资3亿元的龙韵仿古工艺建材2个亿元合同项目。在“四比六促”活动中，文化创意产业重点项目累计完成固投25885万元。完成策划项目2个（投资6000万元的光泽印象·富屯溪文化创意园，总投资约1.5亿元的光泽县文化体育休闲旅游基地）。完成签约合同项目4个（投资2200万元的圣农民族风情文化街项目；投资1.5亿元的崇仁商周文化创意园项目；投资1亿元的水口古渡源旅游文化创意基地项目，投资1亿元的牛田村红色旅游开发项目）。

**【文化市场管理】** 加大执法力度和频次，依法打击文化市场中

2017年10月10日，县文体新局举办喜迎十九大·廉政文化宣传专题书法展

各类违法违规经营行为；落实省“查无”规定，重点查处无证无照经营歌舞三厅、电子游戏（游艺）厅、营业性演出、出版物零售企业以及印刷企业等行为；开展“迎金砖”文化市场秩序专项整治；开展“清源2017、护苗净网2017”、秋风2017、固边2017”等专项行动，全年共出动执法人次910人次，检查各类场所149家次，查处违规经营网吧1家，限期整改2家，查处新闻出版企业2家。

**【体育工作】** 由县政府印发《光泽县全民健身实施计划（2016～2020年）的通知》（光政综〔2017〕24号），通过立体构建、整合推进、动态实施、统筹建设全民健身公共服务体系，提升全民健身发展水平。围绕“六个抓”“五个一”（即：一抓宣传、二抓机制、三抓比赛、四抓师资队伍、五抓生源、六抓重点；“五个一”一天一小时锻炼、一单位一项目、一学校一基地、一协会一场地、一场比赛一笔经费）工作思路，成立围棋、篮球、象棋、乒乓球、气排球等单项体育协会，组建“协会之家”，依托各单项协会，组织开展开展全民健身活动。

**【群众体育】** 举办“贺岁杯”返乡大学生五人制足球邀请赛、庆“三八”全民健身“体彩杯”登山活动、“绿野杯”篮球邀请赛、“卫计杯”足球联赛、自行车骑行大赛、环“美丽乡村”越野赛等群众体育活动；“圣农杯”农民体育运动会、“水利杯”篮球邀请赛、“信用社杯”篮球邀请赛、“体彩杯”足球联赛、老年人健步行等品牌赛事活动。“五一”期间协助县总工会开展庆职工气排球赛、羽毛球赛、跳绳和拔河比赛。

**【竞技体育】** 组队参加南平市少儿体育锦标赛和中学生联赛。获得足球锦标赛女团第一名、排球女团第二名，篮球女团第二名，足球、田径联赛团体第一名，乒乓球联赛团体总分第二名的佳绩；参加南平市老体协第二届老年人体育健身大会，获得柔力球男子金奖，女子银奖，钓鱼、乒乓球2银2铜的成绩。

**【体育彩票】** 体彩销售工作稳中提升。2017年体彩总销量为2820万元，人均购彩210元，完成全年任务率135.96%。与去年同期相比增长21.99%，新增2个网点。

**【扶贫攻坚工作】** 筹措30余万元资金，为10个贫困村综合文化服务中心统一购买农业、科普、卫生类图书13000余册，阅览桌8张，书架38组，电脑2台，室外健身路径等健身器材；落实产业帮扶措施，增强村财造血功能。积极筹措资金12万元，协调乡财政配套5万元，刺桐红银行贷款80万元，为台山村建立150千瓦光伏发电项目，年产生效益5万余元，增加村财收入，专款专用于贫困户的帮扶资金。同时，协调光伏企业和刺桐红银行落实贫困户光伏发电产业脱贫项目，已帮助23户贫困户完成光伏发电站建设，每户年平均收益2400元。

## 文化市场执法

**【概述】** 2017年，光泽县文化市场执法加强队伍建设，强化文化市场监管手段，履行管理职能。文化市场经营秩序稳定。

**【执法队伍建设】** 坚持每季度一次的依法行政学习例会制度，传达贯彻上级有关文件、会议精神。采取执法队组织文化市场各业主单位及文体新局领导干部和全体职工、下属单位人员集中授课、集中讨论、互动交流等方式，有针对性地进行政策法规、文明执法、党风党纪及近几年全国范围内有关文化市场管理过程中发生的重特大事故案件等。如“湖南邵东县留守儿童杀害老师一案”等，法律意识教育。业务上，把队执法人员集中起来对重点案件和典型案例及全县办理的和正在办理的案件进行分析，提提意见、评评长短、交流学习，并对办结的案件逐一进行讲评，达到以讲评促提高，以讲评促完善的目的。通过参加文化市场技术监管与服务平台业务培训，大队执法人员在众多优秀讲师与一线执法人员讲解中受益不浅。2017年大队执法人员均通过平台考试，并取得80以上学分完成网上学习任务。积极参加省、市举办执法办案培训交流会，通过学习交流对重点难点案例分析等形式，使得队伍业务素质更强，办案质量更高，队伍整体素质得到了全面提升。全面推行岗位责任制，实行定人定岗定责管理办法，分片包干，责任到人，切实增强每位工作人员的工作压力感。在已有制度的基础上，继续健全完善执法人员日常行为准则等一系列规章制度。开通12318电话，接受社会监督，进一步规范执法行为，严肃风纪，全面塑造文化执法队伍新形象。

**【规范文化市场秩序】** 对所有网吧、歌舞娱乐、新闻出版企业进行拉网式排查，摸清底数和区域，对所有经营户全部登记建档，核实经营资格，使执法人员做到对本辖区底数明、情况清。召开经营业主会议2次，与所有文化市场业主签订《守法经营责任书》，增强业主依法经营管理的责任心和自觉性，执法同时发放“互联网上网营业场所温馨提示”、“经营娱乐场所须遵守八条规定”“印刷出版企业需知”等宣传单400余张，实行说理式执法。坚持错时工作制，重点加强午间、周末和节假日的监管，不定时分头检查或集中执法，尤其对城区网吧、歌舞娱乐场所进行了专项检查。如2017年3月份开展净化社会文化环境，整治校园周边文化环境的“2017年校园周边环境文化市场专项行动”；7月1日起到8月31日为保护未成年人健康成长，进一步加强网吧市场监管，遏制网吧接纳未成年人。根据南平市文化广播电视新闻出版局布置，在全县开展为期2个月的暑期网吧市场专项整治行动；3月上旬组织文化市场执法人员对中光泽县小学教辅材料出版发行工作进行专项检查，规范中小学教辅材料出版发行管理；3月份开展的加强游戏游艺监管专项行动；8月份开展的迎金砖，十九大文化市场专项检查等。全年大队共出动日常和专项执法检查人员920人次共查处1家网吧，限期整改2家，查处新闻出版企业1家，出版物经营单位2家，现均已结案。未发生群众举报，对违规经营业主起到了震慑作用，保证了文化市场的良性发展。

**【文化市场安全】** 在日常巡查基础上在劳动节、端午节、国庆、元旦等节假日期间进行多次大规模的安全隐患专项整治活动。联合公安、消防等部门深入辖区娱乐场所、电子游戏，新闻出版企业和全县省、市、县文物保护单位等场所安全开展集中执法大检查，查找场所在经营管理、消防安全等方面存在的死角和漏洞，查明娱乐场所消防安全状况，及时消除消防隐患，防止发生重大安全责任事故或群体性事件，确保节庆期间全县娱乐场所的安全稳定。共提出文物保护消防安全整改意见8条，其中新闻出版单位2条，歌舞娱乐场所3条；对辖区范围内14家新闻出版单位进行年度核验，对4家印刷企业进行安全生产达标核验，很好地完成省、市交办的任务。

**【扫黄打非】** 制定《2017年“扫黄打非”行动方案》，联合县“扫黄打非”相关执法单位，开展以净化网络，清理出版物市场为重点的“清源行动”“净网行动”“秋风行动”“护苗行动”专项行动。此一系列行动，大队及相关单位共出动人员180余人次，车辆10台次，对全县8家书店、4家影像店和3个流动书报摊点一家网站进行了全面检查，共查缴淫秽色情非法书刊10册，盗版出版物30余册，淫秽色情非法音像制品60张，对经营业主进行批评教育，宣讲相关的法律、法规，督促其依法经营。开展出版物市场集中整治和“扫黄打非”行动，严厉打击违法违规经营行为，维护出版物市场正常的经营秩序和社会稳定。开展“关于开展电视网络接收设备专项整治行动”“打击利用云盘传播淫秽色情信息”专项行动等。推进《关于进一步推动县“扫黄打非”工作进基层的实施方案》落实，聘用乡镇文化站管理员和村级文化协管员为“扫黄打非”宣传员，通过逐级开展“扫黄打非”培训，建立一支基层“扫黄打非”宣传员队伍，同时通过下发宣传资料，将扫黄打非工作列入乡、镇年度绩效考评指标等方式，把扫黄打非工作逐步落到最基层，最平常群众身边。

**【高考期间学校周边环境专项整治】** 6月初，配合县政法委、环保局、教育局等相关部门进行联合整治高考考点周边环境的专项行动。对考点附近的网吧、电游厅、卡拉OK厅、建筑工地、工厂等有噪声污染和空气污染及对考生考试有影响的单位进行重点整治，对考点周边环境进行监控，给高考营造了一个良好的复习、考试环境。

**【创新文化市场监管方式】** 规范文化市场综合执法行为，营造健康有序、规范发展的文化市场环境，制定《光泽县文化体育新闻出版局开展文化市场随机抽查工作实施方案》，制定文化市场随机抽查事项清单，建立“双随机”抽查机制，确定随机抽查的比例和频次，并且把握时间节点和工作流程，对在册的文化市场企业实行随机抽取，检查结果及时公开在政府和局网上平台。

**【提高执法办案能力】** 统一电脑、统一平台办案，全年平台办案率100%。一案一档，由专人负责统计、信息报告、案件整理归档，针对办案过程中出现的难点和新情况，反复研究讨论，边办案边学习。每办结一个案件，针对案卷适时进行点评，查找问题，集体总结经验，弥补不足，不断进步。文书制作询问笔录方面，从询问方式、语句等方面都做了进一步改进，在证据收集方面进行完善。每一份文书完成后都反复检查，反复核对，确保不出差错。

## 图书馆工作

**【概述】** 2017年围绕图书馆管理创新，不断拓宽图书服务延伸领域，举办丰富多彩的阅读活动，满足读者对阅读需求，取得一定成效。

**【阵地活动】** 结合党的“十九大”宣传，举办“砥砺奋进的五年”及“撸起袖子加油干，凝心聚力奔小康”宣传图片展，并将图片展走进武警、消防军营；与文联围绕“百日攻坚战”，举办“书写壮美时代，助力百日攻坚”书法展；与文明办精神文明城市创建为主题，举办“南平市建设摄影成果巡展”；在“学雷锋纪念日”期间举办“雷锋事迹图片展”，同时展出县先模人物事迹；将馆藏图书归类整理，开设了纸质及电子廉政图书专区，多方位、多层次地提供廉政文化学习平台；与科协举办的“科普宣传周”活动，利用LED、橱窗、网站、微信平台做好全民阅读推广等。通过春节、清明、重阳以及三八、国庆、教师等节庆，开展“书写新春·春联赠读者”“网络书香过大年”“蔬菜的化装舞会”“在图书馆里‘读’懂教师节”“听萌萌老师讲五星红旗的故事”“小手牵大手·老少同台齐对弈象棋娱乐迎重阳”“我是中国娃，会讲普通话”以及《走进中国民间剪纸》等读者活动及讲座13场。元旦期间，召开了“2017年读者座谈会暨2016年度优秀读者表彰会”，现场发放测评表，请大家对我馆服务环境、文献资源、服务内容及质量进行测评。在“4.23”世界读书日期间举办“我读我秀·春咏”诗歌诵读会，开展“好书分享等您推荐”读书推介活动；“光泽县全民阅读示范基地”在“全民读书月”期间挂牌，在此期间展出了省第二届“读吧·福建”征文馆选送的获奖作品；“图书馆服务宣传周”第一天摆摊设点，通过快捷办证、图书逾期免责、你点书我买单、关注有礼以及读者满意度测评等现场活动拉开了宣传周帷幕。随后由文体新局主办，馆承办的以“晒晒我身边的读书人”为主题的第一届“阅读·生活”手机摄影展和《手机摄影后期制作技巧》知识讲座陆续登场。“阅读·生活”手机摄影活动项目是馆打造的又一活动品牌。

**【延伸服务】** 以县图书馆为中心，将县、乡、村三级作为纬线，企业、机关、学校、社区、部队等各群体做为经线，继续推进全民阅读“网格化”建设。新增了1个分馆、1个书吧、4个流通点，累计流通图书1.71万册。在分馆举办《婚姻家庭健康》知识讲座，开展“寻找最美古诗词”迎春活动。通过分馆了解到农村暑期少儿读者阅读量大的情况，及时为分馆增补少儿读物600余册。在春节来临之际，携手农家书屋开展“迎春纳福·送春联”活动。参加2017年文化科技卫生“三下乡”活动，向李坊乡文化站赠送图书300余册。整理新编《乡镇文化信息资源共享工程知识小册子》下发到各乡镇，提高乡镇文化站管理人员对文化信息资源共享工程的认识，能够管理好、利用好共享工程的资源与设备。经常性地为驻军流通点更换图书外，联合举办《纪念建军90周年军史图片展》以及“十九大”宣传图片展；联合开展“消防知识讲座与实战演练”；在“八一”期间邀请军营官兵走进图书馆，与部队之间架起了一座友谊的桥梁，真正把“双拥”工作落到实处。与爱心人士江琳携手创办“图书馆公益书吧”，定期更新图书资源、定期派人巡架整理图书外，还在书吧举办多场知识讲座，“图书馆公益书吧”的成立是馆在坚守中求新求变的一种创新工作方法。

**【图书扶贫】** 完成10个农家书屋的标准建设及9位贫困户的结对帮扶任务。完成图书分类编目及加工1.2万余册，及时配送到各农家书屋，同时配送的还有书架40组，阅览桌8张，并深入现场指导书屋管理人员上架图书。利用农家书屋省上补助资金为金陵、茶富等5个村配送图书854册，书架20组，阅览桌10张。9月起，针对巾帼文明岗帮扶点“小名童素质村”开展了帮扶留守儿童活动，为他们送去新征订的2017年少儿期刊及学习用品，将爱心温暖他们。

**【服务读者】** 老年及未成年人是图书馆长期而稳定的读者群体，县图书馆为他们量身定制服务项目、丰富活动内容。开展“小手牵大手·老少同台齐对弈象棋娱乐迎重阳”“这个夏天我们相约图书馆——少儿夏令营阅读推广”“大自然手工贴画”等形式多样的读者活动40余场次。长年开展“萌萌故事园”品牌活动。除每周六为小读者讲绘本故事外，还将活动载体不断延伸，通过“萌萌故事园”这个平台举办了圣诞大

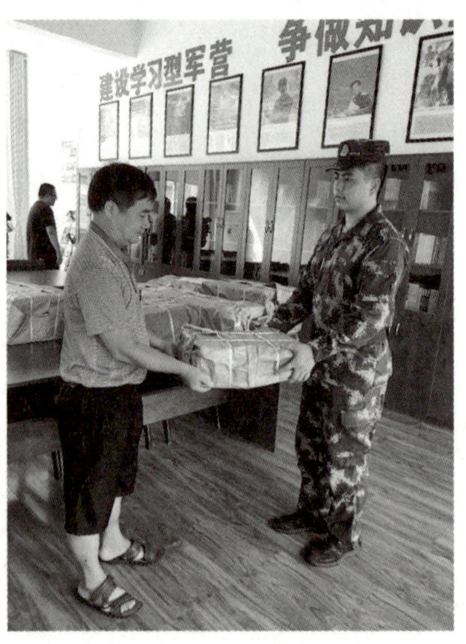


2017年7月27日，县图书馆送书进军营

联欢、亲子手工制作等活动。针对“六一”节开展了评选“少儿好读者”“小小多肉、小小世界”亲子动手做等活动，上架少儿新书1600余册。为激发和培养未成年人从小崇尚阅读、自觉阅读的习惯，鼓励更多的孩子们走进图书馆，积累精神财富，今年开启了“阅读存折”服务，这又是馆一项新的阅读推广举措，2个月来共办出“阅读存折”55本。为中学生提供社会实践平台，接纳3批22位学生参与社会实践活动，充分发挥社会教育职能，为青少年健康成长创造一个良好的社会环境。

**【事业发展】** 2017年是全国公共图书馆界开展的第六次评估定级年，此次评估主要以2013年至2016年数据为准，采取线上数据审核、实地评估和第三方测评相结合全新的考评方式进行。为了又好又快地在文化部指定的时间节点内完成级别申报、数据上传及佐证等庞大工程，馆认真研究精心部署，成立评估定级工作领导小组，制定详细工作方案。根据评估三大部分132个指标进行了细化、量化，并落实到人。以三个结合为出发点，真正地做到“以评促建”。一是把评估工作与人才培养结合起来。在老员工的带领下，鼓励年轻的馆员积极参与评估，通过评估提升业务水平和服务能力。二是把评估工作与图书馆的发展结合起来。在评估工作中结合具体的评估指标，落实到将来的发展规划，做到用评估工作来促进各项业务的开展，促进图书馆更好更快的发展。三是把评估工作与制度的废、改、立结合起来。对现行的机构设置与制度进行了重新梳理，将以前结构不合理，管理不到位的地方给予完善或废除，对需要新增的岗位给予设立。通过全体人员的共同努力，总分1500的评估分，馆以1195.8自评分申报国家二级馆，最后专家给出1123.3分，位居全市第一高分，交出了较为满意的“答卷”。在新馆建设工作上，配合县有关部门在功能的设计与布局上与设计师沟通，力求将新馆建设符合新时期图书馆要求。今年新增图书2.7万册，满足读者点书245册。到11月底馆藏图书总量累计达12.61万册，与去年藏量相比增加了26.48%。为确保馆计算机及网络的正常运行，对系统和软件进行了全面升级，安装了“冰点还原”，较好地保护系统，防范病毒和非法网页、游戏的侵袭，有效提升了运行速度，改善了网络安全环境。

【特殊服务】　成立“光泽县图书馆志愿者服务”队伍，招募9名热心公益事业的社会人士为馆第一批志愿者。志愿者服务队伍帮助提供图书服务，为发展注入新的活力，助推馆的精神文明建设。在便民服务工作上，今年馆又增新服务，为行动不便的老年读者安装了楼梯扶手栏杆及增添了“便民伞”。在一楼公告栏中加贴了图书馆开放时间和基本服务信息，还将读者饮用茶水向外移至阅览桌上，这些细节服务极大地方便了读者。

【队伍建设】　派出专业技术人员6人次，参加省图举办的数字图书馆工程资源建设与服务推广，“文化中国”微视频制作以及公共数字文化管理与服务等专业培训。蔡惠同志代表全省图书馆界的一线人员参与了《福建省图书资料系列专业技术职务任职资格评审工作实施办法》修订。组织多次业务学习，广泛向服务对象征求意见。承办消防知识培训及紧急疏散实地演习活动。理论与实践相结合，在消防官兵的指导下对开放状态下的图书馆，如何疏散读者进行了实地演练。通过此次消防安全培训演练，巩固和提高读者及全系统工作人员的消防安全意识和火场逃生自救能力。

## 博物馆工作

【概述】　开展文物展览活动8场，编制了文物保护修缮方案7个，涉及国保1个、省保3个、县保3个。

【开展活动】　在“5·18”国际博物馆日期间组织人员精心策划，举办“闽北文物——第一次全国可移动文物普查成果展”“我和汉字有个约会”主题活动，与尤溪县博物馆联合开展“商周印纹陶纹饰大竞猜”等系列活动；5月27日，馆举办以“五月五、过端午、你来教、我来学、非遗文化共传承”为主题的庆祝端午节活动，营造尊重、热爱和参与民族传统节日的浓厚氛围。活动结束后，组织人员将粽子送到县消防大队，慰问消防官兵，为他们送上了节日的祝福；7月31日，举办“流动博物馆·文博知识进军营”活动，9月22日，在杭川社区开展以“诗和远方”为主题的《光泽县商周印纹陶摄影诗词作品展》；11月8日，举办“商周文化之旅——走进光泽一中”活动；走进军营、走进社区、走进校园活动活动让文物“活起来”。

【宣传参观】　做好博物馆的宣传参观工作。设计并制作完成主题宣传牌共计60余块，各级文保单位相关制度牌20块，各类宣传册1300份。完成《光泽县博物馆概览》编撰工作；完成“一普”精品挑选及描述工作；博物馆藏对外开放，接待参观客3200人次，其中未成年人1300人次。

【文物修缮】　文物修缮工程方面完成县级文物保护单位“国共谈判旧址”的零星修缮及展厅新建工作，省级文物保护单位“东方县苏维埃政府旧址”修缮方案编制及经费申请，省级文物保护单位“洋塘梁氏宗祠”修缮方案评审，国保单位“池湖遗址”保护项目计划书编制及遗址公园项目申报，省级文保单位“镇江府”及县级文保单位“承安桥”修缮工程，文物点“大圣庙”修缮方案编制。

【文物保护】　成立光泽县文物保护中心，根据光委编［2017］18号文件批复，光泽县博物馆加挂“光泽县文物保护中心”牌子；成立光泽县商周文化研究会，确定了研究会会长、副会长、秘书长等人选；2～6月，派专人协助省博物院考古专家陈兆善一行整理砂坪遗址出土的内页资料，对考古发掘现场采集的陶片、陶器进行归位、分类、统计、绘图、修复、拍照、拓片，为编写《砂坪遗址发掘报告》做前期筹备；为做好文物保护单位“四有”工作，8月，完成全县10处县级文物保护单位保护碑的立碑工作；开展县级以上文物保护单位综合信息管理系统数据填报。截止10月，共完成1处国保、9处省保、10处县保的数据填报工作；开展文物安全状况大排查系统填报工作，完成光泽县20处文保单位安全信息的填报；3月，完成全县红色革命文物点普查上报。

【文物展示】　文物宣传片的拍摄工作完成，并在南平电视台《武夷文化纵横》栏目播出；5月，加强馆际交流，打造宣传商周文化品牌，与尤溪县博物馆联合开展为期半年的《光泽商周印纹陶特展》。

**【安全工作】** 开展全县文保单位检查共计2次；7月，组织人员在县苏维埃政府旧址安装烟感及喷淋系统；10月，针对博物馆三楼展厅扣板脱落存在安全隐患问题，组织人员拆除旧顶，更换实木吊顶；针对博物馆展厅墙体及苏维埃展厅漏雨渗透等问题，组织人员进行维修改造。

**【人员培训】** 派业务人员参加省、市举办的各类专业培训班共10余次。定期举办馆内业务学习，通过各类形式的学习培训，使全员政治和业务素质有了明显提高，为较好完成各项专业任务打下良好基础。

## 文化馆工作

**【概述】** 2017年，群众文化工作按照年初制定的工作计划要求，配合形势要求，月月有大的文化活动，传统节日文化活动丰富多彩。做好非遗工作申报，开展地方文化艺术进校园等，收到很好的效果。

**【群文活动】** 全年开展各项群文活动52场次，做到月月有大活动，年节活动不断。文艺演出方面。1月6日新年来临之际，举办“迎新春、送春联”活动；1月7日协助CCTV5体育频道举办“谁是舞王”中国广场舞民间争霸赛福建省光泽海选赛；1月17日下午，在文化馆二楼会议室召开了群众文化工作座谈会；1月17日开展科技文化卫生三下乡活动；1月20日在县文体新系统党委书记的组织带领下，到止马浔江朱氏宗祠开展“迎新春·送春联”活动；5月28日协助举办第五届“夏青杯”朗诵大赛暨福建首届诗词大会光泽赛区；6月26日参加南平市“光荣与梦想——攻坚学俊波 喜迎十九大”文艺汇演；6月28日举办2017庆七一“党旗耀童心”舞蹈展演；7月30日庆祝建军90周年，光泽歌手与武警官兵联欢活动；9月16日举办全国推广普通话，暨弘扬中华优秀传统文化经典诵读活动；10月15日举办光泽县旗袍展示活动；10月16日举办“朱子故里·理学摇篮”南平市2017’朱子祭祀大典；11月8日参加“乡音乡情中国梦”第七届南平市农村文化艺术节邵武分会场；12月5日指派文艺骨干到县武警中队辅导文艺节目；12月14日晚，参加南平市“新时代新风采”党的十九大精神宣讲文艺巡演延平站暨南平市第七届农村文化艺术节颁奖晚会（南平市第七届农村文化艺术节中光泽文体新局获得了组织奖、文化馆参与指导、选送的相声《城乡差别今日谈》获二等奖，广场舞《中国美》、客家山歌《妹子住在竹山排》获三等奖）。举办展览方面：1月16日举办了南平市精神文明创建成果摄影展；1月25日举办“绽放的时光——树德画室作品展”；5月1日至5月30日举办光泽“乡土人情”画展；5月30日举办首届科技工作者展览；借首个“文化和自然遗产日”来临之际，9月14日举办道德模范事迹展；10月10日举办喜迎十九大·廉政文化宣传专题书法展；11月28日举办光泽县“客家情”书法展；11月28日协助举办“八方情·濡水韵”全国部分县（区）书画联展。开展送戏下乡方面：4月8至4月15日协助省歌舞剧院慰

2017年11月28日，县文化馆开展“客家情”书法展

问“百日攻坚”建设者专场演出、三下乡演出共10场；9月28日在司前乡协助举办喜迎十九大文艺汇演暨“四比六促”文艺晚会。

**【闽源春唱响光泽】** 6月28日至8月18日举办“闽源春”唱响光泽歌手大赛（从5场海选到两场淘汰赛，从两场复赛一直到总决赛，歌手大赛为时50天，历经10场活动，本次大赛仅微信关注人群就达53.58万人次，其中参与微信票选36.69万人次，累计投票72327票；359名参赛选手分别来自光泽城乡和邵武、建阳、武夷山等周边县市、还有从上海、安徽、福州等地光泽籍选手参赛，年龄从14周岁至60周岁，参赛人员既有国家公务员、事业单位人员、在校大学生和在校中学生，由人民教师、医务人员、以及私营业主、个体商户和自由职业者）。总决赛请省市专家担任评委，评出优秀选手进行表彰。

2017年9月27日，县文体新局开展“传统戏曲‘三角戏’走进校园”活动

**【少儿故事】** 5月13日上午，举办光泽县第五届少儿故事大王比赛，组织各中小学幼儿园选拔故事选手。邀请有关故事专家担任评委，进行现场讲故事展示。评选出一等奖五名、二等奖七名、三等奖九名。并选送11名选手参加6月4日在南平举办的第十三届全省故事大王比赛（南平分赛），获得3个金奖、5个银奖、3个铜奖、以及1个优秀组织奖。7月，参加“第十三届福建省少儿讲故事大王比赛”中，共获得1个金奖6个铜奖，其中《是老师，也是妈妈》荣获优秀创作奖。

光泽县“闽源春”唱响光泽歌手比赛

**【三角戏进校园】** 3月起，指派两位老师到艺术扶贫点鸾凤中心小学和上屯小学开展艺术扶贫，并增加了戏曲进校园特色课程，把“非遗”三角戏带给小朋友；3月12日开展艺术扶贫、戏曲进校园活动；9月27日三角戏进校园活动；11月15日到鸾凤中心小学举行“艺术扶贫基地”授牌仪式；6月7日在鸾凤中心小学举办“非物质文化遗产”“中国传统文化”的图片展，把光泽本土戏剧、市级非遗项目“三角戏”带给小朋友。

**【非遗普查、保护、传承】** 5月向政府推荐申报8人作为光泽县第一批非物质文化遗产项目代表性传承人，由县政府公布了光泽县第一批非物质文化遗产项目代表性传承人名单："木活字印刷术"邱盛衍、"三角戏"吴龙兴、"闽北古民居营造技艺"毛景荣、"光泽仿古箱包传统手工制作技艺"饶仲根、"汉族客家山歌"何玉富、"光泽泰军扣肉传统手工制作技艺"王太军、"闽北'走桥'习俗（光泽民俗'量桥'）"傅庆辉、"'建昌帮'——光泽中药加工炮制传统技艺"余松柏。积极与县新闻电视中心联系，完成了"'建昌帮'——光泽中药加工炮制传统技艺"和"光泽民俗'量桥'"非遗项目代表性传承人电视专题片制作。完成申报市级非遗传承人2人。6月9日举办"文化与自然遗产日"非遗宣传展示活动，有市级非遗项目光泽"三角戏"代表性剧目《凤凰山》录像片展播，以及二十四节气知识专题展览；6月10日"建昌帮"中药炮制技艺代表性传承人参加南平市"文化和自然遗产日"主会场活动；12月6日，南平市人民政府公布第五批市级非遗项目代表性传承人名单。光泽县"建昌帮"中药炮制传统技艺代表性传承人余松柏和闽北"走桥"习俗代表性传承人傅庆辉顺利通过此次评审，成为我市第五批非遗项目代表性传承人。完成"闽北古民居营造技艺"毛景荣申报省级非遗传承人1人，现已公示。

**【全面艺术普及】** 全年保障了公共服务场地和设施向社会的免费开放，基本公共文化服务项目也免费向市民提供，并积极创造条件；深入推进全面艺术普及，开办了声乐、书法美术等公益培训班。组织文艺骨干，深入乡镇。社区，特殊教育学校等开展艺术教育培训辅导，为学校社区编排导多个文艺节目。

**【"量桥"风俗项目传承】**
"量桥"是光泽本地方言，普通话就是走桥和过桥的意思。寓意是用虔诚的心追求平安。光泽民间自古就有选在七夕这天"量桥"风俗，因为这是民间流传的一个好日子，天上是牛郎织女星相会，人间美好的祈福也会如愿，这一习俗活动一般选在廊桥上举行。"量桥"风俗有一套严格的程序，桥中间一般设有中神龛，供奉着不同形态的神灵菩萨。光泽历代兴建有不少廊桥，至今保留下来的还有10余座，从而民间这项风俗也得以保留传承下来。自古以来民间有说：人的一生要过三桥，即父母桥、夫妻桥、子孙桥。自古至今在光泽有民间百姓特定的三座桥地方，即原来在司前乡司前村的泰安桥为父母桥，鸾凤乡油溪村的承安桥为夫妻桥，大洋坪村廊桥为子孙桥。每年七夕将至，这三座桥就自然热闹起来，老早就有人扫地，烧香，县内外信众，大多为老年妇女，就会呼亲唤友，成群结队，穿红戴绿，身背香烛香纸等等祭物赶赴这三座桥所在地，等待晚上"量桥"。一般是七月初六这天晚上到桥上或附近庙上烧香念经后，到后半夜，也就是初七开始"量桥"。一个人一般一年"量"一座桥，有的可连续三年"量"完，也可以间隔年度进行"量桥"。次序一般是先"量"父母桥，次"量"夫妻桥，最后"量"子孙桥，也可以根据自家的祈望决定先"量"哪座桥。走父母桥保佑父母无灾无病，平安高寿。走夫妻桥保佑夫妻和谐美满，白头到老。走子孙桥保佑子孙满堂，家丁兴旺。

民间信众把'量桥'看得很重，有专门司仪按从古到今形成的程序进行。"量桥"前，桥上布置张灯结彩，神龛前摆满供品，从早供下来。一天当中有三四个信众举香过桥数遍，以清除桥上的秽气。走桥一般定在初六晚上后半夜，时辰为初七零时后鸡叫三遍开始，因为这时风清月正，万籁俱静。参加量桥的人先念经烧香，等时间到，由主持人安排列队，先后次序也有讲究，最前后的人是手执凤冠霞帔和宫灯，接下来是参加量桥的人。带头人选定走第一和第二的人，也叫烧头香和供尾香的人，一般是桥庙的头首，敬神专一的人，或者随喜布施大的人，还有当天到庙时间早的人，所以每个被选中的都感到是一种荣耀。时辰到，时钟鼓敲响后，鞭炮鸣起，开始"量桥"。带头人傅庆辉身披红带，神色庄重，穿经服裙裤红鞋带路，烧好头香和尾香后先走，接着参加"量桥"者身穿经服，头戴红花，手捻珠红绳跟在后面走。桥上每根柱子上贴着神符，桥两头和中间放着盆子，"量桥"者可随你丢几元平安钱。每个人走一步预示就接近一步平安，每到一根柱子前面，人要转身与后面的人鞠躬对拜一下，再走，再鞠躬对拜，再走，从桥头到桥尾再绕回原地，即算“量桥”完成。量桥结束鸣放鞭炮后，所有参加“量桥”的人在一起围成圈共颂平安经，表示今天结缘在一起。整个“量桥”时间长短因参加人数而定，一般要两三个小时。

每年的七夕，光泽县的众多人都会去廊桥上“量桥”，这一风俗后来加入了茶灯舞，三角戏和擂茶会等内容，千百年来寄托着光泽百姓美好的心愿和希望。傅庆辉是光泽县鸾凤乡油溪村农民，今年60岁，文化程度高中毕业。他从20世纪90年代开始，作为桥首主持油溪村的“夫妻桥”量桥活动。至今20多年，对光泽的“量桥”风俗程序全部继承掌握。傅庆辉老人于2017年南平市人民政府认定为“量桥”非遗项目传承人。

**【“光泽建昌帮”中药加工炮制技艺项目传承】** “建昌帮”是我国南方一大药帮，被誉为中华药业的一朵奇葩，至今中药界仍有“药不过樟树不齐，药不过建昌不成（灵）”之说。光泽县早在宋朝时期中医药就已十分发达，明朝时期涌现出李默安、裘尚均、元道一等技艺精湛的中医药界名流。据光泽县医药志记载，最早的是1884年江西省南城县潘鸿斌在光泽县城关开设了“德记昌”中药铺，至今已有一百三十年的历史。清朝初期，江西南城人在光泽城区开设中药店，带来了“建昌帮中药饮片加工炮制技艺”，他们能医能药，既当老板，又当药工，既当师傅，又带徒弟，口传身授，形成了“光泽建昌帮”风格，涌现出余春霖等享誉省内外的中药加工炮制大师。余松柏今年65岁，是光泽县医院退休中药师。他1970年参加工作，随父亲“建昌帮”中药炮制大师余春霖学习。为了保护、传承传统中药加工炮制技艺，他继承父业，退休不忘老本行，还是热心、耐心、细心地传承弘扬这一传统技艺。“建昌帮”药业的精髓是其独特的炮制技艺可以归纳为“工具辅料土特，工艺取法烹饪，讲究形色气味，毒性低疗效高”四句话。加工工具刀创齐全，特色工具多，切药刀与众不同，有具把刀，面大、线直、刃深、吃硬、省力，具有一刀多用及切片斜、薄、大、光等特点。“建昌帮”中药加工炮制技艺稀特，有蜜炒白芍、糠醋香附片、黄土炒苍术等等。余松柏在加工炮制特色中药饮片中形成自己独特的传统工艺流程。如加工白芍饮片，先将原药干白芍放入容器中用沸水浸泡后沥干，再放在木盆中，盖上湿布闷润二小时，让其软后，用雷公刨刨成长条薄片，再倒入蜂蜜搅拌均匀，放入锅中干炒后，才能成为白芍饮片。清半夏加工炮制过程是将干半夏放入容器内，用清水浸泡，按春5、夏3、秋5、冬10的季节浸泡时间不同，每天要换水3至5次，再捞出用蒸笼或铁锅煮至无白心，加入白矾粉进行搅拌均匀，放一星期晒干，方可成药。“建昌帮”选料土特，制备考究，其中尤以糠的运用最有特色，如糠、煨、炆、煅制药材，蜜糠炒炙多种药材，在加工中采取净选、润制、吸湿、密封养护等方式，严把净选、切制、炮炙三关质量，“南糠北麸”成为南北药帮炮制流派的一个显著区别。还有在白矾、朴硝、童便、米泔水、硫磺、砂子等的运用也各有特色。2017年余松柏被南平市人民政府认定为“光泽建昌帮”中药炮制加工技艺项目传承人。

**【闽北古民居营造技艺项目传承】**

闽北历史悠久，文化底蕴深厚。其中遍布在青山绿水之间，富有地方特色和区域文化的古民居就是典型的历史文化产物。它的建筑特色源于徽派建筑艺术，其艺术与人类生存、社会变迁、自然环境融为一体。闽北古民居传统营造技艺起源于明末清初，从江西传入。毛景荣师傅从十八岁开始就拜师学艺，由于他勤奋好学，被江西艺人收为徒，学习建造古民居。几十年来他与古建筑打交道中，逐步形成了具有闽北特色维修建造古民居技艺。闽北古民居传统营造技艺的主要特点，是用于损坏的古建筑物的维修和重建，按原物制作柱、梁、枋、窗、门、翘角、斗拱、雀替、藻井、古戏台、古廊桥、庙宇等土木结构的建筑物原样。毛景荣为了要达到仿古逼真，修旧如旧的效果，他精益求精，不断研究传统古民居营造技艺。他较好地体现了传统多层建筑的梁架结构安装技艺，明清古代建筑的雕刻，花格技艺等等，具有坚固、实用、省料、美观的特点。

他所传承的木工建筑技艺，既有传承又有创新，传统多层建筑的梁架结构安装技艺，明清古代建筑的雕刻、花格技艺、古墙纠偏等等，这些技艺不仅体现了传统建筑实用、省料、美观的特点，同时在古建筑的维修、重建等方面起到重要作用。毛景荣师傅被南平市政府公布为第二批“非遗”闽北古民居传统营造技艺代表性传承人，并被破格评定为工艺美术师。毛景荣师傅维修制作的柱、梁、枋、窗、门、翘角、斗拱、雀替、藻井、古戏台等直观实物，再现了古人智慧的结晶。近几年来，毛景荣带出了一批专修古建筑的能工巧匠。一手设计、制作、组装的建在光泽县大洲国共谈判旧址旁的仿古纪念亭，他们在为泰宁斜墙进行纠偏，还先后承接完成了三明市清流县赖坊乡南山古戏台，邵武市和平古街、和平书院，武夷山市政府大院旁的孔庙和武夫镇的朱子社仓，以及政和县、连城县等县市的古建筑维修保护工程。今年承接了永安、将乐、南平等地“国保”“省保”单位古建筑维修工程。在中国历史文化名镇南平市峡阳镇峡阳民居石板坪“大御土库”雕刻雀替，峡阳“下马坪土库”修缮工程，永安市“国保”单位吉山村渡头宅团和厝村排厝东方月文物修缮工程，将乐县传统村落良地建筑群修缮工程都是他的杰作。为光大闽北古民居传统营造技艺，让自己在交流中提高，在传承中创新，使闽北古民居传统营造技艺得到更好的保护和传承。2015 年闽北古民居营造技艺（光泽）省政府公布为第五批省级非物质文化遗产代表性项目名录。2017 年毛景荣被南平市人民政府认定为闽北古民居营造技艺项目传承人。

## 广播电视

**【概述】** 2017 年广电工作以邓小平理论、“三个代表”重要思想、科学发展观为指导，深入学习贯彻习近平总书记系列重要讲话精神，全面贯彻落实党的十八届六中全会和十九大精神，大力抓好广播电视宣传工作、事业建设和队伍建设，真抓实干，克难奋进，各项工作顺利推进，为全面完成今年的各项工作任务打下了坚实的基础。

**【广播宣传】** 坚持做好一天一档“光泽新闻”，提高新闻宣传舆论引导水平，并在新闻中开辟了“撸起袖子加油干，打赢百日攻坚战”“四比六促再攻坚”等专栏，加大对全县重点项目、重点工程的报道。全年县广播电台采编播出稿件 1952 条、在市台上稿量 220 条、省台上稿量 59 条。用稿量位居全市第 5 位。在做好新闻节目的同时，广播电台还开辟了《音乐漫游记》《健康生活馆》二档主持人节目，丰富了自办节目内容。同时根据局领导的安排，由广播电台全体人员开辟一档电视专题节目《美丽乡村行》，该节目以光泽县秀美乡村为着眼点，通过外景主持人和美丽乡村体验者的互动体验，展示中国生态食品城、国家级生态县——美丽光泽的生态美景、健康美食、休闲农业、旅游资源，让广大观众了解家乡的美、感受家乡的情。节目播出后，在观众当中引起较好反响。2017 年广播电台多件作品在省、市获奖：广播专题《“讲古”声声不息》获福建新闻奖三等奖、南平广播新闻奖二等奖；广播系列报道《圣农：创新引领 开启农业 4.0 时代》获南平广播新闻奖一等奖；广播消息《全市首起编造故意传播虚假信息案在光泽县开庭审理》获南平广播新闻奖三等奖；我台原创广播剧《爱，在传递》获南平广播剧奖二等奖；广播电台原创的微广播剧《将爱延续》荣获“追寻中国梦、留住故乡情”全省微广播剧大赛三等奖。

**【电视宣传】** 电视新闻把握正确的舆论导向，唱好主旋律、打好主动仗，围绕县委、县政府的中心工作，在对内、对外和主推宣传工作中都取得了较好的成绩。全年电视台新闻采编播出 2138 条，在市台播出新闻 341 条、省台播出新闻 59 条，用稿量位居全市第 6 位。自办专题片 55 期（其中平安光泽 5 期、美丽乡村 1 期、文明之窗 48 期、中国生态食品城 1 期）。围绕“‘1+3’食品产业、重大民生工程、精准扶贫、城市创建”、“学习廖俊波精神”、“学习宣传贯彻党的十九大精神”等主题宣传活动，大力开展了相关的新闻宣传报道。在《光泽新闻》栏目中相继开设《记者走基层》《抓党建促脱贫》《两学一做》《党员致富带头人》《撸起袖子干，打赢攻坚战》《学习廖俊波，争做好公仆》《打好精准扶贫攻坚战》《四比六促再攻坚》《平安光泽》《喜迎十九大》《学习贯彻十九大精神》等专栏节目，取得了良好的宣传效果。为深化宣传报道的效果，还策划《乡（镇）党委书记谈攻坚》《局长谈攻坚》等子栏目。电视消息类《中国生态鸡肉首次上了20国集团领导人餐桌》、电视专题片《穿越时空的追寻》分别获得南平市2016年度电视节目二等奖，电视消息类《光泽县颁发全省首本不动产权证书》获得南平市电视新闻三等奖。

**【微电影创作】** 广播电视制作中心与县法院合作联合拍摄的首部法制微电影《爬上楼顶的男孩》荣获“宋慈杯”法治南平微电影大赛三等奖；11月，微电影《爬上楼顶的男孩》，经省局评审公示确定后，推荐参加国家新闻出版广电总局“弘扬社会主义核心价值观 共筑中国梦”主题原创网络视听作品评选，成功获得国家新闻出版广电总局网络视听节目内容建设专项资金扶持。

微电影《爬上楼顶的男孩》

**【播出形式创新】** 按照中央和省、市、县委的工作部署，适时开辟相关的新闻专题栏目，服务各阶段的重要工作，频道形象耳目一新。如：在全市开展“百日攻坚战”期间，我们在新闻节目中及时开设了“撸起袖子干、打赢攻坚战”专题栏目，并适时推出了《乡（镇）党委书记谈攻坚》、《局长谈攻坚》等子栏目，以此来展示乡（镇）、部门在“百日攻坚战”期间“比、学、赶、超”的精神风貌。又如：为了营造光泽县中国生态食品城建设氛围，展示光泽“生态美、环境优”的特点，今年8月，我们在自办节目《光泽新闻》播出时段，在分期插播了由本台自主创作的时长53秒的以“乡村生态环境”、时长73秒的“特色生态食品”、时长3分30秒的“红色文化”等主题宣传短片。为此增强对外宣传生态光泽的力度。10月，我台开辟了以“美丽乡村成效”为主题的《美丽乡村行》新闻专题栏目，每周一档，每档时长4～5分钟，均由主持人出镜，通过现场报道，带领观众感受光泽乡村之美，增强新闻宣传的可信度和可看性。同时，为更好地展示光泽县的地域特色和时代风貌，提升广播电视媒体的传播力和影响力，今年初，县广电局以“生态光泽”为主题，面向社会公开征集光泽广播电视台台标，今年7月，以“奋飞”为名的新台标正式启用。

**【上下联手扩展报道】** 3月和10月，邀请央视、央广、省电视台新闻中心、海峡卫视、省新闻广播、东南广播、人民网、新华网等十家音视频媒体28位记者，到光泽。宣传县委、县政府重点工程、重点项目建设的新进展、新成效、新突破。就“百日攻坚、四比六促、脱贫攻坚、生态食品，美丽光泽”等方面工作情况进行全方位、多角度的深入报道，拍摄了一批高质量、富有感染力的广播电视新闻作品在多家媒体发展报道，让更多的人了解生态光泽，让中国生态食品城建设更加具体、清晰，也让社会各界感受光泽在“百日攻坚、四比六促、脱贫攻坚”等重大战役中建设热火朝天的场景和建设风貌。

**【媒体融合深度拓展】** 在创建“光泽广电微播报”的基础上，不断推动媒体融合向纵深发展。加快技术融合，设计全媒体融合生产平台，为全媒体信息生产提供统一策划、统一汇聚、统一互联网发布的技术支撑。第一时间通过“光泽广电微播报”微信公众号传递新闻热点，实现大众化传播，通过大平台搭载，引来了较多的点击和关注，扩大了宣传覆盖面，如今光泽广电微播报集群有效粉丝量达到3000多。

**【安全播出落实】** 抓好各线安全生产、三审两监、重播重审安全播出和安全保卫工作，全面落实“五一”“国庆”等节假日和“厦门金砖会晤”“十九大召开”等重要保障期安全播出要求，实行领导带班、24小时值班值机，开展内部安保工作自查和问题整改，制定完善了《消防安全应急预案》《反恐怖事件应急预案》等，及时有效应对突发事件。联合供电、电信、移动等部门，开展了“三电”设施保护宣传和网络杆线联合巡查，有效保障广播电视安全播出。

**【广电项目建设】** 完成对九里峰电视转播台的饮水工程、外墙改造、高压电力线改造和下山道路的硬化改造工程等基础设施的建设。5月17日，“十二五”期间县广播电视高山无线发射台基础设施建设项目改造工程顺利通过省市验收组的检查验收。加强了乡镇、行政村广播室管理人员的联系与沟通，实行每周电话询问、联系制度，对各行政村广播室当日值班、播出、记录、维护、管理等情况进行跟踪管理。每月定期组织事业股技术人员对全县85个村“村村响”设备进行全面维护维修，强化汛期农村应急广播系统的维护管理和使用，促进了农村有线广播长期保持信号畅通。完善九里峰电视转播台、硬盘播出机房的安全播出应急预案和各项规章制度；定期对制作、播出、供电等系统进行安全检查，排除事故隐患；定期对机器设备进行维护检修，全力保障安全播出和宣传报道效果，实现春节、两会、五一、、国庆等重要节日、重大活动期间的安全播出。同时，争取资金54万元搬迁建设高清播出机房，在局机关大楼建设标准化播出机房，更换老化播出设备，新购置高清播控服务器、专用UPS、天视播出管理网络软件和GPS时钟等高清播出所需设备；投入5万元建设局机关大楼、广电制作中心及高山台监控系统；投入1万元，采购消防设备，建设微型消防站；投资50万元完成高山台近2千米的道路硬化；县广电新闻中心大楼重点项目有序推进，完成规划选址和立项；光泽电视台一套节目在全市率先实现高清播出。建立健全农村公益电影放映长效机制，加强四个放映队伍的组织管理，完善农村公益电影的放映制度。实施开展农村电影“2131工程”，结合开展科技、普法、计生、禁毒、新农村建设等专题宣传，全年共放映电影1027场次，观众达25320余人次。积极做好农村电影放映室外转室内选点建设工作，寨里、李坊两处室内放映点被省局确认为2017年建设点。

**【加强队伍建设】** 制定年度理论学习计划，将每周二、四下午定为全体机关干部职工和全体党员学习时间。在抓好局班子自身学习提高的同时，抓好职工的政治和业务学习，全局形成了“传、帮、带”的良好风气。深入开展了“党的十八届六中全会精神”、“习近平总书记系列重要讲话精神”“两学一做”“向廖俊波同志学习、争做合格党员”“党的十九大精神”等主题教育活动。局领导班子带头上一堂“学习廖俊波同志先进事迹”主题微党课。开展“4＋X”固定党日活动，及时完成各项党建工作。定期开展节目点评和集中采访活动。每月召开一次广播电视新闻节目点评会。每位采编播人员对观听后的节目进行点评，亮观点、找问题、提建议，分管领导作总评、提要求，同时安排部署下阶段采编播任务。每月组织一次县台记者到乡（镇）开展集中性采访，深入挖掘报道题材，提升节目采编质量，建立和充实节目库。严格强化干部职工上下班考勤制度，促进机关作风转变。同时，为记者配备采访服。要求所有记者外出采访时必须身着印有新台标的工作服进行采访活动，以此推动记者队伍整体形象的提升。领导班子成员每月两次带领党员干部深入到挂点的司前乡清溪村，对15户结对帮扶贫困户进行走访慰问，了解生产生活情况，为贫困户脱贫致富提供帮助。还协调广电网络公司为清溪村的粟平、大义、际民等三个村民小组安装广电回路网络，实现全村通有线电视。

## 广电网络

**【概述】** 2017年，福建广电网络集团光泽分公司贯彻落实党的十九大会议精神、习近平新时代中国特色社会主义思想，不断推动国有文化企业改革，取得一定成效。

**【业务发展情况】** 截至2017年底，可传输132套标清节目、42套高清节目、1套4K节目。完善高清互动平台内容，为广大用户提供全国数量最多的高清直播频道和超20万小时点播服务；开发移动端爱家电视APP，通过全媒体分发和播放终端切换，实现了电视节目随身看；八闽文化云、4K直播、名师课堂专区、远程医疗专区、电视游戏等创新业务产品陆续上线，“智慧电视”一步步走进八闽家庭。此外，公司围绕“电视＋宽带”“互联网＋TV”“质量＋服务”“改革＋创新”四大战略，推动智慧城市建设，积极为党委政府、企业提供“广电网＋互联网”服务，创新开发智慧广电行业应用，打造了政务视频会议、社会综合治理服务、生态农业精准扶贫、工业4.0综合分析、地震预警信息发布、智慧酒店门户六大信息化创新服务平台，受到各级领导的高度认可。公司还积极参与数字福建、美丽乡村、“村村通”、智慧交通、智慧教育、网上办事、河道智能化管理、雪亮工程、社会治安高清视频监控系统、融媒体等民生应用工程建设，助力提高城市管理水平和民生服务能力。

**【基础设施建设】** 投入约600万元进行网络改造，新增光缆线路386千米，更换电缆42千米，干线总长已达1586千米。全面开通双向业务，城区及农村已联网村光覆盖达100%，EOC头端覆盖达92%，实现由小网向大网、由模拟向数字、由单向向双向、由标清向高清、由用户看电视向用电视的转变，为推进“三网融合”，提升服务品质打好基础。

**【提升服务质量】** 以“用心感动用户　用户满意在心”为服务理念打造具有优质、高效、满意工作作风的员工队伍。通过制定上门服务规范、装维工单处理时限、营业厅达标规范等一系列服务标准；组织持续性的业务技能、服务规范以及职业道德建设培训；开展“优质服务示范月”活动以及进行城乡营业厅改造等方式全面提高员工服务水平和服务环境，全面提升服务质量。同时认真落实关于安全播出的各项指示和工作部署，加强与城建部门和施工单位的联络，开展安全生产和安全播出规章制度和应急预案演练、切实做好前端机房24小时的值守，确保安全播出。

**【文明建设】** 制定《2017年党建暨党风廉政建设工作计划》、《进一步落实全面从严治党主体责任实施细则》、《推进“两学一做”学习教育常态化制度化的实施方案》等文件，并通过“三会一课”的方式进行党风廉政教育，学习廖俊波精神、习近平总书记系列重要讲话精神、党的十八届五中、六中全会、十九大等重要会议精神。2017年，分公司党支部共举办党员学习会议26场，546人次参与。积极参与“四比六促”、文明城市建设等活动，并获得2017年度市级工人先锋号、先进职工之家、“安康杯”竞赛先进单位等称号，并有一名员工荣获南平市五一劳动奖章。

## 档　案

**【概况】** 全县档案工作以宣传贯彻《档案法》为抓手，以推进“档案治理体系、资源体系、服务体系、保障体系建设”为重点，认真贯彻落实省、市档案工作会议精神和县委、县政府的部署要求，围绕中心，服务大局，依法履职，开拓创新。档案工作还纳入2017年全县各单位绩效管理和文明创建考评，为档案事业的发展营造良好的环境，档案业务及各项工作取得新进展新成效。全年接收水利局、广电局等12个单位4903卷档案，馆藏档案增至7.2万卷（册）；对8个乡镇和48个县直部门开展档案执法检查，下达整改通知书12份；完成第一批12849卷、196万页档案全文数字化扫描任务；启动光泽中央苏区历史展示厅项目建设，项目总投资37.7万元，至12月底已完成资料收集工作，下一阶段将进行设计、布展工作，预计2018年4月完成布展并对公众开放；完成《档案记忆》（2005～2016）系列影集制作，影集共4册，影集真实反映光泽县11年领导活动及重大活动、重点项目建设的历史情况。由于各项工作比较突出，在全市档案系统工作排位靠前。

**【档案资源建设】** 继续做好到期档案接收工作，县档案馆全年接收县教育局、广电局、文明办、水利局等12个全宗单位文书档案4903卷，馆藏档案（资料）增至7·2万卷（册），馆藏资源得到丰富，为今后开发利用打下坚实基础。

**【建设中央苏区历史展览厅】** 争取国家重点档案专项资金5万元，7月中旬启动建设光泽县中央苏区历史展示厅项目建设，通过广泛收集、征集资料和挖掘馆藏红色档案资源，至12月底，已完成前言、领导关怀、苏区遗址、苏区人物、苏区证明、红军用品、苏区成就等几大部分的收集整理工作。12月14日经公开招标，由厦门风云智慧空间营造有限公司中标，负责展厅的设计、布展和施工，合同价37.7万元（含设备），预计2018年5月份将完成光泽苏区历史展示厅布展工作，并向公众开放。

**【档案信息化建设】** 继续做好第一期馆藏档案数字化扫描加工项目建设，通过完善各项工作制度，加强对扫描质量的监管，确保扫描数据达到上级档案部门要求。至6月，基本完成第一批档案数字化扫描加工任务，共完成12849卷196万页档案全文数字化扫描。随后，县档案局聘请专业公司，对扫描加工数据进行质量检测，至年底，此项工作还在进行之中。

**【服务经济发展】** 持续做好县直机关单位档案业务指导，并对24个到期档案移交单位进行重点监督指导，规范档案业务管理，确保进馆案卷的质量。继续抓好重点项目档案管理，适时跟踪在建的光泽圣农小镇、光泽县城南实验学校等全县8个省市县重点建设项目档案收集、整理、保管工作情况，及时纠正存在的问题。跟踪土地确权登记档案规范化建设，多次派出业务人员到农业局指导土地确权档案业务建设，明确规范要求，推动各项工作的落实；积极做好馆藏档案开发利用工作，全年共接待县直各单位、社会各界群众1086人次，查阅档案1637卷（册），为经济建设、修史编志、调解纠纷、山林地界、核实工龄、工作调动、复退军人安置等方面提供原始资料和佐证。

**【档案行政执法】** 做好档案行政审批和档案公共服务事项梳理，调整后总的行政审批和公共服务事项7项，对权力清单和责任清单进行整合，最终确定权责事项32项。7月、12月分2次开展"双随机"档案执法检查，共检查全县42家单位，下发整改通知书12份，检查结果在政府网站上进行公示，并送达执法检查情况反馈函，督促整改落实工作。

**【馆藏档案安全防护】** 落实档案"八防"措施，确保馆藏档案绝对安全。5月完成档案馆建立微型消防站建设，每月开展一次电气消防安全检测和消防实战演练，积极督促消防维保单位做好全馆消防设施的维护保养和日常巡查工作，及时消除消防安全隐患；做好馆藏档案防护工作，每天记录库房温湿度，及时掌握档案库房自然环境状况，高温、高湿天气及时开启防护设备，保持库房恒温、恒湿；及时放置、补充消杀药品，做好防虫工作；做到每周库房卫生清理，保持库房卫生干净整洁；在档案全文数字扫描过程中严格落实交接制度，全面监控制度，签订安全保密协议，全过程进行实时监控，建立严格的保密制度，严把档案安全关。

**【乡村档案规范化建设】** 抓好乡（镇）、村级档案规范化建设，将8个乡镇机关档案规范化建设列入文明创建、年度绩效考评；以寨里镇桥亭村"省级'乡村记忆'档案项目"建设为榜样，抓好村级档案管理示范工作；同时，县档案局积极抓好挂点村止马镇止马村档案建设，出资3.2万元为新建村部建设标准档案室，该档案室面积20平方米，定做标准档案柜8组，并配备了办公桌、电脑、打印机、空调等设备。

**【档案宣传】** 开展"6.9"国际档案日系列宣传活动，围绕"档案—我们共同的记忆"这一主题，通过广播、电视、短信、报纸等媒体，开展国际档案日宣传

2017 年 6 月 9 日，县档案局组织开展“6·9”国际档案日宣传周系列活动

周系列活动，共发放宣传材料 350 余份，宣传购物袋 760 多个，宣传雨伞 100 把，短信 3.5 万条，接受群众咨询 120 余人次。同时，还联合光泽县自行车运动协会，开展“6·9”国际档案日骑行宣传活动，50 余骑行人员身着统一服装、身披宣传绶带，穿行于光泽城区大街小巷，行程 20 余千米，扩大了宣传面，让更多人知道档案、了解档案。

**【档案捐献】** 2017 年 9 月 6 日光泽县崇仁乡汉溪村村民傅中根将清版《杭北傅氏宗谱》捐献给档案馆永久保存，该宗谱为清嘉庆二十一（1816 年）和清光绪十一（1876 年）二个版本，共五册。宗谱详细记载了光泽杭北傅氏祖先明洪武元年从江西省铅山县迁徙至光泽北乡二十都（今崇仁乡汉溪村）繁衍生息的历史过程，该宗谱体例完备，世系翔实，对研究光泽历史文化、经济活动和家族迁徙有一定的参考价值。

**【档案数字化加工项目】** “加强档案资源体系和信息化建设”列入光泽县政府 2016 年主要工作任务之一，县财政从 2016 起分三年共下拨 200 万元档案信息化建设专项资金，用于光泽县档案信息化建设，县档案局根据光泽档案数字化建设任务，决定将档案信息化建设任务分 3 年实施。2016 年实施第一期，4 月份启动档案数字化建设项目招投标，总投资 54 万元，项目全称为“光泽县档案馆档案全文数字化扫描加工项目”，项目内容主要包括档案前处理、档案鉴定、目录校对修改及重录、档案扫描、修图、图像质检、数据挂接等方面。经公开招投标，由福州震旦计算机技术有限公司中标，并于 6 月并签订《光泽县档案馆档案数字化加工合同》《档案数字化加工保密协议》。经前期准备，2016 年 9 月光泽县档案馆馆藏档案数字化加工项目正式开工。为做好档案数字化建设，县档案局于 2015 年投入 21.5 万元，购置扫描仪、机柜、软件、防火墙、数据服务器、交换机等档案数据库设备，改建计算机房，建设福建省分布式档案基础数据库。2016 年 10 月，县档案馆分布式档案基础数据库

2017 年 9 月 6 日，汉溪村民傅中根捐献清版《杭北傅氏宗谱》

档案工作数字化

建设项目（二期）通过省档案局项验收。至2017年9月，顺利完成第一期档案数字化扫描加工任务，共完成12849卷196万页全文数字化扫描。随后，县档案局聘请专业监理公司，对扫描加工数据进行质量检测。馆藏档案数字化完成后，档案将以数字化的形式存储，网络化连接，并利用计算机管理系统，形成完整档案数据库，通过局域网、政务网、互联网进行计算机检索，最终实现档案网上电子阅读，提高查阅效率，方便查找利用，实现资源共享。

**【《档案记忆》影集制作】** 完成编辑制作《档案记忆》系列影集制作。该影集全套4册，分别为《档案记忆——2005～2016年上级领导在光泽》《档案记忆——2005～2016年县委领导活动照片》《档案记忆——2005～2016年县政府领导活动照片》《档案记忆——2005～2016年县人大、县政协领导活动及重大活动、重点项目照片》。全套影集共收入2005～2016年上级领导在光泽调研、视察以及县四套班子领导、县重大活动、重点项目建设照片562张。照片较全面、真实反映光泽县11年领导活动及重大活动、重点建设项目建设的历史情况，具有较强的史料性和纪念收藏价值。

## 地方志

**【概况】** 基本完成《光泽县志》（1989～2005)》评稿会后志稿的修改工作，完成点校清光绪版《光泽县志》6册，出版《光泽年鉴2017》，督促指导乡镇志编纂工作，全县8个乡镇中，已完成乡镇志编纂工作的1个（李坊乡），已启动乡镇志编纂工作的6个，其中寨里镇、司前乡已基本完成材料收集工作。

**【县志编纂】** 学习和吸收二轮县志评稿会专家意见，组织全体编辑根据专家意见，调整、补充、精简志稿内容，基本完成评稿会后的修改工作。对清光绪版《光泽县志》进行点校整理，该志全书共18册，是光泽县历年编纂的县志中资料最丰富翔实的

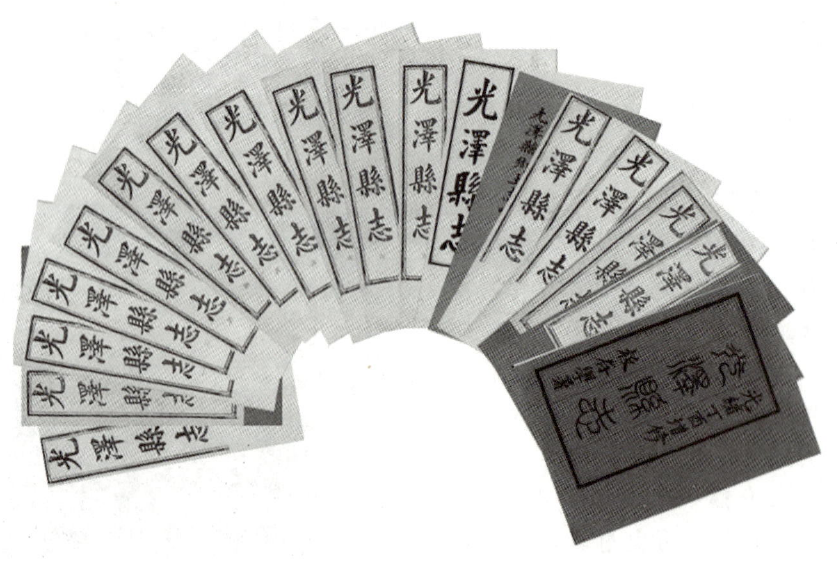

光绪版《光泽县志》

版本之一，2017年底已完成三分之一的点校工作。

【年鉴出版】　完成《光泽年鉴2017》的出版工作，该书反映2016年光泽县自然地理、气候水文、资源物产、政治经济、社会文化等各个方面，共设类目29个，下设191个分目，1502个条目，随文附图186张，总字数78万字。《光泽年鉴2017》在总结上年编辑经验的基础上，更加突出点面结合及图片资料的收集，更加注重精练文字，增强了年鉴的资料性和可读性。

【乡志编纂指导】　光泽县于2016年全面开展乡镇志编纂，2017年大多数乡镇已完成初稿收集，进入编纂阶段。为加强业务指导，县志办从《光泽县志》《光泽年鉴》编辑中，抽调中坚力量，成立乡镇志编纂指导工作组，对乡镇志开展业务指导，深入各个乡镇开展志书编写业务培训，2017年，全县8个乡镇中，已完成乡镇志编纂工作的1个（李坊乡），已启动乡镇志编纂工作的6个，其中寨里镇、司前乡已基本完成材料收集工作。

【省方志委主任指导光泽地方志工作】　3月22～23日，省方志委主任陈秋平带领省方志委县志辅导处处长吕秋心、省方志委秘书处处长张维义，在南平市宣传部副部长卓晔、南平市方志委主任陈星扬的陪同到光泽调研，光泽县委常委、宣传部部长陈进财陪同。陈秋平主任一行先后来到止马杉关、管蜜梨园、圣农第四肉鸡加工厂、承天药业、崇明商周文化馆、武夷山水饮料公司等地，深入了解光泽的历史文化和中国生态食品城建设情况，陈秋平主任提出：要深入挖掘杉关历史文化，组合各类文化资源，做足做活关隘文章。管蜜梨园美如画，要充分利用这一平台，开展文艺活动，扩大光泽对外的影响力。圣农集团是全国规模最大、产业链最完善的白羽肉鸡生产企业，还在不断地发展壮大，要重视资料收集与记载。承天药业利用光泽良好的生态进行中药材种植，积极探索中药材古法炮制，传承优秀的传统文化值得肯定。崇明馆保存了大量的记录光泽历史的珍贵文物，特别是商周文物，它们不仅是光泽的，也是全省的乃至中国的，极为珍贵，建议编纂崇明馆专志，永久保存。武夷山水水质上乘，品质优异，要通过年鉴、名产志等平台广为宣传。

（李锦杰）

## 新华发行集团

【概述】　2017年按照新华发行集团的要求，创新图书发行渠道，拓展图书发行市场，做好教材等发行工作，取得了一定成效。

【教材教辅】　教材教辅发行情况教材科共完成销售码洋：625.13万元，其中课本263.94万元，教辅361.19万元，全年教辅超额完成63.19万元。做好各中小学的教材发行工作及其后续工作，在工作中能够保证及时准确地做到“课前到书，人手一册”，获得各所中小学校的一致好评。教材科全体人员为做好目录内的课本和教辅工作，积极联系全县各所幼儿园，顺利完成全县幼儿园学习包和安全教育读本

2017年3月22日，省方志委主任陈秋平到光泽调研指导地方志工作

的征订工作。并拓展农村大班安全教育读本的征订，配合集团公司文件认真做好全省读书活动工作。

**【图书销售】** 利用卖场优势，减少品种复本书，增加图书品种，把门店销售融入重点图书、畅销图书排行榜和店堂环境的美化，员工素养的提高，营造书香氛围，提高了营销效果，也增加了店内销售：持续推行团购、直销、新华悦读卡等多种模式销售方式，全员分片跑单位，送订单，找关系、做工作，店外销售成绩显著。实现一般图书销售合计码洋112.63万元，其中政治理论读物10万余元，多元销售码洋93.28万元。通过举办“暑期读一本好书”活动，进一步激发学生读书的热情，增长学生的知识，真正营造浓郁的“书香校园”。抓好政治理论读物的发行工作，畅销图书推荐和店外销售，扩大了市场占有率，促进一般图书的销售。

**【成本控制】** 贯彻《党政机关厉行节约反对浪费条例》，强化艰苦奋斗、勤俭节约意识，广大党员干部要带好头，做好表率，从点滴做起。2017年营业费用110.2万元，同比减少8.2%。管理费用100万元，同比增长13%。

**【“新华”形象】** 参与县文明办、县直机关党工委组织的精神文明创建活动，推动门市窗口创先争优常态化。始终坚持以传播先进文化为己任，以读者满意为目标，以诚信服务为根本，成立了光泽分公司志愿者服务队，开展志愿服务活动，组织了2名职工参与献血和爱心慈善活动，另外积极参与县委、县政府和县文明委组织开展的“扶贫济困”、“共建带创”、“结对帮扶”、“送温暖、献爱心”、“爱心助学”等各种形式的精神文明建设活动。对挂点社区赞助费2000元、挂点西口村、大洲村春节慰问5592、挂点西口村精准扶贫户捐赠5800、县里派出单位干部蹲点至大洲村访贫问苦10000元，挂点西口村扶持资金20000元。共计43792元。

# 卫生　计生

## 卫　生

**【概况】** 推进健康医疗、公共卫生和人口工作，实行医疗资源城乡均衡共享，公共卫生监督到位，健康养老有序推进，计生人口政策严格执行。城乡居民建立电子健康档案 122113 份，建档率为 90.45%，合格率 77.6%，使用率 51.5%。国家免疫规划疫苗接种率达到 95%，结核病防治、艾滋病防治、重性精神疾病各项防控指标均符合公共卫生要求。全县总人口 170084 人，育龄妇女 42764 人，占总人口的 25.14%，其中已婚育龄妇女 32328 人，占总人口的 19%。总出生 2240 人，出生率 13.22‰，人口自然增长率 9.11‰。出生人口中，男孩 1150 人，女孩 1090 人，性别比 105.5，全县二孩出生 1155 人，同比增加 199 人，增幅 20.82%，二孩出生比重 51.56%，比去年同比上升 4.4 个百分点。

**【医药卫生体制改革】** 调整充实县医改领导小组和成立以县长为主任的县公立医疗机构管理委员会。3 月，设立“基层卫技人员管理服务保障中心”，负责承担基层卫技人员管理服务工作。政府办医六项投入 786 万元，拨付给三家公立医院药品、耗材零差率销售补偿款 152 万元。经光泽县政府与福建中医药大学附属人民医院多次协商，报省卫计委批准同意，光泽县医院与福建中医药大学附属人民医院拟组建跨区域医联体，建立人才共享、技术支持、分工协作的紧密合作关系。县财政每年预算安排 100 万元设立医学人才培养基金，用于和省人民医院建立跨区域医联体后相关人才培养、学科建设。县域内就诊率达 77.40%；基层医疗卫生机构诊疗量占总诊疗量的 63.23%；全县家庭医生签约服务 55849 人，签约率达 34.8%，其中重点人群签约 36550 人，签约率达 68.7%，建档立卡贫困户签约服务全覆盖。

**【卫生事业补短板】** 完成总投资 3 亿元的县综合医院建设，10 月 18 日完成合署搬迁工作。投资 1450 万元，重新选址新建疾控中心业务用房，完成主体工程建设，搬迁后将有力提升全县疾病预防控制和处理突发公共卫生事件的能力。9 月，妇幼保健院（计划生育服务中心）整体搬迁

2017 年 9 月 9 日，福建中医药大学附属人民医院党委书记、院长赵红佳到光泽调研合作建设医联体工作

至中医院旧址，并投入资金1070万元，加强重点专科建设，补齐产、儿科等薄弱学科短板。投资1950万元，新建鸾凤乡卫生院，建筑面积达4873平方米的综合大楼、周转房等主体建设。完成投资600万元，建设建筑面积2500平方米的止马镇中心卫生院医技、行政办公楼主体工程。并通过省农工党捐赠项目配齐彩超、全自动生化仪、DR三大件，提升乡镇卫生院服务能力。筹建康养中心，计划投资1.7亿元，以县综合医院为依托，设置床位200张，中心功能定位为“中医、康复、养生”，构建多层次养老服务体系，由福建建工集团有限责任公司和福建省建筑设计研究院有限公司组成的联合体为中标人来用EPC模式进行项目建设。

**【基本公共卫生服务】** 开展项目专题培训2期，培训主要内容为《国家基本公共卫生服务规范（第三版）》、《中医药健康管理服务技术规范和服务规范》和《光泽县基本公共卫生服务项目教材》。培训院长、公共卫生人员和村医300人次。制定和下发光泽县基本公共卫生服务工作实施计划和考核办法，并开展两次督导考核。省级财政下达光泽县基本公共卫生服务专项资金532万元，县级财政配套资金133万元，已足额拨付至基层医疗机构。全县共建立电子健康档案122113份，建档率为90.45%，合格率77.6%，使用率51.5%。开展形式多样的健康教育活动。2017年全县共计发放宣传资料13.0448万份，更新宣传栏763期，举办健康讲座和宣传咨询活动816场次，参加健康宣传活动及接受健康教育咨询人数2.0914万人次。

**【妇幼健康服务】** 推行避孕节育措施自主知情选择，加强避孕药具发放网络建设。县妇幼保健院配备2名专职药具管理人员，药具仓储面积达200平方米，并在门诊一楼大厅设置了一台免费避孕药具自动发放机。乡镇（卫生院）、计生服务室、村卫生室、圣农流动人口服务点等均设置免费避孕药具发放柜，全县共设置免费避孕药具发放点193个，确保育龄群众避孕药具需求按时足量供给。李坊乡创新避孕药具发放模式，通过官方微信和农村淘宝平台让孕龄群众免费领取避孕药具。积极开展生殖保健服务，4～5月，县妇幼保健院组织医务人员分批次到各乡镇开展优生优育知识宣传和妇科病普查活动，活动期间共发放宣传资料1500多份，避孕药具800余盒，发现患有妇女常见病260人，均给予了对症处理。积极发挥妇幼卫生“网底”的基础服务功能，全面推广免费婚前保健和孕前优生健康检查“一站式”服务，2017年优检任务人数1280人，已检查1096人，检查覆盖率为85.6%，超过80%的任务要求。全面落实孕产妇和0～6岁儿童健康管理服务，孕妇早孕建册率97.17%、孕产妇系统管理率88.5%、0～6岁儿童健康管理率93.76%。对孕前及孕早期的对象给予免费补充小剂量叶酸，有效防控出生缺陷。

2017年10月11日，县卫计局举办2017年乡村医生规范培训会

**【计划生育目标管理】** 向各乡（镇）下发2017～2018年计划生育责任书，制定出台《光泽县计划生育领导小组关于印发光泽县2017年度计划生育目标管理责任制考核方案的通知》（光计生领〔2017〕5号），抓好年度目标、任务的分解和落实。下发

2017 年 12 月 8 日，举办全县计生业务知识培训班

《光泽县计划生育领导小组关于表彰 2016 年度计划生育工作先进乡（镇）的通报》（光计生领〔2017〕3 号），对 2016 年度责任目标考评前三名的崇仁乡、杭川镇、李坊乡进行表彰和奖励，共兑现奖金 6 万元。下发《中共光泽县委办公室　光泽县人民政府办公室印发关于坚持和完善计划生育目标管理责任制的实施意见的通知》（光委办发〔2017〕26 号）。严格执行计划生育“一票否决”制度，2017 年共审核先进集体 24 件次，先进个人 900 人次，否决集体 1 个，个人 17 人。对被市人口计生领导小组黄牌警告的华桥乡限制期内取消综合性荣誉称号和综合性评先评优的资格，对主要负责人、分管领导、直接责任人取消评先评优和职务晋升资格。2017 年 6 月，县人大对县政府贯彻落实《中华人民共和国人口与计划生育法》和《福建省人口与计划生育条例》情况进行了督查。

**【计划生育奖励扶助】** 全县共兑现计划生育各项奖励扶助 4781 人，发放奖励扶助金 343.08 万元。其中农村部分计划生育贡献奖励 428 人（15.408 万元），农村部分计划生育家庭奖励扶助 711 人（97.8 万元），城镇部分计划生育家庭奖励扶助 690 人（83.88 万元），农村部分计划生育提前奖励扶助 121 人（7.26 万元），农村二女绝育夫妇奖励 2787 人（100.332 万元），独生子女伤残死亡家庭特别扶助 44 人（38.4 万元）。2017 年为农村独生子女领证户和二女绝育户缴纳城乡居民基本医疗保险参保费 11490 人，172.35 万元。2017 年全县计生家庭意外伤害保险参保 6711 户，参保率 94.5%，投保金额 49.95 万元。共计理赔 55 起，理赔金额 21.25 万元。

**【计划生育特殊家庭扶助】** 下发《光泽县人民政府关于进一步加强计划生育特殊家庭扶助工作的意见》（光政综〔2017〕195 号），在全县独生子女领证户子女伤残、死亡的家庭每人每月国

2017 年 5 月 18，县计划生育服务中心开展优生优育、避孕药具知识等宣传活动

家、省、县补助标准700元（低保对象1000元）的基础上，县财政再增加200元。把未领取《独生子女父母光荣证》及《独生子女证》，女方年龄达49周岁以上的对象也纳入特别扶助范围。对失独家庭发放5000元的一次性救助金，2017年发放一次性救助金12.5万元。为因政策调整等原因未能及时享受特别扶助金的对象补发特扶金5.76万元。为60周岁及以上的计划生育特殊家庭成员每年在光泽县级医院免费体检1次。建立特殊家庭“双岗”联系人制度，每户特殊困难家庭至少安排1名乡（镇）领导干部和1名村（居）干部挂钩帮扶。特殊困难家庭成员生病住院时，县、乡、村干部要及时慰问。建立“失独”家庭交流互动平台，11月3日，省卫计委家庭发展处徐正平处长到光泽县召开失独家庭座谈会，倾听失独家庭诉求，抚慰失独人员受创的心灵。

**【生育关怀】** “元旦”“春节”期间，对全县112户计生困难家庭、计生留守儿童、计生孤寡老人进行了慰问，慰问金达9.58万元。“母亲节”、“端午节”期间，对23户失独家庭进行了慰问，共发放慰问金5000元。“中秋节”、“国庆节”期间，为每户计划生育特殊家庭送上200元的慰问金和1盒月饼。落实计划生育助学成才工程，对全县农村和城镇下岗失业人员独生子女领证户和二女绝育户考取大学本一、本二的子女，分别给予每人1000元、800元的助学补助，建档立卡的贫困户再增加50%的补助金，共发放助学金5.28万元。考上大专的，由乡（镇）适当补助。2017年，寨里镇继续实施“添能加油，梦想起航”高考助推工程（二期），帮助独女领证户和二女结扎户家庭的女孩实现大学梦，共发放慰问金、鼓励金、升学金3.7万元。

**【流动人口计划生育管理】** 全县流动人口出生130人，全部准确及时上报出生登记，流动人口信息反馈率和接收率100%，婚育证明查询率95%以上，流入、流出新增率和注销率都达到30%以上。下发《关于印发2017年春节前后开展流动人口关怀关爱暨健康促进活动实施方案的通知》（光卫计〔2017〕5号）《关于印发光泽县流动人口健康促进宣传服务活动方案的通知》（光卫计〔2017〕79号），部署流动人口健康促进宣传服务活动。利用各节假日、纪念日开展关怀关爱流动人口宣传活动27场。落实流动人口基本公共卫生计生均等化服务，为流动人口育龄妇女免费妇检408人次，孕前优检70人次，建立健康档案132份。抓好流动人口社会融合，为圣农企业外来员工提供夫妻房，在“圣农小镇”购房的给予购房补贴，外来员工子女享受优先进入光泽县实验小学就学的特殊照顾。今年3月份，光泽县在圣农集团总部设立了流动人口卫生计生服务点，投入经费10万余元用于服务点的室内装修、采购办公设备，聘请一位工作人员专门从事服务点的日常工作，改善圣农企业流动人口多、数据录入少的现状。

**【生育登记服务】** 全面开展办理一、二孩生育登记服务和再生育审批事项所需证明材料网上公示工作，县卫计局和各乡（镇）卫计办全部开通微信公众号，并在公众号上公示有关信息。全县共办理一孩生育登记服务474件次，二孩生育登记服务736件次，再生育审批54件次。下发《光泽县计划生育领导小组关于实行生育清单服务管理有效防控政策外多孩生育的通知》（光计生领〔2017〕4号），对已生育2孩及以上尚未落实有效节育措施的2684育龄妇女（其中，3孩281人、4孩14人、5孩5人）实行清单管理，生育3孩及以上的162位育龄妇女已落实长效节育措施，落实率54%。

**【打击“两非”】** 印发《卫计局关于印发2017年光泽县综合治理出生人口性别比工作要点的通知》（光卫计〔2017〕133号），建立打击“两非”常态工作机制。对全县公、私立医院，医疗保健机构，乡镇卫生院等医疗单位B超机使用和管理情况、孕14周及以上人工终止妊娠管理制度落实情况进行专项检查。2017年，全县“两非”案件共立案3起，结案3起，其中重大案件1起，吊销医生执业证书1份，解聘1人，行政记过1人，批评教育3人，没收违法所得600元，罚款3万元。

**【社会扶养费征收】** 严格执行“收支两条线”和征缴分离制度，

全县社会抚养费征收应制作文书114例，已制作文书108例，制作率94.74%，法律文书制作做到征收主体合格、程序合法、事实清楚、证据确凿、定性准确、征收标准有据、一事一卷、内容规范、格式统一、归档完整。全县共征收社会抚养费97例，已征收金额111.76万元，其中征收当年政策外生育社会抚养费23例，已征收金额29.79万元。申请法院强制执行4例，应执行18.23万元。

**【疾病预防控制】** 免疫规划接种率以乡为单位均在95%以上，达到国家免疫规划的要求，指标完成率100%。加强疫苗管理和运输，确保疫苗质量和安全，加强冷链设备的维护和管理工作，做到专人管理、专物专用。加强防疫人员培训，2017年举办专项培训5期，通过培训，各防疫人员均能较好地完成本辖区的免疫规划管理工作。4月份在全县范围内开展查漏补种月活动。为进一步规范全县二类疫苗采购程序，避免在疫苗选定及采购中出现违规现象，成立二类疫苗采购评标专家组，并于6月13日召开第一次会议。调整预防接种异常反应诊断专家组成员名单。2017年，全县有病例报告单位6家，无病例报告单位4家。报告甲乙类传染病178例，死亡0例，发病率132.84/10万；甲乙丙类传染病885例，死亡0例，发病率660.45/10万。全县严重精神障碍患者建档540人，报告患病率3.75‰，管理率98.01%，规范管理率98%。

**【爱国卫生运动】** 结合新一轮城乡环境卫生整洁行动和美丽乡村建设，开展第29个爱国卫生月活动，于4月和6月在城区范围内开展了大规模的灭蚊蝇行动，组织专业队伍在城区进行消杀活动，共使用敌敌畏400斤。组织专业人员进行监督指导，出动车辆6天次，人员18天次。按照创建要求，结合光泽县实际，确定并完成了止马镇白门楼村创建2017年省级卫生村。

**【宣传教育】** 加大宣传阵地整合力度，更新标语50条，清理不规范标语5条，新增标语16条。建成集健康教育、优质服务、文化娱乐为一体的人口健康主题公园8个，乡（镇）卫生、卫计办、村委及村卫生室宣传栏202个，村委及社区文化墙24面。县医院、妇幼保健院及各乡（镇）卫生院健康教育宣教室10个，全县90个村（社区）都建立了集学习、培训为一体的文化活动室。每个乡（镇）都建立了人口与健康文化长廊。结合卫生计生重要节（纪念）日和“三下乡”、学雷锋志愿者等活动，开展宣传服务活动100场次，开展慢性病、常见病等居民健康教育知识讲座100场次，公共场所累计开展卫生计生咨询、义诊宣传活动8场次，广泛宣传卫生计生政策。举办全县卫生计生系统宣传人员培训班，全面提高宣传队伍的整体素质。加大了媒体宣传报道工作的力度，在国家、省、市发表328篇，在《光泽政府网》《光泽时讯》县级网站、报刊共发表259篇，在县电视台播放卫生计生新闻15篇，宣传树立卫生、计生典型专题报道各一名。响应党的号召，做好“四比六促”，打响“百日攻坚战”，于4月14日在《闽北日报》发表专题《主动作为　奋力拼搏》——光泽县卫计局打响“百日攻坚战”侧记。每月举办电视宣传活动或专题讲座一次。与文化部门联系，搞好文艺宣传，12月29日寨里镇开展“清新寨里·幸福家园”“人口杯”第七届农民文艺汇演暨迎新年文艺晚会，9月26日华桥乡卫计办开展“计生政策惠万家，美满幸福你我他”文艺汇演。

**【健康扶贫】** 完成健康扶贫“三四七”工程工作，集中救治包括结直肠癌、宫颈癌、乳腺癌、终末期生病等病种在内的大病患者39人；重病兜底保障人数为626人。确定光泽县医院及全县七个乡镇卫生院为定点医院，建立绿色通道到位，开设健康扶贫绿色通道、实行了“一站式”服务、开展即时结算和信息交换项目；贫困人口家庭医生签约4565人；成立三个专家会诊帮扶组；与贫困户签订了《健康扶贫医疗承诺书》，在《承诺书》中，写明建档立卡健康扶贫对象享受先诊疗后付费、免专家会诊费、救护车接诊费等8条优惠政策。为贫困户制定了一张健康扶贫卡，健康扶贫患者凭此卡到定点医疗机构就诊享受绿色通道，减免相关费用。结合公共卫生工作已为健康扶贫户建立了健康档案，达到全覆盖。

2017年4月9日，县卫计局组织志愿者到寨里镇开展青春扶贫医疗义诊活动

【人才队伍建设】 全县共有卫生专业技术人员836人，其中高级专业技术人员85人，占专业技术人员比例10%；中级专业技术人员170人，占20%；初级专业技术人员412人，占49%。硕士研究生1人，本科学历194人，占23%；专科学历355人，占42%。采取事业单位公开招聘、定向委培、紧缺专业招聘等方式，引进了一批专业技术人才。定向委培本科10人，专科7人。紧缺专业招聘4人，公开招聘11人。

## 县医院

【概述】 2017年以搬迁医院为契机，做好资金、人才、设备等准备，创造良好医疗环境，提升医疗技术水平，满足病人医疗服务的需求。全院业务总收入10287万元，同比增长3.5%，其中门急诊收入4219万元，同比增长5.1%；住院收入6068万元，同比增长2.4%。床位使用率86.21%，同比下降1.28%；药占比43.81%，同比下降3.5%。

【新医院建设及合署搬迁】 综合医院建设已完成，10月20日，县医院、中医院揭牌仪式，标志着两院合署搬迁工作完成。新医院占地6.31公顷，建筑面积约5万平方米，总投资约3亿元人民币。一期建设内容：门急诊楼，主体设三层，中央设穹顶为五层。医技楼，建筑层数五层。住院楼，建筑层数地上七层，地下一层（面积1055平方米）。医生公寓5092平方米。根据《光泽县医院和中医院合署搬迁具体方案》（光医管〔2017〕3号）文件精神，综合医院编制床位500张，先行开放450张，下设医疗业务科室18个，临床支撑科室7个，行政职能科室11个。两院现有开放床位450张，两院人员编制367人。

【医疗质量】 根据医改、医保政策的要求，持续做好医疗质控工作，对医疗质控的细则进行修改调整。加强对医疗九项核心制度的检查考核，加强对电子病历书写规范的检查。调整临床路径

2017年10月20日，光泽县医院、中医院揭牌仪式

的组织管理，制定新的方案，完成临床路径80个单病种的遴选，按规定做好质控考核。并在原有对普通处方、抗生素专项点评、住院病人医嘱点评基础上，增加了对辅助用药的点评。

**【优质护理】** 护理优质病区在原来3个的基础上，新医院全面铺开。考核指标得到重点加强，护理部做好对优质护理病区的检查考核，并与绩效挂钩，护理质量要求普遍提高。责任护士坚持做好出院患者的电话回访工作，病人的回访率达到94.38%，满意率同比达到98%以上。医院优质护理的经验作法在《闽北日报》刊登，护理部吕桂英、陈昱等被推荐为南平市科协护理学会工作先进个人。

**【技术水平】** 人才培养上重视提高医务人员的业务技术水平，外送3位医生进修，5名医生参加规培，共计医务人员101人次到外地参加各类学习班。多渠道选拔、培养卫技人才，通过考试入编6人，调入2人，招聘卫生技术人员26人，充实临床一线队伍，并在高考医学专业招生中，与12名学生签订委培协议，做好人才储备。医疗设备上配备的高压氧舱、MR、血透机陆续到位安装，提升医院诊疗设备的硬件设施，为开展新技术新项目提供保障。

**【医疗服务】** 门诊大厅、各楼层就诊区域都设置有建筑平面图和科室分布图，各科室、部门、标牌及指示标识准确规范。在收费处和药房设立老年人、残疾人和军人专用窗口；已安装多台自助机，病人可以自助结算、自助排队取药，现正陆续开通现金缴款等各项功能；设立专家门诊，门诊各科室实行专家轮流坐诊，方便群众就诊；到新院区后，开办食堂为患者提供就餐方便；开通健康扶贫绿色通道，为建档立卡贫困户实行“一站式”服务；在科室推进5S4T管理机制，全方位提升患者就医体验。这些措施进一步优化服务流程、改善就诊环境。2、不断完善病友中心职能，搬入新医院后，增加服务中心人员，在内科门诊和外科门诊分别安排导诊，做好病人的预约和分诊，规范投诉处理程序，改进工作方式，发挥病友投诉中心的监督效能，投诉受理57件，都在时限内协调解决，医院投诉较去年明显减少。发放问卷调查2860份，收集患者意见及建议185条，已经协调整改169条。

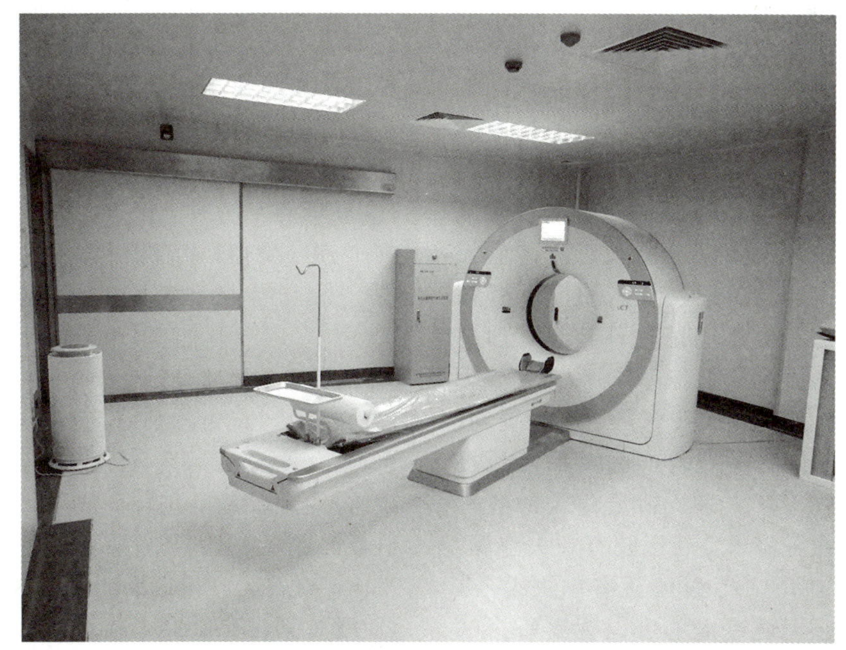

医院核磁共振设备

**【精神文明】** 与《闽北日报》合作开办专栏，刊登医院宣传报道80余篇。建立医院微博，制作16条视频新闻。编加入24期《医苑》，刊登医院信息200篇，及时报道医院情况，对外宣传医院发展消息和医务人员典型事迹。推行医德教育和医德医风考评机制，促进医务人员医德医风有很大改变，收到病人感谢信3封，锦旗4面，退回病人送来红包6人次。组建了志愿者团队，开展“青年志愿者服务”和“卫生下乡”活动，到社区农村义诊。利用各种集日、宣传日上街咨询义诊服务，发送药品，免费健康体检，义诊共计14次，诊疗病人3000人。健康咨询近万人次。对乡镇卫生院和挂点村开展对口帮扶工作，将服务、技术、设备等送到对口帮扶的寨里、司前卫生院。出资5.1万元帮助驻会杭西社区、挂点村开展共建活动及美丽乡村建设。对挂点村贫困户的一对一帮扶，共计帮扶36户，每月两次到贫困户家中探望慰问，解决实际困难。

**【新医院介绍】** 2017年7月9日启动县中医院搬迁，10月18日启动县医院搬迁，19日对外正式开诊，投入使用。光泽县委、县政府2011年作出整合城区医疗资源的战略布局，在城南新区划出6.31公顷土地，作为建一所新综合医院使用。新医院按三级医院的标准建设，面积5.7万平方米，床位500张，总投资3亿多元。新医院建有门（急）诊大楼、医技大楼、住院大楼和医生专家公寓等。争取到中央苏区县优惠政策和资金，本地上市公司圣农集团董事长傅光明为此陆续慷慨捐出资金约2.5亿元用于新医院建设。新医院建设作为南平市重点民生工程项目于2011年12月12日奠基，2012年度6月开工，2017年6月全部竣工。新的医院医疗有门急诊、医技、住院三幢主体大楼，按照三级医院标准进行规范化合理安排。划分了病区，进行了主要临床科室的二级分科。内科按心血管神经、内分泌肾脏血液、呼吸消化中医专科特点分成内一内二内三三个科室。外科按胸部腹部、头颈泌尿血管淋巴、骨和烧伤专科特点分成了外一外二外三三个科室。增加康复医学科，保留中医内科、中医骨伤科、中医儿科、中医妇科、中医针灸推拿科等中医特色科室。医技类科室检验、内镜、影像、病理等。还有120急救中心、感染科、手术室、ICU、消毒供应室、供电保障等。县新医院先后投入约3000万元购置各种先进医疗设备和设施。核磁共振、血透机、电子喉镜、电脑验光仪、电测听仪、血透机、冲击波碎石机、高压氧舱等一大批新增加的医疗设备在新医院投入使用。新医院以“数字医院”为目标，投入1200万元用于数字化智能化信息网络系统。智能化建设工程系统共包括综合布线、计算机网络、机房工程、排队叫号、大屏显示和多媒体查询、智能卡一卡通、公共广播、有线电视、会议、病房呼叫、远程医疗、时钟、电话通信、门禁、闭路监控、防盗报警、电子巡更、楼宇设备自动化、火灾报警与联动控制等20个子系统。包括三台大型网络服务器、各种核心交换机、监控器等。其中计算机网络综合布线系统、电话通讯系统等位于网络信息中心机房，火灾自动报警与联动控制系统、闭路电视监控系统、楼宇自动化系统等位于消控中心机房。除此之外，智能化信息网络系统还有时钟、电话、电视、广播以及防火、防盗监控等功能。还将投入资金，开拓医疗信息应用软件建设，加装各类医疗服务平台系统。如无线医疗、无线查房、手机查询、预约、缴费等，更大程度地提高医疗水平，满足病人的各种服务需求。新医院有中央空调，在ICU等病区还有中央监控，护士通过电脑可以观察每个病人的情况。有手术室医生护士餐厅，还设有全院职工食堂。各病区专门设立医生护士休息室，洗浴室，专门建有医生公寓，并有医务人员休息的文化活动室、楼顶空间花廊。ICU、手术室外设视频，家人可以通过视频观察到里面病人的情况。病房有卫生间，洗浴间，24小时供应热水。大楼中还有残疾人无障碍通道，病人食堂、营养餐厅等。新医院外部环境美观，处处是绿化，病人可在病区自行散步，陶冶身心，促进健康。

## 卫生计生监督所

**【概述】** 2017年加大卫生监督力度，开展各项监督检查活动，为确保全县人民的身体健康和社会稳定提供了保证，完成各项卫生监督工作任务，取得良好的社会效益。

**【卫生行政许可】** 至9月30日，共受理、公共卫生许可证11件，公共场所卫生许可年检3件，审办医师执业注册16件，补办医师执业证书1件，医师执业地点变更8件，护士变更9件，护士延续5件，医疗广告审查1件，受理医疗机构设置2件，受理群众咨询多人次。

**【公共场所卫生监督】** 加大对娱乐场所、宾馆旅店、商场超市、火车站、客运站等行业的卫生监督监管力度。结合日常卫生监督，对全县公共场所量化评分工作，对辖区内住宿场所44家（B级6家，C级30家）；沐浴场所3家（C级3家）；美容美发场所 24 家（B 级 2 家、C 级 22 家）；游泳场所 2 家（B 级 1 家）进行量化评分。对此次量化评分中达不到要求的经营业主，督促相关公共场所认真落实整改措施。

**【严管游泳场所】** 开展对区管游泳场所专项监督检查。监督检查内容包括卫生许可证持有情况、从业人员是否持有健康证明、泳池卫生管理制度落实情况、池水循环净化和消毒管理、场所布局通风情况、水质自检及检测公示情况等。监督员使用快速检测设备对游泳场所的池水，浸脚消毒池余氯进行现场采样检测，同时对游泳池水进行采样送实验室对浑浊度、尿素、细菌总数、大肠菌群、PH 值、等指标进行检测。卫生监督员针对实验室及现场监督及检测情况，及时下达卫生监督意见书，要求经营单位立即整改。

**【控烟专项监督】** 主要检查室内公共场所是否在醒目位置设置禁止吸烟警语和标志、是否开展吸烟危害健康的宣传，是否配备专（兼）职人员对吸烟者进行劝阻，是否在禁止吸烟的室内场所摆放吸烟器具，公共场所是否有吸烟者等方面。针对检查中存在的问题，执法人员当场下达卫生监督意见书，责令限期整改，确保公共场所控烟措施落到实处。同时通过广播、电视走字等多种形式，积极宣传吸烟危害健康科学知识，在全社会营造主动参与控烟，自觉远离烟草危害，全面推行公共场所控烟工作，为广大消费者营造绿色清新的公共场所生活环境。

**【“双随机”抽查】** 根据《南平市卫生计生委关于印发 2017 年南平市监督抽检计划的通知》的有关内容，结合卫生监督工作实际制定详细的卫生专项检查实施方案，以“双随机”的形式与县疾病预防控制中心联合开展辖区内公共场所、生活饮用水、学校卫生、涉水产品等内容进行了全面的卫生监督抽检。主要针对是否存在卫生许可证过期、从业人员是否持有效健康证明上岗、公共用品用具消毒保洁是否符合要求、是否有公共用品清洗、消毒记录，卫生管理档案是否健全、布局是否符合要求、卫生管理制度是否健全，美发场所是否有皮肤病人专用工具，客用化妆品索证资料等等方面进行卫生监督检查。同时，对相关场所进行采样和实验室检测。针对监督检查中发现的问题，卫生监督员及时下达卫生监督意见书，限期整改，并通过采取“回头看”的措施落实其是否整改到位。制定切实可行的改进措施，全面落实公共卫生监督“双随机”工作，完成监督抽检计划。

**【生活饮用水卫生监督】** 参加 3 月 14 日县消委会主办的以“网络诚信、消费无忧”为主题的现场宣传咨询活动及“饮用水宣传周”宣传咨询活动，此次宣传咨询活动取得良好效果提高健康维权意识，群众对非饮用水卫生安全的认识，达到宣传卫生监督部门职责和工作成效，扩大社会影响的目的。按照《传染病防治法》和《生活饮用水卫生监督管理办法》的规定，积极配置相关现场快速检测设备，加大对集中式供水单位的监督检查力度，对光泽县城乡集中式供水单位开展拉网式巡查。主要围绕集中式供水单位的水源卫生防护是否到位、水质净化和消毒设施是否正常运行、水质检测频次和结果是否符合相关要求、卫生管理制度是否落实、所使用的涉水产品是否按要求索证等方面进行监督检查。卫生监督员对检查中发现的问题出具卫生监督意见书，要求其在限期内整改。同时要求集中式供水单位汛期严格落实防汛工作责任制，在日常监测的基础上提高水质监测频次，及时掌握水质变化情况，迅速采取有效措施消除饮用水卫生安全隐患，确保人民群众饮水健康。

**【乡镇及以上集中式供水单位专项调查】** 根据《福建省乡镇及以上集中式供水单位专项调查方案的要求》采取问卷调查与现场监督相结合的方式对光泽县城区、乡镇共 7 个集中式单位积极开展生活饮用水的卫生监督工作，调查人员从每个集中式供水单位的现场卫生状况，调查水源类型，水源卫生防护、制水设施、水处理材料、工程建成时间、供水覆盖入口、日供水能力、检验室卫生管理制度等内容入手，对供水单位的卫生许可证、卫生管理制度、供管水人员健康证、涉水产品、消毒剂的卫生许可批件、水源卫生防护设施和水质净化设施等方面进行现场监督检查对存在问题的单位均下达了卫生监督意见书，要求限期整改此次专项调查。同时积极参与光泽县新建的北溪水厂基础设施建设工程建设邀请市卫生监督所有关专家与县住建局、县自来水公司共同开展对光泽县新建水厂的预防性监督检查，检查人员根据发现的问题要求自来水公司按照相关要求，严格做好水源防护、警示标识和后续的监管，争取早日让光泽人民喝上放心水、安全水。

**【参与新建水厂预防性监督】** 针对新建的北溪水厂基础设施建设工程不断推进，计划年内投运的实际情况，4月中旬，邀请市卫生监督所有关专家与住建局、自来水公司共同开展对新建水厂的预防性监督检查。通过对新水源地的实地查看，详细了解新水厂的建设情况，施工进度以及水厂建成后的制水工艺流程。并认真询问涉水产品索证、水质消毒处理、实验室建设等情况及输水管网的铺设情况。检查结束后，检查人员根据发现的问题要求自来水公司按照相关要求，严格做好水源防护、警示标识和后续的监管，督促县自来水公司在新水源投入使用前及时委托具有水质检验资质的机构对水源水、出厂水、末梢水进行水质检验，同时加强实验室建设，提高化验员工作能力，认真开展水质自检工作。下阶段我所将继续跟进新建水厂的建设进度，加强监管与指导，争取早日让光泽人民喝上放心水、安全水。

**【饮用水卫生安全产品专项整顿】** 主要针对1688、淘宝等电商平台。卫生监督员通过搜索本辖区生产或销售无批件涉水产品的企业信息和线索，拟按涉水产品类别列出无批件产品信息清单，组织对相关生产和销售实体企业依法进行查处；开展饮用水卫生安全活动宣传及卫生监督投诉举报电话开展涉水产品卫生知识咨询，引导群众科学认识涉水产品，增强消费者自我保护能力。针对1688、淘宝等电商平台搜索未发现存在生产或销售无批件涉水产品的企业。通过搜索本辖区生产或销售无批件涉水产品的企业信息和线索，拟按涉水产品类别列出无批件产品信息清单，组织对相关生产和销售实体企业依法进行查处；针对目前电商飞速发展的新形势，举一反三，在日常监督中采取定期搜索电商平台等方式，如有发现销售无批件涉水产品的企业，将及时固定和保存证据，依法对相关实体生产、销售企业进行查处。对没有实体店的销售无批件涉水产品的单位，将相关情况及时通报相关部门。

**【“健康饮水进万家”公益活动安装使用】** 7月25～26日，对部分乡镇敬老院安装的净水器进行认真细致的监督检查。检查中发现，全县在“健康饮水进万家”公益活动中共接收广州吉力大健康产品有限公司捐赠的PU—UF767皇鼎牌净水机35台。存在以下问题：1.同一产品的制造商和监制公司不相同；2.净水机外包装箱上的标签，与厂家提供给市民政局的卫生许可批件文号不符；3.净水器的滤芯级别与卫生许可批件标注的不符。立即敦促民政局立即通知相关下属部门停止“健康饮水进万家”活动，原已安装的饮水机立即停止使用，未安装的地区停止安装。

**【学校卫生监督工作】** 为普及科学用眼知识，帮助学生养成良好的用眼习惯，联系教育、文体等相关部门在全县各中小学开展青少年近视防控专项工作（爱眼护眼专题讲座）。本次爱眼护眼专题讲座活动共1475人参加眼护眼专题讲座，发放青少年预防近视宣传单2296份。每个班级发放了一张视力测试表，还为每个同学建立了视力档案，以后还会继续跟踪调查同学们的视力变化情况。举办活动的同时，要求各学校要按照《中小学校教室采光和照明卫生标准》要求，保障各项教学设施和条件（教室、寝室的采光与照明、课桌椅配备、黑板等）符合国家相关文件和标准的要求，为学生提供符合用眼要求的学习环境。

**【“金味泉”直饮水机使用情况专项监督】** 开展各学校“金味泉”直饮水机使用情况专项监督检查。检查结束后函告县教育局，敦促其要求对达不到“金味泉牌W500型直饮机”水源要求的学校立即停止使用“金味泉牌W500型直饮机”或加装R.O.

机对接水源进行处理。同时要求各加强学校饮用水卫生管理工作，进一步强化自身监管意识，落实饮用水卫生管理制度和饮用水专人负责制，加强校园饮用水卫生监督管理。符合安装使用“金味泉牌 W500 型直饮机”的学校应建立直饮机使用的信息档案，直饮机须有专人管理，认真核对直饮水机卫生许可批件、产品标签，严格按照说明书的要求对直饮机定期进行清洗和更换滤芯，并做好清洗和更换滤芯的记录及资料保存工作，消除校园饮水安全隐患，确保师生饮水卫生安全。

**【学校饮用水卫生管理及教学环境监测】** 与教育部门紧密联系，积极开展全县中、小学校园饮用水卫生专项检查工作。检查主要内容为学校饮用水卫生管理制度及落实情况、水源的卫生防护措施、供水设备的卫生防护、供水设施的清洗消毒情况及水质检测情况。针对检查中发现的问题，卫生监督员当场提出整改意见，要求其立即整改落实。对于本次自备水源水质未抽检的学校，督促并进行送样检测，对水质不合格的学校，帮助查找原因，指导校方排除饮用水卫生隐患，并督促其在以后的工作中进一步强化饮用水的规范管理。通过监督检查，进一步强化了学校对饮用水卫生的认识，明确了学校以后在饮用水管理的工作要点，进一步将学校饮用水安全保障的各项措施落实到位，确保广大师生的身体健康和生命安全。

**【教学环境监督】** 邀请市所专家莅临指导，深入部分学校，开展教学环境监督、监测工作。现场采用《学校卫生综合评价》（GB/T 18205—2012）中的“学校卫生管理评价计分表”对学校的突发公共卫生事件、传染病预防控制、常见病与多发病、生活饮用水卫生、教室环境、生活环境卫生、公共场所卫生等管理内容进行了综合评价，并对学校教室环境人均面积、采光照明、黑板照度、噪声、CO2 等卫生指标进行了现场监测。针对监督、监测过程中发现的问题，及时与学校进行了反馈并提出合理可行的指导建议，促进学校改进存在的问题，协助学校完善管理制度，提升学校自身卫生管理水平，给学生提供一个良好的学习环境，保障广大学生的身心健康。

**【消毒产品监管】** 根据《消毒管理办法》等相关法律法规，重点检查了消毒产品经营单位进货检验制度和进货台账建立、产品的购进票据、消毒产品标签、说明书是否违规进行明示或暗示治疗效果及生产企业卫生许可证及相关资质备案、产品生产标准及检验报告等。对检查中发现的问题，卫生监督人员现场指导并下达了《卫生监督意见书》，要求其限期整改，并跟踪整改结果。抽查经营单位 4 家，检查消毒剂、消毒器械等消毒产品 12 个。

**【餐饮具集中消毒单位专项整治】** 制订《光泽县餐饮具集中消毒单位专项整治工作实施方案》，将整治工作任务和责任落实到岗到人，确保了整治工作的有效开展。一是加强技术指导，依据《消毒管《消毒管卫生标准》等规定，对消毒餐具配送中心存在的问题进行摸底排查，对查找出的问题进行认真分析并给予技术指导，签订了安全承诺书，明确餐饮具集中消毒单位负责人为餐饮具卫生安全第一责任人，建立了餐饮具卫生安全的诚信制度，全年共随机抽检 40 件，各项指标均符合国家卫生标准，完善了日常监督档案。检查结果在卫计局网站公示，每月专人报送食安办。二是严格整治。通过专项整治活动，消毒餐具配送中心的卫生状况大大改善 ，各种卫生制度、卫生管理组织全部上墙，从业人员健康证培训合格证齐全，功能布局、工艺流程卫生设备符合规范要求。

**【医疗废物管理规范处置】** 组织卫生执法人员在全县范围内开展对各级医疗机构的医疗废物专项监督检查工作，此次检查采取查资料、看现场、询问相关人员等方式进行；对从事医疗废物收集、运送、贮存、处置等工作的有关人员进行了相关法律和专业技术、安全防护及紧急处理等知识培训，医疗废物转运人员防护基本符合规范；大多数医疗卫生机构对本单位产生的医疗废物能及时收集，并按照类别分置于防渗漏、防锐器穿透的专用包装物或密闭的容器内，包装物和容器有明显的警示标识和警示说明；医疗废物交由有资质的医疗废物集中处置机构处理。规范医疗机构医疗废物管理，确保医疗废物

安全处置，

**【医疗机构违法违规整治】** 由卫生计生监督所所长具体负责，抽调2名卫生监督员及7名乡镇卫生监督协管员从事专项整治工作。针对乡镇医疗执业监督执法实践经验少、执法能力较薄弱的情况，组织各乡镇院长及卫生监督协管员参加医疗机构专项治培训，就医疗执业监督的方法、调查取证要点、处罚依据等内容进行培训。本次专项整治工作以打击无证行医、规范医疗机构执业行为和查处违规医疗广告等内容为重点，对县、乡、村三级医疗机构进行了全覆盖检查，对举报投诉比较多加大监督检查力度，对检查中发现的问题责令限期整改，逐个追踪复查。对本区域范围内的无证行医情况进行认真排摸，联合药监等部门集中打击无证行医，保持高压态势。共出动执法人员450人次，其中卫生监督员420人次，药监执法人员等人员30人次，共取缔无证行医点5个，立案查处5件，罚款金额共计13000元。

**【医疗服务新业态专项监督】** 对辖区内医疗服务新业态进行一次全面的摸底调查和监督调查。全县只有一家医养结合医疗服务机构—光泽县国德（老年）医院。国德（老年）医院持有效《医疗机构执业许可证》，未超出登记范围。未使用非卫生技术人员从事诊疗活动。医疗废物分类收集，转运和暂存符合规定。未开展产前筛查与诊断，未违法开展胎儿性别鉴定及选择性别终止人工妊娠。

**【放射诊疗防护专项监督】** 在全县范围内开展医疗机构放射诊疗防护专项监督检查工作。辖区内使用放射诊疗设备的单位3家，其中二级医院两家、疾病预防控制中心一家。有数字X射线摄影机（DR）3台，X射线1台，CT机2台。全县放射工作人员13人。本次医疗机构放射诊疗专项监督检查工作，依照市卫计委统一部署，对全县放射诊疗单位进行卫生监督检查。检查内容主要是放射诊疗许可情况；放射诊疗质量保证和安全防护管理人员与管理制度落实情况；年度设备性能检测与放射防护检测情况；放射工作人员培训、个人剂量监测与职业健康检查及《放射工作人员证》持证情况；个人防护用品配置与使用情况；设备和场所警示标示设置情况等内容。使用放射诊疗设备的单位3家，均持有效《放射诊疗许可证》。放射工作人员13人，职业健康检查和培训按每两年一次，全部完成。都能建立制度和预案。发放并使用个人防护用品，受检者配备防护用品，在危害场所设置警示标志。4、监测情况：个人剂量计监测：开展个人剂量监测13人，监测项目为个人剂量当量，无人超出限值。说明放射工作人员的个人防护达到安全要求。

**【医疗机构依法执业专项监督】** 对全县各级各类医院159家进行了依法执业专项监督检查。主要检查了以下内容：医疗机构资质是否合法，使用卫生技术人员资质是否合法；医疗执业行为是否合法。是否严格按照执业登记范围开展诊疗活动；精麻药品管理、临床用血等是否规范，是否按规定使用保管书写病历、处方等；四是开展医疗技术是否合法，是否严格按照核准范围开展相应的医疗技术，医疗设备及器械的使用、维护、清洗消毒、卫生防护、质量检测等是否按照国家规定要求，医疗机构出具检查、检验报告是否真实规范。除了检查上述必检内容外，还结合本年度重点检查工作计划对各类医院的综合管理、医疗文书质量、合理用药以及等内容进行了检查，并对检查情况在全县进行了通报。

**【非法医疗美容专项整治】** 对辖区内医疗内容服务开展情况进行专项执法检查，共出动执法人员20人次，共检查单位总数为12家，其中医疗机构3家，生活美容机构8家。发放宣传单30份，所有被检查单位业主签订承诺书。此次专项检查未发现有非法制售药品、医疗器械、违规发布医疗美容广告、违规发布互联网信息等违法违规现象。

**【医疗机构临床用血安全监督】** 对辖区内的医疗机构开展了临床用血专项监督检查。此次专项监督检查主要针对县1家进行临床用血的医疗机构。重点从临床用血组织制度、血液来源、血液储存、备血与配血、临床输血、紧急用血、互助献血七个方面进行监督检查。从检查情况来看，被检查单位均高度重视临床用血工作，所有临床用血均为南平市中心血站提供，未发现违规自采自供临床用血行为，均未开展互助献血。能严格临床用血管理、技术操作规程，做到科学合理用血。

**【创新“双随机”检查模式】** 开展“双随机”检查工作。经过初步探索，因监督员对被监督单位地址信息不熟导致监管时间浪费、监管效率降低等问题显现。为了有效解决这一问题，所内相关科室积极联动，对抽取的被监督单位进行了联合执法。根据随机抽查结果，卫生监督员整理出在加强医疗安全管理和风险防控工作方面被抽取的县、乡、村三级共15家医疗卫生单位，联合局医政科同时进行日常监督检查，从一定程度上节省了物力，保证了本次联合执法不走弯路，节省寻找被监督单位的时间，提高了执法效率。本次联合执法共出动执法车10辆，出动卫生监督员40人次，共检查被监督单位15户次。

## 疾控中心

**【概述】** 2017年执行《传染病防治法》《突发公共卫生事件应急条例》《疫苗流通和预防接种管理条例》《预防接种工作规范》等法律法规及规章制度，以预防和控制传染病发生和流行为重点，不断增强突发公共卫生事件应急处理能力，全面落实扩大国家免疫规划策略，努力提升疾病预防控制水平，保障全县人民群众身体健康。

**【免疫规划】** 全县儿童脊灰疫苗、含麻疹类疫苗接种率≥99%，其他扩大免疫规划疫苗各剂次报告接种率以乡镇为单位均在95%以上，达到国家免疫规划的要求。开展麻疹等出疹性病例及其他免疫规划针对性疾病的主动搜索和个案调查工作，漏报率严格控制在相关的技术指标以内，15岁以下儿童麻疹发病率、百日咳、白喉等发病均为零，新破发病≤1/1000活产。做好预防接种异常反应的监测报告工作，制订异常反应的监测方案，并切实做好异常反应的调查和处理工作，及时向上级部门上报和向药监部门反馈。进行网络报告AEFI 7例。各乡镇卫生院制订流动人口儿童管理制度；加强医院接生后发放预防接种证管理；要求村医每月摸底流动人员信息，并上户核查和进行月报；与计生进行信息交流。免疫规划疫苗查漏补种月工作：各年龄段对象摸底调查儿童为7095人，本县儿童6532，外县儿童563人，共查出目标儿童959人，其中户籍儿童916人，外县73人，其中乙肝疫苗应补种64人，实补种60人，补种率93.7%，脊灰疫苗应种256人，实补种252人，补种率98.3%；百白破疫苗应补种187人，实补种180人，补种率96.2%，含麻疫苗应种132人，实补种128人，补种率96.9%；A群流脑应种133人，实补种121人，补种率90.9%；乙脑应种297人，实补种276人，补种率92.9%；甲肝应种147人，实补种135人，补种率91.8%，A+C疫苗应补种188人，实补种170，补种率90.4%。6. 入托入学：9月11～18日对中心小学和中心幼儿园进行督导，目前入托入学工作正在补种阶段。开展疫苗质量安全检查自查工作，每年对各乡镇进行两次免疫规划督导。

**【传染病管理】** 网络直报单位数为10家，其中县级以上医疗机构3家，乡镇卫生院6家，社区卫生服务中心1家。有病例报告单位6家，无病例报告单位4家（分别为杭川社区卫生服务中心、寨里镇中心卫生院、止马镇中心卫生院和崇仁乡卫生院，不纳入机构网络报告率统计）。传染病疫情报告质量综合率99.76%，其中医疗机构网络报告率100%，传染病报告及时率99.42%，疫情及时审核率100%，有效证件号完整率99.41，重卡率0%。报告甲乙类传染病178例，死亡0例，发病率132.84/10万，与去年同期相比增长14.1%；报告甲乙丙类传染病885例，死亡0例，发病率660.45/10万，与去年同期相比增长121%。报告手足口病688例，手足口标本送检45例。对全县幼托机构进行手足口病防治知识督导，要求幼托机构做好晨检、消杀和健康教育等工作。每个月底对当月全县疫情做一篇疫情简报，对本月传染病发病情况及与上月、去年同期的发病情况进行比较。及时报送上级部门及各级领导，同时反馈至各医疗直报单位。共完成疑似麻疹病例排除并订正2例。按月对麻疹、AFP、新生儿破伤风各监测点进行主动监测，疫情监测系统共监测报告麻疹、AFP、新生儿破伤风0例。传染病管理工作经过多年的建设，传染病报告及新破、AFP、麻疹主动监测系统已趋于完善，各报告单位对传染病报告工作都较为重视，成立了专门的疫情管理班子；指定专人负责疫情报告工作；并制定疫情管理制度；施行奖惩措施。

**【碘盐监测工作】** 全县共抽五个乡镇，每乡镇抽取一所小学，每所学校抽取42名学生，8、9、10岁年龄组各14名，采集其家庭盐样。同时采集以上五个乡镇每乡镇20名孕妇家庭盐样，共采集盐样310份，经现场半定量测定未发现非碘盐，碘盐覆盖率100%，实验室检测结果表明，合格碘盐306份，碘盐合格率达98.7%；采集学生家庭盐样的同时采集学生尿碘，共采集210份尿样，经送检市疾控中心实验室检测，尿碘中位数为190.6，抽取的5各乡镇共采集孕妇尿样100份，经检测尿碘中位数为144.1。围绕“每天一点碘，健康多一点”的宣传主题，于5月15日当天在县妇幼保健院门口开展现场宣传咨询活动，以展出展板、悬挂横幅、发放宣传单、发放奖品、提供咨询等形式向过往群众宣传碘缺乏病防治知识，还就外界传言的“碘过量”问题进行讲解说明。活动现场共悬挂横幅1条，展板4块，发放宣传单500多份，发放食用碘盐100包（宣传品），提供现场咨询月20人次，取得较好的效果。

**【麻风病防治】** 1月20日，由中心牵头组织人员在中山路开展宣传咨询活动，向公众宣传“麻风病可防可治不可怕”的防治知识，提高公众对麻风病的认知程度，促使可疑者及早就医，呼吁全社会共同关心、关爱麻风病患者及畸残者这一特殊群体，消除公众对病人的歧视。1月20日至28日，各乡镇卫生院、社区卫生服务中心相继开展宣传活动，通过播放电子显示屏、张贴海报、刊出麻风病防治专栏等形式，形成全社会共同参与麻风病防治的良好氛围。宣传共张贴海报8张，共4面电子显示屏滚动播放5天，刊出专栏5期次，取得较好的效果。2.关心慰问麻风病人：1月17日，在“世界麻风病日”到来前夕，卫计局、疾控中心、红十字会、崇仁乡卫生院组织人员到崇仁乡看望慰问麻风病人，并送去大米、食用油、洗衣粉等生活用品，以及棉被、防护鞋等保暖防护用品，帮助解决生活中的困难。开展存活治愈病人调查、线索调查和密切接触者检查，规范治疗现症病人，对1例现症麻风病患者予以及时、全程、规范的治疗和肝肾功能、血常规检查，长期积极治疗麻风病患者的手、足溃疡，并做好抗麻风病药物的计划、供应和管理工作。

**【艾滋病防治】** 在管艾滋病感染者18例，其中男性16例，女性1例，儿童1例；艾滋病人14例，其中男性12例，女性2例，今年死亡0。（按现住址报告艾滋病感染者23例，艾滋病人15例，男性32例，女性5例，儿童1例，今年无死亡病例。传播途径方面经异性性传播32例，男性行为传播5例，母婴传播1例，传播途径以性传播为主。）报告2例艾滋病感染者，

2017年10月13日，基层医务人员艾滋病反歧视教育培训

中心这对2例感染者及时进行随访干预，首次随访完成率100%。28例感染者接受CD4+细胞检测，按户籍接受抗病毒治疗29例，其中1例儿童；高危干预人数1080人次。自愿咨询检测人数247人，暗娼检测人数158人。每月到看守所对新羁押人员采血检测，完成监管场所羁押人员HIV抗体筛查75人，筛查未发现阳性病例。对全县10所初中及以上学校开展“中学生艾滋病健康教育工作督导检查”。要求学校今后必须把预防艾滋病教育纳入本校的教学计划和年度考核内容，形成常态化工作，给每所学校分发《艾滋病宣传小册》，确保每一位入学新生人手一份，共发放3800份，印制《青少年预防艾滋病宣传教育专栏》宣传彩喷画布。到宾馆酒店等公共场所开展艾滋病相关信息调查工作，调查明确各个场所对艾滋病防治的职责和对社会作出的贡献，邀请各业主积极参加高危场所艾滋病防治宣传座谈会，向业主们宣传国家对艾滋病防治方面的政策及法律法规，向业主们免费提供安全套2000多个，发放艾滋病防治宣传资料1000多份及近百张免费咨询联系卡。对圣农公司职工进行健康体检的机会重点对外来务工人员进行了艾滋病防治宣传检测活动。

**【疟疾防治】**　进行疟疾防治技术培训，共培训人员27名。开展发热病人血检，最大限度地发现疟疾病例：全县的乡镇卫生院/社区卫生服务中心以上的8个医疗机构继续对"三热"病人（临床诊断为疟疾、疑似疟疾和不明原因的发热病人）开展显微镜检查疟原虫。对“三热”病人60人进行采血检验，未检测出疟原虫。4.26宣传日牵头联合各卫生院在乡镇所在地繁华地段广泛开展宣传教育活动，旨在营造全社会共同参与，消除疟疾的良好氛围，宣传活动共摆放展板6片，制作有奖问答题150条开展宣传活动，此次宣传活动共有150余人参加有奖问答，发放奖品200余份，宣传单500份，前来咨询的群众达700多人。

**【结核病防治】**　发现新发涂阳病人10例、涂阴病人29例。新发涂阳病人发现任务完成全年的47.61%，活动性结核病人发现任务完成全年的82.97%。转诊率为69.10%，追踪到位率为100%，总体到位率达100%，密切接触者筛查率达100%。对项目病人及时进行督导访视，保证病人全程、规律地用药，涂阳病人治愈率为100%，超出了上级下达的85%任务指标。“3.24”世界防治结核病日，全县各乡镇紧紧围绕“社会共同努力，消除结核危害”这一主题，开展形式多样的宣传活动，7个乡镇卫生院均设立咨询点，开展结核病宣传、义诊等宣传活动。开展以“社会共同努力，消除结核危害”为主题的宣传与咨询活动。处置两起学校结核病人密切接触者的筛查以及高危人群的医学观察和随访工作，共筛查密切接触者447人。对全县中小学校开展结核病防治宣传，并给每所学校发放结核病防治宣传小册。

**【慢病工作】**　高血压患者建档9482人，完成109.21%，规范管理7020人，规范管理率为74.04%；糖尿病患者建档2009人，完成率81.75%，患者规范管理1743人，规范管理率为78.57%。在进行国家慢性病有关基本数据收集分析、系统培训基础上，加强网络信息管理，强化保密工作，由专人上报数据。切实做好每月肿瘤登记报告上传，每季度慢性病和营养工作工作进展调查报告工作，按规定时限上报。开展慢性病防治宣传教育，努力普及慢性病防治知识。为了积极争取社会各界积极参与慢性病防治工作，在全县普及慢性病防治知识，利用各种慢性病防治日在人群密集广场通过展板、发放宣传小册子、宣传单、现场咨询等形式广泛宣传慢性病防治知识核心内容。通过宣传，提高了群众糖尿病、高血压、精神疾病等慢性病的认识，对引导群众自觉主动监测血糖、血压、重视精神卫生起到了良好的推动作用。

**【重型精神障碍管理工作】**　全县常住总人口133000人，已开展重型精神障碍管理治疗服务的机构8个，人员7人。确诊严重精神障碍患者累计建档患者526人，在册患者523人，在册率3.93%；在管患者511人，规范管理数511人，规范管理率高达100.00%。无轻度滋事、肇事肇祸危险行为患者的报告。

**【卫生监测】**　体检食品、公共

场所、饮用水从业人员7702人，其中合7558人，不合格144人，体检合格率为98.13%。体检有毒有害作业职工424人，发现疑似矽肺病人1人，对全县X光机、CT机及放射源进行监测，监测覆盖率达100%，对全县放射工作人员进行个体计量监测，监测率100%，全县未出现急、慢性职业中毒及死亡事件。监测城市生活饮用水117份，其中合格103份，不合格3份，合格率为88.03%。完成了全国农村饮用水监测、城区高层二次供水监测、食品风险评估监测采样工作，对34家公共场所进行卫生监测，合格率为100%。组织开展了4次大规模的灭蝇工作。完成食源性疾病的监测任务。其中县医院报告94例，完成率104.44%，中医院报告53例，完成率106%。采用发放宣传单与口头宣传相结合，对企业主与职工开展《职业病防治法》及职业病防治知识的宣传。

2017年4月20日，县疾控中心举办全县农村饮用水水质与食源性疾病监测培训班

**【健康教育】** 开展健康中国、全民健康生活、计划免疫、结核病、碘缺乏病等防病知识咨询宣传活动10次，发放各种宣传资料1万多份，接受群众咨询2.8万余人次；深入社区，先后举办高血压、糖尿病防治知识讲座2次，共培训退休干部110余人；开展艾滋病、结核病防治知识进校园活动。共举办展览1次、讲座2次，发放宣传资料4000余份，3000余名中学生受到了教育。根据《福建省目标人群重点卫生防病知识知晓率调查方案》要求，在城区的2个居委会、及中学，各抽取了100人，统一使用“福建省目标人群重点卫生防病知识调查问卷”，分别对社区居民、学生、农村居民三类人群，进行了问卷调查，并利用相关软件进行了数据录入和分析。举办培训班1次，深入乡镇开展健康教育指导20次，提高了他们的业务技术水平和工作能力，促进了全县的健康教育工作。

2017年3月8日，县疾控中心组织女职工开展送“健康知识下乡”活动

**【检验工作】** 联合对饮食服务行业（包含圣农有限公司）、公共场所从业人员体体检达7600多人次；检测自来水160余份；农村水质全分析190余份。对辖区内餐饮行业、公共场所进行监

测，检测餐具40余份，公共场所（空气、公共用具）监测160余份。联合完成乙肝抗体及二对半检测400多份。检测HIV抗体500多人，其中自愿咨询达300余人。对300户居民食用碘盐及尿液碘含量进行了检测。完成职业健康体检425余人，进行血尿常规、ALT、尿氟、肌酐、肝功等检测。每月采手足口病标本5例送市疾控检验科病毒检测。全年送检60份。

**【疾控中心建设项目】** 按照工程进度，疾控中心建设项目进展顺利，外部建筑基本就绪，内部有关设施按要求进程中，并完成了有关业务用房建设的相关工作。

## 妇幼保健院

**【概况】** 2017年妇幼卫生计生工作坚持以保障妇女儿童健康、计划生育优质服务为目的，保健与临床相结合，面向基层、面向群众的工作方针，开展各项妇幼保健服务。

**【妇幼计生指标】** 全县产妇数2156人，活产2164例（双胎24例）。孕产妇建卡率97.17%，产前检查率96.53%，孕早期检查率90.53%，产后访视率90.53%，孕产妇系统管理率88.59%，住院分娩率100%，剖宫产率34.75%，高危孕产妇筛查率43.18%，高危孕产妇管理率100%。围产儿死亡率7.8‰，低出生体重儿比例2.5%，没有发生新生儿破伤风，婴儿死亡率1.85‰，5岁以下儿童死亡率3.24‰，新生儿死亡率0.92‰，7岁以下儿童保健覆盖率93.76%，3岁以下儿童系统管理率91.55%，5岁以下儿童低体重患病率0.51%，5岁以下儿童贫血患病率4.92%，高危儿筛查率2.19%，高危儿管理率100%，托幼机构卫生管理率100%，6个月母乳喂养率89.75%，6个月纯母乳喂养率71.14%，婚前医学检查率44.90%，免费孕前优生健康检查覆盖率85.6%，地中海贫血检查率53%。

**【妇女儿童保健、计划生育管理】** 召开妇幼工作例会4次。组织围产儿死亡讨论分析，制订相应的制度和强化干预措施。加强对乡镇的妇幼卫生业务指导，按妇幼卫生责任制度实行管理，任务分工明确，责任落实到人。选派县、乡级专业技术人员参加各类专业培训班，如产科适宜技术培训、孕产妇系统管理培训、儿童系统管理培训等。选派师资参加全县乡村医生培训，对全县乡村医生作了系统全面的孕产妇系统管理及儿童系统管理的培训。组织举办产科适宜技术及儿管和宫颈癌检查项目技术培训班，培训内容包括公共卫生与两个系统管理规范、三网监测、报表报送、阻断艾滋病梅毒乙肝母婴传播、农村妇女妇科病筛查、免费增补叶酸等，全年培训130余人次。完成计生手术738例，其中上环341例，取环367例，人流30例，无医疗责任事故的发生。4月21日举办“计划生育技术服务管理新知识、新技能”培训班，此次培训重点讲解计划生育技术服务管理改革创新、优生优育及如何正确选择避孕药具等新知识、新技能，主要是针对机构整合后的乡镇卫生院及卫生计生服务中心的专业技术人员进行培训，共26人参加。⑵为加强基层药具服务队伍能力建设，5～6月到各乡镇卫生院、卫计办组织对村医、

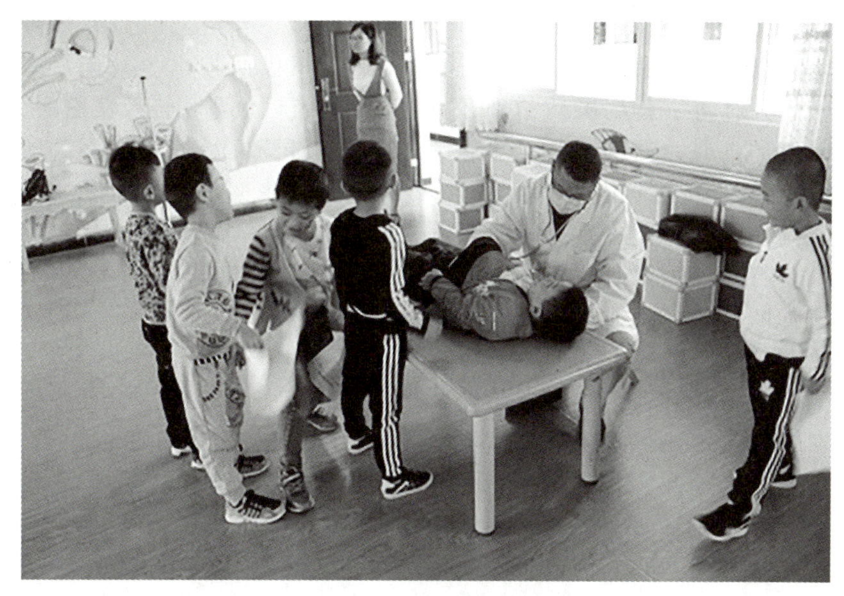

县妇幼保健院到职教中心附属幼儿园开展集体幼儿免费体检活动

村社保协管员进行优生优育及避孕药具等新知识、新技能培训，培训率达100%。宣传避孕药具知识，普查期间共发放宣传资料1500多份，避孕药具800人次，发现患有妇女常见病260人（其中高血压38人，高血糖22人，阴道炎100人，宫颈柱状上皮异位31人，子宫肌瘤15人，卵巢囊肿8人，14种高危型HPV感染16人，乳腺小叶增生30人），均给予咨询指导。在门诊一楼大厅设置了免费避孕药具自动发放机，在村卫生室、计生服务室、社区卫生服务中心、乡镇卫生院、圣农及其他人流密集场所设置免费避孕药具发放柜，并建立药具领用情况登记本。为拓宽药具发放渠道全县共设置193个免费发放网点，共免费发放避孕药具3202人次。

**【重大公共卫生】** 省上安排给光泽县农村及城镇低保妇女宫颈癌和乳腺癌免费筛查名额1500人，均已经全面完成。对怀孕在15～20周的农村孕妇和城市低保孕妇提供免费产前筛查，并对每一例对象均给予了认真的评估，对高风险对象进行重点随访直至落实。血清产前筛查发现高风险46人，都及时进行告知，建议进一步做产前诊断；超声筛查发现胎儿畸形异常3人，建议采取引产或转上级医院进一步治疗等措施处理，有效地防控出生缺陷。对孕前及孕早期的对象给予免费补充小剂量叶酸，预防新生儿脑神经管畸形，有效防控出生缺陷。对每例农村孕产妇住院分娩补助400元，减轻了农村孕产妇住院分娩的经济负担。

**【婚检工作】** 全年婚姻登记人数2334人。婚检总人数1048人，其中男524人，女524人。婚前医学检查率为44.9%。婚检疾病检出164人，其中男91例，女73例，患病率为15.65%。婚检中查出患指定传染病2例，均为女性；患生殖系统疾病22例，其中男性4例，女性18例；患内科系统疾病23例，其中男5例，女18例，分别为乙肝表面抗原、尿路感染等。对影响婚育疾病的，给出指导意见164人，建议暂缓结婚0人，尊重受检者意愿并建议采取医学措施164人。2017年优检任务人数1280人。已经参加优检总人数1096人，其中男548人，女548人；检查覆盖率为85.6%。优检检出高风险疾病82人，其中男36例，女46例，患病率为6.4%。对在优检中发现的疾病均给予面对面的咨询指导及处理。在做好婚检孕前优检工作的同时做好宣传教育，积极防控出生缺陷，提高出生人口质量，普及艾滋病、梅毒、乙肝防治、孕前免费增补叶酸知晓率，为阻断母婴艾滋病、梅毒、乙肝垂直传播，降低出生缺陷率切实把好第一关。

**【高危孕产妇管理】** 全县各机构孕产妇总建卡率97.17%，高危筛查率43.18%，高危管理率100%。2017年全县危急重孕产妇155例，均及时转诊或抢救，抢救成功率100%。执行《南平市高危管理工作办法》，制定出急重症孕产妇转诊救治网络管理实施方案，成立了相应的领导小组和专家技术指导组，对发生的危急重症高危患者实行逐级护送转诊治疗和跟踪管理，确保了母子生命安全。将妇幼保健窗口前移，产后访视实行上门服务，促进管理和服务人性化，保健面进一步扩大，保健质量进一步提升，有效地保障了光泽县产妇和新生儿的健康。

**【妇科病普查】** 除了对农村妇女和城镇低保妇女进行妇科病普查外，我院还对全县企事业单位及困难职工和个体私营协会开展了妇科常见疾病的筛查。筛查内容有内外生殖器检查、白带常规、乳腺检查、B超子宫附件检查、宫颈液基细胞检查等。

**【托幼机构卫生保健指导】** 健全托幼机构卫生保健制度，协同教育部门做好幼儿教师上岗体检、托幼园所集体儿童体检、晨间检查、健康保健、营养评估和保健人员培训等，切实保障学龄前儿童的健康。

**【妇幼工作】** 9月9日妇幼保健院与计划生育服务中心结束了一个单位两处办公的局面，顺利搬迁到原中医院院址办公。搬迁后，人员及科室重新组合，曾经重复设置的B超、化验室、药房、女性治疗室、男性诊室等业务科室合并，原计划生育专业技术人员安排到县医院及南平市妇幼保健院轮流进行为期2年的转岗进修培训，目前各项工作有序开展。

**【妇幼卫生信息管理】**　全县建立孕产妇死亡及围产儿死亡报告和讨论以及出生缺陷监测制度。各医疗机构每月定期向妇幼保健院上报出生及死亡情况，通过收集整理分析妇幼基础数据、开展生命质量漏报调查和三网监测，进一步加强了妇幼卫生质量控制，确保了光泽县妇幼卫生信息的准确性，为决策提供了科学的依据。

## 杭川社区卫生服务中心

**【概述】**　2017年社区卫生服务围绕“人人享有基本医疗卫生和公共卫生服务”的工作目标，加强社区卫生服务体系建设，持续提高卫生服务能力。

**【基本药物管理】**　按照使用制度，规范用药行为，确保基本药物作为首选药物提供给患者。基本药物目录外的临时用药是按福建省基本医药目录或新农合目录内的药品，实行品种控制的原则。执行药品零差率销售，销售药品61.8万元，为患者减少了9.3万元的药品差率，确实做到减轻患者的医疗负担。切实减轻了患者的就医负担。对基本药物制度实施情况的考核，按照“一升一降”的标准来考核，做到门（急）诊人次上升和看病费用下降，使基本药物制度真正让广大群众受益。对鸾凤乡村医进行药品代购，代购药品4.3万元，药品补差0.65万元。目前鸾凤乡22所村卫生所已有16所安装了新农合专用电脑，3名村医开通了新农合报销。村医的部分药品由中心代购。

**【医疗服务发展】**　人才培养方面采取多科培训指导，对临床的常见病、多发病的诊治和规范慢性病的管理等，选送优秀人员到上级业务部门举办的各类培训班培训，所有医生都完成全科医师转岗培训；鼓励职工以函授自学的方式提高学历。对全乡19名享受公共卫生津贴的乡村医生也按要求完成了全年培训任务，有效地促进农村医疗卫生服务工作的开展。推进卫生信息化建设，开展网络建设，配备了必要的设备，努力完成了城乡居民健康档案电子化管理，为城乡居民“一卡通”电子化就诊打下基础。开展“以健全管理组织、完善规章制度、规范服务行为”为主题的管理年活动，突出重点，科学布局，美化、优化服务环境，规范命名，统一设置公示项目；依法行医，严格规范执业行为；建章立制，规范医疗服务行为；转变观念，持续改进服务模式；强化管理，规范临床诊疗行为；强化培训，切实履行公卫职能；严格管理，做好医疗保险工作。在临床工作中严格执行诊疗、护理等专业技术操作常规，严格执行国家基本用药目录和药品“零”差率销售，并做到合理检查，科学用药，严控院内感染，无重大医疗事故和医疗纠纷发生。

**【公共卫生服务】**　制定杭川社区卫生服务中心基本公共卫生服务项目实施方案及考评细则，成立了公共卫生科和组建了全科服务团队，并与各责任科室签订了基本公共卫生责任书，实施专题培训，采取以会代训的方式及对公共卫生工作人员进行业务培训及知识更新。资金管理中心严格遵守财经纪律，制定了资金专项管理制度，国家基本公共卫生服务项目资金专项管理，设置专项会计账簿，收支明细账。2总收入为407.3万元，财政补助收入340.4万元，其中公共卫生服务项目资金170.5万元。总支出为296.8万元，其中公共卫生支出127.9万元中心纳入人员经费和各项公共卫生开展项目成本例支，为我中心促进基本公共卫生服务项目全面落实提供了有力的经费保障。

**【项目执行】**　开展居民健康档案建立及管理、健康教育、老年人保健、传染病报告和突发公共卫生事件处置、慢性病管理、重性精神疾病管理、预防接种、儿童保健、孕产妇保健、卫生监督协管、中医药健康管理、肺结核患者健康管理等13项公共卫生服务项目。为杭川镇辖区居民建立电子健康档案24300人份，建档率达76.02%；为鸾凤乡辖区内居民建立电子健康档案13787人份，建档率达95%。开展不同类型健康知识讲座及咨询活动115场，参加宣传活动及接受健教咨询人数达3000余人。发放各种健康传播资料（杭川、鸾凤）共5.7万余份，宣传栏更新115期，向广大居民广泛宣传基本公共卫生服务内容和健康知识。为辖区内适龄儿童统一接种，实行计划免疫网络管理，准确掌握辖区常住、流动儿童接种动态，完善建卡制度，规范卡证管理，杭川镇新出生儿童246人，12月龄儿童建证、建卡率达100%，乙肝疫苗接种率97.38%；卡介苗接种率99.75%；脊灰疫苗接种率98.69%；百白破疫苗接种率98.63%；含麻疫苗（麻风、麻疹）接种率95.75%；A群流脑疫苗接种率94.81%；乙脑疫苗接种率92.16%；甲肝疫苗接种率90.51%；鸾凤乡全乡新出生儿童250人，建卡、建证率100%。乙肝疫苗接种率90.38%；卡介苗接种率99.8%；脊灰疫苗接种率97.4%；百白破疫苗接种率96.93%；含麻疫苗（麻风、麻疹）接种率96.07%；A群流脑疫苗接种率96.49%；乙脑疫苗接种率94.36%；甲肝疫苗接种率92.33%。并积极开展二类苗宣传接种，从而提高儿童的免疫力，减少传染性疾病的发生。对杭川镇14所、鸾凤乡8所学校及托幼机构进行新生入托、入学查验预防接种证工作，查验情况为杭川镇应查儿童1830人，实查验1830人，查验率为100%，补发接种证0本，应补种儿童数为300人，实补种人数为268人，补种率为89.3%。鸾凤乡查验情况为应查儿童74人，实查验74人，查验率为100%，补发接种证0本，应补种儿童数为22人，实补种人数为21人，补种率为95.1%。

**【妇幼保健服务】** 开展孕产妇管理，出生（杭川镇365人、鸾凤乡351人）。孕产妇总数（杭川镇360人、鸾凤乡348人），产后访视（杭川镇323人、鸾凤乡314人），产后访视率（杭川镇89.7%、鸾凤乡90.5%），县级医院活产住院分娩活产数（杭川镇362人、鸾凤乡347人），住院分娩率100%。高危筛查（杭川镇155人、鸾凤乡154人），高危管理（杭川镇155人、鸾凤乡154人），高危管理率100%，全年无孕产妇死亡及新生儿破伤风发生。辖区内7岁以下儿童保健服务：7岁以下儿童体检（杭川镇1846人、鸾凤乡1991人），覆盖率（杭川镇95.9%、鸾凤乡93%，3岁以下儿童管理（杭川镇808人、鸾凤乡923人），儿童系统管理率（杭川镇95.5%、鸾凤乡92.9%），严格按照“4、2、1”要求进行免费体检，并使用小儿生长发育监测小儿生长发育情况。新生儿访视工作：对在医院出生的辖区内的新生儿提高电话随访，确定应访儿童，由具体分管片区的妇儿保人员或乡村医生入户上门随访。全年共有新生儿（杭川镇362人、鸾凤乡347人），随访（杭川镇328人、鸾凤乡309人），随访率（杭川镇90.6%、鸾凤乡89%），对新生儿进行体检，在喂养护理，疾病预防等方面进行针对性指导。对全乡所有幼儿园在园儿童进行体检，共计有入园儿童（杭川镇1703人、鸾凤乡312人），体检（杭川镇1703人、鸾凤乡312人），查出儿童中重度贫血（杭川镇1人、鸾凤乡0人），低体重（杭川镇20人、鸾凤乡8人），并将检查结果反馈给受检儿童家长，对体检异常的儿童，建议到上级医院做进一步的治疗和接受保荐指导。0～3岁儿童鸾凤乡994人、杭川镇846人，中医药保健鸾凤乡398人、杭川镇339人，保健覆盖率均超40%。

2017年2月16日，杭川社区卫生服务中心医务人员到杭川中心幼儿园举办“手足口病预防知识讲座”

【老年人保健】 采取事先广泛宣传，定期、分片入居委会开展的方式，继续为辖区内 65 岁以上老年人提供免费健康体检，有效地提高了广大老年朋友的受检率，体检 1978 人，对体检中发现异常人员进行复查和随访工作，截止 2017 年 9 月 30 日，为 65 岁以上老年人建档共 2824 人份、70 %纳入健康管理。

【慢性病人健康管理】 落实 35 岁以上人群门诊首诊测血压制度的基础上，开展 45 岁以上人群空腹血糖筛查工作，提高重点人群慢性病人的发现率。通过严谨细致的筛查，查出高血压患者 3035 人（其中城区 2087 人、鸾凤 948 人），糖尿病患者 1105 人（其中城区 760 人、鸾凤 345 人）。按照两病筛查人数纳入系统规范管理，高血压纳入规范管理人数 2511 人（城区 1800 人，鸾凤 711 人），规范管理率（杭川镇 86.25%、鸾凤乡 75%）；糖尿病纳入规范管理人数 951 人（城区 689 人，鸾凤 262 人），规范管理率（杭川镇 90.66%、鸾凤 75.94%）。

【重型精神病管理】 与辖区内有关单位和部门相互沟通，掌握辖区重性精神病患者的相关信息，对易肇事肇祸的重型精神病人与辖区政府综治部门及派出所等单位互相联动加强访视和管理，及时规范建立管理档案并定期随访。累计精神病病人 167 人（城区 96 人、鸾凤 71 人）规范管理（杭川镇 78 人、鸾凤乡 62 人）规范管理率（杭川镇 81.25%、鸾凤乡 87.32%）。

【传染病防控】 重视传染病防治工作，建立健全相关工作制度，要求每位医生必须严格执行，在急性传染病流行期间，严格执行日报制和“零”报告制工作，加强对传染病疫情和突发公共卫生事件报告管理，大力加强结核病、艾滋病防治知识宣传。在管涂阴、涂阳结核病人 21 人，均按要求进行规范管理。共报告传染病人数 0 人，传染病疫情报告率 100%。

2017 年 11 月 13 日，杭川社区卫生服务中心联合鸾凤乡卫计办为鸾凤乡 65 岁以上老年人免费体检活动

【卫生监督协管】 健全卫生监督有关工作制度，配备 2 名专业人员负责卫生监督协管服务工作，明确了责任。对鸾凤乡的 34 处供水点进行定期巡查。开展了职业卫生咨询指导活动，定期开展饮用水卫生安全的巡查和学校卫生服务的督导等管理。

【中医药健康管理】 开展 65 岁以上老人和 0～36 个月儿童中医药服务项目，开展老年人中医体质辨识和儿童中医调养服务。结合 65 岁老人健康体检，杭川镇完成信息采集 1130 人，占管理老人的 40%；鸾凤乡完成信息采集 512 人，占管理老人的 40.1 %。杭川镇共有 0～36 个月儿童 846 人，中医药保健 339 人，保健覆盖率 40%；鸾凤乡共有 0～36 个月儿童 994 人，中医药保健 398 人，保健覆盖 40%。

## 止马镇中心卫生院

【概述】 2017 年，止马卫生院核定编制数 20 人，现有 24 人，其中在编 16 人，临聘 8 人；现有医生 8 人，护士 7 人，药剂 5 人，检验人员 1 人，其他专业技术人员 3 人；具有本科学历 1

人，大专学历18人，中专学历5人；中级职称4人，初级职称17人。核定床位数15张。全镇共有10个行政村，公共卫生核定人口13751人，村卫生所13个，村医14名，有5名村医取得执业助理医师资格。按照乡镇医疗卫生工作要求，做好各项医疗工作，落实13项公共卫生项目。

**【居民健康档案】** 全镇共有10个行政村，3504户，总人口13751人，已建居民健康档案12046份，建档率87.6%，电子健康档案12046份。其中65岁以上老年人1276人，0～6岁儿童1605人，高血压患者823人，糖尿病者109人，重性精神病患者55人，对于已经建立老年人档案及掌握的慢性病患者如高血压、2型糖尿病等，根据要求，定期进行随访和免费健康体检。

**【健康教育】** 对辖区内的村居、学校、通过多媒体健康讲座，面对面个人健康咨询、黑板报、宣传栏、分发健康宣教资料等多种形式，开展针对性的健康宣教活动。印制糖尿病、高血压等健康教育处方以人为单位的80%；公民素养、基本公共卫生读本等以户为单位的80%。重点对慢性病，高血压、糖尿病患者及65岁以上老人开展慢性病、常见病防治及科学防病健康讲座和个体化健康教育。

**【预防接种】** 实施预防接种工作规范，国家基本公共卫生服务规范，12月龄儿童的基本免疫各单苗的接种率保持在95%以上，各单苗加强接种达到90%以上。及时做好幼儿园，小学儿童接种证查验工作，查验率达到90%以上。加强流动人口等特殊人群儿童的免疫预防工作，建立流动人口接种登记内卡，每月主动搜索一次流动儿童。健全预防接种异常反应监测系统，做好一类和二类疫苗接种异常反应监测工作，切实做好异常反应的调查和处置，对未能及时或逾期接种的儿童及时发短信通知家长。

**【传染病及突发公共卫生事件】**

贯彻《传染病防治法》《突发公共卫生事件急条例》，坚持门诊登记和疫情自查制度；建立健全了疫情报告制度，传染病工作的登记、报告及时和准确率均达100%，开展传染病的防治、宣传工作。协助县卫生监督所对辖区内学校卫生、饮用水卫生、食品安全进行监督检查。

**【慢病管理】** 建立全镇居民的高血压、糖尿病等慢性病电子健康档案。各村卫生所负责对本村高血压、2型糖尿病患者进行筛查、评估登记建档管理和随访，做到了慢性病患者实行一人一档案，卫生院负责指导各村医熟练管理和规范管理程序，及时建档管理及时随访，同时指导高血压、糖尿病患者规范用药，实行每人一年一次的一般体格检查，四次随访并给予康复措施指导，从而使慢性病人健康管理达到规范管理。全镇全年查出高血压患者898人，建档管理 人完成率100%，规范化管理675人，规范管理率75.17 %。查出Ⅱ型糖尿病患者109人，建档管理109人，完成率100%，规范化管理109人，规范管理率100 %。对查出的慢性病患者都建立了个人管理档案，并按期进行了随访，及时纳入规范管理。

**【老年人保健及中医药保健管理】**

辖区内65岁以上老年人常住人口1335人，根据老年人不同的健康状态有针对性、有目的性地进行健康教育管理服务，对危险因素进行干预控制并追踪。如对糖尿病、高危个体、假如其危险因素有超重、血糖偏高和吸烟，提出指导意见，包括减轻体重、体力活动、停止吸烟。做好健康危险因素调查与教育：采用下村集中体检和入户随访方式，对老年人慢性病及其危险因素进行调查，重点做好老年人慢性病防治，做好老年人慢性病危险因素为吸烟、饮酒、缺少锻炼、高盐饮食等，逐一做好健康教育工作，提示改变不良的生活习惯，并定期健康检查，展开辖区老年人群健康教育干预。针对老年人的心理特点，进行正确的保健指导，重点做好常见疾病与高危因素的针对性指导。到各村及上门服务的方式为老年人进行了健康体检，同时邀请县中医院体检科人员共同为全镇老年人体检。全镇老年人1276人，规范管理人数1046人，体检81.97人，对体检发现的慢病患者及时通知村医纳入慢病进行规范化管理，定期随访。

2017 年 4 月，止马镇中心卫生院开展“公共卫生服务宣传月”活动

**【重性精神病患者管理】** 为辖区内 57 名重性精神病患者建立健康档案，并且每年进行定期随访，在每次随访同时进行康复和治疗指导。对全镇重性精神病患者进行重新排查评估，确立了每名重性精神病患者都有家属、村干部、综治协管员、民警、村医共同管控的机制。

**【妇幼保健】** 对辖区内的孕产妇按孕早、中、晚期、产褥期所规定的检查项目，进行系统检查、监护和保健指导，及时发现高危孕产妇，对高危孕产妇进行筛查与管理。2017 年全镇应规范管理孕产妇 143 人，规范管理孕产妇 125 人。儿童保健：全镇 0～6 岁儿童数 1655 人，接受随访人数 1568 人，管理率 94.74 %。

**【基本医疗卫生】** 加强基础设施设备建设，推进综合楼标准化、规范化建设，改善医院就诊环境，提升服务能力；完善医院管理制度，提升医院服务水平；优化就医流程，改善患者就医体验；加强人才队伍建设，提高医疗服务水平；规范医疗服务行为。六加强药品管理，保证用药安全有效。药品严格实行集中招标采购。加强对麻醉、精神药品的管理。保证患者用药安全。截至 2017 年 9 月门诊人次 13647 人，业务收入 34.91 万元，药品收入 25.52 万元，

**【业务综合楼建设】** 7 月份医疗综合楼已通过主体验收，周边环境整治项目已开工建设，同时根据创建群众满意乡镇卫生院的标准加强科室内部建设，将新增生化、影像检查等设备，建设预防接种数字化门诊和中医馆，给全镇人民一个全新的诊疗环境。

**【健康扶贫工作】** 制定健康扶贫实施方案，成立了健康扶贫领导小组，掌握了全镇贫困户信息，和全镇贫困建卡立档对象签订了承诺书、发放了健康扶贫卡和健康须知单、建立了健康档案、家庭签约服务，通过各项健康扶贫优惠政策逐步有效解决因病致贫、因病返贫问题。

## 崇仁乡卫生院

**【概况】** 2017 年，崇仁卫生院围绕规范医疗行为，提高医疗质量，促进医患和谐关系的目标，健全各种规章制度，改善就医环境，开展公共卫生服务工作，完成了各项任务。急、门诊共接诊病人 8957 人次，总收入 1923610.75 元，其中财政补助收入 115 万元，医疗收入 50.95 万元，其他收入 26.24 万元。

**【行风建设】** 执行省、市、县《关于贯彻落实中央八项规定》的通知关于加强卫生行业作风建设的规定。明确领导班子成员在行风建设中的任务和责任分工，加强医德医风和职业道德教育，全面动员，全员参与，教育广大医务人员牢固树立全心全意为人民服务的思想，强化职业责任、职业道德、职业纪律、增强服务意识。投资 2 万余元，更换药房、防疫、妇幼等临床一线科室电脑、读卡器及冰箱，提升了医疗服务效率及质量。

**【医院管理】** 医疗护理质量管理，确保医疗安全。定期开展医疗质量大检查活动，对病历、处方的书写，抗生素的使用以及消

毒隔离执行情况进行认真检查，综合分析，严格按照医院管理制度进行奖罚。同时，每季组织卫技人员进行业务学习，努力提高业务水平。医院无医疗差错、事故发生。完善硬件设施，提高服务质量。

**【新农合管理】** 提升新农合管理运行质量，强化监督管理，进一步规范医疗服务行为，合理使用合作医疗资金 。明确责任，严格考核奖惩，加强基金使用监测，实行次均费用控制、单病种限额付费，严查挂床住院、严控大处方，严防冒名顶替。新农合门诊人次 7537 人，医疗总费用：55.50 万元，新农合报销 28.77 万元，较去年相比增长 21.94%

**【药品采购及销售】** 实行药品网上集中采购，统一配送，零差率销售，药品采购总额 39.26 万元，较去年增长－15 %；销售总额 38.59 万元，较去年增长－0.3%；其中村医采购总额 3.23 万元。

**【基本公共卫生项目】** 居民档案完成纸质档案建档 9778 份，并全部录入电子档案，完成率为 90.32%。更新档案 5705 份，更新率为 52.7 %。慢性病管理完成健康教育宣传栏 2 个，每月更新一期，共更新 12 期；每个村卫生所均设有宣传栏 1 个，2 月更新 1 次，共更新 72 期；共开展知识讲座 72 期，其中卫生院开展 10 期，村卫生所共开展 72 期；开展公众咨询活动 7 次；全年共发放宣传材料 8200 份，接受健康教育人次共 2184 人；辖区内居民知识知晓率为 78.6%。共筛查出高血压患者 857 人，纳入规范管理 258 人，共完成随访 712 人次，规范管理率 30.1%；筛查出糖尿病患者 177 人，纳入规范管理 87 人，共完成随访 167 人次，规范管理率 49.15%；筛查出重性精神病患者 41 人，规范管理 40 人，共完成随访 160 人次，规范管理率 97.6%。全乡共有 65 岁及以上老年人 1295 人，已完成建档 957 人，其中纳入规范管理 760 人，规范管理率 58.7%，完成免费体检 653 人，体检率为 50.4%。做好农村妇女“两癌”普查以及叶酸免费发放。应管理孕产妇 156 人，已管理 133 人，纳入规范管理 133 人，规范管理率为 85.3%，产后访视率为 85.3%；辖区内应管理 0～6 岁儿童 1231 人，其中纳入规范管理 1116 人，规范管理率为 90.7%，体检人次为 2623 人次；新生儿活产数 104 人，已接受新生儿访视人数为 93 人，新生儿访视率为 89.4%。做好儿童接种卡、证、册管理工作，每月定期开放了预防接种门诊。应建立预防接种证人数 889 人，已建立人数 889 人，建证率 100%，常规免疫接种人次 2452 人。按照程序接种，儿童计免接种率达 95%，全年无差错事故发生。

**【传染病管理监测】** 规范院内门诊日志管理，及时填报疫情报告卡，做好网络直报。全年未发现传染病，无迟报、漏报现象。及时对辖区内托幼机构、学校进行了传染病督导检查工作。狠抓结核病筛查工作，采取下乡查、村医报等措施，全年已管理肺结核病 4 人，其中 2 人已完成治疗。开展卫生监督协管巡查 3 次，其中饮用水卫生安全巡查 3 次，学校卫生巡查 3 次，非法行

2017 年 4 月 11 日，崇仁乡卫生院开展“基本公共卫生服务项目宣传月”活动

医和非法采供血巡查3次，卫生监督协管信息报告3次。

【中医药管理】 重点做好65岁以上老年人档案中增加中医辨识内容，同时逐步开展儿童中医药保健服务内容。为512位老年人提供中医药健康管理服务，管理率为40.03%；应管理0～36个月儿童数802人，已管理421人，管理率52.5%。

【健康扶贫】 精准认定健康扶贫对象，对患病贫困人口开展“七个一”工程：明确一所定点医院、签订一份承诺书、制定一张健康扶贫卡、建立一个健康档案、进行一次健康体检、组织一次健康会诊、发放一张健康须知单。贫困人口家庭医生签约服务。实行卫生院、乡村医生与健康扶贫对象100%签约服务，落实签约服务“菜单”的服务项目，提供便捷、高效的医疗服务。

【计生工作】 设立1个便民避孕药具发放点，尽量满足药具避孕人员药具需要。对符合条件的目标人群，每孩次享受一次国家免费孕前优生健康检查。需要再次接受检查的，可在医生指导下自费接受孕前优生健康检查及再生育咨询。

## 寨里镇中心卫生院

【概述】 2017年，寨里卫生院坚持提高医疗质量、保障医疗安全、改进服务态度、杜绝不合理收费、加强行业作风建设，创建群众满意卫生院，业务收入75.94万元，其中药品收入57.07万元。门诊2.4万人次，新农合门诊报销2万余万人次，报销41.44万元。

【医疗质量管理】 加大对医疗护理文书及操作技能的检查监督力度，使医疗护理文书质量有了一定的提高。医疗废物统一规范处理，由专职人员收集及运送医疗废物，医院未发现患者投诉医院医务人员和医疗争议事件。

【国家基本药物制度】 严格执行国家基本药物制度，把国家基本药物目录和新增药品目录下发到各科室并且加强基药培训学习。采取正规配送企业配送，实行网上采购并实行零差率销售，增加了临床用药安全全年无药品事故发生。

【健康档案与健康教育】 为辖区居民建立纸质健康档案17554份，建立电子健康档17554份。居民电子建档率达99.35%，并以妇女、儿童、老年人、慢性病人等人群为重点。举办各类知识讲座和健康咨询活动23次。发放各类宣传材料3356份。更新宣传栏次数9次，参加健康宣传活动及接受健康教育咨询人数达2031人。

【老人儿童与孕产妇保健】 活产数164人，其中对142名新生儿进行访视，新生儿访视率达到86.59%以上。辖区内应管理的0～6岁儿童1595人，儿童健康管理率98.31%。应管理的孕产妇164人，孕13周之前建册并进行第一次产前检查的产妇人数140人，早孕建册率85.37%。应管理的65岁以上的老年人2089人，其中接受健康管理的1663人，老年人健康管理率60.17%。应建立的预防接种证人数1327人，已建立预防接种证人数1327人，建证率100%，根据国家免疫规划疫苗免疫程序，对适龄儿童进行常规免疫接种。

【传染病及突发公共卫生事件】 按照《传染病防治法》《传染病信息报告管理规范》的要求建立健全了传染病报告制度，严格按照制度执行，并定期对本单位人员及村医进行手足口病等知识的培训，采取多种形式对我镇居民进行传染病防治知识教育并取得了一定的成效。结核病患者健康管理对辖区内肺结核病可疑患者及时推介转诊，配合做好患者随访管理，报告发现的肺结核病患者管理率达100%。对辖区内发现或怀疑有食物中毒，食源性疾病、食品污染等对人体健康造成危害或可能造成危害的线索和事件，及时报告卫生监督机构并协助调查。协助卫生监督机构定期对学校传染病防控开展巡访，发现问题隐患及时报告；指导学校设立卫生宣传栏，协助开展学生健康教育。

【慢性与精神疾病管理】 对辖区内35岁以上5300人居民进行高血压和Ⅱ型糖尿病筛查，对1100名高血压患者和274名Ⅱ型糖尿病患者按照服务规范提供电话、面对面的随访。应管理的重性精神疾病患者62名，其中纳入规范化管理的62名，规范管理率达100%。开展老年人中医体质辨识和儿童中医调养服务。全镇中医药健康管理服务目标人群覆盖率达到40%以上。

**【医疗人才培养】** 现有在职职工26人，其中在编人员14人、聘用人员12人。退休4人。医务人员中具有大专及以上学历11人，中专学历及以下15人，中级职称7人，初级职称13人。全镇共有26个村卫生所，27名村医，其中3人取得执业助理医师资格。

## 司前乡卫生院

**【概述】** 2017年，司前卫生院贯彻落实各项医疗卫生改革方针政策，按“公共卫生与临床医疗工作并重，服务质量和医德医风齐抓，公平与效益兼顾”的总体思路，顺利地完成了各项医疗卫生工作任务。

**【健康档案和健康教育】** 新建档案235份，累计建档16307，占总人口的98.84%，其中电子建档16307份，占98.84%。完成健康知识讲座12次，开展健康教育咨询活动9次，发放宣传资料2680份，出专栏12期，并播放了6种有关健康教育影音资料。

**【慢病和老年人管理】** 完成高血压病人筛查167人，任务数1079人，其中规范管理910人，占84.34%；全年筛查出糖尿病人8人，累计筛查出糖尿病人219人，占应完成的94.52%；管理65岁以上老年人1641人，占应管理的97.62%。组织专门人员下村对65岁老年人免费体检（包括心电图、生化检查、B超），村医只是协助卫生院人员进行基本情况登记，从而避免由村医体检造成质量上的漏洞。

2017年5月3日，司前乡卫生院业务综合楼项目竣工验收

**【中医孕产妇、儿童、精神病管理】** 对孕产妇、儿童常规检查外，还专门组织人员下村，对遗漏人员进行补缺补漏。同时，每月与村医进行核对，严格把关。查出精神病人68人，其中规范管理为61人，占89.7%。每月由公共卫生科不定时打电话随访病人，督促检查村医随访是否到位，并把检查情况与年终发放基本公共卫生经费挂钩，以促进村医随访工作真正落到实处。

**【医疗工作】** 完成门诊人次32166人，同去年同期比上升了2027人，上升12.34%；完成住院人次732人（1～10月），与去年同期比多了29人，上升3.2%；2017年门诊人均费用16.29元/人，同期相比下降0.24元，住院人均费用为908元/人，同期相比下降5元/人。送4名职工到上级卫生单位培训学习，并于学习回来后将所学知识培训全院职工。医院内部也每月二次进行专门的讲课，从而提高了全院职工整体业务水平；

**【药品管理】** 成立药事领导小组，完善执行药事管理制度，执行《药品管理法》。执行药品零利润，药品进购执行上级有关规定，包括目录内采购，标内采购和网上采购。执行药品调剂操作规程。加强药库建设，严格对麻醉药品的管理和一、二、类精神药品的管理。完成药品不良反应的报告。

**【行政管理】** 建立健全院委会，实行集体领导制，完善审查程序和报批制度。建立医务人员医德考核档案，规范借用人员手续。建立健全各项规章制度。开展平安医院建设和民主评议行风工作和效能建设。开展《医德规范》和《医务人员守则》教育。实行院务公开。

**【村级卫生所管理】** 规范村卫生所执业行为管理。制定村卫生所管理责任书，并严格考核制度。按《光泽县卫生所最低标准》加强村卫生所建设。加强村医药品管理，完成对村卫生所药品统一进购的工作，村级药品实行零利润。对村医实行基本公共卫生工作绩效考评。

## 李坊乡卫生院

**【概况】** 2017 年，李坊乡卫生院做好基本公共卫生服务，基本药物制度以及医疗服务，努力提高医疗服务质量、改善服务态度，为保障广大人民群众身体健康，促进农村医疗卫生发展发挥了作用，取得了一定的成效。

**【内部管理】** 班子成员分工协作，重大问题由院委会集体研究，共同决策，充实院委会班子成员，形成有凝聚力和战斗力的领导集体。以十三项基本公共卫生服务为主，执行基本药物制度，加强基本医疗管理。完善各项规章制度，管理逐步走上制度化、规范化。实行绩效工资制度，做好乡村一体化管理工作，对村卫生所工作进行布置和督促，定期组织人员到各村卫生所进行业务指导和检查，配合主管局和药监局对非法行医、非法经营药品行为进行打击。

**【健康档案与健康教育】** 村医走家串户的建档为主，卫生院下村建档为辅的方式进行建档工作，确保档案的真实性。总计为辖区居民建立家庭健康档案纸质档案 10096 份，占全乡总人口 10709 人的 94.28%。完成电子档案数 10096 份。电脑录入占所建档案的 100%。设立宣传栏 2 处，各村卫生室设有宣传栏至少一处，卫生院更换宣传栏 6 次，卫生室每 2 月更换一期。发放针对常见病、慢性病、传染病防治、食品安全等健康教育宣传资料 12 种，全年发放宣传资料 11680 份。针对高血压、糖尿病、肺结核、精神病防治等健康知识讲座 10 次，参加群众 692 人次。加大各村卫生室健康教育督查力度，每月都有公共卫生科成员到各村卫生室开展健康教育检查工作。

**【预防接种与儿童保健】** 全乡 2017 年常住儿童接种 1052 人，建证率为 100%，并在全乡范围内接种乙肝疫苗 917 人次，脊灰疫苗 933 人次，百白破疫苗 926 人次，流脑疫苗 882 人次，乙脑疫苗 899 人次，甲肝疫苗 754 人次、麻疹疫苗 910 人次。（0～6 岁儿童管理 2017 年全乡新生儿童建立保健手册共 179 份。加强对儿童保健工作的管理。做好计免定点接种和儿童体检一条龙服务。2017 年活产数 197 人，新生儿访视率 90.86%，0～6 岁儿童 771 人，健康管理率 85.21%。

2017 年 10 月 28 日，李坊乡卫生院为老年人及慢病人群免费健康体检

**【孕产妇与老年人健康管理】** 全乡 197 名孕产妇建卡 181 人，建卡率 91.88%，住院分娩率 100%。继续做好孕产妇死亡率、五岁以下儿童死亡和出生缺陷监测，加强信息质量控制，认真做好妇幼保健信息资料的收集，按时上报妇幼月报和年报，切实保证信息数据的全面、客观、准确和可靠，为政府决策提供依据。对 1356 位 65 岁及以上老年人进行登记管理，并对管理的老年人免费进行一次健康危险因素调查和一般体格检查及空腹血糖测试，并提供自我保健及伤害预防、自救等健康指导，体检人数 963 人。老年人健康管理率 71.02%。对发现已确诊的高血压和 2 型糖尿病患者纳入相应的慢性病患者进行管理；对存在危险因素且未纳入其他疾病管理的老年居民进行定期随访，并告知该居民一年后进行下一次免费健康检查。老年人健康管理 1356 人，老年人建档率 100%。

【慢病与精神病管理】 对各村35岁以上的人群免费进行高血压筛查，并对高血压患者进行登记管理并对他们做随访和健康指导，高血压筛查3856人次，登记高血压患者880人，纳入规范化管理568人，规范管理率64.55%为各村45岁以上人群免费进行血糖筛查，并对糖尿病患者进行登记管理并对他们做随访和健康指导。糖尿病筛查2142人次，登记糖尿病306人，纳入规范化管理216人，规范管理率70.59%。全乡共筛查48人患有不同程度的精神疾病，对他们都有随访和指导，纳入规范化管理47人，规范管理率97.9%。

【传染病及突发公共卫生事件】 对传染病有及时发现登记并报告2例传染病，无漏报，传染疾病情报告率为100%。协助开展卫生监督协管54次，其中饮用水卫生安全巡查30次，学校卫生巡查12次，非法行医和非法采供血巡查12次。对辖区内肺结核病可疑者及诊断明确的患者（包括耐多药患者）及时推荐转诊，并配合县级疾控机构做好患者随访管理。全年已完成结核病转诊任务数33人。

【中医药健康管理】 为辖区内老年人及0～36个月儿童提供中医药健康管理服务，为老年人提供1次中医药健康管理服务，内容包括中医体质信息采集、中医体质辨识、中医药保健指导。老年人中医药健康管理611人，健康管理率45.06%。为辖区内居住的0～36个月儿童，在儿童6、12、18、24、30、36个月龄时对儿童家长进行儿童中医药健康指导。儿童中医药健康指导管理234人，健康管理率48.35%。

【新农合报销补偿】 全年卫生院门诊人次7107人，门诊补偿214904.5元，住院人次60人，住院补偿46269.00元。

【履行医疗护理职责】 落实岗位责任制，加强医德医风教育，各类人员严格执行临床工作规范，认真细致诊察病情，做好临床诊疗工作。诊治门诊病人7107例，治愈好转率90%以上。住院病人60例，治愈好转率95%以上。提高应急抢救能力，完善抢救室设备、药械；建立了医护人员24小时值班制；成立了以院长为组长的抢救小组。全年共成功抢救重症哮喘、有机磷农药中毒、急性心力衰竭等危重病人5例，及时向上级医院转送病人10余例。医疗、护理文件制作及时、规范，常规使用门诊病历，住院病人及时记录完整的住院病历。加强院感管理与控制，成立了领导小组，指定专人负责，严把感控质量关，严防发生内感染。严格执行无菌操作规范，一次性用品严格规定保管使用和销毁。鼓励医务人员参加各种形式的在职继续教育，全年与上级医院合作举行全员医学培训2次，本院培训学习24次。

【药事管理】 调整药事领导小组，完善药事管理制度、药品采购计划有审定，全部药品在中标的医药公司采购，同时建立制度，杜绝医药购销中的不正之风。执行药品入库验收保管制度，进出药品记录清楚，在库药品与账。药品调剂严格执行操作规范，认真审查核对，严防差错事故发生。特殊药品专人保管、专柜加锁，建立专用账册、专用处方，专门登记，处方剂量不超过规定，实行双签名，并按规定年限保管。药库、药品的存储摆放整洁、规范。

【文明建设】 开展医德医风、行风建设、党风廉政建设和服务承诺工作。开展“以病人为中心的医院质量管理年”活动和创建“平安医院”活动。建立奖惩制度，严禁收受红包，回扣和开单费，开展评优创先和警导教育，每半月进行一次政治学习。对卫生院的医疗收费、药品采购、财务支出情况及上级政策及时公开。医务人员使用文明用语，着装规范，佩戴胸卡上岗，接受群众监督。做好社会综合治理工作，措施落实到位，全年未发生各种安全事故。

## 华桥乡卫生院

【概述】 2017年以提高人民健康水平为目标，坚持以人为本的原则，围绕农村卫生的基本医疗、基本公共卫生和健康扶贫开展工作，较好地完成了各项工作任务。

【医疗工作】 建立健全质控职能，加大督查力度，针对临床医疗质量检查4次。完善质量控制，细化质量控制与质量考核标准。实行质量、效益与绩效工资挂钩的管理模式。加强医疗文书的书写，组织医疗人员学习门诊病历、住院病历，处方、辅助检查申请单及报告单的书写。学习各项操作，增强质量意识。督促住院医师按时完成各种医疗文书，门诊登记，传染病登记报告，结核病转诊，药品不良反应上报，死因监测登记等记录注重病历内涵质量的提高，要求住院医师注重病历记录的逻辑性，病情诊断的科学性，疾病治疗的合理性，医患行为的真实性。成立医疗质量控制小组，住院病历的环节质量和终末质量控制，积极开展优质病历评选活动，做好病案的归档保管工作。业务收入117.83万元，其中住院人数632人，住院收入687235.42元。门诊就诊人次13262人，门诊收入为49.11万元。全年的医疗工作中无出现医疗差错和医疗责任事故。

【护理工作】 建立护理管理小组，加强护理队伍建设，所有在岗的护理人员均持证上岗。制定切实可行的护理工作计划，定期检查落实，不断提高护理质量，总结经验，对护理工作中出现的问题及时整改。规范护理文书，认真填写各种表格，根据具体疾病制定出合理的护理方案。以多种形式加强护理人员的培训，包括到上级机构培训学习，定期开展业务学习，和“三基”培训考核。严格遵守护理操作规程，严惩护理差错，护理责任人应严格把关，勤检查，重督导，竭力避免因护理失误引起的医疗纠纷。通过全体护理人员的努力，无护理差错和责任事故发生。

【医保工作】 宣传各项医保政策，医护人员在日常诊疗工作中积极耐心细致的向参保人员宣传解释各项医保管理规定，解答参保人员提出的各项问题。强化管理，努力为参保人员提供优质服务。把为参保人员提供优质、高效的服务作为工作重点。确定专人负责，积极组织操作人员学习培训，全面有力的推动医保工作的开展。制定医保管理制度，认真做好补偿工作。及时公布参保人员的补偿名单，做到公平、公开、公正。

【公共卫生服务】 调整基本公共卫生领导小组成员。制定《华桥基本公共卫生工作实施方案》和《华桥乡国家基本公共卫生考核办法》按实施方案，考核办法认真组织实施。签订责任书，明确工作任务，奖惩制度，提高了责任医生的责任心，积极性。对全乡乡村医生办基本公共卫生知识培训2次，全院职工培训4次。为保质保量完成国家基本公共卫生项目工作考核办法的要求，开展督导考核工作。全年开展乡村医生基本公共卫生检查指导4次。半年考核和年终考核各一次，做到检查有记录，有反馈，有整改意见，有落实措施。并将考核结果按时上报局。基本完成了上级下达的各项基本公共卫生工作指标。

【药品管理】 严格执行《国家基本用药目录》，全面实行零差率销售。全面实行网上阳光采购，统一配送。建立并完善药品管理制度，按规定保管和使用特殊药品。加强医生处方管理，严

2017年4月11日，华桥乡卫生院开展学校传染病及饮用水安全检查

格执行《执业医师法》《处方管理办法》。合理应用抗生素和激素，定期开展合理用药的检查和分析。严格控制静脉输液的目的和适应症，减少不必要的静脉输液，降低药品不良反应的风险。建立药品不良反应报告制度，及时发现和报告药品不良反应，全年报告药品不良反应30余例。严格执行药品管理规定，将药品名称、规格、计量单位、价格等进行公示，增加药品的透明度，接受社会监督。将合理用药，尤其是合理使用抗生素，激素，静脉输液等作为卫生院的绩效考核内容，定期进行检查考核。

【人才培养】 招入大专毕业生3人；送临床医师到省级医院培训1人，时间为2年；参加临床医师规范化培训1人；送县医院B超培训1人，时间8个月；心电图培训1人，时间3个月。全院有临床医生9人，基本满足了医疗及开展公共卫生的需求。

【辅助科室的建设】 购进生化仪，尿分析仪各一台，维修心电图一台，正式开展临床化验及B超、心电图。满足了公共卫生中老年人，慢病，健康扶贫等人群的体检需求，结束了卫生院没有辅助检查的历史。

【医德医风】 把行风建设纳入卫生院的日常工作中，贯穿到各项管理制度中，做到与业务工作一起布置，一起督促检查，一起考核落实，制定责任书，全面落实行风工作责任制。明确领导班子成员在行风建设中的责任和分工，形成齐抓共管的领导格局，建立责任追究制度，把行风工作纳入领导干部考核。加强医德医风和职业道德教育，树立全心全意为群众服务的思想，强化职业责任，职业道德，职业纪律，增强服务意识。开展医德医风教育4次，对卫生技术人员进行年度考核，考核结果与各种调资晋升挂钩。严格执行并按有关规定公布医疗收费项目、标准、和药品价格。严禁自立收费项目或自定收费标准。建立医疗收费自查制度，进一步增加医疗收费的透明度。全年无存在乱收费行为。纠正医药购销中的不正之风，严格执行省卫计委《关于制止医疗卫生人员收受“红包”回扣责任追究的规定》，坚决查处回扣和开大处方，乱检查，乱收费等行为。做到合理检查，合理用药，合理收费。规范药品及卫生耗材的采购行为。医保农保合并后，严格执行网上采购。药品及一次性医用材料、器材采购必须要经过药房管理领导小组或院委会集体研究确定后方可采购。药房积极开展药品质量、价格服务“三放心”的诚信活动。无存在药品和医疗耗材采购及药品质量等问题。做好对内对外的公开工作，切实的做好依法公开，真实公开，注重实效，有利监督。提高院委公开的针对性和实效性，实行医疗信息，政策信息，调资普升信息等公示制度，保证群众和职工的知情权、参与权、监督权。

【基建工作】 主要业务用房建设于20世纪60年代和70年代，属于砖木结构，屋面漏雨严重，墙体开裂，墙壁脱落，房间面积小，走廊过窄，阴暗潮湿。为改善就医环境，申报综合楼建设项目，项目总投资560万元，建设面积660余平方，建筑面积2600余平方，设计为四层框架结构，建筑地址在原卫生院宿舍拆除后原址建设。目前项目资金已到位，已立项审批。项目建设的前期工作正在进行，已完成搬家，拆房，土地平面等工作，按建设方案在完成设计，预算，招标及办理开工许可证等手续。

【健康扶贫】 到12月份已完成脱贫、未脱贫人员800余人的疾病摸底筛查、签约服务和录入电脑工作，开设绿色通道，实行一站式服务和先诊疗后付费，减免检查费、治疗费等优惠政策，入户100余户。完成签约服务并录入电脑人数5000余人。

【村级卫生】 按照一村建设一个标准卫生所的要求，完成吴屯、官屯、石壁窟、大禾山、园岱、铁关、古林的村卫生所国家项目建设，吴屯卫生所、官屯卫生所、园岱卫生所2017年12月已投入使用，牛田、邓家边卫生所建设正在进行中。村卫生所建设是全县最好的标准建设，受到县卫计局领导的表扬。乡村医生和接生员的养老问题是社会的难点和热点问题。到12月我院已完成乡村医生和接生员的摸底确定工作。其中参加社会基本养老保险的8人，年龄超过60岁直接领养老金的14人，接生员摸底确定42人。乡村医生每年一次的县级培训已完成，卫生院对乡村医生一年两次的培训也在 4 月和 10 月开展，较好地完成了培训内容。对乡村医生半年和全年公共卫生考核及全年的综合考核，也在 12 月份完成。村卫生所基本完成了今年上级下达的各项工作任务。

**【医疗废物处置】**　按照《医疗机构医疗废物管理办法》的要求，建立医疗废物各项管理制度，建立医疗废物暂存处设施，与有资质的公司签订医疗废物回收协议，确保环境整洁卫生。

## 民　　政

【综合概况】 践行“民政为民、民政爱民”理念，以保障和改善民生为重点，进一步提升民政保障能力和社会服务水平，发挥民政在社会经济建设中作用，努力让人民群众有更多的获得感、幸福感、安全感，多项工作取得新成效。全年上报灾情3次，下拨冬春救助款56万元，自然灾害生活补助资金19万元，口粮救助6978人，衣被救助3999人；保障城乡困难居民1879户3666人，累计发放低保金1019.17万元；落实医疗救助和临时生活救助政策，全年医疗救助5675人次、234.44万元；临时救助371户次、57.89万元；慈善救助“大病患者”78人，发放救助款24.3万元，慈善助学28人，发放资助金4.4万元；开展省级“双拥模范县”创建工作，双拥创模取得突破，并通过省级考评，获得“双拥模范县”命名。出台关于实施社区、社会组织、社会工作“三社联动”的意见，建立以社区为基础平台、社会组织为服务载体、社会工作专业人才为支撑的“三社”相互融合、相互协调、相互促进的工作机制；制定并实施《光泽县人民政府关于加快补齐短板促进养老事业发展的实施意见》。促进社区居家养老服务发展，全县5个城镇社区全部配齐居家养老服务站，完成民政行政权力清单和责任清单的梳理，并进行进一步整合，将已梳理出的行政权力清单和行政责任清单“融合”为权责清单211项。基本完成全国第二次地名普查的外业和内业资料的修订工作，通过县级自查。

## 救灾救助

【概况】 修订完善《光泽县自然灾害救助应急预案》，规范救灾工作流程，提高灾害救助应急反应能力和救灾工作水平，上报灾情3次，下拨冬春救助款56万元，自然灾害生活补助资金19万元，口粮救助6978人，衣被救助3999人；保障城乡困难居民1879户3666人，累计发放低保金1019.17万元；落实医疗救助和临时生活救助政策，全年医疗救助5675人次、234.44万元；临时救助371户次、57.89万元；慈善救助“大病患者”78人，发放救助款24.3万元，慈善助学28人，发放资助金4.4万元；完成孤儿基本养育提标工作，散居孤儿基本保障金从600元/人提高至900元/人，机构养育孤儿基本生活保障金从1000元/人提高至1500元/人，救助流浪乞讨人员107人次。

【救灾救济】 县救灾物资仓库搬迁至金岭工业园区，修订完善《光泽县自然灾害救助应急预案》，规范救灾工作流程，提高灾害救助应急反应能力和救灾工作水平。2017年，通过网络系统上报灾情3次，下拨冬春救助款56万元，自然灾害生活补助资金19万元，口粮救助6978人，衣被救助3999人，受灾群众基本生活得到及时有效保障。

【最低生活保障】 全面核查全县城乡低保对象，做到动态管理下的应保尽保、应退尽退，最大限度地减少“错保漏保”现象。2017年全县保障城乡困难居民1879户3666人，城乡低保覆盖率2.18%，累计发放低保金1019.17万元（其中城市低保户508户829人，发放低保金305.16万元；农村低保户1371户2837人，发放低保金714.01万元），保障城乡特困人员578人，发放特困供养基本生活费和护理费564.29万元。完成低保提标工作，农村低保标准从每人每年2650元提高至3750元；农村低保月人均补差从174.49元提高至220.79元。城市低保标准从2017年7月起提高至538元，月人均补差水平从263元提高至324元。城乡特困人员供养标准分别提标两次，人均月供养额从494元提高至943元。

**【社会救助】** 落实医疗救助和临时生活救助政策，全年医疗救助5675人次、234.44万元；临时救助371户次、57.89万元，困难群众的基本生活得到切实保障。同时，完成县医疗救助职能交接给市医保局光泽管理部管理，并做好医疗救助政策的宣传和实施工作。

**【慈善救助】** 救助“大病患者”78人，发放救助款24.3万元。在春节期间开展“春节慰问”活动，走访救助城乡贫困户、五保对象、优扶对象、下岗职工等120人，发放慰问款6万元。开展“助孤高中”活动，帮扶2名孤儿上学，发放帮扶金0.24万元。开展“六一慰问少数民族村儿童及困难户活动，慰问27人，发放慰问款1.35万元。开展“中秋国庆”两节慰问活动，慰问救急困难人员6人，发放慰问金1.2万元；资助困难学子28人，发放资助金4.4万元。

**【孤儿、残疾人保障】** 完成孤儿基本养育提标工作，散居孤儿基本保障金从600元/人提高至900元/人，机构养育孤儿基本生活保障金从1000元/人提高至1500元/人。全县有孤儿21人（其中散居孤儿17人，机构养育孤儿4人），全年发放孤儿保障金25.92万元。落实残疾人两项补贴，发放生活补贴1980人，发放金额125.55万元，发放护理补贴1786人，发放金额141.76万元。

**【流浪乞讨人员救助】** 认真贯彻执行国务院《救助管理办法》和民政部《救助管理办法实施细则》，按照“自愿求助、无偿救助”的原则，为城市生活无着落的流浪乞讨人员提供救助，县救助站共救助流浪乞讨人员107人次，其中困境中的未成人1人次，痴呆傻5人次、进行医疗救治1人、代养3人；向求助对象发放衣物等用品26件套，被引导、护送入站受助21人次，协助外站查询救助对象10余人次，接110指挥中心求助电话20多次；把滞留的3名对象从福州鸿博园养老院转移至浦城第三医院，并将3人落户到光泽县福利院，从9月开始纳入城市特困人员供养。

**【关爱“三留守”人员】** 出台《光泽县人民政府关于加强农村留守儿童关爱保护工作的实施意见》《光泽县人民政府关于加强困境儿童保障工作的实施意见》文件，建立农村留守儿童保护体系，落实保护措施。将农村留守儿童、困境儿童数据录入全国农村留守儿童和困境儿童信息管理系统，实行信息化动态管理。全县共有农村留守儿童483人，所有儿童均有监护人，有困境儿童735人，其中残疾儿童56人。 （邱玉明）

## 拥军优抚

**【概况】** 开展省级“双拥模范县”创建工作，双拥创模取得突破，并通过省级考评，7月30被命名为“双拥模范县”。重点优抚对象全年发放定期生活补助金计340.82余万元，确保优抚对象生活水平不低于当地居民生活平均水平。完成新增60周岁退役人员录入、档案收集、上报、发放等工作，发放60周岁以上农村退役士兵生活补助金98.25万元，对27名2016年秋季应征入伍的大学生发放一次性奖励金6.17万元。接收2016年秋冬季退役士兵75人，发放退役士兵地方经济补助金153.3124万元，推荐50名退役人员参加职业和技能培训，接收符合政府安排工作的转业士官3名，并于12月上岗，对73名2017年秋季退役士兵办理接收手续，发放义务兵家庭优待金140.564万元。

**【双拥优抚】** 开展省级“双拥模范县”创建工作，6月5日省“双拥模范县”考评组，到光泽县进行考评验收，7月30日获得“双拥模范县”命名。优抚政策全面落实，重点优抚对象全年发放定期生活补助金计340.82万元，确保优抚对象生活水平不低于当地居民生活平均水平。完成新增60周岁退役人员录入、档案收集、上报、发放等工作。发放60周岁以上农村退役士兵生活补助金98.25万元。发放2017年春节部分优抚对象慰问

县领导慰问驻军部队

金7.32万元，八一慰问7.26万元，发放重点优抚对象数字电视收视费4.86万元，医疗门诊补助费4.61万元。全年安排7名部队士官子女就读实验幼儿园，安排6名部队士官子女就读实验小学，安置2名随军家属和4名随军教师家属就业；举办"部队随军家属和退役士兵就业服务"专场招聘会数场。涉军维稳成效突出，光泽县是全市唯一没有发生涉军群体越级上访的县（市、区）。争取项目资金，安排投资4050万元给县人民武装部建设后勤保障设施及人防指挥中心，建设民兵训练营、人武部综合大楼、弹药库、宿舍等。

**【退伍军人安置】** 贯彻落实新颁布的《退役士兵安置条例》及《福建省人民政府关于进一步做好退役士兵安置工作的实施意见》，对27名2016年秋季应征入伍的大学生发放一次性奖励金共计6.17万元。接收2016年秋冬季退役士兵75人，发放退役士兵地方经济补助金153.3124万元，并给每位退役士兵办理填写迁移户口证明。同时，推荐50名退役人员参加职业和技能培训，拓宽他们的就业渠道。7月份，接收符合政府安排工作的转业士官3名，并于12月上岗。对73名2017年秋季退役士兵办理接收手续，发放义务兵家庭优待金140.564万元。

**创建"双拥模范县"** 光泽县境内有驻军部队团级单位1个，营、连级单位3个，各类优抚对象808人。光泽县以创建省级双拥模范县为目标，发挥革命老区传统，不断适应新形势，抓难点、创特色、求发展，全县双拥工作取得成效，促进军地三个文明建设，推动地方经济和社会各项事业协调健康快速发展，连续多次获南平市"双拥工作合格县"称号。加强双拥工作领导，成立由县委书记任组长，县长任第一副组长，县级几大班子分管、联系领导和县人武部长、政委等县团级干部任副组长，县直30个部门的主要领导为成员的双拥工作领导小组，设立双拥办公室挂靠在县民政局，由县民政局局长兼任办公室主任，并配备1名专职工作人员，落实专项工作经费，实行军地合署办公。各乡镇相应成立双拥工作领导小组，全县90个村（居）建立拥军优抚服务小组，形成了"上下一条线，纵横连成一片，各级有人抓，事事有人干"的双拥工作管理服务网络；县财政将慰问部队、重点优抚对象等双拥活动经费列入财政预算并及时下拨到位；坚持每年召开2次以上双拥专题研究会，2次以上军政座谈会，县、乡镇主要领导每年坚持2次以上走访慰问驻军部队和优抚对象；驻军部队每个单位至少抓好1～2个共建点。增强双拥工作感召力，把国防教育作纳入全民教育规划，纳入全民五年普法教育、职工道德教育、中小学德育教育之中，切实把国防和双拥宣传教育与通过组织全民国防教育日，开展全民国防、爱国主义、革命传统、"双拥"等教育，全县军民国防观念进一步提高，形成"军民团结一家亲，双拥工作靠大家"的良好氛围。增强双拥工作辐射力，为驻光部队办实事作，向驻军部队捐赠政治、法律、军事和科普图书2万余册，为驻军举办科普讲座26期；实施《深入开展法律拥军工作的实施方案》《在乡老兵安居工程实施方案》《科技拥军活动实施方案》《双拥进社区工作实施方案》；2000年以来，接收安置军转干部35名，转业士官26名，安置率达100%。增强双拥工作亲和力，完成李坊乡后杉村、管密村；止马镇杉关村、白门楼村；华桥乡华桥村、增坊村；崇仁乡共青村、崇仁村；寨里镇百石村、茶富村；司前乡东山村、司前村等14个社会主义新农村示范点项目建设，配合驻军建制连队开展“共建一所中小学（实小）、帮建一个文明社区（杭中）、服务一所敬老院（福利院）、维护一条爱民街（217路）、包干扶持一户贫困户、资助一个特困生”的助民爱民活动。几年来，部队共出动义务工1000多个，抢险救灾3000多人次，为特困户捐款近万元，送医送药价值达10000余元，送粮油1000多公斤，捐衣被2200余件（套），做好事530余件，促进军地和谐，推动全县双拥工作整体水平的提高。增强双拥工作保障力，落实优抚对象优待政策，全县农村优抚对象群众优待面始终保持100%，复员军人、残疾军人、“三属”和带病回乡退伍军人平均达到1300元；为267名重点优抚对象每年每人发放180元医疗门诊补助，发放金额4.8万元；实施《光泽县抚恤补助优待金发放暂行规定》，从源头上杜绝套取、冒领、挪用优抚经费的现象；是实施优抚对象危房改造工程，2008年以来，全县筹资102万元，为优抚对象翻修住房102幢。军民共建富有创造力，从光泽实际出发，发挥比较优势，因地制宜地确定双拥思路，推动全县双拥工作的快速健康发展。2017年7月30日，获得“双拥模范县”命名。

（邱玉明）

## 民政事务

【概况】 出台《关于实施社区、社会组织、社会工作“三社联动”意见》，建立以社区为基础平台、社会组织为服务载体、社会工作专业人才为支撑的“三社”相互融合、相互协调、相互促进的工作机制；制定并实施《光泽县人民政府关于加快补齐短板促进养老事业发展的实施意见》。促进社区居家养老服务发展，全县5个城镇社区全部配齐居家养老服务站，杭西社区建立日间照料服务中心，引进养老服务专业化组织——福州金太阳落地服务并获得省上67万元奖励。加强社会组织管理工作，年内依法注销51家多年未开展活动及无活动资金来源的“僵尸”协会。完成民政行政权力清单和责任清单的梳理，并进行进一步整合，将已梳理出的行政权力清单和行政责任清单“融合”为权责清单211项。基本完成全国第二次地名普查的外业和内业资料的修订工作，通过县级自查。做好婚姻登记公共服务工作，全年办理结婚登记1084对，离婚登记346对，补领结婚证826对，补领离婚证28对。宣传《福建省老年人权益保障条例》，推动建立老年补贴和意外伤害保险制度，为全县80周岁以上老年人提供意外伤害保险服务，为90～99周岁符合享受高龄补贴的277名老人发放高龄补贴。

【社区建设】 出台《关于实施社区、社会组织、社会工作“三社联动”的意见》，建立以社区为基础平台、社会组织为服务载体、社会工作专业人才为支撑的“三社”相互融合、相互协调、相互促进的工作机制；社区综合服务设施建设力度进一步加大，



2018年4月17日，光泽县召开创建省级双拥模范县工作推进会

完成杭中、镇岭、杭西三个新社区综合服务站建设，社区综合服务功能得到进一步提升。农村社区建设“五覆盖”做法得到市民政局肯定，并在全市推广。引导联席会成员单位资源流向社区，促进辖区单位文化教育、体育设施等向社区居民开放，形成社区党组织和社区委员会与驻社区单位共同参与的社区事务管理工作新格局。通过深化“八进社区”（车管、消防、危管、外管、网管、物管、调解、禁毒）和“六联六创”（矛盾纠纷联调、社会治安联防、重点工作联动、突出问题联治、平安建设联创、礼盒管理联抓；创新型机关、创实干型机关、创服务型机关、创法治型机关、创廉洁型机关、创和谐型机关）党建联建、文明共建一体化运作机制，推动驻会单位与社区结成共建对子，引导辖区单位多方支持社区工作。

**【养老服务体系建设】** 部署养老补短板工作，制定并实施《光泽县人民政府关于加快补齐短板促进养老事业发展的实施意见》。促进社区居家养老服务发展，全县5个城镇社区全部配齐居家养老服务站，杭西社区建立日间照料服务中心，引进福州金太阳养老服务专业化组织，并获得省上67万元奖励。推进养老重点项目建设，建成完善李坊乡后杉村、司前乡墩上村2个农村幸福院和杭东、杭中2个社区居家养老服务站并投入使用。启动实施乡镇敬老院改造提升项目，还谋划6个养老补短板项目，总投资达到5.13亿元。创新养老机构运营模式，在崇仁乡开展乡（镇）敬老院公建民营试点，在李坊乡开展农村幸福院规范化运营试点，并为其他乡（镇）作出示范。

**【社会组织登记管理】** 加强社会组织管理工作，年内依法注销51家多年未开展活动及无活动资金来源的“僵尸”协会。至12月底，全县有社会组织110家，其中社会团体78家、民办非企业单位22家。进一步规范社团行为，开展社会组织年度检查工作，年检率达到60%，完成行业协会脱钩试点19家，完成率100%。

**【放管服改革】** 及时完成民政行政权力清单和责任清单的梳理，并进行进一步整合，将已梳理出的行政权力清单和行政责任清单“融合”为权责清单211项，同步公开权力运行流程图，并在省网公布行政许可与公共服务具体的办事流程、须提交的材料、审批标准和审批时限，提高老百姓办事效率。下放养老机构设立等事项，简化一系列审批程序，缩减办事烦琐环节，加快推进互联网+工作模式，争取让老百姓办事实现“一趟不用跑，最多跑一趟”。实现省厅公布的纵向清单100%入驻行政服务中心，其中，具体办理事项中，列入“最多跑一趟”占比80%，列入“一趟不用跑”占比45%以上。落实“减证便民”工作，学习并使用电子证照系统。已实现社会组织电子证照100%录入，婚姻登记中心证照2013年以后证照100%录入，县民政局完成电子证照入库32778条。

**【地名和平安边界创建】** 基本完成全国第二次地名普查的外业和内业资料的修订工作，通过县级自查。加强管理，规范地名，加大地名文化保护力度，全面清理整治不规范地名，提升地名文化品质和公共服务水平。开展平安边界创建，制定平安边界工作实施方案，明确任务、目标、职责，做到主要领导亲自抓，分管领导具体抓，工作责任到人头，落实界桩管理人员责任制并签订责任书，确保各项工作措施落实到位。开展毗邻县市平安边界互访活动，签订平安边界共建协议，与周边县（市）签订平安边界纠纷应急处置预案和互访表，按照“五个有”的要求开展闽赣边界平安创建隐患重点整治工作，排查边界地区界线纠纷隐患问题。制定边界纠纷处置应急预案；创新工作机制，配合有关部门有效处置好边界纠纷，建立联席会议制度，最大限度把边界矛盾纠纷化解在基层，解决在萌芽状态，防止矛盾扩大和激化，维护边界地区稳定。

**【婚姻和收养登记】** 做好婚姻登记公共服务工作，全年办理结婚登记1084对，离婚登记346对，补领结婚证826对，补领离婚证28对，登记合格率100%。严格收养登记程序，落实有关收养政策，使社会福利机构抚养的弃婴回归社会，享受到同龄人的家庭温暖。全县办理收养登记3人。

【殡葬管理】 出台《光泽县人民政府关于进一步加强城区殡葬丧事活动规范管理的通告》，进一步完善殡葬丧事活动规范，全年火化尸体920具，火化率100%。

【福利彩票】 全年福彩销售额达390.11万元，首次完成福利彩票年度销售任务。全县获取福利彩票公益金33.75万元，具体使用情况为：民政养老救助协理员购买服务12万元，农村“三留守”儿童帮扶3万元，福利院维修、运行8万元，止马镇白门楼村农村幸福院建设和止马镇排下村农村幸福院运营合计10.75万元。

【老龄老区】 开展《福建省老年人权益保障条例》宣传，发放《条例》及宣传资料1000余册，组织部分县人大代表就《条例》贯彻落实情况进行调研视察，并就监督检查情况制定贯彻落实意见。推动建立老年补贴和意外伤害保险制度，从2017年9月起，通过政府购买服务方式，为全县80周岁以上老年人提供意外伤害保险服务，保费标准为每人每年50元，所需费用由财政承担，老年人意外伤害最高可获赔2万元。从2017年起，对低保对象、计划生育特殊家庭中的完全失能老年人，按照每人每月不低于200元的标准，以老年人服务券（卡）的方式发放护理补贴。同时，为90～99周岁符合享受高龄补贴的277名老人发放高龄补贴每人每月50元，累计发放金额16.62万元；为6名百岁老人发放营养补贴每人每月300元，累计发放金额2.16万元。根据相关要求，用好上级下拨的老区资金55.5万元，用于支持全县21个老区村基础设施建设。

【福利机构安全管理】 做好福利机构消防安全工作，按消防部门要求，配置灭火器等消防器材，做好消防安全巡查纪录。除福利机构配置的电器外，禁止入住人员携带或使用任何电器；禁止老人在房间内吸烟；要求食堂人员定期清洗油烟管道污垢，以免引发火灾。加强入住人员的人身安全管理，老人外出活动时，要将联系牌放在贴身衣袋里，发生意外时能及时跟福利机构取得联系。进一步完善福利机构请假制度，工作人员及老人有事外出时，必须提前请假。护理人员必须按时查房，每天上午、下午对负责的护理区进行查房，并做好登记工作，如发现老人不在时，应及时寻找并与门卫联系。

（邱玉明）

## 人力资源和社会保障

【综合概况】 2017年全县人力资源和社会保障工作坚持“民生为本、就业优先”的方针，各项工作上取得新成效。加大基层人力资源和社会保障平台建设，建立县、乡（镇）、社区（村）三级联网，发布各类用工信息及相关劳动就业政策26期，全县城镇登记失业率2.98%，新增就业1680人，城镇失业人员再就业1193人，城镇就业困难人员再就业505人，新增农村劳动力转移就业3835人，培训农民工2927人，互联网创业从业人员培训1104人。全县参加企业基本养老保险单位1461户，参保人数21497人；机关社保参保单位288个，在职缴费3，803人，领取养老金2，080人；全民参保登记入户人数46805人，累计发放基础养老金2436.83万元；工伤保险参保户数466户，参保人数34580人，失业保险参保人数14205人。医保参保缴费人数19814人，基金收入6114元，基金支出5484万元，累计结余5726万元；生育保险参保人数10336人，生育保险费支出110万元。全县公务员（含参公）招录43名，招聘事业单位工作人员96名，招聘乡镇紧缺急需专业技术人员15名，从“三支队伍”高校毕业生服务期满人员中择优聘用9人。完成2016年度机关、事业单位1457人年度考核审核工作，累计审批确认专业技术资格119人，受理劳动争议案件14件，已结案件14起，结案率达100%。开展拖欠工资的日常巡查和专项检查，受理举报案件8起，涉及劳动者55人，涉及金额70.45万元，已办结8件，结案率100%。梳理“一趟不用跑”“最多跑一趟”服务事项45项，所有承诺件办理时限均压缩至法定时限的50%以下。

## 就业创业

【概况】 成立人力资源市场服务大厅，加大基层人力资源和社会保障平台建设，建立县、乡（镇）、社区（村）三级联网，发挥公共就业服务功能，发布各类用工信息及相关劳动就业政策26期。全县城镇登记失业率2.98%，新增就业1680人，城镇失业人员再就业1193人，城镇就业困难人员再就业505人，新增农村劳动力转移就业3835人；规范民办职业培训学校，培训农民工2927人，互联网创业从业人员培训1104人，牵头组织圣农公司与闽北技校开展校企合作培训，新增高级工26人，中级工298人，初级工101人。完成全县2390户5630人的农村贫困家庭入户调查摸底，落实补助资金16.2万元，开展精准扶贫技能培训2期，共培训贫困劳动力83人，推荐安排贫困劳动力精准就业91人。

**【就业创业】** 全县城镇登记失业率2.98%，比任务指标4.2%降低1.22个百分点；城镇新增就业1680人，完成年任务1400人的120%；城镇失业人员再就业1193人，完成年任务1100人的108.5%；城镇就业困难人员再就业505人，完成年任务450人的112.2%；新增农村劳动力转移就业3835人，完成年任务3500人的109.57%。重点做好高校毕业生就业创业工作，坚持就业创业示范引领，以创新水平、发展潜力、管理能力、社会效益和带动就业等为依据，推荐福建武夷纯然发展有限公司、光泽县绿也电子商务有限公司、福建省光泽县腾农菌业有限公司等6家自主创业项目参与2017年南平市自主创业市级资助项目申报评审，其福建武夷纯然发展有限公司获得市级优秀创业项目一等奖。为促进大学生就业创业，招募安排省级“三支一扶”大学生10名，推荐承天农林科技有限公司为市级毕业生见习基地并获批准。

2017年春风行动招聘会现场

**【政策宣传】** 利用网络、有线电视等宣传渠道，开展就业政策宣传，及时、准确的报送工作动态，向省、市报送各类信息报道156篇，信息报道排名全市人社系统前三名。其中《2017年光泽县养老护理员职业技能竞赛圆满落幕》分别在福建日报、闽北日报及省人社厅网站报道刊登；《开发公益性岗位 助力精准扶贫》在闽北日报及光泽新闻频道报道刊登，在光泽有线电视开设《人社之窗》栏目，进行就业创业专题宣传，制作光泽县梦想家电子商务有限公司之《小玩偶闯出大市场》宣传短片，扩大影响面和知晓率。

**【公共就业服务】** 整合人才市场和就业服务大厅，成立人力资源市场服务大厅，加大基层人力资源和社会保障平台建设，建立县、乡（镇）、社区（村）三级联网，充分发挥公共就业服务功能，发布各类用工信息及相关劳动就业政策26期，开展“春风行动”“就业援助月”“就业政策宣传”“退役士兵”“精准扶贫、党建脱贫专场招聘会”等系列公共就业服务活动19场，为各类求职者和各用人单位提供职业介绍、“一对一”职业指导、就业指导、政策咨询等就业服务。

**【服务企业用工】** 开展企业用工系列专项服务，全年共组织“春风行动”“就业援助月”“就业政策宣传”“精准扶贫专场招聘会”等企业用工服务活动19

场，为21家企业提供就业岗位9800余个，现场达成就业意向580人。做好圣农集团等重点企业用工服务工作，制定下发《关于做好重点企业用工服务工作的通知》（光人社〔2017〕3号）和服务圣农用工的奖励激励措施，牵头18个村与圣农公司开展村企用工调剂工作，召开各乡（镇）、社区基层劳动保障工作负责人参加企业用工服务座谈会。在“百日攻坚战”期间，主动对接做好重点项目重点企业用工服务，切实帮助重点企业解决招工难问题。

**【职业技能培训】** 结合光泽县创建“中国生态食品城”和“省级城镇化试点县”实际，规范完善民办职业培训学校，牵头组织圣农公司与闽北技校开展校企合作培训，新增高级工26人，中级工298人，初级工101人。开展农民工“春潮行动”培训，共培训2927人（含精准扶贫培训2期83人），完成任务数1800人的162.6%；完成互联网创业从业人员培训1104人，完成任务数1000人的110.4%。

**【精准就业扶贫】** 完成全县2390户5630人的农村贫困家庭入户调查摸底，摸清贫困人员的职业技能情况和就业意愿，并及时录入数据库；落实购买服务补助政策，共落实补助资金16.2万元；开展精准扶贫技能培训，组织劳动年龄段内有就业培训意愿的贫困劳动力开展家禽养殖、养老护理技能培训2期，共培训贫困劳动力83人，提升贫困劳动力的就业技能；开发村级公共卫生保洁公益性岗位100个，推荐贫困劳动力精准就业，推荐安排贫困劳动力精准就业91人，全年落实公益性岗位补助79.08万元；将贫困劳动力纳入“就业创业证”登记范围，为贫困劳动力办理就业创业证2853人，完成任务数925人的300.08%；落实贫困人员社保补贴政策，为718名已缴纳城乡居民养老保险费的农村贫困家庭劳动者办理社保补助，发放社保补贴7.18万元。

开展养老护理员职业技能大赛

## 社会保障

**【概况】** 全县参加企业基本养老保险单位1461户，参保人数21497人；机关社保参保单位288个，在职缴费3803人，领取养老金2080人；全民参保登记入户人数46805人，累计发放基础养老金2436.83万元；工伤保险参保户数466户，参保人数34580人；失业保险参保人数14205人，审核发放失业保险金183人201万元；完成全县企业2017年薪酬调查，完成机关、企事业单位养老金待遇调整，全县机关、事业单位2070名退休人员人均增资193.68元/月，全县企业退休人员8011名，人均增资133.18元/月。

**【城镇企业职工养老保险】** 参加企业基本养老保险单位1461户，参保人数21497人，同比增加1054人，增长5%，完成任务数21000人的102.37%。严格执行社会保险待遇发放各项制度规定，防范发放风险，健全完善待遇发放机制，稳步推进待遇发放社会化，切实提高各项待遇发放安全、准确、便捷、高效。做好2017年待遇定期调整，全县企业退休人员养老金调整总人数 7635 人，月人均增加约 133.18 元，调整后月人均养老金水平约达 2240 元。创新工作方式，率先启用企业退休人员信息管理系统（人脸识别系统），发挥信息系统高效、安全、快捷的服务功能，推进退休人员养老金待遇领取资格认证信息化，真正实现群众办事“一趟不用跑”和“最多跑一趟”的目标，方便企业离退休人员领取养老金进行资格认证。

**【机关事业单位养老保险】** 全县机关社保参保单位 288 个，在职缴费 3803 人，领取养老金 2080 人。全县机关事业单位养老保险基金总收入 10994.72 万元，完成年初预算的 116.08%，基本养老保险费收入 7302.60 万元，完成年初预算的 125.90%。

**【城乡居民社会养老保险】** 完成全民参保登记和新老农保过渡衔接工作，已登记入户人数 46805 人，登记信息入库率 100%，新老农保过渡率 100%（全市第三），全年累计发放基础养老金 2436.83 万元；进一步提高被征地农民社会保障金标准，分别从 143 元和 160 元每人每月提高到 172.5 元每人每月，征收被征地农民社会保障金 553 万元；基金累计结余 6734.72 万元。

**【工伤保险】** 推进建筑业工伤保险“同舟计划”，结合“百日攻坚战”，深入建筑业企业、施工工地开展宣传，推进建筑业工伤保险“同舟计划”，全年工伤保险参保户数 466 户，参保人数 34580 人，同比增加 1004 人，增长 3%，完成任务数 33900 人的 102.01%。支付工伤保险待遇 521 人，同比增加 8 人，支付工伤金 856.78 万元，同比减少 23.04 万元。

**【失业保险】** 全县失业保险参保人数 14205 人，审核发放失业保险金 183 人 201 万元。从 2017 年 7 月 1 日起，对失业保险金的发放标准进行上调，并降低企业征收率，减轻企业征收负担，更好地保障失业人员的基本生活，对稳定社会促进就业创业起到积极作用。

（白英航）

## 医疗保险

**【概况】** 稳步推进城镇职工、城乡居民、生育保险制度改革步伐，满足城乡居民参保人员基本医疗需求。截至 12 月 31 日，参保缴费人数 19814 人，基金收入 6114 元，基金支出 5484 万元，累计结余 5726 万元；生育保险参保人数 10336 人，生育保险费支出 110 万元；做好全县城乡居民参保人员的大病补充保险理赔工作，2016 年全县城镇职工商保理赔 99 人次，费用 387 万元。

**【城镇职工医疗保障】** 截至 12 月 31 日，参保缴费人数 19814 人，完成任务数 17890 人的 110.75%，其中：在职 11189 人，退休 8625 人，在职与退休的比例为 1.3∶1 。基金收支情况，基金收入 6114 元，完成任务数 5648 万元的 108.25%，其中：统筹基金收入 3150 万元，个人账户收入 2964 万元；基金支出 5484 万元，其中：统筹基金支出 2881 万元，个人账户支出 2603 万元；基金结余 630 万元，其中，统筹结余 269 万元，个人账户结余 361 万元。累计结余 5726 万元，其中：统筹结余 1854 万元，个人账户结余 3872 万元。

**【城乡居民医疗保障】** 截至 12 月 31 日，参保缴费人数 128882 人。基金收入 7746 万元，其中：个人缴费收入 1952 万元，各级财政补助收入 5794 万元（县级财政补助收入 1163 万元全部到位）；基金支出 5361 万元，其中：住院支出 4425 万元，门诊支出 936 万元；基金结余 2385 万元，累计结余 5096 万元。

**【生育保险】** 截至 12 月 31 日，生育保险参保人数 10336 人，完成任务数 8658 人的 119.38%。总收入 204 万元（其中基金收入 154 万元，上级补助收入 50 万元），生育保险费支出 110 万元，上年结余 80 万，累计结余 20 万元。

**【老干部医疗保障】** 2017 年全县离休老干部 48 人，伤残军人 4 人，财政拨款 121 万元，利息收入 0.8 万元，上年结余 1.9 万元，截至 12 月底，支出 120 万元，累计结余 4 万元。

**【“两定”机构医保管理】** 加强定点医疗机构和定点零售药店的管理工作，组织专门人手，对全县“两定”单位进行不定期抽查和逐一走访，实行“量化打分”制度，提升全县医疗保障“两定”单位服务水平。县医保管理部对县医院、中医院实行每周至少 2 次的下科室、入病房、对病床的监督检查，对乡镇卫生院实行每月至少 1 次、对村卫生所实行每两个月至少 1 次的实地检查。检查中做到“三个一致”（病情记录和医嘱一致、医嘱和收费清单一致、收费清单和价格一致）和“四个到位”（政策宣传到位、政策执行到位、服务到位、监管到位），即医嘱单、处方、每日清单一致和询问病人到位、查阅病历到位、补偿金额到位、规范资料到位，确保检查细致全面、不留死角。按月扣罚医疗机构不合理、不合规的补偿金，做到发现问题立即处理，及时纠正，决不姑息。截至 8 月份，实地监督检查 128 次（其中城镇职工 8 次），审核病例 1974 份（其中城镇职工 740 次），共查处违规病例 252 份（其中城镇职工 185 次），违规扣款 78695.82 元（其中城镇职工 65360.16 元）。8 月 15 至 16 日，对全县 22 家定点零售药店协议执行情况进行现场稽查，发现 5 家定点药店严重违反服务协议行为，根据《南平市城镇职工基本医疗保险定点零售药店监督管理办法（试行）》的通知》要求，以及年初出台《光泽县医疗保险管理中心关于加强定点零售药店履行服务协议管理的通知》，对稽核中有违反协议规定的定点零售药店，除扣减日常考核分以外，对违反协议严重的定点零售药店作出暂停 3 个月至 1 年的服务协议处理。为确保各定点零售药店统一规范管理，8 月 31 日召开 24 家定点零售药店负责人会议，与各零售药店负责人签订《南平市城镇职工基本医疗保险定点零售药店服务协议》。

**【完善医疗保障】** 配合商保公司，做好全县城乡居民参保人员的大病补充保险理赔工作，2016 年全县城镇职工商保共理赔 99 人次，总费用 387 万元。完善全县医疗保障体系建设，增强参保人员抵御疾病风险的能力，减轻参保患者个人负担，2017 年全县在 2016 年度基本医疗保险和大病保险（商保）理赔的基础上，依托职工基本医疗保险和商保的相应医疗数据信息平台，对全县机关事业单位参保职工符合医疗保险救助条件进行医疗救助。2016 年救助 129 个单位，828 人，发放救助金 271.35 万元。2016 年副科级以上医疗救助，享受待遇人数 104 人，待遇支出 2.9 万元。

**【精准扶贫医疗叠加报销】** 配合县扶贫办做好贫困建卡人员核对工作，截至 12 月 31 日，全县建档立卡贫困人员 4631 人，有 324 人享受精准扶贫叠加保险和慈善救助，医疗总费用 158.71 万元，其中：现行城乡居民医保政策报销 101.86 万元，精准扶贫叠加保险报销 19 万元，慈善救助报销 17 万元，实际报销比 86.86 %，比一般参保人员实际多报销 22.68 %。

**【医保服务】** 组织做好医疗机构医保医师库代码管理工作；根据《南平市医疗保障管理局关于在县级以上公立医院设立医保服务站的通知》，县医保管理部精选 3 名优秀人员，成立南平市医疗保障管理局光泽县医院服务站；城镇职工医疗保障方面，与光泽县医院、中医院签订 2017 年总额控制协议，县医院、中医院整合搬迁后，两院医保统筹基金总额合并为综合医院医保统筹基金拨给，计 720 万元（县医院 636 万元、中医院 84 万元）；城乡居民医疗保障方面，与光泽县医院签订 2017 年总额控制协议 2064 万元（总额控制继续沿用 2016 年额度）；总额预付控制前提下，光泽县医院、光泽县中医院开展按病种付费的复合支付方式改革；根据《福建省医疗保障管理委员会办公室关于开展以医保支付结算价为基础的药品联合限价阳光采购工作的通知》，第一批药品联合限价采购挂网于 2017 年 3 月 1 日起正式实施，4 月 6 日举办联合限价阳光采购培训班，配合定点医疗机构做好后续阳光采购配送工作，及重点跟踪监控药品目录的统计工作。

**【医保机构改革】** 配合上级部门做好“三险合一”（城镇职工医保、城镇居民医保和新农村合作医疗保险，建立适应全省城乡不同群众参加的、城乡统一的基本医疗保险制度）市级统筹上收工作，主要包括人事档案、工资花名册、编制移交等工作，以及资产清查、基金审计等具体事项的审核。2017 年 7 月 1 日起，原光泽县医保中心正式划归南平市医疗保障管理局管理，机构更名为“南平市医疗保障基金管理中心光泽管理部”。医保机构的上收，标志着光泽医保工作步入“三保合一”的模式，有利于基金管理的统一、人员的统一、业务经办流程的统一、资源整合。

**【医疗保障智能审核系统】** 根据南平市卫计委、市医保局《关于医保智能审核系统上线运行的通知》，光泽县医院被列为此次上线单位。经7月13日培训后，光泽县医院智能审核系统已于7月17日正式上线，县医保管理部积极配合县医院做好智能系统审核工作。

（苏 卫）

## 人事人才

**【概况】** 做好公务员、事业单位考录招聘工作，全县公务员（含参公）招录43名，招聘事业单位工作人员96名，招聘乡镇紧缺急需专业技术人员15名，从“三支队伍”高校毕业生服务期满人员中择优聘用9人。完成2016年度机关、事业单位1457人年度考核审核工作，累计审批确认专业技术资格119人（其中高级20人，中级46人，初级53人），举办全县养老护理员职业技能大赛，新增国网福建光泽县供电有限公司为市级技能大师工作室，全县公共技能实训基地经省市评定获一类标准，新增高技能人才40人。推荐圣农发展股份有限公司申报省级专家服务基地并成功获评，推荐圣维生物科技有限公司苗玉和申报B类高层次人才，推荐圣农公司李文迹等4人参加首批“南平市技能大师”遴选，推荐武夷纯然发展有限公司申报省级专家服务基地，推荐7家自主创业项目参加省市评审，招聘紧缺急需专业技术人才6名。

**【人事管理】** 做好公务员、事业单位考录招聘工作，全县党群（含乡镇）系列招录公务员19名，政府系列招录公务员（含参公）24名，招聘事业单位工作人员96名，会同组织部招聘乡镇紧缺急需专业技术人员15名，从“三支队伍”高校毕业生服务期满人员中择优聘用9人。做好干部考核培训工作，印发《关于规范公务员处分决定和解除处分决定备案工作的通知》，及时对备案单位开具处分决定备案回执，完成2016年机关、事业单位1457名工作人员年度考核审核工作。加强专业技术人才和高技能人才队伍建设，累计审批确认专业技术资格119人（其中高级20人，中级46人，初级53人）。向省市推荐参加高级专业技术资格评审36人，举办全县养老护理员职业技能大赛，新增国网福建光泽县供电有限公司为市级技能大师工作室，全县公共技能实训基地经省市评定获一类标准。新增高技能人才40人。

**【规范收入分配】** 加强企业工资宏观调控，完成全县企业2017年薪酬调查，实施国有企业负责人薪酬制度改革；完成机关、企事业单位养老金待遇调整，全县机关、事业单位2070名退休人员人均增资193.68元/月，平均养老金达3611.53元/

光泽县人社局召开2017年度新录用“三支一扶”毕业生参加岗前培训动员会议

月；全县企业退休人员8011名，人均增资133.18元/月，平均养老金达2240元/月；继续推进职务职级并行，新办理职级晋升3人，全县共办理职级晋升285人；开展“1+X”津补贴专项督查，印发《关于进一步加强规范公务员津补贴和事业单位实施绩效工资专项督查工作的通知》，开展“1+X”规范津补贴和精准就业扶贫专项督查，共发现并移交线索4条，发放整改通知书1份、自查通知书1份。

**【退休干部管理】** 做好退休审批工作，全年办理机关事业单位工作人员到龄退休审批173人；指导县退休干部协会开展日常工作和活动；积极做好退休干部服务工作，做好全县离退休人员的数据库维护和更新及2017年工资数据离退休人员的统计工作；完成全县2300人从2017年开始的增加离退休人员生活费的审批工作，开展机关事业单位退休干部春节慰问活动，组织退休干部参加“国庆”“五一”娱乐活动各一场。

**【考核与奖惩】** 审批全县机关、事业单位年度考核2684人。完成1名全国先进工作者、2名省级先进工作者、4个省级先进集体的审核申报；完成市级“百日攻坚”嘉奖2人、三等功1人，市“百日攻坚”集体嘉奖和三等功各1个单位的审核申报工作；完成2016年度考核优秀74人的嘉奖和2014～2016连续三年年度考核优秀5人记三等功的审核工作；对全县23名机关、事业单位工作人员因受党纪、政纪处分人员给予降级、降职或暂缓调级，并取消年度考核奖励等；印发《关于规范公务员处分决定和解除处分决定备案工作的通知》文件，并及时对备案单位开具处分决定备案。

**【人才服务】** 县委人才工作领导小组制定印发《光泽县优秀人才选拔管理办法（试行）》，实施积极的人才政策，形成引才育才聚才的政策洼地，为更多优秀人才搭建创业发展的平台；推荐圣农发展股份有限公司申报省级专家服务基地并成功获评，推荐圣维生物科技有限公司苗玉和申报B类高层次人才，推荐圣农公司李文迹等4人参加首批“南平市技能大师”遴选（其中李文迹入选首批“南平市技能大师”），推荐武夷纯然发展有限公司申报省级专家服务基地，推荐7家自主创业项目参加省市评审（其中4家企业获市级资助）。组织教育、卫生、住建等部门，参加“人才南平校园行”活动，深入厦门大学、福州大学等10所高校招聘人才，招聘紧缺急需专业技术人才6名。

（白英航）

## 和谐劳动关系

**【概况】** 成立光泽县协调劳动关系三方委员会，制定出台《光泽县关于构建和谐劳动关系实施方案》，印发《关于开展2017年集体协商“要约行动月”活动的通知》，全县劳动合同签订率98%，企业集体合同签订率90%。受理劳动争议案件14件，已结案件14起，结案率达100%。开展拖欠工资的日常巡查和专项检查，受理举报案件8起，涉及劳动者55人，涉及金额70.45万元，已办结8件，结案率100%。梳理“一趟不用跑”“最多跑一趟”服务事项45项，所有承诺件办理时限均压缩至法定时限的50%以下。

**【和谐劳动关系创建】** 完善劳动关系三方协调机制，成立光泽县协调劳动关系三方委员会，制定出台《光泽县关于构建和谐劳动关系实施方案》，三方四家联合印发《关于开展2017年集体协商“要约行动月”活动的通知》（光人社〔2017〕15号），安排部署“要约行动月”活动，全县劳动合同签订率98%，企业集体合同签订率90%。其中，凯圣电力公司获省级劳动关系和谐企业称号。加大劳动保障监察执法力度，受理举报案件8起，涉及劳动者55人，涉及金额70.45万元，已办结8件，结案率100%。

**【劳动人事争议仲裁与信访】** 加强调解仲裁工作，推进劳动人事争议仲裁办案标准化建设，统一仲裁办案程序，加大调解力度，推行公开审理，办案质量很大提高。仲裁委员会共受理劳动争议案件14件，已结案件14起，结案率达100%。抓好综治信访维稳工作，重点做好“十九大”和“厦门金砖会晤”安保维稳工作，扎实做好涉及人社领域矛盾纠纷的排查和化解工作，受理信访件3件3人次，办结率100%，接待群众来访52起226人次。

【劳动保障监察】 加大劳动保障监察执法力度，结合“百日攻坚战”，召开解决企业工资拖欠局际联席会议，开展拖欠工资的日常巡查和专项检查。受理举报案件8起，涉及劳动者55人，涉及金额70.45万元，已办结8件，结案率100%。同时对2016年遗留的2件欠薪案及时跟踪检查，掌握情况，及时向县委、政府、政法委及相关领导报告全县欠，提出建议，稳控工人情绪，防止矛盾激化。深化“无欠薪项目部”创建活动。为进一步加强欠薪预防，下发了《关于进一步在建设施工领域开展创建“无欠薪项目部”活动的通知》，召开全县创建“无欠薪项目部”动员部署会和创建工作专题业务培训会，全县25个项目开展创建工作。结合“百日攻坚战”活动，深入项目建设单位开展创建工作指导，会同住建、水利、交通等行业主管部门开展专项督查工作。创新工作机制，有效预防、解决拖欠农民工工资问题，建立“五位一体”工作机制，在全市防范和处置企业欠薪工作会议上获市政府肯定，其做法在全市推广。

【人力资源与社会保障体系建设】 推进“两学一做”（学党章党规、学系列讲话，做合格党员）学习教育常态化、制度化，深入开展学习廖俊波同志先进事迹活动，召开动员部署会和专题集中学习讨论，把推进“两学一做”学习教育常态化、制度化与学习廖俊波同志先进事迹结合、与“四比六促”相结合，敢于担当、主动作为，围绕县委、县政府中心工作，结合人社工作的目标任务，逐项细化，抓好落实。深入开展“百日攻坚战”和“四比六促”活动，扎实抓好机关效能建设，认真开展机关效能“一日一巡查”和“一月两督查”，转变窗口单位工作作风，深化“马上就办”，提升办事效率和服务水平，进一步树立人社系统优质高效的服务形象。

【“放管服”改革】 深入推进“放管服”改革，2017年县城居保中心新农保业务实现整体入驻；严格落实全省统一的行政审批和公共服务事项目录清单和规程，全面梳理“一趟不用跑”“最多跑一趟”服务事项45项，所有承诺件办理时限均压缩至法定时限的50%以下。推进职业资格改革工作，在全市率先公布全县保留的职业资格目录清单；健全完善“两单两库一细则一平台”，进一步加强事中事后监管，规范市场执法行为，按省、市、县部署积极做好劳动监察、事业单位继续教育、民办职业技术培训学校的“双随机”抽查工作。

（白英航）

## 民　　族

【概况】 围绕各民族“交流交往交融”，把握民族团结开展少数民族工作，推进少数民族村精准扶贫，2017年少数民族贫困户实现全部脱贫，圣农发展股份有限公司被列为省级少数民族流动人口服务管理工作联系点，县民宗局获得2017年度全省民族宗教系统信息宣传工作先进集体荣誉称号。

【民族村经济社会发展】 实施少数民族村经济与社会发展项目，争取中央少数民族发展资金80万元、省级少数民族补助资金82万元、市级少数民族专项补助资金7万元、县级少数民族专项补助资金6万元，造福工程少数民族搬迁资金22.7万元。资金投入完成浆源村特色村寨民居立面改造、官桥村泽头山中桥建设、太银村秋竹新村护岸基础设施建设、桥湾村沙丘、王家排组机耕路硬化、东山村枫树垅道路硬化项目、司前村道路硬化项目、碗厂村腾家组道路硬化及美丽乡村建设、墩上村村部左岸防洪堤建设，完成少数民族造福工程搬迁52户227人等。

【少数民族精准扶贫】 继续开展“二帮一”（一个领导帮扶一个经济薄弱村、一个部门帮扶一个经济薄弱村）挂钩帮扶机制，制定“一村一脱贫”计划，如期完成省级贫困村碗厂村脱贫摘帽。通过挂钩帮扶人为贫困户制定了“一户一策”的详细脱贫计划，帮助解决易地搬迁、安装光伏、小额信贷入股分红、介绍就业、发展种养殖业，大病补助、教育扶贫、财政兜底等一系列的脱贫举措，至2017年底，光泽县建档立卡的少数民族贫困户

（户主是少数民族）71户201人，家庭中有一员以上是少数民族的贫困户（户主不是少数民族）40户141人，全部实现脱贫。人均低于4500的桥湾村和东山村，在通过精准帮扶后，人均纯收入达到10064元和7145元以上。

寨里镇浆源村开展畲族三月三传统民俗活动

**【少数民族团结进步创建】** 开展民族团结进步创建宣传活动进社区、进企业、进乡村，全县范围内张贴民族团结进步的宣传标语、横幅10余条，绘制墙面漫画3板，发放宣传资料一千余份等，营造团结进步的氛围。在浆源村举办“三月三”以“畲族儿女跟党走”为主题的畲族文化节，选送畲族节目《老妹山歌》、《茶香中国》和《采茶舞》参加文艺汇演，让更多的村民们欣赏畲族的传统文化，让畲歌文化得以传承。

**【服务少数民族】** 开展少数民族群众服务工作，做好少数民族群众民族成分变更确认和子女入学加分证明等相关服务工作，全年出具证明7人为参加中考的学生享受9分的政策，为参加高考的15名学生出具身份证明，使上线的学生享受同等优先录取的政策。

（连丹丹）

## 宗　　教

**【概况】** 学习贯彻中央、全省宗教工作会议精神，举办《宗教事务条例》培训学习班一期，开展宗教界人士十九大精神学习活动，完成全县基督教三自爱国会换届工作，继续开展宗教“慈善周”活动，加强宗教活动场所的安全管理，持续开展“生态寺庙”创建和评选活动。

**【宗教政策法规学习培训】** 年初，召开宗教活动场所负责人会议，总结2016年工作和安排部署2017年计划，传达中央、全省宗教局长会议精神和县“两会”相关精神。县民宗局组织3个宗教团体组成人员22名，学习贯彻党的十九大精神；举办新修订《宗教事务条例》学习培训班一期，全县各宗教活动场所负责人参加培训，加强践行宗教“中国化”方向思想上的认同，并为每个宗教活动场所发放一本新修订的《宗教事务条例》。县基督教三自爱国会响应号召，组织兄弟姊妹收看十九大的开幕和学习十九大报告精神；县佛教协会在光泽爱民寺举办会计培训班，县佛教协会秘书长以上人员及全县重点佛教寺庙62人参加培训，进一步规范佛教宗教场所的财务管理制度。

**【佛教协会换届】** 11月份，光泽县举行县基督教三自爱国会召开第七届代表会议，依法开展五年一次的换届选举工作，选举黄俊丽为县基督教三自爱国会会长，以及新一任协会理事会成员。新一届基督教三自爱国会高举爱国爱教旗帜，坚持宗教“中国化”方向，在慈善事业以及服务社会经济发展作出新的贡献。

**【宗教界“慈善周”活动】** 9月份，在全县开展“宗教慈善周”活动，全县各宗教活动场所慈善捐款总额达76600元，其中用于精准扶贫慰问困难家庭、贫困学生62户，金额达2.6万元；连续5年开展“宗教界与少数民族牵手”慈善活动，将“慈善周”活动的善款注入“资金池”，用于村里精准扶贫慰问。春节前夕，县宗教界深入县福利院、敬

宗教界与少数民族牵手活动

老院、社区等单位慰问困难家庭68户、孤寡老人20人、贫困大学3人，发放慰问金40990元。

**【宗教活动安全稳定】** 开展宗教活动场所安全隐患大排查大检查活动，各乡（镇）组织开展安全摸排检查工作，按照属地管理原则，加强安全监督，及时发现问题、解决问题，及时调处矛盾纠纷，将矛盾消灭在基层，化解在萌芽状态。突出抓好大型宗教活动安全、建筑安全、消防安全和元旦、中秋、国庆等法定节日期间安全稳定工作，通过印发文件、电话、微信群提醒等方式，加强安全防范意识。8个乡镇分别多次对辖区内宗教活动场所文明敬香、爆竹燃放、殿外香烛台、场所电线、消防器材、家用电器、安全制度、安全员挂牌上岗等内容进行专项检查，对发现的安全隐患提出整改意见，及时消除安全隐患。

**【宗教事务审批】** 开展行政审批制度"放管服"改革，梳理整合权责清单融合工作，梳理整合权责事项16项；依法开展"双随机一公开"抽查工作3次；完善民族宗教事务的行政审批和服务事项办理，依法办理行政审批和公共服务事项3件。完成52个宗教活动场所入网信息登记，开展宗教活动场所组织机构代码证更换为社会信用代码证工作。

**【评选创建"生态寺庙"活动】** 开展佛教寺庙"生态寺庙"的创建评选活动，通过开展文明敬香、粘贴文明标语、社会主义核心价值观，周边绿化，卫生整洁、消防安全等方面的创建，经过县佛教协会和各乡（镇）评选打分，最终评选出白云峰寺等8个寺庙为"生态寺庙"，由县民宗局审定后，颁发由县委统战部和县民宗局联合授予的"生态寺庙"铜牌，促进全县生态寺庙创建工作。年初，县委统战部向全县重点宗教活动场所赠送桂花等大型苗木106株，支持寺庙绿化工作，改善寺庙生态环境，为"生态寺庙"创建助力。

（连丹丹）

## 库区移民开发

**【概况】** 全县有中型水库两座，即高家水库和霞洋水库，登记大中型水库农村现状移民2506人，其中直补移民1968人，扶持到村490人；小型水库33座，总库容2334.1万立方米，其中有4座小型水库有移民，有原迁移民161户710人；发放1968名大中型水库农村移民直补资金118.08万元；实施移民重点建设项目6个，投资100万元；独具特色的新型移民美丽村庄已初步成型；创建"平安库区"工作列入《光泽县乡镇社会治安综合治理工作目标管理考评》内容，库区社会形态总体稳定和谐。

**【直补资金发放】** 2017年发放1968名大中型水库农村移民直补资金118.08万元，直补资金做到及时、安全发放。

**【移民项目建设】** 重点筹划环境综合整治、生产开发、整村推进移民建设项目，积极与省、市移民局沟通，争取项目资金支持，为移民村基础设施建设提供资金保障，2017年向上级争取移民项目12个，项目资金250.89万元。重点项目有百石村移民休闲亭建设、桃林村村内道路硬化工程、小额贷款贴息、企业站工业巷房前屋后道路硬化工程、百石村阳光库区LED显示屏建设、寨里镇小际组房屋里面修缮工程、华侨乡园岱村环境综合整治工程等等。

**【创建平安库区】** 将创建“平安库区”工作列入《光泽县乡镇社会治安综合治理工作目标管理考评》内容，开展移民矛盾纠纷大排查大调处和重信重访问题专项活动，全县库区社会形态总体和谐稳定。截止12月31日，未水库移民到省、市上访。

**【开展温暖库区活动】** 最大限度用好、用活移民解困资金，春节前后开展走访慰问移民困难户活动，把党和政府温暖送到最需要帮助的困难移民手中，全县慰问困难移民140户，发放慰问金7万元。

## 杭川镇

【概况】 杭川镇地处光泽县城区，四周与鸾凤乡接壤，是全县政治、经济、文化、交通中心。全镇总面积7.63平方千米，其中城区面积约5平方千米，另有耕地面积24公顷、林地面积153.33公顷。辖杭西、杭中、杭东、镇岭、坪山5个社区居委会，城南、城西2个社区工作站和1个综合农场，共101个居民小组和2个村民小组。设5个社区党总支部、22个党支部。居民总户数19867户，常住人口60580人，其中户籍人口39153人。居民以工商业为主，镇属企业22家。2017年财政收入690万元，同比增长77.4%；固定资产投资2.3亿元，同比增长117%；城镇居民人均可支配收入2.76万元，同比增长8.5%；城镇登记失业率控制在4%以内。获市“百日攻坚战”集体三等功，获评新一届“省级文明镇”。

2017年12月8日，王家际农场精准扶贫对象杨兴国为杭川镇送锦旗

【党的建设】 以深入学习党的十九大精神为指引，推进“两学一做”学习教育常态化制度化，落实“三会一课”制度，践行“学习廖俊波，争做合格党员”主题活动，开展党委中心组学习13次、主题微党课24次、“4+X”固定党日活动24次，将党员学习教育抓常抓细抓长。层层签订党建工作目标责任书，压紧夯实党建工作责任。继续巩固和坚持杭川镇社区党校1+5办学机制，开办18期社区党校。发挥群团联系群众优势，做好“党建带群建，群建壮党建”工作。发挥基层工会职能，维护企业职工合法权利；组建“百日攻坚党员志愿者服务队”、“青年脱贫攻坚工作队”，助力脱贫攻坚、“百日攻坚战”和“四比六促”活动，开展各类青年志愿活动200余次；完成社区“会改联”工作试点任务，产生新一届镇妇联；顺利通过“省级文明镇”总评，同时开展创建省级文明县城工作。

【经济发展】 全年各项经济指标均实现快速增长。把项目建设作为推动镇域经济发展的主抓手，在“百日攻坚战”中，电炉厂棚户区改造项目提前完成15518.57平方米征迁任务，荣获南平市2017年重大项目、重点工作“百日攻坚战”集体三等功。梦灵谷生态农庄、鸿建山庄民俗文化街、佳品佳味鸡肉粉加工等7个县重点项目均完成年度投资目标。同时充分利用资源及区位优势，加大招商引资力度，对接福州大学，引进总投资3亿元的冷链相变新材料项目。对接福州芍园壹号文化创意有限公司，引进印象·富屯溪文化创意项目，在文体公园打造集休闲、时尚、文体、公益为一体的休闲娱乐活动场所。

2017年5月16日，杭川镇与福大武夷新材料科技有限公司成功签署新能源冷链材料项目引资协议书

**【社区建设】** 拓展社区服务内容，服务涉及10多大项，300多小项，包括社会保障、社会公益、文化娱乐、医疗教育、综治维稳等各方面，基本涵盖广大居民物质生活和精神生活的各个领域。社区“一站式”服务深入推进，全年共办理各类代办事项1353项。依托农村淘宝平台在五个社区启动电商服务项目，为“智慧社区”平台建立打下坚实基础。社区居委会各项工作也取得成效，杭中社区、杭东社区、杭西社区顺利通过市级文明社区验收，坪山社区、镇岭社区顺利通过县级文明社区验收，镇岭社区被评为“社区服务老干部省级示范点”、社区戒毒康复站被评为“南平市级示范点”。

**【城市建设】** 围绕创建省级文明镇、省级文明县城，加强城市管理，辖区环境进一步改善。推动城区危房改造，对城区居民危房摸底上报，组织有关部门进行认定，根据自愿的原则，第一批入户测量77户，公示43户，签订货币安置协议16户。纵深推进武林路70—77号地质灾害点治理整治工作。整治乱搭乱建现象，拆除违章建筑58235平方米。积极配合市政公司开展小街巷维修改造工程，完成小街巷路面硬化33615平方米，水沟清污5885平方米，安装路灯275盏。配合县交通局推进横四线光泽县十里铺至高田段新建工程，完成征地1.51公顷，进一步拉伸城乡路网框架。加强与交警部门的协作，新增城区公共停车位230个。集中攻克辖区内的老旧小区，小街巷、农贸市场卫生。推行“河长制”，加强组织领导，细化任务分工，以河长制促“河长治”，让西溪、北溪城区河段水更清、岸更绿。开展生猪畜禽养殖污染整治，拆除生猪养殖场（户）5个，完成黄标车提前淘汰任务61辆。

**【社会事业】** 开展文化惠民工作，举办庆祝党的十九大胜利召开等30余场大型文艺宣传活动。

2017年3月，坪山棚户区改造现场

2017年10月13日，杭川镇清理沿河菜地，推进河长制工作

养老服务设施不断完善，改造提升2个居家养老服务站，新建1个老年人日间照料中心，形成以居家养老为基础、社区服务为依托、机构养老服务为支撑的养老服务体系。全面贯彻实施二孩生育政策，全镇2017年度共出生364人，政策符合率99.73%。教育事业健康发展，在杭中社区打造光泽县首个青少年科学工作室，丰富青少年的课余生活。新型社会救助体系不断健全，特殊困难群众等弱势群体的社会救助工作力度不断加强，共发放民政各类救助补贴资金84.6万元。脱贫攻坚取得新实效，全镇建档立卡贫困户5户16人全部脱贫。拓宽就业渠道，强化技能培训，累计新增就业人员1680人，城镇失业人员再就业1100人，城镇登记失业率控制在4%以内。

**【综治维稳】** 深化“平安建设”，结合“二维码”门牌登记，组织开展综治大排查、大走访和综治“三率”逐户上门宣传活动，共排查、调解各类矛盾纠纷121起，处理信访件57件，平安“三率”宣传入户4030户，消除一批可能影响社会稳定的隐患。强化社区群防群治力量，组建一支1500余人的平安志愿者队伍，参与金砖会晤、党的十九大安保维稳活动。推行居民说事工作机制，畅通民意渠道，解决各类民生问题168个。举办6期平安说微论坛，居民的安全意识得以提高。开展安全生产大检查和“打非治违”行动，开展安全生产大检查7次，检查单位204家，排查隐患28个，扎实做好道路安全、消防安全、食品安全等方面的工作，全年未发生安全生产事故。

**【自身建设】** 开展“四比六促”活动，对公共服务事项的办理时限进行全面梳理，进一步压缩各类审批和服务事项办理时限，实现“最多跑一趟”，力争“一趟不用跑”，26项公共服务事项全部入驻网上办事大厅，推动“互联网+政务服务”。依托社区一站式服务大厅，打造15分钟便民服务圈。深化“放管服”改革，行政审批服务平台实现“一站式办结”，全年共办理各项事务2100余项。严格落实中央八项规定精神，整治“四风”突出

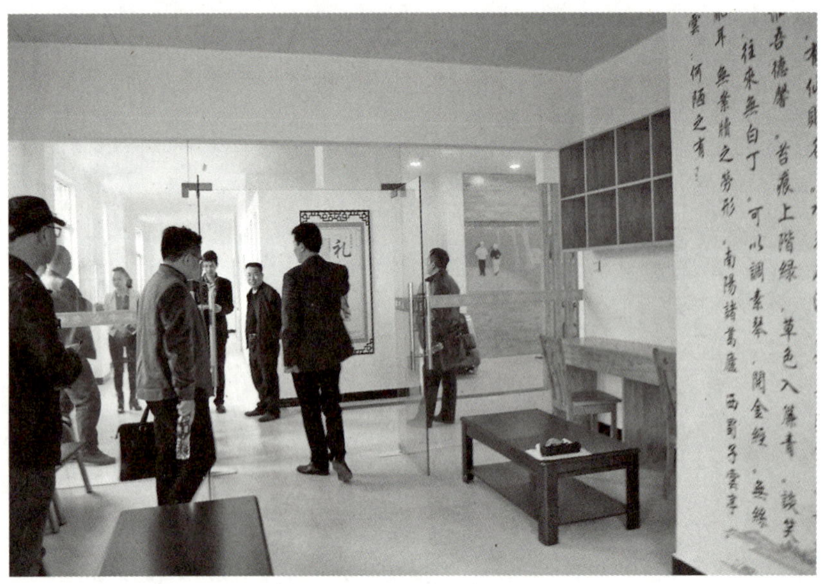

杭川镇老年人日间照料中心建成

问题。全年查处违纪违法案件1起，诫勉谈话12人次，一般性廉政提醒谈话35人次。推进法治政府建设，提升依法行政能力。严格依照法定权限和程序履行职责，公开权责清单，规范权力公开透明运行。自觉接受人大工作监督、法律监督和政协民主监督，推进决策科学化、民主化、法治化。

**附：杭川镇2017年社区（场）基本情况表**

| 社区（场）名称 | 人口（人） | 党总支书记 | 社区委员会主任 | 党员（人） |
|---|---|---|---|---|
| 杭西社区 | 14670 | 兰建华 | 黄　敏 | 74 |
| 杭中社区 | 12166 | 陈建明 | 陈建明 | 109 |
| 杭东社区 | 11121 | 李　玲 | 温秀萍 | 120 |
| 镇岭社区 | 9023 | 叶奕芳 | 饶荣兴 | 93 |
| 坪山社区 | 13450 | 林小英 | 刘志红 | 125 |
| 综合农场 | 150 | — | — | — |

## 寨　里　镇

**【概况】** 寨里镇位于光泽县北部，镇政府所在地距县城22千米，西与江西省贵溪市、铅山县交界，东与建阳市黄坑镇相临，南抵崇仁乡，北连司前乡。镇名由来，因镇政府驻地在小寺州村寨里自然村而得名。面积668平方千米，其中耕地面积0.28万公顷，林地面积6.1万公顷，森林覆盖率82.7%，森林总蓄积量408万立方米，集体经营林地面积3.21万公顷，其中生态林面积0.48万公顷、天然林面积0.75万公顷。辖山头村、桥湾村、太银村、西溪村、山坊村、官桥村、儒州村、浆源村、桥亭村、茶富村、小寺州村、梅溪村、大青村、桃林村、百石村、大洲村16个行政村，1个茶果场，184个村民小组，236个自然村。2016年末，有户籍居民2.28万人。寨里镇是省级环境优美乡镇，大气环境质量达国家二级标准，饮用水源水质达国家Ⅱ类标准，境内的高家水库素有“大武夷天池”之美誉。有萤石、花岗岩、高岭土、石英石、钾长石等非金属矿产资源。武夷山国家公园有1.16万公顷核心区面积在镇辖区内。有大洲国共谈判旧址、山头村太史第、龚氏宗祠等人文景观资源。寨里镇连续两届获省级“先进基层党组织”称号，获得全国生态乡镇、全国亿万农民健身活动先进乡镇、全国基层团建示范乡镇、（第十、十一、十二届）省级文明乡镇、省

2017年12月20日，省农科院和省农业厅相关领导深入寨里镇山头村调研指导现代生态农业发展工作

级宣传文化示范乡镇、省级信用镇等荣誉。

【镇域经济】 2017年实现农业总产值2.37亿元，比增3%；实现规上企业总产值1.03亿元，比增25%；完成社会固定资产投资3.5亿元，比增57.3%；农民人均可支配收入14605元，比增14.9%；实现财政总收入1108万元，粮食产量1.3万吨，烟叶总产量1.85万担，实现产值2798万元。以海鲜菇、竹荪、木耳为主的食用菌产业发展稳定，产值达3000万元。镇域经济实力增强，人民生活水平得到提升。

2017年12月19日，寨里镇浆源村精准扶贫户喜迁新居

【扶贫开发】 2017年建档立卡户193户484人，按照“两不愁、三保障”要求将全面脱贫退出，桃林村实现脱贫“摘帽”。完成易地扶贫搬迁建房111户285人，其中集中安置区34户，购买集镇商品房6户，县集中安置4户。发放小额信贷用于光伏发电和入股投资265户1325万元，占建档立卡户91.37%，累计利率收益达450万元，户均收益1.55万元。贫困户实现各类转移性收入122万元，人均1555元。实施教育扶贫87人46.2万元，大病救助42.57万元。

2017年3月20日，寨里镇政府与福建东亚集团签订现代渔业产业园项目引资协议

【基础设施建设】 投资936万元，“小农水”项目工程完成验收；投资319万元，儒州村农田节水灌溉改造工程完工验收；投资110万元，集镇供水管网改造工程完成验收。完成投资286万元的安全生命防护工程48.8千米，44.1万元的道路硬化工程和27.4万元的水毁道路修复，投资288.5万元的4座危桥改建基本完工。完成投资580万元山坊村高标准农田建设128.8公顷，新增耕地5.33公顷。完成10KV儒州、龚家湾线路改造，完成投资19万元大洲村光纤联网工程建设。

【美丽乡村建设】 “百村示范、

2017 年 11 月 24 日，寨里镇百石村通过南平市旅游发展委员会省级旅游特色村验收。

千村整治、万人保洁”成效明显。投入 3000 万元先后对大青村、小寺洲村、太银村、山坊村进行整治，投入 110 万元打造浆源村少数民族特色村寨，百石村成功创建特色旅游村，全镇已有 11 个村实施美丽乡村建设，其中百石村和桃林村通过南平市美丽乡村“四星级”标准验收，儒州村通过南平市美丽乡村“三星级”标准验收，“一村一品、一村一韵、一村一景”示范样板村初见成效。

【生态环境保护建设】 树立“绿水青山就是金山银山”的理念，加大森林资源保护力度，完成天然林管护及补助 0.70 万公顷，生态林保护机制形成常态。严厉打击各类涉林违法犯罪活动，查处各类森林案件 24 起，其中森林刑事案件 3 起，刑事处罚 10 人。加大水资源保护力度，坚决整顿和取缔对水源造成污染的水产养殖和畜禽养殖项目，拆除生猪养殖场 2200 平方米，加大“两违”综合治理力度，拆除违章建筑 2.8 万平方米。扎实开展文明村、文明家庭评选活动，新建三级化粪池 520 个。投资 460 万完成镇垃圾中转站和污水处理站建设。

【社会事业】 投入 600 万元新建茶富中学住宿楼，投入 50 万元完善中小学及幼儿园基础设施建设。深入挖掘优秀传统文化，首次举办“三月三”畲族文化节。弘扬红色文化，开展“大洲谈判”80 周年纪念系列活动。加大特色文化资源保护力度，投入 400 万元建设红色旅游经典景区大洲谈判纪念馆，投入 20 多万元修缮传统美德教育基地山头太史第。推进国家二孩生育政策落实，举办第二期高考助推工程，全年共发放奖扶资金 48.2 万元。加大食品药品监管力度，实现农村食品安全监管网格化管理，让人民吃得安心，用得放心。

【民生保障】 落实城镇居民低保 13 人、农村低保 363 人，发放最低生活保障金 97.23 万元，供养“五保”老人 112 人，落实“五保”资金 102.63 万元。发放救灾款 27.08 万元，优抚金 68.66 万元，优待金 22.89 万

2017 年 8 月 17 日，寨里镇集中销毁非法涉渔工具

2017年11月1日，大洲谈判纪念馆落成仪式在光泽县寨里镇大洲村举行

元。发放残疾人两项补贴36.17万元，离任村主干生活补助金8.34万元。发放农业支持保护补贴240.6万元。持续提升敬老院管理服务，完成3个村幸福院建设。加大劳动力转移，培训人数387人，转移农村富余劳动力721人。

**【精神文明建设】** 申报创建国家级文明乡镇，多次邀请县文明办指导精神文明建设，迎接市文明办对寨里镇创建国家级文明乡镇的初评。进一步完善文化场所，配备配齐16个村文化活动场所设施和文化墙建设，持续开展“平安家庭”创建，“十大孝子”评选活动深入人心，道德讲堂、故事会活动常态化；有线广播“村村响”工程全覆盖。持续推进网络文化建设与管理工作，成功举办“清新寨里 文明家园”网络评选活动。

2017年8月3日，省检查组到寨里镇测评验收全国文明村镇创建工作

**【桥亭村乡村记忆】** 桥亭村地处寨里镇北部，距县城26.3千米，是省级商品粮重要基地村，革命重点老区村之一，县级“美丽乡村”建设示范村。近年来，村两委团结带领全体村民，围绕发展目标，持续推进各项建设，经济和各项事业取得长足发展。桥亭村从20世纪50年代至今，各类档案资料较为齐全，内容涉及村级组织建设、村民自治及事务管理、经济管理、土地承包、集体林权改革、社会保障，以及科技、会计、音像、实物等相关档案资料，基本反映了全村自然、政治、人文、经济的沿革、变迁情况。该村记忆档案数量达数千份，足以留住乡愁。

**【浆源村承天中药种植示范基地】**

浆源村从2015年与承天药业公司对接，有效解决农村“三闲”问题。即利用闲山，在林下种植七叶一枝花102.27公顷，利用闲地（抛荒地）种植元胡1.47公顷、生姜3.33公顷，2017年又新增种植瓜蒌20公顷。村里有许多村民要照顾年迈的父母和上学的孩子，不能外出务工，村两委便出面联系承天药业，介绍30多位村民去该公司务工，在家门口就解决了闲散劳动力的就业问题。

**附：寨里镇 2017 年各村（场）基本情况表**

| 村（场）名 | 总人口（人） | 总面积（公顷） | 耕地面积（公顷） | 粮食总产（吨） | 村集体总收入（万元） | 农民人均纯收入（元） |
|---|---|---|---|---|---|---|
| 山头村 | 1521 | 3340 | 132.4 | 975.1 | 47.8 | 12660 |
| 桥湾村 | 1756 | 1261.3 | 206.63 | 975.8 | 26.2 | 10064 |
| 太银村 | 856 | 2767.83 | 51.9 | 313.1 | 18 | 11838 |
| 西溪村 | 1027 | 6230 | 118.86 | 564.6 | 46.2 | 12753 |
| 山坊村 | 1853 | 3066.73 | 2013 | 865.1 | 30.7 | 8700 |
| 官桥村 | 1175 | 3365 | 73.93 | 442.1 | 23.7 | 9300 |
| 儒州村 | 1242 | 2078.68 | 167.97 | 653.2 | 30.6 | 10401 |
| 浆源村 | 651 | 1776.05 | 113.61 | 557.4 | 25.5 | 8933 |
| 桥亭村 | 2088 | 2171.72 | 309.23 | 1229.08 | 43.9 | 9998 |
| 茶富村 | 2135 | 4500 | 204.6 | 1234.8 | 54.8 | 10330 |
| 小寺州 | 1651 | 1275.53 | 193.05 | 947.6 | 32 | 10560 |
| 梅溪村 | 961 | 2593.70 | 152.48 | 643.5 | 43.1 | 10403 |
| 大青村 | 1776 | 16160 | 3796.47 | 1363.2 | 66.4 | 11752 |
| 桃林村 | 1575 | 5581.17 | 214.61 | 844 | 57.2 | 10750 |
| 百石村 | 462 | 3142.86 | 39.6 | 97.8 | 31.5 | 43000 |
| 大洲村 | 363 | 8856.6 | 33.45 | 296.2 | 34.5 | 8707 |
| 镇　直 | 1325 | — | — | — | | |

（方建锋）

## 止　马　镇

**【概况】** 止马镇位于光泽县西南部，东连鸾凤乡，南接李坊乡，西与江西省黎川县、资溪县交界，北邻华桥乡。面积159.1平方千米。1993年撤乡建镇，镇政府设于止马村，距县城23千米。辖止马、岛石、亲睦、仁厚、杉关、排下、水口、虎塘、双坑、白门楼10个村民委员会，102个村民小组，105个自然村。镇政府干部职工47人。其中：行政编制29人，事业编制18人。2017年末，有户籍居民17017人。耕地面积1671公顷，山林面积1.29万公顷。经济作物主要以烟叶、厚朴、重楼、紫云英、水稻、生姜、茶叶等农副产品为主。位于杉关村的杉关古关隘，始建于唐广明元年（公元880年），素有“瓯闽西户”、“全闽第一关”、“闽赣陆道第一关”之称。1999年3月，时任福建省委副书记的习近平到光泽县调研工作期间，实地考察杉关关隘，并植树纪念。

**【经济发展】** 2017年全镇完成地区生产总值2.31亿元，增长9%；工业总产值4969万元，增长7%；全社会固定资产投资1.88亿元，增长10%；财政总收入637.02万元；农民人均纯收入12486元，增长6%。

**【特色产业】** 粮食种植面积0.16万公顷，经济作物播种面积566.67公顷。烟叶种植面积335.33公顷，总产量达1.44万担，总产值2201.2万元，镇本级烟叶税收118.9万元，村级烟叶税收分成118.9万元。加快打造茶叶品牌，茶园面积466.67余公顷，新成立茶叶合作社6家。华韵武夷茶业有限公司茶山面积从成立初的68.87公顷增加到现在的400余公顷，2013年在“11.16”茶博会上获得红茶类金奖，2016在武夷山茶博会民间斗茶赛（红茶类）上荣膺“状元”等三个奖项，被授予福建省第八轮农业产业化“省级龙头企业”称号。药材厚朴种植面积达0.13万余公顷，是全县中药材发展最快、总量最大的乡镇，并成立中药材协会2家。推动养殖业发展，成立专业养牛、养羊、畜禽养殖5家，注册家庭农场3个，引进山野食品有限公司。建立岛石现代生态循环水养鳗试点，实现年生态养鳗250万尾。

美丽乡村杉关村

**【基础设施】** 加大民生工程投入力度，为群众办一批看得见、摸得着的实事、好事。投资1126万元完成总长10千米的万里安全生态水系工程，并在河道两边绿化植树2600多棵；投资450余万元完成福春小区三期基础设施建设，共建成安置房40套，安置贫困户40户；投资800余万元新建和改建镇成路、水排线、止马岔口至浔江路段，同时加大部分村的道路安防建设；投资350万元对止马镇区内自来水进行改造和提升；投资700余万元完善杉关生态文化园和虎塘、排下两个美丽乡村建设，完成生态司法实践和教育基地、绿荫停车场、登山步道、跌水景观引水、竹林景观等项目建设，虎塘、排下两个美丽乡村还在加紧建设之中；投资388万完成亲睦村、虎塘村的农田保护项目与岛石村的高标准农田建设项目；投资近200万元完成镇级垃圾压缩中转站和填埋建设；2017年度国家电网止马供电所被评为福建省四星供电所。

**【便民工程】** 为保障物价稳定，止马镇实施“菜篮子工程”，在元旦、春节、端午节、中秋节、国庆节等5个节日在止马百姓超市试行平价物品补贴运行机制，对猪肉、排骨、鸡蛋、鸭蛋、花菜、大白菜、空心菜、萝卜、辣椒9种农副产品进行平价补贴，以当日市场价为准，猪肉、排骨每斤降1元，鸡蛋、鸭蛋每斤降0.5元，花菜、大白菜、萝卜、辣椒每斤降0.5元。每个节假日补贴总金额不超过5000元，节假日补贴时间为节前5天、节后5天。为拓宽富民增收渠道，止马镇农村淘宝运营示范点于2016年10月20日成立，通过“线上+线下”让更多本地农产品触电销售，打通农村电商最后一千米。线上：开设闽赣土特产网店，销售本地农产品与土特产，并帮助村民网购与进行网上预约服务。线下：销售当地野猪食品、茶叶、山茶油等特色农产品。

**【美丽乡村】** 扎实推进美丽乡村建设，立足村情民意，因地制宜，科学运作，“宜居宜业、生态休闲、特色突出”的美丽乡村面貌凸显，在经济发展、农民增收，村容村貌整治，基础设施建设、精神文明建设和民主法制建设上取得明显成效。2017年在已有杉关村、水口村、止马村、白门楼村、岛石村5个市级美丽乡村基础上，再打造排下村、虎塘村两个市级美丽乡村，同时，努力将杉关村建设成“闽赣旅游扶贫示范村”。

**【教育事业】** 2017年全镇学前班幼儿247人，小学在校学生640人，教师（含幼师）97人，中学在校学生320人，教师27人。实施学前教育三年提升行动，所有学前班配备网络电视、电子钢琴、电脑，实现教育教学信息化。中心幼儿园绿化、室外专用活动场所、多功能室建设全

2017 年 5 月 8 日，止马镇中心幼儿园通过市级示范园评估验收

面完成，校园环境条件达到市级示范园水平。2017 年度止马中心小学被评为“福建省校园文化美育环境示范校”和“福建省义务教育管理标准化学校”；止马中心幼儿园被评为“南平市示范性幼儿园”。

【综治维稳】 建立工作机制，成立由镇综治办牵头，由公安、司法所、信访办组成的矛盾纠纷排查小组。完善领导日接待、矛盾排查、信访代理等制度，切实做好信访维稳工作。? 2017 年止马镇受理信访问题 10 件次，处理矛盾纠纷 100 起，调解率 100%。并在全县首创多元化调处中心，将 10 几个相关业务部门纳入调处中心，将矛盾纠纷分解到各个业务部门。2014～2017 年连续四年信访工作排名全县前列。

【社会保障】 全年人口出生总性别比为 98.32、政策符合率 92.8%、政策外多孩率 7.2%、征收社会抚养费 0.6 万元，完成计生各项任务指标；全镇参加新农保人数 5812 人，领取养老金人数 2439 人，发放新农保养老金 254 万元；参加新农合 15222 人，住院补偿人数（含门诊）12344 人次，补偿总金额 597 万元；全年共发放保金 140.8 万元，五保金 83.2 万元。

【扶贫攻坚】 贯彻落实中央、省、市、县精准扶贫工作有关文件和会议精神，扶贫工作取得效果。2017 年，全镇共实施危房改造 20 户，其中建档立卡贫困户 5 户。完成易地搬迁 12 户，32 人，其中镇集中安置 6 户 15 人，圣农小镇 6 户 17 人；全年共安排中央扶持资金 40 万，扶持 44 户贫困户发展特色优势农业和光伏发电项目，可为贫困户户均增收约 5000 元；小额信贷累计完成约 820 万元，贫困户覆盖率 98.8%；华韵武夷、双丰、联农等 6 家具有一定规模的农业合作社，直接解决贫困户就业 109 人，带动贫困户入股 63 户，可为贫困户实现户均增收 6000 元。

杉关生态文化园：以建设山区生态文化旅游大镇为目标，投资 1296 万元全面推进杉关生态文化园建设，聘请福建农林大学

止马镇白门楼村易地扶贫集中搬迁安置点

完成总体规划设计，以“天子树、宰相井、第一关”三大景点和“八闽窗口新村”为主题，建成的主要景点有龙樟树、古道情怀、千年龙井、红军战壕、弹药洞、枪垛、天梯险道、六郎庙、张王庙、战神亭、古关墙、古廊桥、古界碑、古茶园、珍树园、竹林栈道、聚雅亭、百竹园、紫薇园、爱情花廊、名人名树等景点及古城墙砖、金瓯永固、闽西第一关等古文物。全年接待游客2万人，成为全县最具人气的旅游精品景观。2016年，杉关村顺利通过省级乡村旅游特色村的验收。

万里生态水系：止马溪万里安全生态水系项目是2016年批复项目，项目总投资1127.19万元，包括中央财政补助901.75万元，地方配套及群众投劳折资225.44万元。施工时间为2016年10月至2017年4月，实施地点包括止马镇岛石村、止马村、白门楼村、排下村、水口村等行政村，基本实现“河畅、水清、岸绿、安全、生态”的目标。

黄源党建微公园：将党建阵地由室内扩展到室外。园内处处可见党建元素：鲜艳的红旗上书写着社会主义核心价值观，党建文化宣传墙上生动形象地展示着党的十九大会议精神、学习廖俊波精神等知识、故事。园内除可供健身的广场外还修建凉亭一座，吸引村民来此纳凉谈天，进一步提升群众的幸福感和获得感，并使党建知识潜移默化地深入广大村民心中，巩固党组织的战斗堡垒作用。

附：止马镇2017年各村（场）基本情况表

| 村（场）名 | 总人口（人） | 总面积（公顷） | 耕地面积（公顷） | 粮食总产（吨） | 村集体总收入（万元） | 农民人均纯收入（元） |
|---|---|---|---|---|---|---|
| 岛石村 | 2590 | 2351 | 278 | 1728 | 52.6 | 11566 |
| 排下村 | 1686 | 1456.78 | 202.6 | 966 | 39.2 | 12370 |
| 虎塘村 | 1800 | 2018.3 | 197 | 1103 | 29.51 | 10825 |
| 亲睦村 | 2360 | 1562.12 | 199 | 1198 | 30.99 | 9835 |
| 水口村 | 1731 | 2563.71 | 185 | 1075 | 28.11 | 10639 |
| 止马村 | 1998 | 1116.24 | 146.12 | 842 | 25.56 | 12874 |
| 仁厚村 | 1476 | 937.28 | 146.67 | 1038 | 21.89 | 8607 |
| 白门楼村 | 1068 | 419.38 | 75.46 | 500 | 26.55 | 9837 |
| 双坑村 | 858 | 2030 | 90.67 | 573 | 26.8 | 9769 |
| 杉关村 | 1450 | 1268.5 | 171.93 | 868 | 41.34 | 9589 |

## 鸾 凤 乡

**【概况】** 鸾凤乡位于光泽县境东南部环城区分布，地处闽江源头富屯溪上游，东靠坪溪农场，东南与邵武市接壤，南连李坊乡，西隔止马镇，西北与华桥乡相临，北交崇仁乡，东北与寨里镇毗邻，境内多有以鸾、凤命名的山峦，如高源的鸾山、虎跳的翔鸾山、高田的飞凤山、枧头的飞凤上岗和大羊湖步的凤山等等，乡名由此而来，在民间素有“鸾凤呈祥”之意。

全乡下辖饶坪、油溪、上屯、君山、坪山、武林、崇瑞、中坊、十里铺、高源、双门、黄溪、大羊、大陂、文昌15个行政村，1个茶果场，154个村民小组，120个自然村，人口2.4万人。全乡总面积323.98平方千米，境域地势较低，南北距离最大长度约17千米，东西距离最大长度约20千米，平均海拔257米，为丘陵与河谷平原地貌。全年气候温和，四季雨旱明显，风力长年为静风，属中亚热带季风湿润气候区。年均气温17.4℃，最高气温39.8℃，最低气温－9.4℃。雨季集中在3～

6月，年均降雨量在1937.7毫米上下。平均日照时数1667.9小时，无霜期275天左右。境内溪河涧流纵横密布，富屯溪支流西溪、北溪途经9个行政村至回龙谭汇流。交通路网畅达，鹰厦铁路、316国道、邵光高速公路横贯东西，火车站、汽车站坐落境内，通村道路全面实现硬化。通讯联系便捷，程控电话、移动通讯网络覆盖全境。

乡域内自然资源丰富。林地面积1.68万公顷，森林覆盖率75.93%。耕地面积0.21万公顷，是光泽粮食主产区和“菜篮子”基地，天子岗杨梅、高源西瓜、崇瑞板栗、君山荸荠、大陂猕猴桃和甘蔗等特色水果颇有盛名，以肉鸡、蛋鸭、金喀蜂、淡水鱼为主的特色养殖颇具规模。水资源丰富，水能蕴藏量大，目前有小水电站7座，装机容量4275千瓦。矿产资源品种繁多，有花岗岩、钾长石、矿泉水、稀土、石英、云母石等，“光泽红”、“高源红”分别被评为国优省优产品。

鸾凤乡山清水秀风景优美。自然景观有乌君山风景区、及白云峰风景区、九龙峰风景区、卧牛山风景区等，尤其是乌君山风景区，方圆10多平方千米，主峰海拔1640米，主要景点有仙猴石、飞泉岩、乌君洞、操军坪、仙女池、叠水瀑、会仙岩等。人文景观有三仙垅、金斗窠、地藏庙、天后宫、齐圣庙、洪光塔、油溪承安桥等。

**【组织机构】** 鸾凤乡机构改革后内设党政综合办公室、经济发展办公室、社会事务办公室、社会治安综合治理办公室、人口和计划生育办公室、人大主席团、人民武装部、妇联、团委、工会；乡级事业单位有：三农服务中心、会计服务中心、文体服务中心、卫生计生服务中心、村镇规划建设服务中心。乡机关行政编制37人、事业编制21人；实有在编公务员31人、事业人员20人。

**【主要经济指标】** 2017年完成农林牧渔业总产值26751万元，比增3.45%，规上工业产值829968万元，全社会固定资产投资25054万元，农民人均可支配收入13961元，比增8.9%；完成税收总收入2049.03万元（其中国税1462.57万元，地税344.03万元，烟叶税242.43万元），比增38.15%，地方级收入1243.36万元。

鸾凤乡烟叶种植基地一角

**【乡域经济发展】** 全乡水稻播种面积1979.4公顷，推广中浙优8号、泰丰优330、656等品种1900.2公顷，主推品种、主推技术占水稻播种面积95%以上。完成烟叶种植195.33公顷，收购烟叶8128.54担，实现产值1101.96万元，税收242.43万元；淡水养殖面积逐步扩大，品种更加多样，巩固淡水养鱼面积214.47公顷，其中标准化鱼塘建设136.2公顷，新增养泥鳅2处面积5.33多公顷、大鲵养殖达90000尾。新增蔬菜大棚4处，大棚蔬菜面积合计达28.67公顷，形成蔬菜种植面积201.4公顷（其中生产基地面积67.47公顷），蔬菜品种也不断丰富；果树面积130.73公顷，品种包括西瓜、杨梅、猕猴桃、百香果、板栗、橘子、木瓜等；油菜种植20公顷，紫云英26.67多公顷，莲子13.33多公顷；在君山村引进种植羊肚菌33.33公顷。扶持种养殖大户和合作社带动，全乡涌现了武夷绿园蔬菜合作社、武夷沃纯然优质稻种植合作社、天马山大鲵发展有限公司、高源西瓜合作社等一批龙头企业和合作社，有力带动了全乡农业转型升级，同时为贫困农民增收助力。

**【服务城市建设】** 全年对20个

2017 年 3 月 21 日，鸾凤乡召开“百日攻坚战”征地业务培训会

县重点项目开展征地工作，总征地任务 219.34 公顷，完成 19 个项目 155.84 公顷，其中“百日攻坚”期间完成 27.16 公顷、“四比六促”项目完成 128.69 公顷。保证圣农小镇、中科渔业、十里铺至高田国道改线、武装部后勤保障设施及人防指挥中心、恒冰物流项目、城市道路和市政工程、汽车站、县委党校、生态食品学院、中山南路以及房地产开发项目等重点工程建设用地。及时为圣农食品六厂、马脚印现代化肉鸡场提供建设用地，解决全乡 35 个养鸡场涉农纠纷，协调解决十里铺、中坊圣农企业与周边群众的矛盾，为圣农企业发展创造良好环境。同时，解决征地拆和工程建设引发的多矛盾个，为全县重点项目建设提供了坚实保障。

**【环境整治】** 持续抓好万人保洁工作，每年支出 26 万元对城乡接合部、国道沿线保洁实行市场化运作聘请保洁公司开展日常保洁工作，完成 600 户改厕任务，投资近 40 万元建设和改善 4 处垃圾转运站，投入 38 万元购买垃圾转运车一辆；投资 67 万元完成高速沿线环境整治工作，三沿整治共涉及全乡 8 个村、14 个村民小组，全长 14.5 千米，主要内容为房屋平改坡 6 栋，彩钢瓦改造 16 栋，绿化 40324 平方米，裸房整治 3 栋，拆除违建 55637 平方米，农村环境明显改善。

**【美丽乡村建设】** 油溪村获评省级旅游特色村，完成崇瑞村美丽乡村村口景观池、污水处理、立面改造、道路硬化、荷花池、桃花岛、樱花大道等项目建设，村容村貌明显改观。中坊中心村一期 60 户已全面封顶，于 2018 年春节前搬迁入住，二期 30 户全部动工建设。月山新村预计新建村民住宅 35 户，已完成场地平整、水沟建设、护坡建设、水渠建设等基础设施工程，向村民供地；武林村彭家山新村二期建设方案确定，完成宅基地抽签；文昌新村基础设施建设启动，建设方案还在协商一致中。对城市规划区内村庄进行规划，已完成中坊村和顺组、坪山村莫家墩组、武林村下仙华组方案的设计与评审，还在对方案进行修改与报备，解决规划区内村民建房需求。聘请专业公司规划设计上屯至饶平美丽乡村景观带，为建设今后旅游开发建设打好基础。

**【服务圣农】** 辖区内有圣农鸡场 35 座，分布在 12 个村，全乡 55 名干部分成 12 个小组，分别

鸾凤乡上屯村村前的百亩荷塘

包干做好12个村的服务圣农工作，扎实开展动物“两防”工作。及时为圣农食品六厂、马脚印现代化肉鸡场提供建设用地，解决全乡35个养鸡场涉农纠纷28起，协调解决十里铺、中坊圣农企业与周边群众的矛盾，为圣农企业发展创造良好环境。

**【社会保障】** 2017年上报审批低保281户571人、五保40户41人，共发放低保金195.96万元。重点优抚对象35人落实优抚金43.78万元，发放60周岁以上退役士兵、90周岁以上老人、离任村主干、重度残疾人、孤儿等补助共计43.71万元。全乡新型农村养老保险参保人数达12441人，参保率为90.8%，辖区内有3276名60岁以上农民领取农民养老金；全乡新农合参保人数22282人，参合率达100%。

**【社会治安综合治理】** 开展平安乡（镇）创建工作，通过乡、村两级干部努力，把矛盾问题控制化解在县内，没有发生影响全县稳定的事件。全乡共排查出矛盾纠纷198起，在村级解决124起，在乡级解决70起，化解率达98%；构建以人民调解为基础、行政调解为补充、司法调解为协同的“大调解”格局，通过人民调解化解纠纷87件。

**【安全生产】** 加强安全生产和食品安全监管力度，认真落实“党政同责、一岗双责、齐抓共管”的安全生产工作责任体系，2017年签订安全生产目标责任书200余份，食品安全目标责任状16份，发放各种宣传资料3000余份，制作宣传标语80余条，全年开展安全生产大检查14次，共出动检查人员254人次，对辖区企业、学校、在建工程、道路交通、非煤矿山、烟花爆竹经营点等重点行业和规模企业进行全面的排查整治达35次。

**【卫计工作】** 2017计生年度，全乡为116对夫妇办理一孩生育登记，为137对夫妇办理二孩生育登记，为9对夫妇办理再生育审批手续；确认奖励扶助对象610人，各项奖励金全部发放到位；共为994户农村二女结扎户和独生子女领证户办理意外伤害保险，投保金额达9.94万元，顺利通过市、县卫计年度考核。

**【精准扶贫】** 实施抓党建促脱贫“五大工程”，落实县、乡、村共374名党员、干部结对帮扶336户贫困户；开展雨露计划培训提升脱贫能力，组织134名贫困户参加36项农业生产技术知识培训，32名贫困人口参加电子商务技术培训；完成2017年易地搬迁贫困户18户46人，发放政策补助资金795.7万元，落实贫困户危房改造28户，发放补助资金40.8万元；为44名贫困户学生发放教育帮扶资金19.5万元，其中：高中生21人，中职生6人，大学生17人；为98人落实补助医疗救助资金15.2157万元；全乡有293户贫困户贷款1465万元入股9个合作社、企业和县国资公司或是在自己家房屋顶或房前屋后建设小型光伏电站，增加贫困户收入2500—4000元；乡村两级还为

2017年5月29日，鸾凤乡开展妇科病普查暨“5.29”系列宣传活动

2017 年 4 月 28 日，鸾凤乡举行小额贴息贷款发放仪式

贫困户设立 30 个公益岗位，每人年增收 6000～18000 元不等。

【党建工作】 2017 年认真开展“两学一做”常态化、制度化学习教育和向廖俊波学习活动，深入贯彻学习党的十九大精神，抓好党委中心组理论学习，全面开展“4＋X”固定党日活动，用习近平新时代中国特色社会主义理论武装党员干部头脑，始终把握正确的政治方向；全年召开党委会 24 次、党政班子会议 47 次，研究落实党建助力精准扶贫、民主生活会、“两学一做”学习教育、壮大村集体经济、党组织达标创星、“百日攻坚战”“四比六促”、人事变动岗位调整等多项工作；全年开展主题微党课 6 次；全年发展党员 25 名，预备党员转正 17 名，培养入党积极分子 45 名；建立党费收缴台账，全年收缴党费 39921 元。

【宣传思想】 文体工作有序开展，乡综合文化站面积达 400 多平方米，投入 20 余万元完善书画展厅建设及相关制度上墙，油溪村的灯光球场已建成使用，实现各村健身路径基本全覆盖，全乡建成农家书屋 15 家，有近 20 支广场舞队伍，积极组织参加信用社杯篮球赛荣获佳绩；全年共组织乡党委中心组理论集中学习 12 次，“村官论坛”4 次，微论坛 2 次，成立各类志愿帮扶服务队伍 18 支，开展以“家园清洁行动”“关爱孤寡和空巢老人”“三下乡”健康宣教等为主题的活动 20 余次；积极投稿，全年上《光泽时讯》150 多条、光泽新闻 180 多条，上市级以上的报刊新闻近 50 条、舆情 280 多条。

【党风廉政建设】 严格执行党风廉政建设责任制，2017 年对 16 个村（场）资产、资源、资金进行全面清查，尤其是精准扶贫专项资金的使用、粮食综合直补及良种补贴和重点生态林补偿等，要求各村（场）作出无私设“小金库”的承诺，发现问题及时整改；加大精准扶贫精准监督力度，对全乡 336 户 824 人建档立卡贫困户实现入户访查 100%全覆盖；全年收到县转信访件 7 件，群众来访 3 批，全部办结；严格落实廉政提醒机制，对党员干部身上的苗头性、倾向性问题及时警示提醒，扩大廉政提醒谈话函询覆盖面，共约谈 42 人次。其中：诫勉谈话 18 人次，廉政提醒谈话 24 人次；坚持有案必查，有腐必惩，立案查处党员违纪案件共 2 件 3 人，分别给予警告 1 人、严重警告 2 人。

【统一战线】 重视非公经济代表人士队伍建设，建立非公经济代表档案，并动态更新；在寺庙重大佛事及“五一”“国庆”节假日期间，联合乡安办、食安办等部门对辖区内寺庙分批开展安全检查，举办安全培训 2 次；全乡 14 个寺庙共捐款 2900 元，指导寺庙如何做好生态寺庙创建工作，全乡 2 个寺庙被评为县生态寺庙。开展民间信仰普查登记，饶坪村齐天庙列入省级民间信仰登记场所。

【群团组织】 妇联：全面完成 15 个村的会改联工作，开展“母亲健康 1＋1”公益募捐活动，为贫困两癌母亲募得善款 9600 元；为各村、场 89 位贫困妇女提供了免费的妇科常规检查；完成 148 户乡级“平安家庭”示范户表彰，推选 15 户家庭评选县级“平安家庭”示范户，1户家庭评选市级“平安家庭”示范户。团委：开展各类志愿者活动，受益人员达800余人。工会：新组建1家非公企业工会组织，完成企业工会换届选举5家，辖区内有11家企业单位，172名职工参加了职工医疗互助活动，共筹集互助金9049元；开展金秋助学，向3家企业3位困难职工子女发放助学金9000元，“三八”妇女节、“五一国际劳动节”期间工会各项活动有序开展。

**【每周三日工作法】** 2017年巩固党建工作联系点16个，在全乡推广黄溪村“每周三日工作法”，即：每周一村两委干部集中办公一天；每周村干部深入村组走访一天；每周村干部轮流值班一天。

**【招商引资】** 全年谋划项目13个，引进项目6个（其中：百日攻坚期间成功引进项目5个，分别是武夷纯然食品有限公司、升元农业科技有限公司、沃纯然种植合作社、阳欣炭业有限公司、恒冰物流二期项目，四比六促期间远赴杭州招商引资，成功引进光泽沃鲜送米业有限公司），动工9个，投产4个，完成表内项目1.7亿，占总任务197%，完成表外项目0.8亿，完成任务100%，超额完成上级下达招商引资任务。

**【特色推介】** 黄溪村千亩生态优质水稻种植示范基地，2017年鸾凤乡黄溪村党支部联合福建武夷纯然发展有限公司旗下全资控股子公司沃鲜送现代农业开发有限公司，采取“党支部＋公司＋合作社＋农户”发展模式，流转土地发展种植基地面积73.33公顷，同福建省农业科学院下属科荟种业股份有限公司合作，示范种植“泰丰优3301”生态优质水稻66.67公顷，现代化环保蔬菜大棚6.67公顷，整个生产种植过程实行24小时实时网络可追溯监控，真正让消费者吃得放心。

**鸾凤乡2017年各行政村基本情况一览表**

| 行政村（场）名 | 自然村个数 | 党支部书记 | 村委会主任 | 户　数 | 人　口 | 党　员 | 耕地（亩） |
|---|---|---|---|---|---|---|---|
| 饶坪村 | 11 | 叶道新 | 聂尚福 | 518 | 2198 | 56 | 4529 |
| 油溪村 | 5 | 付红东 | 傅泽发 | 316 | 1328 | 50 | 2206 |
| 上屯村 | 6 | 张茂龙 | 任先德 | 372 | 1639 | 37 | 2155 |
| 君山村 | 8 | 周图贤 | 李常友 | 347 | 1507 | 39 | 2005 |
| 坪山村 | 4 | 范谋红 | 官水龙 | 273 | 1013 | 40 | 279 |
| 武林村 | 7 | 彭伙龙 | 王裕华 | 570 | 2339 | 45 | 2345 |
| 崇瑞村 | 8 | 高华水 | 高远火 | 250 | 1051 | 35 | 2118 |
| 中坊村 | 7 | 姜水龙 | 赵龙飞 | 396 | 1621 | 50 | 909 |
| 十里铺村 | 3 | 傅存有 |  | 163 | 680 | 30 | 356 |
| 高源村 | 9 | 杨加朋 | 汪先军 | 218 | 893 | 35 | 2117 |
| 双门村 | 8 | 高华忠 | 章招福 | 353 | 1493 | 61 | 3248 |
| 黄溪村 | 9 | 邓传辉 | 陶福明 | 415 | 1728 | 57 | 3129 |
| 大羊村 | 10 | 周俏华 | 陈代聪 | 354 | 1547 | 46 | 3266 |
| 大陂村 | 17 | 刘金良 | 龚国辉 | 489 | 2069 | 58 | 3224 |
| 文昌村 | 5 | 李福建 | 万炳伟 | 589 | 2154 | 55 | 56 |
| 茶果场 | 3 | 席先发 |  | 166 | 676 | 16 | 378 |

## 崇 仁 乡

【概况】 崇仁乡位于光泽县城中北部，乡政府所在地距县城7千米，北与寨里镇相临，东、南与鸾风乡毗邻，西与华桥乡接壤，面积136.46平方千米。辖崇仁、洋塘、金陵、儒堂、汉溪、砂坪、共青、大洋坪等8个行政村和良种场、六洲、严婆桥、上石等4个农（林）场，102个村民小组，94个自然村。交通便利，邵光资高速公路贯穿金陵村、砂坪村和严婆桥农场，总长9.06千米，在金陵村百庆组设立收费站，在砂坪村兰乾组设立服务站；城司线贯穿崇仁村、洋塘村；崇和线贯穿崇仁村、六洲基地、金陵村、砂坪村。2017年末，有户籍居民3571户13532人。林地面积1万公顷，森林覆盖率71.8%。耕地面积1257.3公顷。实现全乡农林牧渔业总产值1.8亿元，比增5.88%；规模工业总产值1.7亿元，比增21.42%；固定资产投资4.36亿元，比增24.57%；财政收入完成840万元，比增10.53%；农民人均纯收入13705元，比增8.9%。获"百日攻坚"先进集体，省级宣传思想文化示范乡镇称号，顺利通过"省级文明乡镇"总评。

【党建工作】 以深入学习习总书记系列讲话、十九大精神为指引，落实"三会一课"，开展党委中心组、微党课学习29次，提高理论水平。拟定出台《推进"两学一做"学习教育常态化制度化实施方案》，践行"学习廖俊波，争做合格党员"主题活动。开展"主题党员活动日"，并作为典型在全县推广。发展预备党员18人，转正党员16人，并按时缴纳党费。抓好党风廉政建设，查处违纪违法案件4起，处理干部4人，诫勉谈话7人，一般性廉政提醒谈话31人。围绕中心工作，开展抓党建促脱贫攻坚"五大工程"。抓固本强基，建成3个村党群活动服务中心。抓素质提升，制定干部培训计划，组织培训班3期，参训人数达336人次。抓骨干带动，制定每月入户帮扶2次以上方案。抓富民强村，与银行、企业对接，实施金融扶贫、光福贷189户，发放中央、省级财政资金55万元帮助生产。抓制度保障，与12个县、乡单位支部签订共建协议，落实"双承诺"制度。打基础，保稳定，突破瓶颈抓党建。巩固提升优势党建品牌，抓好共青村团支部"党带团壮"示范点建设，先后2次获全国五四红旗团支部。开展达标创星活动，8个行政村中1个创金星村党组织，6个创红星，1个创规范化。落实"乡聘村用"高校毕业生政策，聘用大学生10人。整顿共青、洋塘、儒堂等3个贫困村软弱涣散党组织，创新方式方法，着力解决不富、不强、不稳问题。

2017年3月15日，崇仁乡召开党建脱贫"五大工程"工作推进会

【实力提升】 "百日攻坚""四比六促"共实施重点项目23个，完成投资4.36亿元，全部入库，超额完成目标任务，获"百日攻坚"先进集体。农业高产创建稳步推进，粮食产量超万吨，产值2700万元；烟叶产量1.09万担，产值1600万元；渔、禽、蛋、竹荪等喜获丰收；完成造林面积59.07公顷，幼林抚育572.67公顷。光伏扶贫产业取得进展，推进洋塘、共青、儒堂等村级光伏电站实施，确保3个贫困村全面脱贫。生态食品产业

规模扩大，承天集团中药材种植与加工、辉隆蛇业养殖与加工、信义家庭农场南美对虾养殖、东盛农业海鲜菇、共青蔬菜大棚与汉溪蔬菜基地等一大批食品产业加紧推进。全乡工业企业增至34家，工业总产值达3亿元。

2017年3月21日，崇仁乡举行扶贫小额信贷助推脱贫发放仪式

**【基础建设】** 改善居住条件，加快推进崇仁中心村建设，完成建设新房158户，建成绿源、春源、欣源等3个宜居小区，完成6个村的美丽乡村建设。完善基础设施，建成高速金岭连接线；积极协调杭川镇宫家巷至崇仁乡二级公路和崇仁乡至寨里镇二级公路改扩建工程；推进崇和线（崇仁段）的建设。完成金陵生态护岸建设，在建万里生态水系（崇仁段）1.5千米工程；全面完成农场安全饮用水提质增效，大力推进小型农田水利工程建设。完成农村电网改造工程，确保村民生产生活用电。全面完成耕地保护工程以及儒堂、汉溪高标准农田建设，新增耕地7.73公顷。

**【脱贫攻坚】** 与9个县直挂点帮扶单位、3个乡直单位签订共建协议，落实“双承诺”制度。选派186名党员干部“一对一”或“一对二”帮扶，制定每月下村帮扶2次的工作方案。提升帮带水平，培育16名党员致富带头人，建立5个党员创业致富示范基地。加强金融扶贫，有80户贫困户与企业、银行合作，每户年增收3700元；实施“光福贷”项目，签约120户，每户年增收2400元；发放2批中央财政资、1批省级资金共45.7万元，扶持贫困户发展生产274户（次）。全乡现有建档立卡贫困户235户645人，其中2016年脱贫83户251人，2017年脱贫150户385人，2018年新增2户9人。对照各项指标，洋塘村率先脱贫“摘帽”，全乡贫困村从3个减少到2个。

金陵村百庆堂

**【作风改善】** 落实党风廉政建设主体责任，加大廉政知识教育培训力度，累计开展学习教育20余次，实现廉政教育经常化。逐级逐人签订《责任清单》《告知书》和《承诺书》，层层分解廉政任务，落实工作责任。持续规范公务接待、办公采购、公务用车、办公用房、财务收支、项目管理和领导干部个人活动等行

为，杜绝内部违纪现象的发生。通过试点乡领导干部自然资源资产审计。支持乡纪委发挥职能作用，对扶贫攻坚、项目建设、民生工作等重点领域进行常态化监督检查，营造风清气正的工作氛围。严格执行村组干部任前联审、谈话等制度，实行上下班签到，规范请销假制度，对乡村干部的管理实现持续从严，乡村干部工作效能显著提升。坚决践行中央八项规定精神，严厉整治“四风”问题。突出解决群众实际困难，全年收集采纳群众意见 212 条，解决 209 条，解决率达 98.5%。

**【综治维稳】** 开展“三率”测评工作，做好党的十九大、金砖会晤期间安保维稳工作。完善综治信访维稳中心平台建设，有效帮助群众解决各类问题。今年全乡共发刑事案件 2 起，同比减少 5 起，下降 71.4%；治安案件发案 3 起，同比减少 12 件，下降 80%；矛盾纠纷 55 件，同比减少 25 件，下降 32.05%；信访案件 5 件，同比减少 3 件，下降 37.5%。此外，打击非正常上访案件 2 起，得到群众好评。加强安全生产监管，做好道路交通安全、消防、重点项目等方面的安全生产工作，杜绝重特大安全事故的发生。

**【承天药业】** 承天集团中药材种植与加工项目系光泽县中药材种植与加工龙头企业、省重点项目、行动计划重大投资项目，总投资 10 亿元，目前完成投资超 6 亿元。项目规划建成 0.27 万公顷以上的全省最大中药材种植生产基地，并逐步扩大至 0.67 万公顷以上，将光泽县打造成为全省乃至全国重要的中药材生产与加工基地和“海西药都”。并通过“公司＋基地＋合作社＋药农”的分级合作运作模式，辐射带动全县及周边地区种植中药材 0.67 万公顷，形成“一乡一品”发展格局，带动种植户年均增收 6 万元。同时，坚持自主研发与合作开发相结合，与中国医学科学院药用植物研究所、中国中医科学院中药研究所、中国药科大学、福建省农科院、福建中医药大学、南平市农科所等多家科研院校建立了稳定的战略合作关系，促进企业中药材种植和加工水平提高。企业还传承国家级非物质文化遗产（中药炮制）代表性人物王孝涛先生炮制工艺技术，延续闽赣两省传统中药炮制“光泽建昌帮”工艺技艺，承担国家工信部“多花黄精规范化种植及野生抚育产业基地”建设，参与中国中医科学院中药研究所“华重楼野生与人工繁育品的品质比较研究”工作，参与了福建省食品药品监督管理局《福建省中药饮片炮制规范》编制工作，启动国家级“重楼、泽泻 2 种中药饮片标准化建设”项目工作。集团下属金岭药业公司与中国中药集团合作，被指定为负责中国中药集团在福建省地区进行中药材饮片加工的唯一企业，实力进一步增强。

**【光伏产业】** “光福贷”项目。在综合考虑光照条件、投资收益、各方筹资能力、贫困户安装条件等因素后，确定贫困户光伏电站装机容量为 4.24 千瓦，投资 5 万元，贫困户年收益达 3700 元，受益 20 年以上，有效解决了贫困户基本生活问题。村级分布式光伏扶贫电站。设计装

崇仁光伏发电项目开工仪式

机容量 900 KWP，目前完成 204.725KWP，利用屋顶面积 4000 平方米，投入建设资金 155.59 万元，现已建成并网，预计年收益达 30 万以上。村级集中式光伏扶贫电站建设。设计装机容量 5.5 兆瓦，用地面积 120 公顷，总投资 5500 万元。村级分布式和集中式光伏电站收益大大促进村集体经济增收，有效解决了村级公益事业没有资金的问题，同时集中式光伏电站还可解决附近贫困户就业问题，增加村民收入。

**【马岭商周文化遗址】** 马岭商周文化遗址位于崇仁乡共青村（原称池湖村），是福建省迄今为止发现的最大的商周古墓群，其中最大的一座古墓特点是，规模宏大，墓长 7.9 米，宽 5 米，深 2 米；结构特殊，前面有墓道，墓的底部有木桩洞；随葬品最多，共有 170 件，主要有石制的斧、锛、铲、砺、戈、刀、镞，陶制的网坠、豆、环、圆石饼、罐、缸、碗、盘、尊、盂、壶、鼎等，墓主的身份为氏族社会的酋长或奴隶主。光泽商周时期文化遗址和文物的发掘，把福建的文明史向前推进 1000 年。

**【崇仁明清古街】** 明清古街位于光泽县崇仁乡崇仁村境内，呈南北走向，全长约 3 华里，古时号称“五里长街”。古街建筑总面积约 2 万平方米，从北向南依次排列为十字巷、龚家巷、王家巷、官家巷、城家巷，各巷长约 50 米。古街上至今还较完整地保留有龚宅、裘氏家祠、福字楼、书院（龚氏私塾）等极具代表性的民居古建筑以及鹅卵石铺的街面。

**【三角戏】** 全乡有两支“三角戏”剧团，分别是“光泽苏玲三角戏艺术团”和“儒堂村三路坑三角戏剧团”，共有专业或兼职演员 30 人，剧团主要角色有花旦、青衣、小生、花脸等，常演的剧本有 30 多个，如《凤凰山》、《卖花线》、《下南京》、《姐妹观灯》等，此外，还有《厉行节约·八项规定》、《廉政准则·八个禁止》等唱清廉剧本和一些唱计生宣传剧本。

**附：崇仁乡 2017 年各村（场）基本情况表**

| 村（场）名 | 总人口（人） | 总面积（公顷） | 耕地面积（公顷） | 粮食总产（吨） | 村集体总收入（万元） | 农民人均纯收入（元） |
|---|---|---|---|---|---|---|
| 崇仁村 | 1650 | 1411 | 99.2 | 787 | 11.56 | 13840 |
| 洋塘村 | 2479 | 2378 | 303.5 | 2603 | 26.49 | 13610 |
| 共青村 | 2010 | 1324 | 183.3 | 1502 | 18.12 | 13607 |
| 汉溪村 | 1253 | 1990 | 105.6 | 800 | 18.96 | 13752 |
| 金陵村 | 1417 | 1670 | 137.4 | 1103 | 12.07 | 13749 |
| 砂坪村 | 938 | 763 | 95.1 | 769 | 7.42 | 13698 |
| 儒堂村 | 1357 | 1386 | 124.6 | 900 | 16.66 | 13675 |
| 大洋坪村 | 1323 | 1294 | 107.3 | 810 | 16.38 | 13724 |
| 良种场 | 471 | 502 | 41.7 | 381 | 3 | 13715 |
| 严婆桥农场 | 196 | 388 | 14.5 | 97 | 2 | 13705 |
| 六洲基地 | 278 | 431 | 28.9 | 200 | 2 | 13700 |
| 上石农场 | 160 | 331 | 16.2 | 101 | 1 | 13690 |

（廖　靖）

## 司 前 乡

司前乡光伏发电建设

【概况】 司前乡位于光泽县东北部，地处闽江上游富屯溪源头，居武夷山北段，北与江西省铅山县交界，东与武夷山市毗邻，西南连接寨里镇。乡政府所在地距县城 57 千米。全乡总面积 433 平方千米，平均海拔高度 452 米，1000 米以上高峰 14 座，其中香炉山海拔 1930 米，为华东地区第二高峰。耕地面积 0.18 万公顷，林地面积 3.18 万公顷，其中竹林 1.07 万公顷、油茶 0.11 万公顷、茶叶 0.13 万公顷，生态公益林面积 2.23 万公顷，武夷山自然保护区核心区 0.16 万公顷，森林覆盖率达 88%。下辖司前、云际、碗厂、长庭、岱坪、西口、清溪、庭燎、黄坊、台山、墩上、东山、新甸、举安等 14 个行政村和 1 个乡办干坑林场，其中司前、墩上、碗厂、东山等 4 个村为少数民族村。全乡有 164 个村民小组，总人口 2.2 万，其中农业人口 1.9 万，畲族人口占 10%。

【乡域经济】 2017 年，在巩固水稻、烟叶、毛竹等传统农业产业的同时，坚持把发展特色农业作为三农工作重点。新增农民专业合作社 5 家，兴起高山蔬菜、中药材、红芽芋、猕猴桃、水稻制种、小龙虾、泥鳅、箬叶等特色种养，丰富全乡农业产业结构。坚持走出去、请进来，不断加大招商引资力度，洽谈引资项目 6 个，合同签约引资项目 4 个，总投资 6.5 亿元，已开工建设 2 个，完成县里下达的年度招商引资任务。2017 年，全乡实现农林牧渔总产值 1.6352 亿元，负增长 0.1%，规模以上工业产值 6011 万元，同比增长 6.7%，规模以下工业产值 5584 万元，同比增长 9.5%，社会固定资产投资预计完成 2.54 亿元，同比增长 15%，财政总收入 690 万元（不含基金）；农民人均纯收入 12428 元，同比增长 9.4%。

4 月 16 日，司前乡东山村村民移植中药七叶一枝花幼苗

【脱贫攻坚】 围绕“五个一批”“六个精准”，实现“两不愁、三

司前乡黄坊村贫困户龚招南从江西引进的特色养殖豚鼠

保障”要求，建立1个产业扶贫示范村、6个产业扶贫示范点和80户示范户；资助贫困家庭高校、中职和普通高中学生33人，全年发放资助金19.06万元；落实健康扶贫“七个一工程”，救助补助45人6万多元；推进小额信贷助脱贫步伐，发放扶贫小额贷款1675万元，扶持贫困户335户，小额信贷覆盖面达93.58%；重视住房安全保障工作，完成所有贫困户住房安全鉴定工作，组织实施13户危房改造，落实造福工程易地扶贫搬迁97户448人（其中建档立卡贫困户13户51人），超额完成县里下达27人造福工程易地扶贫搬迁任务；发挥农村低保兜底保障作用，将符合低保条件的建档立卡贫困人口337人纳入农村低保，切实做到应纳尽纳。经过全乡上下的共同努力，在2016年完成161户383人脱贫的基础上，2017年再次完成193户414人脱贫，实现全乡所有建档立卡贫困户全部脱贫。

司前乡易地搬迁工程

**【基础设施】** 道路交通方面，累计投入1300多万元，完成清溪、墩上、庭燎、东山等多个村20多千米通组道路硬化，实施26.2千米农村公路生命安全防护工程，加强乡村道路的日常养护管理和水毁维修；水利设施建设方面，累计完成投入500多万元，实施长庭举安2个村农村安全饮用水巩固提升工程、干坑林场水土保持工程、北溪流域端溪长庭段河道清淤工程、台山防洪堤工程等项目，乡村两级开展水利设施冬春修，并基本完成全乡小农水项目建设；国土建设方面，长庭村高标准农田改造项目通过验收，庭燎村高标准基本农田项目施工基本完成，实施15个村（场）基本农田零星配套设施建设。投入300多万元，实施云际、清溪2个村美丽乡村建设，完成司前饶家、人字坝2个新村，启动了岱坪、台山等新村

2017 年 11 月 9 日，司前乡清溪村道路硬化加紧施工

建设；投入近 1000 万元，新建西口、岱坪、长庭、黄坊、司前等 5 个村级组织活动场所；通过争取财政“一事一议”奖补等项目，全乡新安装太阳能路灯 300 多盏，新增绿地面积 2000 多平方，司前村还在积谷岭新建 1 个小型畲族公园。

**【民生事业】** 投入 600 多万元，完成小学学生宿舍楼新建，进一步强化基本公共卫生服务；实施全面两孩政策，改革完善计划生育服务管理，全年出生 303 人，政策符合率为 95.4%，出生率为 13.55‰，自然增长率为 9.13‰。全年共发放各类补助、救助资金 600 多万元，其中农村最低生活保障金 211.5 万元，重度残疾补助资金 33 万元，优抚对象生活补贴 41.8 万元，农村孤儿生活补助 2.7 万元，离任村主干生活补助金 4.17 万元，60 岁以上农村籍退役军人生活补助 14.88 万元，临时医疗救助、慈善总会大病补助等 96.2 万元。

**【社会稳定】** 开展“平安司前”建设，落实综治信访维稳责任制，推进农村社会治理“1＋3＋1”工作机制和综治服务平台建设，全年收集民情民意信息 500 多条，调解大小矛盾纠纷 50 起，调解成功 50 起，排查矛盾纠纷 40 件，化解 40 件，接待群众来访 6 批 22 人，调解 5 批 7 人，书面答复 1 批 15 人。完成“厦门金砖会晤”“党的十九大”等重大活动安保维稳任务，全乡社会总体保持安定稳定。按照“七五”普法规划，抓好普法宣传学习工作，严格落实安全生产“党政同责、一岗双责”责任制，全年累计组织开展安全生产联合检查 25 次，出动检查人员 153 人次，排查安全隐患 19 处，整改 19 处。举办安全生产培训 30 场次，开展宣传教育活动 21 场次，全年没有发生重特大安全生产事故，安全生产形势持续向好。

**【奖励表彰】** 2016 年司前乡荣获全县乡（镇）创业竞赛第一名、乡（镇）安全生产目标责任制考评第一名、党建工作第三名，绩效管理（第一系列）先进单位；2017 年荣获县绩效考评先进单位、“百日攻击战”先进集体、闽浙赣毗连地区第四联防区护林联防工作先进单位。

2017 年 9 月 8 日，司前乡中心小学新建校舍紧张装修中

附：司前乡 2017 年各村（场）基本情况表

| 村（场）名 | 总人口（人） | 行政区域总面积（公顷） | 耕地面积（公顷） | 粮食总产（吨） | 村集体总收入（万元） | 农民人均纯收入（元） |
|---|---|---|---|---|---|---|
| 司前村 | 2251 | 3208.6 | 3115.5 | 1021 | 33.68 | 11477 |
| 碗厂村 | 1184 | 1956.8 | 1222.5 | 585 | 25.28 | 10285 |
| 云际村 | 1365 | 2517.9 | 1693.95 | 715 | 19.88 | 9934 |
| 庭燎村 | 1154 | 1464.6 | 1715.4 | 640 | 20.35 | 6687 |
| 黄坊村 | 612 | 759 | 1313.25 | 350 | 24.90 | 8788 |
| 台山村 | 1611 | 1094.1 | 2570.25 | 695 | 33.16 | 10309 |
| 墩上村 | 1384 | 4000.5 | 2252.7 | 720 | 33.61 | 8888 |
| 东山村 | 550 | 1380.1 | 1029 | 395 | 25.01 | 7145 |
| 新甸村 | 1832 | 2292.5 | 3112.95 | 1188 | 39.09 | 10217 |
| 举安村 | 2361 | 2877 | 4043.7 | 1518 | 42.28 | 10816 |
| 长庭村 | 1815 | 2679.7 | 2906.55 | 913 | 31.55 | 8273 |
| 岱坪村 | 1809 | 4003.7 | 2108.4 | 890 | 43.93 | 13012 |
| 西口村 | 1247 | 2957.7 | 2437.5 | 751 | 36.43 | 9886 |
| 清溪村 | 1890 | 5651.6 | 3530.1 | 1305 | 47.02 | 8743 |
| 千坑林场 | 373 | 5050.4 | 203.85 | 112 | 8.52 | 18204 |
| 合　计 | 21438 | 41894.2 | 33255.6 | 11798 | 464.69 | |

## 华　桥　乡

**【概况】** 华桥乡位于光泽县西北部，乡政府驻地距县城 13 千米，东北与寨里镇、崇仁乡毗邻，南面连接鸾凤乡、止马镇，西北与江西省资溪县交界，全乡总面积 305 平方千米。辖华桥、官屯、石壁窟、大禾山、邓家边、何舟坪、园岱、铁关、古林、增坊、牛田、吴屯 12 个行政村，1 个良种场，161 个村民小组，135 个自然村。2017 年末，户籍人口 21625 人。2017 年全乡农林牧渔业总产值 1.26 亿元，增长 10%；财政总收入 2614.98 万元，增长 9.5%；全社会固定资产投资 1.68 亿元，增长 20%；农民人均纯收入 11542 元，增长 12%；实现税收 362 万元；人口自然增长率为千

华桥乡光华渔业合作社大力发展小龙虾投养

华桥乡官屯村村民自发放生鱼苗，保护生态平衡

分之七。三次产业结构更趋合理，烟叶生产位列全县前列。乡党委、乡政府被授予光泽县“百日攻坚战”先进集体荣誉称号。

【经济建设】 全年共实施新建项目10个，总投资2.83亿元。其中华桥生态长廊建设项目、羊肚菌示范种植基地项目、金映茶庄建设项目、基础设施建设项目、古林新村建设项目、牛田红军行营旅游开发项目、生态特色养鳗及深加工项目被列入县重点项目，总投资2.1亿元，年内计划完成投资7900万元，实际完成投资8796万元，完成占比111%。计划项目全部超额完成任务，固定资产投资入统1.68亿元，完成全年计划投资的121.4%。招商引资全力突破，签订南山风力发电项目、明智家居生活用品项目、牛田红色旅游小镇建设项目3个亿元项目。提前完成县委、县政府下达的“百日攻坚战”招商引资任务，被授予“在谈招商项目服务之星”荣誉称号。

【生态建设】 启动投资370万元的污水处理建设项目。完成2016年中央财政小型农田水利重点县建设工程，共建设拦河坝13处，排灌渠12处，引水渠50处，解决饮水不安全人口777人。投资1002万元，完成光泽县砂坪溪、严家册溪小流域水土流失综合治理项目，已顺利通过省级验收，生态环境建设取得重大进展。

【美丽乡村】 投资350万元，完成316国道和集镇街道改造。投资300万元，完成农村综合运输服务站建设并投入使用。华桥村街心公园、官屯村朱子文化广场，成为村民休闲好去处。投入125.7万元，实施“一河两岸”绿化。古林中心村一期建设完成，相应基础设施悉数配套到位。牛田村、古林村美丽乡村建设有序推进，村镇面貌焕然一新。

【关注民生】 全乡审核上报农村低保195户，发放低保金110.8万元。五保供养98人，

美丽乡村——官屯村

华桥乡开展危房改造

发放资金95万元。完成全名参保登记和新老农保过渡衔接。投资500万元加大教育投入，完成华桥中学综合楼主体工程如期封顶。应届初中毕业生升入高中教育（普、职）的比率再创新高。引进专业医疗人才3人，投资560万元建设医疗卫生综合楼，改善医疗条件。严格落实计生目标责任制，年均投入经费38万元。

【平安创建】　落实综治信访维稳责任制，做好厦门金砖会晤及十九大会议期间安保维稳工作。依法打击各类犯罪活动和治安突出等违法行为，全年辖区内治安稳定。创新实施矛盾纠纷化解奖励机制，以攻坚克难的态度强力化解社会矛盾纠纷，社会环境稳定和谐。扎实开展安全生产大排查大整治和大检查，有效预防民生安全事故的发生。加强食品药品监管，提高农产品质量安全，安全监管责任落实到位。

【党的建设】　自觉加强乡党委班子自身建设，不断提高班子成员驾驭农村工作的能力。创新提出“党建闹钟”工作制度，以村级党组织“达标创星”活动为抓手，以“4＋x”固定党日活动为载体，严格落实“三会一课”等组织生活，深入开展“两学一做”教育常态化制度化和学习廖俊波同志“一月一主题”学习活动。认真抓好村级党组织建设和基层党组织“带头人”队伍建设，抓好软弱涣散党组织整顿转化。其中，吴屯村被授予全县党建示范村，基层组织的凝聚力、战斗力进一步增强。

【精准扶贫】　2017年全乡安置贫困户115户，287人。全面开展危旧住房安全排查，修缮危旧房31户，改善生活生产条件。深度开展党员创业带动增收活动，吴屯村采取按产业功能划分设立4个党支部，全村63名党员带动全村37户建档立卡贫困户参与产业发展。华桥村成立全县首家村集体所有的光泽县振华物业管理有限公司，增坊村利用幅射优势成立增华保洁公司，提供公益岗位32个，增加贫困户工资收入10余万元。全乡330户建档立卡贫困户全部由公职人员挂钩帮扶，因户施策帮助贫困家庭发展生产。金融助推运用政策脱贫，企业帮贷、贫困户直

2017年9月15日，华桥乡吴屯村部门口，工人正井然有序安装光伏发电设施

贷、贫困户自贷等方式共发放扶贫小额信贷贷款910.1万元，贫困户年增收近75万元，使90%建档立卡户受益于金融扶贫政策。

【工业园区建设】 为利用好荒废的土地资源，推动产业集聚发展，华桥乡利用扶贫开发专项资金及12个村委会采取股份制形式共同出资，收购光泽县鑫桥木业有限公司100%股权，平整官屯村316国道北侧9.44公顷土地，推进华创工业区建设，力争新引进1～2家企业入园，把园区打造为全乡工业发展的新平台，乡财力增收新的增长极，努力实现工业产业新突破。

【特色种养殖】 通过统筹规划，在巩固提升传统产业单产效益的基础上，重点扶持发展新兴特色农业，着力调整农村产业结构，使农民多渠道增加收入。以吴屯村光华渔业合作社为龙头，辐射带动牛田、古林、大禾山三个村，共同入股利用铁道边近33.33公顷抛荒，开工建设龙虾养殖基地，投放15000多斤小龙虾种苗，引领全乡特色种养殖行业发展，带动更多的人致富。

附：华桥乡2017年各村（场）基本情况表

| 村（场）名 | 总人口（人） | 总面积（公顷） | 耕地面积（公顷） | 粮食总产（吨） | 村集体总收入（万元） | 农民人均纯收入（元） |
|---|---|---|---|---|---|---|
| 华桥村 | 2032 | 1664.2 | 2182.64 | 2111.4 | 56.79 | 1.5 |
| 官屯村 | 2019 | 2293.6 | 2706.5 | 2295 | 24.37 | 1.3 |
| 吴屯村 | 2228 | 1366.4 | 2763.55 | 2414 | 29.25 | 1.2 |
| 石壁窟村 | 2020 | 2119.2 | 3053 | 2536.4 | 32.52 | 1.2 |
| 大禾山村 | 1128 | 1752.7 | 1530.76 | 999.6 | 22.85 | 1.1 |
| 邓家边村 | 1708 | 2745.7 | 2595.9 | 1693.2 | 22.95 | 1.15 |
| 何舟坪村 | 766 | 895.35 | 920.4 | 601.8 | 16.73 | 1 |
| 园岱村 | 2445 | 5328.1 | 2855.9 | 2356.2 | 29.50 | 1.2 |
| 铁关村 | 894 | 2835.6 | 1497.17 | 1057.4 | 20.39 | 1.15 |
| 古林村 | 1719 | 3167.9 | 2058.01 | 1458.6 | 18.33 | 1 |
| 牛田村 | 1314 | 2592.9 | 2266.5 | 2228.7 | 24.74 | 1 |
| 增坊村 | 2841 | 3724.2 | 3903.71 | 3264 | 29.21 | 1 |
| 良种场 | 511 | | | | | |

（本附表数据来源于《2017光泽统计》及华桥乡财政所财务报表）

## 李坊乡

【概况】 李坊乡位于光泽县西南部，乡政府所在地李坊村，距县城35千米。西与江西省黎川县交界，东和南与邵武市毗邻，北与止马镇连接。总面积196.14平方千米，耕地面积0.21万公顷，林地面积1.67万公顷，其中，生态公益林0.12万公顷，主要林木蓄积量89万立方米，森林覆盖率78.56%；毛竹林面积2274公顷。乡名因乡政府驻地位于李坊村得名，辖李坊、百岭、上观、贯庄、长源、管蜜、石城、增排、杨里、后杉10个行政村，茶果场、林场、农场等3个，66个自然村，90个村民小组，户籍人口3461户、1.319万人。主要以种植水稻、烟叶、药材、茶果、竹木，养殖以鸡、鸭、猪、兔、羊、鱼、蚕为重点，知名的土特产有天然红菇、红烧猪脚、鱼干、田螺、辣椒等。企业有福建省无余茶业有限公司、神山生态旅游有限公司及管蜜、宝源、西溪、东段4个水电站。境内有千亩梨园、洞光岩、白水际瀑布、狮山、福田寺、云溪寺、大夫第、管蜜曾氏祠堂、吴家吕氏祠堂、百岭邓氏祠堂、上观东方县苏维埃政府旧址等丰富的旅游资源。2017 年，烟叶种植面积稳控在 254.67 公顷，产值 1600 多万元；水稻种植面积保持稳定，建立杂交水稻制种示范片 133.33 多公顷；同时，肉兔、生姜等种养业效益逐年增加。实现了全社会固定资产投资 26580 万元，增长 10%；农林牧渔业总产值 12865 万元，增长 3%；财政收入 548 万元，增长 3%；农民人均可支配收入 1.2344 万元，增长 7%。各项工作成效较好，计划生育工作获得全县第三名的好成绩，综治三率测评工作上半年排名全县第一名，下半年排名全县第三名。

**【乡村旅游】** 完善旅游设施建设，为发展旅游业创造环境、增加后劲。投入 7000 余万元，有序推进梨花天堂乡村旅游开发、东方县苏维埃政府旧址红色旅游开发项目建设，重点建设游客服务中心、旅游公路、星级旅游公厕、景区停车场等基础设施，加强主要景区连接交通干线的旅游公路建设。其中：总投资 3300 多万元的水口至管蜜旅游公路建设完成并投入使用；总投资 3000 多万元的游客综合服务中心进入内部装修；总投资 400 多万元的白水际瀑布景区工程基本完工；总投资 360 万元的神山至崇溪旅游公路已建成并投入使用；投资 3500 万元的梨花天堂乡村旅游开发项目一期工程中白水际瀑布登山游步道、梨园景区停车场、观景平台和旅游公厕等旅游配套设施均已完工并投入使用。采取“借势办节、借媒唱戏、借物造势”等举措，精心策划推介主题，精心举办“食尚李坊 蹄艺争霸赛”活动两届，激发游客参与热情。省、市、县电视台对千亩梨园、白水际瀑布等景点进行多次踩点和多角度报道，展示出景区靓丽、美好，最有吸引力的一面，当时实现农家乐收入突破 10 万元，进出旅游观光车辆达 1400 余辆。引进客商投入 80 万元，高标准打造农家乐示范点，月营业额 5 万多元，并对示范家庭旅馆进行补助；年接待游客 4 万多人次。大力扶持特色种养业，发展观光农业，计划建设候鸟栖息保护区、天然湿地保护区、露营地、许愿门以及休闲娱乐为一体的采摘园，同时贯通串联景区骑行道路。福建无余茶业有限公司建成茶叶示范片、黄花梨基地 66.67 多公顷，年销售量大幅度增加。通过微博、微信等平台全方位推介，李坊乡旅游品牌在外界的知名度不断扩大，越来越多的省内外游客慕名前来游览。管蜜村、神山旅游公司先后荣获“中国乡村旅游模范村、福建省乡村旅游特色村”“中国乡村旅游金牌农家乐、省三星级乡村旅游经营单位”“海西十大魅力乡村”等称号 10 多项；石城、上观等 3 个村被列入全国乡村旅游扶贫重点村。

**【基础设施】** 投入 2800 多万元，在建李水溪水土流失综合整理、枧坑水库项目；投入 280 多万元，上观等 2 个村整村推进饮水工程已竣工，同时对农田水利设施、水毁等工程进行建后管护；投入 500 万元，长源水库前期工作进入可研阶段。投入 760 多万元，石城和管蜜村高标准农田建设项目、百岭等 4 个村耕地

梨花节前夕，李坊乡开展旅游安全专项检查行动

管蜜村立面改造

保护项目全面完成。投入900多万元，建设石城神山至崇溪旅游公路；村级公益事业建设一事一议财政奖补项目完成5个，正在推进2个。常规化、长效化深入推进日常保洁，通过“邀请村干部、保洁员、乡机关干部”等形式，互相“找茬”式进行定路线、定地点、定人员的每月明察和不定期暗访，持之以恒的做好此项工作，全县年度考评排名第三名。截至年底，创建市三星级美丽乡村1个，推进市级美丽乡村试点村4个。

**【民生事业】** 精准帮扶措施。实施“兜底”工程，对扶贫对象相关信息数据全面进行核准，全乡建档立卡贫困户121户334人，已全部脱贫。实施“漫画式”宣传，适时有效落实低保、教育、医疗等政策。实施“增收”工程，对符合条件的扶贫对象，设置卫生保洁等公益性岗位14个，年均增收9000元/人；进行“雨露培训”56人，推进转移就业110多人，累计发放“红色创业”等贷款191万元，为贫困户代办各类事项和解决实际问题1000多件。精准培育业态。助力金融扶贫，为贫困户申请贷款450多万元，助其增收。助力产业扶贫，积极向上对接，争取烟叶种植指标，带动贫困户种植烟叶；助力科技扶贫，引进光伏精准扶贫项目，为34户贫困户每年增收2400元，为上观等四个贫困村增收3.6万元/年，收益期长达20年。精准安排项目。投入帮扶资金400多万元，硬化通组道路、修复水毁工程等村组基础设施，制定《管蜜村壮大村集体经济计划》，预计村财增收6万元。整合帮扶资金60多万元，落实帮助贫困户开办熏鹅店、发展种养殖业、协调申请贫困助学项目等措施20多个。严格落实农村低保、五保户供养、救济救灾、高龄补助、粮食直补、残疾人种养业补助等资金，新农合和新农保的参保率分别保持在99%和90%以上，定期筛查高血压、糖尿病等疾病，为老人提供免费体检、中医药保健等服务，完善家庭健康档案，保障标准持续提标扩面。公共事业有效推进。投入56万元，改建石城、百岭村卫

2017年2月21日，李坊乡召开“百日攻坚战”部署动员大会

生所，卫生院公共科办公设施、中医馆建设基本完成，全民健身路径配备实现全覆盖并不断更新。投入40多万元，完成卫生计生服务中心改造，探索创新计生微信公众号服务育龄群众做法，政策符合率、孕前优检率超额完成、出生性别比控制在指标内，奖励兑现率100%。

**【平安建设】** 村综治服务站及时以“零遗漏”为目标进行滚动式排查，落实报告制度；及时发现和处置苗头性问题；及时掌握信息，知晓事件发生、事态进展况等现场详细情况；及时做好先期处置，控制现场；及时查清真实情况，做好解释答复和说服教育工作。在加强村级综治服务站管理的基础上，深化农村社会管理“1＋3”工作机制，实行定格、定人、定责，实时采集更新对各类人群的相关信息，发挥好格长地缘近、人缘亲、触角灵的优势和“信息员”“调解员”“宣传员”的作用。把“线”上的事情协调好，对难以解决的非“快”和非“点”类的条线类信访，做好调解联动，涉及多部门、多领域矛盾纠纷的，指定乡综治办牵头，相关部门配合共同化解；重大疑难矛盾纠纷的，实行“五包负责制”（包化解、包教育、包稳控、包劝返、包稳定），做到“五个一”（一件信访件、一名领导、一个责任部门、一套化解方案、一抓到底）；实行“首接负责制”，对来访群众的合理诉求，不管是否涉及本部门，都及时做好登记，属于本部门的自行调解，不属于的提交乡综治办转办，实现了“群众动动嘴、组织来跑腿”。2017年“七五”普法进展良好，“平安建设”不断深入，群众反映的热点、难点问题得到妥善解决，解决矛盾纠纷87件、化解率达到99%，办理上级转交办信访件6件，群体性、突发性事件得到有效应对。通过明确责任主体、强化责任追究、实行台账式管理，安全生产形势总体良好，食品安全监管纵深开展，消防比武取得全县第三名。

**【党的建设】** 强化党建责任，形成工作合力。落实党委书记、党支部书记“第一责任人”责任，落实“三会一课”、组织生活会、党代会年会等制度，2017年主持召开党委会议13次，专题研究发展党员、达标创星、党建示范点线面工程、党建脱贫“五大工程”等当前党建重点、难点问题13个。先后成立村级党组织达标创星领导小组、村级党组织党建工作领导小组，下派星级创建指导员11人，党建联络员12人，做到全乡基层党组织党建指导员100%全覆盖。落实党员干部结对帮扶贫困户制度，目前已有261名党员结对帮扶我乡121户贫困户。突出工作重点，夯实党建基础。深入推进“两学一做”学习教育常态化制度化，组织召开主题学习讨论会、开展“4＋X”固定党日活动、送学上门等活动21场次。组织全乡开展各种形式的深入学习廖俊波精神、学习贯彻党的十九大会议精神152场次，参与学习讨论党员干部2000多人次。深入推进党建脱贫“五大工程”，投资36万元将石城村旧村部改造成党群活动服务中心，投资26万元扩大百岭村村级活动场所面积，累计申请困难党员和党员带创帮扶基金、“红色创业”贷款16户191万元。整顿转化提高4个软弱涣散村，派驻省、市驻村蹲点干部2人，省下派书记1人，县下派书记2人。创新党建载体，提升服务水平。创新党建品牌，印发《关于建立“三二一”群众工作法的实施方案》，实施“三二一”（“三”即“三扶”：扶贫，精准帮扶建档立卡贫困户脱贫、全力帮扶低收入困难群体致富；扶弱，扶助孤寡、空巢老人、留守儿童等弱势群体；扶强，扶持有基础、有思想、有能力的农户做大做强做优，发挥他们的辐射带动作用。“二”即“二代”：认真落实“为民全程代办制”；帮助有致富愿望的村民代谋致富之路。“一”即“一评议”：开展村班子、驻村干部评议工作，结果作为干部年度绩效考评、评先评优的重要依据。）群众工作法，组建由党员干部、入党积极分子、团员等140多人组成的党群志愿者服务队，深入偏远村组走访调研12次，了解群众生产生活需要，为民全程代办各类事项100多件，慰问困难党员108人，发放慰问款7.59万元；扶助贫困户、弱势群体，为贫困户申请贷款335万元，完成易地搬迁27户89人，落实帮助开办熏鹅店、协调贫困助学、争取造福工程、协调项目等帮扶措施20多个。

附：李坊乡2017年各村（场）基本情况表

| 村（场）名 | 总人口（人） | 总面积（公顷） | 耕地面积（公顷） | 粮食总产（吨） | 村集体总收入（万元） | 农民人均纯收入（元） |
|---|---|---|---|---|---|---|
| 李坊村（林场） | 1985 | 17.43 | 4343.1 | 1737.24 | 27.54 | |
| 百岭村（农场） | 1272 | 24.89 | 3127.65 | 1251.06 | 20.05 | |
| 上观村 | 2306 | 22.22 | 5094 | 2037.6 | 44.97 | |
| 贯庄村 | 958 | 11.21 | 1709.4 | 683.76 | 19.54 | |
| 长源村 | 1435 | 28.51 | 1952.4 | 780.96 | 22.13 | |
| 管蜜村（茶果场） | 1985 | 30.90 | 4141.5 | 1656.6 | 30.68 | |
| 石城村 | 1568 | 22.94 | 3909.75 | 1563.9 | 29.08 | |
| 增排村 | 949 | 9.30 | 2117.7 | 847.08 | 14.23 | |
| 杨里村 | 2347 | 13.89 | 3951.6 | 1580.64 | 16.66 | |
| 后杉村 | 596 | 14.80 | 1818 | 727.2 | 17.78 | |
| 全乡合计 | 15401 | 196.14 | 32165.1 | 12866.01 | 242.66 | |

（黄彦畅）

## 先进个人与先进集体

### 一、"五一"劳动奖章

**南平市"五一"劳动奖章获得者**

郭绯红（女）　中共光泽县县委常委、常务副县长

黄正旺　光泽供电公司寨里供电所

孔文宇　光泽县招商局负责人

陈筱生　光泽县发改科技局副局长

李龙锦　光泽县民政局救助家庭经济状况核对中心主任

江培军　南平市公路局光泽分局华桥公路站

李冬闽　光泽县人力资源和社会保障局

张仔辉　福建广电网络集团股份有限公司光泽分公司

罗建武　光泽县三禾米业有限公司

伍　茜（女）　中国农业银行光泽城关支行

**南平市劳动模范获得者**

李文迹　圣农实业公司副总裁

### 二、道德模范、身边好人

**全国道德模范**

傅光明　福建省圣农发展股份有限公司董事长

**福建省道德模范**

张茂发　光泽县鸾凤乡上屯村村民

**南平市道德模范**

肖付钦（女）　光泽县闽源保洁公司总经理

崔光兴　光泽县华桥乡华桥村村民

**"中国好人榜"好人**

江土海　光泽县高源村卫生所村医

龚伙秀（女）　光泽县东方刺绣生活用品商店经理

**"福建好人榜"好人**

黄正旺　光泽县寨里镇供电所书记

龚伙秀（女）　光泽县东方刺绣生活用品商店经理

### 三、"五四"奖章

2017年度**"南平市五四红旗团委"**

光泽县鸾凤乡团委

2017年度**"南平市五四红旗团（总）支部"**

光泽县华侨乡吴屯村团支部

2017年度**"南平青年五四奖章"表彰集体**

光泽县纪委、监察委纪律审查中心

2017年度**"南平青年五四奖章"表彰个人**

尹晨思　三色补丁布艺有限公司总经理

张子月　光泽县消防大队武林中队火场文书

### 四、青年文明号、优秀共青团

2017～2019年度**南平市青年文明号**

中国人民财产保险股份有限公司光泽支公司

崇仁乡便民服务中心服务队

光泽县联社营业部

光泽县公安消防大队

福建广电网络集团股份有限公司光泽分公司综合部

光泽县纪委信访室

福建省高速公路集团有限公司南平管理分公司光泽管理中心

国网光泽县供电公司运维检修部

2017年度**"南平市优秀共青团员"**

陈和平　光泽县疾病预防控制中心团支部书记

施嘉俊　光泽县第二中学高一（3）班班长

2017年度**"南平市优秀共青团干部"**

白墀超　光泽团县委副书记

李亚芳（女）　光泽县崇仁乡团委书记

黄雅丽（女）　光泽县杭川镇团委书记、妇联

主席

**2017年度南平市“向上向善好青年”**

李木红　光泽县止马镇排下村党总支书记
吴世尧　光泽县杭川镇杭中社区城南服务站站长
姚荷玉　光泽县委办公室副主任
张伟光　光泽二中初三年段副段长

## 五、“三八红旗手”表彰集体及个人

光泽县地方税务服务股
光泽县妇联
南平市住房公积金管理中心光泽管理部
洪芹妹　光泽县医院妇产科副主任医师
江爱凤　光泽县妇幼保健院副院长
庄群英　光泽县实验小学高级教师
黄　璇　光泽县实验幼儿园工会主席
黄雅丽　光泽县杭川镇政府妇联主席
童兰秀　光泽县寨里镇山头村党支部书记兼妇联主席
吴龙花　光泽县鸾凤乡高源村村民
李泽兰　光泽县止马镇白门楼村村民

## 六、全国最美家庭

余培乐、龚伙秀家庭

# 领导干部名录
# （2017年末在任实职领导）

## 中共光泽县委

书记：陈敏辉；副书记：赵大建、董礼义；常委：陈敏辉、赵大建、董礼义、卢哲明、陈高宏、余洲、陈进财、危有水、刘振华、黄河、黄水彪。

## 中共光泽县纪律检查委员会
## 光泽县监察委员会

县纪委书记、县监委主任：黄河；
县纪委副书记、县监委副主任：吴万和、刘邦建；
县纪委常委，县纪委、县监委驻县政协机关纪检监察组组长，正科级纪检监察员：楼永建；
县纪委常委，县委巡察办主任：黄水旺；
县纪委常委，县纪委、县监委正科级纪检监察员：徐长卿
县纪委委员，县纪委、县监委驻县委办纪检监察组组长，正科级纪检监察员：龚晓红；
县纪检监察网络信息中心主任：肖诚贵；
县纪委、县监委办公室主任：孔琴平；
县纪委、县监委组织和宣传部部长：陈传明；
县纪委、县监委案件审理室主任：黄振飞；
县纪委、县监委案件监督管理室主任：罗　俊；
县纪委、县监委纪检监察干部监督室主任：许红琼；
县纪委、县监委信访室主任：龚美玉
县纪委、县监委党风政风监督室主任：邹　斌；
县纪委、县监委第四纪检监察室主任：李　超。

## 派驻纪检组（编制在本单位）

县纪委常委，县纪委、县监委驻县委办纪检监察组组长，正科级纪检监察员：龚晓红；
县纪委、县监委驻县委组织部纪检监察组组长：何朝晖；
县纪委、县监委驻县委统战部纪检监察组组长：李盛平；
县纪委、县监委驻县人大机关纪检监察组组长：郭贵才；
县纪委、县监委驻县人大机关纪检监察组常务副组长：李国延；
县纪委、县监委驻县发展改革和科技局纪检监察组组长：何贤福；
县纪委、县监委驻县政府办公室纪检监察组组长：孔胜华；
县纪委、县监委驻县政府办公室纪检监察组常务副组长：温青林；
县纪委、县监委驻县农业局纪检监察组组长：彭绍平；
县纪委、县监委驻县农业局纪检监察组常务组长：林　凌；
县纪委常委，县纪委、县监委驻县政协机关纪检监察组组长，正科级纪检监察员：楼永建；
县纪委、县监委驻县规划建设和旅游局纪检监察组组长：徐孝秦；
县纪委、县监委驻县规划建设和旅游局纪检监察组常务组长：刘建红；
县纪委、县监委驻县委宣传部纪检监察组组长：张梦飞；
县纪委、县监委驻县委宣传部纪检监察组常务副组长：杨晴娇；
县纪委、县监委驻县教育局纪检

监察组组长：周　立；
县纪委、县监委驻县教育局纪检监察组副科级纪检监察员：吴细心；
县纪委、县监委驻县委政法委纪检监察组组长，正科级纪检监察员：宋志峰。

## 派驻纪检组：（编制不在本单位）

县纪委、县监委驻县人民法院纪检监察组组长：吴泽涛；
县纪委、县监委驻县公安局纪检监察组组长：王　军。

## 县委巡察办

县纪委常委，县委巡察工作领导小组办公室主任：黄水旺；
县委巡察工作领导小组办公室副主任：朱光华；
县委巡察工作领导小组办公室副主任：陈礼文；
县委巡察一组组长：郑碧惠；
县委巡察一组副组长：陈　蓉；
县委巡察二组组长：庄定良；
县委巡察二组副组长：谢建水。

## 中共光泽县委办公室

主任：陈福军；副主任：元晓环、姚荷玉；机要局局长：元宗仁；党史研究室主任：张善铮。

## 中共光泽县委组织部

部长：黄水彪；副部长：熊启东、余波、黄世良、陈晟；非公有制企业和社会组织工委书记：余波；非公有制企业和社会组织工委专职副书记：曾陟峰；正科级组织员：黄世良、陈晟、邹重庆；副科级组织员：官静。

## 中共光泽县委宣传部

部长：陈进财；副部长：傅友丁、高才保。

## 中共光泽县委统战部

部长：陈高宏；副部长：巫新春。

## 中共光泽县委政法委

书记：危有水；副书记：沈程友、王必广；综治办主任：王必广；610办主任：官东福；政治处主任：官建兴。

## 中共光泽县县直机关党工委

书记：黄水彪；常务副书记：吴惠平；组宣部长：王丽芳；纪工委书记：吴享爵。

## 台湾工作办公室

主任：张庆新。

## 中共光泽县委编制委员会办公室

负责人：杨夫燕。

## 事业单位登记管理局

局长：杨夫燕。

## 中共光泽县委老干部局

局长：熊启东。

## 中共光泽县委党校

校长：黄水彪；常务副校长：林建文；副校长：涂成峰。

## 中共光泽县委文明办

主任：刘荣根。

## 光泽县信访局

局长：王映雪；副局长：张煜华。

## 光泽县档案局（馆）

局（馆）长：邓南钦；副局（馆）长：张玉仁。

## 中共光泽县委报道组

组长：高德运。

## 光泽县人大常委会

主任：刘雄；副主任：王元帜、徐仲华、余万春、陈福军。
办公室主任：邓家兴；农村工作委员会主任：毛家根；内务司法工作委员会主任：何海燕；财贸经济工作委员会主任：周晓华；人事代表工作委员会主任：危际龙；科教文卫工作委员会主任：雷绍平；环境保护工作委员会主任：陈鸣利；信访局局长：舒春锋。

## 光泽县人民政府

县长：赵大建；副县长：余洲、卢哲明（挂职）、宋凤英、江晖、方少忠（挂职）、张金山（挂职）、卢常传、刘丹、叶财旺（省交通厅挂职）；政府党组成员、公安局局长：杨南。
办公室主任：刘禄进；副主任：王映雪、沈福兴、陈惠明、郑勇。
县纪委派驻县政府办纪检组组长：孔胜华。
经济研究中心副主任：姜金宝。
县志编纂委员会办公室主任：官茂友。

## 政协光泽县委员会

主席：王寅生；副主席：曾光明、潘国武、杨文弘、吴舒平。
秘书长、办公室主任：张庆华；办公室副主任：陈琦；经济科技工作委员会主任：傅心云；提案工作委员会主任：文琦翎；社会法制和民族宗教工作委员会主任：王红英；文教卫体和文史资料工作委员会副主任：陈文。

## 光泽县人民武装部

部长：刘振华；政委：刘用锋；政工科科长：李随印；军事科科长：蔡伯贤。

## 光泽县人民法院

院长：姚彧斌。副院长：杨卫国、石建明、丁政高；纪检组组长：吴泽涛；政治处主任：范金保；专职审判委员会委员：李学牛；办公室主任：黄志强；立案庭庭长：黄静；刑事审判庭庭长：元强；民事审判第一庭庭长：章琼华；民事审判第二庭庭长：姚征；行政审判庭庭长：黄英；审判监督庭庭长：何杰敏；执行局局长：何坚；少年审判庭庭长：凌云；生态环境审判庭庭长：阎浩；司法警察大队大队长：王长江；司法警察大队教导员：高远鹏。

## 光泽县人民检察院

检察长：王德跃；副检察长：俞忠友、龚美兴、甘志远；纪检组长：何兆力；政治处主任：黄承文；检委会专职委员：洪茂阳；侦查监督科科长：应浩丽；控申科科长：张介群；执检局局长：王少伟；反渎职局局长：陈伦武；办公室主任：张志刚；监察科科长：朱曙霏；反贪局局长：林智；生态科科长：蔡宇；公诉科科长：林水印；民事行政检察科科长：施秀霞；预防科科长：林崇安；反贪局教导员：张炳春；法警大队负责人：叶武；生态资源检察科副科长、副科级检察员：何正兴。

## 光泽县公安局

局长、督察长：杨南；党委书记：杨南；副局长：李银亮、李俊光、饶长盛、乐龙；副政委：王和邻；党委副书记：王军；县纪委派驻县公安局纪检组组长：王军；党委委员：杨南、李银亮、李俊光、饶长盛、乐龙、王军、王和邻、焦黎；副政委：王和邻；政工室主任：焦黎；指挥中心、办公室主任：宗水根；县纪委派驻县公安局纪检常务副组长、监察室主任：张仁凤；刑侦大队大队长：邝振辉；刑侦大队教导员：林祖金；刑侦大队副大队长：林志远；刑侦大队副教导员：李贤进；刑侦大队侵财中队中队长：裘海滨；治安大队大队长：高中柏；治安大队教导员：黄杰安；国保大队大队长：钱立明；经侦大队大队长：李志贤；经侦大队教导员：裘亚京；交警大队大队长：吴春源；交警大队教导员：龚武光；交警大队副大队长：蒋叶根、张洪银；网安大队大队长：白小平；网安大队教导员：张闽武；法制大队大队长：李东；法制大队教导员：张光华；看守所所长：杨明禄；看守所、拘留所教导员：蔡家英；拘留所所长：杨卫国；城关派出所所长：杨明；城关派出所所长教导员：肖明；城关派出所警务队队长：郝晓琨、寿畅；坪山派出所所长：王忠；坪山派出所教导员：陈贵华；鸾凤派出所所长：葛福星；寨里派出所所长：胡其发；寨里派出所教导员：林祥杰；华桥派出所所长：李旭光；华桥派出所教导员：陈祖林；止马派出所所长：徐景贤；止马派出所教导员：胡金焰；崇仁派出所所长：刘剑平；崇仁派出所教导员：赵文跃；司前派出所所长：裘磊；司前派出所教导员：张传兴；李坊派出所所长：林福才。

## 光泽县发展改革和科技局

党组书记、局长：黄柏友；党组副书记：林国粦；党组成员、副局长：陈筱生、吴仙宁、胡玉鹏、宋李炜（科技副局长）；副局长：杨翠红。

物价局局长：王钟诚。

粮食局局长：廖志敏。

知识产权局局长：黄杰超。

## 光泽县教育局

党组书记、局长：王文卷；副局长：胡波言、祝城旺，江燕华；党组副书记、党委书记：凌晨；县人民政府教育督导室主任：陈秀兰。

## 光泽县经济信息和商务局

局长：张振勇；机关党委书记：张学平；副局长：张恒章、黄福兰、余建珺；科技副局长：翁祖强（挂职）。

## 光泽县民政局

局长：苏孝模；副局长：蔡祥铭、黄炳丁、张祝宽。

## 光泽县司法局

局长：王宗疆；副局长：余虹。

杭川司法所所长：范建斌；鸾凤司法所所长：李应根；崇仁司法所所长：官尊良；寨里司法所所长：何乾服；止马司法所所长：黄望望；华桥司法所所长：林国

英；李坊司法所所长：严应根；司前司法所所长：李涛。

## 光泽县财政局

党组书记、局长：陈义龙；党组副书记：李金华；党组成员、副局长：李良萍、余义青、徐长标；党组成员、总会计师：高其军。

## 光泽县人力资源和社会保障局

局长：张金顺；副局长：崔志有、林秀芳。

## 光泽县国土资源局

局长：聂小旗；副局长：倪强、汤军、林隽；不动产登记管理局局长：林隽。

库区移民开发管理局局长：吕贞荣。

## 光泽县环境保护局

局长：曾文；副局长：傅龙润；总工程师：雷瑛瑛。

## 光泽县规划建设和旅游局

党组书记、局长：黄辉；党组副书记：邹万桥；副局长：高忠建、黄建寿、谢勇；总规划师：王强；行政执法局局长：郑勇。

## 光泽县交通运输局

局长：吴发福；副局长：陈华建、沈上洪；总工程师：李桂明；运管所所长：魏璟；县交通综合执法执法大队大队长：高飞（事业副科）；国道316线光泽册下超限检测站站长：王万华（事业副科）。

## 光泽县交通战备办公室

主任：陈碧花。

## 光泽县农业局

局长：官玉明；副局长：李贤辉、熊国龙、游亿煌（科技副局长）、邱学文、李学久、严高平；系统党委书记：黄志扬；

农村工作办公室主任：官玉明；副主任：熊国龙、李学久、严高平、游亿煌（科技副主任）、邱学文；

光泽县农业局总畜牧兽医师：李贤辉；

光泽县农技推广中心主任：龚建军；

光泽县动物疫病预防控制中心主任：董政。

光泽县动物卫生监督所所长：邱绍华。

## 光泽县林业局

党组书记、局长：孙猛；党组副书记：陈文；副局长：何培发、赖丹青、龚武平。

## 光泽县森林公安分局

局长：李银亮；教导员：彭连发；副教导员：刘荣强；副局长：杨孝官；鸾凤森林公安派出所所长：曾昭政；鸾凤森林公安派出所指导员：刘荣强；寨里森林公安派出所所长：梁炳奉；司前森林公安派出所所长：林凯；司前森林公安派出所指导员：吴善传；止马森林公安派出所所长：戴晚生；止马森林公安派出所指导员：王春亮；华桥森林公安派出所所长：何宏；华桥森林公安派出所指导员：杨孝官。

## 光泽县水利局

局长：陈正文；副局长：吴光明、何燕（平潭挂职）；总工程师：陈春华。

## 光泽县文化体育新闻出版局

局长：黄连福；副局长：严春华；党组副书记：朱月琴；文化市场综合执法大队大队长：黄志强。

## 光泽县广播电视局

局长：傅友丁；副局长：房闽。

## 光泽县卫生与计划生育局

党组书记、局长：倪标；副局长：胡建春、罗林才、傅建光。

## 光泽县审计局

局长：黄世牛；副局长：周佐钟、张琦宏、刘荣国、赵丰（挂职）；总审计师：兰宇驰。

## 光泽县安全生产监督管理局

局长：元盛福；副局长：杨建苏。

## 光泽县统计局

局长：陈道贵；副局长：梁阳俊、高晓愚；总统计师：江经茂；农调队队长：傅长国。

## 光泽县市场监督管理局

局长、党组书记：田斌；党组副书记：谢敏、陈光生、邓依胜；党组成员、副局长：彭祖章、庄文杰、邱邻华；党组成员、食品药品安全总监：王爱华；杭川市场监督管理所所长：吴忠良；止马市场监督管理所所长：郭少珍；鸾凤市场监督管理所所长：黄礼平；金岭市场监督管理所所长：瞿晖。

### 光泽县供销合作社
主任：刘鹭雄；党总支书记、副主任：滕顺良。

### 光泽县工业园区管理委员会
主任：卢常传。

### 光泽县招商局
负责人：孔文宇。

### 光泽县农业利用外资办公室
主任：苗德民。

### 光泽县农机管理总站
站长：林海。

### 光泽县二轻工业总会
会长：熊星海。

### 光泽县国有资产运营有限责任公司
总经理：李金华；副总经理：冯斌。

### 光泽县城市建设开发有限责任公司
总经理：邹国强。

### 光泽县总工会
主席：陈进财；常务副主席：黄传星；副主席：元梓华。

### 共青团光泽县委员会
书记：韩盛；副书记：白墀超。

### 光泽县妇女联合会
主席：陈文娟；副主席：高泽香。

### 光泽县科学技术协会
主席：李燕珠。

### 光泽县关心下一代工作委员会
主任：王信实。

### 光泽县计划生育协会
会长：陈进财；常务副会长；胡建春；秘书长：傅长玲。

### 光泽县社会科学联合会
常务副主席：林芙蓉。

### 光泽县文联
主席：沈少华。

### 光泽县侨联
主席：冯斌。

### 光泽县红十字会
常务副会长：徐家寿。

### 光泽县残疾人联合会
理事长：傅鸿北。

### 光泽县贸促会
会长：周伟。

### 光泽县工商业联合会
主席：涂春英；党组、党委书记：巫新春；党委副书记、副主席：李庚贵。

### 光泽县消费者协会
会长：王元帜。

### 老年科技工作者协会
会长：林瑞章；副会长：李建慧。

### 中药材行业协会
会长：顾木金。

### 杭川镇
党委书记：林森；党委副书记、镇长：李莉娟；人大主席团主席：刘细泉；党委副书记：江长琴；党委委员、副镇长：彭俊；党委组织委员：危四光；党委统战委员、副镇长：梁小玲；纪委书记：丁友贵；党委宣传委员、副镇长：张蕾；副镇长：黄兴凤；司法所所长：范建斌。

### 鸾凤乡
党委书记：白子平；党委副书记、乡长：林建华；人大主席团主席；龚新洋；党委副书记：王照辉、黄木林（挂职）；综治副书记：林志远（挂职）；党委委员、武装部长：吴隆明；党委委员、副乡长：何坤；纪委书记：郑嫒；党委统战委员、副乡长：陈葳；党委宣传委员、副乡长：黄华秀；党委组织委员：洪水发；副乡长：章国金；乡长助理：倪政钦（挂职）；司法所所长：李应根；乡政府流通助理：王协荣（挂职）。

### 止马镇
党委书记：王逸波；党委副书记、镇长：邱建明；人大主席团主席：王光锋；党委副书记：廖师平；综治副书记：杨建苏（挂职）；党委委员、武装部长：黄挺雄；党委统战委员、副镇长：黄健秀；党委委员、纪委书记：林通；党委宣传委员、副镇长：吴春燕；党委组织委员：梁彪（抽调县城投公司）；党委委员、副镇长：赵建华（抽调县征迁办）；副镇长：陈璐旻，司法所所长：黄望望。

### 寨里镇

党委书记：揭水才；党委副书记、镇长：伍贤通；人大主席团主席：何荣兴；党委副书记：陈松；纪委书记：林祖仙；党委委员、副镇长：徐华付；武装部长：张旭文；党委统战委员、副镇长：王仕银；党委宣传委员、副镇长：李素芳；综治副书记：寿畅；副镇长：吴莹莹；司法所所长：何乾服。

### 司前乡

党委书记：李金荣；党委副书记、乡长：高兴有；人大主席团主席：袁水财；纪检书记：雷兴旺；党委副书记：李耕坚；综治副书记：顾弟华；武装部长：陈厚昆；党委统战委员、副乡长：舒停旺；党委组织委员：白丹；党委宣传委员：高丽萍；党委委员、副乡长：李俊；副乡长：禹小军；司法所所长：李涛。

### 崇仁乡

党委书记：郑建新；党委副书记、乡长：赵晓鑫；人大主席团主席：李以龙；党委副书记：陈飞；纪委书记：赵星明；综治副书记：高飞；党委统战委员：危建平；党委委员、副乡长：李晨；党委组织委员：黄庆旺；党委宣传委员、副乡长：熊星婷；党委委员、武装部长：官建文；副乡长：黄红斌；司法所长：官尊良。

### 华桥乡

党委书记：熊星林；党委副书记、乡长：王婷；人大主席团主席：曾宪辉；党委委员、纪委书记：曾福兴；党委副书记：饶华东；党委统战委员、副乡长：何继伦；党委委员、副乡长：杨万民；党委委员、武装部长：何典彤；党委组织委员：伍俊成；党委宣传委员、副乡长：敖兰玉；副乡长：林家财。

### 李坊乡

党委书记：吴晖华；党委副书记、乡长：赵红玉；人大主席团主席：朱秋辉；党委副书记：黄攀峰；党委委员、纪委书记：林锐；党委宣传委员、副乡长：薛伟荣；党委组织委员：许颖；乡人武部长：周芳才；副乡长：饶湖海、李雪英。

### 光泽县国家税局

局长：章恩飞；副局长：许国强、林志敏、黄强；纪检组长：刘文武；办公室主任：吴海燕；人事科科长：兰福生；财务科科长：江浩；监察室主任：李仲；信息中心主任：寇锦凤；收核科科长：林苑；纳服科科长：高松；征管科科长：翁建雄；税政科科长：柯盛寿；一分局局长：陈辉；二分局局长：罗福水；稽查局局长：刘小龙。

### 光泽县地方税务局

局长：黄闽生；副局长：卓建彬、黄兴发；纪检组长：林盛禹；稽查局局长：敖勇维；城区分局局长：楼宏辉；城郊分局局长：黄连铭；寨里分局局长：倪萍；华桥所所长：毛少明；止马分局长：李世东。

### 光泽县气象局

局长：范明福；副局长：郑国强。

### 光泽县公路分局

局长：傅力生；书记：叶陈东；副局长：张少华；工会主席：杜福生。

### 光泽县烟草专卖局（分公司）

局长、经理：刘家旺；销售副经理：郑有泉；副局长：王一斌；纪检员：赵景华；烟叶副经理：陈乾锦。

### 光泽供电有限公司

总经理、党委副书记：梅文玉；党委书记、副总经理：曾行毅；副总经理：黄新志、杨望坤；纪委书记、工会主席：黄辉。

### 新华集团光泽分公司

经理：王建梅

### 光泽邮政分公司

总经理：李红慧；副总经理：王琼慧；办公室主任：郑彪。

### 中国邮政速递物流股份有限公司南平市分公司光泽营业部

经理：胡兰玉。

### 光泽电信分公司

总经理：江峰；副总经理：吴泽泓、李岗

### 光泽移动分公司

经理：郑万忠。

### 光泽联通分公司

经理：占琪。

### 武夷山国家公园执法支队光泽大队

大队长：马添福；副大队长：文忆琼。

**武夷交通运输有限公司光泽分公司**

经理：李俊杨

**光泽火车站**

站长：张发钱；书记：胡建平。

**省粮食储备光泽直属库**

主任：高由君；副主任：元秀兰。

**华桥国营林场**

场长：林建椿；书记：巫振元。

**止马国营林场**

场长：陈赵良；副厂长：王强金。

**人行光泽县支行**

行长：陈仁财；副行长：陈建平、曾耀。

**中国银监光泽办事处**

主任：朱小良

**农业银行光泽县支行**

行长：陈开栊；副行长：熊玉军、丁秀玉；行长助理：游发渊。

**建设银行光泽县支行**

行长：王美华；副行长：葛伟鹏、陈凌。

**农业发展银行光泽县支行**

行长：陈春；副行长：王毅超。

**邮政储蓄银行光泽县支行**

行长：王欣平；副行长：刘礼强。

**工商银行光泽县支行**

行长：王威；副行长：黄朝阳、周萱。

**中国银行光泽县支行**

行长：陈曦；副行长：陈洁、黄小莲。

**光泽农村信用合作联社**

理事长：黄久生；联社主任：吴福军；监事长：李毅；联社副主任：范代华。

**光泽刺桐红村镇银行**

执行董事长兼行长：朱冬梅；副行长：张二忠。

**中国人民财产保险股份责任有限公司光泽支公司**

总经理：翁沁；副总经理：姜艳。

**中国人寿光泽支公司**

人寿保险经理：周利民；人寿财险经理：姜其乐。

**中华联合财产保险公司光泽支公司**

经理：张敏。

**太平洋保险公司光泽分公司**

经理：邹丽芸。

**光泽消防大队**

大队长：黄晓辉；教导员：姚利民。

**光泽武警中队**

中队长：丁翔；指导员：杨海龙。

**光泽县第一中学**

校长：黄书明。

**光泽县第二中学**

校长：谢伙财。

**光泽县第三中学**

校长：王兴闽。

**光泽县职业教育中心**

主任：游东明。

**光泽县教师进修学校**

校长：裘德才。

**光泽县电大工作站**

站长：叶丽红。

**光泽县医院、中医院**

院长：唐典文；总支部书记：何典华。

**光泽县卫生监督所**

所长：刘用亮。

**光泽县疾病预防控制中心**

主任：周佐坤。

**光泽县妇幼保健院**

院长：周紫霞。

# 光泽县<br>2017 年国民经济和社会发展统计公报

光泽县统计局
（2018 年 3 月 20 日）

## 一、综　合

初步核算，全年实现地区生产总值 91.10 亿元，比上年增长 8.5%。其中，第一产业增加值 40.31 亿元，增长 9.2%；第二产业增加值 28.78 亿元，增长 6.8%；第三产业增加值 22.01 亿元，增长 9.5%。第一产业增加值占地区生产总值的比重为 44.2%，第二产业增加值比重为 31.6%，第三产业增加值比重为 24.2%。

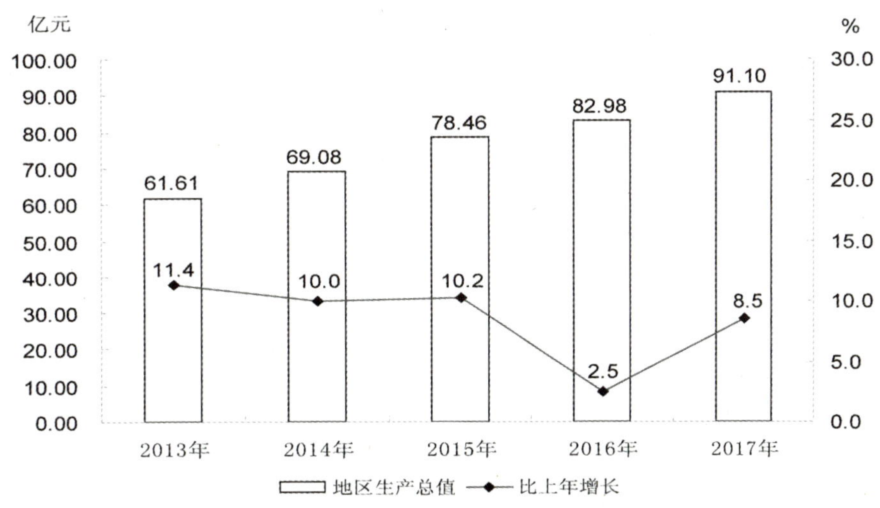


**图 1　2013-2017 年地区生产总值及其增长速度**

年末全县常住人口 13.6 万人，比上年末增加 0.1 万人。其中城镇常住人口 6.32 万人，占总人口比重为 46.5%，比上年末提高 0.8 个百分点。全年出生人口 1904 人，出生率为 14.0‰；死亡人口 925 人，死亡率为 6.8‰；自然增长率为 7.2‰。

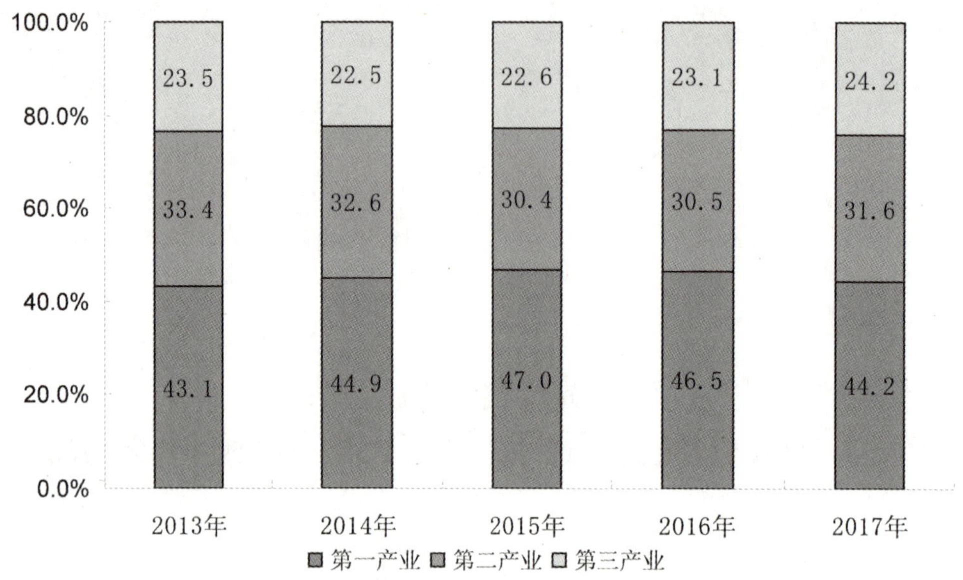


**图2 2013-2017年三次产业增加值占地区生产总值比重**

全年实现城镇新增就业1680人，失业人员再就业1193人，困难人员再就业505人。年末城镇登记失业率为2.98%，比上年末上升0.01个百分点。

全年公共财政预算总收入6.06亿元，比上年增长7.6%。其中，地方级公共财政预算收入4.33亿元，增长6.5%（按同口径计算增长12.8%）；税性收入比重为58.18%，下降5.24个百分点；全年公共财政预算总支出17.46亿元，增长16.7%。在地方级公共财政预算收入中，国税收入1.08亿元，增长77.1%；地税收入1.50亿元，下降26.1%；财政系统组织的各项收入1.75亿元，增长22.8%。

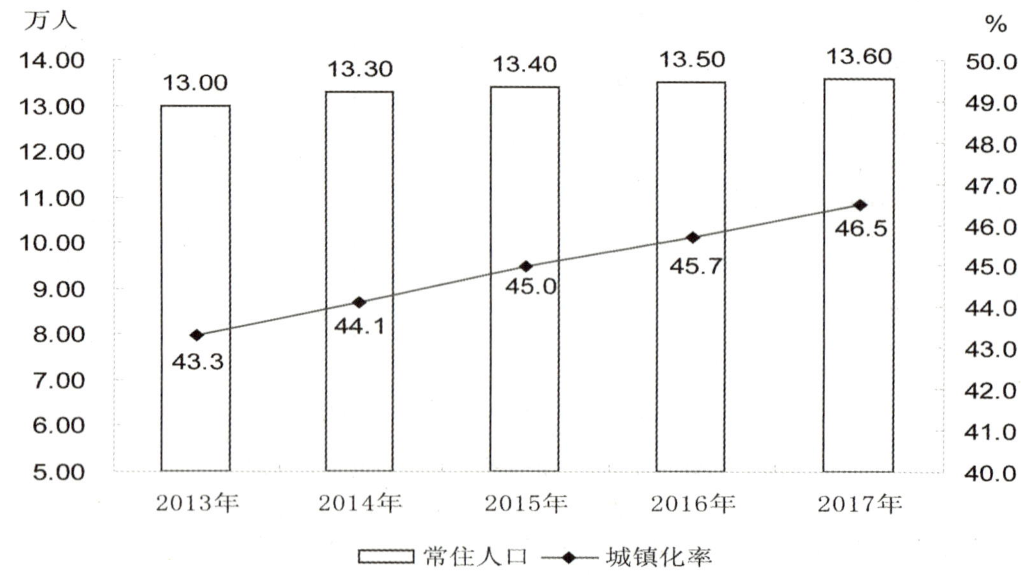


**图3 2013-2017年年末常住人口及城镇化率**

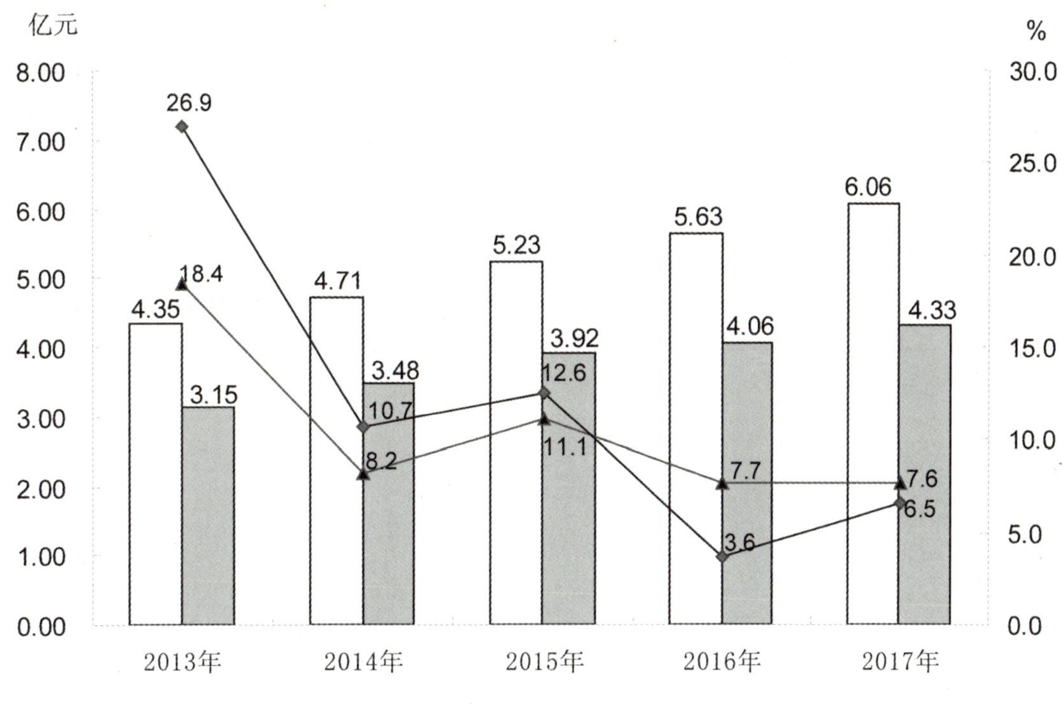


图 4　2013-2017 年财政收入及其增长速度

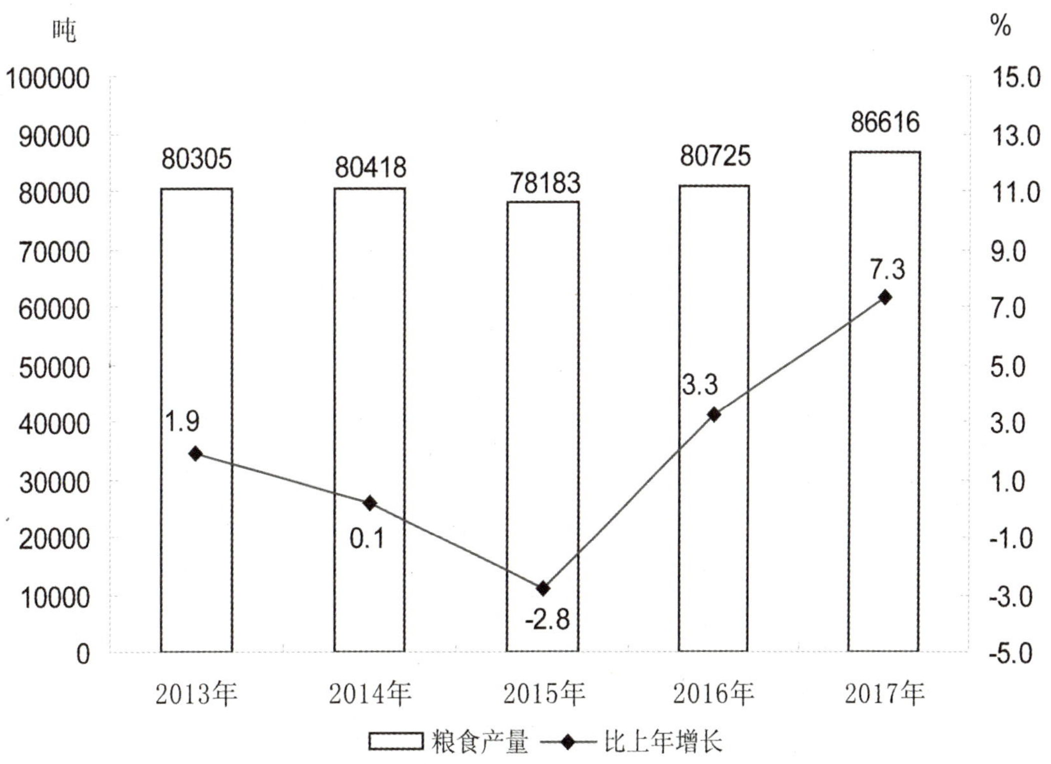


图 5　2013-2017 年粮食产量及其增长速度

## 二、农 业

全年农林牧渔业总产值完成 78.35 亿元，比上年增长 10.0%。全年粮食种植面积 14283.73 公顷，比上年增加 371.6 公顷，其中稻谷面积 12324.33 公顷，增加 448.47 公顷；烟叶种植面积 2297.2 公顷，减少 278.73 公顷；油料种植面积 618.47 公顷，减少 25.13 公顷；蔬菜种植面积 3136.13 公顷，减少 93.33 公顷。

全年粮食总产量 86616 吨，比上年增加 5891 吨，增长 7.3%，其中稻谷 77267 吨，增长 7.9%。

表 1　2017 年主要农产品产量

| 产品名称 | 产量（吨） | 比上年增长（%） |
|---|---|---|
| 粮　食 | 86616 | 7.9 |
| 　春　粮 | 868 | －4.8 |
| 　夏　粮 | 652 | －12.5 |
| 　秋　粮 | 85096 | 7.6 |
| 油　料 | 1319 | －0.5 |
| 　花　生 | 997 | －0.8 |
| 　油菜籽 | 302 | 1.0 |
| 烟　叶 | 5057 | －9.8 |
| 茶　叶 | 776 | －4.6 |
| 水　果 | 2763 | －9.8 |
| 蔬　菜 | 47618 | －5.3 |
| 食用菌 | 3840 | －9.1 |

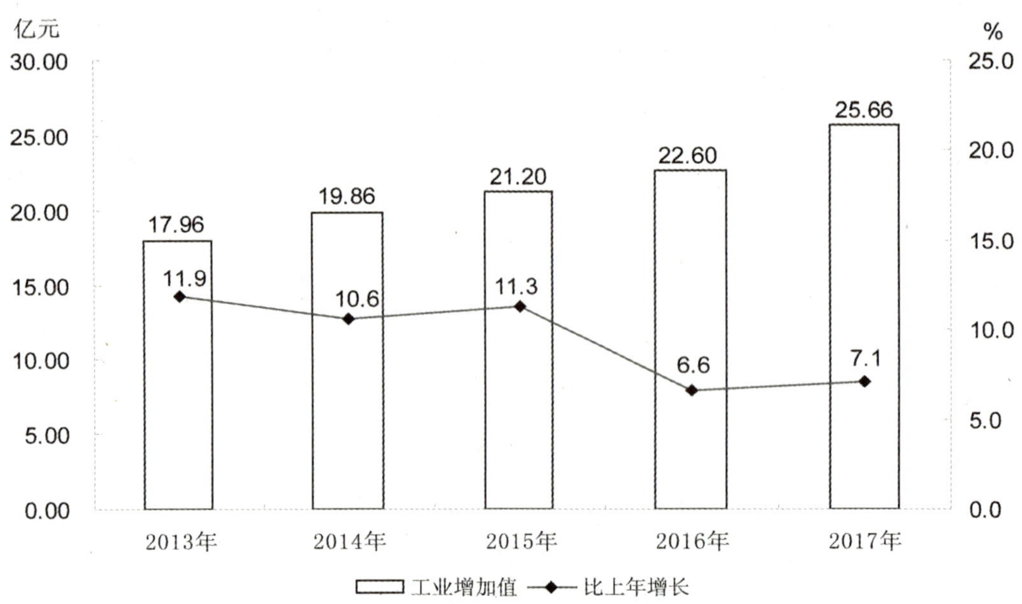


图 6　2013-2017 年全部工业增加值及其增长速度

木材产量55528立方米，比上年增加9724立方米，增长21.2 %。毛竹采伐647万根，下降4.7 %。篙竹264万根，增长11.9%。

肉类总产量368162吨，比上年增加32449吨，增长9.7%，其中家禽肉产量363976吨，增长9.6%。禽肉产量占肉类总产量的98.9%，与上年持平。

淡水鱼产量16000吨，比上年增加100吨，增长0.6%。

## 三、工业和建筑业

全年全部工业增加值25.66亿元，比上年增长7.1%。规模以上工业增加值增长7.6%。在规模以上工业中，11个行业大类中有7个增加值增速在两位数。其中，酒、饮料和精制茶制造业比上年增长60.0%，食品制造业增长39.3%，非金属矿采选业增长20.4%，文教、工美、体育和娱乐用品制造业增长20.2%，汽车制造业增长20.1%。

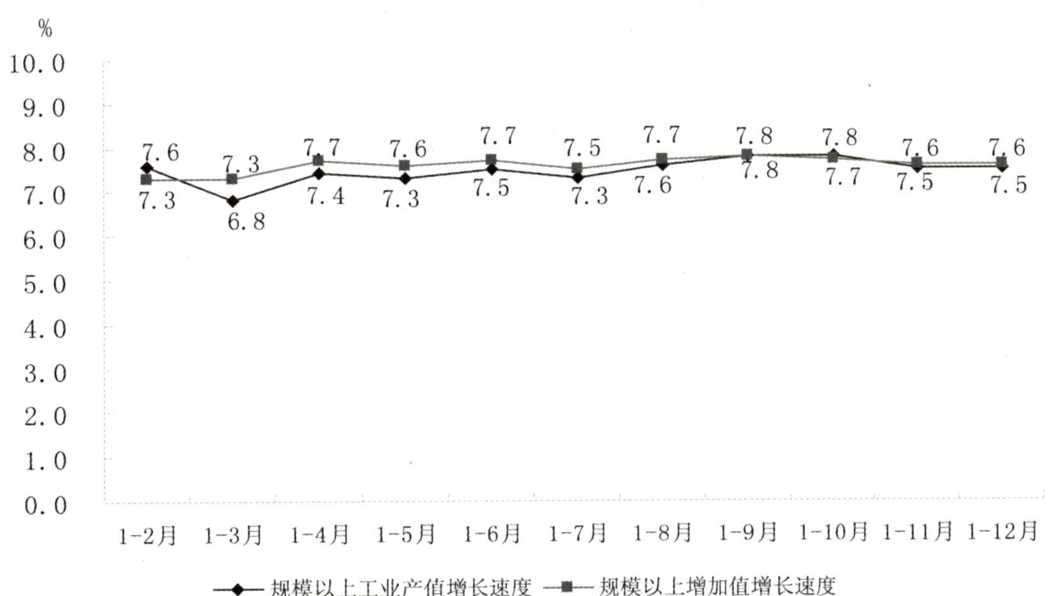


**图7　2017年规模以上工业产值及增加值增长速度**
**（累计同比）**

规模以上工业产值96.14亿元，增长7.5%。分轻重看，轻工业增长10.8%（现价，下同），重工业增长10.7%。分门类看，采矿业增长20.4%，制造业增长10.9%，电力、热力、燃气及水生产和供应业增长6.3%。以肉鸡加工为主的农副食品加工企业实现工业产值77.02亿元，增长9.4 %，占规模以上工业总产值的比重80.1%。

全年规模以上工业企业实现利润2.37亿元，比上年下降62.7%。规模以上工业企业实现主营业务收入93.48亿元，增长16.3%，企业经济效益指数为130.05；工业产品销售率97.6%，比上年下降1.1个百分点。规模以上工业企业资产负债率45.7%，比上年上升2.2个百分点；每百元主营业务收入中的成本为90.44元，主营业务收入利润率为2.53%。

全年全社会实现建筑业增加值3.12亿元，比上年增长4.2%。全县具有资质等级的建筑业企业12家，完成建筑业总产值2.87亿元，增长141.2%，实现利润1772万元，增长705.5%；税金总额1394万元，增长164.0%。

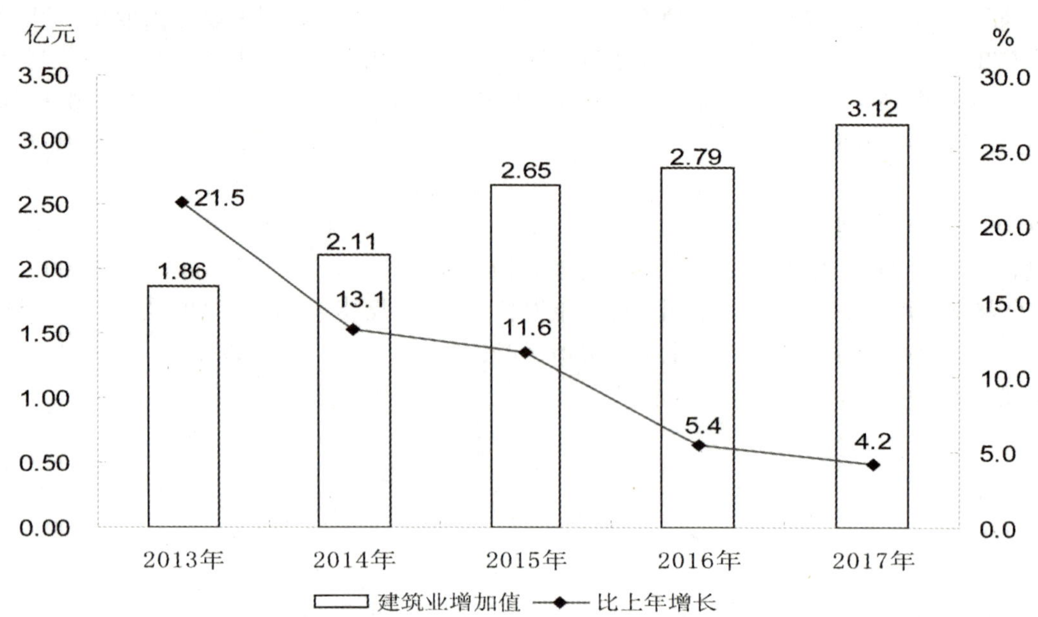


图8 2013-2017年建筑业增加值及其增长速度

## 四、固定资产投资

全年固定资产投资完成64.47亿元，比上年增长31.4%。

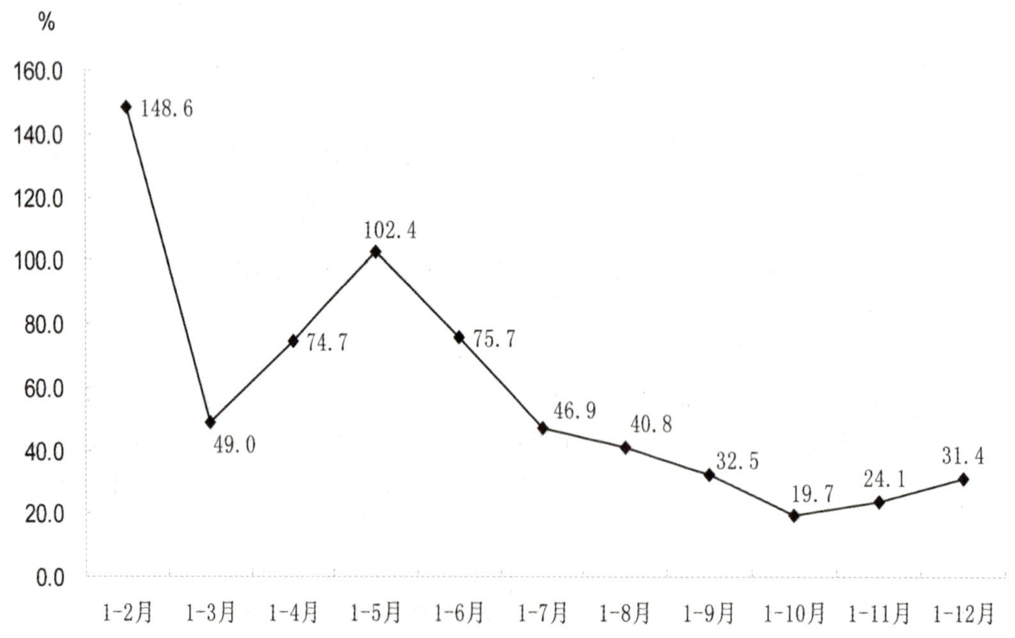


图9 2017年固定资产投资增长速度（累计同比）

在固定资产投资中，项目投资完成57.43亿元，比上年增长30.6%。分产业看，第一产业投资4.89亿元，增长46.4%；第二产业投资18.07亿元，增长25.6%，其中，工业投资增长25.5%；第三产业投资34.47亿元，增长31.4%。

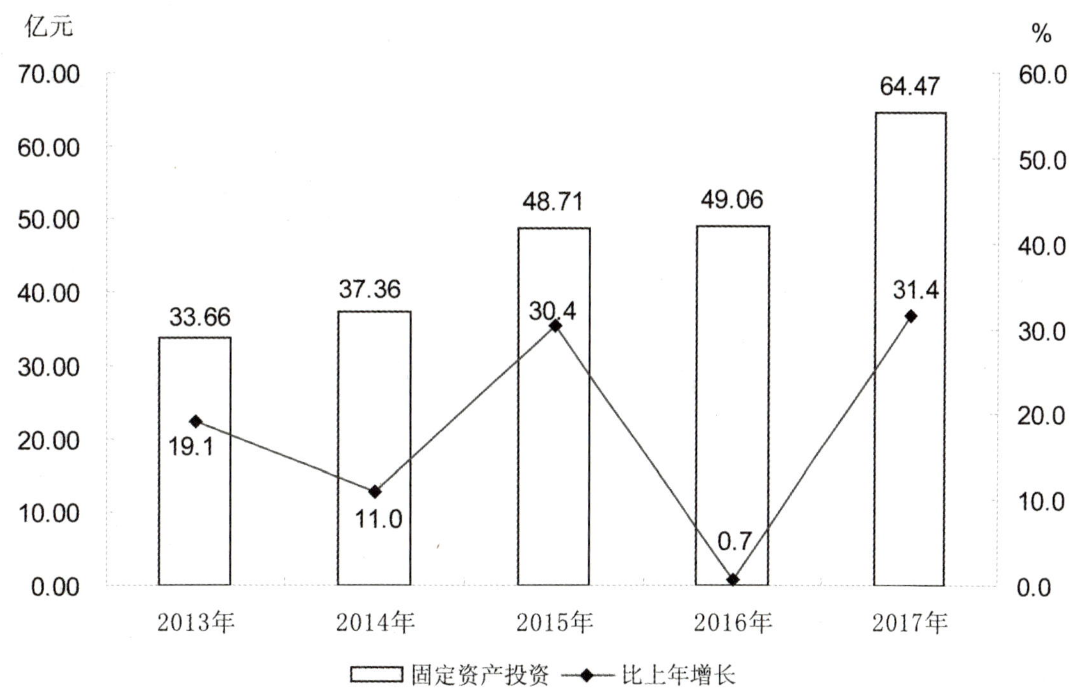


**图 10　2013-2017 年固定资产投资及其增长速度**

**表 2　2017 年固定资产投资完成情况**

| 指　标 | 投资额（亿元） | 比上年增长（%） |
|---|---|---|
| 固定资产投资 | 64.47 | 31.4 |
| 1、项目投资额 | 57.43 | 30.6 |
| 第一产业 | 4.89 | 46.4 |
| 第二产业 | 18.07 | 25.6 |
| 第三产业 | 34.47 | 31.4 |
| 2、房地产开发投资 | 7.04 | 38.5 |
| 住宅投资 | 3.78 | −5.3 |

全年房地产开发完成投资7.04亿元，比上年增长38.5%。商品房建筑施工面积70.72万平方米，下降21.9%；商品房销售面积22.93万平方米，增长95.1%；商品房销售金额13.58亿元，增长74.7%。

全年在库项目共286个，比上年增加68个。5000万以上项目完成投资16.17亿元，增长65.2%。

## 五、国内贸易

全年社会消费品零售总额完成21.79亿元，比上年增长9.0%。从企业规模看，限上批发、零售、住宿、餐饮业实现零售额4.58亿元，增长22.3%；限下批发、零售、住宿、餐饮业实现零售额17.21亿元，增长5.9%。

## 六、对外经济

全年进出口总额8472万美元，比上年增长36.6%；其中，出口6520万美元，增长8.3%。全县规模以上工业企业实现出口交货值4.82亿元，增长58.2%。全县实际利用外资（验资口径）4410万美元，增长47.0%。

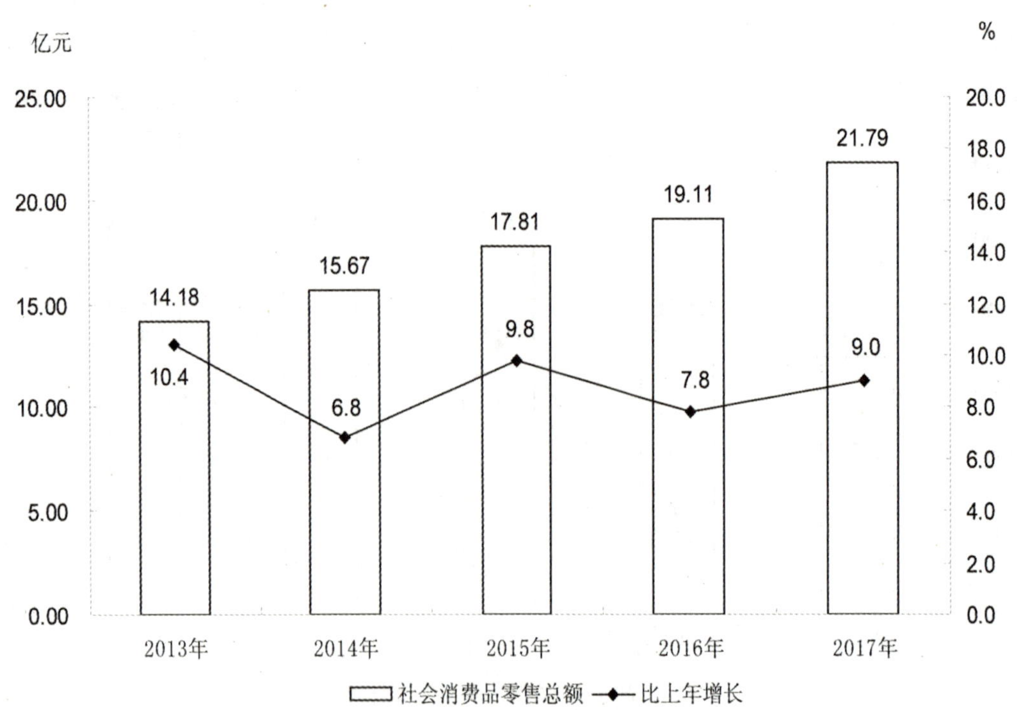


图 11 2013-2017 年社会消费品零售总额及其增长速度

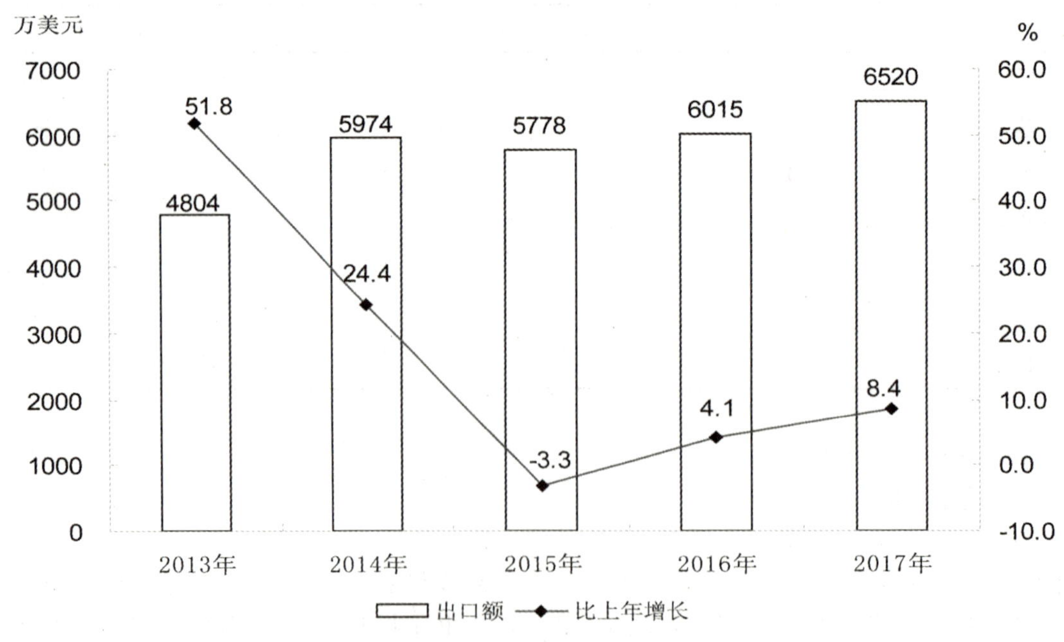


图 12 2013-2017 年出口额及其增长速度

## 七、交通和旅游

全年交通运输、仓储和邮政业实现增加值 3.14 亿元，比上年增长 8.6%。全县境内公路通车里程 1321.12 千米，其中：高速公路 44 千米，国道公路 72.7 千米，县道公路 208.23 千米，乡村公路 996.19 千米。

全年客运量 83.52 万人次，比上年下降 1.2%，客运周转量

4223.58万人千米，下降0.9%；货运量74.4万吨，比上年下降8.3%，货运周转量28652万吨千米，增长4.8%。

年末全县汽车保有量8121辆，比上年末增长32.2%。其中私人汽车保有量7391辆。

全年接待旅游人数83.08万人次，比上年增长21.3%；旅游总收入7.0亿元，增长28.0%。

## 八、金　融

年末全县金融机构各项存款余额79.59亿元，比上年末增长6.1%，其中住户存款余额43.67亿元，比上年末增长10.6%；各项贷款余额68.90亿元，比上年末增长17.3%。

表3　2017年金融机构存、贷款结构表

| 指　　标 | 年末数（亿元） | 比上年末增长（%） |
|---|---|---|
| 各项存款余额 | 79.59 | 6.1 |
| 1、住户存款余额 | 43.67 | 10.6 |
| 2、非金融企业存款余额 | 16.25 | 8.5 |
| 3、广义政府存款余额 19.57—4.8 | | |
| 各项贷款余额 | 68.90 | 17.3 |
| 1、住户贷款 | 31.00 | 14.6 |
| 短期贷款 | 10.51 | 17.0 |
| 中长期贷款 | 20.49 | 13.5 |
| 2、非金融企业及机关团体贷款 | 37.89 | 19.5 |
| 短期贷款 | 27.40 | 24.2 |
| 中长期贷款 | 10.49 | 8.8 |

## 九、教育、科技、文化和卫生

全县拥有普通中学9所，其中完中2所，初级中学7所，普通中学专任教师621人，普通中学在校学生数8168人；完全小学14所、教学点59个，小学专任教师830人，小学在校学生数10340人；幼儿园16所，其中民办6所，全县在园幼儿数4203人。

全年全县专利申请数84件，其中：发明专利27项，实用新型41项，外观设计16项；专利授权数43件，其中：发明专利4项，实用新型29项，外观设计10项。

年末全县有线数字电视用户3.35万户，有线广播电视网络干线总长1415千米（含乡镇到村线路），年末电视节目综合覆盖率98.53%，广播节目综合覆盖率98.56%。

年末全县文化系统共有艺术表演团体4个，共有公共图书馆1个，文化馆（美术馆）1个，博物馆1个。文化系统各类艺术表演团体演出300余场，观众22.6万人次，其中：由政府向社会购买服务，完成送戏下乡55场演出；接待读者8.41万人次，流通图书12.27万册次，电子阅览室接待读者5322人次，新办借书证609张，新增藏量2.7万册（其中省图投放0.26万册），征订报刊444种，投放流通点及分馆图书1.71万册（农家书屋1.41万册），满足读者点书245册，新增流通服务点4个，建立分馆1个，举办讲座5场次，举办各类读者活动54场次，举办业务培训班2期，举办宣传橱窗12期，电话及网上服务读者3112人次组织举办展览11场，组织文艺活动50余次、培训班14期，共有8万余人次参加；成功申报公布第一批县级“非遗”代表性传承人8人，市级传承人2人，省级传承人1人；博物馆共举办5个基本陈列，4个临时展览，共有5.8万人次参观，其中未成年人参观1.8万人次。

年末全县共有各类医疗卫生机构13个，其中医院3个，乡镇卫生院6个，社区卫生服务中心1个。年末共有医疗机构床位680张，卫生专业技术人员712人，其中执业（助理）医生214人，注册护士323人。年末共有村卫生室140个，乡村医生和卫生员157人。

## 十、人民生活和社会保障

全年全县居民人均可支配收入18815元，比上年增长9.2%。按常住地分，农村居民人均可支配收入12574元，增长9.9%；城镇居民人均可支配收入27193元，比上年增长8.0%。全县居民人均生活消费支出13213元，比上年增长6.2%。按常住地分，农村居民人均生活消费支出10021元，增长9.7%；城镇居民人均生活消费支出17514元，增长3.7%。

全县参加基本养老保险人数21497人，比上年增加1054人；全县企事业单位参加工伤险人数34580人，比上年增加1004人；失业保险参保人数14205人。全县机关事业单位实现参保全覆盖。完成全民参保登记和新老农保过渡衔接工作，已登记入户人数46805人，登记信息入库率100%，新老农保过渡率100%。

全县纳入城市最低生活保障的居民829人，减少157人；纳入农村最低生活保障的居民2837人，减少1232人，城乡特困人员578人，减少17人。全县共有社会福利收养性单位9个，床位476张。

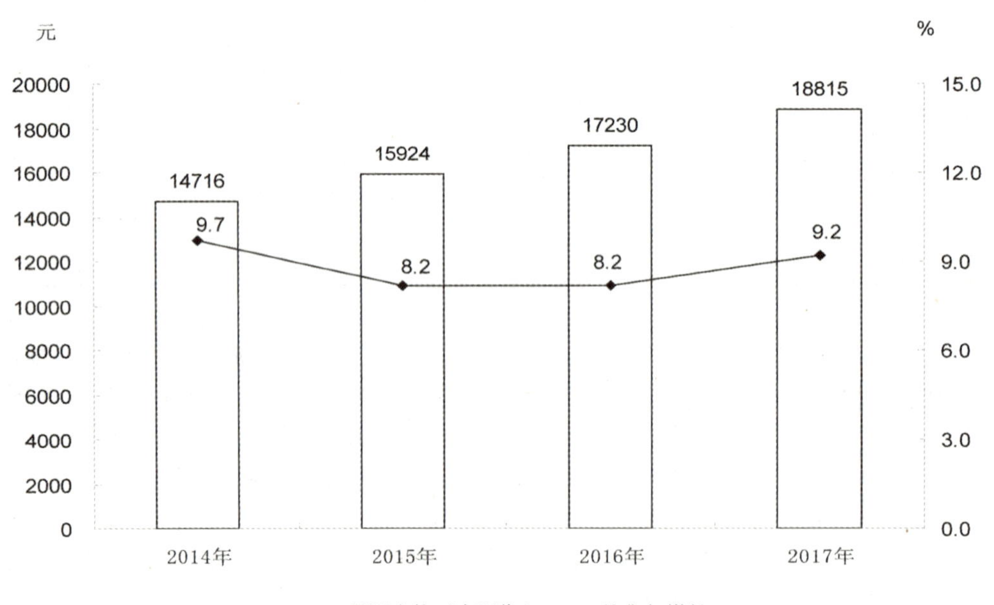


**图13 2014-2017年居民人均可支配收入及其增长速度**

## 十一、资源、环境和安全生产

全年植树造林总面积5044.87公顷，其中，荒山荒（沙）地造林13.67公顷，有林地造林4200公顷，更新造林680.4公顷，低产低效林改造150.8公顷。全县森林覆盖率79.52%，自然保护区面积1.81万公顷。商品材产量43087立方米，增长32.6%。

开展大气污染综合整治行动，强化工业废气治理，在全市率先完成黄标车淘汰任务，县域空气质量优良天数比例达99.7%。推进小流域综合整治，完成水土流失治理1027公顷，建设万里安全生态水系综合治理工程10千米，清淤河道6千米，全流域水环境质量达二类以上标准。

全县共发生各类安全生产事故5起，比上年下降28.6%；死亡2人，下降33.3%；受伤3人，下降25.0%；经济损失1.1万元，下降93.7%。其中生产经营性道路交通事故5起，死亡2人，受伤3人。非煤矿山、危险化学品、烟花爆竹、民爆物品、建筑施工、农业机械等行业领域未发生生产安全事故。

注：1.本公报所列数据为初步统计数，部分合计数或相对数由于单位取舍不同而产生的计算误差，均不做机械调整。

2.本公报地区生产总值、各产业增加值按现价计算，增长速度按可比价格计算。

资料来源：

本公报中城镇新增就业、登记失业率、社会保障数据来自县人社局；财政数据来自县财政局；进出口数据来自县经信商务局；公路里程、货物运输量数据来自县交通运输局；汽车保有量数据来自县交警大队；金融数据来自人行光泽支行；教育数据来自县教育局；专利数据来自县知识产权局；文化数据来自县文体新局；卫生数据来自县卫计局；低保数据来自县民政局；有线数字电视用户、有线广播电视网络干线总长数据来自福建广电网络集团股份有限公司光泽分公司；电视节目综合覆盖率、广播节目综合覆盖率数据来自县广电局；林业数据来自县林业局；安全生产数据来自县安监局；其他数据来自县统计局。

# 2017年光泽县委发文目录

**光委〔2017〕1号**　中共光泽县委　光泽县人民政府关于成立光泽县重大项目、重点工作“百日攻坚战”领导小组的通知

**光委〔2017〕2号**　中共光泽县委关于成立壮大村（居）集体经济领导小组的通知

**光委〔2017〕3号**　中共光泽县委　光泽县人民政府关于印发光泽县重大项目、重点工作“百日攻坚战”实施方案的通知

**光委〔2017〕4号**　中共光泽县委关于成立光泽县重大项目、重点工作“百日攻坚战”临时党组织的通知

**光委〔2017〕5号**　中共光泽县委关于在重大项目、重点工作“百日攻坚战”中进一步发挥党组织战斗堡垒和党员先锋模范作用的通知

**光委〔2017〕6号**　中共光泽县委　光泽县人民政府关于调整工作小组、委员会、指挥部等非常设机构的通知

**光委〔2017〕7号**　中共光泽县委　光泽县人民政府关于印发《光泽县重大项目、重点工作“百日攻坚战”督查问责问效工作方案》的通知

**光委〔2017〕8号**　中共光泽县委　光泽县人民政府关于调整充实光泽县老年人体育协会组成人员的通知

**光委〔2017〕9号**　中共光泽县委　光泽县人民政府关于印发光泽县2017年创业竞赛考评方案的通知

**光委〔2017〕10号**　中共光泽县委关于成立光泽县金砖会晤安保维稳工作领导小组的通知

**光委〔2017〕11号**　中共光泽县委　光泽县人民政府关于印发2017年重点项目工作目标的通知

**光委〔2017〕12号**　中共光泽县委　光泽县人民政府关于2016年脱贫攻坚工作推进情况的报告

**光委〔2017〕13号**　中共光泽县委　光泽县人民政府关于开展2017年为民办实事工作的通知

**光委〔2017〕14号**　中共光泽县委　光泽县人民政府关于调整充实光泽县深化医药卫生体制改革领导小组成员的通知

**光委〔2017〕15号**　中共光泽县委　光泽县人民政府关于成立光泽县全面推行河长制工作领导小组的通知

**光委〔2017〕16号** 中共光泽县委关于认真学习贯彻习近平总书记重要指示精神深入开展向廖俊波同志学习活动的通知

**光委〔2017〕17号** 中共光泽县委关于印发《2016年度市委党风廉政建设责任制落实情况检查发现问题整改方案》的通知

**光委〔2017〕18号** 中共光泽县委关于2016年度乡镇党建工作考评情况的通报

**光委〔2017〕19号** 中共光泽县委关于光泽县落实2016年度党风廉政建设责任制情况检查发现问题即知即改情况的报告

**光委〔2017〕20号** 中共光泽县委关于调整县委党的建设工作领导小组成员的通知

**光委〔2017〕21号** 中共光泽县委关于给予江荣兴开除公职处分的批复

**光委〔2017〕22号** 中共光泽县委关于印发《2017年光泽县党建工作要点》的通知

**光委〔2017〕23号** 中共光泽县委 光泽县人民政府 光泽县人民武装部关于成立光泽县创建省级双拥模范县工作领导小组的通知

**光委〔2017〕24号** 中共光泽县委关于黄礼平等同志信访事项办理情况的报告

**光委〔2017〕25号** 中共光泽县委 光泽县人民政府 光泽县人民武装部关于建立光泽县驻地部队全面停止有偿服务工作军地协调领导小组的通知

**光委〔2017〕26号** 中共光泽县委 光泽县人民政府关于印发《补助圣农一线员工常住圣农小镇的办法（试行）》的通知

**光委〔2017〕27号** 中共光泽县委 光泽县人民政府关于成立中山台片区项目建设领导小组的通知

**光委〔2017〕28号** 中共光泽县委关于落实《2016年度省委全面从严治党主体责任落实情况检查发现问题整改责任清单》自查及整改情况的报告

**光委〔2017〕29号** 中共光泽县委 光泽县人民政府关于表彰2016年度乡镇创业竞赛绩效管理先进单位的通报

**光委〔2017〕30号** 中共光泽县委 光泽县人民政府关于印发《在圣农小镇实施造福工程易地扶贫搬迁补助办法（试行）》的通知

**光委〔2017〕31号** 中共光泽县委 光泽县人民政府关于成立橘子洲片区项目建设领导小组的通知

**光委〔2017〕32号** 中共光泽县委 光泽县人民政府关于成立发展壮大村级集体经济领导小组的通知

**光委〔2017〕33号** 中共光泽县委 光泽县人民政府关于印发《光泽县深入开展“深化四比六促”活动实施方案》的通知

**光委〔2017〕34号** 中共光泽县委关于印发《中共光泽县委常委会2017年工作要点》的通知

**光委〔2017〕35号** 中共光泽县委 光泽县人民政府关于印发《光泽县创建2015—2017年度省级文明县城工作方案》的通知

**光委〔2017〕36号** 中共光泽县委关于印发《2017年光泽县基层党建工作考评方案》的通知

**光委〔2017〕37号** 中共光泽县委关于调整光泽县全面深化改革领导小组的通知

**光委〔2017〕38号** 中共光泽县委 光泽县人民政府关于调整福建武夷天池国家森林公园管理委员会成员的通知

**光委〔2017〕39号** 中共光泽县委关于落实2016年度党风廉政建设责任制情况检查发现问题整改情况的报告

**光委〔2017〕40号** 中共光泽县委 光泽县人民政府关于印发光泽县2017年度绩效管理工作方案的通知

**光委〔2017〕41号** 中共光泽县委 光泽县人民政府关于表彰2016年度全县招商引资单位的通报

**光委〔2017〕42号** 中共光泽县委 光泽县人民政府关于表彰2016年度绩效管理先进单位的通知

**光委〔2017〕43号** 中共光泽县委关于公示期间群众反映黄柏友同志有关问题查核情况的报告

**光委〔2017〕44号** 中共光泽县委关于成立中共光泽县委离退休干部工作委员会的通知

**光委〔2017〕45号** 中共光泽县委 光泽县人民政府关于奖励“百日攻坚”有功集体和个人的决定

**光委〔2017〕46号** 中共光泽县委 光泽县人民政府关于表彰2016年度安全生产目标管

理责任考评先进单位和先进个人的通报

**光委〔2017〕47 号**　中共光泽县委　光泽县人民政府关于表彰 2016 年度重点项目建设先进单位的通报

**光委〔2017〕48 号**　中共光泽县委充实中共光泽县委人才工作领导小组成员的通知

**光委〔2017〕49 号**　中共光泽县委关于认真学习贯彻习近平总书记在省部级主要领导干部专题 研讨班上重要讲话精神的通知

**光委〔2017〕50 号**　中共光泽县委　光泽县人民政府关于表彰 2015－2017 年度优秀教师、优秀教育工作者、优秀班主任、优秀督学的通知

**光委〔2017〕51 号**　中共光泽县委关于给予倪标同志党内严重警告处分的批复

**光委〔2017〕52 号**　中共光泽县委关于同意县残联召开光泽县残疾人联合会第五次残疾人代表大会有关事宜的批复

**光委〔2017〕53 号**　中共光泽县委关于群众反映光泽县干部选拔任用工作领导小组成员的通知

**光委〔2017〕54 号**　中共光泽县委　光泽县人民政府关于调整光泽县科技特派员工作领导小组成员的通知

**光委〔2017〕55 号**　中共光泽县委　光泽县人民政府关于印发《光泽县贯彻落实中央环境保护督察反馈意见整改方案》的通知

**光委〔2017〕56 号**　中共光泽县委关于同意召开共青团光泽县第二十一次代表大会的批复

**光委〔2017〕57 号**　中共光泽县委关于同意县人大党组召开光泽县第十七届人民代表大会第二次会议有关事宜的批复

**光委〔2017〕58 号**　中共光泽县委关于同意县政协党组召开政协光泽县十届二次会议有关事项的批复

**光委〔2017〕59 号**　中共光泽县委　光泽县人民政府关于 2017 年计划生育目标管理责任制完成情况的报告

**光委〔2017〕60 号**　中共光泽县委关于落实 2016 年度全面从严治党责任制“回头看”检查发现问题整改情况的报告

**光委〔2017〕61 号**　中共光泽县委关于成立光泽县深化监察体制改革试点工作小组的通知

**光委〔2017〕62 号**　中共光泽县委关于给予邱闽峰开除党籍、开除公职处分的批复

**光委〔2017〕63 号**　中共光泽县委关于同意县政协党组召开政协光泽县十届二次会议有关事项的批复

**光委〔2017〕64 号**　中共光泽县委关于同意县人大党组召开光泽县第十七届人民代表大会第二次会议有关事项的批复

**光委〔2017〕65 号**　中共光泽县委关于同意成立光泽县第十七届人民代表大会第二次会议临时党组织的批复

**光委〔2017〕66 号**　中共光泽县委　光泽县人民政府关于落实 2017 年度烟叶生产各项扶持政策的通知

**光委〔2017〕67 号**　中共光泽县委　光泽县人民政府关于 2018 年烟叶生产工作的意见

**光委〔2017〕68 号**　中共光泽县委　光泽县人民政府关于开展 2018 年度烟叶生产考评工作的通知

**光委〔2017〕69 号**　中共光泽县委　光泽县人民政府关于 2017 年党政领导综治（平安建设）责任书落实情况的报告

**光委〔2017〕70 号**　中共光泽县委　光泽县人民政府关于 2017 年党政领导生态环保目标责任书落实情况的报告

**光委〔2017〕71 号**　中共光泽县委　光泽县人民政府关于成立光泽县移风易俗工作领导小组的通知

**光委〔2017〕72 号**　中共光泽县委关于给予邱年生行政撤职处分的批复

**光委发〔2017〕1 号**　中共光泽县委关于建立和实行领导干部到党校讲课制度的通知

**光委发〔2017〕2 号**　中共光泽县委关于转发《中共福建省委办公厅关于印发〈福建省党的领导干部述责述廉工作意见〉的通知》的通知

**光委发〔2017〕3 号**　中共光泽县委关于加强县乡领导班子思想政治建设的实施意见

**光委发〔2017〕4 号**　中共光泽县委关于强化担当尽责推动工作落实的若干意见

**光委发〔2017〕5 号**　中共光泽县委关于转发《南平市党员干部容错纠错实施办法（试行）》的通知

**光委发〔2017〕6 号**　中共光泽县委关于印发《中共光泽县委巡察工作实施办法（暂行）》的通知

**光委发〔20176〕7号** 中共光泽县委 光泽县人民政府关于印发《光泽县绿水维护补偿考核实施方案》的通知

**光委发〔2017〕8号** 中共光泽县委关于加快社会事业发展补齐民生短板确保如期全面建成小康社会的决定

**光委发〔2017〕9号** 中共光泽县委 光泽县人民政府关于实施全面两孩政策改革完善计划生育服务管理的意见

**光委发〔2017〕10号** 中共光泽县委 光泽县人民政府关于深入推行科技特派员制度的实施意见

**光委发〔2017〕11号** 中共光泽县委关于认真学习宣传贯彻党的十九大精神的通知

**光委发〔2017〕12号** 中共光泽县委 光泽县人民政府关于印发《光泽县深入推进城市执法体制改革改进城市管理工作实施方案》的通知

**光委发〔2017〕15号** 中共光泽县委关于建立健全党委系统法律顾问制度的实施意见

# 2017年县政府发文目录

**光政综〔2017〕1号** 光泽县人民政府关于同意2017年光泽电网低频减载整定配置方案的批复

**光政综〔2017〕2号** 光泽县人民政府关于同意2017年光泽电网事故限电、超供电能力限电方案的批复

**光政综〔2017〕3号** 光泽县人民政府关于智能配电箱制造及PHC管桩二期项目被征地农民社会保障资金落实的意见

**光政综〔2017〕4号** 光泽县人民政府关于提请审定刘禄进等同志任职的议案

**光政综〔2017〕5号** 光泽县人民政府关于光泽县2016年度耕地保护责任目标工作自查情况的报告

**光政综〔2017〕6号** 光泽县人民政府关于同意解除龚魏等3宗国有建设用地使用权出让合同的批复

**光政综〔2017〕7号** 光泽县人民政府关于2016年政府信息公开工作年度报告

**光政综〔2017〕8号** 光泽县人民政府关于县政府领导分工的通知

**光政综〔2017〕9号** 光泽县人民政府关于2016年度安全生产工作政府主要领导履职情况的报告

**光政综〔2017〕10号** 光泽县人民政府关于同意变更崇仁乡儒堂村2015年中央专项彩票公益金项目的批复

**光政综〔2017〕11号** 光泽县人民政府关于姜东立同志免职的通知

**光政综〔2017〕12号** 光泽县人民政府关于同意金岭工业区A04－13地块国有建设用地使用权挂牌出让的批复

**光政综〔2017〕13号** 光泽县人民政府关于下达2016年度乡镇对接服务圣农鸡场建设与经营维护奖励金的通知

**光政综〔2017〕14号** 空号

**光政综〔2017〕15号** 光泽县人民政府关于促进建筑业转型升级加快发展的七条措施（试行）的通知

**光政综〔2017〕16号** 光泽县人民政府关于光泽县2017年度第一批次农用地转用和土地征收的请示

**光政综〔2017〕17号** 光泽县人民政府关于印发光泽县商品房预售资金监管暂行规定的通知

**光政综〔2017〕17号** 光泽县人民政府关于2017年度安全生产监管执法检查工作计划的批复

**光政综〔2017〕18号** 光泽县人民政府关于成立光泽县天源国有林场的通知

**光政综〔2017〕19号** 光泽县人民政府关于印发光泽县坪山社区城中村棚户区改造（一期）项目实施方案的通知

**光政综〔2017〕20号** 光泽县人民政府关于进一步加强扶残助残工作加快推进残疾人小康进程的实施意见

**光政综〔2017〕21号** 光泽县人民政府关于同意中国农业银行光泽县支行等56个单位为县治安保卫重点单位的批复

**光政综〔2017〕22号** 光泽县人民政府关于李坊乡2015年中央专项彩票公益金项目结余资金使用的批复

**光政综〔2017〕23号** 光泽县人民政府关于中央环保督察信访件办理情况的报告

**光政综〔2017〕23号** 光泽县人民政府关于调整征地区片综合地价的通知

**光政综〔2017〕24号** 光泽县人民政府关于印发光泽县全民健身实施计划（2016～2020年）的通知

**光政综〔2017〕25号** 光泽县人民政府关于县人大常委会会议对扶贫开发工作情况报告审议意见办理情况的报告

**光政综〔2017〕26号** 光泽县人民政府关于印发光泽县境内铁路职工家属区"三供一业"分离移交工作方案的通知

**光政综〔2017〕27号** 光泽县人民政府关于县人大常委会会议对光泽县城乡总体规划修编（2015～2030年）审议意见办理情况的报告

**光政综〔2017〕28号** 光泽县人民政府关于同意光泽县林业资源开发与保护项目实施方案的批复

**光政综〔2017〕29号** 光泽县人民政府关于光泽县2017年度第二批次农用地转用和土地征收的请示

**光政综〔2017〕30号** 光泽县人民政府关于光泽县城南幼儿园建设项目被征地农民社会保障资金落实的意见

**光政综〔2017〕31号** 光泽县人民政府关于杰圣医疗器械厂房及配套设施建设项目被征地农民社会保障资金落实的意见

**光政综〔2017〕32号** 光泽县人民政府关于光泽工业园区金岭污水处理厂建设项目被征地农民社会保障资金落实的意见

**光政综〔2017〕33号** 光泽县人民政府关于县人大常委会会议对《中华人民共和国治安管理处罚法》实施情况检查报告审议意见办理情况的报告

**光政综〔2017〕34号** 光泽县人民政府关于原农工商大楼地块改造项目房屋征收补偿安置方案征求意见的公告

**光政综〔2017〕35号** 光泽县人民政府关于下达2017年粮食生产指导性计划的通知

**光政综〔2017〕36号** 光泽县人民政府关于印发光泽县人民政府县长、副县长安全生产责任制的通知

**光政综〔2017〕37号** 光泽县人民政府关于建立光泽县领导干部自然资源资产离任审计联席会议制度的通知

**光政综〔2017〕38号** 光泽县人民政府关于印发光泽县2017年农业支持保护补贴实施方案的通知

**光政综〔2017〕39号** 光泽县人民政府关于光泽县2017年度第三批次农用地转用和土地征收的请示

**光政综〔2017〕40号** 光泽县人民政府关于光泽县2017年度第一批次农村村民住宅建设用地的请示

**光政综〔2017〕41号** 光泽县人民政府关于同意光泽县天源国有林场向中国农业发展银行申请林业资源开发与保护项目贷款的批复

**光政综〔2017〕42号** 光泽县人民政府关于林光水同志免职的通知

**光政综〔2017〕43号** 光泽县人民政府关于加快推进福建省光泽县林业资源开发与保护项目建设的通知

**光政综〔2017〕44号** 光泽县人民政府关于中山台文化主题公园及人防设施等建设项目房屋征收补偿安置方案征求意见的公告

**光政综〔2017〕45号** 光泽县人民政府关于同意变更鸾凤乡双门村2015年中央专项彩票公益金项目的批复

**光政综〔2017〕46号** 光泽县人民政府关于设立光泽县级河长、河道警长及辖区流域河长的通知

**光政综〔2017〕47号** 光泽县人民政府关于成立光泽县公立医疗机构管理委员会的通知

**光政综〔2017〕48号** 光泽县人民政府关于印发光泽县重点生态区位商品林赎买实施方案的通知

**光政综〔2017〕49号** 光泽县人民政府关于成立光泽县现代渔业产业园项目服务工作领导小组的通知

**光政综〔2017〕50号** 光泽县人民政府关于申请注册"管密黄花梨"地理标志证明商标的函

**光政综〔2017〕51号** 光泽县人民政府关于进一步加强城区殡葬丧事活动规范管理的通告

**光政综〔2017〕52号** 光泽县人民政府关于印发光泽县天

然林保护工程补助资金管理暂行规定的通知

**光政综〔2017〕53 号** 光泽县人民政府关于下达光泽县 2017 年国民经济和社会发展计划主要指标的通知

**光政综〔2017〕54 号** 光泽县人民政府关于分解下达 2017 年全县固定资产投资目标任务的通知

**光政综〔2017〕55 号** 光泽县人民政府关于印发光泽县森林生态效益补偿基金管理规定的通知

**光政综〔2017〕56 号** 光泽县人民政府关于同意光泽县工业园区开发建设有限公司向中国农业发展银行申请工业园区金岭污水处理厂项目贷款的批复

**光政综〔2017〕57 号** 光泽县人民政府关于加快推进福建光泽工业园区金岭污水处理厂项目建设的通知

**光政综〔2017〕58 号** 光泽县人民政府关于创建“农村金融信用县”工作情况的报告

**光政综〔2017〕59 号** 光泽县人民政府关于光泽县 2017 年度第二批次农村村民零星住宅建设用地的请示

**光政综〔2017〕60 号** 光泽县人民政府关于同意 2017 年国有建设用地供应计划的批复

**光政综〔2017〕61 号** 光泽县人民政府关于光泽县 2017 年度第四批次农用地转用和土地征收的请示

**光政综〔2017〕62 号** 光泽县人民政府关于汽车客运站建设项目被征地农民社会保障资金落实的意见

**光政综〔2017〕63 号** 光泽县人民政府关于李坊石城农村客运站建设项目被征地农民社会保障资金落实的意见

**光政综〔2017〕64 号** 光泽县人民政府关于公交首末站建设项目被征地农民社会保障资金落实的意见

**光政综〔2017〕65 号** 光泽县人民政府关于圣农小镇住宅建设项目被征地农民社会保障资金落实的意见

**光政综〔2017〕66 号** 光泽县人民政府关于同意光泽县红十字会开展 2017 年度城乡困难居民重特大疾病人道救助工作的批复

**光政综〔2017〕67 号** 光泽县人民政府关于印发光泽县征地补偿安置实施方案的通知

**光政综〔2017〕68 号** 光泽县人民政府关于申请光泽县永久基本农田划定成果初验的请示

**光政综〔2017〕69 号** 光泽县人民政府关于原农工商大楼地块改造项目房屋征收的决定

**光政综〔2017〕70 号** 光泽县人民政府关于光泽县 2017 年度第五批次土地征收的请示

**光政综〔2017〕71 号** 光泽县人民政府关于使用光泽县气象局职工安置用房的批复

**光政综〔2017〕72 号** 光泽县人民政府关于止马镇生活垃圾转运站建设项目被征地农民社会保障资金落实的意见

**光政综〔2017〕73 号** 光泽县人民政府关于福建中科渔业建设项目被征地农民社会保障资金落实的意见

**光政综〔2017〕74 号** 光泽县人民政府关于加强农村留守儿童关爱保护工作的实施意见

**光政综〔2017〕75 号** 光泽县人民政府关于印发光泽县开展打击河道非法采砂专项整治行动方案的通知

**光政综〔2017〕76 号** 光泽县人民政府关于光泽县 2017 年度第三批次农村村民住宅建设用地的请示

**光政综〔2017〕77 号** 光泽县人民政府关于光泽县 2017 年度第六批次农用地转用和土地征收的请示

**光政综〔2017〕78 号** 光泽县人民政府关于调整规范 2 项县级行政审批中介服务事项的通知

**光政综〔2017〕79 号** 光泽县人民政府关于光泽县 2017 年度第七批次农用地转用和土地征收的请示

**光政综〔2017〕80 号** 光泽县人民政府关于光泽县 2017 年度第八批次农用地转用和土地征收的请示

**光政综〔2017〕81 号** 光泽县人民政府关于华桥乡污水处理建设项目被征地农民社会保障资金落实的意见

**光政综〔2017〕82 号** 光泽县人民政府关于同意光泽县圣农特色小镇创建规划的批复

**光政综〔2017〕83 号** 光泽县人民政府关于叶财旺等同志任职的通知

**光政综〔2017〕84 号** 光泽县人民政府关于光泽县 2017 年度第四批次农村村民住宅建设用地的请示

**光政综〔2017〕85 号** 光泽县人民政府关于开展农村地籍

和房屋调查工作的通告

**光政综〔2017〕86 号**　光泽县人民政府关于光泽县 2017 年度第十批次农用地转用的请示

**光政综〔2017〕87 号**　光泽县人民政府关于同意金岭工业园智能温室蔬菜项目等 4 宗国有建设用地使用权出让方案的批复

**光政综〔2017〕88 号**　光泽县人民政府关于同意城北片区 350723—01—A—09 地块国有建设用地使用权出让方案的批复

**光政综〔2017〕89 号**　光泽县人民政府关于光泽县 2017 年度第九批次农用地转用和土地征收的请示

**光政综〔2017〕90 号**　光泽县人民政府于人民武装部及人防指挥中心建设项目被征地农民社会保障资金落实的意见

**光政综〔2017〕91 号**　光泽县人民政府关于金岭工业园 A04—13 地块环路建设项目被征地农民社会保障资金落实的意见

**光政综〔2017〕92 号**　光泽县人民政府关于调整充实光泽县食品安全委员会成员的通知

**光政综〔2017〕93 号**　光泽县人民政府关于中山台文化主题公园及人防设施等建设项目房屋征收补偿安置方案征求意见后修改情况的公告

**光政综〔2017〕94 号**　光泽县人民政府关于禁渔期禁渔和严厉打击电鱼、毒鱼、炸鱼等渔业违法行为的通告

**光政综〔2017〕95 号**　光泽县人民政府关于同意对光泽县天福大酒店重大火灾隐患实施挂牌督办的批复

**光政综〔2017〕96 号**　光泽县人民政府关于对司前乡新龙街道路命名的批复

**光政综〔2017〕97 号**　光泽县人民政府关于中央环保督察信访件办理情况的报告

**光政综〔2017〕98 号**　光泽县人民政府关于光泽县 2017 年度第十一批次农用地转用和土地征收的请示

**光政综〔2017〕99 号**　光泽县人民政府关于对中山台文化主题公园及人防设施等建设项目房屋征收的决定

**光政综〔2017〕100 号**　光泽县人民政府房屋征收公告

**光政综〔2017〕101 号**　光泽县人民政府关于同意光泽县止马加油站等 4 家加油站为县治安保卫重点单位的批复

**光政综〔2017〕102 号**　光泽县人民政府关于光泽县 2017 年度第五批次农村村民零星住宅建设用地的请示

**光政综〔2017〕103 号**　光泽县人民政府关于中央环保督察信访件办理情况的报告

**光政综〔2017〕104 号**　光泽县人民政府关于中央环保督察信访件办理情况的报告

**光政综〔2017〕105 号**　光泽县人民政府关于光泽县 2017 年度第十二批次农用地转用和土地征收的请示

**光政综〔2017〕106 号**　光泽县人民政府关于荣兴花园三期（文昌西路）项目房屋征收补偿安置方案征求意见的公告

**光政综〔2017〕107 号**　光泽县人民政府关于印发支持农业转移人口市民化财政政策实施方案的通知

**光政综〔2017〕108 号**　光泽县人民政府关于下达 2017 年安全生产目标责任的通知

**光政综〔2017〕109 号**　光泽县人民政府　光泽县人民武装部关于调整充实县征兵工作领导小组的通知

**光政综〔2017〕110 号**　光泽县人民政府关于同意成立北京光泽企业商会的批复

**光政综〔2017〕111 号**　光泽县人民政府关于深化供销合作社综合改革的实施意见

**光政综〔2017〕112 号**　光泽县人民政府关于公布第一批县级非物质文化遗产项目代表性传承人名单的通知

**光政综〔2017〕113 号**　光泽县人民政府关于郑碧惠等同志免职的通知

**光政综〔2017〕114 号**　光泽县人民政府关于同意对光泽县天福大酒店重大火灾隐患摘牌的批复

**光政综〔2017〕115 号**　光泽县人民政府关于表彰第六届县劳动模范的通报

**光政综〔2017〕116 号**　光泽县人民政府关于 2017 年省级、县级储备订单粮食实行直接补贴的意见

**光政综〔2017〕117 号**　光泽县人民政府关于同意调整光泽县征地区片综合地价部分地类补偿标准的批复

**光政综〔2017〕118 号**　光泽县人民政府关于光泽县 2017 年度第六批次农村村民住宅建设用地的请示

**光政综〔2017〕119 号**　光泽县人民政府关于公布 2017 年

第一批取消和承接的县级行政许可和其他事项的通知

**光政综〔2017〕120号** 光泽县人民政府关于光泽县2017年度第七批次农村村民零星住宅建设用地的请示

**光政综〔2017〕121号** 光泽县人民政府关于同意金岭工业园智能温室蔬菜项目等3宗国有建设用地使用权出让方案的批复

**光政综〔2017〕122号** 光泽县人民政府关于县人大常委会会议对光泽县环境状况和环境保护目标完成情况报告审议意见办理情况的报告

**光政综〔2017〕123号** 光泽县人民政府关于光泽县2017年度第十三批次农用地转用和土地征收的请示

**光政综〔2017〕124号** 光泽县人民政府关于印发光泽县2017年推进简政放权放管结合优化服务工作要点的通知

**光政综〔2017〕125号** 光泽县人民政府关于圣农小镇C16和C17地块住宅用地建设项目被征地农民社会保障资金落实的意见

**光政综〔2017〕126号** 光泽县人民政府关于陈华育等同志免职的通知

**光政综〔2017〕127号** 光泽县人民政府关于提请审议2017年政府债务限额及县级预算调整方案（草案）的议案

**光政综〔2017〕128号** 光泽县人民政府关于光泽县2017年度第十四批次农用地转用和土地征收的请示

**光政综〔2017〕129号** 光泽县人民政府关于印发2017年成品油市场专项整治行动方案的通知

**光政综〔2017〕130号** 光泽县人民政府关于武林北路建设项目被征地农民社会保障资金落实的意见

**光政综〔2017〕131号** 光泽县人民政府关于请求将福建承天金岭药业有限公司列为福建省中药配方颗粒生产试点单位的请示

**光政综〔2017〕132号** 光泽县人民政府关于郑文全同志免职的通知

**光政综〔2017〕133号** 光泽县人民政府关于表彰奖励2016年度优秀企业的通报

**光政综〔2017〕134号** 光泽县人民政府关于全力推进脱贫攻坚的若干意见

**光政综〔2017〕135号** 光泽县人民政府关于2017年度安全生产监管执法检查工作计划的批复

**光政综〔2017〕136号** 光泽县人民政府关于公布2017年度城区危险住房（棚户区）评估价格的通告

**光政综〔2017〕137号** 光泽县人民政府关于光泽县2017年度第十五批次农用地转用和土地征收的请示

**光政综〔2017〕138号** 光泽县人民政府关于余义青同志任职的通知

**光政综〔2017〕139号** 光泽县人民政府关于光泽县2017年度第九批次农村村民零星住宅建设用地的请示

**光政综〔2017〕140号** 光泽县人民政府关于请求协调解决光泽崇辉发电有限公司现代高效农业大棚光伏发电项目并网指标的请示

**光政综〔2017〕141号** 光泽县人民政府关于圣农小镇C20、C21和C27地块住宅用地建设项目被征地农民社会保障资金落实的意见

**光政综〔2017〕142号** 光泽县人民政府关于对崇仁乡新增、变更地名及金岭工业园内部分道路命名的批复

**光政综〔2017〕143号** 光泽县人民政府关于同意鸾凤河谷G—22地块等5宗国有建设用地使用权出让的批复

**光政综〔2017〕144号** 光泽县人民政府关于韦建华同志免职的通知

**光政综〔2017〕145号** 光泽县人民政府关于县人大常委会会议对农村土地承包经营权确权登记颁证工作审议意见办理情况的报告

**光政综〔2017〕146号** 光泽县人民政府关于光泽县2017年度第八批次农村村民住宅建设用地的请示

**光政综〔2017〕147号** 光泽县人民政府关于提请审核并转报省政府审批《光泽县土地利用总体规划（2006～2020年）调整完善方案》的请示

**光政综〔2017〕148号** 光泽县人民政府关于印发光泽县林产品交易服务中心突发风险事件应急处置预案的通知

**光政综〔2017〕149号** 光泽县人民政府关于加强光泽县林产品交易服务中心监管的报告

**光政综〔2017〕150号** 光泽县人民政府关于保留光泽县林产品交易服务中心的报告

**光政综〔2017〕151号**　光泽县人民政府关于杨德胜同志免职的通知

**光政综〔2017〕152号**　光泽县人民政府关于荣兴花园三期（文昌西路）项目房屋征收补偿安置方案修改稿征求意见的公告

**光政综〔2017〕153号**　光泽县人民政府关于城西工业地块控制性详细规划的批复

**光政综〔2017〕154号**　光泽县人民政府关于光泽县2017年度第十批次农村村民住宅建设用地的请示

**光政综〔2017〕155号**　光泽县人民政府关于加强消防安全管理工作的通告

**光政综〔2017〕156号**　光泽县人民政府关于做好第二次全国污染源普查工作的通知

**光政综〔2017〕157号**　光泽县人民政府关于圣农第二祖代种鸡场孵化厂及办公用房建设项目被征地农民社会保障资金落实的意见

**光政综〔2017〕158号**　光泽县人民政府关于电炉厂片区相关企业征收补偿的公告

**光政综〔2017〕159号**　光泽县人民政府关于对镇岭商业城实施火灾预防临时管控的通知

**光政综〔2017〕160号**　光泽县人民政府关于印发光泽县工业园区消防安全专项整治工作实施方案的通知

**光政综〔2017〕161号**　光泽县人民政府关于提请审议2016年度财政决算（草案）的议案

**光政综〔2017〕162号**　光泽县人民政府关于圣农小镇C—20地块等5宗国有建设用地使用权出让的批复

**光政综〔2017〕163号**　光泽县人民政府关于组织防空警报试鸣的通告

**光政综〔2017〕164号**　光泽县人民政府关于做好城区危险住房（棚户区）改造有关工作的补充通知

**光政综〔2017〕165号**　光泽县人民政府关于赵丰等同志职务任免的通知

**光政综〔2017〕166号**　光泽县人民政府关于王钟诚等同志职务任免的通知

**光政综〔2017〕167号**　光泽县人民政府关于强化乡村医生养老保障的实施意见

**光政综〔2017〕168号**　光泽县人民政府关于实行新一轮县乡财政管理体制的通知

**光政综〔2017〕169号**　光泽县人民政府关于吴仙宁等同志职务任免的通知

**光政综〔2017〕170号**　光泽县人民政府关于加快补齐短板促进养老事业发展的实施意见

**光政综〔2017〕171号**　光泽县人民政府关于医疗卫生事业补齐短板加快发展的实施意见

**光政综〔2017〕172号**　光泽县人民政府关于郑勇等同志职务任免的通知

**光政综〔2017〕173号**　光泽县人民政府关于提请审定郭绯红同志免职的议案

**光政综〔2017〕174号**　光泽县人民政府关于光泽县2017年度第十六批次农用地转用和土地征收的请示

**光政综〔2017〕175号**　光泽县人民政府关于加快补齐短板促进教育事业发展的实施意见

**光政综〔2017〕176号**　光泽县人民政府关于光泽县2017年度第十七批次农用地转用和土地征收的请示

**光政综〔2017〕177号**　光泽县人民政府关于光泽县2017年度第十一批次农村村民零星住宅建设用地的请示

**光政综〔2017〕178号**　光泽县人民政府关于加快城乡民生基础设施建设的实施意见

**光政综〔2017〕179号**　光泽县人民政府关于李仁喜同志等免职的通知

**光政综〔2017〕180号**　光泽县人民政府关于提请审定余洲同志任职的议案

**光政综〔2017〕181号**　光泽县人民政府关于同意解除福建圣农发展股份有限公司国有建设用地使用权出让合同的批复

**光政综〔2017〕182号**　光泽县人民政府关于发布野生动物禁猎期及禁止使用的猎捕工具和方法的通告

**光政综〔2017〕183号**　光泽县人民政府关于寨里镇百石村庙前地块部分国有建设用地使用权出让的批复

**光政综〔2017〕184号**　光泽县人民政府关于请求批准寨里镇等7个乡级土地利用总体规划（2006～2020年）调整完善方案的请示

**光政综〔2017〕185号**　光泽县人民政府关于提请审定卢哲明等同志任职的议案

**光政综〔2017〕186号**　光泽县人民政府关于同意解除傅孝兴所受行政撤职处分的批复

**光政综〔2017〕186号**　光

泽县人民政府关于划定鹰厦铁路线路安全保护区的公告

**光政综〔2017〕187 号** 光泽县人民政府关于同意解除张求水所受行政撤职处分的批复

**光政综〔2017〕187 号** 光泽县人民政府关于光泽县 2017 年度第十八批次农用地转用和土地征收的请示

**光政综〔2017〕188 号** 光泽县人民政府关于印发光泽县 2018 年国家重点生态功能区县域生态环境质量监测、评价与考核工作实施方案的通知

**光政综〔2017〕189 号** 光泽县人民政府关于同意收回金岭工业园北园 C—4 等地块部分国有建设用地使用权的批复

**光政综〔2017〕190 号** 光泽县人民政府关于恒冰物流基地建设项目被征地农民社会保障资金落实的意见

**光政综〔2017〕191 号** 光泽县人民政府关于鸾凤乡十里铺社区综合服务中心建设项目被征地农民社会保障资金落实的意见

**光政综〔2017〕192 号** 光泽县人民政府关于禁止在福建武夷天池国家森林公园内从事水产养殖活动的通告

**光政综〔2017〕193 号** 光泽县人民政府关于印发闽北冷链物流项目征地搬迁补偿安置实施方案的通知

**光政综〔2017〕194 号** 光泽县人民政府关于同意光泽县城市景观风貌专项规划的批复

**光政综〔2017〕195 号** 光泽县人民政府关于进一步加强计划生育特殊家庭扶助工作的意见

**光政综〔2017〕196 号** 光泽县人民政府 福建中医药大学附属人民医院关于建设跨区域医联体的请示

**光政综〔2017〕197 号** 光泽县人民政府关于举办首届中国（光泽）生态食品产业发展论坛的请示

**光政综〔2017〕198 号** 光泽县人民政府关于同意关闭福建省光泽县宏鑫硅业有限公司等 4 家企业的批复

**光政综〔2017〕199 号** 光泽县人民政府关于公布 2017 年度规范性文件清理结果的通知

**光政综〔2017〕200 号** 光泽县人民政府关于对荣兴花园三期（文昌西路）项目房屋征收的决定

**光政综〔2017〕201 号** 光泽县人民政府房屋征收公告

**光政综〔2017〕202 号** 光泽县人民政府关于印发苗圃新址项目征地补偿安置实施方案的通知

**光政综〔2017〕203 号** 光泽县人民政府关于同意成立光泽县预警信息发布中心的批复

**光政综〔2017〕204 号** 光泽县人民政府关于县人大常委会议对《中华人民共和国人口与计划生育法》和《福建省人口与计划生育条例》实施情况检查报告审议意见办理情况的报告

**光政综〔2017〕205 号** 光泽县人民政府关于印发光泽县网络预约出租汽车经营服务管理实施细则的通知

**光政综〔2017〕206 号** 光泽县人民政府关于深化改革推进出租汽车行业健康发展的实施意见

**光政综〔2017〕207 号** 光泽县人民政府关于县政府领导分工的通知

**光政综〔2017〕208 号** 光泽县人民政府关于 请求给予“中国生态食品城”建设经费补助的请示

**光政综〔2017〕209 号** 光泽县人民政府关于王卫鸣同志免职的通知

**光政综〔2017〕210 号** 光泽县人民政府关于圣农广场东南侧部分地块等 5 宗国有建设用地使用权出让方案的批复

**光政综〔2017〕211 号** 光泽县人民政府关于光泽县 2017 年度第十九批次农用地转用和土地征收的请示

**光政综〔2017〕212 号** 光泽县人民政府关于同意崇仁乡大洋坪等 6 个村 2016 年旧村复垦等 8 个项目设计变更方案的批复

**光政综〔2017〕213 号** 光泽县人民政府关于取消一批中央指定地方实施行政许可事项的通知

**光政综〔2017〕214 号** 光泽县人民政府关于公布县直部门权责清单的通知

**光政综〔2017〕215 号** 光泽县人民政府关于提请审议批准 2017 年县级预算第二次调整方案（草案）的议案

**光政综〔2017〕216 号** 光泽县人民政府关于城南片区 B—04—01 地块住宅用地建设项目被征地农民社会保障资金落实的意见

**光政综〔2017〕217 号** 光泽县人民政府关于成立光泽县生态文明建设联合执法工作领导小

组的通知

**光政综〔2017〕218号**　光泽县人民政府关于同意将福建省光泽县爱德堡幼儿园列为县治安保卫重点单位的批复

**光政综〔2017〕219号**　光泽县人民政府关于促进旅游产业发展的意见

**光政综〔2017〕220号**　光泽县人民政府关于册下环路二期建设项目被征地农民社会保障资金落实的意见

**光政综〔2017〕221号**　光泽县人民政府关于设立光泽县城市管理局的请示

**光政综〔2017〕222号**　光泽县人民政府关于落实县人大常委会会议对光泽县2017年1～7月国民经济和社会发展计划执行情况报告审议意见的报告

**光政综〔2017〕223号**　光泽县人民政府关于做好冬春火灾防控工作的通告

**光政综〔2017〕223号**　光泽县人民政府关于印发光泽县深化行政审批标准化改革实施方案的通知

**光政综〔2017〕223号**　光泽县人民政府关于同意给予沈江建开除公职处分的批复

**光政综〔2017〕224号**　光泽县人民政府关于印发光泽县进一步加强县级土地开发工作方案的通知

**光政综〔2017〕224号**　光泽县人民政府关于同意给予邱闽峰开除公职处分的批复

**光政综〔2017〕225号**　光泽县人民政府关于加强困境儿童保障工作的实施意见

**光政综〔2017〕225号**　光泽县人民政府关于同意给予邱年生行政撤职处分的批复

**光政综〔2017〕226号**　光泽县人民政府关于李勇同志等免职的通知

**光政综〔2017〕227号**　光泽县人民政府关于请求将圣农第二祖代种鸡场项目列入全市现代绿色农业先行工程的请示

**光政综〔2017〕228号**　光泽县人民政府关于公布新一轮土地级别和基准地价的通知

**光政综〔2017〕229号**　光泽县人民政府关于在光泽县长源水库工程建设征地范围内严禁新增建设项目和严格控制迁入人口的通告

**光政综〔2017〕230号**　光泽县人民政府关于印发光泽县林化厂片区公房私住房屋搬迁安置方案的通知

**光政综〔2017〕231号**　光泽县人民政府关于县人大常委会会议对代表建议办理情况报告审议意见落实情况的报告

**光政综〔2017〕232号**　光泽县人民政府关于提请审定吴万和同志免职的议案

**光政综〔2017〕233号**　光泽县人民政府关于进一步加强县属国有企业监督管理工作的意见

**光政综〔2017〕234号**　光泽县人民政府关于县人大常委会会议对2017年1～7月预算执行情况审议意见办理情况的报告

**光政综〔2017〕235号**　光泽县人民政府关于两起道路交通事故核销为非生产安全事故的批复

**光政综〔2017〕236号**　光泽县人民政府关于光泽县司前乡清溪村2017年旧村复垦项目实施方案的批复

**光政综〔2017〕237号**　光泽县人民政府关于邱年生同志退休的通知

# 索　引

## A



## B



## C

## D

## E

## F

## G

## H

## J

## K

L

## M



## N

## O



## P



## Q

## R



## S

## T

## W

## X

## Y

## Z